法研教科书

民法总论

(第二版)

The General Theory of Civil Law
(2nd Edition)

朱庆育 著

图书在版编目(CIP)数据

民法总论/朱庆育著. —2 版. —北京:北京大学出版社,2016.4
（法研教科书）
ISBN 978-7-301-27045-5

Ⅰ. ①民… Ⅱ. ①朱… Ⅲ. ①民法—中国—研究生—教材 Ⅳ. ①D923

中国版本图书馆 CIP 数据核字(2016)第 079072 号

书　　　名	民法总论（第二版）
	Minfa Zonglun
著作责任者	朱庆育　著
责 任 编 辑	郭薇薇
标 准 书 号	ISBN 978-7-301-27045-5
出 版 发 行	北京大学出版社
地　　　址	北京市海淀区成府路 205 号　100871
网　　　址	http://www.pup.cn
新 浪 微 博	@北京大学出版社　@北大出版社法律图书
电 子 邮 箱	编辑部 law@pup.cn　总编室 zpup@pup.cn
电　　　话	邮购部 010-62752015　发行部 010-62750672　编辑部 010-62752027
印 刷 者	北京宏伟双华印刷有限公司
经 销 者	新华书店
	730 毫米×1020 毫米　16 开本　38.5 印张　776 千字
	2013 年 8 月第 1 版
	2016 年 4 月第 2 版　2024 年10月第 18 次印刷
定　　　价	75.00 元

未经许可，不得以任何方式复制或抄袭本书之部分或全部内容。
版权所有，侵权必究
举报电话: 010-62752024　电子邮箱: fd@pup.cn
图书如有印装质量问题，请与出版部联系，电话: 010-62756370

第 二 版 序

（一）

本书出版已过两年。在此期间，许多实证规定发生变化。

基尔希曼"废纸"之论危言耸听令人不快，但很不幸，法学著作越是以实证法尤其是制定法为立论基础，便越为其论不谬添加无奈注脚。此亦纯正"解释论"的阿基里斯之踵。的确，如果法学知识体系的展开，永远受制于实证法具体规范哪怕些微的变化，规范正当性的论证，亦随时因实证法具体规范的变化而改弦更张，法学如何能够问心无愧自称"科学"？

（二）

至少自边沁以降，法律实证主义即以剥离不良资产的手法，将立法甩诸政治，仅在解释性狭义法学内部建立科学实验室。二百年后的今天，"解释论"终在我国呈言及必称之势，"立法论"则未及破土即沦落泥尘。

此未必值得额手称庆。

如果"解释论"强调应尊重实证法、不轻言废立，自无可非议，然而，真正得以"立法论"相称者，何曾如此轻薄鲁莽？如果分立"解释论"与"立法论"旨在固守规范的有效性与正当性之楚河汉界，则拒斥正当性判断的所谓"解释论"，无非是前教义法学时代"政治婢女法学"的技术升级版而已，于法学的知识积累何益？

法律非经解释不得适用。当纯正"解释论"者不断重复这一多少已成老生常谈的格言时，似乎容易忽略：解释者就数种可能的解释作出取舍，正是在为有效规范寻求正当意义。规范的意义为解释所创造，而最具可接受性的，必定是最具正当性的解释。如此，当解释者回答"规范是什么"时，其实亦在回答"规范应当是什么"，二者融合于统一的解释过程。隔离规范的有效与正当如何可能？何况，法官作出裁判时，固然是以个别规范为当事人立法，而一般规范之确立，又何尝不是模拟规范适用的权衡结果？隔离"解释论"与"立法论"有何意义？

法学系规范性解释科学无疑，只不过，藉以构建知识体系的，并非仅仅是有效的具体规范，而是兼具正当性的抽象规范。套用柏拉图术语，有效规范乃规范殊相，是规范理念投射的偶在，正当规范方为规范共相。当"解释论"者以有效覆盖正当，误将规范殊相引为知识基础时，"废纸"之论虽不中亦不远矣。

本书初衷，非在提供有效规范适用于个案的操作指南，而以追寻知识为要。因此，预设的解释对象，其实是正当规范，至于作为理念投射物的有效规范，则凭借其实证性质而成解释素材。解释素材当然重要乃至不可忽缺，唯其对于知识体系几乎不生实质影响。原因很简单，殊相无法反塑共相。非但如此，有效规范（殊相）应受正当规范（共相）审视并作相应调适。这不仅是"立法论"当然之理，亦是法律解释的基本属性。所谓解释的目的导向，究其根本，即是要求解释者对有效规范作尽可能合乎正当规范的解释。此亦本书贯穿始终的基本解释准则。笔者忖度，教科书若因此多少获得"通过实证法而超越实证法"的生命力，或者至少不至于因为制定法修改而沦为废纸，在追寻科学的道路上，可略收踵武赓续之效亦未可知。

（三）

修订内容主要包括修补疏漏（如事实行为合法性问题、宥恕在我实证法中的表现、恶意串通与通谋虚伪规则之关系、效力性与管理性强制规定之检讨、贿赂行为中的抽象原则及法律行为的双重效果问题等）、释辩回应（如王轶教授就其倡导性规范理论所作回应等）及梳理资料诸方面，其余修订则为部分内容之增删、实证规定之更新、错别字校正、段落调整以及遍及全书的文字修缮等。

修订一直持续到"三审"定稿阶段，历时半年有余，涉千余处。第一版成稿时删去的"私法自治"与"民法方法论"两章，拟另作民法基础理论之专书详加论述，故本次修订未作补入。因时间与学识所限，仍有许多问题因思虑未周而不敢触动、许多文献因未及消化而不便使用，唯有留待他日再行修正。

官方已重启民法典编纂工程。本书修订接近尾声时，笔者有幸见到全国人大法工委起草的《民法总则（草案）》征求意见稿。鉴于该稿"尚在内部研究阶段"，前景充满变数，故本次修订未予考虑，合先叙明。惟令笔者略感"欣慰"者，"征求意见稿"不仅体例与《民法通则》高度相似，内容亦未见多少实质改观，果以此获得通过，本书再次修订的工作量想必不会太大。

蒙读者厚爱，本书初版印刷六次，所获谬赞远超预期。笔者惶恐之余，复感压力。尤令笔者感动的是，诸多未曾谋面的读者通过各种渠道垂示阅读心得并指正疏误，此于修订品质之提升大有裨益。从修订稿的提交到三审三校,每一环节笔者均数次补充校改修订内容,对此屡屡中断审稿进程的"老改犯"行为,责编郭薇薇女士不仅不以为烦,反予慷慨纵容,笔者感佩之至。

修订既竣,爰缀数语,权以为序云。

2016 年 3 月 6 日于北京西郊

二版重印补校说明

出版社告知二版一刷售罄,拟下单重印,询我是否仍有校订之处。日前正好集有若干微瑕待修,虽不至影响实质内容,却也令我略感芒刺。如此良机,焉能错过?

补校内容包括三处措辞表述与六处手民误植。除第 264 页关于《德国民法典》第 118 条条旨的表述修正之外,其余均由外交学院吴香香副教授、华东政法大学姚明斌讲师与上海财经大学李宇讲师指出,在此一并表示感谢。

为学为文均无止境。躬请读者继续指正疏误,以备再作校补修订。

朱庆育
2016 年 8 月 9 日于京西寓所

民法教科书及其写法(代自序)

（一）

八十年前,胡长清先生在其《中国民法总论》"弁言"中开篇即称:"关于民法著作,大陆诸国及日本多已由教科书的民法书之时代,进于特殊问题研究之时代。"这句话很容易被解读为,"教科书的民法书之时代"系较之"特殊问题研究之时代"更为初级的阶段,更进一步的推论则是,教科书较之研究"特殊问题"的作品更少学术含量。若此解读不至于过度诠释,胡先生应是较早就教科书与专题研究作高下比较的汉语法学家。如今,上述见解已成"常识",各种学术评价标准中,除非"钦定"教科书,否则前者必不可与后者同日而语。

吊诡的是,民国时期传之后世的著作却多为教科书。史尚宽先生的"民法全书"固不待论,其他法学名家如梅仲协先生、王伯琦先生乃至于胡长清先生自己,为人所熟知的作品无不是各自教科书。相反,民国"特殊问题研究"作品至今仍被引用者,虽不能说是绝无仅有,但以寥若晨星形容,当不为过。当然,这一现象可作多种解释,比如,此正可说明民国尚滞留于教科书而未能进入特殊问题研究时代,但无论何种解释,至少可以肯定的是,教科书无妨成为饱含学术价值的经典。

更具说明意义的是德国。德国法系的所有制度、理论几乎全由德国一肩创立,迄今为止,这一法系的其他家族成员并未贡献太多原创思想。依胡先生所信,德国早已进入"特殊问题研究之时代"。1958年,时任马普外国私法与国际私法研究所所长并兼任德国比较法学会首任会长的汉斯·德勒教授在德国法学家年会发表著名的"法学上的发现"之演讲,历数十九世纪以来德国法学家堪与自然科学媲美的七项伟大发现,此或可印证德国"特殊问题研究"的辉煌成就。然而,也许更需要重视的是,德国法系之形成,端赖十八、尤其是十九世纪的潘德克顿教科书,作为德国民法典先声的萨克森民法典更几乎是潘德克顿教科书条文化的产物。至于七项伟大发现,虽多由专题论文首发,却无一例外皆以进入教科书为归宿,其中更有若干"发现"或者本就直接由教科书提出(如萨维尼的法律关系本座说),或者在之前的教科书中已是呼之欲出(如泽克尔的形成权理论)。今日德国法学所尊奉的经典文献,研究特殊问题之作品固然所在多有,萨维尼、温德沙伊德、耶林、恩内克策鲁斯、冯·图尔、弗卢梅、拉伦茨等大家耆宿的教科书亦因其代表相应时代的最高学术成就而历久不衰。

笔者无意表明教科书的学术价值高于或者——稍退一步——不低于研究特殊问题的专著。实际上,二者唯有质量之优劣,而无文体之高下。教科书用以建立学科的整体知识体系,在此意义上,特殊问题之研究若无法融入教科书,或者势将遭遇体系排异而意义有限,或者表明既有教科书的"常规科学"受到挑战。成功的挑战带来"科学革命"乃至于学术范式的改变,而学术新范式的建立,亦以新的教科书之推出为标志。知识其实就在特殊问题之研究催生教科书从而确立"常规科学"、特殊问题研究之新成果挑战"常规科学"从而以新的教科书实现学术范式转换的循环结构中不断实现螺旋式增长。自然科学固不待论,即便是社会科学,这一螺旋脉络亦清晰可见。例如,亚当·斯密创立现代经济学后,经济学范式经历了从古典至新古典的转型;再如,潘德克顿法学开创德国现代法学后,民法学范式由概念法学经由利益法学的过渡转型成为今日评价法学。

(二)

十九世纪正是建立现代法学"常规科学"的时代,而自然科学则当仁不让成为一切"常规科学"的范本。英国边沁—奥斯丁法律实证主义区分"法律是什么"与"法律应当是什么"并将法学的任务限定于回答前一问题,此固然是典型的科学精神之体现;德国潘德克顿法学由法学实证主义(rechtswissenschaftliche Positivismus)而制定法实证主义(Gesetzespositivismus)的发展轨迹,对科学精神的追求亦不遑多让;至若历史法学派仿照自然科学(Naturwissenschaft)的构词法创造"法律科学"(Rechtswissenschaft)一词,比附之心更是跃然纸上。

科学的任务在于解释。自然科学旨在解释外在于人的自然世界,法律科学则以规范文本为其解释对象。为了实现如同自然科学般的客观解释,法律解释要求撤除解释者的主观恣意,而规范文本亦被视作外在于解释者的自足存在,如此,类似于自然科学的主客体分立格局在法律科学中得以构建。不同的是,自然世界中,花自飘零水自流,人类认知此等自然现象时,无妨以旁观者身份作客观观察,法律解释的对象则是人的活动产物,解释结果亦关乎人的行为正当性评价。为防止解释者移情置入,法学家遂求诸待解释文本的权威性,以规范的权威性提醒解释者安分守己从而实现解释的客观性。法学家相信,法律规范一经制定,意义即已确定,解释者要做的仅仅是将其予以揭示而已——如同自然科学家之发现自然事实,至于所谓正义,即便有意义,亦仅是立法者考虑的问题,解释者只要能够正确理解并适用法律,正义自然包含其中。于是,作为"常规科学"的传统民法教科书谨守"立法论"与"解释论"的楚河汉界而不敢越雷池一步。在此观念下,法律解释技术日趋精密,规范背后的正当性追问却越来越成为解释者的禁忌。

解释对象系解释者不可僭越的权威文本,法律解释凭此特点与圣经解释一道成为教义诠释学(dogmatische Hermeneutik)的家族成员,"法律教义学"(Rechtsdogmatik)亦成为德国法学家眼中"法律科学"的同义概念。然而,世俗法律不同于圣经,后者被尊为神的作品,任何凡人无权更易一字,前者则随时面临增删修改之可能,甚至整部法律推倒重来亦属寻常。在此意义上,制定法以某种面貌出现纯属偶然,法学将此偶然现象作为解释对象,科学性甚至还不如神学。德国检察官基尔希曼在柏林法学会发表的演讲"论法学作为科学的无价值性"即将法学这一尴尬一语道破:"以偶在现象为其研究对象者,自身亦终沦为偶在。立法者修改三个字,所有法学文献将因此变成一堆废纸。"此语既出,法学家如芒刺在背。一百一十九年后,拉伦茨在相同的地点发表针锋相对的演讲"论法学作为科学的不可或缺性",富含激情地表示:"只要如何公正解决彼此层出不穷的利益冲突之追问不会停止,如何合理建立相互唇齿相依的生活秩序之追问不会停止,法学就会存在,对于人类即是不可或缺——这不仅是因为它有着实践功用,更在于它表述着人类精神的实质。"

拉伦茨的说法可用来抚慰法学家受伤的心灵,却似乎多少有点回避主题。如果法律解释仅仅是为了发现已为规范文本所固化的"真理",那么,更适合表述人类精神实质的其实并非法学,而是立法。问题的真正关键在于,法学的科学性是否可简单比附自然科学?法律解释究否如自然科学般在主客体分立的前提下对"法律是什么"问题作客观事实的探究?依笔者之见,答案是否定的。法学乃是规范科学而非事实科学,法律解释旨在意义理解而非确证事实。规范性解释科学意味着,意义理解绝非主体对客体的单向观察,而是双向的主体间性交流,是彼此的视域融合;同时意味着,在解释之前,法律规范并不存在有待解释者去"发现"的自在意义,解释本身就是创造规范意义的活动。

解释者视域各有不同。不同的解释者基于不同的知识前见对于相同的法律规范可能作相当不同甚至相反的解释,并且,所有各种解释,均在不同程度上为解释目的所指引,例如,《物权法》颁行之前,我国学者有关物权行为理论的立场已是聚讼纷纭,颁行之后,争端却未消弭,甚至几乎没有学者因此改变之前择定的立场,这部法律的意义,似乎仅仅在于为不同立场提供解释与印证的材料而已。当然,笔者并非主张法律解释听凭解释者的随心恣意。任何解释者均对法律规范有所解释,却不意味着,所有解释均具有相同的可接受性。关于法律解释的可接受性问题,有三项因素值得特别关注。首先,如果解释者仰赖的知识前见不可沟通,则几乎不存在相互说服之可能,而法律人群体的知识前见若是过于分散,则意味着知识共同体尚未形成。其次,法律以合理解决纠纷为目的,如何理解"合理",将影响法律解释的方向。解释者判断"合理"的标准差异越大,相互说服的难度也就越大,例如,以维护自治或强化管制为出发点,对于同一规范的解释可能截然相反,此时,无论解释过程如何严谨,不同价值取向的双方均难以达成共识。最后,规范意义必须得到体系性的理解。每一具体规范均是整个规范体系的一环,任何解释亦均是"通过部分理解整体、通过整体理解部分"的循环过程,因此,解释结论若无法与规范体系协调,其可接受性也就值得怀疑。

(三)

十一年前,笔者博士论文将诠释学理论引入私法研究并在2004年以《意思表示解释理论——精神科学视域中的私法推理理论》之名出版。之后,笔者思考重点逐渐转向此项研究的教科书化,本书可视作笔者博士论文工作的继续,不同的是,本书对于诠释学的基本知识与理论脉络不再专作介绍,而直接将其运用于具体的规范解释。是否成功,有待读者检验。

1905年,初露学术峥嵘的黑克在《德意志法律家杂志》发表"利益法学与法律信守"一文,首次祭出"利益法学"大旗,矛头直指概念法学,代表传统潘德克顿法学的佐姆起而应战。几个回合后,佐姆以前辈口吻用一段语重心长的告诫结束这次论战:"即便我们的学术样式必须改变,亦不可能通过框架建议或单纯的否定性批判实现。表达是一种艺术。有关方法或艺术规则的争论价值甚微,惟有作品才具有说服力。希望'利益法学'的代表以实际行动表明:他们才是更好的艺术家!惟有如此,才能真正符合学术的要求。"对此告诫,笔者时刻谨记于心。

本书在笔者十年讲稿的基础上增删而成,正式写作则历时两年有余,但即便如此,时间仍颇为紧张,加之书稿篇幅已是不小,成稿时不得不删去讲稿中基础理论部分的"私法自治"与"民法方法论"两章,若干章节内容亦不得不从权。缺憾是前行的动力,希望将来有机会弥补一二。

法规缩略语表

《案例指导规定》　　　　《最高人民法院关于案例指导工作的规定》
《保险法》　　　　　　　《中华人民共和国保险法》
《裁判规范规定》　　　　《最高人民法院关于裁判文书引用法律、法规等规范性法律文件的规定》
《产品质量法》　　　　　《中华人民共和国产品质量法》
《城镇集体所有制企业条例》　《中华人民共和国城镇集体所有制企业条例》
《担保法》　　　　　　　《中华人民共和国担保法》
《担保法解释》　　　　　《最高人民法院关于适用〈中华人民共和国担保法〉若干问题的解释》
《独资企业登记管理办法》　《个人独资企业登记管理办法》
《独资企业法》　　　　　《中华人民共和国个人独资企业法》
《法院组织法》　　　　　《中华人民共和国人民法院组织法》
《个人所得税法》　　　　《中华人民共和国个人所得税法》
《公司法》　　　　　　　《中华人民共和国公司法》
《公司法解释二》　　　　《最高人民法院关于适用〈中华人民共和国公司法〉若干问题的规定(二)》
《公司法解释三》　　　　《最高人民法院关于适用〈中华人民共和国公司法〉若干问题的规定(三)》
《公务员法》　　　　　　《中华人民共和国公务员法》
《国家赔偿法》　　　　　《中华人民共和国国家赔偿法》
《海商法》　　　　　　　《中华人民共和国海商法》
《合伙企业法》　　　　　《中华人民共和国合伙企业法》
《合同法》　　　　　　　《中华人民共和国合同法》
《合同法解释一》　　　　《最高人民法院关于适用〈中华人民共和国合同法〉若干问题的解释(一)》
《合同法解释二》　　　　《最高人民法院关于适用〈中华人民共和国合同法〉若干问题的解释(二)》
《合资企业法》　　　　　《中华人民共和国中外合资经营企业法》

《合作企业法》	《中华人民共和国中外合作经营企业法》
《环境法》	《中华人民共和国环境法》
《婚姻法》	《中华人民共和国婚姻法》
《婚姻法解释一》	《最高人民法院关于适用〈中华人民共和国婚姻法〉若干问题的解释(一)》
《继承法》	《中华人民共和国继承法》
《继承法意见》	《最高人民法院关于贯彻执行〈中华人民共和国继承法〉若干问题的意见》
《建设工程施工合同解释》	《最高人民法院关于审理建设工程施工合同纠纷案件适用法律问题的解释》
《经济合同法》	《中华人民共和国经济合同法(已失效)》
《矿产资源法》	《中华人民共和国矿产资源法》
《劳动法》	《中华人民共和国劳动法》
《劳动合同法》	《中华人民共和国劳动合同法》
《立法法》	《中华人民共和国立法法》
《买卖合同解释》	《最高人民法院关于审理买卖合同纠纷案件适用法律问题的解释》
《民办教育促进法》	《中华人民共和国民办教育促进法》
《民法通则》	《中华人民共和国民法通则》
《民间借贷规定》	《最高人民法院关于审理民间借贷案件适用法律若干问题的规定》
《民商事合同案件指导意见》	《最高人民法院关于当前形势下审理民商事合同纠纷案件若干问题的指导意见》
《民事诉讼法》	《中华人民共和国民事诉讼法》
《民诉法解释》	《最高人民法院关于适用〈中华人民共和国民事诉讼法〉的解释》
《民通意见》	《最高人民法院关于贯彻执行〈中华人民共和国民法通则〉若干问题的意见(试行)》
《民用航空法》	《中华人民共和国民用航空法》
《名誉权解答》	《最高人民法院关于审理名誉权案件若干问题的解答》
《名誉权解释》	《最高人民法院关于审理名誉权案件若干问题的解释》
《农村土地承包法》	《中华人民共和国农村土地承包法》
《农村土地承包解释》	《最高人民法院关于审理涉及农村土地承包纠纷案件适用法律问题的解释》
《农民专业合作社法》	《中华人民共和国农民专业合作社法》
《拍卖法》	《中华人民共和国拍卖法》
《票据法》	《中华人民共和国票据法》

《票据问题规定》	《最高人民法院关于审理票据纠纷案件若干问题的规定》
《企业所得税法》	《中华人民共和国企业所得税法》
《侵权精神损害赔偿解释》	《最高人民法院关于确定民事侵权精神损害赔偿责任若干问题的解释》
《侵权责任法》	《中华人民共和国侵权责任法》
《全民所有制工业企业法》	《中华人民共和国全民所有制工业企业法》
《森林法》	《中华人民共和国森林法》
《商标法》	《中华人民共和国商标法》
《商品房买卖解释》	《最高人民法院关于审理商品房买卖合同纠纷案件适用法律若干问题的解释》
《收养法》	《中华人民共和国收养法》
《水法》	《中华人民共和国水法》
《司法解释规定》	《最高人民法院关于司法解释工作的规定》
《诉讼时效规定》	《最高人民法院关于审理民事案件适用诉讼时效制度若干问题的规定》
《土地管理法》	《中华人民共和国土地管理法》
《外资企业法》	《中华人民共和国外资企业法》
《未成年人保护法》	《中华人民共和国未成年人保护法》
《物权法》	《中华人民共和国物权法》
《宪法》	《中华人民共和国宪法》
《乡镇企业法》	《中华人民共和国乡镇企业法》
《消法》	《中华人民共和国消费者权益保护法》
《信托法》	《中华人民共和国信托法》
《刑法》	《中华人民共和国刑法》
《刑事裁判涉财产执行规定》	《最高人民法院关于刑事裁判涉财产部分执行的若干规定》
《刑事诉讼法》	《中华人民共和国刑事诉讼法》
《行政强制法》	《中华人民共和国行政强制法》
《行政诉讼法》	《中华人民共和国行政诉讼法》
《野生动物保护法》	《中华人民共和国野生动物保护法》
《渔业法》	《中华人民共和国渔业法》
《招标投标法》	《中华人民共和国招标投标法》
《证券法》	《中华人民共和国证券法》
《著作权法》	《中华人民共和国著作权法》
《著作权法实施条例》	《中华人民共和国著作权法实施条例》
《专利法》	《中华人民共和国专利法》

简目 CONTENTS

001　第二版序

005　民法教科书及其写法(代自序)

009　法规缩略语表

第一编　基础理论

003　**第一章　民法基础**
003　　第一节　民法的概念
016　　第二节　民法总则编
035　　第三节　民法的法源

043　**第二章　民法规范理论**
043　　第四节　法律规范的概念与结构
050　　第五节　民法规范的传统分类
062　　第六节　个别规范与法律行为

第二编 法律行为

075	**第三章　法律行为的本质**
075	第七节　法律行为的概念
088	第八节　中国法上的民事法律行为
112	**第四章　法律行为的效力自治**
112	第九节　法律行为的效力基础
125	第十节　法律行为效力自治的时间维度
136	**第五章　法律行为的类型**
136	第十一节　法律行为的分类
143	第十二节　契约
153	**第六章　负担行为与处分行为**
153	第十三节　基本概念
161	第十四节　分离原则
174	第十五节　抽象原则
188	**第七章　意思表示的一般原理**
188	第十六节　意思表示的概念
199	第十七节　意思表示的生效
214	第十八节　意思表示的解释
233	**第八章　法律行为的效力瑕疵**
233	第十九节　效力瑕疵及其事由
238	第二十节　判断能力与法律行为
260	第二十一节　意思保留与法律行为

266	第二十二节	单方错误与法律行为
278	第二十三节	表意自由与法律行为
290	第二十四节	事务处置与法律行为
294	第二十五节	强制秩序与法律行为
309	第二十六节	效力瑕疵的基本形态

328	**第九章**	**代理**
328	第二十七节	代理概说
339	第二十八节	意定代理权
358	第二十九节	无权代理

第三编　权　利　主　体

377	**第十章**	**自然人**
377	第三十节	民法上的人
380	第三十一节	自然人的权利能力
397	第三十二节	自然人的行为能力
400	第三十三节	人格的保护
412	第三十四节	户籍与住所的民法意义

417	**第十一章**	**自然人的团体构造——法人**
417	第三十五节	法人概说
427	第三十六节	法人的分类
435	第三十七节	法人权利能力:开始与消灭
447	第三十八节	法人权利能力:根据与范围
460	第三十九节	法人行为能力
467	第四十节	法人目的的性质

475	第十二章	自然人的其他团体构造
475		第四十一节　家庭
480		第四十二节　非法人团体

第四编　权　利　理　论

497	第十三章	权利的一般原理
497		第四十三节　权利的概念
505		第四十四节　权利的实证法体系
512		第四十五节　权利的分类
521		第四十六节　权利的界限
532	第十四章	权利的时间属性
532		第四十七节　法律关系与时间
534		第四十八节　诉讼时效的基本原理
549		第四十九节　诉讼时效的计算
560	第十五章	权利的救济
560		第五十节　请求权基础理论
568		第五十一节　权利的私力救济
575	条文索引	

详目 CONTENTS

第二版序 / 001
民法教科书及其写法(代自序) / 005
法规缩略语表 / 009

第一编 基础理论

第一章 民法基础 / 003

第一节 民法的概念 / 003
一、"民法"的语源 / 003
　(一) 西文 / 003
　(二) 中文 / 004
二、调整对象学说 / 005
　(一) 学说史略 / 005
　(二)《民法通则》第 2 条 / 007
三、公法与私法 / 008
　(一) 各种学说 / 008
　(二) 区分的相对性 / 009
　(三) 区分的价值 / 010
　(四) 调整对象学说与公私法之区分 / 011
四、民法与其他法域 / 011
　(一) 宪法 / 011
　(二) 商法 / 013
　(三) 经济法 / 015
　(四) 民事诉讼法 / 015
　(五) 刑法 / 016
第二节 民法总则编 / 016
一、概说 / 106

二、法典功能定位与总则编 / 017
　(一) 法典功能与私法自治 / 018
　(二) 法典目标读者与总则编 / 021
三、总则编的构成 / 024
　(一) 总则编史略 / 024
　(二) 公因式提取标准 / 025
　(三) 括号之外的元素 / 026
四、总则编的改造 / 035
第三节 民法的法源 / 035
一、法源的含义 / 035
二、民法法源的基本框架 / 036
　(一) 规范法源 / 036
　(二) 法律 / 036
　(三) 法律解释 / 038
　(四) 司法解释 / 038
三、习惯的法源地位 / 040
四、法律行为(契约)的法源性 / 042

第二章 民法规范理论 / 043

第四节 法律规范的概念与结构 / 043
一、法律规范的概念 / 043
二、规范、规则与原则 / 044
　(一) 概念用法 / 044
　(二) 实质差别论与程度差别论 / 044

三、民法规范的逻辑结构 / 046
　　　（一）完全规范 / 046
　　　（二）不完全规范 / 046
　　　（三）规范的体系性与不完全性 / 050
第五节　民法规范的传统分类 / 050
　　一、任意规范与强制规范 / 050
　　　（一）民法规范的任意性 / 050
　　　（二）任意规范的功能及其识别 / 051
　　　（三）强制规范及其功能 / 054
　　　（四）半强制规范 / 056
　　二、强行规范、许可规范与授权规范 / 056
　　　（一）强行规范 / 057
　　　（二）许可规范 / 057
　　　（三）授权规范 / 058
　　　（四）小结 / 059
　　三、行为规范与裁判规范 / 060
　　　（一）行为规范 / 060
　　　（二）裁判规范 / 062
第六节　个别规范与法律行为 / 062
　　一、积极行为规范何在？ / 062
　　二、凯尔森的个别规范理论 / 062
　　　（一）法律规范的传统特征 / 062
　　　（二）个别规范与规范的层级构造 / 063
　　三、法律行为的规范品格 / 065
　　　（一）法律行为之为个别规范 / 065
　　　（二）私法自治与规范创制 / 066
　　　（三）法律行为规范的效力来源 / 068

第二编　法律行为

第三章　法律行为的本质　/ 075

第七节　法律行为的概念 / 075

　　一、法律行为的功能 / 075
　　二、法律行为及其相邻概念 / 080
　　　（一）概念体系 / 080
　　　（二）法律行为与情谊行为 / 080
　　　（三）法律行为与事实行为 / 083
　　　（四）法律行为与准法律行为 / 084
第八节　中国法上的民事法律行为 / 088
　　一、民事法律行为概念之缘起 / 088
　　　（一）前《民法通则》的民事法律行为 / 088
　　　（二）《民法通则》中的民事法律行为 / 089
　　二、民事法律行为概念的语用逻辑 / 089
　　　（一）民事法律行为概念的赋值考量 / 089
　　　（二）民事行为的含义 / 090
　　三、法律行为概念的"合法性矛盾" / 092
　　　（一）合法性挑战 / 092
　　　（二）德国法学的用法 / 095
　　　（三）苏联法学的影响 / 098
　　　（四）所谓合法性矛盾 / 101
　　四、"民事"法律行为的法域区分价值 / 103
　　　（一）潘德克顿法学中的法域界定 / 103
　　　（二）法律行为与私法自治 / 104
　　　（三）法律行为与行政行为 / 107

第四章　法律行为的效力自治　/ 112

第九节　法律行为的效力基础 / 112
　　一、法律行为的自治途径 / 112
　　　（一）行为自由 / 112

（二）效果自主　/113
　二、法律行为效力基础的传统见解　/114
　三、法律行为的构成要件　/115
　　（一）构成要件的传统功能　/115
　　（二）要件理论及其意义　/116
　　（三）要件理论的重塑　/118
　　（四）本书见解　/121
　四、法律行为效果自主的正当性　/122
第十节　法律行为效力自治的时间维度　/125
　一、法律行为的附款　/125
　　（一）法律行为效果自主与附款　/125
　　（二）附款的许可性　/125
　　（三）附款的种类　/126
　二、条件　/126
　　（一）条件的构成　/126
　　（二）条件的类型　/128
　　（三）不真正条件　/131
　　（四）条件的效力　/132
　　（五）条件成就与不成就的拟制　/133
　三、期限　/133
　　（一）期限的构成　/133
　　（二）期限的类型　/134
　　（三）期限的法律适用　/135

第五章　法律行为的类型　/136

第十一节　法律行为的分类　/136
　一、单方法律行为与数方法律行为　/136
　　（一）单方法律行为　/136
　　（二）契约　/137
　　（三）决议　/137
　二、财产行为与身份行为　/138

　三、给予行为与非给予行为　/139
　四、有偿行为与无偿行为　/139
　五、诺成行为与要物行为　/140
　六、要式行为与不要式行为　/142
　七、生前行为与死因行为　/143
第十二节　契约　/143
　一、契约的概念　/143
　　（一）立法定义　/143
　　（二）概念体系　/144
　二、契约原则　/145
　三、要约　/148
　　（一）需受领的单方意思表示　/148
　　（二）内容具体确定　/148
　　（三）具有受法律拘束的意思　/148
　四、承诺　/149
　　（一）意思表示向要约人作出　/149
　　（二）对要约表示同意　/150
　　（三）适时到达　/150
　五、契约的特殊订立方式　/151
　　（一）交叉要约　/151
　　（二）拍卖契约　/151
　　（三）招投标契约　/152
　六、合意与不合意　/152

第六章　负担行为与处分行为　/153

第十三节　基本概念　/153
　一、负担行为　/153
　二、处分行为　/156
　三、概念关联　/157
　四、区分标准　/158
　　（一）法律效果　/158
　　（二）处分权　/159

（三）效力的相对性与绝对性 /160
（四）特定原则与确定原则 /160
（五）目的无涉 /161
第十四节　分离原则 /161
一、分离原则的含义 /161
二、分离原则的基础 /162
（一）理念基础 /162
（二）规范基础 /163
三、分离原则否定论 /164
（一）行为一体抑或行为分离？ /164
（二）事实行为抑或法律行为？ /169
（三）生活写照抑或分析工具？ /171
（四）债权意思抑或物权意思？ /172
第十五节　抽象原则 /174
一、抽象原则的含义 /174
（一）法律原因 /174
（二）要因行为与抽象行为 /175
（三）外部抽象与内部抽象 /176
（四）绝对抽象与相对抽象 /177
二、抽象原则的基础 /177
（一）理念基础 /177
（二）规范基础 /178
三、抽象原则的功能 /181
（一）厘清法律关系 /181
（二）捋顺法律效果 /182
（三）维护交易安全 /184
四、抽象原则否定论 /185
（一）对原权利人不公平 /185
（二）功能替代 /186
五、抽象原则的限制 /187

第七章　意思表示的一般原理　/188

第十六节　意思表示的概念 /188

一、意思表示与法律行为 /188
（一）要素说 /188
（二）工具说 /189
二、无需意思表示之法律行为？ /190
（一）事实契约理论 /190
（二）事实契约理论的衰落 /190
（三）事实契约理论的中国版本 /192
三、意思表示的构成 /192
（一）外部要素 /193
（二）内部要素 /196
（三）复合式概念的正当性 /197
第十七节　意思表示的生效 /199
一、意思表示的基本类型 /199
（一）是否需要受领 /199
（二）受领人是否在场 /200
二、意思表示的发出 /201
（一）发出的含义 /201
（二）发出的判断 /201
（三）发出的法律意义 /203
三、需受领意思表示的到达 /204
（一）到达的含义 /204
（二）到达在场人的判断 /204
（三）到达不在场人的判断 /205
（四）理解问题对到达的影响 /207
（五）到达障碍 /207
（六）到达的法律意义 /209
四、需受领意思表示的生效时点 /209
（一）对不在场人的意思表示 /210
（二）对在场人的意思表示 /211
五、意思表示的撤回与撤销 /212
（一）意思表示的撤回 /212
（二）意思表示的撤销 /213

第十八节　意思表示的解释　/214
　一、意思表示解释的性质　/214
　　（一）理解意义抑或消除歧义？　/214
　　（二）事实问题抑或法律问题？　/216
　　（三）意思表示解释与法律解释　/217
　二、意思表示解释目标　/220
　　（一）解释终于何处？　/220
　　（二）意思主义　/220
　　（三）表示主义　/222
　　（四）意思表示解释与风险分配　/223
　三、意思表示解释因素　/227
　　（一）解释诸因素　/227
　　（二）解释因素、解释方法抑或解释规则？
　　　　/229
　四、补充解释　/231
　　（一）单纯解释与补充解释　/231
　　（二）补充解释的功能　/231
　　（三）任意规范先于补充解释　/232

第八章　法律行为的效力瑕疵　/233

第十九节　效力瑕疵及其事由　/233
　一、法律行为效力根源与效力瑕疵　/233
　二、法律行为效力瑕疵概观　/233
　　（一）无效　/234
　　（二）有效却可撤销　/235
　三、效力瑕疵事由概览　/235
　　（一）绝对无效事由　/235
　　（二）未决的无效事由　/235
　　（三）可撤销事由　/236
　四、法律行为效力瑕疵的判断流程　/236
第二十节　判断能力与法律行为　/238
　一、判断能力与法律行为效力　/238

　二、判断能力的暂缺　/238
　　（一）意思表示的发出与受领　/238
　　（二）间歇性精神病人发病期间与神志
　　　　不清　/239
　三、行为能力　/240
　　（一）行为能力的概念　/240
　　（二）行为能力的界定依据　/242
　　（三）行为能力的程度分界　/243
　四、无行为能力与法律行为效力　/248
　　（一）法律效果　/248
　　（二）无行为能力人实施法律行为的方式
　　　　/248
　五、限制行为能力与法律行为效力　/251
　　（一）自由行为领域　/251
　　（二）受管制行为领域　/256
第二十一节　意思保留与法律行为　/260
　一、意思保留与行为效力　/260
　二、通谋虚伪行为　/261
　　（一）基本结构　/261
　　（二）效力规则　/261
　　（三）实证规范　/262
　　（四）通谋虚伪行为与法律规避行为
　　　　/263
　三、单独虚伪表示　/263
　　（一）内心保留　/263
　　（二）非诚意表示　/264
　　（三）内心保留与非诚意表示　/265
第二十二节　单方错误与法律行为　/266
　一、错误概说　/266
　　（一）术语界定　/266
　　（二）法律行为错误与私法自治　/267

（三）解释先于撤销　／268
二、错误的形态　／269
　　（一）意思表达错误　／269
　　（二）意思形成错误　／270
　　（三）特殊错误形态　／273
三、错误与意思表示的因果关联　／276
四、错误与误传　／277
五、错误人的损害赔偿　／277
第二十三节　表意自由与法律行为　／278
一、意志的自由表达与法律行为效力　／278
二、受恶意欺诈的法律行为　／279
　　（一）构成要件　／279
　　（二）法律效果　／281
　　（三）第三人欺诈　／282
　　（四）权利竞合　／283
三、受非法胁迫的法律行为　／284
　　（一）构成要件　／284
　　（二）法律效果　／287
四、危难被乘的法律行为　／287
　　（一）构成要件　／287
　　（二）法律效果　／288
　　（三）危难被乘、显失公平与暴利行为　／289
第二十四节　事务处置与法律行为　／290
一、自治原则与事务处置　／290
二、无权处分　／291
　　（一）构成要件　／291
　　（二）法律效果　／292
三、无权代理　／294
第二十五节　强制秩序与法律行为　／294
一、私法自治与强制秩序　／294

二、违反法律禁令的法律行为　／294
　　（一）法律规范与法律行为的效力　／294
　　（二）效力性与管理性强制规定　／295
　　（三）法律禁令的类型　／297
　　（四）参引性规范　／300
三、违背公序良俗的行为　／300
　　（一）公共秩序与善良风俗　／300
　　（二）社会公共利益与公序良俗　／301
　　（三）违背公序良俗行为的构成　／303
　　（四）法律效果　／304
四、形式强制　／304
　　（一）要式行为的正当性　／304
　　（二）法律效果　／304
第二十六节　效力瑕疵的基本形态　／309
一、无效　／309
　　（一）无效概说　／309
　　（二）部分无效　／311
　　（三）相对无效　／312
二、未决的无效　／315
　　（一）法律效果的二阶性　／315
　　（二）同意的一般规则　／316
　　（三）允许的特殊规则　／317
　　（四）追认的特殊规则　／317
　　（五）相对人的催告与撤回　／317
三、可撤销　／318
　　（一）法律效果的二阶性　／318
　　（二）撤销行为　／318
　　（三）负担行为与处分行为的可撤销性　／324
　　（四）"变更权"　／326

第九章　代理　/328

第二十七节　代理概说　/328
一、代理制度与私法自治　/328
二、代理的概念　/328
  (一) 法定代理、意定代理与机关代理　/329
  (二) 代理中的法律关系　/330
  (三) 代理理论　/331
三、代理的构成　/333
  (一) 行为的可代理性　/333
  (二) 代理人为意思表示　/333
  (三) 显名原则　/335
  (四) 代理权　/337
四、代理的法律效果　/338
  (一) 效果归属　/338
  (二) 代理人的意思表示瑕疵　/338
  (三) 善意的判断　/339

第二十八节　意定代理权　/339
一、意定代理抑或委托代理?　/339
二、代理权的授予　/340
  (一) 授权行为之作出　/340
  (二) 授权行为与基础法律关系　/342
三、代理权的类型　/347
  (一) 个别代理权、类代理权与一般代理权　/347
  (二) 单独代理权与共同代理权　/347
  (三) 本代理权与复代理权　/348
四、代理权的限制　/350
  (一) 自我行为之禁止　/350
  (二) 代理权滥用之禁止　/351

五、代理权的撤回与撤销　/352
  (一) 代理权的撤回　/352
  (二) 代理权的撤销　/353
六、代理权的消灭　/356
  (一) 意定代理权的消灭　/356
  (二) 法定代理权的消灭　/358

第二十九节　无权代理　/358
一、狭义无权代理与表见代理　/358
二、狭义无权代理的法律效果　/359
  (一) 被代理人与第三人之关系　/359
  (二) 代理人与第三人之关系　/361
  (三) 被代理人与代理人之关系　/363
三、表见代理　/364
  (一) 表见代理的规范依据　/364
  (二) 表见代理的发生原因　/366
  (三) 表见代理的构成要件　/369
  (四) 表见代理的法律效果　/371

第三编　权利主体

第十章　自然人　/377

第三十节　民法上的人　/377
一、人在法典中的位置　/377
二、民法观念中的人　/378
  (一) 人的两种表述　/378
  (二) 以自然人为模型　/379
  (三) 两种"观念自然人"　/379

第三十一节　自然人的权利能力　/380
一、权利能力与自然人的主体地位　/380
  (一) 权利能力的概念　/380
  (二) 权利能力的性质　/382

二、权利能力的开始 / 384
　（一）出生之完成 / 385
　（二）胎儿的权利能力 / 385
三、权利能力的终止 / 387
　（一）死亡的法律性质 / 387
　（二）死亡的判断 / 387
　（三）死亡的时间推定 / 389
四、死亡宣告 / 391
　（一）死亡宣告的要件 / 391
　（二）死亡宣告的效力 / 393
　（三）死亡宣告的撤销 / 394

第三十二节　自然人的行为能力 / 397
一、行为能力与自然人的主体地位 / 397
二、行为能力欠缺者的制度保护 / 398
　（一）消极保护与积极保护 / 398
　（二）监护人顺位 / 398
　（三）监护义务 / 399
　（四）监护人的指定 / 399
　（五）委托监护 / 399

第三十三节　人格的保护 / 400
一、人格的法律意义 / 400
　（一）作为主体资格的人格 / 400
　（二）作为人的尊严的人格 / 401
二、人格权概念 / 402
三、一般人格权 / 402
四、具体人格权 / 405
　（一）概览 / 405
　（二）生命权 / 405
　（三）健康权 / 406
　（四）身体权 / 406
　（五）姓名权 / 406
　（六）肖像权 / 408

　（七）名誉权 / 408
　（八）隐私权 / 409
五、死者人格问题 / 411

第三十四节　户籍与住所的民法意义
　　　　　　/ 412
一、户籍 / 412
二、住所 / 413
三、失踪宣告制度 / 413
　（一）体例安排 / 413
　（二）失踪宣告的要件 / 414
　（三）失踪宣告的效力 / 415
　（四）失踪宣告的撤销 / 415
　（五）失踪宣告制度之检讨 / 415

第十一章　自然人的团体构造——法人 / 417

第三十五节　法人概说 / 417
一、法人与民法上的人 / 417
二、作为法律构造物的法人 / 418
　（一）法人的概念 / 418
　（二）法人的构造 / 421
三、法人的内部结构 / 424
　（一）意思形成机关 / 424
　（二）意思表达机关 / 425
　（三）监督机关 / 426

第三十六节　法人的分类 / 427
一、法人分类的意义 / 427
二、公法人与私法人 / 427
三、社团法人与财团法人 / 428
　（一）划分标准 / 428
　（二）构造差异 / 430

四、营利法人、公益法人与中间法人 / 431
五、《民法通则》的分类 / 432
　　(一) 企业法人 / 433
　　(二) 机关法人 / 433
　　(三) 事业单位法人 / 433
　　(四) 社会团体法人 / 433
　　(五) 法人型民办非企业单位 / 434
第三十七节　法人权利能力:开始与消灭 / 435
一、法人权利能力的开始 / 435
　　(一) 法人的设立原则 / 435
　　(二) 法人的设立方式 / 437
　　(三) 法人的成立标志 / 438
　　(四) 设立中法人 / 440
二、法人权利能力的消灭 / 441
　　(一) 法人权利能力消灭的标志 / 441
　　(二) 法人终止与法人清算 / 442
　　(三) 法人终止的原因 / 444
三、法人的变更 / 445
　　(一) 法人变更及其登记 / 445
　　(二) 法人的合并 / 446
　　(三) 法人的分立 / 446
　　(四) 法人的形态变更 / 446
　　(五) 法人的目的事业变更 / 447
第三十八节　法人权利能力:根据与范围 / 447
一、法人权利能力的根据 / 447
　　(一) 学说 / 447
　　(二) 评略 / 448
二、法人人格权 / 449
　　(一) 权利能力范围与法人人格权 / 449

　　(二) 法人名称权 / 450
　　(三) 法人名誉权 / 451
　　(四) 本书见解 / 452
三、财产法上的法人权利能力 / 452
　　(一) 法人财产权利能力范围及其限制 / 452
　　(二) 公法人的目的限制 / 453
　　(三) 非营利法人的经营限制 / 454
　　(四) 营利法人的投资限制 / 456
　　(五) 法人逾越权利能力的行为效力 / 457
四、法人限制权利能力 / 458
第三十九节　法人行为能力 / 460
一、法人本质学说与法人行为能力 / 460
　　(一) 学说 / 460
　　(二) 立法例 / 461
二、法人行为能力的范围 / 464
三、法人不法行为能力 / 465
第四十节　法人目的的性质 / 467
一、法人目的事业的意义 / 467
二、经营范围与法人目的 / 467
三、法人目的与法人权利能力 / 468
　　(一) 越权规则及其继受 / 468
　　(二)《民法通则》中的经营范围 / 468
四、法人目的与法人行为能力 / 470
五、法人目的与代理理论 / 471

第十二章　自然人的其他团体构造 / 475

第四十一节　家庭 / 475
一、家庭的法律意义 / 475
二、农户 / 475

三、个体工商户 /476
　（一）个体工商户的概念 /476
　（二）个体工商户的设立 /478
　（三）个体工商户的终止 /479
　（四）个体工商户的权利能力 /479
四、农村承包经营户 /479
　（一）农村承包经营户的概念 /479
　（二）农村承包经营户的设立 /480
　（三）农村承包经营户的权利能力 /480

第四十二节　非法人团体 /480
一、概说 /480
　（一）非法人团体的类型 /480
　（二）非法人团体的权利能力 /482
二、个人独资企业 /484
　（一）个人独资企业的概念 /484
　（二）个人独资企业的设立 /485
　（三）个人独资企业的终止 /486
　（四）个人独资企业的权利能力 /487
三、合伙 /487
　（一）合伙史略 /487
　（二）个人合伙 /487
　（三）合伙团体 /489
　（四）合伙企业的设立 /491
　（五）合伙企业的终止 /492
　（六）合伙企业的权利能力 /492

第四编　权利理论

第十三章　权利的一般原理 /497

第四十三节　权利的概念 /497
一、"权利"的语源 /497
　（一）西文 /497
　（二）中文 /498
二、权利的本质 /499
　（一）意志理论 /499
　（二）利益理论 /501
　（三）本书见解 /502
三、权利的取得 /503
　（一）原始取得与继受取得 /503
　（二）个别继受与概括继受 /505
　（三）自权利人处取得与自非权利人处取得 /505
四、权利的消灭 /505
　（一）绝对消灭 /505
　（二）相对消灭 /505

第四十四节　权利的实证法体系 /505
一、《民法通则》中的权利框架 /505
　（一）财产所有权和与财产所有权有关的财产权 /506
　（二）债权 /506
　（三）知识产权 /506
　（四）人身权 /507
二、单行法中的权利图景 /507
　（一）物权 /507
　（二）继承权 /508
　（三）债权 /510
　（四）知识产权 /510
　（五）亲属权 /510
　（六）社员权 /510
三、我国实证法权利体系概览 /511

第四十五节　权利的分类　/ 512
　一、绝对权与相对权　/ 512
　　（一）区分界限　/ 512
　　（二）区分意义　/ 513
　二、支配权、请求权、抗辩权与形成权
　　　/ 514
　　（一）支配权　/ 514
　　（二）请求权　/ 515
　　（三）抗辩权　/ 516
　　（四）形成权　/ 517
　三、原权与救济权　/ 519
　四、完整权与期待权　/ 519
　五、主权利与从权利　/ 520
第四十六节　权利的界限　/ 521
　一、自由行为与权利界限　/ 521
　二、诚实信用原则　/ 521
　　（一）概说　/ 521
　　（二）功能　/ 524
　三、禁止权利滥用原则　/ 524
　　（一）概说　/ 524
　　（二）效力　/ 528
　四、诚实信用与禁止权利滥用　/ 529

第十四章　权利的时间属性　/ 532

第四十七节　法律关系与时间　/ 532
　一、法律关系的时间结构　/ 532
　　（一）时间结构中的权利享有者　/ 532
　　（二）时间结构中的权利　/ 532
　二、时间与管制　/ 533
　三、期日与期间　/ 534
　　（一）功能与概念　/ 534
　　（二）期间的计算规则　/ 534

　　（三）规范性质　/ 534
第四十八节　诉讼时效的基本原理　/ 534
　一、诉讼时效概说　/ 534
　　（一）功能　/ 534
　　（二）语词表述　/ 535
　二、诉讼时效的适用对象　/ 536
　　（一）对象范围　/ 536
　　（二）债权请求权　/ 537
　　（三）物权请求权　/ 537
　　（四）基于人格权的请求权　/ 540
　　（五）基于亲属权的请求权　/ 540
　三、诉讼时效的效力　/ 540
　　（一）抗辩权发生　/ 540
　　（二）债务人放弃抗辩　/ 543
　　（三）债务人履行　/ 543
　　（四）从权利的效力　/ 544
　四、诉讼时效的规范性质　/ 545
　　（一）强制规范？　/ 545
　　（二）正当性　/ 545
　五、诉讼时效与除斥期间　/ 547
　　（一）除斥期间的功能　/ 547
　　（二）除斥期间与诉讼时效　/ 547
第四十九节　诉讼时效的计算　/ 549
　一、诉讼时效期间　/ 549
　　（一）普通时效期间　/ 549
　　（二）特别时效期间　/ 550
　　（三）最长时效期间　/ 551
　二、诉讼时效的开始　/ 552
　　（一）客观期间与主观期间　/ 552
　　（二）类型化规则　/ 553

三、诉讼时效的障碍 / 556
　（一）障碍类型 / 556
　（二）诉讼时效的中止 / 557
　（三）诉讼时效的中断 / 558
　（四）诉讼时效的延长 / 559

第十五章　权利的救济 / 560

第五十节　请求权基础理论 / 560
一、权利救济概说 / 560
二、民事诉讼与请求权 / 560
　（一）权利之私法救济的样式 / 560
　（二）两种请求权 / 561
　（三）请求权与诉权 / 561
　（四）请求权在私法救济体系中的枢纽地位 / 562
三、请求权基础体系 / 563
　（一）请求权基础的类型 / 563
　（二）请求权基础的检视 / 564
四、请求权基础的多元性 / 566
　（一）请求权基础多元性的含义 / 566
　（二）规范排斥竞合 / 566

　（三）择一竞合 / 567
　（四）请求权聚合 / 567
　（五）请求权竞合 / 567

第五十一节　权利的私力救济 / 568
一、私力救济的样式 / 568
二、正当防卫 / 569
　（一）概念 / 569
　（二）构成要件 / 569
　（三）法律效果 / 570
三、紧急避险 / 570
　（一）概念 / 570
　（二）构成要件 / 570
　（三）法律效果 / 571
四、自助行为 / 573
　（一）概念 / 573
　（二）构成要件 / 573
　（三）自助行为的界限 / 574
　（四）法律效果 / 574

条文索引 / 575

第一编 | 基础理论

第一章 民法基础

第二章 民法规范理论

第一章 民法基础

第一节 民法的概念

一、"民法"的语源

了解语词构形演化与意义流变,可为理解概念提供有益的历史视角。

(一)西文

"民法"源于罗马法上的 ius civile。罗马私法曾被三分为 ius naturale(自然法)、ius gentium(万民法)与 ius civile(市民法),其中,自然法适用于包括人在内的一切生物,万民法系人类一体适用的法律,市民法则是专属罗马市民的法律。① 不过,这一分类未被罗马法贯彻始终。公元 212 年,卡拉卡拉大帝(Caracalla)一项法律规定,全部帝国臣民均得适用市民法。自此,万民法与市民法的界限逐渐烟消。②

中世纪时,基督教会在与世俗王室的权力争斗中提出,不仅精神之剑,世俗之剑亦应执掌于教会之手。③ 教会法因而近乎全面控制世人生活。十一世纪,古罗马 corpus iuris civilis(市民法大全)重见天日,世俗法学家以之抗衡教会法,由此形成二元的法律结构。此时,ius civile 所偏重的,乃是与 ius canonicum(寺院法)相对的"世俗法"之含义。④

随着教会法逐渐退出世俗领域以及市民阶级、个人主义观念的兴起,罗马法对欧洲社会的影响再次占据主导地位,ius civile 之称谓为许多国家所继受,如法语 droit civil、意大利语 diritto civile、德语 Zivilrecht(日耳曼词根的同义表达是 bürgerliches Re-

---

① Behrends/Knütel/Kupisch/Seiler, Corpus Iuris Civilis: Die Institution (Text und Übersetzung), 3. Aufl., 2007, S. 2 f.

② Gustav Boehmer, Grundlagen der Bürgerlichen Rechtsordnung I, 1950, S. 5.

③ [美]伯尔曼:《法律与革命(第1卷)——西方法律传统的形成》,贺卫方、高鸿钧、张志铭、夏勇译,法律出版社 2008 年版,第 107 页;[美]G. F. 穆尔:《基督教简史》,郭舜平、郑德超、项星耀、林纪焘译,商务印书馆 1996 年版,第 174—175 页。

④ Franz Wieacker, Privatrechtsgeschichte der Neuzeit: unter besonderer Berücksichtigung der deutschen Entwicklung, 2. Aufl., 1967, S. 72; Hans Hattenhauer, Grundbegriffe des Bürgerlichen Rechts, 2. Aufl., 2000, S. 287.

cht)等。同时,《法国民法典》(Code Civil)①、《德国民法典》(Bürgerliches Gesetzbuch)②、《瑞士民法典》(Schweizerisches Zivilgesetzbuch)③、《意大利民法典》(Codice Civile Italiano)④等莫不以此为名。唯须注意者,各立法例下,虽同以语词civil(Zivil)指称民法典,但用法略有不同:在民商分立的法德,民法典一般不包括商法规则;奉民商合一的瑞意,则将商法规则一并纳入其中。

(二) 中文

清季变法,曾出现"国律""文律""民律"等不同语词⑤,最终选定"民法",通说认为,典籍无所本,系因袭日本的结果。⑥ 唯清光绪三十三年民政部奏请厘定民律称:"中国律例,民刑不分,而民法之称,见于尚书孔传。"⑦查《尚书孔传》释"咎单作明居"云:"咎单,臣名,主土地之官。作明居民法一篇,亡。"又《史记·殷本纪》:"咎单作明居。"马融注曰:"咎单,汤司空也。明居民之法也。"另查《荀子·王制》:"修堤梁,通沟浍,行水潦,安水臧,以时决塞,岁虽凶败水旱,使民有所耘艾,司空之事也。"显然,所谓"明居民法",系明晓民众筑土安居之法之谓,典籍中的"民""法"二字,甚至未尝构为一词,与今日所称"民法",相去自是不可以道里计。

西法东渐中,日本率先接纳西方法律体系,并以汉字组合"民法"二字作为ius civile的对译语词。⑧ 对此译名,张俊浩教授颇不以为然,讥之为"貌似神失,移桔变枳"的误译,理由是,ius civile意为"市民法",而"市民法"注入了"私法""私权法""市民社会的法"等诸多信息,一字之差的"民法"则将这些信息"差不多全给丢掉了"。⑨ 管见以为,日本这一"依字义直译"⑩的译名虽然未必如何高明,似乎也不至于误译。

civis(Bürger)从古罗马开始,基本含义即是作为特定人群的"市民(城市居民)",

---

① 若无特别说明,本书引用的《法国民法典》条文内容,来自于罗结珍译:《法国民法典》,北京大学出版社2010年版。
② 若无特别说明,本书引用的《德国民法典》条文内容,系作者根据德文原文自译。
③ 若无特别说明,本书引用的《瑞士民法典》条文内容,系作者根据德文原文自译。
④ 若无特别说明,本书引用的《意大利民法典》条文内容,来自于费安玲、丁玫、张宓译:《意大利民法典》,中国政法大学出版社2004年版。
⑤ 俞江:《近代中国法学语词的生成与发展》,载氏著:《近代中国的法律与学术》,北京大学出版社2008年版,第11页。
⑥ 胡长清:《中国民法总论》,中国政法大学出版社1997年版,第8页;梅仲协:《民法要义》,中国政法大学出版社1998年版,第14页;王伯琦:《民法总则》(第8版),台湾"国立编译馆"1979年版,第1页。
⑦ (清)朱寿朋编:《光绪朝东华录》(第5册),中华书局1958年版,总第5682页。
⑧ 唯翻译的具体途径说法不一。曾任《日本民法典》起草委员的富井正章称:"民法之名称,乃日儒箕作麟祥氏,翻译法兰西法典始用之。"氏著:《民法原论》(第1卷),陈海瀛、陈海超译,杨廷栋修正,中国政法大学出版社2003年版,第35页。穗积陈重则称,"然问之于(箕作)博士,博士否认其为己所新创,乃沿用津田(真道)先生《泰西国法论》中所载之词。余遂问津田先生,先生答曰,该词乃荷兰语Burgerlykregt之新创译语。"氏著:《法窗夜话》,曾玉婷、魏磊杰译,法律出版社2015年版,第148页。
⑨ 张俊浩主编:《民法学原理》(上册)(修订第3版),中国政法大学出版社2000年版,第5—6页(张俊浩)。(合著作品在页码之后标出征引内容的作者;未标出者,即表明该书未显示作者分工。下同。)
⑩ 梅仲协:《民法要义》,中国政法大学出版社1998年版,第14页。

相应的,civitas(Bürgerrecht)特指"市民身份"或"市民权",因而,罗马时期的 ius civile 实际上恰是典型身份立法的产物。这一传统,直到1794年《普鲁士普通邦法》(ALR, Allgemeines Landrecht für die preußischen Staaten)依然得以延续。邦法将国民区分为农民身份(Bauerstand)、市民身份(Bürgerstand)与贵族身份(Adelstand)三种类型,分别予以不同的权利。① 潘德克顿法学(Pandektenrecht)以 bürgerliches Recht 指称 ius civile,同时将后者身份立法的含义去除,伯默尔(Gustav Boehmer)指出:"bürgerliches Recht 并不是专门适用于依出生或职业身份而确定的'市民'或其社会阶层的法律,它不过是如同其他众多流传至今的法律术语,系罗马法术语的借用,自拉丁语词 jus civile 翻译而来。在古罗马的演进中,这一概念早已失去与特定'身份'的关联。"② 就此而言,以"市民法"作为对译语词固然贴近 ius civile 的罗马原意,但原意中的身份立法含义亦可能被一并带入。

无论"民法"之表述源自何处、与本义的差距有多大,既已约定俗成,自不必推倒重来,况且,起源于罗马的 ius civile 在社会变迁中,含义本非一成不变。对于理解概念,比语词选择更重要的,是概念如何实际使用。不过,张教授的批评虽稍严苛,所传达的市民社会与政治国家分野的观念,以及在此背景下对于私权神圣的尊崇,却无疑是切中肯綮的。

二、调整对象学说

对于多数新中国法学家而言,欲了解民法概念如何实际使用,必先明确其调整对象。一个极具代表性的说法是:"民法调整对象问题的研究将关系到我国民法科学的建立、民法典的编纂以及司法实践中对民法规范的正确运用。因此,民法对象是民法科学中首先应该解决的一个基本问题。"③《民法通则》第2条正是这一观念的结果。

(一)学说史略

有关民法调整对象的讨论为苏联法学所引发。调整对象问题,被认为是苏维埃社会主义法律体系的构建、民法典的制定、法律的正确适用以及法律教育的开展诸环节的根本问题,为此,1938—1940年与1954—1955年,苏联曾发起两次大规模的讨论。④ 讨论之后,民法教科书的标准表述是:苏维埃社会主义民法调整一定范围的财产关系和与此相联系的人身非财产关系。其中,财产关系包括社会主义组织之间的财产关系、社会主义组织与公民之间的财产关系以及公民之间的财产关系,人身非财

---

① Gustav Boehmer, Grundlagen der Bürgerlichen Rechtsordnung I, 1950, S.5.
② a.a.O., S.4 f.
③ 佟柔、赵中孚、郑立主编:《民法概论》,中国人民大学出版社1982年版,第2页(佟柔)。
④ 《关于苏维埃民法对象的讨论总结》,王明毅译,载《苏维埃民法的对象论文集》,全国人民代表大会常务委员会办公厅编译室编印(印行年份不详),第63—64页。

产关系则与人身不可分离而无财产内容,如荣誉权、名誉权、姓名权、著作权等。至于婚姻家庭关系,因其"如此特殊",以至于不能如资产阶级般划归民法之列。①

苏联关于调整对象的讨论曾全面影响新中国民法学。"两个一定"(一定范围的财产关系与一定范围的人身非财产关系)的表述在较长时期内成为各民法教科书的固定表达。② 对此成说,佟柔先生表示,所谓"一定范围",过于笼统,不足为训,综观法律史,民法均是为调整商品关系而设,只不过因社会发展阶段不同,所调整的分别是简单商品关系、资本主义商品关系或社会主义商品关系,在社会主义初级阶段的我国,民法的调整对象自然是社会主义商品关系。③

佟柔先生对于苏联范本的修正,意义在于:第一,佟先生基于商品经济的特性,力证当事人地位平等与等价有偿乃是民法的基本原则,而苏联法学虽亦称"公民享有平等权利",但主要是在按劳取酬的分配原则方面强调平等④,至于民事交往中的地位平等问题,则存而不论。佟先生认为,奉行按劳取酬原则的,与其说是属于民法范畴,不如归诸劳动法调整更为恰当。⑤ 地位平等与等价有偿原则,后被写入《民法通则》第3条与第4条。第二,依佟先生之见,苏联的"两个一定"说极其含糊,其实未能为民法确定一个统一的调整对象,"商品关系"说则既为民法确立统一的调整对象,更由此划出民法与其他法律尤其是经济法的界限。佟先生指出,经济法是把某种具体的经济现象、经济过程作为自己的调整对象,不具有统一性,调整时,需要借助民法、行政法、劳动法、财政法甚至刑法等多种手段,因此不成其为独立的法律部门。⑥

当是时也,依托于计划经济的经济法观念颇有否弃民法并取而代之之势,佟柔先生的"商品关系"说,为风雨飘摇的民法确立了生存根基,自有其不可磨灭的历史功绩。

---

① 〔苏〕谢列布洛夫斯基:《苏联民法概论》,赵涵舆译,人民出版社1951年版,第3页;〔苏〕斯·恩·布拉都西主编:《苏维埃民法》(上),中国人民大学民法教研室译,中国人民大学出版社1954年版,第3—8页;〔苏〕Д. М. 坚金主编:《苏维埃民法》(第1册),中国人民大学民法教研室(李光谟、康宝田、邬志雄)译,法律出版社1956年版,第16—17页(坚金);〔苏〕В. П. 格里巴诺夫、С. М. 科尔涅耶夫主编:《苏联民法》(上册),中国社会科学院法学研究所民法经济法研究室译,法律出版社1984年版,第3—11页。

② 举其要者如,中央政法干部学校民法教研室编著:《中华人民共和国民法基本问题》,法律出版社1958年版,第19页;西南政法学院民法教研编:《中华人民共和国民法讲义》,1980年,第1—4页;北京政法学院民法教研室讲授:《民法讲义》(上册),第三期全国律师训练班录音整理,1981年,第2页(江平);佟柔、赵中孚、郑立主编:《民法概论》,中国人民大学出版社1982年版,第2页(佟柔);王作堂、魏振瀛、李志敏、朱启超等编:《民法教程》,北京大学出版社1983年版,第6页;陈国柱主编:《民法学》,吉林大学出版社1984年版,第1页(王建明)。

③ 佟柔、赵中孚、郑立主编:《民法概论》,中国人民大学出版社1982年版,第2—5页(佟柔)。

④ 〔苏〕斯·恩·布拉都西主编:《苏维埃民法》(上),中国人民大学民法教研室译,中国人民大学出版社1954年版,第12页。

⑤ 佟柔、赵中孚、郑立主编:《民法概论》,中国人民大学出版社1982年版,第6页(佟柔)。

⑥ 同上书,第7—8页(佟柔)。关于民法与经济法的关系,佟柔先生在稍后出版的《中华人民共和国民法原理》(上册)(全国第三期法律专业师资进修班民法班整理,1983年7月)中有详细论证(第32—54页)。

(二)《民法通则》第 2 条

1986 年 4 月 12 日六届全国人大四次会议通过的《民法通则》(1987 年 1 月 1 日起施行)第 2 条是关于调整对象的规定:"中华人民共和国民法调整平等主体的公民之间、法人之间、公民和法人之间的财产关系和人身关系。"在调整对象的表述中直接突出"平等主体",这一界定方式于当时的法学界略显陌生,就笔者所见,《民法通则》之前的教科书,唯杨振山先生关于民法的定义与之相似:"民法是统治阶级根据自己的意志制定的,用以调整平等主体之间的财产关系和人身关系的法律规范的总称。"① 不过,在佟柔先生眼里,所谓"平等主体",也许不过是"商品关系"的另一种表述,因为,"在商品经济社会,平等主体间的关系必然取决于商品经济关系,并以商品经济关系为核心"。②

除"平等主体"这一中国元素外,《民法通则》第 2 条的表述其实还是打上了鲜明的苏联烙印,不仅"公民之间、法人之间、公民和法人之间"这等繁琐的表述明显自苏联财产关系的三分法改造而来,"财产关系和人身关系"之并列,亦是舶来苏联法学之物。尤具说明价值的是,苏联民法所称人身关系,只是荣誉权、名誉权、姓名权、著作人身权等如今被归入人格权的关系,亲属法上的身份权则被排除在外,与之相应,《民法通则》颁行之初,教科书在解释第 2 条之"人身关系"时,亦大多表示:指的是平等主体之间因姓名权、名誉权、荣誉权、肖像权、著作权、发明权等所发生的社会关系。③

解释不是唯一的。关于"人身关系"的理解,虽然几乎是众口一词,却仍偶有异声。《民法新论》一书即反对将婚姻家庭法独立于民法之外,认为《民法通则》第 2 条所称人身关系,亦包括夫妻之间、父母子女之间等基于亲属关系而产生的身份权。④这部由未参与立法的年轻学者编撰的教科书,在解释法律条文时,显然未太多受制于"立法原意"。20 世纪 90 年代以后,"立法原意"越来越远离大众视线。伴随着婚姻、继承法对于民法体系的回归,第 2 条中的"人身关系"逐渐被拆解为"人格关系"与"身份关系"的合称。⑤ 时至今日,《民法通则》颁行不过三十年,第 2 条之"立法原意"已几乎为人所淡忘。法律解释中主观解释与客观解释的消长,于此可见一斑。

《民法通则》之后,学界关于调整对象的争论逐渐偃旗息鼓,普遍转而依制定法框架进行阐述。

---

① 杨振山、王遂起:《中华人民共和国民法讲义》,中国政法大学函授部印行 1984 年版,第 2 页(杨振山)。
② 佟柔主编:《中国民法学·民法总则》,中国人民公安大学出版社 1990 年版,第 8 页。
③ 举其要者如,唐德华主编:《民法教程》,法律出版社 1987 年版,第 5 页(王利明);江平、张佩霖:《民法教程》,中国政法大学出版社 1988 年版,第 4 页(江平);李由义主编:《民法学》,北京大学出版社 1988 年版,第 16 页(郑立);寇志新主编:《民法学》(上册),陕西科学技术出版社 1989 年版,第 27—29 页(寇志新);周元伯主编:《中国民法教程》,南京大学出版社 1989 年版,第 3 页(周元伯);佟柔主编:《中国民法学·民法总则》,中国人民公安大学出版社 1990 年版,第 10—14 页。
④ 王利明、郭明瑞、方流芳:《民法新论》(上册),中国政法大学出版社 1988 年版,第 16—22 页。
⑤ 如,张俊浩主编:《民法学原理》,中国政法大学出版社 1991 年版,第 5—6 页(张俊浩)。

三、公法与私法

从调整对象的角度理解民法概念,这只是众多可能的路径之一。欧陆民法传统中,更通行的路径是公法与私法之分野。在此分野格局中,民法被划归私法之列,或迳被当作私法的同义表达。然则公法与私法如何界定?

(一) 各种学说

区分公法与私法的传统在欧陆可谓源远流长,期间形成的理论学说不胜枚举,最具代表性的,莫过于利益、隶属与主体三说。

1. 利益说

罗马法时期,由乌尔比安(Ulpianus)提出并被优士丁尼大帝(Flavius Iustinianus)编入钦定教科书的一个著名论断是:"公法事关罗马国家秩序,私法则涉及个人利益。"①此即所谓"利益说"(Interessentheorie)。

然而,私法中未必没有公共利益的因素,例如,公共利益通常是影响法律行为效力的因素,而亲属法等事关伦理的法律规范,更是与公共利益密切相关;另一方面,社会保障法等公法其实亦是直接关乎个人利益。上述定义显然有欠周延。不仅如此,哈耶克(F. A. von Hayek)甚至认为,公法对应公共利益、私法只保护私人利益的观点,实属是非颠倒之论,从根本上说,私人目的在自由秩序中顺利实现才是真正的维护公共利益之道,通过政府组织实现公共福祉,反倒是拾遗补缺之举。②

"利益说"的缺陷还在于,以"利益"属性为判断标准,可能为"一切法律皆公法"的主张提供支持。德国纳粹法律理论即宣称,所有法律均是实现人民共同利益的工具,因此,私法亦是关乎公共利益之法,与公法别无二致。③

如今,"利益说"在法国依然占据主导地位④,在德国则几乎无人再予支持。⑤

2. 隶属说

"隶属说"(Subordinationstheorie)或称"主体地位说"(Subjektionstheorie)曾长时间在德国占主导地位。⑥ 该说主张:第一,在法律关系的内容方面,公法关系中主体地位具有隶属关系,下位意志受制于上位意志;私法则规范平等主体之间的关系,任何一方意志不得强加于对方。第二,在法律关系的发生方面,公法关系一般是依国家意志

---

① Behrends/Knütel/Kupisch/Seiler, Corpus Iuris Civilis: Die Institution (Text und Übersetzung), 3. Aufl., 2007, S. 2.
② 〔英〕弗里德利希·冯·哈耶克:《法律、立法与自由》(第1卷),邓正来等译,中国大百科全书出版社2000年版,第209—210页。
③ Hans Carl Nipperdey, Das System des bürgerlichen Rechts, in: Zur Erneuerung des bürgerlichen Rechts, 1938, S. 98; Heinz Hübner, Allgemeiner Teil des Bürgerlichen Gesetzbuches, 2. Aufl., 1996, Rn. 2.
④ 〔法〕雅克·盖斯旦、吉勒·古博、缪黑埃·法布赫—马南:《法国民法总论》,陈鹏等译,法律出版社2004年版,第66页。
⑤ Reinhard Bork, Allgemeiner Teil des Bürgerlichen Gesetzbuchs, 3. Aufl., 2011, Rn. 17.
⑥ Dieter Medicus, Allgemeiner Teil des BGB, 10. Aufl., 2010, Rn. 8.

而产生,相对人处于他治地位,无自由选择之余地;私法关系则因当事人的自由意志而产生。这一学说在面对警察法、税法等行政法以及民法中的大多数法律关系时,解释力较强,但仍有缺陷:

其一,一方面,等级相同的国家机关地位平等,但彼此权力划分与行使关系由公法调整;国家之间的地位平等,但国际法被划归公法之列;而立法权这一最高层次的公权力,依现代民主理论,系基于权利平等的民众授予,因此,立法权之行使,究其根本,乃是民众自治而非他治的表现;再者,民众在面对国家权力时,并不总处于服从地位,其基本权利亦须得到后者尊重。另一方面,私法社团内部、父母与未成年子女之间均存在一定的隶属关系,却属于私法;属于私法契约的雇佣契约与培训契约,受雇人与受教育人亦须受制于对方意志。

其二,一方面,私法关系未必依自由意志产生,如父母子女之间的权利义务关系、亲属之间的抚养义务以及法定继承关系等。另一方面,公法关系亦可能由当事人的自由意志引发,除国家之间的国际法关系外,国内公法关系如入籍申请、公法契约之订立等均是如此。①

3. 主体说

"主体说"(Subjekttheorie)分新旧两说。"旧主体说"认为,一方当事人为公权力者,即形成公法关系。此说可解释平等地位的国家机关之间以及具隶属关系的私人之间法律关系的性质,从而化解"隶属说"的一些困境。但新的缺陷随之而来:公权力者亦可能参与私法关系,如国家机关缔结的普通买卖契约。②

现今德国通说,是融合"隶属说"与"旧主体说"的所谓"新主体说"("修正的主体说")。其说略谓:当公权力者以公权力担当人的面目出现时,形成公法关系,否则即为私法关系。③ 如果公权力与私人领域能够被划分得比较清楚,新主体说的解释力大致可得以维持,但在中国,难免面临诸多难题,例如,在私人无法拥有土地所有权、铁路邮政等行业为国家所垄断等现实背景下,国有土地使用权出让合同、农村承包经营合同、铁路运送以及邮政合同等各种法律关系,具有多大程度的私法性质,在解释上并非没有疑问。就此而言,新主体说虽然未必适合于中国,却为观察中国公权力对私人生活的介入程度提供了一块试金石。

(二) 区分的相对性

"国家—社会—个人"之关系当然不可能泾渭分明,正如梅迪库斯(Dieter Medi-

---

① Gustav Boehmer, Grundlagen der Bürgerlichen Rechtsordnung I, 1950, S. 164 ff.
② Reinhard Bork, Allgemeiner Teil des Bürgerlichen Gesetzbuchs, 3. Aufl., 2011, Rn. 17; Larenz/Wolf, Allgemeiner Teil des Bürgerlichen Rechts, 9. Aufl, 2004; § 1 Rn. 26.
③ Reinhard Bork, Allgemeiner Teil des Bürgerlichen Gesetzbuchs, 3. Aufl., 2011, Rn. 17; Brox/Walker, Allgemeiner Teil des BGB, 34. Aufl., 2010, Rn. 10; Heinz Hübner, Allgemeiner Teil des Bürgerlichen Gesetzbuches, 2. Aufl., 1996, Rn. 6; Larenz/Wolf, Allgemeiner Teil des Bürgerlichen Rechts, 9. Aufl, 2004, § 1 Rn. 27; Dieter Medicus, Allgemeiner Teil des BGB, 10. Aufl., 2010, Rn. 9.

cus)所指出的,想要单纯用某种固定公式为公法与私法划出楚河汉界,必将无功而返。① 随着社会的发展,公共权力与私人领域的交错日渐突出,不仅民法这一典型的私法越来越面临公法规范的入侵②,更引人注目的是,竞争法、反垄断法等经济法以及劳动法的兴起,使得任何区分标准均为之徒叹奈何。在此背景下,"第三法域"之主张顺势出现。德国法学家帕夫洛夫斯基(Hans-Martin Pawlowski)将此"第三法域"以"社会法"(Sozialrecht)相称,归入其列者,包括劳动法、经济法(如卡特尔法)、婚姻法、承租人保护法、经济上具有重要意义的社团法(das Recht der wirtschaftlich bedeutsamen Vereine)以及一般交易条件法等,其共同特点在于,当事人对于法律关系的建立受到约束,但自由度较之公法领域为大。③

(三) 区分的价值

欧陆传统对于区分公私法之思维并非全无异见,其中最著名的反对者当属凯尔森(Hans Kelsen)。凯尔森主张公私法一元论,其说略谓:公法与私法之别,只在于法律的创制方式不同,公权命令是行政法的个别规范,私人法律行为则是民法典的个别规范,而无论是行政法还是民法典,作为一般规范,均是国家意志的产物,因此,国家公法行为与私人法律行为融汇于统一的国家意志,公法与私法具有一元性,纵然有着某种对立,亦不过存在于体系内部。④

凯尔森统合公私法的见解,遭到哈耶克的强烈批评,后者指出:"就正当的法律行为规则尤其是私法而言,法律实证主义所谓法律的内容始终是立法者意志之表示的断言,根本就是谬误的。"⑤在哈耶克看来,奉行组织规则(rules of organization)的公法与奉行正当行为规则(rules of just conduct)的私法,其间差别是根本性的:组织规则是立法机构刻意制定、用以规范公共权力机构的规则,规范对象必须遵照相应的命令作出行为;正当行为规则则是在历史演进中自发形成,不依赖于任何人的意志,亦不指令当事人作出积极行为,只是通过禁止性规则划定行为界限,实际如何行为,取决于行为人的自由意志。⑥ 就此问题,梅迪库斯的表述更为直截了当:"私法一般奉行决定自由,不必说明理由,与之相反,公法中的决定则受到约束。"⑦这意味着,如果将公法与私法统归一元,结果将是,或者导致本应受约束的公法行为如私法行为般自由任性,或者使得本应自由作出的私法行为如公法行为般受到管制。

---

① Dieter Medicus, Allgemeiner Teil des BGB, 10. Aufl., 2010, Rn. 10.
② 参见苏永钦:《从动态法规范体系的角度看公私法的调和——以民法的转介条款和宪法的整合机制为中心》,载氏著:《寻找新民法》,北京大学出版社2012年版,第249—292页。
③ Hans-Martin Pawlowski, Allgemeiner Teil des BGB, 7. Aufl., 2003, Rn. 17 ff.
④ Hans Kelsen, Reine Rechtslehre, 2. Aufl., 1960 (Unveränderter Nachdruck 1976), S. 285 ff.
⑤ 〔英〕弗里德利希·冯·哈耶克:《法律、立法与自由》(第2、3卷),邓正来等译,中国大百科全书出版社2000年版,第71页。
⑥ 详参〔英〕弗里德利希·冯·哈耶克:《法律、立法与自由》,邓正来等译,中国大百科全书出版社2000年版,尤其是第1卷第1章、5章、6章,第2卷第8章。
⑦ Dieter Medicus, Allgemeiner Teil des BGB, 10. Aufl., 2010, Rn. 4.

哈耶克所论,非杞人之忧。法西斯时期,国家社会主义者即声称,私法应全部融入公法,当时一位"负有盛名的法西斯主义国家法学者"甚至断言:私法是毫无价值的废物。① 在此意义上,拉德布鲁赫(Gustav Radbruch)之论断,仍不失为睿见卓识:"对于自由主义而言,私法乃是一切法律的核心,公法则不过是一个单薄的保护性框架,它为私权尤其是私人所有权提供保障。"②

(四) 调整对象学说与公私法之区分

由于意识形态的钳制,加之苏联范本的影响③,我国法学长期无法正面讨论公法与私法的区分问题,但这并不意味着,调整对象学说与公私法区分学说之间毫无关联。从内容上看,《民法通则》第2条之以"平等关系"为根本特征的调整对象,与"主体地位说"可谓遥相呼应、殊途同归。在某种意义上说,关于调整对象的讨论,其实不过是明修栈道之举,所暗渡者,正是公私法之区分。④

不过,如拉德布鲁赫所指出的,"私法"和"公法"不是实证法的概念,在逻辑上先于法律经验而存在,具有先验性。⑤《民法通则》以实证法定夺私法与公法的区分标准,实属立法的僭越。

四、民法与其他法域

(一) 宪法

在区分公法与私法的格局下,宪法与民法对峙而立:宪法的主要功能是分配与限制国家权力,是政府组织规则(公法)的基本法;民法则为私人自由行为提供支持,是私法的普通法。政治体制不同,权力结构亦不同,宪法内容也就不同;私人交往则受政治变迁的影响较小,以至于罗马法时代确立的规则能够沿用至今。⑥ 正是因为革命虽然能够修改宪法,却很难改变私人之间的正当行为规则,法国人将其民法典视为

---

① Gustav Radbruch, Rechtsphilosophie, hgb. von Ralf Dreier und Stanley L. Paulson, Studienausg., 2. Aufl., 2003, S.119.

② a.a.O., S.120.

③ "在废除生产工具和生产资料私有制的苏联并没有'私法'——表现私有制关系的法律。可是在苏联的法律里适用这个'民法'的术语是为了表示规定社会主义社会关系的特殊范围之统一的苏维埃社会主义法律的一个很重要的部门。"〔苏〕谢列布洛夫斯基:《苏联民法概论》,赵涵舆译,杨旭校,人民出版社1951年版,第2页。

④ 对此,张俊浩教授的说法可资佐证:"彼此不形成命令和服从的关系,这便是社会普通成员关系。此种关系,自罗马法以来,就被称为'私关系'。然而,我国今天的社会,不习惯那个'私'字。故而我们特别用'社会普通成员关系'加以表述,尽管累赘,亦非敢计。"张俊浩主编:《民法学原理》(上册)(修订第3版),中国政法大学出版社2000年版,第10页(张俊浩)。

⑤ Gustav Radbruch, Rechtsphilosophie, hgb. von Ralf Dreier und Stanley L. Paulson, Studienausg., 2. Aufl., 2003, S.119.

⑥ 亦参〔英〕弗里德利希·冯·哈耶克:《法律、立法与自由》(第1卷),邓正来等译,中国大百科全书出版社2000年版,第212页。

"真正的宪法"。①《德国民法典》同样独立于政制变迁,自1900年生效之后,法典迄今经历过五种宪法体制:帝国时期、魏玛宪法时期、纳粹时期、联邦共和国时期以及1975年之前亦适用于民主德国。② "公法易逝,而私法长存"③,此之谓也。

"根据宪法,制定本法"?

一个为我们所熟知的说法是:"宪法是根本大法。"《民法通则》第1条亦规定:根据宪法,制定本法。问题在于,宪法在何种意义上是"根本大法"? 私法的制定为何需要"根据宪法"? 在何种意义上"根据宪法"?

我国宪法的基本内容包括基本政治与经济制度、国家机构以及公民的基本权利与义务。前两部分涉及国家政体与立法、行政、司法等国家权力划分,若说其"根本",也只是体现在规范公权力的公法领域,与民法内容并无太大关联;至于公民的基本权利与义务,宪政国家宪法的功能只是对公民提供基本权利之保障,同时对政府施以尊重基本权利之义务,一般不将宪法义务加诸普通公民,我国宪法关于公民义务之规定,系属例外④,并不具有说明价值。问题的关键因而在于,民法权利是否来自于宪法基本权利?

我国法学家习惯于认为,宪法赋予公民基本权利,民法则赋予民事权利,既然宪法是根本大法,民法位列其下,民事权利自然以宪法基本权利为依据。这是典型的权利法定观念,其实质,乃是主张私人权利来自于公权力的赋予。对此,美国人权法案的争议可提供另外一个观察视角。

人权保护的重要意义毋庸置疑,但当人权法案被提议入宪时,却遭到汉密尔顿(Alexander Hamilton)等联邦党人的激烈反对,他们认为,这一举措,"不仅无此必要,甚至可以造成危害",因为,"人民不交出任何权利;既然人民保留全部权利,自然无需再宣布保留任何个别权利"。并且,"人权法案条款中包括若干未曾授与政府的权力限制;而正因如此,将为政府要求多于已授权力的借口。既然此事政府无权处理,则何必宣布不得如此处理? ……笔者并非谓这类规定将形成处理权的授予;但它将为擅权者提供争夺此项权利的借口则甚为明显。彼等可能以似是而非的理由声称:宪法何能如此荒谬,竟然限制对未曾授予权力的专擅?"⑤显然,联邦党人坚持的是人权

---

① 〔日〕大木雅夫:《比较法》,范愉译,法律出版社1999年版,第94页。
② Rüthers/Stadler, Allgemeiner Teil des BGB, 16. Aufl., 2009, § 1 Rn. 6.
③ 〔英〕弗里德利希·冯·哈耶克:《法律、立法与自由》(第1卷),邓正来等译,中国大百科全书出版社2000年版,第212页。
④ 张千帆:《宪法学导论——原理与应用》(第3版),法律出版社2014年版,第26页。
⑤ 〔美〕汉密尔顿、杰伊、麦迪逊:《联邦党人文集》,程逢如等译,商务印书馆2004年版,第429—430页。

天赋、公权法定的观念。如果这一观念可以得到认可,那么,即使要在宪法中规定基本权利,亦是在彰示政府:公权力者有义务尊重公民基本权利,而非通过宪法赋予公民权利,如此,民事权利自不必以宪法基本权利为据。① 权利法定之主张,正当性值得三思。

当然,《民法通则》所称"根据宪法制定本法"并非没有意义。立法权的配置,由宪法所规定,任何立法活动,都必须"根据宪法"。这意味着,所谓"根据宪法",要表明的,不过是立法权的正当性问题。

(二) 商法

立法例上,有所谓民商合一与民商分立之别。若采后者,则民法为私法普通法,商法为私法特别法,特别适用于商人之间的商行为。法德为民商分立典范,民法典之外并立商法典,瑞士则首开民商合一之先河,将商法内容纳入民法典债编。民国民法典采民商合一体例,并在"民商划一提案审查报告书"中,从历史沿革、社会进步、世界交通、立法趋势、人民平等、编订标准、编订体例及民商关系诸方面详列八项理由予以论证,我学者对此多有援引,以为定论。② 通说认为,现有立法格局奉民商合一,未来的民法典仍应如此,以呼应"现代化市场经济条件下的所谓'民法商法化'"。③

民商合一的制度环境与规范配置

新近法典如意大利、俄罗斯、荷兰等均采民商合一体制,即使是在传统民商分立国家如德国,商法(典)独立存在的价值亦频遭质疑④,就此而论,称民商合一乃是立法趋势,当不为过。只不过,世界趋势未必适于本土。

民商合一,以商人不具有特殊地位为前提。随着欧美市场化程度的不断加深,历史形成的商人阶层越来越与普通市民身份重合。民商法呈合一趋势,自有其社会经济背景。然而,在我国现实法律环境下,民法人并非理所当然可依意愿成为商人。商法人存在诸多准入管制固不待论,即便是只想成为商事合伙、商自然人,亦有义务向行政机关提交申请,以便获准登记(《合伙企业法》第9条,《独资企业法》第9条),至于各种行业壁垒、行政垄断以及以城市卫生与环境管理为名的"摊贩"管理,更是渗透

---

① 亦见张千帆:《宪法学导论——原理与应用》(第3版),法律出版社2014年版,第24页。
② 对于报告书所列理由,其实并非全无异见,日本学者即曾逐条反驳,详参〔日〕我妻荣:《中国民法债编总则论》,洪锡恒译,中国政法大学出版社2003年版,"序论"(田中耕太郎、铃木竹雄撰),第7—9页。
③ 梁慧星:《民法总论》(第4版),法律出版社2011年版,第10—13页。
④ Claus-Wilhelm Canaris, Handelsrecht, 24. Aufl., 2006, § 1 Rn. 30 ff.

到私人生活的每一个角落。① 如此苛刻的市场准入条件未先作改变,即奢谈商人地位已不再特殊,似乎是错将理想当成了现实。民商合一的结果,实际上是将民法人与商人等量齐观,从而提高民法人的注意义务。如果一方面,成为商人需要克服层层法律与行政障碍,另一方面又以商人的行为标准加诸民法人,此民商合一,余未见其可也。

另外,民商分立抑或合一,将影响规范的具体设置,稍有不慎,易生讹误。例如,在分立体例下,对于金钱之债,除非有约定或法律有特别规定,否则民法当事人不会一般性地负担付息义务。② 但《合同法》第 196 条规定:"借款合同是借款人向贷款人借款,到期返还借款并支付利息的合同。"第 211 条第 1 款则规定:"自然人之间的借款合同对支付利息没有约定或者约定不明确的,视为不支付利息。"前者确立借款合同的一般规则,以付息为原则,显然是将商行为作为规范对象;后者属于例外条款,所谓"自然人之间的借款合同",当解为民事借款合同——只不过立法似乎忽略了"商自然人"的概念。

将商事契约与民事契约区别规范,这本是民商分立的模式,在此格局下,民法规则当属一般法,商法则为特别法,但号称民商合一的《合同法》却反其道行之,将商法规则(第 196 条)作为一般法,民法规则(第 211 条第 1 款)反倒变成特别法。一般法与特别法的关系被倒置了。③ 最高法院犹有过之。2015 年 9 月 1 日起施行的《民间借贷规定》第 25 条第 1 款表示:"借贷双方没有约定利息,出借人主张支付借期内利息的,人民法院不予支持。"借贷性质完全未作限定,不论民事借贷抑或商事借贷,规则一体适用,于此实现彻底的"民商合一"。然而,此规定不仅有僭上位法——依《合同法》第 211 条第 1 款,自然人与非自然人之间的借款合同不应等同视之;更有违事物本质——以逐利为本性的商人,其金钱借贷岂可与民事借贷相提并论?

管见以为,商法是否足以独立到自成法典之程度,固然值得怀疑,在中国既有制度格局下,民商合一之立法是否有充分的现实合理性,似乎更是需要三思。

---

① 清晰明了的简要研究,可参陈志武:《什么妨碍我们创业?》,载氏著:《为什么中国人勤劳而不富有》,中信出版社 2008 年版,第 80—86 页。
② Medicus/Lorenz, Schuldrecht I: Allgemeiner Teil, 18. Aufl., 2008, Rn.190.
③ 2002 年之前,《德国民法典》第 607 条规定的消费借贷即是无偿合同,这正合乎民商分立的格局。债法现代化法后,金钱借贷被单独规范,第 488 条第 1 款规定:"金钱借贷合同中,贷款人有义务将约定的金钱数额交由借款人处分,借款人则有义务支付所欠利息并于到期归还所借款项。"改采有偿原则。不过,是否以及支付多少"所欠"利息,只能就合同本身作出判断,因而,新规范并未改变利息请求权须为合同约定之规则,或者说,利息支付义务并非金钱借贷合同的定义性特征(Definitionsmerkmal),无偿亦非无可。新规范的意义在于调整举证分配:纠纷发生时,借款人负有证明无偿之义务。同时,无偿借贷亦可作"情谊借贷"处理。Fikentscher/Heinemann, Schuldrecht, 10. Aufl., 2006, Rn.1087; Medicus/Lorenz, Schuldrecht II: Besonderer Teil, 15. Aufl., 2010, Rn.583; MüchKomm/Berger § 488 Rn.55. 当然,从无偿到有偿的变化,在一定程度上表明,德国民法规范已呈商事化趋向。

（三）经济法

经济法（Wirtschaftsrecht）兴起于第一次世界大战前后。一方面,战争导致资源匮乏,从而带来管制需要；另一方面,社会主义与民族主义观念的兴起,对之前普遍奉行的经济自由主义构成极大挑战。在此双重背景之下,强调国家管制的经济法迅速兴起,矛头直指崇尚自由的传统民法,德国则在纳粹执政时期臻于全盛。① 如今,以竞争法为典型的德国经济法被视为私法与公法的结合体,前者称经济私法（Wirtschaftsprivatrecht）,是专对工商经济适用的特别私法,后者则称经济行政法（Wirtschaftsverwaltungsrecht）。②

新中国重建法制,学步苏俄,对其计划经济背景下的经济法观念自然亦是照章收纳,甚至犹有过之——苏联尚且存在民法典,经济法却成为我们取消民法的理由。③ 如今,随着计划经济被"社会主义市场经济"取代,经济法已不至于危及民法的生存,但在法律体系中的地位仍是举足轻重。关于我国经济法与民法的关系,旁观者苏永钦教授的描述可谓是一针见血："经济法在台湾原是民法的例外,是'偏房',在大陆却是正室,民法很长一段时间连个名分都没有。"④"在西方,经济法往往被视为'对私法的批判',在中国内地,则是后来的民法反而多少意味着对既存管制的批评。"⑤

（四）民事诉讼法

现代文明社会的特征之一在于,法律纠纷应该而且能够通过和平的方式解决,民事诉讼法即为此而设。民事诉讼法与民法唇齿相依。如果诉讼程序无法为纠纷的和平解决提供渠道,民事纠纷演化为暴力报复也就仅剩一步之遥。

在公私法分立的框架下,民事诉讼法如何归类,颇有争议。法国通说以之为私法,主要是因其旨在处理私人之间的利益纠纷⑥；德国学者则多视之为公法,因其规范的是国家司法权力的活动。⑦ 德国另有见解指出,民事诉讼法涉及三方当事人关系,

---

① 关于经济法在德国的兴起,详参 Clemens Zacher, Die Entstehung des Wirtschaftsrechts in Deutschland, 2002。
② Brox/Walker, Allgemeiner Teil des BGB, 34. Aufl., 2010, Rn.15；Helmut Köhler, BGB Allgemeiner Teil, 34. Aufl., 2010, § 2 Rn.14.
③ 关于新中国 1979—1986 年间的民法经济法之争,详细资料可参梁慧星：《难忘的 1979—1986 年——为祝贺导师王家福先生八十大寿而作》,载孙宪忠主编：《王家福法学研究与法学教育六十周年暨八十寿诞庆贺文集》,法律出版社 2010 年版,第 11—59 页。
④ 苏永钦："自序",载氏著：《走入新世纪的私法自治》,中国政法大学出版社 2002 年版,第 4 页。
⑤ 苏永钦：《借箸代筹中华人民共和国的民事立法》,载氏著：《寻找新民法》,北京大学出版社 2012 年版,第 35 页。
⑥ ［法］雅克·盖斯旦、吉勒·古博、缪黑埃·法布赫—马南：《法国民法总论》,陈鹏等译,法律出版社 2004 年版,第 66、70 页。
⑦ ［德］罗森贝克/施瓦布/戈特瓦尔德：《德国民事诉讼法》（上）,李大雪译,中国法制出版社 2007 年版,第 7 页；［德］奥特马·尧厄尼希：《民事诉讼法》,周翠译,法律出版社 2003 年版,第 11 页；Reinhard Bork, Allgemeiner Teil des Bürgerlichen Gesetzbuchs, 3. Aufl., 2011, Rn.17；Brox/Walker, Allgemeiner Teil des BGB, 34. Aufl., 2010, Rn.12.

争议双方地位平等,诉讼中奉处分原则,具有私法的性质,涉及法院者,则属公法性质,因而,难以简单将其非此即彼地归入私法或公法,解决之道是,将公私法之区分限定于实体法,对于诉讼法,不必强作区分。① 是说可采。

(五) 刑法

刑法规范的是最严重的侵权行为与背信行为,在此意义上,它与民法具有承继关系。只不过,民法以损害赔偿为救济方式,旨在回复受到侵害的权利,刑法则以国家的名义施以惩罚,意在维护公共秩序,二者目标大异其趣。② 正因为如此,同一行为,受到刑法评价而承担刑责,并不影响兼负民事赔偿之责,两种责任不相冲突。

有如民事诉讼法,关于刑法的公私法属性问题亦歧见纷呈。法国传统将其归入私法,因为刑法所保护的,常常是私人权利③;哈耶克亦持私法说,理由是刑法事关正当行为规则。④ 德国学者则有以之为公法者⑤,亦有将其与公法、私法并列者。⑥ 笔者以为,私法说似乎过于强调私人权利受侵犯(正当行为规则被违反)的情形,实际上,刑法亦规制诸如渎职之类直接侵害公共秩序(违反政府组织规则)的行为,此类规范对于维护私人权利(正当行为规则)可能并无直接关联,公法色彩较为浓厚。因而,将刑法单列,也许较为妥适。

第二节 民法总则编

一、概说

经过 17 世纪这一"自然科学时代"(Naturwissenschaftliche Periode)⑦的洗礼,身披厚重传统外衣的法学(Jurisprudenz)借助一般化(Generalisierung)与体系化(Systematisierung)技术,终以科学理性的全新形象盛装登场。⑧ 19 世纪,德国历史法学派更是造

---

① Larenz/Wolf, Allgemeiner Teil des Bürgerlichen Rechts, 9. Aufl, 2004, § 1 Rn.34.
② 亦参张俊浩主编:《民法学原理》(上册)(修订第 3 版),中国政法大学出版社 2000 年版,第 42 页(张俊浩)。
③ 〔法〕雅克·盖斯旦、吉勒·古博、缪黑埃·法布赫—马南:《法国民法总论》,陈鹏等译,法律出版社 2004 年版,第 70 页。
④ 〔英〕弗里德利希·冯·哈耶克:《法律、立法与自由》(第 1 卷),邓正来等译,中国大百科全书出版社 2000 年版,第 209 页。
⑤ Reinhard Bork, Allgemeiner Teil des Bürgerlichen Gesetzbuchs, 3. Aufl., 2011, Rn.17; Brox/Walker, Allgemeiner Teil des BGB, 34. Aufl., 2010, Rn.12.
⑥ Dieter Medicus, Allgemeiner Teil des BGB, 10. Aufl., 2010, Rn.1; Rüthers/Stadler, Allgemeiner Teil des BGB, 16. Aufl., 2009, § 1 Rn.1.
⑦ Wilhelm Windelband, Lehrbuch der Geschichte der Philosophie, 14. Aufl., 1948, S.316 ff.
⑧ Max Weber, Wirtschaft und Gesellschaft, Besorgt von Johannes Winckelmann, 5. Aufl., Studienausg., 1980, S.395 ff.

出"法律科学"(Rechtswissenschaft)一词①,以显示自身在科学家族的登堂入室。对于近代法律科学取得的成就,马克斯·韦伯(Max Weber)指出,唯其具有"形式性特质"。② 其中,《德国民法典》借助"提取公因式"(Ausklammerung)之数学技术③,用总分则编制体例把法典的形式理性追求演绎得淋漓尽致。

如今,我国正在走向民法典。④ 随着2007年《物权法》以及2009年《侵权责任法》的完成,加上之前颁行或修正的《继承法》(1985年)、《民法通则》(1986年)、《担保法》(1995年)、《合同法》(1999年)、《收养法》(1999年)以及《婚姻法》(2001年)等,再辅之以环绕四周的大量司法解释,民法典在内容上已趋于成型。面对这些从内容到形式均各成体系的单行立法,多少有些令人疑虑的是:届时合并成统一的民法典时,将如何安置这些彼此未必和谐无间的各项规范?

实际上,早在2002年12月的九届全国人大常委会第三十一次会议上,民法典草案就已经有过一次审议。只不过,从内容来看,这部提交审议的草案显然是临时拼凑的急就章,不仅条文编序未作统一整理,更离谱的是,《合同法》《婚姻法》《收养法》及《继承法》这几部已经生效的单行法律,均未作任何调整或更动,直接堆入草案,拼成相应各编,至于各编之间的内容重复与矛盾,自然是俯拾皆是,不胜枚举。面对此景,也就没有理由相信,法典编制曾经得到立法者的审慎思考。

草案第一编是"总则",这似乎表明,立法者有意接受《德国民法典》开创的总分则编制。总则编的设置虽属法典形式问题,却丝毫不意味着,它能够脱离具体的制度环境无机移植。有鉴于此,本节试图讨论两个密切相关的问题:总则编需要何种生存环境?在形成总则时,应如何运用"提取公因式"之技术?

二、法典功能定位与总则编

虽然如哈耶克所指出的,自我生成的自由秩序(spontaneous order, self-generating order)中,作为正当行为规则(rules of just conduct)的私法规范为民众交往所创造,立法者不过是将其揭示并表达⑤,但以文字表述的法典本身毕竟是一件人为作品,其风貌将无可避免受制于作者定位,例如,通常情况下,"由一人创作完成,最能为普通人理解的法典,以影响民众生活方式为其目的;而最具技术精确性、难以读懂的法典,则

---

① Franz Wieacker, Privatrechtsgeschichte der Neuzeit: unter besonderer Berücksichtigung der deutschen Entwicklung, 2. Aufl., 1967, S. 370 (Fn. 76).

② Max Weber, Wirtschaft und Gesellschaft, Besorgt von Johannes Winckelmann, 5. Aufl., Studienausg., 1980, S. 397.

③ Gustav Boehmer, Grundlagen der bürgerlichen Rechtsordnung, II 1, 1951, S. 72 f.

④ 2014年10月23日,中国共产党十八届四中全会通过《中共中央关于全面推进依法治国若干重大问题的决议》,其中"编纂民法典"五字重逾千钧,成为举国民法人的"圣训"。几经迂回后,民法典的编纂工作重被推入快车道。

⑤ F. A. Hayek, *Law, Legislation and Liberty*, Routledge & Kegan Paul, 1982.

是无意于通过法典改变世界之委员会的作品"。① 因此,在自治法与管制法二元格局下,探究立法者对于民法典功能的想象图景,是我们走进法典意义世界的先行步骤。

(一) 法典功能与私法自治

我国立法者对于法律功能的认识有其独特之处,每次立法,均在第 1 条显示立法意图,以表达立法者对于该部法律的定位。② 这一立法惯例何以如此顽强,是否意味着什么,学界似乎无意深究,普遍采取视而不见的态度,其中,梁慧星教授的说法也许具有相当程度的代表性:"(关于第 1 条)我认为不要在一些没有实际价值的问题上浪费精力,要把主要精力放在实际的制度上。它只具有一种宣示的性质,不是实质性的东西,不值得过分关注。"③与之形成鲜明对照的是,苏永钦教授甫一接触中国立法,即对第 1 条表示极大关注,甚至认为,这可能是"对自治法定位最大的挑战"。④ 态度为何如此两极分化?

如果相信法律是立法者的创造物,那么,创造者的意图(立法者意旨)必将成为理解并适用法律的指针。此时,"立法意图"之进入制定法,规范意义在于,法律解释与适用必须受其拘束。正因为如此,王利明教授主持的"民法典学者建议稿"认为,立法

---

① Horst Heinrich Jakobs, Wissenschaft und Gesetzgebung im bürgerlichen Recht: nach der Rechtsquellenlehre des 19. Jahrhunderts, 1983, S. 10.

② 于第 1 条明确规定"立法意图"之惯例,基本上是与 1949 年新政权的立法活动同步形成。1950 年的《婚姻法》系新政权第一部法律,第 1 条宣称:"废除包办强迫、男尊女卑、漠视子女利益的封建主义婚姻制度。实行男女婚姻自由、一夫一妻、男女权利平等、保护妇女和子女合法权益的新民主主义婚姻制度。"以口号式的言辞朴素表述了《婚姻法》的任务。1953 年,社会主义改造基本完成,国民经济从恢复时期进入大规模的计划建设时期。次年,第一届全国人民代表大会召开,制定了新政权第一部宪法。之后,迎来第一次立法高潮。就民法而言,"立法意图"从一开始即无可争议地占据了第 1 条的位置,如 1955 年 10 月 5 日形成的"民法总则草稿"第 1 条:"为保护民事权利的正确行使,以促进我国社会主义工业化和社会主义改造事业的顺利进行,保证逐步消灭剥削制度,建立社会主义社会的目的,特制定本法。"相关资料,参见顾昂然:《立法札记——关于我国部分法律制定情况的介绍(1982—2004 年)》,法律出版社 2006 年版,第 210 页;何勤华、李秀清、陈颐编:《新中国民法典草案总览》(上卷),法律出版社 2003 年版,第 3 页。不过,由于政治运动频繁,1979 年之前,新政权立法工作并未取得太多成绩,不仅三次民法典起草均告夭折,甚至 1950 年的《婚姻法》在很长时间里一直是唯一一部法律。

1979 年是新政权第二次立法高峰,大批法律得以颁行。首次较为明确规定"立法意图"者,似当属 1979 年 2 月 23 日通过的《森林法》,该法第 1 条规定:"森林是国家的重要资源,能够提供木材和各种林产品,满足国家经济建设和人民生活的需要;能够调节气候、涵养水源、保持水土、防风固沙,保障农业、牧业的发展;能够防治空气污染,保护和美化环境,增强人民身心健康。为了加快造林速度,加强森林保护管理,合理开发利用森林资源,特制定森林法。"也许与法律本身的性质有关,其意识形态意味尚不明显。同年 7 月 1 日通过的《刑法》与《刑事诉讼法》则把"立法者意志"拆分为法律的"指导思想"(第 1 条)与法律的"任务"(第 2 条)两项,表达了强烈的意识形态取向。不过,"指导思想"之规定未得到其后法律的效仿。较为成熟的"立法意图"之规定,见诸 1981 年 12 月 13 日通过的《经济合同法》,该法第 1 条规定:"为了保护经济合同当事人的合法权益,维护社会经济秩序,提高经济效益,保证国家计划的执行,促进社会主义现代化建设的发展,特制定本法。"此后,《经济合同法》第 1 条的表述方式得以延续并成为惯例,惟表述内容随不同时期的政治目标变换而"与时俱进"。

③ 易继明访谈:《学问人生与人生的学问——访著名民法学家梁慧星教授》,载易继明主编:《私法》(总第 6 卷),北京大学出版社 2004 年版,第 39 页。

④ 苏永钦:《社会主义下的私法自治——从什么角度体现中国特色?》,载氏著:《走入新世纪的私法自治》,中国政法大学出版社 2002 年版,第 91 页。

目的和宗旨是"法律的必要条款":"立法的目的和宗旨是立法者为法律适用者提供的立法背景信息,它既是法官解释法律的依据,为法官的自由裁量提供方向和限制,同时它也为人们理解民法典提供一个框架,使民法典更好地发挥行为规范的功能。"① 可见,于立法者而言,"立法意图"并非仅具"宣示的性质",毋宁说,明确规定"立法意图"的优点在于,能够左右法律规范的基本走向,从而确保法律为自己所追求的目的服务。

1949 年后中国各项法律第 1 条的立法实践为之提供了佐证。在阶级斗争哲学盛行时期,法律是维护统治阶级统治地位的工具。② 随着阶级斗争哲学逐渐消退,"经济基础决定上层建筑"之公式开始成为决定法律任务的主要依据。于是,计划经济时代的《经济合同法》负有"保证国家计划的执行"之责,市场经济下的《合同法》则不再承担此项任务,而专注于"维护社会经济秩序,促进社会主义现代化建设";1995 年,"社会主义市场经济"婴啼初试,因此,《担保法》被寄以"发展社会主义市场经济"之厚望,待到 2007 年《物权法》,立法者已转而关注"维护国家基本经济制度,维护社会主义市场经济秩序";"和谐社会"成为新晋执政口号后,2009 年《侵权责任法》即时跟进,自觉以"促进社会和谐稳定"为己任。基本上,只要社会主义建设任务发生哪怕是些微的变化,法律必紧随其后,亦步亦趋。③

当法律通过自身条款明确宣称,系为实现立法者特定目的而存在时,固然能够充分反映立法者的意志,却也意味着,所谓法律,不过是无自身独立价值的政治工具,根据政治目标之不同,立法者可以不受制约地为法律设定相应的任务。④ 当然,政府可能需要借助立法手段贯彻公共政策目标,此时,立法目的之规定有其必要。⑤ 问题是,

---

① 王利明主编:《中国民法典学者建议稿及立法理由·总则编》,法律出版社 2005 年版,第 9 页(熊谞龙)。

② 1979 年《刑法》第 2 条:"中华人民共和国刑法的任务,是用刑罚同一切反革命和其他刑事犯罪行为作斗争,以保卫无产阶级专政制度……"

③ 《公司法》是为典型。1993 年《公司法》之颁行直接得益于"建立现代企业制度"的经济体制改革目标,为此,第 1 条明确表示:"为了适应建立现代企业制度的需要,规范公司的组织和行为,保护公司、股东和债权人的合法权益,维护社会经济秩序,促进社会主义市场经济的发展,根据宪法,制定本法。"待到 2005 年《公司法》第 3 次修正时,风光一时的"现代企业制度"早已被官方文件打入冷宫,因此,2005 年《公司法》将之前第 1 条第 1 句删除,改称:"为了规范公司的组织和行为,保护公司、股东和债权人的合法权益,维护社会经济秩序,促进社会主义市场经济的发展,制定本法。"

④ 2007 年 3 月 16 日通过的《物权法》为"法律是政治的附庸"之命题提供了绝佳注脚。全国人大常委会副委员长王兆国于 3 月 8 日所作的"关于《中华人民共和国物权法(草案)》的说明"宣称:"制定物权法总的原则是:以邓小平理论和'三个代表'重要思想为指导,全面贯彻落实科学发展观,坚持正确的政治方向,从我国的国情和实际出发,全面准确地体现和坚持社会主义基本经济制度;依据宪法和法律规定,对国家、集体和私人的物权实行平等保护的原则,同时针对国有财产流失的情况,加强对国有财产的保护;全面准确地体现现阶段党在农村的基本政策,维护广大农民群众的利益;针对现实生活中迫切需要规范的问题,统筹协调各种利益关系,促进社会和谐。总之,制定物权法必须始终坚持正确的政治方向,坚持物权法的中国特色,坚持一切从实际出发。"参见全国人大常委会法制工作委员会民法室编著:《物权法立法背景与观点全集》,法律出版社 2007 年版,第 5 页。

⑤ 苏永钦:《借箸代筹中华人民共和国的民事立法》,载氏著:《寻找新民法》,北京大学出版社 2012 年版,第 54—55 页。

当原本应以自治为基本理念的私法亦被如此处置时,即表明,自治充其量是实现特定政策目标的手段。① 只要目标能够实现,手段不妨从权甚至舍弃。于是,民法的自治颜色不断剥落模糊,覆盖其上的,则是清晰可辨的管制。

为何立法者不能指望通过民法规范实现政策目标？如果立法者不能加诸自己的目的,民法规范意义何在？

对于民法的目的独立性,苏永钦教授将其概括为"中立规则",列民法典五项实体体系规则之首。苏教授指出,去政治化的中立规则,主要功能在于维稳,保证法典不会因为公共政策的变动而频繁翻修:"民法典一旦承担政策工具的功能,就必须和政策性法律一样做机动性的因时制宜,颠覆法典本来要在变动中维系基本秩序的功能,整部民法典可能随时因某些规则的政策性调整而修正,得不偿失至为明显。"② 维稳功能偏重形式理性。哈耶克的研究,则是把私法规范目的独立品格当作自由秩序得以存续的必要条件。

哈耶克认为,人类社会的两种秩序分别奉行两种规则:自我生成秩序对应正当行为规则,特点在于目的独立性(end-independent);与之相对的是目的依附(end-dependent)的组织规则。前者构成私法社会(private law society)的根基,后者则服务于政府组织的公法社会。③

私法规则之目的独立,与其服务的自由秩序互为表里。"自由社会的一个特征,是人们目的的开放性。"④ 换言之,自由社会中,个人目的多元并存。没有任何人拥有如此全面的知识,以至于有能力设计一个满足所有人目的的秩序。因而,自由秩序之形成,必定不是人为设计的结果,只能是无数个人行为的自发产物。⑤ 既非刻意造就,自由社会就不可能为某一具体目的而存在。这一状态之所以是值得维护的,是因为

---

① 苏永钦:《社会主义下的私法自治——从什么角度体现中国特色?》,载氏著:《走入新世纪的私法自治》,中国政法大学出版社 2002 年版,第 91 页；朱庆育:《物权立法与法律理论》,载《中外法学》2006 年第 1 期,第 8 页以下。

② 苏永钦:《现代民法典的体系规则》,载《月旦民商法杂志》2009 年第 25 期,第 9—10 页。苏教授的较早研究则可参见:《私法自治中的国家强制——从功能法的角度看民事规范的类型与立法释法方向》,载氏著:《走入新世纪的私法自治》,中国政法大学出版社 2002 年版,第 1 页以下。

③ F. A. Hayek, *Law, Legislation and Liberty*, Vol. 2, Routledge & Kegan Paul, 1982, p. 31.

④ F. A. von Hayek, Die Verfassung der Freiheit, 2. Aufl., 1983, S. 45.

⑤ 自由的社会秩序自发形成,这一观念至少可追溯至奥地利学派的创始人门格尔(Carl Menger),他曾经明确指出:"亚当·斯密,甚至那些追随他成功地发展了政治经济学的学者们,……他们真正的缺陷在于没有能够理解非意图形成的社会制度及其对于经济的重要意义。在他们的著作中的基本观点是,种种经济制度从来都是社会的共同意志的有目的的产物,是社会成员的协定或实证立法的产物。"〔奥〕卡尔·门格尔:《经济学方法论探究》,姚中秋译,新星出版社 2007 年版,第 161 页。在此问题上,门格尔与萨维尼历史法学派的真正传人自许。该项卓识,被哈耶克的传记作家考德威尔(Bruce Caldwell)誉为门格尔"最明确的真正贡献",其举世闻名的"边际主义"革命则不过是这一贡献的"一小部分"。另外,就门格尔对亚当·斯密的评价,考德威尔表示:"我们不清楚他为何对亚当·斯密有如此严重的误解。斯密毕竟提出过著名的主张:'看不见的手'能让肉贩和面包师的自利行为产生有益于社会的后果。"〔美〕布鲁斯·考德威尔:《哈耶克评传》,冯克利译,商务印书馆 2007 年版,第 86—88 页。

唯其如此,各种互不相同、甚至相互抵触的个人目的才能和谐共存于同一社会秩序之中,更不必担心因为与"社会目的"不相容而被取缔——社会并无自身目的。目的独立的自由秩序需要同样性质的法律规则与之配套。

在自由社会,每个人以自己的行为追求自己的目的,在此过程中共同遵守的规则,必定超然于任何人的具体目的。这意味着,作为正当行为规则的私法规范,是目的独立的。因此,表述在法典中的民法规范,只是各人实现自己目的的条件,如果被抽去目的独立之特性,势将沦为目的依附性质的管制规则。哈耶克指出,以组织规则的逻辑对待私法规范,这是"促使自由社会的自我生成秩序逐渐转向极权的组织秩序的主要原因之一"。①

(二) 法典目标读者与总则编

无论立法者是谦虚内敛、容让自治,还是雄心壮志、锐意管制,最终都必须通过立法作品展现。一般来说,创作者对于作品寄予何种期望,就会设定何种人群为其目标读者。此处所要讨论的问题因而是:法典自治或管制之功能定位不同,立法者会如何选择目标读者,又将如何对待总则? 法律的意义在于适用,因此,构成法典潜在读者的,无非是民众(适用对象)与法官(适用者)两类。

私法自治下,民众法律关系之形成,取决于行为人意志,因此,如果立法者对自治理念有足够的尊重,就不会指望通过法典改变民众生活,而倾向于将其定位为裁判法,此时,负裁判之责的法官往往成为法典目标读者。《德国民法典》即其著例。为了提供尽可能准确高效的裁判依据,《德国民法典》并未过多照顾民众的理解问题,有意舍弃欧陆其他法典通俗性的特点,代之以精确但抽象的语言与技术,总则编之设置,亦是此等考虑的结果。②

与之不同,1949 年以后的中国立法一直以通俗化为基调,直到近年制定《物权法》,草案修订要求仍然是,"尽可能规定得具体一些、通俗一些,力求让群众看得懂、能掌握"。③ 以法律外行"看得懂"为努力方向,其预设读者显然不会是法律专家(法官),只能是民众。而民法规范之所以要让普通民众读懂,用民法起草小组成员魏耀荣先生的话说,就是"使人们懂得如何去行使自己的权利"。④ 类似高论,依稀可闻之于 17 世纪,其时,"利维坦"的崇拜者霍布斯(Thomas Hobbes)即认为,"法律……用处不在于约束人民不做任何自愿行为,而只是指导和维护他们,使之在这种行为中不要

---

① F. A. Hayek, *Law*, *Legislation and Liberty*, Vol. 1, Routledge & Kegan Paul, 1982, p. 114.
② Gustav Boehmer, Einführung in das bürgerliche Recht, 2. Aufl., 1965, S. 78; Zweigert/Kötz, Einführung in die Rechtsvergleichung, 3. Aufl., 1996, S. 143 ff.
③ 《全国人大法律委员会关于〈中华人民共和国物权法(草案)〉修改情况的汇报》(2005 年 10 月 19 日十届全国人大常委会第十八次会议),载全国人大常委会法制工作委员会民法室编:《物权法立法背景与观点全集》,法律出版社 2007 年版,第 30 页。
④ 王胜明、魏耀荣、杨振山:《中国民法典制定中的重大问题》(魏耀荣发言),载王卫国主编:《中国民法典论坛(2002—2005)》,中国政法大学出版社 2006 年版,第 35 页。

由于自己的鲁莽愿望、草率从事或行为不慎而伤害了自己"。①

乍看之下,由于民法与民众利益密切相关,令法典易于读懂的要求顺理成章。相应的,以民众为读者以及随之而来的法律通俗化,也就理所当然表现了立法者"心系百姓""造福万民"的谦卑姿态。由此反推,法律若是使用大量外行不知所云的专业术语,当属精英阶层知识垄断之举无疑,与民主观念背道而驰。

吊诡的是,历史显示,在法律通俗化的主张者中,几乎看不到纯正的民主主义:霍布斯固然是君权至上的鼓吹者②;以通俗著称的《法国民法典》,其主事者更是同样著名的专制君主。实际上,当权力者竟然假定民众不懂得如何行使自己的权利时,无异于宣称,他们比民众自己更清楚其利益所在;而如何行使自己的权利竟然都要听从权力者居高临下告知的社会,若非要称其为"民主",恐怕亦只是黑色的政治幽默,至于构成民法生命的自治,则基本上是无从谈起了。在此意义上说,温情脉脉的通俗易懂之追求,其实不过是中国传统政治智慧的现代升级版,差别仅仅在于,"民可使由之,不可使知之"的为政戒律,被改装成"为使由之,而使知之"的开明圣治。路径重置,目标不变,亘古传承的,是"使由之"的精神内核。③

立法技术上,以民众为读者的法典,一般不会对总则体例感兴趣,因为总则规范过于抽象而难以为外行理解;如果法律更以改变民众生活为目的,抽象难懂的体例安排亦不会是合目的性的选择。德国纳粹时期的"民法革新"为之提供了最有力的佐证。

纳粹党执政后,发起了声势浩大的"法律革新"(Rechtserneuerung)运动,司职其事者,是 1933 年成立的德意志法律研究院(Akademie für deutsches Recht)。④ 其中,民法革新的目标是:彻底告别十九世纪奉行逻辑体系、疏离生活实际的旧法典及其法律教义观念,根据民族社会主义世界观的精神制定一部新法典,以便重塑民众的日常生活。⑤ 相应的,新法典的重点之一,是从形式、风格与内容各方面充分实现民法的通俗化与大众化。⑥ 在此背景下,1942 年,柏林大学教授黑德曼(J. W. Hedemann)领导的"人民法典委员会"拟定完成并出版《人民法典》(Volksgesetzbuch)第一部分,内容包

---

① 〔英〕霍布斯:《利维坦》,黎思复、黎廷弼译,杨昌裕校,商务印书馆 1996 年版,第 270 页。
② 相应的,在法律理论方面,霍布斯亦是"命令论"的先行者。在他看来,"法律是一种命令,而命令则是通过语言、文字或其他同样充分的论据发布命令的人之意志的宣布或表达"。〔英〕霍布斯:《利维坦》,黎思复、黎廷弼译,杨昌裕校,商务印书馆 1996 年版,第 210 页。
③ 光绪三十三年(1907 年),大清政府决定编纂民律,在"编纂民法之理由"中,首先被提及的是:"凡私法上之法律关系须用法律明示,使人民知之与使人民由之也,不然则易生无益之争议而害及国家之秩序矣。"参见张生:《中国近代民法法典化研究(1901—1949)》,中国政法大学出版社 2004 年版,第 65 页。
④ Thorsten Hollstein, Die Verfassung als „Allgemeiner Teil": Privatrechtsmethode und Privatrechtskonzeption bei Hans Carl Nipperdey (1895—1968), 2007, S. 66 f.
⑤ Justus Wilhelm Hedemann, Die Erneuerung des bürgerlichen Rechts, in: Zur Erneuerung des bürgerlichen Rechts, 1938, S. 7 ff.
⑥ Hans Carl Nipperdey, Das System des bürgerlichen Rechts, in: Zur Erneuerung des bürgerlichen Rechts, 1938, S. 97 f.

括"基本规则"(Grundregeln)与第一编"人民同志"(Volksgenosse)。基于"生活重于理论"的理由,《人民法典》舍弃旧法典的总则编,而新设"基本规则"之编制。① 关于"总则"与"基本规则"的关系,黑德曼曾作如下说明:

  1896年法典的总则意在统领其后各编,人民法典的"基本规则"亦有此意,不仅如此,后者追求更多,除法律方面的考虑外,尚以通俗化为要。……人性化的通俗更难实现,这正是"基本规则"区别于1896年法典总则的基本之点。"基本规则"不仅意在指示法律教育之途径、对法官与学者作出指令,就其自身而言,它至少还想要摒弃如下观念:法律只是当事人纠纷的裁断规则与法官的适用规则。毋宁说,有如海因里希·雷曼(Heinrich Lehmann)在意见书中指出的,其意义更在于,"基本规则第一节——即言简意赅的第1至18条——为人民同志提供集体共同生活的准绳(Richtschnur)、揭橥日常法律活动的行为准则(Verhaltensmaßregeln),此亦称基本原则,立法者的指导思想(Leitgedanken)体现其中,并统率其后人民法典无论是六编还是八编的各项具体规定"。实际上,这是对于其后各编组成部分的另外一种"统领"。②

  不过,以管制为目的的立法固然会选择通俗化的风格并且倾向于舍弃总则,反向推论却未必成立。《瑞士民法典》的起草者明确表示以通俗化为其追求③,而无证据表明,它同时伴随着管制之强化。其通俗取向之原因,除了幸运地拥有博学并务实的胡贝尔(Eugen Huber)作为法典唯一起草者外④,另有一个重要背景是,法典制定时,多数判决依然由非专业法官(Laienrichtern)作出,法律职业的大众化特征极为显著,此时,立法者纵然将读者设定为法官,亦不可能与早已得到潘德克顿法学洗礼的德国相提并论。⑤

  在实质理由方面,《瑞士民法典》的立法资料显示,之所以舍弃总则体例,主要基于以下考虑:

  第一,大部分州法并无总则编的设置而且无意于此。1893年11月17日的一份调查备忘录表明,只有两票赞同设置总则编,其他均是反对,非但如此,1894年10月

---

① Hedemann/Lehmann/Siebert, Volksgesetzbuch (Grundregeln und Buch I): Entwurf und Erläuterungen, 1942, S. 40 (Hedemann).

② a. a. O. , S. 41.

③ Schweizerisches Civilgesetzbuch: Erläuterungen zum Vorentwurf des Eidgenössischen Justiz-und Polizeidepartements, 1902, S. 14.

④ Rudolf Gmür, Das schweizerische Zivilgesetzbuch: verglichen mit dem deutschen bürgerlichen Gesetzbuch, 1965, S. 33 ff. ;苏永钦:《借箸代筹中华人民共和国的民事立法》,载氏著:《寻找新民法》,北京大学出版社2012年版,第48页。

⑤ Rudolf Gmür, Das schweizerische Zivilgesetzbuch: verglichen mit dem deutschen bürgerlichen Gesetzbuch, 1965, S. 32; Zweigert/Kötz, Einführung in die Rechtsvergleichung, 3. Aufl. 1996, S. 173 ff. ;苏永钦:《借箸代筹中华人民共和国的民事立法》,载氏著:《寻找新民法》,北京大学出版社2012年版,第47—48页。

31日联邦法院在其评估报告中,对总则编亦持否定意见。

第二,就内容而言,总则主要包括权利主体、权利客体与权利的得丧变更。其中,权利主体不妨规定于人法,该处置且与随后的亲属法在外观上更具紧密联系;物作为物权客体置于物权编,亦足令法律关系联接更显紧凑。如此一来,总则唯剩权利的得丧变更而已,即使对于这一部分,亦能找到更为妥适的处理方式。

第三,总则规范所面临的难题是,如何能够无差别地适用于各种具体情形?实际上,许多总则的一般规定,在适用于具体法域时,不得不依情势作出调整甚至几乎无从适用。例如,法律行为错误对于亲属法,较之于物权法或债法,意义即相去甚远。结果反倒是,原本意在简洁的总则技术,却使局势变得更加复杂。因此,更为务实的处理方式是,将法律规范置于典型适用领域,然后扩及至边缘地带,比如,将错误规则置于债法。其他诸如取得时效、消灭时效等制度,均同此理。①

反观中国。立法者既念兹在兹不忘管制民众,训练有素的法律家共同体又远未形成,两相结合,中国原本拥有放弃总则体例的最坚强理由。然而,实际情况却是,立法者对于总则的偏爱程度似乎甚至超过原创者。不仅已颁行的《合同法》《物权法》以及《侵权责任法》等明确划分为总分则结构,2002年12月审议的民法典草案亦以总则为其首编,甚至,在总则之内,尚有"一般规定"之二次抽象。其间缘由,一方面也许可归结为,在我们法学教育的影响下,总分则知识格局已成为立法操持者的知识前见,另一方面,也许在某种程度上表明,立法者于法典目的理性并无清醒意识。

当然,这不是说,为了更好贯彻管制理念,立法者应该迷途知返,把通俗化事业进行到底,亦不是说,在既有环境下,总则编全无存活余地。淮南之橘虽淮北为枳,但至少无害于水土,更重要的是,唯在移植之后,才会出现为使其良性生长而改善生存条件之动因。就此而言,中国虽然条件粗陋,法典总则仍不妨一试。

《瑞士民法典》的考虑表明,总则之存废,固然与立法者主观偏好及抽象理念有关,但更切实际的是,在作出技术取舍之前,先就规范内容本身,一一观察各项候选公因元素。

三、总则编的构成

(一) 总则编史略

一般认为,作为潘德克顿体系产物的民法总则滥觞于胡果(Gustav Hugo)1789年的《当代罗马法学阶梯》一书,该书正文共分五编,即对物权(Realrechte)、对人债权(persönliche Obligationen)、亲属权(Familienrechte)、遗产(Verlassenschaften)及程序(Proceß),正文之前,安置一个包括七节内容的"导论"(Einleitung),用以论述法律的

---

① Schweizerisches Civilgesetzbuch: Erläuterungen zum Vorentwurf des Eidgenössischen Justiz-und Polizeidepartements, 1902, S. 22 f.

一般理论。① 1807 年,海泽(Arnold Heise)将乃师的"导论"扩展为"一般理论"(Allgemeine Lehren),作为《供潘德克顿讲授之用的普通民法体系纲要》的正文第一编。② 此后,萨维尼(Savigny)、普赫塔(Puchta)与温德沙伊德(Windscheid)等人继受并巩固了这一体系。③ 经过百年发展,总则体例的地位已是几近牢不可破,在此期间,除布林茨(Brinz)自成体系之外,其余则无不因袭成说。④ 潘德克顿体系首次法典化见诸1865年的《萨克森民法典》,有学者指出,该法典"几乎是潘德克顿教科书条文化的产物"。⑤ 1896 年的《德国民法典》则令总分则编制体例产生世界性的影响。

在内容上,构成潘德克顿教科书总则的,大致包括五部分:(1) 关于客观法的一般理论,主要论述客观法的概念、渊源、表现形态、时空效力、适用、解释及续造等;(2) 权利主体,分为自然人与法人;(3) 权利客体,通常只处理"物"这一最重要的客体;(4) 法律上的行为,尤其是意思表示与法律行为,不法行为亦常在这一部分出现;(5) 主观权利的概念、种类、得丧、冲突与竞合、行使以及自力救济或诉讼保护等。⑥ 其中,除了客观法的一般理论并非专属于民法、纯粹是历史原因而进入体系外⑦,其他大部分均为《德国民法典》总则编所接受。⑧

(二) 公因式提取标准

总则既然具有公因式地位,首先需要追问的就是:此等公因式依据何种标准而提取?

法律规范(Rechtsnorm, Rechtssatz)虽然事关生活关系,但并非意在描述后者,毋宁说,法律规范的意义在于,为生活关系提供特定的规范评价,其逻辑结构包括构成要件(Tatbestand)与法律效果(Rechtsfolge)两部分,相应的,公因式之提取标准,或者是法律效力(Rechtswirkung),或者是构成事实(Tatsache)。

首先考虑的是法律效力标准,原因在于,任何法律的适用,最终都必须落足于此。民法上的法律效果围绕着权利、义务而展开,以权利为切入点,所谓法律效果,指的就

---

① Gustav Hugo, Institutionen des heutigen römischen Rechts, 1789.
② Arnold Heise, Grundriss eines Systems des gemeinen Civilrechts zum Behuf von Pandecten-Vorlesungen, 3. verb. Ausg., 1819.
③ Gustav Boehmer, Grundlagen der bürgerlichen Rechtsordnung, II 1, 1951, S.73.
④ Ernst Zitelmann, Der Wert eines „Allgemeinen Teils" des bürgerlichen Rechts, 1905, S.1.
⑤ Gustav Boehmer, Grundlagen der bürgerlichen Rechtsordnung, II 1, 1951, S.73.
⑥ a. a. O.; Ernst Zitelmann, Der Wert eines „Allgemeinen Teils" des bürgerlichen Rechts, 1905, S.2 ff.
⑦ Ernst Zitelmann, Der Wert eines „Allgemeinen Teils" des bürgerlichen Rechts, 1905, S.2.
⑧ 关于客观法的一般理论,《德国民法典》1881 年的分编草案(Teilentwurf)曾在"客观法"标题下以40 条的篇幅详细规定于总则编的第一章。Albert Gebhard, Allgemeiner Teil, Teil 1, in: Werner Schubert (Hrsg.), Die Vorlagen der Redaktoren für die erste Kommission zur Ausarbeitung des Entwurfs eines Bürgerlichen Gesetzbuches, 1981. 待得 1888 年的第一草案时,第一章标题更为"法律规范",篇幅缩至 2 条,内容分别是法无明文规定之法律关系的法律适用以及习惯法问题。Entwurf eines bürgerlichen Gesetzbuches für das Deutsche Reich, 1. Lesung, amtliche Ausg., 1888. 1894 年的第二草案则将其整章删除。Entwurf eines bürgerlichen Gesetzbuches für das Deutsche Reich, 2. Lesung, I.-III. Buch, auf amtliche Veranlassung, 1894.

是权利关系的变动,主要表现在权利主体、权利客体与权利得丧变更三个方面。以法律效力为体系化的线索,提问方式是:为了引发此等效力,需要具备何种要件?[①] 因此,贯彻这一标准的结果将是,有关法律效力之规定汇成总则,分则内容则是各项具体的构成事实。然而,不同权利(如债权与物权)的效力可能相去甚远,相互之间并无太多共通之处,若纯以法律效力为标准,能够成为权利内容公因式的,除了极度抽象的权利一般概念,或者关于权利行使与保护的一般规则,别无太多因素。实际上,有关权利的得丧变更,除了作为结果的效力问题,从引发结果的原因(构成事实)中亦可能产生公因式,此时,提问方式相应变更为:从形色各异的构成事实中抽象出来的共通要件,产生何种效力?[②]

《德国民法典》各编之设置,兼采法律效力与构成事实双重标准,齐特尔曼(Ernst Zitelmann)谓之交叉分类(Kreuzeinteilung):债法与物法之分立,乃是奉行法律效果标准的结果;亲属法与继承法之形成,则取向于相似的构成事实。[③] 齐特尔曼进而指出,总则编之形成,亦是交叉分类的结果,例如,人作为权利主体,固然是各种法律效力的担受者,但许多具体规定,如自然人或法人的出生(设立)、死亡(终止)、各项行为等,均属构成事实;法律行为事关权利得丧变更,乃是效力取向的结果,其无效、待定及可撤销等各项效力瑕疵亦当然是效力的共通规定,但法律行为本身则是引发法律效力的构成事实;等等。[④]

(三) 括号之外的元素

提取公因式本应是一项由具体而抽象的归纳作业,不过,《德国民法典》颁行之初,总则编曾遭激烈批评,理由之一就是,并无证据表明,总则之出现,是在充分观察具体情形的前提下,经由归纳而成,反倒是自上而下的演绎痕迹清晰可见,既然如此,放置于括号之外的这些元素具有何种程度的覆盖能力,就难免令人心生疑窦。[⑤] 时至今日,已无必要深究总则之产生途径,更具实际意义的毋宁是,就已形成的总则内容再作检讨,判别是否具备适格的"公因式能力"。交叉分类下,《德国民法典》的总则编包括七章,分别是人、物、法律行为、期间、期日、消灭时效、权利的行使、自卫、自助、担保之提供。我国2002年12月的民法典草案中,总则包括九章:一般规定、自然人、法人、民事法律行为、代理、民事权利、民事责任、时效与期间。二者范围大同小异,不妨一体观察。

---

① Ernst Zitelmann, Der Wert eines „Allgemeinen Teils" des bürgerlichen Rechts, 1905, S. 8.
② a. a. O., S. 9.
③ Dieter Medicus, Allgemeiner Teil des BGB, 10. Aufl., 2010, Rn. 16 f.; Ernst Zitelmann, Der Wert eines „Allgemeinen Teils" des bürgerlichen Rechts, 1905, S. 10 f.
④ Ernst Zitelmann, Der Wert eines „Allgemeinen Teils" des bürgerlichen Rechts, 1905, S. 11 ff.
⑤ Siegmund Schloßmann, Willenserklärung und Rechtsgeschäft: Kritisches und Dogmengeschichtliches, 1907, S. 65 ff.

1. 权利主体

自从总则体例为潘德克顿法学所创造,无论在教科书还是在法典,"人"(权利主体)一直是其重要成分。道理似乎很简单:人是所有法律关系的主体,当置于括号之外无疑;而权利主体概念形式化之后,法人获得相当于自然人的地位,二者并立亦是理所当然。

不过,问题未必如此简单。当法律关系被三分为主体、客体与内容时,如果主体能够因其存在于任何法律关系而获得公因式地位,即意味着,客体、内容皆应作同等处置,然而,正如下文将要指出的,不仅"客体"总则化的效果不尽人意,有关"内容"之规定,更是支离破碎甚至附会牵强。权利主体固然为一切法律关系所必备,并且因此成为法律核心概念之一,但实证法律体系毕竟不同于哲学体系,前者虽亦关注概念的一般化,但目的既在适用,规范构成的一般化毋宁更具意义,否则,所谓总则编,恐将成概念定义之汇总场所。[①]

作为法律规范的集合体,能够成为公因式的,必须体现于适用中。例如,胁迫之进入总则,原因不在于具有法律概念体系的一般地位,而在于,法律适用时,该项因素既影响财产行为的效力,于身份行为亦有其意义,财产行为中,负担行为固然可能受到胁迫,处分行为也不例外。

此亦表明,公因式一旦被提取,将出现规范体系的双重不完整:一方面,总则规范失去独立适用能力,须与括号之内的因素相结合,始得合成一项完全规范。即便胁迫之构成要件与法律效果均在总则中得到貌似完整的规定,由于当事人所实施的不可能是一项抽象的"法律行为",而只能是买卖(负担行为)、移转所有权(处分行为)、撤销(形成行为)或结婚(身份行为)等具体行为,若无分则的具体事实填充相应的构成要件,总则规范将无所适用。另一方面,既然总则已将部分构成要件与法律效果提取于括号之外,括号内的分则规范亦不再完整。胁迫因素虽然必定存在于具体的法律行为,但脱离总则,法官无法找到可资适用的规范。反言之,如果法律规范自成体系,不必经由其他法域补足,即无公因式之提取问题。

若不考虑非法人团体,权利主体可二分为自然人与法人。然而,《德国民法典》有关自然人与法人之规定,如维亚克尔(Franz Wieacker)所指出的,只不过是潘德克顿体系中权利主体一般理论的只言片断。[②] 即便如此,除权利能力(权利义务承受资格)勉强具备公因式之某些特点外,其他诸如自然人住所、人格权、失踪或死亡宣告,法人设立、登记、内部关系、终止等各项总则规定,其实均难谓成功,它们几乎均自成系统独立存在,在适用时,与分则各编充其量具有相互参引的关系,无论如何谈不上是后

[①] Ernst Zitelmann, Der Wert eines „Allgemeinen Teils" des bürgerlichen Rechts, 1905, S. 14.

[②] Franz Wieacker, Privatrechtsgeschichte der Neuzeit: unter besonderer Berücksichtigung der deutschen Entwicklung, 2. Aufl., 1967, S. 487.

者的共通规定,况且,法人在亲属、继承法上几乎了无意义,更遑论是公因元素。

另外,我国尚以行为能力与监护制度为人法内容,置于总则。行为能力能够影响法律行为的效力,就此具有公因式能力,不过,行为能力与人的主体资格无关,在规范意义上,其实与法律行为制度关系更为密切,因而,《德国民法典》将其置于法律行为章的举措,值得赞同;至于监护,其所体现者,则主要是行为能力欠缺者的身份关系以及以此为基础产生的财产关系,除非将亲属法整体置入人法,否则,在众多身份关系中单独以之为总则内容,难谓合理。

有鉴于此,关于人法,本文愿意认同齐特尔曼的见解,即,将包括自然人与法人在内的人法从总则抽出,自成一编。① 这样,既不至于占据总则之位却名不副实,还可从容完整地囊括自然人与法人各方面的属性,从而避免《德国民法典》割裂人法内容之缺陷,同时,争议不断的人格权法的体例问题也有望得到合理解决②:不必随人法牵强置于总则,亦无需别出心裁逐其远行独自成编。另外,由于亲属法及以之为基础的继承法涉及大量财产法规范,故不妨一仍其旧,规定于财产法之后。至于人法编的位置,基于主体概念的先行性与美观方面的考虑,可为法典第一编。③

2. 权利客体

权利客体之为总则内容,在潘德克顿教科书上,有如权利主体,亦是受理性哲学影响的结果。权利客体(Rechtsobjekt, Rechtsgegenstand)的罗马法对应概念是物(res),包括有体物和无体物两类,其中,"'有体物'乃是能为触觉感知之物,比如土地、人、服装、金银以及其他不可胜数之物"。"无体物则是不可为触觉感知之物,通常存在于某项权利之上,比如遗产、用益权以及经由任何方式而产生的义务。"④若以此为标准,在权利客体的名义下,几乎所有民法规范均得成为总则内容,此无异于废除总则编。

《德国民法典》未跟从罗马法,从分编草案开始,就有意将物的概念限制于有体物(körperliches Ding)。⑤ 其时,物被置于物权法第一章("一般规定")第一节("物的一般规定"),总则编则无"权利客体"的内容。第一草案同其处置。法典第二委员会将物的体例安排问题委诸法典编辑委员会(Redaktionskommission)处理,后者将其升至总则编⑥,由此形成第二草案第一编第二章之内容,在结构上,"物"作为权利客体,与第一章作为权利主体的"人"相互呼应。1896 年颁布的《德国民法典》未再变更。

---

① Ernst Zitelmann, Der Wert eines „Allgemeinen Teils" des bürgerlichen Rechts, 1905, S. 13.
② 相关争论,可参苏永钦:《借箸代筹中华人民共和国的民事立法》,载氏著:《寻找新民法》,北京大学出版社 2012 年版,第 62—70 页。
③ Ernst Zitelmann, Der Wert eines „Allgemeinen Teils" des bürgerlichen Rechts, 1905, S. 24.
④ Gaius, Institutionen, Herausgegeben, übersetzt und kommentiert von Ulrich Manthe, 2004, II 12—14.
⑤ Reinhold Johow, Sachenrecht, Teil 1, in: Werner Schubert (Hrsg.), Die Vorlagen der Redaktoren für die erste Kommission zur Ausarbeitung des Entwurfs eines Bürgerlichen Gesetzbuches, S. 144.
⑥ Hans Josef Wieling, Sachenrecht, Band 1, 2. Aufl., 2006, S. 53 f.

不幸的是,法典编辑委员会的决定招来比权利主体问题更激烈的批评。《德国民法典》将物的概念限定为有体标的(körperliche Gegenstände),却又同时置之于总则编,结果是,这一部分内容较之前一章,其"不完整与支零破碎犹有过之"。① 原因很简单,有体物只是物权客体。将物的规定放置于远离物权法的总则编,除了降低总则编的涵盖能力,亦割裂了物与物权之间的规范关联,几无是处。考虑到物的概念重返罗马法、再将无体标的纳入之举措无益于规范架构②,令其回归物权法,谅必是最为可行的选择。③

我国《物权法》只在第2条第2款对物有所涉及:"本法所称物,包括不动产和动产。法律规定权利作为物权客体的,依照其规定。"动产与不动产以物理上的可移动性为基本判别标准,这意味着,《物权法》上的"物"仅指有体物而言。但就语词使用而论,"物权客体"似乎被当作"物"的上位概念,因为权利亦得成为"物权客体",却不是物。④ 虽然2002年的民法典草案总则编未包含物,但《物权法》既已施行,对物详作规定再无余地,除非立法者认为1款的篇幅即为已足,否则有理由相信,物的规定只能安插于未来民法典的总则编。果如此,无疑是在重复《德国民法典》上"一般化失败的典型"⑤,毋宁惟是,由于《物权法》把物作为物权客体的下位概念,失败将更为突出:总则所规定的物,甚至连物权的客体都未能囊括。

3. 权利内容

权利类型不同,内容亦相去甚远。债权与物权之所以分立两编,正是以权利效力(内容)为其分类标准,因此,能够作为公因式被提取的,必定极具一般性。《德国民法典》上,有关权利之内容,分离出权利变动(法律行为)、权利的时间属性(期间、期日、消灭时效)、权利的行使与私力救济(自卫、自助)以及担保之提供诸方面规定。中国2002年民法典草案未包含权利的私力救济、担保之提供内容,添入取得时效(与诉讼时效并称"时效")、民事权利之分类与定义。法律行为问题容下文详述,此处先论其余。

(1) 权利的时间属性

权利时间属性的规范内容大致包括期间、期日与时效(取得时效和消灭时效)三方面。任何法律关系都在时间中存在,在此意义上,时间规范置于总则,自无不妥。不过,时间之计算,对于多数法律适用而言,只是前导性或辅助性作业,所涉法律规范

---

① Dieter Medicus, Allgemeiner Teil des BGB, 10. Aufl., 2010, Rn. 22.
② Hans Josef Wieling, Sachenrecht, Band 1, 2. Aufl., 2006, S. 11.
③ Ernst Zitelmann, Der Wert eines „Allgemeinen Teils" des bürgerlichen Rechts, 1905, S. 25. 德国当代教科书中,打破法典体例,于物权法教科书详论物之概念者,威灵为其代表。Hans Josef Wieling, Sachenrecht, Band 1, 2. Aufl., 2006, S. 53 ff.
④ 以权利为物权客体者,如《物权法》第180条设立于建设用地使用权或土地承包经营权之上的抵押权,第223条的权利质权,等等。
⑤ Dieter Medicus, Allgemeiner Teil des BGB, 10. Aufl., 2010, Rn. 23.

基本都是说明性规范(erläuternde Rechtssätze)或解释性规则(Auslegungsregeln),自身不具有独立性,因此,如《民法通则》般以之为附则内容,似乎亦无不可。

关键在于时效。罗马法时期,因长期不使用其物而导致物上权利消亡(usucapio)与因长期不行使权利而导致诉权或请求权消灭(praescriptio actionum)的现象构成统一的时效(Verjährung)制度,前者令对方取得物权,称取得时效(Ersitzung),后者则称诉讼时效(Klagenverjährung)或请求权时效(Anspruchsverjährung)。《德国民法典》之前的欧陆立法,基本都对这两项制度作统一规定。格布哈特(Albert Gebhard)起草的法典分编草案将二者分离,请求权时效留驻总则,取得时效则遣至物权编,理由是,取得时效的适用对象只是物权,无法构成法典的一般规定。这一调整得到认可。① 请求权属于一般概念,债法、物法、亲属法与继承法均有其规范空间,就此而言,以请求权时效为总则内容,实属正当。

不过,请求权虽属一般概念,但即使在德国法上,请求权时效的典型适用对象其实亦是债权,身份性请求权固然无从适用,物上请求权亦被大幅排除,涵盖能力难称理想,因而,以典型化处理方式,在债编规定请求权时效,然后借助类推技术扩及至其他法域,至少不是更坏的选择。② 其间差别仅仅在于,前者的规范方向是例外排除,后者则是类推扩展。如果例外排除的情形太多,提取公因式之技术,未必优于典型化处理。

我国现状为典型化处理创造了条件。《民法通则》未明确诉讼时效的适用对象,2008年最高法院发布《诉讼时效规定》,第1条表明:"当事人可以对债权请求权提出诉讼时效抗辩,但对下列债权请求权提出诉讼时效抗辩的,人民法院不予支持……"显然,债权乃是典型适用对象。

(2)权利的行使与私力救济

罗马法有过"权利之行使无伤他人"(Neminem laedit, qui suo jure utitur)的格言③,所表达的是,特定主体享有某项权利,就意味着该主体可因此自由行为,即使权利的行使致人遭受不利益,亦无可指责。④ 就此而言,权利行使属于行为自由领域,法律无从置喙。所以,关于权利行使,能够作为公因式的,只能是消极的原则性规定。对此,《德国民法典》仅有恶意刁难之禁止(Schikaneverbot)即权利滥用原则(Re-

---

① Albert Gebhard, Allgemeiner Teil, Teil 1, in: Werner Schubert (Hrsg.), Die Vorlagen der Redaktoren für die erste Kommission zur Ausarbeitung des Entwurfs eines Bürgerlichen Gesetzbuches, 1981. S. 306 ff; Motive zu dem Entwürfe eines bürgerlichen Gesetzbuches für das Deutsche Reich, Band 1 (Allgemeiner Teil), 1896, S. 288 ff.

② Ernst Zitelmann, Der Wert eines "Allgemeinen Teils" des bürgerlichen Rechts, 1905, S.28.

③ Detlef Liebs (zsgest., übers., u. erl.), Lateinische Rechtsregeln und Rechtssprichwörter, 6. Aufl., 1998, S.142.

④ 〔法〕雅克·盖斯旦、吉勒·古博、缪黑埃·法布赫—马南:《法国民法总论》,陈鹏等译,法律出版社2004年版,第702页。

chtsmissbrauch)一条(第226条)规定。当然,经过学说与判例发展,被规定于债编的诚实信用原则(第242条)亦取得相当于总则的地位。在立法体例上,采德式安排,以之为总则规定固然可以接受,但在条文数目上,难免单薄。

管见以为,循《瑞士民法典》成例,在法典正文之前设序章(Einleitung),规定法源、权利行使的一般原则等必要内容,似亦无不妥。至于权利的私力救济,在以公力救济为原则的文明社会,不过是"脱胎于早期法律史的"权利保护之例外[①],多数情况下,其适用涉及侵权行为。中国2009年颁布的《侵权责任法》将自卫行为(正当防卫和紧急避险)纳入其中,由此推断,应该不会构成未来民法典总则编的内容,而为立法所遗漏的自助行为,因其适用对象是请求权,故不妨作典型化处理,安置于债编。

(3)担保之提供

担保之提供大概是《德国民法典》总则编最容易被忽略的问题。此项制度在潘德克顿法学体系中,位于权利保护学说之后,但在适用时,所涉问题基本都在债法领域,难谓具有公因式能力,因此,更为妥适的处置,是令其回归债法。[②]

(4)权利之分类与定义

民法典草案第6章"民事权利"是关于各项基本民事权利的立法定义,在来源上,应该是以《民法通则》第5章"民事权利"为基础,通过抽离具体权利内容、并稍加改造而成。毋庸置疑,此处所定义的权利,在民法中无不具有基础地位,但能够成为规范公因式的,如前文所言,不是概念本身的基础性,而是规范适用的共通性。且不论立法者本应节制定义嗜好[③],即便需要立法定义,物权、债权、知识产权、人格权、身份权等概念,亦分别是相应各法域的内容,自以分拆编入为宜。

4. 民事责任

有如第6章,民法典草案第7章"民事责任"亦是脱胎于《民法通则》。1986年《民法通则》以专章规定"民事责任",这一举措颇受部分学者首肯,被评价为对传统民法体系的突破与创新。不过,即使是赞誉有加者,亦未主张将其植入总则。[④]

观其内容,草案总则编有关民事责任的7条规定,无一具备公因式能力:违反合同的"民事责任",早已被规定于1999年《合同法》;侵权责任以及承担责任的方式,为2009年《侵权责任法》所囊括;其他则或者是普法式的教条(如第96条:"因同一行为应当承担刑事责任、行政责任的,不影响承担民事责任"),或者根本与民法规范无关(如第98条:"自然人、法人有抽逃资金,隐藏、转移财产等行为,拒不履行发生法律效

[①] Franz Wieacker, Privatrechtsgeschichte der Neuzeit: unter besonderer Berücksichtigung der deutschen Entwicklung, 2. Aufl., 1967, S.487.

[②] Ernst Zitelmann, Der Wert eines „Allgemeinen Teils" des bürgerlichen Rechts, 1905, S.26.

[③] 关于立法定义对于学术的僭越,可参朱庆育:《物权立法与法律理论》,载《中外法学》2006年第1期,第5—8页。

[④] 如魏振瀛:《物权的民法保护方法——是侵权责任,还是物权请求权》,载费安玲主编:《学说汇纂》(第1卷),知识产权出版社2007年版,第12页以下。

力的法律文书的,经权利人申请,人民法院可以将该逃避民事责任的情形予以公告,并可以采取必要措施限制其高消费等行为。")。

管见以为,在未来的民法典中,不妨将其整章删除。①

5. 一般规定

总则之内尚有"一般规定",这是中国立法者独创的"双重公因式"体例,在规范意义上,自然难免让人产生过度抽象之疑虑。② 通观民法典草案,"一般规定"的9条内容可分为四类:立法目的(第1条)、调整对象(第2条)、"民事活动"的基本原则(第3—8条)及法律的效力范围(第9条)。

"立法目的"之不妥,已如前述。"调整对象"之规定自《民法通则》第2条略加改造而来,旨在界定民法的调整范围。然而,处理各法域之间的关系,不是如分配行政权力般划分"势力范围"。如果说,计划经济时期为了保有民法的一息气脉,需要特别强调民法规则并非全无适用余地,不能被取缔,而不得不借助"调整对象"之界定分得经济法的一杯残羹③,那么,时过境迁之后,这一策略信已不再合乎时宜。在正常的私法社会,关于民法,立法者的任务仅仅在于,将民众普遍默言奉行的交往规则予以显性表述。如果认为,民法的"调整范围"须由立法者划定,无异于在"立法目的"基础上进一步表明:民法不过是立法者手中的工具,任由揉捏。正是在此意义上,拉德布鲁赫指出,私法与公法不是实证法上的概念,而具有先验性,在逻辑上先于法律经验并且约束着法律经验之展开。④

民事活动的基本原则包括平等原则(第3条)、自愿原则(第4条)、公平原则(第5条)、诚信原则(第6条)、合法权益不受侵犯原则(第7条)与公序良俗原则(第8条),其中,除诚信原则与公序良俗原则对于民事交往具消极控制的规范意义外,其他均为私法题中之义,并且不能被直接援引为裁判依据,换言之,不具有可适用性。特别予以宣示,固然可见立法者的重视,但需要特别宣示,似乎亦表明,它们在民事生活中,其实是稀缺并且是赋予性的。《德国民法典》与之形成鲜明对照。私法自治是《德国民法典》的核心原则,却未见任何明文宣示,不是因为立法者认为不重要,相反,恰恰是因为私法自治如此的不言自明,早已成为社会共识,以至于立法者要做的,只是

---

① 苏永钦教授建议,民事责任法单立一编,作为财产法和人法的救济法置于其后。参见苏永钦:《民法典的时代意义——对中华人民共和国民法典草案的大方向提几点看法》,载氏著:《寻找新民法》,北京大学出版社2012年版,第24—26页。依笔者浅见,这一体例的合理性,以打通物债二分为前提,否则,把物上救济和债上救济归拢放置,将各自远离救济本体,其缺陷,一如把物规定于民法总则。

② 关于"双重公因式",可参朱庆育:《物权立法与法律理论》,载《中外法学》2006年第1期,第2—3页。

③ 关于《民法通则》时代调整对象的意义以及民法与经济法的关系,可参佟柔著,周大伟编:《佟柔中国民法讲稿》,北京大学出版社2008年版,第1页以下。

④ Gustav Radbruch, Rechtsphilosophie, hgb. von Ralf Dreier und Stanley L. Paulson, Studienausg., 2. Aufl., 2003, S.119.

通过具有可适用性的规范来贯彻体现。① 此亦表明，立法者的"重视"，未必是民众之福。

浅见以为，不妨在删除"立法目的""调整对象"以及大部分"基本原则"后，将诚信原则与公序良俗原则等内容置于法典序章，从而消除有害无益的"双重公因式"架构。

6. 法律行为

上文表明，被当做以及被试图当做民法总则之组成元素的，或者本可独立成编，或者宜应纳入各编，或者不妨归诸序章附则，或者理当予以删除，均不具有足够的公因式能力。然而，若就此得出放弃总则之结论，难免仓促。于德式建筑而言，总则之承重墙仅为法律行为一端，其他不过是辅助性的零散构件而已，正因如此，主张舍却总则编制的德国学者，亦多伴随着对法律行为概念的否定。②《民法通则》以来，无论立法、学说抑或司法，均继受了法律行为（"民事法律行为"）概念，2002年民法典草案亦在总则分两章规定"民事法律行为"与"代理"。为简化讨论，笔者拟在此前提下，结合实证法进行观察。

（1）债权行为与物权行为

依弗卢梅（Werner Flume）之见，"潘德克顿体系的主要特征在于前置总则之体例，总则之核心则在法律行为理论"。③ 雅科布斯（H. H. Jakobs）说法与乃师有所不同："《德国民法典》编纂的体系特点既不在五编制，亦非前置总则之体例，而是物法与债法的截然区分。"④貌似矛盾的表述其实只是强调重点不同：区分物法与债法之后，即有了变动物权的行为（物权行为）与负担债法义务的行为（债权行为）的分离，抽象的法律行为理论亦得以成为法典公因式，并因此撑起总则大厦。⑤

一般来说，如果立法者以通俗化为追求，会倾向于否弃"抽象难懂""疏离生活"的物权行为理论，将物权移转纳入债法关系，如此，有关法律行为的内容（如意思表

---

① Werner Flume, Das Rechtsgeschäft, 4. Aufl., 1992, S.1 ff.
② Hans Carl Nipperdey, Das System des bürgerlichen Rechts, in: Zur Erneuerung des bürgerlichen Rechts, 1938, S. 107, 113 f.; Siegmund Schloßmann, Willenserklärung und Rechtsgeschäft: Kritisches und Dogmengeschichtliches, 1907.
③ Werner Flume, Das Rechtsgeschäft, 4. Aufl., 1992, S. 28.
④ Horst Heinrich Jakobs, Gibt es den dinglichen Vertrag? SZ 119 (2002), S. 288 f.
⑤ 苏永钦教授以物权法定主义的松动为突破点，通过凸显物权的"关系"本质，寻求债法与物法接通之可能，并由此重构法典体例。集中论述请参苏教授三篇系列论文：《物权法定主义的再思考——从民事财产法的发展与经济观点分析》，载氏著：《私法自治中的经济理性》，中国人民大学出版社2004年版，第84—120页；《物权法定主义松动下的民事财产权体系——再探内地民法典的可能性》，载氏著：《寻找新民法》，北京大学出版社2012年版，第117—158页；《可登记财产利益的交易自由——从两岸民事法制的观点看物权法定原则松绑的界限》，载氏著：《寻找新民法》，北京大学出版社2012年版，第159—194页。管见以为，这也许是《德国民法典》以来最具突破性的理论建构，但对于接通债法与物法之后，是否还有必要坚持物的有体性，又如何维持债权行为与物权行为的分离等问题，笔者思虑尚有未通之处，加之物权立法在中国已成现实，因此，本书论述，仍以物债二分为基础。

示、代理、附条件期限等)规定于作为债法的契约法即为已足,无需叠床架屋,另设民法总则。① 不过,管见以为,只要存在明确的物债二分,变动物上权利之行为与负担债上义务之行为的分离便是题中之义,无论立法者的独断意志有多强大,都不可能在承认物债二分的前提下,逻辑周延地否认物权行为的独立性。在此意义上,中国立法虽然混乱,但物债二分的基本格局已然确立,"任督二脉"隐约可见,未曾打通,只是因为功力尚浅。

(2) 财产行为与身份行为

即便承认债权行为与物权行为的分离,亦未必意味着法律行为概念能够成为整部法典的公因式,因为,从中抽象出来的法律行为,显然是以财产行为为原型,在多大程度上能适用于身份行为,尚需检讨。

《合同法》虽然包含大量本属法律行为一般规定的内容,但明显无意成为整部民法的公因式。第2条第2款规定:"婚姻、收养、监护等有关身份关系的协议,适用其他法律的规定。"实际上,即便是德国法上的法律行为,适用于身份行为时,亦存在诸多例外,大者如无分离及抽象原则问题、排除代理、形式自由被大幅限缩,小者如不能附条件期限、错误等瑕疵不影响行为效力,等等。也正是在此意义上,苏永钦教授建议,将《德国民法典》的括号一分为二,以财产法通则与人法通则分别统领民法的两大领域。②

管见以为,身份行为固有其特殊之处,但基于以下三点理由,仍不妨统辖于法律行为概念之下:

其一,法律行为要旨在于,根据行为人意志实现相应法律效果,其所负载的私法自治理念,亦应贯彻于去管制化的身份法以及以身份为基础的继承法领域,婚姻自由与遗嘱自由即其著例。同时,依托亲权或监护而建立的法定代理制度,其实亦与法律行为代理存在诸多相通之处。若在法律行为之外单独建立身份行为规则,对于私法自治之弘扬,未必更为有利。

其二,继承法所处理者,固然多属财产问题,即便是在典型的身份法领域,亦含有大量的财产规范,原则上,有关得丧变更之问题,当然适用财产法的一般规则。

---

① 纳粹德国的民法革新运动即循此进路。Hans Carl Nipperdey, Das System des bürgerlichen Rechts, in: Zur Erneuerung des bürgerlichen Rechts, 1938, S. 107, 109 f. 不过,以纳粹世界观为圭臬的论证亦非整齐一律。其时,抽象物权行为的批评者除了疏离生活、人为拟制之指斥外,还提出登记簿公信力足以取代抽象原则的主张。对此,时任保加利亚司法部长、索菲亚大学(Uni. Sofia)教授的 Dikow 曾予以反驳,他指出,抽象物权行为只是一项法律技术,并非社会哲学上的概念,后者对于法律的要求,是确保生活交往的平和、有序以及尽可能的紧凑,抽象物权行为恰当其任,因为它的优点之一就是,能够保证法律交往的稳定与安全;至于公信力取代说,更多的则是一种误解,如果物权变动的效力受制于原因行为,那么,公信力将为之崩溃,换言之,抽象原则与公信力之间并非彼此排斥,相反,二者相辅相成,共同服务于纳粹世界观下法律交往的安全有序。Lüben Dikow, Die Neugestaltung des Deutschen Bürgerlichen Rechts, 1937, S.79 ff.

② 详参苏永钦:《民法典的时代意义——对中华人民共和国民法典草案的大方向提几点看法》,载氏著:《寻找新民法》,北京大学出版社2012年版,第23—26页。

其三，在技术上，纯粹身份行为，同样是以法律行为为其原型，如有关行为能力之考量（《婚姻法》第6条之结婚能力、《收养法》第6条之收养能力），婚姻无效、可撤销的事由与效力（《婚姻法》第10—12条），收养无效事由与效力（《收养法》第25条）等等。基本上，仍可视身份行为为法律行为的特例，此正如债权行为、物权行为皆是法律行为的特例，不必另立门户。

四、总则编的改造

奉自治理念为圭臬的法典，不以管制民众行为为目的，毋宁旨在为法官提供尽量精确高效的裁判技术。《德国民法典》形式理性之追求，端在于此。不过，在科学理性的牵引下，《德国民法典》在提取公因式时，难免过度抽象。管见以为，除法律行为依然不妨维持其总则地位外，其余各部内容，均宜应重做安排：权利主体独立成编，置于法典编首；作为物权客体的物归诸物法；诉讼时效、权利担保、自力救济等落户债法；法典前后增设序章与附则，前者规定权利行使的一般原则及必要的法源规范，后者则处理时间的计算、法典时空效力等附随问题。如此，总则编就势直接改称"法律行为"，位列第二编，居权利主体之后。

不过，考虑到传统民法总论的知识体系，本书除第一编外，将依次阐述法律行为（第二编）、权利主体（第三编）与权利（第四编）三部分内容。另需特别说明两点：

第一，不对"权利客体"作正面阐述，只在有所涉及时简单提示，原因是，权利客体仅具哲学意味上的抽象性，相互之间并无统一的上位规则，各项客体应置于相应分编（债编、物编等），不构成民法总则内容。

第二，法律行为居三编之首，而不采通行的权利主体先行之体例，基本考虑是：首先，在第一编第二章"民法规范理论"之后立即转入法律行为这一个别规范的阐述，结构较为紧凑。其次，法律行为能为其后各编的理解奠定基础，尤其是有关法人的讨论，若未了解法律行为，难以展开。当然，这丝毫不表示，法律行为之理解不以有关权利主体与权利的知识为基础。实际上，作为体系化的知识整体，理解永远处于循环关系之中——通过部分理解整体、通过整体理解部分。本书作此安排，无非是"两害相权取其轻"的权衡结果而已。

第三节　民法的法源

一、法源的含义

法源系法律渊源（Rechtsquelle）之简称，有广狭两义。狭义法源称规范法源（präskriptive Rechtsquellen）或法学法源（juristische Rechtsquellen），对法官具有法律拘束力，法院裁判应当予以援引；广义法源则进一步包括所有能够对法律产生影响的事实,举凡法学著述("法学家法")、行政活动、法院实践以及大众观念(一般法意识)等,均在其列,它们虽然未必能拘束法官,却有助于形成法律认知,往往构成法社会学的研究对象,相应的,此类法源可称"社会学法源"(soziologische Rechtsquellen)。①

规范法源与社会学法源的区别主要有二:前者具有规范性特点,后者则是一种社会事实;前者应得到法官的援引,后者则对法官无拘束力。不过,此等界限其实颇为模糊。例如,学界"通说"对于法官并无拘束力,乃是一种事实存在,属于社会学法源;但"通说"常为法律问题提供解决方案,具有应然的规范结构,法官可直接援引判案,在此意义上,又不失为规范法源。②

法源论所要讨论的问题是,法官应援引何种规定作为裁判依据,以及如何依规定之不同来源进行体系化整理。③ 可见,法源论在实证法学中占据基础地位,唯有首先了解法律如何构成,才有可能进一步谈及法律规范的效力、解释、适用等实证法学的各种问题。另外,在法律理论上,法源论亦是法学流派得以形成的基础,所谓自然法学派、法律实证主义、历史法学派,之所以并峙而立,在某种程度上说,无非是因其各自所持法源论不同而已。

二、民法法源的基本框架

(一) 规范法源

民法法源的类型较为繁复,广至国际公约、窄至村规民约,上至中央立法机关的制定法、下至地方各级政府的具体政令,均可能在不同程度上影响民法裁判。

为简化问题,本书主要以最高法院2009年发布的《裁判规范规定》为据,对我国法院应予援引的民法规范法源框架略作分析。在此司法解释中,民法法源被分为两档,一是作为裁判依据的法源,即规范法源,包括法律、法律解释、司法解释、行政法规、地方性法规、自治条例及单行条例(第4条),二是作为裁判理由的法源,指的是前述列举之外,"根据审理案件的需要,经审查认定为合法有效的"的规范性文件(第6条),主要包括部门规章、地方政府规章及其他政府规定等。第二档法源介于规范法源与社会学法源之间,可称"准规范法源":具有规范性,但对于法院无拘束力,法官可经自由裁量选择适用;同时,此类规则不得直接充当裁判主文的依据,只能用作裁判理由。

下文主要讨论第一档的规范法源。

(二) 法律

在成文法国家,制定法(法律)是首先被考虑的法源。问题是,哪些规则可称作

---

① F. Röhl/C. Röhl, Allgemeine Rechtslehre, 3. Aufl., 2008, S.519 f.; Bernd Rüthers, Rechtstheorie, 3. Aufl., 2007, Rn.217.
② F. Röhl/C. Röhl, Allgemeine Rechtslehre, 3. Aufl., 2008, S.520.
③ Bernd Rüthers, Rechtstheorie, 3. Aufl., 2007, Rn.217.

"法律"?

《立法法》第 2 条规定:"(第 1 款)法律、行政法规、地方性法规、自治条例和单行条例的制定、修改和废止,适用本法。(第 2 款)国务院部门规章和地方政府规章的制定、修改和废止,依照本法的有关规定执行。"根据此条,并结合其他相应规定,"法律"一词可在三个层次上使用:最严格的用法,仅指由全国人大及其常委会制定的"法律"(第 7 条第 1 款);其次,亦包括国务院制定的行政法规(第 65 条第 1 款),省级人大及其常委会和设区的市及自治州人大及其常委会制定的地方性法规(第 72 条),以及民族自治地方的人大制定的自治条例与单行条例(第 75 条,《民法通则》第 151 条);最广义用法,则再加上国务院各部门制定的部门规章(第 80 条)、省级与设区的市及自治州政府制定的地方政府规章(第 82 条)。《裁判规范规定》第 4 条所称"法律",显然是在最狭义上使用。当然,依据该条,第二层次上的法律,亦是法院裁判的依据,只不过效力等级低于狭义法律(《立法法》第 88 条第 1 款)。

同时需要注意的是,虽然在一般意义上,狭义法律、行政法规、地方性法规、自治条例与单行条例均具有民法法源的地位,但亦不排除某些领域有其特别的法源构成,例如,《物权法》第 5 条规定:"物权的种类和内容,由法律规定。"此处"法律",依通说,仅指全国人大及其常委会制定的狭义"法律",既不包括行政法规与地方性法规,亦不包括司法解释与司法判例。① 至于是否包括自治条例与单行条例,则不甚明确,但《立法法》第 75 条既然授之以"变通"法律之权,即意味着,民族自治地方有权根据当地民族特点特设物权类型。

宪法比较特殊。《立法法》第 87 条规定:"宪法具有最高的法律效力,一切法律、行政法规、地方性法规、自治条例和单行条例、规章都不得同宪法相抵触。"由此表明,处于效力等级顶端的宪法并非前文所称"法律"。但我国现行宪法与法律一样,亦是由全国人大制定并修正。就宪法能否直接作为裁判依据问题,学界存有争议,司法实践亦有反复。②

2001 年"齐玉苓案"中,被告冒原告之名为山东省济宁商业学校所录取,而使原告失去录取机会,并影响其后的择业,原告就此请求民事赔偿。最高法院应山东高院请示,作出法释(2001)25 号批复,称:"……陈晓琪等以侵犯姓名权的手段,侵犯了齐玉苓依据宪法规定所享有的受教育的基本权利,并造成了具体的损害后果,应承担相应的民事责任。"山东高院据此批复,直接在裁判主文援引《宪法》第 46 条作为裁判依

---

① 全国人大常委会法工委民法室编:《〈中华人民共和国物权法〉条文说明、立法理由及相关规定》,北京大学出版社 2007 年版,第 6 页;江平主编:《中华人民共和国物权法精解》,中国政法大学出版社 2007 年版,第 17 页;杨永清:《〈物权法〉总则与民事审判》,载《法律适用》2007 年第 6 期,第 28 页。

② 参见张千帆:《宪法学导论——原理与应用》(第 3 版),法律出版社 2014 年版,第 179—182 页。

据,判令冒名入学的被告承担民事赔偿责任。① 该案被称为我国"宪法司法化第一案"。许多学者认为,宪法规范直接作为裁判依据的大门从此开启。②

然而,七年之后,法释(2001)25号批复被法释(2008)15号《关于废止2007年底以前发布的有关司法解释(第七批)的决定》以"已停止适用"为由废止,至于何以"停止适用",则未见说明。"宪法司法化"的实践由此停住脚步。

(三) 法律解释

《裁判规范规定》列举的第二项民法法源是"法律解释"。这一概念系在《立法法》的意义上使用,指的是由全国人大常委会依法定程序对法律作出的解释(《立法法》第45条1款),即所谓"立法解释"。《立法法》第45条第2款规定,在两种情况下需要作出法律解释:第一,"法律的规定需要进一步明确具体含义的";第二,"法律制定后出现新的情况,需要明确适用法律依据的"。此等"法律解释"与"法律"具有同等效力(第50条),其实亦是立法行为。

迄今为止,关于民事法律,全国人大常委会只在2014年11月11日就《民法通则》第99条第1款与《婚姻法》第22条作过正式解释,其他为数不多的法律解释案,集中于刑法领域,而且,各解释案率皆陆续纳入修正后的刑法正式文本。

(四) 司法解释

1955年,一届全国人大常委会第17次会议通过《关于解释法律问题的决议》,授权最高法院解释"审判过程中如何具体应用法律、法令的问题",之后,1980年1月1日起施行的《法院组织法》第33条规定:"最高人民法院对于在审判过程中如何具体应用法律、法令的问题,进行解释。"1981年6月10日,五届全国人大常委会第19次会议通过《关于加强法律解释工作的决议》,第2条除重申最高法院的法律解释权外,更将此项权力加授于最高检察院。2015年3月15日修正施行的《立法法》在"附则"章单列一条(第104条),增加规定最高法院与最高检察院的司法解释权,正式将司法解释纳入《立法法》的规制范围,同时亦委婉认可司法机关对于立法权的分享。

民事案件需要检察院作出解释的情形甚是罕见,作为民法法源的"司法解释",基本上指的是最高法院的司法解释。

依最高法院2007年发布的《司法解释规定》第6条,最高法院的司法解释分"解释""规定""批复"和"决定"四种形式。其中,解释是"对在审判工作中如何具体应用某一法律或者对某一类案件、某一类问题如何应用法律制定的司法解释",如《合同法解释二》,这类解释亦可能以"意见""解答"之名发布,前者如《民通意见》,后者如《名誉权解答》;规定是"根据立法精神对审判工作中需要制定的规范、意见等司法解释",

---

① "齐玉苓诉陈晓琪等以侵犯姓名权的手段侵犯宪法保护的公民受教育的基本权利纠纷案",载《最高人民法院公报》2001年第5期,第152页以下。

② 参见张千帆:《宪法学导论——原理与应用》,法律出版社2014年版,第180页。

如《诉讼时效规定》;批复是"对高级人民法院、解放军军事法院就审判工作中具体应用法律问题的请示制定的司法解释",如"齐玉苓案"批复;决定则用以"修改或者废止司法解释",如《关于废止2007年底以前发布的有关司法解释(第七批)的决定》。

除批复外,其他三种司法解释均以抽象条款的方式作出,同时,无论何种形式的司法解释,一经发布,即具有反复适用的一般效力,就此而言,司法解释可谓是由最高司法机关行使的立法权。虽然司法解释有其法律依据——"对于在审判过程中如何具体应用法律、法令的问题,进行解释",但对这一界限模糊的授权,最高法院显然作了扩张解释,不仅具体裁判中的个案解释成为题中之义——以至于有权以"批复"的形式指示下级法院判案,以发布抽象条款的方式进行一般解释亦被理所当然地纳入其中,甚至,法院裁判应如何援引法律规范,也被当作"行业自律"的内容,由最高法院以"规定"的形式发布。这种明显带有自我授权性质的扩张解释,在制定法总是过于粗糙的背景下,直至今日,依然得到我国法律现实的默许。①

2010年11月26日,最高法院发布《案例指导规定》,对于最高法院发布的指导性案例,要求"各级人民法院审判类似案例时应当参照"(第7条),这似乎表明,经最高法院审判委员会讨论决定,并在《最高人民法院公报》、最高法院网站及《人民法院报》上以公告形式发布的指导性案例(第6条第2款),将获得相当于英美法上应予遵循的先例的效力。果如此,通过自我授权,最高法院又创造新的司法解释形式。

奉行权力分立与制衡的国家,司法机关不能拥有立法权力,既无权主张个案裁判得到当然的反复适用,更无权以抽象条款的方式发布一般规范。之所以如此,原因在于,他们相信,"如果司法权同立法权合而为一,则将对公民的生命和自由施行专断的权力,因为法官就是立法者"。如此,"自由也就不存在了"。② 大陆法系国家,甚至一般不以司法判例为规范法源。法官仅对法律负责,任务则在就个案独立作出裁判,因而,任何法院都没有义务以与之前案件相同的方式解释法律,亦没有义务与上级法院作相同裁判,相应地,上级法院无权指示下级法院判案。不过,法院一般会考虑、甚至遵从先前裁判或上级法院类似裁判,但此等遵从只是说明,先前裁判与上级裁判构成社会学法源,与英美法系之遵循先例制度相去甚远。③

---

① 不仅如此,最高法院的司法解释经验还向下蔓延,得到各省级高院的纷纷效颦。如,京高法发[2003]389号《北京市高级人民法院关于审理物业管理纠纷案件的意见(试行)》,京高法发[2009]43号《北京市高级人民法院审理买卖合同纠纷案件若干问题的指导意见(试行)》等。此类"意见"当然不是规范法源,但现实中,在我国高度行政化的司法体制下,各高院通常会指令"辖区"内的下级法院遵循,而后者一般都会服从。

② 〔法〕孟德斯鸠:《论法的精神》(上册),张雁深译,商务印书馆1993年版,第156页。

③ Larenz/Wolf, Allgemeiner Teil des Bürgerlichen Rechts, 9. Aufl., 2004, § 3 Rn. 38 ff.

三、习惯的法源地位

无论制定法有多完备,都无法给出所有纠纷的解决方案。只不过,这一现象的意义,因法域而有不同。

刑法领域奉行法无明文不为罪原则(《刑法》第 3 条),制定法之外几乎没有其他规范法源存在的空间①,基于罪刑法定原则,制定法之"疏漏",应作有利于刑事被告处理。宪政理念下,公权行为的正当性以法律明文授权为基础,法无明文授权即为无权,由此确立的行政纠纷解决原则是,若制定法存在授权"疏漏",作有利于行政相对人处理,相应的,除了制定法,其他规则在行政法法源上的意义不大。②

民法与刑法、行政法不同。当民事被告损害他人时,法官既不得以法无明文规定为由,作有利于被告的判决,亦不得以法无明文授权为由,否认当事人所实施的私法行为的正当性。这意味着,为解决民事纠纷,在制定法之外,尚需其他规范法源作为补充,其中最重要的,当属习惯法。德国通说在列举民法法源时,即以制定法与习惯法并举③;瑞士更是通过《民法典》第 1 条第 2 款,明确规定习惯法是制定法的补充法源。

所谓习惯法,是指非由立法者制定,而是通过法律共同体成员的长期实践,并且对其已形成法律效力之信念的法律。④ 根据罗马法传统,习惯而成为法,须具备三项要件:第一,长期稳定的习惯(longa consuetudo);第二,普遍的确信(consensus omnium);第三,观念上以其为具有法律拘束力之规范(opinio necessitatis)。⑤ 当代德国,习惯法之形成,一般需要借助法官的法律续造活动,如 2002 年债法现代化法之前的缔约过失与积极侵害债权等制度。⑥ 民国有关习惯法的法律实践与立法,明显带有德瑞痕迹。

民国《民法典》第 1 条前段规定:"民事,法律所未规定者,依习惯";1928 年最高法院一项判例要旨则称:"习惯法之成立,须以多年惯行之事实,及普通一般人之确信

---

① 德国亦是如此。参见〔德〕弗兰茨·冯·李斯特:《德国刑法教科书》,徐久生译,埃贝哈德·施密特修订,法律出版社 2000 年版,第 127 页以下;〔德〕汉斯·海因里希·耶赛克、托马斯·魏根特:《德国刑法教科书(总论)》,徐久生译,中国法制出版社 2001 年版,第 140 页。
② 〔德〕奥托·迈耶:《德国行政法》,刘飞译,商务印书馆 2002 年版,第 85 页以下。
③ Enneccerus/Nipperdey, Allgemeiner Teil des Bürgerlichen Rechts, Band I, 15. Aufl., 1959, § 32; Heinz Hübner, Allgemeiner Teil des Bürgerlichen Gesetzbuches, 2. Aufl., 1996, Rn. 25; Larenz/Wolf, Allgemeiner Teil des Bürgerlichen Rechts, 9. Aufl, 2004, § 3 8 ff., 31 ff.; Staudinger/Coing/Honsell (2004) Einl. 241 zum BGB.
④ Enneccerus/Nipperdey, Allgemeiner Teil des Bürgerlichen Rechts, Band I, 15. Aufl., 1959, S. 261; Staudinger/Coing/Honsell (2004) Einl. 238 zum BGB.
⑤ Heinrich Honsell, in: Staudinger/Eckpfeiler (2005), S. 35.
⑥ Heinz Hübner, Allgemeiner Teil des Bürgerlichen Gesetzbuches, 2. Aufl., 1996, Rn. 37.

心为其基础。"①这一认识,迄至今日,仍为台湾地区所延续,甚至有所扩张。例如,民国《民法典》第 757 条原本规定:"物权,除本法或其他法律有规定外,不得创设。"习惯法被排除在"物权法定"的法源之外,2009 年 1 月 23 日,台湾地区颁布"民法"物权编的部分修正案,第 757 条被修正为:"物权除依法律或习惯外,不得创设。"习惯由此取得物权法定之法源地位,修正理由称:"本条所称'习惯'系指具备惯行之事实及法的确信,即具有法律上效力之习惯法而言"。②

在强调制定法的环境下,习惯法的功能往往被定位为填补制定法的漏洞。此亦《瑞士民法典》第 1 条前段之观念基础。③ 不过,管见以为,这并不表示,制定法的效力等级必定高于习惯法。

民法规范,虽然可能以制定法的形式表现,但不宜视之为立法者专断意志的产物,毋宁说,它只是立法者对于民众交往习惯的概括,因而是被"发现"而非被"创造"的。照此推论,民事制定法与习惯法的区别仅仅在于,是否为立法机关以文字的方式所明确表述,而制定法之所以在法律适用时先于习惯法得到考虑,并非因为前者效力高于后者,而是因为前者的确定性高于后者,更符合法律安全的需求。换言之,若对法律安全无所妨碍,习惯法亦可能优先得到适用。对此,《合同法》第 22、26、293 与 368 条等可为佐证。更早的法律实践则可见之于民国时期,1937 年最高法院一项判例要旨指出:"依民法第一条前段之规定,习惯固仅就法律所未规定之事项有补充之效力,惟法律于其有规定之事项明定另有习惯时,不适用其规定者,此项习惯即因法律之特别规定,而有优先之效力。"④

《民法通则》与最高法院《裁判规范规定》均未将习惯当做法源,而选择"国家政策"作为制定法的补充(《民法通则》第 6 条)。所谓"政策",《辞海》(1999 年版)给出的解释是:"国家、政党为实现一定历史时期的路线和任务而规定的行动准则。"新政府成立之初,国民政府的旧法被断然废止,新法却未及制定,国家政策与党的政策长时期起着替代法律的作用。然而,二者差别不容忽视:内容上,国家政策有强烈的目标指向性,服务于特定时期的"路线"和"任务",体现的完全是"路线"和"任务"规划者的意志,以管制为基本取向;程序上,政策之制定,不受立法法制约,无法定的制定程序,无相应的救济措施,具有极大的任意性。关于政策的法源地位问题,洛克早在三百余年前即已指出:"谁握有国家的立法权或最高权力,谁就应该以既定的、向全国

---

① 林纪东等编纂:《新编六法(参照法令判解)全书》,台湾五南图书出版公司 1986 年改订版,第 63 页。
② 陈聪富主编:《月旦小六法》(第 19 版),台湾元照出版公司 2015 年版,第叁—84 页。
③ Schweizerisches Civilgesetzbuch: Erläuterungen zum Vorentwurf des Eidgenössischen Justiz-und Polizeidepartements, 1902, S. 35 ff.
④ 林纪东等编纂:《新编六法(参照法令判解)全书》,台湾五南图书出版公司 1986 年改订版,第 63 页。

人民公布周知的、经常有效的法律,而不是以临时的命令来实行统治。"①此亦表明,政策作为法源的程度,与法制的健全程度呈负相关关系。

不过,习惯法在我国实证法律体系中并非毫无意义。鉴于《合同法》多次提及"交易习惯",《合同法解释二》第7条第1款规定:"下列情形,不违反法律、行政法规强制性规定的,人民法院可以认定为合同法所称'交易习惯':(一)在交易行为当地或者某一领域、某一行业通常采用并为交易对方订立合同时所知道或者应当知道的做法;(二)当事人双方经常使用的习惯做法。""交易习惯"由此获得相当于习惯法的地位,前者对应一般规范意义上的习惯法,后者则为个别规范之习惯法。

四、法律行为(契约)的法源性

法律行为对于当事人有拘束力,若由此发生纠纷诉诸法院,法官应尊重当事人意志,以之为据作出裁判。这意味着,法律行为亦拘束法官。不仅如此,由于民事制定法中的任意规范得为当事人意志排除,因而,对于法官来说,法律行为的效力等级犹在任意规范之上,《合同法》中大量诸如"当事人另有约定的除外"之规定,可为之提供佐证。由此推论,法律行为当属民法法源无疑。②

然而,德国通说认为,法律行为(契约、社团章程等)不构成民法法源,原因在于,法律行为并不是法律规范(Rechtsnorm):规范具有一般性与抽象性特点,而契约只拘束双方当事人,在特定个案中有效,不具有反复适用的性质;社团章程虽然可适用于多数人,但惟有成为社团成员,才受制于章程,而入社与退社原则上均取决于成员自由意志,国家法则对所有人一体适用,当事人无自由进退之余地。③

显然,此间关键,在于如何理解法律规范。

传统法律理论以一般性与抽象性为法律规范的特点,凯尔森认为,此等一般规范(generelle Rechtsnormen)确然以制定法与习惯法为法源,但并非法律规范的全部,在此之外,尚存只对个案有效的个别规范(individuelle Rechtsnormen)④,民法上,法律行为即具有规范创制能力,属于个别规范。⑤ 若能接受凯尔森一般规范与个别规范的划分,不将法律规范局限于一般规范,则法律行为之法源地位亦可得到认可。

---

① 〔英〕洛克:《政府论》(下篇),叶启芳、瞿菊农译,商务印书馆1996年版,第80页。
② 黄茂荣教授即以"契约或协议"为法源:"契约或协议对于参与意思表示者有规范上的拘束力,因此,契约或协议也是一种法源。"载氏著:《法学方法与现代民法》(增订3版),自版发行1993年版,第9页。苏永钦教授亦有类似论述。详参苏永钦:《"民法"第一条的规范意义——从比较法、立法史与方法论角度解析》,载氏著:《私法自治中的经济理性》,中国人民大学出版社2004年版,第14页。
③ Larenz/Wolf, Allgemeiner Teil des Bürgerlichen Rechts, 9. Aufl, 2004, § 3 Rn. 5; Reinhard Bork, Allgemeiner Teil des Bürgerlichen Gesetzbuchs, 3. Aufl., 2011, Rn. 21.
④ Hans Kelsen, Reine Rechtslehre, 2. Aufl., 1960, S. 242 ff.
⑤ a. a. O., S. 261 ff.

第二章 民法规范理论

第四节 法律规范的概念与结构

一、法律规范的概念

以法律作为研究对象的学科,依其视角之不同,可形成法律哲学、法理学、法律经济学、法律社会学、法律史学以及实证法学或称法律教义学(Rechtsdogmatik)等不同分支。其中,实证法学是一种规范科学(Normwissenschaft),以法律规范(Rechtsnorm, Rechtssatz)的结构、功能、效力及适用等问题为其研究内容[1],由此足见规范概念在实证法学中的基础地位。

规范(Norm)一词源自拉丁文 norma,原本指称作测量之用的"测角器"或"铅垂线",罗马法学家将其引申为"标准""规则"与"规定",用以规制人的行为或令其承担义务。[2] 相应的,所谓法律规范,指的就是法律要求某种事态应当存在或发生,尤其是人的行为应当以某种特定的方式作出。[3] 表述时,法律规范以"应当"作为连接主项和谓项的谓词("出卖人应当履行向买受人转移标的物所有权的义务"),此与以"是"为谓词的事实陈述("苏格拉底是人")判然有别。逻辑上,前者称规范命题(präskriptive Sätze, normative Sätze),后者则称描述命题(deskriptive Sätze),共同承载着"规范"与"事实"二分的基本原理。鉴于规范命题的特性,芬兰哲学家冯·赖特(Gerog Henrik von Wright)将其命名为"道义逻辑"(deontische Logik),以区别于传统叙述逻辑(Aussagenlogik)。[4]

当然,单纯的语词标志不能准确展现规范命题与描述命题的实质差异。就法律规范而言,以"是"为谓词的表述亦不罕见,这尤其表现在所谓的说明性规范中("承诺是受要约人同意要约的意思表示")。关键在于,陈述事实的描述命题具有"真""假"二值("苏格拉底是人"或者是真命题,或者是假命题),所描述的现象若被证实,命题为真,证伪则假;规范命题则不以"真""假",而以"效力"为其存在方

---

[1] Karl Larenz, Methodenlehre der Rechtswissenschaft, 6. Aufl., 1991, S. 189 ff.
[2] Bernd Rüthers, Rechtstheorie, 3. Aufl., 2007, Rn. 94.
[3] Hans Kelsen, Reine Rechtslehre, 2. Aufl., 1960, S. 4.
[4] F. Röhl/C. Röhl, Allgemeine Rechtslehre, 3. Aufl., 2008, S. 86, 127 f.

式,换言之,对于规范命题,所要追问的不是真确性,而是有效与否及有何等效力,在此意义上,称存在某项规范,意指该规范乃是"有效"的,反之,则是"无效"的。①

《民通意见》第 118 条虽然迄今仍未在文字上删除,但其实已不复存在,原因在于,该规范不再有效;称出卖人应当向买受人移转所有权(《合同法》第 135 条),其效力是,出卖人负有向买受人移转所有权的义务。同理,作为规范,"承诺是受要约人同意要约的意思表示"之命题,虽以"是"为谓词,却不以真、假衡量,所表达的,其实是"承诺应当是受要约人同意要约的意思表示",或者更明确的,是"欲使意思表示获得承诺之效力,应当对要约表示同意"。

简言之,规范的存在方式为"效力",以"应为"的命题表达。

二、规范、规则与原则

(一) 概念用法

法律理论中,常有规范与原则(Prinzip, Grundsatz)之区分,原则又常被称为一般条款(Generalklausel),规范则往往与规则(Regel)互换使用。在埃塞尔(Josef Esser)的用法中,法律原则并不包含对于特定案型如何处置的明确指示,需要由司法或立法进行界定,因而非属法律规范,二者关系是:"法律原则之于法律规范,有如内容之于形式。"②阿列克西(Robert Alexy)则认为,原则与规则相对,共同构成规范的下位概念,理由是,规则与原则均是"应为"结构的道义逻辑表述,以指令、许可或禁令为其内容。因而,规则与原则的分别,只是两种规范类型的分别。③ 概念使用尚且各行其是,如何形成区分规则与原则的一般原理之问题,学界更是众说纷纭,莫衷一是。概括而言,各种学说主要在实质差别论或程度差别论两条线路下展开。④

(二) 实质差别论与程度差别论

1. 实质差别论

实质差别论的代表是德沃金(Ronald M. Dworkin)。在他看来,规则(rule)与原则(principle)之间具有逻辑上的差别:

首先,规则遵循"全有或全无"(all-or-nothing)的适用模式,即某项法律规则或者是符合要件的待决法律事实的裁判依据,或者因为要件未得到满足而完全被排除适用。原则则仅仅指示法律论证的方向,并未提供确切的裁判结论,本身亦难以得到完全满足,例如,虽然存在"任何人不得基于自身不当行为而获利"的原则,但相反情形

---

① Hans Kelsen, Reine Rechtslehre, 2. Aufl., 1960, S. 9 ff.
② Josef Esser, Grundsatz und Norm in der richterlichen Fortbildung des Privatrechts, 2. Aufl., 1964, S. 50.
③ Robert Alexy, Theorie der Grundrechte, 1994, S. 72.
④ 简明扼要的学说整理,可参 Robert Alexy, Theorie der Grundrechte, 1994, S. 73 ff.

非属罕见,为了更高的对价而选择违约,违约人虽负有损害赔偿义务,却无妨保有自他处获得的更高利益。原则即便未能得到满足,亦不表示已遭否定,其有效性并未因此受到影响。

其次,原则具有重要性(importance)判断或分量(weight)衡量的面向,两项相互冲突的原则(如"任何人不得基于自身不当行为而获利"与"契约自由")并存时,如何选择适用,依个案重要性而定。规则与之不同。虽然在抽象的法律体系上,不同规则的重要性或分量有不同,但面对个案时,规则不能以比另一规则更重要为由主张优先效力,考虑的不是重不重要,而是适不适用的问题,当同时出现两项相互冲突的规则时,必有其中一项没有效力。①

阿列克西将上述两项差别概括为"全有或全无命题"(Alles-oder-Nichts-These)及"冲突定理"(Kollisionstheorem)②,其本人理论则与德沃金属于同一阵营,亦主张实质差别论。

依阿列克西之见,"法律规范或者是规则,或者是原则"。二者区别的关键之点是,原则是一种"优化命令"(Optimierungsgebot),即,无论在事实层面还是在法律层面,不同情形下,原则的实现程度皆有不同,原则的意义在于,提供在法律与事实上最大可能实现的标准;规则则或者适用,或者不适用,具有确切性,而不是如原则般或多或少地实现。③

2. 程度差别论

拉兹(Joseph Raz)所代表的程度差别论不同意德沃金见解,批评则主要集中于"冲突定理"。

拉兹认为,两个相互冲突的规则并非不能并存,相反,冲突规则亦可能如原则般呈现分量衡量的关系,例如,刑法上既有不得伤害他人的规则,又有自卫伤人阻却违法的规则,面对个案时,法官须在两项同时有效的规则之间进行重要性比较,以便确定适用何种规则。因此,"冲突定理"不能成立。实际上,规则与原则一样,所表达的,均是某一类型的人("规范主体")应在某种情形下("适用条件")实施某项行为("规范行为"),二者并无实质不同。差别只在于:第一,原则的规范主体较之规则宽泛。规则对诸如汽车生产商之类的特定主体课予义务,原则的义务主体则未被特定化,如"任何人不得基于自身不当行为而获利"。第二,原则的适用条件较之规则宽泛。原则往往未显示具体的适用条件,只是一般性地要求,只要有可能,规范行为就应实施,规则则包含有具体构成要件的规定,仅适用于特定情形。第三,原则所规定的规范行为较之规则宽泛。规则所要求实施的行为较为具体,原则的规范行为则具有高度非

---

① Ronald M. Dworkin, "Model of Rules", 35 *U. Chi. L. Rev.* (1967), pp. 25—27.
② Robert Alexy, Zum Begriff des Rechtsprinzips, in: RECHTSTHEORIE, Beiheft 1 (1979), S. 68 ff.
③ Robert Alexy, Theorie der Grundrechte, 1994, S. 75 ff.

特定化性质。显然,所有这些都只是程度而非实质差别,规则与原则之间亦因此无法作出截然的逻辑区分。①

3. 本书见解

管见以为,实质差别论与程度差别论之间的分歧也许不像表面上看起来那么大。

实际上,双方都承认,规则与原则均具规范效力,并且在适用时难以截然作出区分。② 即便如德沃金或阿列克西般提出实质区分的公式,在面对具体个案时,原则依然无可避免地带有或者适用或者不适用的特点,例如,"诚实信用"是法律交往中的"优化命令",应努力追求却不可能完全达到,具备原则的性质,但在个案中,法官所要回答的依然是,当事人的行为是否违反诚信原则,而不是诚信程度有多大,此又与规则的适用逻辑颇为相似。

凯尔森指出,行为与规范客观效力之间的关系,仅仅以符合或不符合、违反或未违反的方式表现,而不存在或多或少符合或违反的问题。③ 就此而言,原则与规则在适用时并无实质差别,所表现的,更多是适用过程中解释程度的不同。

三、民法规范的逻辑结构

（一）完全规范

结构完整的法律规范(完全规范)以假言命题表述,分构成要件(Tatbestand)和法律效果(Rechtsfolge)两部分,基本结构是"如果……那么"格式的所谓"条件程式"(Konditionalschema):如果存在特定的构成要件 T,那么就会出现特定的法律效果 R。用符号表示:$T \rightarrow R$。其中,构成要件的内容包括规范对象与情景描述,法律效果则包括应然规制及被规制的行为模式。

例如,《合同法》第 107 条:"当事人一方不履行合同义务或者履行合同义务不符合约定的,应当承担继续履行、采取补救措施或者赔偿损失等违约责任。"前段构成要件以合同"当事人"为规范对象,若存在"不履行合同义务或者履行合同义务不符合约定"之描述情景,则发生后段之法律效果,即,"应当承担"(应然规制)"继续履行、采取补救措施或者赔偿损失等违约责任"(被规制的行为模式)。

（二）不完全规范

并非所有规范都是完全规范,毋宁说,大部分都只是不完全规范,适用时需要与其他规范相结合。不完全规范或者未规定构成要件,或者缺乏法律效果从而亦无效果归属语句。不完全规范的功能各有不同,可区分说明性规范、限制性规范、参引性

---

① Joseph Raz, "Legal Principles and the Limits of Law", 81 *Yale L. J.* (1972), pp. 834—839. 德沃金的回应,参见 Ronald M. Dworkin, "Social Rules and Legal Theory", 81 *Yale L. J.* (1972), pp. 882—890.

② 中文著作对于德沃金与拉兹论战的分析,参见陈景辉:《法律的界限:实证主义命题群之展开》,中国政法大学出版社 2007 年版,第 88 页以下、107 页以下。

③ Hans Kelsen, Reine Rechtslehre, 2. Aufl., 1960 (Unveränderter Nachdruck 1976), S.21.

规范、拟制、推定、解释规则及补充规范等类型。

1. 说明性规范

说明性规范(erläuternde Rechtssätze)可分两类：描述规范(umschreibende Rechtssätze)对应用于其他规范中的概念或类型作出详细描述，填补规范(ausfüllende Rechtssätze)则根据不同案件类型对一般性术语进行特定化或进一步填补其内容。①

描述规范所描述者，多为构成要件②，定义规范(Definitionsnormen)或称立法定义(Legaldefinition)是其典型。立法定义的意义在于，通过构成要素之描述为法律规范中的概念作出界定③，此定义不同于揭示概念本质的本质定义(Wesensdefinition)，在逻辑上属于用以说明或规定语词用法的语词定义(Nominaldefinition)。④ 例如，《合同法》第2条第1款："本法所称合同是平等主体的自然人、法人、其他组织之间设立、变更、终止民事权利义务关系的协议。"第21条："承诺是受要约人同意要约的意思表示。"

与描述规范相对，填补规范意在进一步阐明法律效果⑤，《合同法》第133条以下，是关于买卖合同法律效力的进一步规定。

2. 限制性规范

法律规范的构成要件如果被规定得太宽，字面含义超过规范的实际适用领域，就需要另一法律规范对其作出限制。此类限制性规范(einschränkende Rechtssätze)的基本形式是：假使(前规范的)构成要件T之外，另外还存在某种特殊要素M，即不适用针对T所赋予的法律效果。⑥

《合同法》第18条前句规定："要约可以撤销。"但实际上，并非所有要约均得撤销，第18条的涵括范围显然过宽，因而，第19条随即作出限制："有下列情形之一的，要约不得撤销：(一)要约人确定了承诺期限或者以其他形式明示要约不可撤销；(二)受要约人有理由认为要约是不可撤销的，并已经为履行合同作了准备工作。"

3. 参引性规范

某些规范未包含实质性的构成要件或法律效果方面的内容，而是指示适用其他法律规范，此之谓参引性规范(Verweisungsnormen)。

参引是避免繁复的重要立法技术，包括法律基础参引(构成要件与法律效果一并参引)与法律效果参引(仅就法律效果作出参引)两种方式⑦，前者如《合同法》第89条："权利和义务一并转让的，适用本法第七十九条、第八十一条至第八十三条、第八

---

① Karl Larenz, Methodenlehre der Rechtswissenschaft, 6. Aufl., 1991, S.258.
② a.a.O.
③ Bernd Rüthers, Rechtstheorie, 3. Aufl., 2007, Rn. 131a.
④ F. Röhl/C. Röhl, Allgemeine Rechtslehre, 3. Aufl., 2008, S.38 ff., 58.
⑤ Karl Larenz, Methodenlehre der Rechtswissenschaft, 6. Aufl., 1991, S.258.
⑥ a.a.O., S.259.
⑦ Bernd Rüthers, Rechtstheorie, 3. Aufl., 2007, Rn. 132.

十五条至第八十七条的规定。"后者如《合同法》第113条第2款:"经营者对消费者提供商品或者服务有欺诈行为的,依照《中华人民共和国消费者权益保护法》的规定承担损害赔偿责任。"

4. 拟制

明知不同仍等同视之,谓拟制(Fiktion)。拟制亦能起到参引效果,故有学者称之为隐蔽参引(verdeckte Verweisungen)。① 在立法技术上,拟制一般以"视为"(gilt als)的语词表述。②《民法通则》第11条第2款:"十六周岁以上不满十八周岁的公民,以自己的劳动收入为主要生活来源的,视为完全民事行为能力人。"《合同法》第45条第2款:"当事人为自己的利益不正当地阻止条件成就的,视为条件已成就;不正当地促成条件成就的,视为条件不成就。"

5. 推定

有关推定的概念,歧见纷呈。③ 一般来说,依推定内容之不同,可分推定法律规范之事实要件存在或不存在的事实推定(Tatsachenvermutungen)④与推定权利存在或不存在的权利推定(Rechtsvermutungen)。⑤ 前者如《合同法》第78条:"当事人对合同变更的内容约定不明确的,推定为未变更。"后者如《物权法》第17条第1句:"不动产权属证书是权利人享有该不动产物权的证明。"⑥

经常被讨论的,还有所谓可推翻的推定(widerlegliche Vermutungen)或称单纯推定(einfache Vermutungen)与不可推翻的推定(unwiderlegliche Vermutungen)。

顾名思义,可推翻的推定可为相反证据推翻,意义在于配置举证与说明负担,属于实体性的举证责任分配规范。⑦ 前述《合同法》第78条与《物权法》第17条第1句均为可推翻的推定。

与之相对,不可推翻的推定与举证分配无关,被推定的事实,法律地位与真实情形别无二致。就此而言,不可推翻的推定与拟制功能相似,加之前者亦常采"视为"的表述结构,故有学者认为,二者性质不必两论。⑧ 不过,亦有学者试图作出区分,例如,在齐佩利乌斯(Reinhold Zippelius)看来,拟制与真实之间必不一致,不可推翻的推定

---

① Karl Larenz, Methodenlehre der Rechtswissenschaft, 6. Aufl., 1991, S.262.
② Bernd Rüthers, Rechtstheorie, 3. Aufl., 2007, Rn. 132a; Rolf Wank, Die Auslegung von Gesetzen, 3. Aufl., 2005, S.32.
③ 详参〔德〕莱奥·罗森贝克:《证明责任论》,庄敬华译,中国法制出版社2002年版,第3章"法律推定"。
④ 〔德〕罗森贝克、施瓦布、戈特瓦尔德:《德国民事诉讼法》(下),李大雪译,中国法制出版社2007年版,第833页。
⑤ 同上书,第834页。
⑥ 该句表达未使用"推定"之语词,但权属证书作为权利的证明,即意味着,权属证书所记载的权利推定为存在,规范功能与《德国民法典》第891条第1款相近。
⑦ Bernd Rüthers, Rechtstheorie, 3. Aufl., 2007, Rn. 134.
⑧ 〔德〕莱奥·罗森贝克:《证明责任论》,庄敬华译,中国法制出版社2002年版,第220页。

则极可能就是真实情形。① 据此,前述《民法通则》第11条第2款及《合同法》第45条第2款乃是典型的拟制,《合同法》第16条第2款则属不可推翻的推定:"采用数据电文形式订立合同,收件人指定特定系统接收数据电文的,该数据电文进入该特定系统的时间,视为到达时间;未指定特定系统的,该数据电文进入收件人的任何系统的首次时间,视为到达时间。"

6. 解释规则

为确定法律行为的含义,制定法可能指示某些解释方法,如《合同法》第125条第1款:"当事人对合同条款的理解有争议的,应当按照合同所使用的词句、合同的有关条款、合同的目的、交易习惯以及诚实信用原则,确定该条款的真实意思。"亦可能直接对含糊不清或具多重含义的意思表示直接给出解释结果,如《合同法》第37条:"采用合同书形式订立合同,在签字或者盖章之前,当事人一方已经履行主要义务,对方接受的,该合同成立。"第236条:"租赁期间届满,承租人继续使用租赁物,出租人没有提出异议的,原租赁合同继续有效,但租赁期限为不定期。"前者称形式解释规则(formale Auslegungsregeln),后者则为实体解释规则(materiale Auslgegungsregeln)。② 《德国民法典》上,实体解释规则常伴以"有疑问时"(im Zweifel)之表述。③

从概念上区分推定与解释规则并不困难:前者是对某项事实或权利存在或不存在的推定,后者则意在明确意思表示的意义,彼此相去甚远。④ 但由于实体解释规则有如可推翻的推定,亦具举证分配之功能⑤,二者界限因此变得模糊。例如,德国通说认为,《德国民法典》第613条("有疑问时,劳务给付之义务人必须亲自作出劳务给付。有疑问时,劳务请求权不可让与。")乃是实体解释规则⑥,另有学者则以之为推定。⑦

7. 补充规范

解释规则旨在明确含糊不清或具多重含义的意思表示,以避免法律行为陷于无效。⑧ 但在某些情况下,相关意思表示付诸阙如,而法律秩序纵无法律行为之安排亦须规整,或者法律行为纵有缺漏依然存在维持效力之必要,此时,需要辅之以补充规范(ergänzende Normen)。⑨

---

① Reinhold Zippelius, Juristische Methodenlehre, 9. Aufl., 2005, S.36.
② Larenz/Wolf, Allgemeiner Teil des Bürgerlichen Rechts, 9. Aufl, 2004, § 28 Rn. 100.
③ a. a. O.; Andreas von Tuhr, Der Allgemeine Teil des Deutschen Bürgerlichen Rechts, Bd. 1, 1910, S. 26 f.
④ 亦参〔德〕莱奥·罗森贝克:《证明责任论》,庄敬华译,中国法制出版社2002年版,第218—220页。
⑤ Larenz/Wolf, Allgemeiner Teil des Bürgerlichen Rechts, 9. Aufl., 2004, § 28 Rn. 104.
⑥ Dirk Looschelders, Schuldrecht BT, 3. Aufl., 2009, Rn. 560; MünchKomm/Müller-Glöge, § 613 Rn. 1; Palandt/Weidenkaff, § 613 Rn. 1, 4; Staudinger/Richardi, § 613 Rn. 2.
⑦ Bernd Rüthers, Rechtstheorie, 3. Aufl., 2007, Rn. 134.
⑧ Larenz/Wolf, Allgemeiner Teil des Bürgerlichen Rechts, 9. Aufl., 2004, § 28 Rn. 101.
⑨ Enneccerus/Nipperdey, Allgemeiner Teil des Bürgerlichen Rechts, Bd. I, 15. Aufl., 1959, S.186 ff.; Larenz/Wolf, Allgemeiner Teil des Bürgerlichen Rechts, 9. Aufl, 2004, § 28 Rn. 105; Andreas von Tuhr, Der Allgemeine Teil des Deutschen Bürgerlichen Rechts, Bd. 1, 1910, S.26 f.

补充规范可分一般补充规范与具体补充规范两类①,在前者,当事人未就相关事态作出任何意思表示,法律为之设置整套规范以供适用,如法定继承、夫妻法定财产制等,后者则对法律行为的个别缺漏作出补充,如《合同法》第62条。

(三) 规范的体系性与不完全性

同一法律秩序下,规范之间的相互呼应乃是体系内在要求,不仅不完全规范,即便所谓的完全规范,亦不过是规范意义链之一环,若无其他相关法律规范与之配合,无法得到理解并适用。例如,前述《合同法》第107条乃是涵括了构成要件与法律效果的完全规范,但在法律适用时,首先需要判断何谓"合同",否则无法认定当事人是否"不履行合同义务或者履行合同义务不符合约定",关于"合同"的界定,则在《合同法》第2条:"(第1款)本法所称合同是平等主体的自然人、法人、其他组织之间设立、变更、终止民事权利义务关系的协议。(第2款)婚姻、收养、监护等有关身份关系的协议,适用其他法律的规定。"同时,何谓"不履行合同义务"、"履行合同义务不符合约定",如何"继续履行"、"采取补救措施"以及"赔偿损失",各"违约责任"之间具有何等关联,等等,无不需要结合诸如《合同法》第108条以下的各项规范始得理解。

就此而言,在规范意义脉络内,并不存在真正的"完全规范",所谓"完全规范"与"不完全规范",差别只在"不完全"的程度不同而已。不仅如此,规范关联的体系化程度越高,彼此唇齿相依的程度就越高,规范的"不完全"性也就越突出。"一旦有人适用一部法典的一个条文,他就是在适用整个法典",②此之谓也。

第五节 民法规范的传统分类

一、任意规范与强制规范

(一) 民法规范的任意性

任意规范(ius dispositivum, nachgiebiges Recht)与强制规范(ius cogens, zwingendes Recht)之别,乃是民法规范最基本的分类,原因在于,不首先区分规范的任意或强制性质,无法明了私人自由的限度以及私法自治的途径。

任意规范与强制规范的区分标准是行为人能否以其意志排除适用。其中,任意规范对行为人无拘束力,当事人可依其意志排除系争规定之适用或修正其内容;强制规范则必须得到当事人遵守。基于自治理念,私人生活由自身规划,为己"立法"之情形当为常态,遵守他人设置的规范则属例外,因而,民法规范大部分属于任意规范,可

---

① Enneccerus/Nipperdey, Allgemeiner Teil des Bürgerlichen Rechts, Bd. I, 15. Aufl., 1959, S.188.
② 〔德〕R. 施塔穆勒:《法学的理论》,1911年版,第24及以下页。转引自〔德〕卡尔·恩吉施:《法律思维导论》,郑永流译,法律出版社2004年版,第73页。

为当事人意志排除。正是在此意义上,苏永钦教授称民法为"自治法"。①

（二）任意规范的功能及其识别

任意规范虽然不必为当事人遵守,意义却不可小视。私人生活由自身规划,却不表示,当事人有义务规划生活的每一细节,亦不表示,当事人在任何情况下都能对生活作出周密安排。现实情况反倒往往是,双方仅就买卖某物达成合意,对所有权何时移转、物的瑕疵如何处理等问题却未置一词,待得纠纷发生时,方始意识到约定之不完整。但双方既已各执一词,寻求共同意志通常为时已晚。此时,想要事后确定双方权利义务,只能或者由法官为之创设以作填补,或者求诸任意规范。两相比较,后者应该得到优先考虑。原因在于：

第一,任意规范自社会一般交往规则抽象而来,或者合乎当事人推定的意思（如所有权自交付时起移转）,或者合乎事理公平（如出卖人须承担瑕疵担保责任）,在当事人意思表示未及之处,以补充规范（ergänzendes Recht, ergänzende Normen）或解释规则（auslegendes Recht, Auslgegungsregeln）的面目出现,充当纠纷裁断准据。②

第二,任意规范虽能为当事人排除,但若未作排除,以之为裁判依据,即意味着,法官须受其拘束,因而,在当事人缺乏明确意思表示而发生纠纷时,法官自由裁量空间受到任意规范的制约,这有助于抑制法官恣意裁判、防止凌驾于私法自治之上。③

第三,任意规范已对当事人各方利益有过公平考量,可用作当事人规划生活的备选方案,相当于"标准契约文本",从而为其省却生活与交易成本。④

任意规范既然具有补足当事人意思之功能,在无其他约定时适用,面对个案,关键就在于,如何判断任意规范？

民法规范常以规定权利义务为其内容,往往借助"应当""禁止""不得"等语词表述,但这并不表示,此等语词乃是强制规范的标志。判断规范性质,应以规范目的为据。

首先,若法律规范中含有"当事人另有约定的除外"或类似表述,则毋庸置疑,此等规范可为当事人意志排除或改变。例如,《合同法》第 80 条第 2 款"债权人转让权利的通知不得撤销"之规定因但书（"但经受让人同意的除外"）的存在,属任意规范无疑。

其次,纵无此类但书,亦可从规范意旨中探知是否具有任意性质。《侵权责任法》第 2 条第 1 款（"侵害民事权益,应当依照本法承担侵权责任"）显示,侵权行为之债乃

---

① 集中论述,参见苏永钦：《私法自治中的国家强制——从功能法的角度看民事规范的类型与立法释法方向》,载氏著：《走入新世纪的私法自治》,中国政法大学出版社 2002 年版,第 1—54 页。
② Andreas von Tuhr, Der Allgemeine Teil des Deutschen Bürgerlichen Rechts, Bd. 1, 1910, S. 25 f.
③ Dieter Medicus, Allgemeiner Teil des BGB, 10. Aufl. , 2010, Rn. 344.
④ 苏永钦：《私法自治中的国家强制——从功能法的角度看民事规范的类型与立法释法方向》,载氏著：《走入新世纪的私法自治》,中国政法大学出版社 2002 年版,第 16—17 页。

是所谓的法定之债,但第3条同时规定:"被侵权人有权请求侵权人承担侵权责任。"此意味着,被侵权人亦"有权"不请求承担侵权责任。换言之,有关侵权责任之法律规范能否得到适用,取决于当事人意志,属于任意规范。实际上,不仅侵权责任,民法几乎所有责任规范,均具有任意性质,由当事人自治。这在德国法上表现尤其明显。依《德国民法典》第276条第3款之规定,除故意责任外,其他责任均得由当事人事先免除,事后免除则不论故意与否。①《合同法》第53条具有类似功能,唯其不必要缩小了事先免责的责任范围,对于私法自治的限制略嫌过度。②

再次,即便法条表述中含有"必须"之语词,亦未必属于强制规范。《合同法》第272条第3款后句虽规定"建设工程主体结构的施工必须由承包人自行完成",但如果发包人同意承包人使用辅助人甚至交由他人完成,在不妨害公共利益的前提下,法律即无理由予以禁止,因而依然属于任意规范。

最后,若难以明确知晓某一法律规范具任意性质抑或强制性质,则不妨以苏永钦教授之"有疑义,从任意"原则③对待。道理很简单,所有强制规范,都是对私人自由不同程度的限制,而限制私人自由,必须出示明确的正当理由,不得率尔为之。

当然,若从规范意旨中可以获知,所规范事项不在自治范围之列,那么,纵使法条表述未使用"应当""不得"等语词,亦可能是强制规范,如《民法通则》第11条第1款前段("十八周岁以上的公民是成年人,具有完全民事行为能力")。

"倡导性规范"

在王轶教授的分类中,不具有强制效力的民法规范,除任意规范外,尚有所谓"倡导性规范",指的是"提倡和诱导当事人采用特定行为模式的法律规范",如《合同法》第10条第2款关于合同书面形式的规定、第12条等关于合同条款的规定、第132条第1款关于出卖人处分权的规定等。倡导性规范与任意规范的区别有二:一是倡导性规范的功能在于提倡和诱导,任意规范无此功能;二是任意规范可作裁判规范,倡导性规范不可。④

---

① 故意责任之所以不得事先免除,是因为,明知存在免责条款还故意加害对方,实属无耻,若能得到法律宽容,无异于鼓励此等行为,有违正义。Brox/Walker, Allgemeiner Teil des BGB, 34. Aufl., 2010, Rn. 35 f.

② 例如,该条第1项规定"造成对方人身伤害"的免责条款无效,而不论故意与否,这看似是对人身健康的重视,但其实不过是立法者的一厢情愿而已。若纯依法条字面含义,包括竞技比赛在内的所有受害人同意条款将为之失去合法性,果如此,越是对抗式的竞技运动,越有可能变成损害求偿大赛。

③ 苏永钦:《私法自治中的国家强制——从功能法的角度看民事规范的类型与立法释法方向》,载氏著:《走入新世纪的私法自治》,中国政法大学出版社2002年版,第45页。

④ 王轶:《民法典的规范配置——以对我国〈合同法〉规范配置的反思为中心》,载氏著:《民法原理与民法学方法》,法律出版社2009年版,第224页以下。

此规范类型,笔者对其存在的必要性表示怀疑。理由是:

第一,区分任意规范与强制规范以当事人能否依其意志排除或改变、即规范的拘束力为标准,倡导性规范则以立法者倡导为依据,分类标准不同,不宜并列。

若奉拘束力标准,倡导性规范亦属任意规范,在此基础上,想要逻辑一贯地嵌入倡导性规范,唯有在任意规范之下再以立法者是否倡导为标准,分为倡导性任意规范与非倡导性任意规范。① 但即便如此,基于以下理由,倡导性规范概念仍无存在之必要。

第二,倡导性规范的解释力有限。

首先,《合同法》第10条第2款规定的书面形式包括法定书面与约定书面。其中,约定书面与立法者的倡导无关,纯属当事人自由选择的结果,既不宜解释为当事人对自己的"建议",亦无妨在未得到遵守时成为裁判规范。至于法定书面,就我国实证法而言,以强制规范解释法定书面之要求,似乎更符合规范体系脉络,典型表现如,《合同法》第36条"履行补正"之规定表明,形式瑕疵可能构成契约成立之障碍,否则,无补正之必要,既如此,法定书面就不仅仅只是立法者的"建议"而已;再如《合同法》第215条规定,6个月以上的租赁契约,若未采书面形式,视为不定期租赁,据此,是否采用书面形式,将对当事人利益产生重大影响,此无论如何不能归入立法者的"建议"之列,亦显然具有裁判规范品格。②

其次,有关合同条款的规定堪称最为"典型"的倡导性规范,但在笔者看来,《合同法》有关合同条款的大量"建议",不过是有着浓烈"父爱主义"情结的立法者多事的产物,此等不具有可适用性的条文,悉数删去谅无不良影响。纵然有提醒当事人周全考虑之必要,亦可委诸行业协会等自治团体,无需立法者越俎代庖。

---

① 王轶教授提醒,其规范分类并未以能否约定排除作为唯一依据,"而是将法律规范协调的利益关系类型作为核心的区分依据,在此前提下,再将法律规范的功能和作用纳入考量,得出最终的区分结论"。倡导性规范与任意性规范因而具有两点关键区别:第一,任意性规范旨在补足意思表示或确定其含义,倡导性规范则与意思表示内容无关;第二,任意性规范兼具行为规范与裁判规范之功能,倡导性规范不具有裁判规范功能,仅具行为指引作用。王轶:《民法典的规范类型及其配置关系》,载《清华法学》2014年第6期,第60页。分类标准不同,概念用法可能各异。此处所涉任意性规范、行为规范、裁判规范等概念的使用,笔者均有所不同(笔者所接受的规范分类体系,请参本书第4—6节),而构成王轶教授上位规范分类的简单规范与复杂规范,更是有着强烈的原创色彩,尚未为笔者所消化,因而有关何种分类依据更具逻辑性与正当性、何种规范体系更具科学性与适用性、何种概念使用更具周延性与合目的性等问题,本书暂且存而不论。

② 王轶教授认为,"视为不定期租赁"之规定的意义在于,"未遵循该倡导性规范,如同在法律规定合同应当采用书面形式的其他场合一样,要承担举证不能的风险",因而"仍属向当事人提示风险的纯粹行为规范,并未发挥裁判规范的功能"。王轶:《民法典的规范类型及其配置关系》,载《清华法学》2014年第6期,第60页。管见以为,且不论此处"视为"属于可推翻的推定、不可推翻的推定抑或拟制容有不同解释,单就裁判规范的功能而言,如果确如王轶教授所指出的,是"裁判者对交易纠纷据以作出裁断的依据"(第60页),为何《合同法》第215条不能作为裁判依据? 毕竟,根据《合同法》第232条第2句,不定期租赁的当事人有权随时解除合同,出租人解除合同则须另负通知义务。假如一方当事人以租赁合同未能具备第215条所要求的书面形式为由,向法院诉请解除合同,在当事人无其他约定的情况下,法官是否应当以第215条加第232条第2句为据,作出相应判决?

再次,《合同法》第132条第1款对于出卖人处分权之要求,若要逻辑一贯,其规范意义可做两种解释:一是据此推断买卖合同具有处分效力,从而否认物权(处分)行为的独立性,此时,为避免逻辑矛盾,就应进一步主张出卖人处分权之欠缺将影响买卖合同的效力;二是承认物权行为独立存在,视该规定为无意义,将其归诸"立法错误"。笔者认为,自规范脉络而言,以物权行为理论解释所有权的移转更为融通,因而愿采第二种解释。王轶教授不认为处分权欠缺构成买卖合同的效力瑕疵因素,同时否认物权行为理论,如此,创立倡导性规范之第三种解释似乎就是最佳选择。然而,未来物买卖中,出卖人不可能有处分权,如果认为立法者倡导现物交易,而不建议未来物交易,道理何在,令人难以索解。①

可见,倡导性规范所提供的解释,或者斧凿之痕过于明显,或者以赘余法条甚至立法错误为对象,意义有限。

第三,民法规范虽然可能以制定法的形式表现,但不宜视之为立法者专断意志的产物,而只是立法者对于民众交往习惯的概括,系被"发现"而非被"创造",因此,民法规范不是立法者驰骋意志的合适场所。

基于私法自治,如何选择更好的行为方式,理当交由当事人自己判断,立法者应处于中立地位,节制其指点江山之偏好,尽量避免通过法律规范倡导某事。况且,如前文所述,任意规范本就是在权衡当事人利益的基础上、从一般交往规则中萃取而来,若论立法者态度,足可表达"倡导"或"建议"之意,似无必要另再添加于法律适用并无意义之"倡导性规范"。

(三) 强制规范及其功能

强制规范若以当事人行为为规制对象,可再分为强行规范(Gebot, gebietende Vorschriften,指令)与禁止规范(Verbot, verbietende Vorschriften,禁令)。② 前者指令当

---

① 王轶教授指出,《合同法》第132条第1款的规范对象不包括未来物交易,因而无法推导出"立法者倡导现物交易,而不建议未来物交易"的结论。王轶:《民法典的规范类型及其配置关系》,载《清华法学》2014年第6期,第60—61页。果如此,认为立法者对于未来物交易未曾表态原亦无妨。但未来物交易因物尚不存在,其风险至少不比物已现实存在却无处分权的现物交易更低——即使不说更高,如此形成风险不等式:有处分权(所有权)的现物交易(交易类型Ⅰ)<无处分权(所有权)的现物交易(交易类型Ⅱ)≤未来物交易(交易类型Ⅲ)。既然倡导性规范旨在提示交易风险,并因此倡导交易类型Ⅰ,是否可以推论:交易类型Ⅲ至少是不被倡导(建议)的? 进而,未来物交易(交易类型Ⅲ)较之现物交易(交易类型Ⅰ+交易类型Ⅱ)更不被倡导?

② Heinrich Dernburg, Pandekten, Bd. I, 6. Aufl., 1900, S. 67; Enneccerus/Nipperdey, Allgemeiner Teil des Bürgerlichen Rechts, Band I, 15. Aufl., 1959, S. 188.

事人为积极行为,后者则禁止当事人为某种行为。① 民法强制规范中,强行规范较为罕见,多属禁止规范。原因在于,基于自治理念,民法强制规范主要充当划定私人行为边界的角色,界限内如何具体行为,则取决于行为人自由意志。② 因而,"大部分要求得到遵守之规则,尤其是私法规则,并不强制私人(国家公仆则有不同)实施特定行为。法律制裁之目的亦仅仅在于,阻止人们实施某项行为,或确保其履行自愿承担之义务"。③

分辨强行规范或禁止规范,亦应求诸规范目的。

强行规范的要旨在于,当事人在规范层面有义务实施某项积极行为,若有违反,则在事实层面将被强制实施。典型的强行规范针对公权力者,如《房屋登记办法》第20条:"登记申请符合下列条件的,房屋登记机构应当予以登记,将申请登记事项记载于房屋登记簿……"登记机构之登入义务必须得到履行,不存在履行不能问题,亦不得为其他义务(如损害赔偿)所替代。

针对民事主体的强行规范亦间或可见,如《合同法》第38条:"国家根据需要下达指令性任务或者国家订货任务的,有关法人、其他组织之间应当依照有关法律、行政法规规定的权利和义务订立合同。"不过,这显然是计划经济之余绪,不具有说明价值。除此极少数例外情形,适用于私人的强制规范基本不对当事人作出行为命令。④ 就功能而言,此等规范或者不可能通过命令实现(如关于行为能力年龄分界的规定),或者只是对行为作出消极控制(如《物权法》第5条的意义仅仅在于禁止当事人任意创设物权类型,却不命令当事人创设某种具体物权),即便是影响法律行为效力的必备要件(如《合同法》第44条第2款所称"应当办理批准、登记等手续"),当事人亦可选择不实施该项法律行为,而避免执行诸如申请批准之类的行为指令,其规范意义也

---

① 民国时期和台湾地区用语有所不同。民国《民法典》第71条前句:"法律行为,违反强制或禁止之规定者,无效。"该条条旨被设定为"违反强行规定之效力",显然是以"强制规定"为"禁止规定"之对立概念,"强行规定"则为上位概念。教科书上,"强行规定(强行法)"的对译语词为zwingende Vorschriften,被界定为"不问当事人之意思如何,必须适用之规定也"(史尚宽);所谓"强制规定",是指"命令当事人应为一定的行为者"(施启扬),是"应为某种行为的规定(不得不为规定)"(王泽鉴),"禁止规定"则指"命令当事人不得为一定的行为者"(施启扬),是"禁止为某种行为的规定"(王泽鉴)。史尚宽:《民法总论》,中国政法大学出版社2000年版,第329页;施启扬:《民法总则》(第8版),台湾自版发行2009年版,第248页;王泽鉴:《民法总则》(最新版),北京大学出版社2014年版,第266页。但亦见不同用法,如姚瑞光:"法律之规定,就其效力是否强制适用为标准,可分为强制规定与任意规定(得依当事人之意思不适用之规定)。不问当事人意思如何,一律强制适用之规定,称为强制规定。"氏著:《民法总则论》,台湾自版发行2002年版,第279页。《合同法》第52条第5项称"违反法律、行政法规的强制性规定"的合同无效,据此,与"强制性规定"并列的概念,当为"任意性规定"。本文从其用法,因而以"强行规范"与"禁止规范"为"强制规范"的再分类。

② 亦见苏永钦:《私法自治中的国家强制——从功能法的角度看民事规范的类型与立法释法方向》,载氏著:《走入新世纪的私法自治》,中国政法大学出版社2002年版,第17—18页。

③ F. A. von Hayek, Die Verfassung der Freiheit, 2. Aufl., 1983, S.172.

④ 钟瑞栋教授通过类型化整理,区分出七类强制规范,可参看氏著:《民法中的强制性规范——公法与私法"接轨"的规范配置问题》,法律出版社2009年版,第188—196页。

就相应体现于行为之禁止方面(禁止未获批准、未经登记的契约生效)。

概括而言,强制规范中,除少量并不直接规制行为、只是确立自由行为之前提(如关于主体资格与行为能力之规定)者外,其他多以禁止规范的面目出现,主要集中于交易安全以及公共利益等非属自治领域,意义在于界定自治行为的边界。正是在此意义上,苏永钦教授指出,在大多数情况下,强制规范"只是从另一个角度去支撑私法自治而已"。①

(四) 半强制规范

介于强制规范与任意规范之间,尚有仅具部分强制性的所谓半强制规范(halbzwingende Normen),分别在不同程度上构成行为自由之限制。

依强制对象之不同,半强制规范计有三类②:

其一,仅强制一方当事人的主体半强制规范(subjektiv halbzwingende Normen),此类规范多旨在保护消费者、承租人等社会或经济弱者,为落实社会政策而设,如《合同法》第40条后段:"提供格式条款一方免除其责任、加重对方责任、排除对方主要权利的,该条款无效。"《消法》第26条:"(第2款)经营者不得以格式合同、通知、声明、店堂告示等方式作出对消费者不公平、不合理的规定,或者减轻、免除其损害消费者合法权益应当承担的民事责任。(第3款)格式合同、通知、声明、店堂告示等含有前款所列内容的,其内容无效。"

其二,只对法律关系的部分内容作出规制、其他则依当事人意志的内容半强制规范(objektiv halbzwingende Normen)。《合同法》第214条第1款:"租赁期限不得超过二十年。超过二十年的,超过部分无效。"据此,当事人在二十年的限度内可自由约定租赁期限。此期限之设置,意在划定债权与物权(用益物权)的边界,而非表达"当事人不得有偿使用他人之物超过二十年"之含义。③

其三,就行为实施的时间作出规制的时间半强制规范(zeitlich halbzwingende Normen),如《合同法》第200条前句"巧取利益之禁止",《物权法》第211条"流质契约之禁止"。此等强制,意在防范假借自治之名的道德危险行为。

二、强行规范、许可规范与授权规范

法律理论上,另一习见的规范分类是强行规范(Gebieten)、许可规范(Erlauben)与授权规范(Ermächtigen)。德语表述中,三种规范常以不同谓词表征:强行规范"应

---

① 苏永钦:《私法自治中的国家强制——从功能法的角度看民事规范的类型与立法释法方向》,载氏著:《走入新世纪的私法自治》,中国政法大学出版社2002年版,第17页。
② Reinhard Bork, Allgemeiner Teil des Bürgerlichen Gesetzbuchs, 3. Aufl., 2011, Rn. 97; Larenz/Wolf, Allgemeiner Teil des Bürgerlichen Rechts, 9. Aufl., 2004, § 3 Rn. 104 ff.
③ 张双根:《谈"买卖不破租赁"规则的客体适用范围问题》,载王洪亮等主编:《中德私法研究》(第1卷),北京大学出版社2006年版,第11页。

为"(Sollen),许可规范"许为"(Dürfen),授权规范则"能为"(Können)。①

(一) 强行规范

强行规范指令当事人"应为"②特定行为,在用法上本与禁止规范相对,但在凯尔森看来,从功能上区分二者并无必要,因为,行为包括作为与不作为,这使得所有禁令均可转化为指令,如"禁止偷窃"之禁令等值于"应当不偷窃"之指令,同时,任何指令亦可转化为禁令,如"应说真话"之指令与"不得说谎"之禁令等值。于是,某项行为之禁令即是该项行为不作为之指令,某项行为之指令亦即该项行为不作为之禁令。③

管见以为,凯尔森这一推论仅适用于公法领域。在私法领域,如上文所述,基于自治理念,民法一般不对私人作积极作为之指令,绝大多数情况下,强制规范的意旨仅限于消极禁止某项行为。因而,将"禁止作为"转化为"强行(指令)不作为",看似逻辑周延,但在作为与不作为、强行规范与禁止规范之间任意转化,令公法行为与私法行为奉同一逻辑,对于私法自治的把握并无助益,甚至可能掩盖公、私法不同规范类型本应具备的不同功能。毕竟,公法行为当以管制为出发点,私法行为则以自由为旨归。而指令作为与禁止作为,二者对于行为自由的影响判然有别:前者不容行为人作出选择;后者则意在划定行为边界,在此边界内,如何行为,取决于行为人的自由意志。例如,《物权法》第5条禁止设立法定物权类型之外的物权,却不意味着,此规范具有指令设立法定物权之效力,当事人亦可选择不设立物权。

(二) 许可规范

许可规范的含义有不同理解,原因在于"许可"一词可作近乎相反的解释。早在19世纪,贝克尔(Ernst Immanuel Bekker)即曾指出:尽管erlaubt明确训作"被许可"(permittere),但其实歧义丛生,中性行为可视作是被许可的,因为没有禁令存在,亦可视作是不被许可的,因为未得到批准。④ 显然,问题的关键在于,对于行为人而言,是奉行"法无禁止即许可",抑或"法无许可即禁止"。对此,凯尔森前期与后期作品各有偏向。

前期凯尔森认为,"许可"与"有权"(berechtigen)同义。若甲被指令容忍乙的某项行为,即意味着,乙被许可(有权)实施该项行为,而当甲被指令向乙作出某项给付时,则意味着,乙被许可(有权)受领甲的给付。可见,"被许可"不过是对方当事人某项行为"被指令"的反射作用。因而,在规范秩序上,许可规范与强行规范的功能并无差别。⑤ 照此观念,若无指令,即无许可,距"法无许可即禁止"仅一步之遥。这对于

---

① Hans Kelsen, Allgemeine Theorie der Normen, 1979, S. 77.
② "应为"一词因而具有广狭两义:狭义表征强行规范;广义则是规范命题区别于描述命题的标志,于此,不仅强行规范,包括许可规范与授权规范在内的一切法律规范均属"应为"命题。Hans Kelsen, Reine Rechtslehre, 2. Aufl., 1960, S. 4 f.
③ Hans Kelsen, Allgemeine Theorie der Normen, 1979, S. 76 f.
④ Ernst Immanuel Bekker, System des heutigen Pandektenrechts, Bd. 2, 1889, S. 9.
⑤ Hans Kelsen, Reine Rechtslehre, 2. Aufl., 1960, S. 16.

公法行为尚可接受,推及至私法行为,则似乎管制过度。

晚年凯尔森对其见解有所修正,更为细致区分消极许可与积极许可,前者意指既无指令亦无禁令时,行为即被许可,后者则谓,若一项禁令被其他规范所废止或限缩,行为将因此被许可。简言之,只在既无指令、亦无禁令的情况下,行为才是被许可的。无论何种意义上的许可,都意味着行为人的自由,只不过唯有积极许可才对应规范领域内的行为自由,消极许可则因其存在于既无指令且无禁令场合,反映的是不受规范调整的自由(如呼吸、思想)。凯尔森进而指出,许可规范在功能上不同于强行规范(及禁止规范),因为前者不存在遵行(befolgen)或违反(verletzen)的问题,当事人可自由选择是否实施相应行为。①

凯尔森此论,已颇接近于"法无禁止即许可(自由)"的自治观念。② 唯其将消极许可排除于规范领域之外的做法,同样因为混淆公法与私法的不同功能而难以得到认可。凯尔森似乎认为,法律规范或者是指令(强行规范)、或者是禁令(禁止规范),在此之外即非属规范领域。以管制为目的的公法领域,情形大致如此,但在私法领域,由指令与禁令组成的强制规范并不占据主导地位,更多的毋宁是任意规范。对于任意规范所指涉的行为,当事人是否实施,容其自由选择,此时,虽然既无指令亦无禁令,但毫无疑问亦在规范领域之内。

(三) 授权规范

授权规范的功能在于授予特定之人以法律权力(Rechtsmacht),并据以创造或适用法律规范。③ 配置立法、行政与司法诸项公权力,正是借助授权规范,因此此类规范对于公法意义重大。

授权规范可能但不必然兼具强行规范性质。立法机关被授予立法之权,通常并不同时意味着,立法机关被指令立法,此时,授权规范无强行效力;法院被授予个案裁判权,面对个案时,法院亦被指令作出裁判,授权与强行合而为一。④ 同时,授权规范还可能孕育强行规范,例如,立法机关被授权立法,即意味着,立法对于受规制之人有约束力,若其指令某项行为,特定规制对象须遵照实施。⑤ 单就纯粹授权规范而言,其所授予的权力,当事人可自由选择行使与否,故不存在遵行或违反的问题。此不同于

---

① Hans Kelsen, Allgemeine Theorie der Normen, 1979, S.78 ff.
② 不过,在凯尔森看来,"法无禁止即许可"(Was nicht verboten ist, ist erlaubt)之说法并无意义:消极许可意味着既无指令亦无禁令,即不在规范调整范围之内,若又宣称在法律领域内既不被指令亦不被禁止,显然自相矛盾;积极许可则意味着禁令不复存在,此时,"法无禁止即许可"之表述相当于说"法无禁止者,即不被禁止",典型的同义反复。Hans Kelsen, Allgemeine Theorie der Normen, 1979, S.81.
③ Hans Kelsen, Allgemeine Theorie der Normen, 1979, S.82.
④ a.a.O., S.83. 中国现实不同于此。不仅最高法院可以通知全国各级法院何种案件不予受理(如法明传[2001]406号《最高人民法院关于涉证券民事赔偿案件暂不予受理的通知》),甚至地方法院也可以自行决定并指示其下级法院不予受理的案件类型(如桂高法[2003]180号《广西壮族自治区高级人民法院关于13类暂不受理案件的通知》)。
⑤ Hans Kelsen, Allgemeine Theorie der Normen, 1979, S.83 f.

强行规范及禁止规范,而与许可规范相似。

授权规范在私法领域亦有体现,私法学者常以赋权规范(gewährende Rechtssätze)相称,包括两种情形:认可法律主体对于外在于己身的世界的支配权(如所有权等),或者赋予法律主体依其自身意志而形成某种法律状态的权力(如形成权)。① 管见以为,两种情形中,后者比较接近公法意义上的"授权",可归授权规范之列。区别只在于,公权机关对所授之权不得放弃,因为立法机关、司法机关及行政机关之被创设,意义正在于充任相应权力的担当者;私人对所授之权则可放弃,具有任意性。至于所有权等权利,就其性质而言,属于"自然权利"(natural rights),制定法不过是予以确认而已,若以之为授权(赋权)规范,所表现的即是权利法定观念,笔者不敢认同。②

此外,私法中,规定权利能力与行为能力、旨在确立自由行为之前提的规范亦可归入授权规范之列。例如,自然人以年满18周岁为完全行为能力人(《民法通则》第11条第1款),即意味着,年满18周岁者,具有独立实施法律行为之"法律权力"。

(四) 小结

以上分析可知,强行规范、许可规范与授权规范之分类,系以公法规范为其原型,于私法领域虽非无意义,但在何种程度上可予转接,需要仔细考量,否则易生混淆公法与私法之误。以公法对公权力的管制思维理解私法之于私人,将直接导致私人自由的否弃。概括而言:

首先,有如前述,强行规范即便在私法存在,亦只是公法渗入私法的产物,非私法原生规范,尤其是断不可将私法上的禁止规范转化为"指令作为"的强行规范。

其次,许可规范之概念在私法领域意义有限。若以"许可"表达"自由"之含义,在"法无禁止即许可(自由)"的意义下,除禁止规范之外的其他私法规范、尤其是任意规范均属许可规范,但任意规范即足以清楚表达,不必借助许可规范之概念,况且,此时许可规范之含义已有别于公法领域的用法;而若以公法之"法无许可即禁止"为理念,将"许可"理解为"批准",则私法中除要求行为须经批准始得实施(如《合同法》第44条第2款、77条2款、87条、96条)者外,几乎不存在许可规范,并且,为数甚少的所谓许可规范,亦是公法管制规范进入私法的结果,其规范意义,如上文所述,只在于对行为作出消极控制。

再次,与行为直接相关的私法授权规范,典型表现是形成权之授予。而此等权利是否行使,取决于权利人意志,具有任意性。至于为自由行为确立前提的授权规范,虽然具有强制性,但其强制性仅仅体现于法定界桩(如成年年龄)不可为当事人意志所改变,并不指令实施具体行为。

---

① Andreas von Tuhr, Der Allgemeine Teil des Deutschen Bürgerlichen Rechts, Bd. 1, 1910, S.22.
② 对于权利法定观念的分析与批评,请参朱庆育:《权利的非伦理化——客观权利理论及其在中国的命运》,载《比较法研究》2001年第3期,第19—23页。

依笔者管见,于私法而言,区分三种规范的意义其实更在反面。无论是强行规范,抑或许可规范、授权规范,当各自以否定的形式出现时,均属禁止规范,分别对应"不应"(soll nicht)、"不许"(darf nicht 或 ist unzulässig)与"不能"(kann nicht)。民法因而需要回答:法律行为违反这三种不同的禁止规范,效力将分别受到何种影响?对此问题,本书第二十五节再作讨论。

三、行为规范与裁判规范

根据规范对象之不同,法律规范尚有行为规范(Verhaltensnormen)与裁判规范(Entscheidungsnormen)之分:行为规范以行为人为拘束对象,裁判规范则拘束裁判者。① 民事实体法多以民众行为为规范对象,单纯针对裁判者的规范为数不多。

(一)行为规范

我通说认为,民法规范兼具行为规范与裁判规范双重性质。② 关于两类规范的概念及相互关系,汉语法学中,郑玉波先生的界定颇具代表性:"民法乃吾人日常生活上,行为之准则,以不特定之一般人民为规律对象,易言之,民法属于'行为规范',惟对于此种规范,如不遵守,而个人相互间惹起纷争时,当然得向法院诉请裁判,此时法院即应以民法为其裁判之准绳,于是民法亦为法官之'裁判规范'。"③

行为规范兼具裁判规范之效力应无疑义,因为能够拘束行为人的规范必同时应作裁判依据,否则,此等规范对行为人的拘束将无法实现。④ 非但如此,如前文所述,即便是行为人不必遵守之任意规范,亦因其拘束法官,而具有裁判规范性质。问题在于,民法规范究否属于行为规范?洪逊欣先生指出,行为规范的效用系在防患于法生活之弊病,故违反行为规范的行为属于不法行为。⑤ 以此为标准,任意规范显然非属行为规范,因为当事人排除任意规范之适用,并不构成违法。既然民法主要由任意规范构成,一般性地断言"民法具有行为规范属性",恐怕未必恰当。

问题似乎并未就此得到澄清。可能的反驳是,任意规范既然能够拘束裁判者,自是可以通过法院裁判而影响之后的行为选择,再者,当事人对于任意规范未作排除而听由适用,即意味着甘受拘束,行为规范色彩明晰可辨,即便当事人有意排除任意规范之适用,这一"绕道而行"的策略,亦反倒凸显任意规范对于行为的指引作用,因而,

---

① Bernd Rüthers, Rechtstheorie, 3. Aufl., 2007, Rn. 121.
② 梁慧星:《民法总论》(第4版),法律出版社2011年版,第35—36页;王利明:《民法总论》(第2版),中国人民大学出版社2015年版,第16页;张俊浩主编:《民法学原理》(上册)(修订第3版),中国政法大学出版社2000年版,第9页(张俊浩)。
③ 郑玉波著,黄宗乐修订:《民法则》(修订11版),台湾三民书局2008年版,第11页。
④ 需要注意的是,裁判规范未必是行为规范,专为裁判者设置的法律规范往往与民众行为无关,不以行为人为规制对象,从而只是纯粹的裁判规范,如《侵权责任法》第24、26条等衡平规范(ius aequum, billiges Recht),只是授予法官自由裁量权,有别于法官无裁量空间的严法规范(ius strictum, strenges Recht)。
⑤ 洪逊欣:《法理学》,台湾自版发行1984年版,第466页。

任意规范之行为规范性质不容否认。依笔者管见,此等反驳似是而非。

第一,行为规范之所以能够拘束裁判者,是因为裁判必须依照对当事人具有拘束力的规范作出。如黄茂荣教授所言,行为规范"首先系对行为者而发,然后为贯彻其规范系争行为之意旨,才又进一步要求裁判者依据系争行为规范而为裁判,从而使这些行为规范兼具裁判规范之性质"。① 显然,以任意规范为依据的法院裁判影响当事人行为之情形,正好与之呈反向运动。此时,即使要通过法院裁判的拘束力寻找行为规范,符合条件的亦充其量是法院裁判本身,而非任意规范。

第二,行为规范之特质,在于对行为人具有规范性的拘束力。无论法律规范在生活现实中对行为人发生何种影响,若该影响非由拘束力所致,均不宜被归入行为规范之列。否则,几乎所有法律规范皆得以"行为规范"相称,因为几乎所有法律规范都会在不同程度上对行为构成影响。然而,能够指称一切的概念,同时也最不具有指称价值,如此扩充"行为规范"概念,实非有益。② 在行为规范须得到遵循之既有用法下,当事人无论选择适用任意规范抑或加以排除,均其自由意志的结果,非受拘束所致。申言之,即使任意规范影响了当事人的行为取向,亦不过是作为裁判规范的任意规范辐射于生活世界的影响(例如,选择适用任意规范成为节省成本之生活经验),既然非由拘束力所致,自无行为规范之特质。③

当然,考虑到任意规范所确立的权利义务模型毕竟代表社会交往的典型样式,在未被排除或改变时规制当事人行为,拘束力可潜隐于当事人意志之下,故不妨以"隐性行为规范"相称。典型意义上的行为规范则可称"显性行为规范",如苏永钦教授所指出的,是指令(Gebot)或禁止(Verbot)一定行为的规范④,即强制规范。⑤ 同时,由于民法强制规范多为禁止规范,基本不作积极行为之指令,故而此等行为规范仅具消极性质(消极行为规范)。

---

① 黄茂荣:《法学方法与现代民法》(增订3版),台湾自版发行1993年版,第123页。
② 当然,行为规范概念并不具有单义性,尚有他种用法,例如,行为规范可与制裁规范(Sanktionsnormen)相对应。这一用法首见于August Thon出版于1878年的《法律规范与主观权利》(Rechtsnorm und subjektives Recht)一书。在此用法下,作为首级规则的行为规范是指规定调整对象之外行为的规范,行为人若是未能遵守这一规范,即由次级规则加以制裁,其所涉及者,为制裁规范。例如,《德国民法典》第823条包含了两层行为规范内容:不得损害他人之物,以及,若对他人之物造成损害,须作出损害赔偿;如果没有自愿赔偿,则引入制裁规范:法官应判决损害他人之物之人负责损害赔偿。F. Röhl/C. Röhl, Allgemeine Rechtslehre, 3. Aufl., 2008, S.223. 显然,此等用法下,拘束力亦是行为规范的题中之义。
③ 更详细的论述,请参朱庆育:《意思表示解释理论——精神科学视域中的私法推理理论》,中国政法大学出版社2004年版,第181—188页。
④ 苏永钦:《违反强制或禁止规定的法律行为》,载氏著:《私法自治中的经济理性》,中国人民大学出版社2004年版,第35页。
⑤ 黄茂荣教授虽认为行为规范未必是"命令作为或不作为之规定","法律规定同样地可以通过法律上利益之赋与,来诱导人们决定是否从事该规定所欲诱导之作为或不作为",但他同时指出,行为规范对被要求之人具有拘束力。黄茂荣:《法学方法与现代民法》(增订3版),台湾自版发行1993年版,第122—123页。至于何种规范对于行为人既具有拘束力,又不属于命令或禁止规定,而只是"诱导规定",则语焉未详。

（二）裁判规范

裁判规范，依其对法官拘束程度不同，有严法规范（ius strictum, strenges Recht）与衡平规范（ius aequum, billiges Recht）之别。① 对于严法规范，基于法律安全与法律清晰的考虑，法官无论在构成要件还是法律效果方面均不得根据个案情形作出裁量，必须严格遵照适用，如关于行为能力的年龄分界规范；衡平规范与之不同，存在价值判断空间，授予法官根据个案作出裁量的衡平权力。《合同法》第52条第4项规定，违反"社会公共利益"的合同无效，是否违反社会公共利益，属于法官的裁量范围，故属衡平规范。严法规范未必是强制规范，任意规范亦对法官有拘束力，若禁止法官自由裁量，则属严法规范；衡平规范未必是任意规范，合同违反社会公共利益而无效，于行为人而言，乃是强制规范。② 另需注意者，所谓严法规范、衡平规范，此等区分只具有相对意义，因为，几乎所有法律概念都存在解释空间，法官的裁量因此栖身其中。③

第六节 个别规范与法律行为

一、积极行为规范何在？

私法交往中，行为规范至关重要，舍此，当事人的行为难以得到法律约束。并且，多数私法关系建立在当事人积极行为的基础之上，令其作此积极行为者，可称积极行为规范。然而，上节讨论的民法规范，或者只是隐性行为规范，一旦被排除适用，即难当此任，或者属于禁止性的消极行为规范，除了"不得做什么"，当事人难以从中进一步获知"应当做什么"。

然则指令当事人"应当做什么"的积极行为规范何在？看起来，民法一般规范无此心力，而法律行为（契约）反倒似乎有此功能。例如，甲乙约定："甲应于三天之内交付标的物与乙，乙应在收货时付清款项。"双方均应依约行为，"应当做什么"一目了然。问题在于，法律行为是否属于规范？为回答这一问题，本节引入凯尔森的个别规范理论。

二、凯尔森的个别规范理论

（一）法律规范的传统特征

上节所论，系以传统理论中的法律规范为讨论对象，包含四项因素：第一，一般性的调整规范；第二，条件规范；第三，应为规整（Sollensanordnung）；第四，法律效果规整

---

① Reinhard Bork, Allgemeiner Teil des Bürgerlichen Gesetzbuchs, 3. Aufl., 2011, Rn. 93 f.
② a. a. O., Rn. 95 f.
③ Arthur Kaufmann, Analogie und „Natur der Sache": Zugleich ein Beitrag zur Lehre vom Typus, 2. Aufl., 1982, S. 29 ff.

（Rechtsfolgenanordnung），即，通过法律效果对人的特定行为作出规定。① 或者，如拉伦茨（Karl Larenz）所概括的，具有规范性（normativer Charakter）与一般性（genereller Charakter）两项特征：前者是指要求得到遵守的拘束力，后者则意味着，法律规范并非只对特定案件适用，而是在其时空效力范围内，对所有此类案件均得适用。② 显然，传统理论中，法律规范必为一般规范。

（二）个别规范与规范的层级构造

法律理论上，"规则"一词常与"规范"互换使用，但凯尔森认为宜作甄别。语词选用时，凯尔森舍"规则"而取"规范"，基本考虑是，一方面借此区分法律的"规则"与自然法则的"规则"，另一方面，除了一般规范（generelle Normen），法律亦包括个别规范（individuelle Normen），而"规则"必具一般性特征，条件具备时，得反复适用。③

在凯尔森看来，法律之被等同于规则，是因为法学家认为，只有一般规范才是法律。然而，这一传统见解不足为训。有些规范"决定一个人在一个不重复发生的状态下的行为并从而只对一个特殊场合才有效而且只可能被服从和适用一次"，属于个别规范。④ 诸如司法裁判等个别规范呈"应为"结构，对于规范对象具有效力，如同一般规范，亦是整个法律秩序的组成部分，差别仅在效力之一般性或个别性而已。⑤ 同时，由于一般规范要求在同等条件下得到反复适用，故于行为的规定总是伴随着特定的条件，即，一般规范必以条件式的假言命题表述。个别规范则因其只适用一次，故不必与条件相关联，如法院判决被告在某一时段入狱。⑥

凯尔森指出，个别规范主要包括公法的司法裁判（Rechtssprechung）、行政行为（Verwaltungsakt）与私法的法律行为（Rechtsgeschäft）。⑦

对于凯尔森"规范"概念的独特用法，博登海默（Edgar Bodenheimer）认为，将规范的概念从一般性扩及至个别性，"这种扩大化的倾向，与词源学及普通语言使用方法都是完全相反的"。⑧ 批评虽然严厉，却未必击中要害。如果正是旨在通过改变语词用法挑战传统理论，那么，除非能够表明挑战失败，否则，此等批评无异于隔靴搔痒。于凯尔森而言，个别规范乃是构建纯粹法学的关键环节，规范概念的扩张，系逻辑必然。何以如此？

---

① Bernd Rüthers, Rechtstheorie, 3. Aufl., 2007, Rn. 120 ff.
② Karl Larenz, Methodenlehre der Rechtswissenschaft, 6. Aufl., 1991, S. 250.
③ 〔奥〕凯尔森：《法与国家的一般理论》，沈宗灵译，中国大百科全书出版社1996年版，第40页。
④ 同上书，第40页。
⑤ 同上书，第40—41页。
⑥ Hans Kelsen, Reine Rechtslehre, 2. Aufl., 1960, S. 106 f.
⑦ a. a. O., S. 242 ff.
⑧ 〔美〕E. 博登海默：《法理学——法哲学及其方法》，邓正来、姬敬武译，华夏出版社1987年版，第225页。

纯粹法学之所以比一般的法律实证主义更为"纯粹",系因其具有"双重纯粹性"①:一方面拒斥社会学、心理学等非规范性研究方法,另一方面仅以法律科学(Rechtswissenschaft)的对象为研究内容,排除其他一切诸如事实、道德、价值等外在因素。② 法律科学的对象,即法律规范。③ 由于规范以"效力"(Geltung)为存在样态④,为构建规范体系,首先即需回答:"是什么将诸多规范统合为一个整体? 为何某一特定规范归属于某一特定秩序之下?"或者,将其置换为更为简明的问题:"规范何以有效? 效力基础何在?"⑤

"效力"意味着拘束力,系"应为"命题,与事实描述的"是"命题不可通约。因而,规范的效力基础只能存在于另一高阶规范,高阶规范的效力则前溯至更高阶规范。如此层层回溯,形成逻辑递归链条。位于链条终端的,是"基础规范"(Grundnorm)。⑥

于是,在逻辑上,规范体系必定表现为金字塔状的层级构造(Stufenbau):基础规范位于塔尖,宪法、制定法、习惯法、条例等各种规范分处塔身不同部位,其中,宪法源于基础规范,制定法、习惯法源于宪法,而条例的效力则由制定法给出。此亦表明,宪法之制定,系立法行为无疑,同时兼有具体化基础规范(高阶规范)之意义,乃是适用基础规范(高阶规范)的过程。其他等级规范之创制,莫不如此。因之,除了基础规范,任何一项规范之生成,均是对于高阶规范的个别化(Individualisierung)与具体化(Konktretisierung)——法律创制(Rechtserzeugung)兼为法律适用(Rechtsanwendung)。⑦

规范旨在规制人的行为,而上列规范均具有一般性,无法直接指向具体行为,需要进一步具体化。此项任务由司法裁判与行政行为完成。依凯尔森之见,虽然在传统理论中,司法裁判与行政行为仅仅被视为法律适用,但其实处于规范具体化的链条中,并且均表现为"应为"命题,因而同样具有规范创制的特性。只不过,其所创制的规范通常不具有一般性,系"个别规范",有别于传统"一般规范"。⑧ 除上述两项公法行为,私法上的法律行为(契约)亦属个别规范,在当事人之间产生拘束力,属于私人立法行为。⑨

可见,在凯尔森的理论中,语词扩大化实乃势所必然,唯有将规范概念从一般性扩及至个别性,法律秩序始得完整构建。

---

① Josef Raz, "The Purity of the Pure Theory", in: Normativity and Norms, Edited by Stanley L. Paulson and Bonnie Litschewski Paulson, Clarendon Press, 1998, p.238.
② Hans Kelsen, Reine Rechtslehre, 2. Aufl., 1960, S.1 ff.
③ a.a.O., S.72.
④ a.a.O., S.9 ff.
⑤ a.a.O., S.196.
⑥ a.a.O., S.196 f.
⑦ a.a.O., S.228 ff.
⑧ a.a.O., S.242 ff.
⑨ a.a.O., S.261 ff.

三、法律行为的规范品格

(一) 法律行为之为个别规范

法律行为的要旨在于,根据行为人意志发生相应法律效果。甲乙二人订立买卖契约,约定:"甲应于三天之内交付标的物与乙,乙应在收货时付清款项。"此系典型的规范命题表达方式。三天期满,甲拒绝交付,乙诉诸法院,要求甲依约履行,并赔偿迟延交付而造成的损害。法院认定契约有效,判决支持乙的诉请。在此,法官作出判决时,首先就所涉法律行为之有效性作出判断,进而根据有效的行为内容或者判令当事人遵行(履行契约),或者判令违反者遭受制裁(赔偿损失)。

凯尔森指出:"只有规范——而不是行为——才能够'有效'。"[①]因而,当法官以"有效"表述法律行为时,即意味着,法律行为有着规范的品格。同时,"只有能够被遵行(befolgen)的规范,才可能被违反(verletzen),或者更明确说,只有指令(及禁止)实施特定行为的规范,才有可能被遵行或被违反"。[②] 这表示,法律行为不仅具有规范的品格,由于所确立的行为义务必须得到当事人遵行、相对人有权请求履行,进而复有强制规范、授权规范与行为规范的效力。又由于行为规范通过拘束行为人而拘束法官,故法律行为还兼为裁判规范。当事人一旦发生纠纷,法官须据以作出裁判。[③]

相反,若将法律行为排除于规范之外,如苏永钦教授所指出的:"则法官很可能在客观法中找不到可适用的规范时,跳过契约去造法,而做成对当事人完全不公平的决定。把数量上远超过客观法,而在规范内容的精致、细腻、实用、经济上,也一点不较客观法逊色的契约排除在客观民法之外,民法的运作只会治丝益棼,法院不但不能止争,反而成为乱源。"[④]不仅如此,一般规范中的任意规范得为行为人改变或排除,契约却必须得到当事人信守,在此意义上,法律行为之规范效力犹在任意规范之上,"怎能说不是法律呢"?[⑤]

问题当然不会如此简单。以法律行为为个别规范,除有违规范概念的传统用法外,其实还存在一个障碍,即,事实与规范之二分观念。至少从教授资格论文《国家法理论的核心问题》开始,凯尔森即强调"是"与"应当"的二元分立[⑥],然而,其所面临的最激烈批评,亦在于此。[⑦] 在批评者看来,凯尔森并未坚守新康德主义的这一标志性

---

① Hans Kelsen, Reine Rechtslehre, 2. Aufl., 1960, S.264.
② Hans Kelsen, Allgemeine Theorie der Normen, 1979, S.84.
③ 以法律行为为行为规范兼裁判规范,亦见张俊浩主编:《民法学原理》(上册)(修订第3版),中国政法大学出版社2000年版,第227—228页(张俊浩);苏永钦:《"民法"第一条的规范意义——从比较法、立法史与方法论角度解析》,载氏著:《私法自治中的经济理性》,中国人民大学出版社2004年版,第14页。
④ 苏永钦:《"民法"第一条的规范意义——从比较法、立法史与方法论角度解析》,载氏著:《私法自治中的经济理性》,中国人民大学出版社2004年版,第14页。
⑤ 同上书,第14页。
⑥ Hans Kelsen, Hauptprobleme der Staatsrechtslehre, 2. Aufl., 1923, S.7.
⑦ Karl Larenz, Methodenlehre der Rechtswissenschaft, 6. Aufl., 1991, S.73.

立场。传统理论中,法律行为乃是典型的法律事实,若是坚持事实与规范不可通约,自然不能同时兼为规范。

不过,即使在新康德主义色彩最为浓厚之时,凯尔森似乎亦未觉得承认法律行为的规范属性有何不妥,反倒指出,传统理论之错误看法,系混淆法律行为的双面性所致:一方面,法律行为乃是当事人实施的行为,属于规范创制中的法律要件,此系客观意义上的法律行为;另一方面,法律行为还具有主观意义,兼为当事人意志行为所创造的规范,以"应为"命题对人的特定行为作出规整。① 当通说以法律行为的事实属性否认其规范品格时,是误从法律行为的客观意义认知主观意义,显然属于视角错乱。

法律行为确立的规范,仅拘束当事人而无普遍拘束力,仅适用于当事人给定的情形而不具有反复适用性,因此不妨以"个别规范"相称。不过,诸如定型化契约、社团决议、建筑物区分所有权人大会决议与管理规约等法律行为,或者具有反复适用性、或者亦拘束未参与决议形成之人,而带有一定程度的一般性,介乎个别规范与立法者制定的一般规范之间。

(二) 私法自治与规范创制

私人何以能够创制法律规范?凯尔森归因于私法自治。私法自治理念下,法律行为(契约)能够创设当事人之间的法律关系,凯尔森因此认为,法律行为具有创制规范之功能,只不过,该规范创制必须置于法律制度(Rechtsordnung)框架之内。② 正是"法律制度"角色的介入,使得法律行为之规范创制品格受到质疑。典型见解见诸弗卢梅。弗卢梅曾对私法自治有过经典定义:"各人依其意志自主形成法律关系的原则",是"一般性的人类自决原则的组成部分"。③但他并不因此认为,法律行为具有规范创制之能力。其说略谓:

> 依私法自治形成法律关系不是法律创制行为(Rechtsetzung),萨维尼早已指出,"自治这一多义表达"于此等"错误"——各人在其私法自治原则的作用领域内创造法律——助澜甚巨。各人不得担当自己案件的法官,亦不得充任立法者。各人依其自决形成法律关系,此诚属正当,惟其效力基础仅仅在于自决以及法律制度(Rechtsordnung)对于自决的承认(Anerkennung)。于此,自决无法赋予私人自治行为以(旨在)实现法律思想之实质法律品格(die materiale Qualifikation des Rechts)。我们有理由期待,立法者具有实现法律思想之意图,然而,订立买卖契约者,不过是为其自身利益服务。④

---

① Hans Kelsen, Reine Rechtslehre, 2. Aufl., 1960, S. 261.
② a. a. O., S. 261 ff.
③ Werner Flume, Das Rechtsgeschäft, 4. Aufl., 1992, S. 1.
④ a. a. O., S. 5.

简言之,在弗卢梅看来,私法自治之形成法律关系,须得到法律制度的承认,只追求自身利益的当事人不得充任立法者,因而,法律行为本身不是规范创制行为。显而易见,弗卢梅所持,乃是传统的规范(法律)概念,只包括立法者制定的一般性规范。同时,在此概念框架下,规范的判断标准不在于、至少不仅仅在于自身效力及性质因素,创制者的身份亦为关键。享有立法权是规范创制的前提,或者说,所有法律均为立法者所创制,此系经由潘德克顿法学发展而来的法律实证主义(Gesetzespositivismus)立场。① 法律实证主义利弊得失不必在此展开,就弗卢梅上述主张,需要检讨的关键问题是:为何当事人不得充任自己的立法者?

弗卢梅以法官类比。当事人之所以不得担当自己案件的法官,系基于公正性考虑。因为,一旦充任自己案件的法官,基于利己本能,法官的中立角色将让位于利益追逐。② 问题因而在于,制定一般规范的立法者是否存在类似的利益冲突? 法官的任务是为已经发生的个案纠纷作出裁决,立法者则为将来事件制定反复适用的抽象规则。规则制定时,纠纷尚未发生,立法者自己将来是否以及如何成为当事人,难以预知。所以,理论上说,立法者不会面临类似于"自己案件法官"的利益冲突。再者,抽象规则普遍适用性的要求,使得立法者自身亦受其所制定的法律拘束,此与法官裁判只针对当事人不同。就此而言,即便立法者将来必定成为规则适用的当事人,亦不得以此为由排除立法者的立法权。换言之,任何立法者都可能无可避免地在为自己立法。因而,在一般规范的问题上,法官与立法者不具有可类比性。

然则创制个别规范之时,当事人能否成为自身的立法者? 在针对具体事项方面,法律行为近于法官裁判而异于一般规范,但这并不表示,"不得为自己案件法官"之原理亦适于法律行为。

一旦需要"法官"出现,即意味着双方当事人已陷入自己无法和平解决的纠纷。正是纠纷各执一词的特点,才使得法官必须由不存在利益冲突的第三人担当。为某一事项确立规则,却是建立在规则使用人谋求合作而非出现纠纷的基础之上,为了能够在未来合作,需要由双方当事人亲自对利益作出安排,反而不宜假手旁人。同时,私法自治意味着,任何人法律地位的改变,都必须有本人意志的加入,否则,地位被改变之人即被"他治"。在此意义上,当事人为自身立法,正是私法自治的题中之义。实际上,当事人若能达成一致,即便出现纠纷,亦不必由第三方的法官介入,在谋求合作时,由当事人自我立法又有何妨?

另外,由于法律行为所创制的规则仅仅拘束当事人自身,并不具有普遍适用性,因而,是否在宏观上"具有实现法律思想之意图"并不重要。如亚当·斯密所示,正是

---

① Franz Wieacker, Privatrechtsgeschichte der Neuzeit: unter besonderer Berücksichtigung der deutschen Entwicklung, 2. Aufl., 1967, § 23 (431 f.).
② 经典论述,可参〔英〕洛克:《政府论》(下篇),叶启芳、瞿菊农译,商务印书馆1996年版,第10、78页。

每个人通过契约为自身利益服务,自由合作的秩序才得以通过"看不见的手"自发形成。① 法律行为本身即构成法律制度的一部分。

(三) 法律行为规范的效力来源

法律行为若有规范效力,效力源自何处? 答案可从凯尔森思想的变迁中寻得。

1. 主要规范与次要规范:古典阶段的凯尔森思想②

起初,凯尔森虽然主张法律行为是"规范创制之事实",属于个别规范,却无意承认其独立品格:"为法律行为所创造的规范未规定制裁,只是确立了某种行为,对该行为的违反不过是引发由一般规范所创立的制裁的条件,因而,它们并不是独立的法律规范,只有与创立制裁的一般法律规范相联结,它们才是法律规范。"③这种非独立规范被称作"次要规范":"如果说有些法律规范由私法行为所创造,这意思是指次要规范。因为这些规范只有在联系到那些以制裁赋予违反行为的一般主要规范时,才引起法律义务和权利。"④

关于"次要规范"和"主要规范",凯尔森之前的界定是:确立行为义务的是次要规范,规定若违反该行为义务就应当受到何种制裁的是主要规范。⑤ 但凯尔森同时指出,直接规定当事人合法行为的法律行为作为次要规范,与之前的次要规范含义不同,之前的次要规范属于一般规范,并且只是法学理论的辅助结构,并非必不可少。⑥ 因而,此处更多是一种概念借用:法律行为仅在确立行为义务之意义上属于次要规范,若当事人违反该行为义务,法院还必须援引规定制裁的主要规范作出裁判。⑦

反映到司法三段论的法律适用模型中,作为主要规范的一般规范构成法律推理的大前提,法律行为则只能出现于小前提。凯尔森以租赁契约为例说明这一问题。

根据租赁契约,甲应让乙住入房中,乙则应向甲支付租金。甲乙双方的上述义务由法律行为(租赁契约)所确立,该义务构成"次要规范"。若其中一方向法院诉请制裁另一方的违约行为,法院就必须援引规定违约责任的一般规范(主要规范)作出裁判。具体而言,"甲与乙的法律义务,只能由以下事实才能构成,即:根据法院所必须适用的一个一般主要规范,如果他们并不像契约创造的次要规范所规定的那样行为,以及如果一方对已违反这一次要规范的另一方提起追诉时,那么,甲和乙就要对一个

---

① 〔英〕亚当·斯密:《国民财富的性质和原因的研究》(下卷),郭大力、王亚南译,商务印书馆1996年版,第27页。
② 鲍尔森将凯尔森的思想发展分为三个阶段:早期的批判建构阶段(1911—1921年)、古典阶段(1921—1960年)与晚期的怀疑阶段(1960—1973年),代表作品分别是《国家法理论的核心问题》、《纯粹法学》与《规范的一般理论》。Stanley L. Paulson, "Introduction", in: *Normativity and Norms*, Edited by Stanley L. Paulson and Bonnie Litschewski Paulson, Clarendon Press, 1998, pp. xxiii—xxvi.
③ Hans Kelsen, Reine Rechtslehre, 2. Aufl., 1960, S.262.
④ 〔奥〕凯尔森:《法与国家的一般理论》,沈宗灵译,中国大百科全书出版社1996年版,第156页。
⑤ 同上书,第68页。
⑥ 同上书,第156页。
⑦ Hans Kelsen, Reine Rechtslehre, 2. Aufl., 1960, S.262;同上书,第156—158页。

制裁负责"。①

然而,凯尔森这一认识未必经得起推敲。其一,所谓制裁,亦常为当事人约定而出现于契约条款,此时,法院所援引之制裁规范,同样来自于法律行为而非一般规范。况且,如前文所述,几乎所有作为一般规范的民法责任规范均属任意规范,可为当事人意志排除,在此意义上,一般规范中的制裁规范之所以得到适用,不过是因为未被当事人排除而已,没有理由反客为主成为凌驾于法律行为之上的"主要规范"。其二,凯尔森如传统理论般将法律行为置于法律推理的小前提,在强调裁判结论乃是从一般规范(大前提)导出的同时,实际上亦遮蔽了法律行为的规范属性,因为,以小前提面目出现的,只能是作为法律事实的客观意义上的法律行为,如此,法律行为纵有规范效力,亦为一般规范所赋予。②

在法律行为的问题上,古典阶段的凯尔森经由司法三段论,又绕回到传统理论,令其原本卓尔鹤立的个别规范理论大为失色。

2. 法律行为规范的独立性:怀疑阶段的凯尔森思想

晚年凯尔森对其上述见解有所修正。完成《纯粹法学》的修订出版之后,为回应克鲁格(Ulrich Klug)等人关于规范与逻辑关系的见解,凯尔森晚年致力于研究实然层面的叙述逻辑在规范领域的有效性问题,并将其"纯粹法理论"延展至"规范的一般理论"。法律行为作为个别规范的独立性质,亦在此过程得到确立。

凯尔森指出,约翰·密尔(John Stuart Mill)在其名著《逻辑体系》一书早已表明,叙述逻辑三段论,结论隐含于前提,并未揭示新的真理。之所以如此,原因主要有二:第一,大小前提具有相同的逻辑特性,皆为具有真假二值性的描述命题;第二,任一命题的谓项均是对主项属性的描述。在"所有人会死,苏格拉底是人,苏格拉底会死"之三段论中,前提与结论均属描述命题,并且,大前提谓项("会死")表明了主项("所有人")的属性,小前提谓项("是人")亦表明了主项("苏格拉底")的属性,因此,该推理其实可以转写为:"所有具人之属性者,皆带有会死的属性,苏格拉底具人之属性,故苏格拉底带有会死的属性。"是以,只要前提为真,结论必然为真。③

比照逻辑三段论构建的所谓"规范三段论"(normativer Syllogismus),其标准模式是:"所有作出承诺者应遵守其承诺,迈耶承诺向舒尔茨支付1000元,迈耶应遵守承诺向舒尔茨支付1000元。"④但是,凯尔森认为,该"规范三段论"其实并不符合叙述逻辑三段论的要求:

---

① 〔奥〕凯尔森:《法与国家的一般理论》,沈宗灵译,中国大百科全书出版社1996年版,第156页。
② 关于司法三段论在法律行为问题上所遭遇的难题,详参朱庆育:《意思表示解释理论——精神科学视域中的私法推理理论》,中国政法大学出版社2004年版,第194—201页。
③ Hans Kelsen, Allgemeine Theorie der Normen, 1979, S. 182 ff.
④ a. a. O., S. 184.

第一,规范针对意志活动(Willensakt)①,目的在于加载义务、设定权利或授予权力;逻辑则指涉思维活动(Denkakt)。关于逻辑思维的矛盾律与推理规则不适用于规范领域。②

第二,大小前提的逻辑性质不同。前者为一般规范("所有作出承诺者应遵守其承诺"),存在样态为效力,无所谓真假;后者则属于描述命题("迈耶承诺向舒尔茨支付1000元"),具有真假二值性。性质不同的前提,不能逻辑推出任何结论。③且如上文所述,当法律行为被以描述命题的方式置于小前提时,其所表现的,只是客观意义上的法律行为,具有规范创制效力的法律行为之主观意义被遮蔽了。

第三,规范命题中的谓项并未表述某种属性。"作出承诺"与"应遵守其承诺"固非"所有作出承诺者"的属性,"迈耶"的属性亦不在于"向舒尔茨支付1000元"。正如在"说谎的人应当受到指责,迈耶说谎,迈耶应当受到指责"这样的推理中,即便迈耶说过一次谎,亦应受到指责,却不能因此认为迈耶的属性是"说谎者",而"受到指责"所表达的并非属性,其意义仅仅在于说谎者"应当"受到指责之规范效力。④此与"苏格拉底会死"的叙述逻辑判然有别。

第四,前提未隐含结论。首先,虽然结论("迈耶应遵守承诺向舒尔茨支付1000元")与大前提("所有作出承诺者应遵守其承诺")逻辑性质相同,均为规范命题,但作为大前提的一般规范属于条件规范(bedingte Norm),作为结论的个别规范则属于非条件规范(unbedingte Norm)。在逻辑上,非条件规范不可能隐含于条件规范中。⑤其次,命题之真假可通过逻辑推导得出结论,事实之存在与否却不是逻辑问题,无法推导。规范以效力为其存在方式,如同事实之存在与否,规范效力亦非由逻辑导出。⑥再次,叙述逻辑中,前提与结论真值并无时间性,一般陈述"所有人都会死"并不先于个别陈述"苏格拉底会死"而获得真值,换言之,当一般陈述为真时,个别陈述已然同真。一般规范与个别规范的关系不同于此。一般规范有效时,个别规范尚未获得效

---

① 包括凯尔森在内的法律实证主义者将法律视为立法者意志产物,这一观念遭到哈耶克的批判。在哈耶克看来,"这种观点只是对那种建构主义谬误所作的一种幼稚的表达"。"就正当的法律行为规则尤其是私法而言,法律实证主义所谓法律的内容始终是立法者意志之表示的断言,根本就是谬误的"。相应的,哈耶克区分"意志"(will)与"意见"(opinion)两个术语:"一项意志行为所决定的乃是某一特定时刻所作的事情,而一种意见告知我们的却只是个人在采取行动时所应遵循的规则。"并指出,权力的基础并非意志,而是"先行存在的意见"。〔英〕弗里德利希·冯·哈耶克:《法律、立法与自由》(第2、3卷),邓正来等译,中国大百科全书出版社2000年版,第18—19、70—71、317页。哈耶克的批评对凯尔森意义上的"一般规范"有效,却不适用于法律行为,因为,作为个别规范的法律行为正是"某一特定时刻所作的事情"。所以,在个别规范的意义上,凯尔森"规范所针对的是意志活动"之论断可资赞同。同时,凯尔森关于一般规范系立法者意志产物之见解,笔者虽不认同,但因其并不影响法律行为效力来源之探寻,故存而不论。
② Hans Kelsen, Allgemeine Theorie der Normen, 1979, S. 166 ff.
③ a. a. O., S. 185.
④ a. a. O.
⑤ Hans Kelsen, Allgemeine Theorie der Normen, 1979, S. 186.
⑥ a. a. O.

力,只有当个别规范被意志活动所创制时,才是有效的①;并且,即便创制个别规范时未意识到一般规范之存在,效力亦不受影响。而创制个别规范与创制一般规范的意志活动迥然有别,后者并不隐含前者。②

凯尔森的结论是,个别规范的效力无法由一般规范逻辑地导出,而附着于设立该个别规范的意志行为之中。③ 关于规范的产生,凯尔森有过"无规范创制之权威即无规范,无意志活动亦无规范"④的著名论断,管见以为,就法律行为规范之创制而言,该论确实切中肯綮,至于私人通过法律行为创制规范之权威,则来自于自治理念。因此,当买卖双方约定"甲应在三天之内交付标的物与乙"时,该约定之所以有效,仅仅是因为当事人意欲如此,而不是因为《合同法》第135条有此规定。⑤

---

① Hans Kelsen, Allgemeine Theorie der Normen, 1979, S.195.
② a.a.O., S.188 f.
③ a.a.O., S.186 f.
④ a.a.O., S.187.
⑤ 更详细的分析请参朱庆育:《意思表示解释理论——精神科学视域中的私法推理理论》,中国政法大学出版社2004年版,第90—93页。

第二编 | 法律行为

第三章　法律行为的本质

第四章　法律行为的效力自治

第五章　法律行为的类型

第六章　负担行为与处分行为

第七章　意思表示的一般原理

第八章　法律行为的效力瑕疵

第九章　代理

第三章　法律行为的本质

第七节　法律行为的概念

一、法律行为的功能

当代德国民法体系乃是潘德克顿法学的产物。弗卢梅指出,"潘德克顿体系的主要特征在于前置总则之体例,总则之核心则在法律行为理论。"①不仅如此,依氏之见,法律行为理论是"19世纪德意志法律科学的绝对主题,而19世纪德意志法律科学所获得的世界性声誉,正是建立在法律行为理论的基础之上"。② 就此而言,无论如何强调法律行为(Rechtsgeschäft)概念在德国法系中的地位,皆不为过。之所以如此,原因有二:其一,形式上,法律行为概念之抽象,使得民法典各编能够提取一般性的公因式,从而促成总则编的出现。其二,实质上,法律行为概念之抽象,令民法各种自治行为在体系上得到整合,从而实现私法自治理念的技术化。

所谓私法自治,依弗卢梅经典定义,指的是"各人依其意志自主形成法律关系的原则"。③ 而法律行为之要旨,正在于根据行为人意志发生相应法律效果,故为实现私法自治的工具。这一认识,至少早在德恩堡(Heinrich Dernburg)的著作中,就已经得到明白无误的表述。德恩堡明确指出:"法律行为是私法自决(privatrechtliche Selbstbestimmung)的一般工具。""服务于私法自决,此等性质划定了这一概念之边界。为此,并非只有话语性的意思表示才是法律行为,毋宁说,其他行为,只要是指向法律关系之设立或废止,即在其列"。④ 实际上,德国法律行为概念之形成,所贯穿的中心线索,正是私法自治之维护。

---

① Werner Flume, Das Rechtsgeschäft, 4. Aufl., 1992, S.28.
② a.a.O., S.30.
③ a.a.O., S.1.
④ Heinrich Dernburg, Pandekten, Bd.1, 1884, S.208.

法律行为概念史略

Rechtsgeschäft 语词之出现

"法律行为"成为一般性法律概念,系18世纪潘德克顿法学的成就。① 18世纪末,Rechtsgeschäft 一词作为术语开始出现于一些法学家的作品中,如,韦伯(A. D. Weber)1784年首版的《自然之债理论的体系发展》(Systematische Entwicklung der Lehre von den natürlichen Verbindlichkeiten),以及胡果1789年首版的《当代罗马法学阶梯》。② 不过,大体而言,18世纪尚未形成统一的概念术语。法学家不仅混用拉丁文与德文表述③,且拉丁文许多语词均可对应日后的 Rechtsgeschäft,如 negotium,actus,actum,contractum,gestum 以及 factum 等等④,即便是德文,用以指称"法律行为"概念的语词亦各不相同。直到1807年海泽出版《供潘德克顿讲授之用的普通民法体系纲要》,所采用的 Rechtsgeschäft 才逐渐成为德国法学的共同选择。⑤《纲要》将"行为论"章置于"总论"编,并以法律行为与不法行为为其基本类型。体例如下⑥:

第一编总论(Allgemeine Lehren)

……

第六章行为论(Von den Handlungen)

I. 行为总论(Von den Handlungen im Allgemeinen)

    A. 概念及主要类型(Begriff und Haupt-Arten)

    B. 意思决定论(Von der Willens-Bestimmung)

    C. 意思表示论(Von der Willens-Erklärung)⑦

II. 法律行为论(Von den Rechtsgeschäften)

    A. 法律行为总论(Allgem. Lehre v. d. Rechtsgeschäften)

    B. 具体类型(Einige einzelne Arten)

III. 不法行为论(Von unerlaubten Handlungen)

    A. 概念(Begriff derselben)

---

① Werner Flume, Das Rechtsgeschäft, 4. Aufl., 1992, S. 28.

② a. a. O., S. 29.

③ a. a. O.

④ Ernst Immanuel Bekker, System des heutigen Pandektenrechts, Bd. 2, 1889, S. 42.

⑤ Werner Flume, Das Rechtsgeschäft, 4. Aufl., 1992, S. 29 f. 乃师胡果对此书的评价是:"在整个法学史中,大概再也没有其他作品如此具有典范意义。" Werner Flume, Das Rechtsgeschäft, 4. Aufl., 1992, S. 28.

⑥ Arnold Heise, Grundriss eines Systems des gemeinen Civilrechts zum Behuf von Pandecten-Vorlesungen, 3. Ausg., 1819, S. 12, 29 ff.

⑦ 根据19世纪德国著名法学家施洛斯曼(Siegmund Schlossmann)的描述,海泽在其《供潘德克顿讲授之用的普通民法体系纲要》1807年第一版中似未使用"意思表示"(Willenserklärung)概念,得到采用的是"意思表达"(Willensäusserung)。Vgl. Siegmund Schlossmann, Der Vertrag, 1876, S. 132.

B. 归责论(Von deren Imputation)

C. 效力(Wirkungen derselben)

Rechtsgeschäft 的含义

Rechtsgeschäft 的早期表述是 rechtliche Geschäfte[①],至少可追溯至内特尔布拉特(Daniel Nettelbladt)。内特尔布拉特在首版于1748年的《一般实证法学基础体系》(Systema elementare universae iurisprudentiae positivae)一书中,将拉丁语词 actus juridicus 与 negotium juridicum 引入法学文献,并在1772年的《日耳曼普通实证法学新论》(Nova Introductio in Jurisprudentiam Positivam Germanorum Communem)一书将其译成德文 ein rechtliches Geschäft。[②] 作者特别指出,actus juridicus 是指"人的合法行为"。不过,这一新概念其实并未得到严格使用。在内特尔布拉特的其他著作中,不法行为(facta illicita)亦曾被归入 actus juridicus 之列。[③] 其后,海泽接续胡果传统,以 Rechtsgeschäft 作为行为(Handlung)的特别表现形式,并明确将其视作不法行为(unerlaubte Handlungen)之对立概念。[④] 不过,总体而言,"直到19世纪初,'法律行为'仍然没有被普遍使用,该艺术性语词之为法学专业术语尚未获得一般性的认可,而契约这种最重要的法律行为类型亦未体系化地直接与行为概念相联结"。[⑤]

曾经担任普鲁士王国枢密院法律顾问的阿福尔特(A. Affolter)指出,首先对"法律行为"概念作出深入论述的是萨维尼及其后继者普赫塔,其学说几乎未加修正即迅速成为通说。[⑥]

萨维尼在《当代罗马法体系》第3卷中,对于通过"法律行为"获得"个人意思的独立支配领域"之观念作有系统阐述,使得法律行为成为当事人设立与变更法律关系的重要手段。萨维尼指出,法律事实(juristische Thatsachen)包括权利人的自由行为与偶然事件,前者是指"任何人据以取得与丧失权利的言语行动"[⑦],以行为人意志是否直接指向法律效果为标准,又可分为两类,其中,"尽管一项行为也许不过是其他非法律目的的手段,只要直接指向法律关系的产生或解除,此等法律事实就称为意思表示(Willenserklärungen)或法律行为(Rechtsgeschäfte)"。[⑧] 换言之,"意思表示或法律行为这种法律事实应作如下理解:不仅是自由行为,而且其行为人的意志直接指向法律关系之产生或解除"。[⑨] 这一概念界定的关键之点在于,通过"直接指向"(auf...

[①] Werner Flume, Das Rechtsgeschäft, 4. Aufl., 1992, S.29.

[②] Flume, Das Rechtsgeschäft, 4. Aufl., S.29; HKK/Schermaier, vor § 104, Rn. 2.

[③] HKK/Schermaier, vor § 104, Rn. 2.

[④] a.a.O., Rn. 3.

[⑤] Hans Hattenhauer, Grundbegriffe des Bürgerlichen Rechts: Historisch-dogmatische Einführung, 2. Aufl., 2000, S.72.

[⑥] A. Affolter, Zur Lehre vom Rechtsgeschäfte, 1888, S.3.

[⑦] Friedrich Carl von Savigny, System des heutigen römischen Rechts, Bd. 3, 1840, S.5.

[⑧] a.a.O., S.5 f.

[⑨] a.a.O., S.98 f.

unmittelbar gerichtet)之表述,法律行为中行为人意志与法律效果之间的内在关联得以建立,而这显然也是萨维尼所要强调之点。

萨维尼的教席继任者普赫塔继受了萨维尼关于法律行为的基本见解①,并有所发展。表现之一是,普赫塔以更具技术性的"法律上的行为"(juristische Handlungen)概念表述萨维尼所称"自由行为"(freye Handlungen),将其定义为"引发法律效果之行为"。② 依普赫塔之见,行为效果与行为、尤其是与行为人意旨之间存在两重关系,如果法律效果存在于行为人意旨,换言之,法律效果系基于行为人意旨而发生,则称"法律行为"。③

自此,法律行为系根据行为人意旨而发生法律效果之行为,这一观念成为德国法学的共识。典型者如:温德沙伊德(Bernhard Windscheid)认为,法律行为作为法律事实之一类,是指向权利设立、消灭与变更的私人意思表示④;德恩堡亦将法律行为定义为"据以设立、变更或废止法律关系之人的意思表示"⑤,并明确指出,"法律行为的特征在于法律效果对于意志的依附性"。⑥

经过近百年的学术积累,到19世纪晚期,主流学说已牢固将Rechtsgeschäft确立为法律教义学与法律体系中不可或缺的基本概念。⑦

法典中的 Rechtsgeschäft

法律行为理论首次实证化于法典,应属1794年的《普鲁士普通邦法》,不过,邦法所采纳的术语并非"法律行为"(Rechtsgeschäft),而是"意思表示"(Willenserklärung)。⑧ 此后,两部大型法典,即1804年的《法国民法典》与1811年的《奥地利普通民法典》,均未接纳法律行为理论。⑨

"法律行为"概念作为术语进入法典,始见于1863年的《萨克森王国民法典》。该法第88条为之作有定义:"行为意志在符合法律规定的情况下,若产生法律关系之设立、废止或变更之效果,该行为即为法律行为。"⑩1896年8月24日公布、1900年1月1日起施行的《德国民法典》亦采纳"法律行为"概念,并以之为第一编第三章的章名,但未作定义。

---

① 普赫塔对于萨维尼理论的继受,由其作注方式即可窥知。普氏所著《潘德克顿》第2卷("法律关系")第3章为"权利的产生与终结",作者在该章第2节"作为权利产生与终结方式的行为"(Handlungen als Entstehungs- und Endigungsarten von Rechten)的标题作注,指明本节援引萨维尼《当代罗马法体系》第3卷。G. F. Puchta, Pandekten, 9. Aufl., Nach d. Tode d. Verf. besorgt von A. F. Rudorff, 1863, S.74.
② G. F. Puchta, Pandekten, 9. Aufl., Nach d. Tode d. Verf. besorgt von A. F. Rudorff, 1863, S.74.
③ a. a. O.
④ Bernhard Windscheid, Lehrbuch des Pandektenrechts, Bd. 1, 1862, S.144.
⑤ Heinrich Dernburg, Pandekten, Bd. 1, 1884, S.207.
⑥ a. a. O., S.208.
⑦ A. Affolter, Zur Lehre vom Rechtsgeschäfte, 1888, S.3.
⑧ Werner Flume, Das Rechtsgeschäft, 4. Aufl., 1992, S.30.
⑨ a. a. O.
⑩ a. a. O.

对其基本含义,负责《德国民法典》总则起草的格布哈特在其预案(Vorentwurf)理由中表示:"草案将其理解为私人意思表示,借助私法所赋予的创造性效力,以人的意志活动而指向法律世界之改变,尤其是权利之产生、消灭或变更。法律行为的特性在于,该法律要件是一项意志行为,其中包括旨在引发法律效果之意志活动,以及使得法律要件中所欲表示的法律结构在法律世界中实现之法律判断。"①第一草案"立法理由"基本采纳上述见解:"草案中的法律行为是旨在引发法律效果的私人意思表示,法律效果之所以根据法律制度而产生,是因为行为人有此欲求。法律行为的本质在于,旨在引发法律效果之意志活动,以及通过承认此等意思而令欲求的法律结构在法律世界中实现之法律判断。"②

后法典时期的 Rechtsgeschäft

《德国民法典》颁行后,出现大量以民法典为阐述对象的教科书。其中,总论教科书尤以恩内克策鲁斯(Ludwig Enneccerus)的《民法总则教科书》(从第13版开始由尼佩代[Hans Carl Nipperdey]修订出版)与冯·图尔(Andreas von Tuhr)的《德国民法总则》最具代表性。二者均上承潘德克顿法学传统,下启法律教义知识格局,卓然蔚为大家。从这两部经典教科书中可以清楚看到,法律行为概念所传达的私人意志与法律效果之间的内在关联性质,得到后法典学者的信守。

恩内克策鲁斯与尼佩代指出:"在现行私法制度与宪法之下,人们被授予广泛的权力根据自己(表达出来的)意志形成法律关系,并由此协调各自的需求与偏好。为之服务的手段,乃是意思表示——法律效果系于其上的私人意思表达——之作出。单方意思表示或与他方意思表示的结合,加之经由意志附设的其他构成要件,被承认为意欲法律效果之基础,所有这些意志行为或者另加经由意志附设的其他法律要件,我们称之为法律行为。"③在此,法律行为系私法自治手段之观念,得到清楚的表述。

冯·图尔持相似见解。他表示,"私法领域内的自由自决不妨称之为私法自治"④,法律行为则为实现自治的手段:"个人的法律关系由各自调整乃是最为合理的选择,并因此许可当事人在广泛的范围内为自己的法律关系作出决策,这一观念构成民法的出发点。为该目的服务的,是法律上的行为(juristische Handlungen)中最重要的类型:法律行为。因此,指向私法效果(法律关系或权利的创设、废止或变更)之私人意思表达实为法律行为构成中的本质因素。"⑤

---

① Die Vorlagen der Redaktoren für die erste Kommission zur Ausarbeitung des Entwurfs eines Bürgerlichen Gesetzbuches(Die Vorentwürfe der Redaktion zum BGB): Allgemeiner Teil, Teil 2, Verf.: Albert Gebhard, herausgegeben von Werner Schubert, 1981, S. 21.

② Werner Flume, Das Rechtsgeschäft, 4. Aufl., 1992, S. 23.

③ Enneccerus/Nipperdey, Allgemeiner Teil des Bürgerlichen Rechts, zweiter Halbband, 15. Aufl., 1960, S. 894 f.

④ Andreas von Tuhr, Der Allgemeine Teil des Deutschen Bürgerlichen Rechts, zweiter Band, erste Hälfte, S. 143.

⑤ a. a. O.

当代德国,法律行为乃是私法自治工具之观念,依然是民法学者的普遍共识。①

二、法律行为及其相邻概念

(一) 概念体系

法律行为可一般性定义为当事人旨在根据意思表示的内容获得相应法律效果的行为。萨维尼以来,法律行为通常被置于法律事实(Rechtstatsachen)范畴。法律事实可三分为具有法律意义的行为或曰法律上的行为(Handlungen im Rechtssinne, rechtlich relevante Handlungen, juristische Handlungen)、状态(Zustände)和事件(Ereignisse)。② 具有法律意义的行为可作以下进一步分类③:

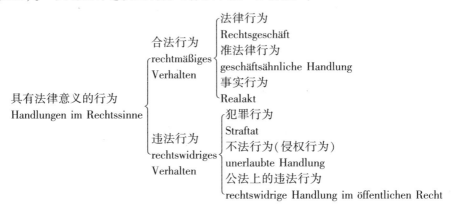

德国刑法学家与法哲学家考夫曼(Arthur Kaufmann)的这个分类舍略了公法上的合法行为与程序法上的行为,因而并不完整,仅具示例意义,但可以清楚显示法律行为在整个行为概念体系中所处的位置;同时,较之民法学者自身的分类,也许更能说明,法律行为概念的用法并不仅仅为民法学者所接受。

法律行为概念可在与相邻概念的比较中得到理解。上表显示,与法律行为概念相邻的,主要是事实行为与准法律行为。另外,不具有法律意义的行为如散步、远眺等与法律行为判然有别,本不必多言,但其中有一类与法律行为在外观上相似、亦可能转化为具有法律意义的行为,称情谊行为。情谊行为与法律行为之间的关系如何,需要专作讨论。

(二) 法律行为与情谊行为

法律行为属于具有法律意义或者说能够产生法律效果的行为,因而,首先应与不

---

① Reinhard Bork, Allgemeiner Teil des Bürgerlichen Gesetzbuchs, 3. Aufl., 2011, Rn. 395; Werner Flume, Das Rechtsgeschäft, 4. Aufl., 1992, S.1 ff.; Heinz Hübner, Allgemeiner Teil des Bürgerlichen Gesetzbuches, 2. Aufl., 1996, Rn. 600; Larenz/Wolf, Allgemeiner Teil des Bürgerlichen Rechts, 9. Aufl., 2004, § 22 Rn. 1; Detlef Leenen, BGB Allgemeiner Teil: Rechtsgeschäftslehre, 2011, § 1 Rn. 1 ff.; Dieter Medicus, Allgemeiner Teil des BGB, 10. Aufl., 2010, Rn. 174.

② F. Röhl/C. Röhl, Allgemeine Rechtslehre, 3. Aufl., 2008, S.474.

③ [德]亚图·考夫曼:《法律哲学》,刘幸义等译,台湾五南图书出版公司2000年版,第102—103页。

具有法律意义的行为相区分。日常生活中,不具备法律效果的交往行为有所谓的情谊行为(Gefälligkeitshandlungen),基于情谊行为所形成的社会关系则可称情谊关系(Gefälligkeitsverhältnisse)。① 情谊行为虽常以契约的形式出现,但并不具有法律拘束力,德国通说认为,因其缺乏可探知的受法律拘束之意思(Rechtsbindungswille)。② 情谊行为如邀请参加聚会或商定约会地点等,所谓的"君子协定"亦多属其列。③

德国法上临界情谊行为的判断④

单纯的情谊行为不会进入法律评价领域。问题是当中存在一些临界行为,它们才是区分法律行为与情谊行为的真正难点。例如,相互之间结成博彩共同体,而其中一人忘记交出彩票,是否需要赔偿其他博彩人所错过的收益?行人免费指引驾车人将车倒出,却发生事故,是否需要承担责任?同居生活的一方未遵守服用避孕药之约定,当中是否存在违反契约义务的行为?另一方若因此对所生子女负有抚养义务,是否享有损害赔偿请求权?由此涉及三个问题:第一,如何判断情谊行为?第二,何种情况下存在情谊关系与法律关系的混合,因而可能引发法律义务?第三,情谊关系的责任如何承担?

首先,关于判断情谊行为的标准。德国通说认为,取决于行为人是否存在受法律拘束之意思(Rechtsbindungswille)。这通过解释确定。原则上,判断受法律拘束的意思之有无,采客观方法,不以无法把握的行为人内心意思为断,而以交易中诚实信用的理性人之理解为标准。同时,为最大限度尊重行为人意志,在考虑客观标准时,应尽可能探知行为人的内心真意。

考察是否存在受法律拘束意思的主要依据有:

第一,有偿或者无偿。有偿行为原则上可以肯定存在受法律拘束之意思。若是无偿,则有可能是情谊关系。当然,无偿亦可能形成法律关系,如赠与、借用、委任、保管等。因而,这只是考虑的因素之一。

第二,进一步的考虑因素是,是否产生值得信赖的法益风险(Risiko für wertvolle

---

① 台湾地区通译"好意施惠关系"。参见王泽鉴:《债法原理》(第2版),北京大学出版社2013年版,第209页。这一称谓,似有以偏概全之嫌,并非所有情谊关系均是"好意施惠"。

② Reinhard Bork, Allgemeiner Teil des Bürgerlichen Gesetzbuchs, 3. Aufl., 2011, Rn. 676; Larenz/Wolf, Allgemeiner Teil des Bürgerlichen Rechts, 9. Aufl., 2004, § 22 Rn. 24.

③ 关于情谊行为较为系统的类型化研究,可参王雷:《民法学视野中的情谊行为》,北京大学出版社2014年版。

④ Reinhard Bork, Allgemeiner Teil des Bürgerlichen Gesetzbuchs, 3. Aufl., 2011, Rn. 675 ff.; Heinz Hübner, Allgemeiner Teil des Bürgerlichen Gesetzbuches, 2. Aufl., 1996, Rn. 695; Larenz/Wolf, Allgemeiner Teil des Bürgerlichen Rechts, 9. Aufl., 2004, § 22 Rn. 24 ff.; Detlef Leenen, BGB Allgemeiner Teil: Rechtsgeschäftslehre, 2011, § 5 Rn. 12 ff.; Dieter Medicus, Allgemeiner Teil des BGB, 10. Aufl., 2010, Rn. 185 ff.; Rüthers/Stadler, Allgemeiner Teil des BGB, 16. Aufl., 2009, § 17 Rn. 15 ff.

anvertraute Rechtsgüter)。比如，替邻人照看小孩者，即负有对该小孩生命与健康危险的注意义务。同时，无偿行为人不得承担过高的风险，这尤其表现在经济领域。因此，博彩案中，博彩人不负有法律义务。另外，若承诺受领人的自己责任明显可知，受法律拘束之意思亦欠缺，此适用于自愿为司机指引行车的情况。

第三，某件事的法律或经济重要性亦具关键影响。诸如清理地窖之承诺，因其一般而言在经济上的重要性过于微小，而只是单纯的情谊行为。相反，投资建议涉及价值重大的经济决定，若属于职业性建议，而非《德国民法典》第675条第2款("对他人提出建议或作出推荐之人，尽管需要负担契约关系、侵权行为或其他法律规定而产生的责任，却不负有赔偿因遵循建议或推荐而产生的损害之义务")之情形，则须遵守具有法律拘束力之注意义务，这尤其适用于银行等投资、金融机构。

第四，在某些领域，法律制度可能涉及自由决定之保障问题，尤其是宗教或伦理问题，或者原则上自由不得以法律行为进行限制的情形。此时，即便存在受法律拘束之意思，法律制度亦将对之作出限制。服用避孕药之约定为其适例。

其次，关于混合关系。存在限制性的受法律拘束之意思，主要有两种情形：

其一，无初始给付义务之契约（Vertrag ohne primäre Leistungspflichten）。当事人无给付义务，却基于自愿而作出给付。此时，该当事人即负有特定的保护与注意义务。如，为邻居或熟人照看小孩，医生的免费治疗，或与资本投资有关的自愿咨询与建议。

其二，附单方对待给付义务的契约（Vertrag mit einseitiger Gegenleistungspflicht）。若无义务之一方自愿作出给付，则另一方因此应当承担一项可诉请履行的对待给付义务。如，自愿为抛锚的汽车以燃料提供帮助者，对方有义务给付汽油花费之赔偿。与诸如赠与、借用或委任等无偿契约只存在一项主给付不同，附单方对待给付义务的契约存在两项主给付，只不过仅有一项附有义务并且可诉请履行。

最后，关于情谊关系的责任承担。若情谊关系因缺乏受法律拘束之意思而未产生契约义务（单纯的情谊行为），则可能基于侵权行为法的规定（《德国民法典》第823条第1款）发生损害赔偿。如自愿为他人指引行车方向之人，可能涉及对第823条第1款所谓法益的一般法定义务。混合关系的责任问题则复杂一些。存在限制性法律拘束意思的情谊行为能够产生准契约谨慎义务。《德国民法典》第241条第2款、尤其是第311第2款第3项（法律行为式的接触）所确立的缔约上过失责任对之有适用余地。

问题在于：责任标准（Haftungsmaßstab）或更明确地说是过错标准（Verschuldensmaßstab）如何确定？一些学者认为，应类推适用民法典关于无偿契约（第521条赠与、第599条借用、第690条无偿保管，但不包括委任）仅就故意（Vorsatz）或重大过失（grobe Fahrlässigkeit）负责的规定。德国司法判例既拒绝借助类推实现责任优待之主张，又否认双方当事人之间存在默示的责任排除合意（stillschweigender vereinbarter Haftungsausschluss）之假定。后一举措值得赞同，因为无论如何不能径直认定双方当事人存在着排除责任的法律上的合意,但前一举措值得商榷。存在法律上契约约束的无偿法律关系(赠与、借用与无偿保管)尚且仅需对故意或重大过失负责,情谊行为的当事人似乎没有理由承担更重的责任。因此,如果出现义务违反情形(第280条、241条第2款、311条第2款),理应享有责任优待。当然,如果某种情谊行为与委任的性质相近(如分担交通费用的情谊搭乘关系),则与委任同其对待。另外,混合的情谊关系亦可能有第823条第1款的适用余地。

(三) 法律行为与事实行为

法律行为与事实行为(Realakt, Tathandlung)均可产生法律效果,区别在于,各自法律效果如何产生。法律行为的效果根据行为人意思表示发生,事实行为的法律效果则与行为人意志无关,直接根据法律规定而产生。事实行为如无因管理(《民法通则》第93条),建造、拆除房屋(《物权法》第30条),拾得遗失物(《物权法》第109条),拾得漂流物、发现埋藏物或者隐藏物(《物权法》第114条),创作行为(《著作权法实施条例》第3条第1款)等等。

既然事实行为的法律效果与行为人意志无关,行为人就不必将其意志表示于外——即便表示于外,亦不影响行为的法律效果。进而,既然事实行为非属表意行为,有关意思表示的法律规则(如行为能力、效力瑕疵等)自无适用余地。申言之,事实行为的法律效果不会因为行为人无行为能力而受影响,亦不存在无效、可撤销等问题。行为一旦实施,无论行为人意志如何,法律为之设定的效果便随之发生。

德国与台湾地区通说均以事实行为为合法行为(适法行为)的亚分类。[①] 我国大陆许多学者则认为,事实行为未必合法,不法的侵权行为亦在其列。[②] 后一见解在德国亦偶有支持者,著名者如梅迪库斯(Dieter Medicus)。[③] 在法律效果直接由法律规定而不受行为人意志影响以及非属表意行为方面,建造等事实行为与侵权行为确无二致,并且,二者均不适用行为能力(Geschäftsfähigkeit)制度。就此而言,将侵权行为归入事实行为之列,似无不可。

只不过,在逻辑上,不适用行为能力制度,唯表明非属法律行为而已。更进一步观察,侵权行为虽不适用行为能力制度,法律效果却受制于不法行为能力或称侵权行

---

① Reinhard Bork, Allgemeiner Teil des Bürgerlichen Gesetzbuchs, 3. Aufl., 2011, Rn. 277, 407;施启扬:《民法总则》(第8版),自版发行2009年版,第235页;王泽鉴:《民法总则》(最新版),北京大学出版社2014年版,第240页;郑玉波著,黄宗乐修订:《民法总则》(修订11版),台湾三民书局2008年版,第240页。

② 李永军:《民法总论》(第2版),中国政法大学出版社2012年版,第166页;马俊驹、余延满:《民法原论》(第4版),法律出版社2010年版,第74页(马俊驹);王利明:《民法总论》(第2版),中国人民大学出版社2015年版,第90—91页。

③ Dieter Medicus, Allgemeiner Teil des BGB, 10. Aufl., 2010, Rn. 196.

为能力(Deliktsfähigkeit),后者属于广义的"行为能力"(Handlungsfähigkeit);其他事实行为则与任何意义的"行为能力"均无关联。这意味着,若以侵权行为为事实行为,为将其与其他事实行为相区隔以便适用法律,就需要再作划分:与任何"行为能力"均无关的事实行为及受制于不法行为能力的事实行为。结果,合法的事实行为与不法的侵权行为仍然被区别对待。这种概念架构方式,除了能够在事实行为与侵权行为之间建立上下位阶关系,其他方面不仅未见实益,反倒使得概念体系变得杂乱。其实,虽然表面上看,事实行为的概念未包含合法性特征,但既然不适用行为能力的规则,不法行为就已经被排除在外。因为,几乎所有不法行为,均以行为人的过错能力(Verschuldensfähigkeit)为前提,而过错能力之判断,在很大程度上以行为能力为基础,例如,无行为能力亦无过错能力。

上述解释未必足够使人信服。例如,根据《物权法》第30条之列举,能够产生取得房屋所有权效果的,是"合法建造房屋"行为,然则"违法建造"是否属于事实行为?再如,加工他人之物可取得所有权,该事实行为若是合法行为,为何却又可能构成侵权?

依笔者管见,此处所涉,乃自然行为受数重法律评价因而对应数项规范行为之问题。违法建造所违反者,是行政管制之法,其违法性存在于公法领域,私法上的事实行为则对应私法效果。公法机关固然有权责令违法建筑拆除,但为保建筑物拥有者不受他人不法侵害,在私法领域,不宜否认违法建造人的所有权。违法行为不得令行为人获得权利,故就取得房屋所有权而言,违反行政法的建造在私法领域属于合法行为。这意味着,自然行为层面的建造在违反公法管制时,可对应两项规范行为:既属公法上的违法行为因而须受行政处罚,又是私法上的合法事实行为因而取得建筑物所有权。相应的,对于《物权法》第30条,不宜理解为封闭列举而作反对解释,认为"违法建造不能取得所有权"。至于加工他人之物,同样对应两项规范行为:就侵害他人所有权而言,可为不法的侵权行为;就取得加工物所有权而言,属合法的事实行为。

(四) 法律行为与准法律行为

准法律行为(geschäftsähnliche Handlung)可分两类:一是意思通知(Willensmitteilungen)或称意思表达(Willensäußerungen),行为人将含有特定目的之意思向相对人表达;二为事实通知(Wissensmitteilungen)或称观念通知(Vorstellungsmitteilungen)、观念表达(Vorstellungsäußerungen),行为人把附有某种法定效果的事实通知对方。①

宥恕行为的法律性质

汉语通说认为,准法律行为可作三分,宥恕(Verzeihung)之感情表示

---

① Reinhard Bork, Allgemeiner Teil des Bürgerlichen Gesetzbuchs, 3. Aufl., 2011, Rn. 414 f.; Werner Flume, Das Rechtsgeschäft, 4. Aufl., 1992, S.112.

(Gefühläußerungen)亦属其列。① 此三分法可见诸早期德国法学著作。② 不过,当代德国法一般已将宥恕单列于准法律行为之外。理由主要是:其一,宥恕通知并不具有决定性,关键在于是否作出可认定为宥恕之行为。此与准法律行为重在通知不同。其二,行为能力对于宥恕没有意义。一方面,宥恕行为具有高度人身性,不可能由其法定代理人代为实施。另一方面,宥恕行为之效力与行为能力无关。宥恕人不必有能力理解行为的法律效果,在事实上具有足够的精神成熟程度以判断是否原谅对方,即为已足。不过,有关表意瑕疵(如受欺诈、胁迫等)的规定仍得准用,故宥恕亦非事实行为。③

有关宥恕之规定,大致存在于三种场合:其一,夫妻之间的宥恕(德国旧《婚姻法》第49条,台湾地区"民法"第1053条);其二,被继承人对继承人的宥恕(《德国民法典》第2337、2343条,台湾地区"民法"第1145条第2项);其三,赠与人对受赠人的宥恕(《德国民法典》第532条,台湾地区"民法"第416条第2项)。具体情形如下:

首先,夫妻之间的宥恕,产生离婚请求权消灭之效果。此项规定,系以离婚的过错原则(Verschuldensprinzip)为前提。④ 过错原则下,配偶一方若存在法律所列举的过错情形,另一方即取得离婚请求权。法院可依诉请直接判决离婚,不论过错方同意与否(德国旧《婚姻法》第42—48条,台湾地区"民法"第1052条第1项)。但如果请求权人对配偶表示宥恕,离婚请求权即消灭。德国1976年6月14日通过《婚姻与亲属法改革第1号法律》(Erstes Gesetz zur Reform des Ehe- und Familienrechts),离婚制度舍过错原则(Verschuldensprinzip)而改采破裂原则(Zerrüttungsprinzip)。⑤ 旧《婚姻法》第49条同时被废除。如今,德国法已无夫妻宥恕之规定。其次,对于实施故意杀害被继承人等行为之人,被继承人有权剥夺其继承资格或特留份(《德国民法典》第2333、2339条,台湾地区"民法"第1145条第1项)。但若被继承人表示宥恕,则权利消灭。再次,对于侵害赠与人或有重大忘恩负义行为的受赠人,赠与人有权撤回(撤

---

① 陈棋炎、黄宗乐、郭振恭:《民法亲属新论》(修订6版),台湾三民书局2007年版,第234页(黄宗乐);胡长清:《中国民法总论》,中国政法大学出版社1997年版,第182页;梁慧星:《民法总论》(第4版),法律出版社2011年版,第64页;施启扬:《民法总则》(第8版),台湾自版发行2009年版,第236页;史尚宽:《民法总论》,中国政法大学出版社2000年版,第304页;王伯琦:《民法总则》(第8版),台湾"国立编译馆"1979年版,第152页;王泽鉴:《民法总则》(最新版),北京大学出版社2014年版,第239页;张俊浩主编:《民法学原理》(上册)(修订第3版),中国政法大学出版社2000年版,第222页(张俊浩);郑玉波著,黄宗乐修订:《民法总则》(修订11版),台湾三民书局2008年版,第240—241页。

② Andreas von Tuhr, Der Allgemeine Teil des Deutschen Bürgerlichen Rechts, zweiter Band, erste Hälfte, 1914, S. 105 ff.

③ Werner Flume, Das Rechtsgeschäft, 4. Aufl., 1992, S. 112 f.; Lehmann/Hübner, Allgemeiner Teil des Bürgerlichen Gesetzbuches, 15. Aufl., 1966, S. 338 f.; MünchKomm/Kramer (2006), Vorbem. zu §§ 116—144 Rn. 38; Palandt/Weidenkaff, § 532 Rn. 2; Staudinger/Jickeli/Stieper (2004), Vorbem. zu §§ 104—115 Rn. 94.

④ 陈棋炎、黄宗乐、郭振恭:《民法亲属新论》(修订6版),台湾三民书局2007年版,第215页以下(黄宗乐);戴炎辉、戴东雄:《亲属法》,台湾自版发行2002年版,第266页以下。

⑤ Dieter Schwab, Familienrecht, 15. Aufl., 2007, Rn. 299.

销)(《德国民法典》第530条,台湾地区"民法"第416条第1项),但若赠与人表示宥恕,则撤回权(撤销权)消灭。

我国《婚姻法》采感情破裂的离婚原则(第32条),无宥恕之规定,并且,《婚姻法解释一》第3条规定,仅以《婚姻法》第4条为据提起诉讼,法院不予受理,若已受理,则裁定驳回起诉。忠实义务既未提供请求权基础,宥恕自然无意义。此外,《合同法》第192与193条规定赠与人撤销权,但亦无宥恕之规定。

宥恕的唯一实证法意义在继承法。《继承法》第7条规定继承权丧失制度,《继承法意见》第13条则规定:"继承人虐待被继承人情节严重的,或者遗弃被继承人的,如以后确有悔改表现,而且被虐待人、被遗弃人生前又表示宽恕,可不确认其丧失继承权。"唯值注意者,此宽恕非彼宥恕:继承权丧失(缺格,Erbunwürdigkeit)制度无论采撤销权发生主义(《德国民法典》第2340—2342条)抑或当然丧失主义(台湾地区"民法"第1145条第1项),宥恕表示均具形成效力,或者废止因缺格而受利益之人的撤销权(《德国民法典》第2343条),或者回复丧失之人的继承权(台湾地区"民法"第1145条第2项),属严法规范,法院并无衡量余地;我《继承法意见》"可不确认其丧失继承权"之表述则表明,此乃衡平规范,宽恕仅构成法院是否判决继承权丧失之衡量因素,并不必然产生形成效力。

意思通知虽含有特定目的,但法律效果并非来自于行为人的目的意思。原因在于,意思通知的目的不指向规范层面的法律效果,缺乏意思表示中的法效意思(Rechtsfolgewille),性质上属于自然目的意思。例如,限制行为能力人(或无权代理人)未征得允许而订立契约时,相对人享有催告权(《合同法》第47条第2款与第48条第2款)。催告的目的是让法定代理人(或本人)对契约进行追认(自然目的意思),法律效果则是开始起算1个月的追认期。至于催告人是否意识到催告行为具有此等效果,在所不论。再如,债务人迟延履行主要债务时,债权人有权催告(《合同法》第94条第3项)。催告的目的是促使债务人履行债务(自然目的意思),法律效果则是起算法定"合理期限",期限经过,债权人有权解除契约。

事实通知与意思通知不同。行为人所表达的,非其行为目的,而是某种事实。事实通知甚至自然目的意思尚付阙如,法效意思更是无从谈起,因而,法律效果不可能为行为人意志所确定,只能来自于法律规定。例如,要约人依《合同法》第29条所作承诺迟到之通知,所通知者,系承诺迟到之事实,法律效果则是使得迟到承诺不生承诺效力。再如,《合同法》第80条第1款之债权让与通知,所通知者,系债权已作让与之事实,法律效果则是使得债权让与对债务人发生效力。

可见,准法律行为系无法效意思之表示行为,与法律行为同属表示行为,却与之不同,因为其法律效果之实现不取决于行为人意思,而为法律所直接规定。另一方面,准法律行为亦非事实行为,前者需要具备意思表达或宣告要件,后者则无此要求。①

针对准法律行为的规则极少,法律适用时,需要类推与之最接近的规范。准法律行为的法律效果虽为法律所直接规定,但毕竟属于表示行为,更接近法律行为,故称准"法律行为"而非准"事实行为"。因此,原则上,准法律行为类推适用的是法律行为的规范。

不过,并非所有法律行为的规范均有适用余地。类推时,须作甄别:首先,准法律行为系表示行为,对其表示内容的理解能力属题中之义,所以,有关行为能力之规范,准法律行为亦须遵守。此亦准法律行为区别于事实行为的关键之点。其次,准法律行为一般针对相对人作出,因而,有关需受领意思表示的规则,如意思表示的发出与到达、相对人的信赖保护等应予准用。复次,表达内容须真实,表达行为须自由,为此,影响法律行为效力之瑕疵,如错误、欺诈、胁迫等,原则上可予类推。惟准法律行为之法律效果与行为人意志无关,故所谓的法律效果错误,不生影响。又复次,有关代理之规则,准法律行为因其属于表达行为,得予准用。最后,表达自然目的意思或通知某项事实,一般不受公序良俗评价。②

准法律行为概念之检讨

王伯琦先生虽然正确地指出,法效意思之有无,系区分法律行为与准法律行为之关键,但并不因此认为准法律行为概念有存在必要。其理由略谓:第一,准法律行为的法律效果固然是源于法律直接规定,但法律行为其实亦是如此,"绝非由于行为人之意思"。第二,准法律行为适用关于意思表示及法律行为之规定,"作此分别,亦少实益可言"。第三,"至于在行为人心理作用上有所不同,是属心理学之研究范围,在法律科学上既无实益可言,亦无详予分析之必要也。"③

管见以为,在法律适用上,由于大部分法律行为规范均得准用于准法律行为,故分立二者的实益确实不大,但若因此否认准法律行为概念之必要,则又未免走得太远。

首先,法律行为效果究否为制定法所赋予,这涉及法律行为效力来源之重大法律哲学问题,此处姑且搁置不论。即便果如王先生所言,亦不表示,法效意思对于准法律行为与法律行为具有同等的意义。在准法律行为中,行为人将其意思指向法律效

---

① Reinhard Bork, Allgemeiner Teil des Bürgerlichen Gesetzbuchs, 3. Aufl., 2011, Rn. 412; Larenz/Wolf, Allgemeiner Teil des Bürgerlichen Rechts, 9. Aufl., 2004, § 22 Rn. 14.

② Larenz/Wolf, Allgemeiner Teil des Bürgerlichen Rechts, 9. Aufl., 2004, § 22 Rn. 17 ff.; Dieter Medicus, Allgemeiner Teil des BGB, 10. Aufl., 2010, Rn. 198; MünchKomm/Kramer (2006), Vorbem. zu §§ 116—144 Rn. 36 f.

③ 王伯琦:《民法总则》(第8版),台湾"国立编译馆"1979年版,第152页。

果既非必要、亦不具有决定地位,此与意思表示截然不同。① 因而,可能影响法律行为的法律效果错误,对于准法律行为无足轻重。这一区别,虽然意义未必如何深远,但总不至于可予完全忽略。

其次,准法律行为虽可类推适用法律行为规范,但在何种情况下具有可类推性,并非无需甄别。此已为上文所述。

最后,法学研究行为人心理,与心理学不同。前者关注规范效力,后者则属事实观察。正因为如此,属于事实层面的自然目的意思对于法律效果之确定才不生影响。唯有指向法律效果的法效意思,始得进入规范视域。因而,法学与心理学未必相互排斥。

第八节 中国法上的民事法律行为

一、民事法律行为概念之缘起

"法律行为"并非我实证法上的法定术语,与之相当的,是"民事法律行为"。

(一) 前《民法通则》的民事法律行为

1949年以后的新政府在《民法通则》之前曾有过三次民法典起草经历,但"民事法律行为"概念在历次草案中均未出现。立法者所考虑的问题,是究竟在"法律行为"与"民事行为"两概念中作出选择,还是直接废弃"法律行为"概念。②

据张俊浩教授考证,立法文件中,"民事法律行为"一语始见于1984年《中华人民共和国民法总则》(草案初稿)。③ 笔者未曾见到张教授言及的资料。就笔者所掌握的原始资料而言,这一术语至迟在1985年4月13日的《民法总则(内部讨论稿)》中即已得到使用,该稿第四章名为"民事法律行为",计8条(第48—55条)。其中,第48条为立法定义:"民事法律行为是民事主体设定、变更或者终止民事权利和民事义务的行为。"不过,学术著作中,"民事法律行为"之出现远早于此。

1958年,中央政法干部学校民法教研室编著的《中华人民共和国民法基本问题》一书出版,此亦新政权下的第一部民法教科书。论及法律事实的分类时,该书指出,行为有合法和违法之别,最主要的合法行为便是民事法律行为。所谓"民事法律行为","可以简称为法律行为。它是公民或法人自觉地以发生、变更或消灭一定民事法律关系为目的的行为"。④ 这是笔者所见最早使用"民事法律行为"概念的学术文献。

---

① Rüthers/Stadler, Allgemeiner Teil des BGB, 16. Aufl., 2009, § 16 Rn. 29.
② 详参朱庆育:《法律行为概念疏证》,载《中外法学》2008年第3期,第339—345页。
③ 张俊浩主编:《民法学原理》(上册)(修订第3版),中国政法大学出版社2000年版,第219页(张俊浩)。
④ 中央政法干部学校民法教研室编著:《中华人民共和国民法基本问题》,法律出版社1958年版,第56页。

在此,民事法律行为作为法律行为的同义概念出现。

之后,作为"全称"的民事法律行为术语虽未获青睐——通行的是法律行为这一"简称",但仍不时出现于教科书。学者几乎众口一词认定:民事法律行为简称法律行为。[①] 问题是,为何法律行为能够被当作民事法律行为的简称,而具有相同含义?对此,张佩霖先生的说法或许能够提供一种解释:"法律行为这个命题,准确的说,应该是指民事法律行为,你不加上民事两个字加以限制,那么包不包括刑事上的法律后果呢?其他法律部门管的法律后果很多,是不是全叫法律行为?我认为不是的。因为刑法只有叫犯罪行为,而没有叫法律行为的。所以我认为准确的说,应该叫它为民事法律行为。"[②]

显然,在张先生看来,所谓法律行为,只能发生民法上的法律效果,其他法域的行为则不得以法律行为相称。换言之,民法之外无法律行为。因此,前缀"民事"二字,意在表明法律行为的专属领域。[③] 如此即可理解,为何民事法律行为能够简称为法律行为。就法域的把握而言,张先生的见解可谓相当准确。可惜,这一语用逻辑不仅未必见赏于彼时学界,其后发展更是与之渐行渐远。

(二)《民法通则》中的民事法律行为

《民法通则》令"民事法律行为"成为法定术语,"法律行为"随之正式退隐幕后。《民法通则》第54条规定:"民事法律行为是公民或者法人设立、变更、终止民事权利和民事义务的合法行为。"这一概念创造,一度被盛赞为"世界民法立法史上的一个独创",原因在于,"它形成了具有中国特色的,理论上更加完善的概念体系"。[④] 假若民事法律行为仅仅是法律行为的"全称",如此高调颂扬显然师出无名。因此,需要追问的是:民事法律行为发生了何种语用变化,以至于能够承载中国立法者的光荣与梦想?

二、民事法律行为概念的语用逻辑

(一) 民事法律行为概念的赋值考量

关于《民法通则》创造民事法律行为概念之重要意义,佟柔先生主编的《中国民法学·民法总则》一书曾作如下概括:"它能使人们避开以往法学界对法律行为一词所

[①] 如,佟柔主编:《民法原理》,法律出版社1983年版,第76页;王作堂、魏振瀛、李志敏、朱启超等编:《民法教程》,北京大学出版社1983年版,第79—80页;西北政法学院民法教研室编:《民法原理讲义》,西北政法学院科研处印行1982年版,第50页(王家祯);杨振山、王遂起:《中华人民共和国民法讲义》,中国政法大学函授部印行1984年版,第97页(杨振山)。

[②] 北京政法学院民法教研室:《民法讲义》(上册),第三期全国律师训练班录音整理,1981年,第37页(张佩霖)。

[③] 19世纪的德语法学著作中,间或亦见到在Rechtsgeschäft前缀以Privat-之表述。如此构词而成的Privatrechtsgeschäft("私法行为")被当作Rechtsgeschäft的同义语使用,目的即在表明Rechtsgeschäft的私法属性。例如,Otto Fischer, Lehrbuch des preußischen Privatrechts, 1887, S. 79 f.; Alex Franken, Lehrbuch des Deutschen Privatrechts, 1894, S. 121.

[④] 佟柔主编:《中国民法学·民法总则》,中国人民公安大学出版社1990年版,第207—208页。

持多种理解而造成的歧义。在民法通则里的民事法律行为概念体系中,如果是要在本来的意义上使用'法律行为'概念,可将其称之为'民事法律行为',这样,民事法律行为就同其他具有法律意义的行为(如行政行为、刑事行为等)区分开了;如果是要在扩大的意义上使用'法律行为'的概念,则可将其称之为'民事行为',这样,民事行为概念就成为统率民法中所有行为的总概念。"①

就其文意理解,所谓"本来意义"上的法律行为,似乎意指民法领域的法律行为;而"扩大意义"上的法律行为,则是指囊括合法行为与不法行为的一切民法上的行为。概念使用的逻辑虽然不是很清晰,但所表达的意思可以理解:"民事法律行为"之术语,一方面通过"民事"二字划定行为所属法域,另一方面又通过"法律"二字界定合法性特征。于是,法律行为与民事法律行为之间,不再是同一概念的简称与全称关系,或者说,法律行为已不能被视为民事法律行为的简称,因为二者已非等值概念。

上述概括当然不是空穴来风,毋宁说,此近乎忠实地记录了立法者的考量。

首先,关于合法性。第一次民法典起草时,立法者曾对"法律行为"概念存有疑虑。1956 年 11 月 28 日提出的《总则部分讨论题》中,即有"法律行为是否包括不合法的?'无效法律行为'的提法是否妥当?"之问题。而主张弃用这一概念的理由之一亦在于:"如果规定的象苏俄民法典中的'法律行为'一样的东西,没有办法解决法律行为是指合法的,但又产生法律行为无效的矛盾问题,而按照'民事行为'来规定则不发生这一矛盾。"②不过,直到第三次民法典起草结束,立法者似乎仍未就此问题形成确信,而安于在立法定义中保持沉默。

打破沉默的,是 1985 年 7 月 10 日的《中华人民共和国民法总则(讨论稿)》。该稿第 6 章以 12 个条文规定民事法律行为,并将其定义为:"民事权利主体以设定、变更、终止民事权利和民事义务为目的,符合法律规定和要求的行为。"对此,讨论稿所附《"民事法律行为"说明》表示:"民事行为多反映当事人的自主权利和自由意志,因而易流于放任,故第一条强调'合法'为其特征,借以树立行为标准,防止非法行为。"

其次,关于法域区分。上述《"民事法律行为"说明》同时指出:"'法律行为'始见于德国民法,原有'民事'的含意,后为各国采用时多不加'民事'二字。现在法律部门标立,法律行为一词渐有泛指一切有法律后果和法律意义的行为的趋势。本章定为'民事法律行为',以示区别。"这意味着,"民事"二字不再如张佩霖先生般用以强调法律行为之民法专属性质,毋宁说,已被当作限制成分。所表达的语用逻辑是,"法律行为"在所有法律领域均有其意义,为民法所规制者,不过是民事领域的"法律行为"而已。"民事法律行为"构词依旧,用法却已判然有别。

然而,法域区分之考量虽可为"民事"二字的出现提供说明,仅仅为了区分法域,

---

① 佟柔主编:《中国民法学·民法总则》,中国人民公安大学出版社 1990 年版,第 208 页。
② 何勤华、李秀清、陈颐编:《新中国民法典草案总览》(上卷),法律出版社 2003 年版,第 22—23 页。

却又似乎难以承受"世界民法立法史上的一个独创"之重。在《中国民法学·民法总则》看来,民事法律行为概念之意义,"体现在创造了'民事行为'这一概念上"。① 为此,尚需对民事行为的含义略作考察。

(二) 民事行为的含义

"民事行为"术语其实并非始创于《民法通则》,早在新政权第一次起草民法典之时即曾与"法律行为"互较长短,并在第三与第四草案中胜出,成为正选概念。② 因此,更准确的说法也许是,《民法通则》创造了民事行为的独特用法。

第一次民法典起草时的民事行为概念虽被用以取代法律行为,但不是法律行为之同义表达。第四草案民事行为章备有三种写法,均将民事行为定义为能够引起民事法律后果的行为。根据写法二之另案表述,民事行为具体可分两类:一是"以设定、变更、废止民事权利义务为目的",二是"虽不是以上述为目的,但由于其行为而引起民事法律后果"。③ 显然,前者相当于德国法上的法律行为(Rechtsgeschäft),后者则涵盖除法律行为之外其他一切"引起民事法律后果"之行为,不法行为亦在其列。换言之,彼时所谓民事行为,对应于德国法之法律上的行为(juristische Handlungen)。

民事行为在第一次民法典起草中受到青睐的原因之一,是可以回避"无效法律行为"表述之矛盾。这一"优势"在第三次民法典起草期间再次引起学者关注。其中最具代表性的著述,当属北京大学试用教材《民法教程》。该书出版于《民法通则》之前,却未如其他教科书般使用法律行为概念,而直接把民事行为作为固定术语,并明确指出:"用民事行为,可以避免法律行为理论上的缺陷。传统的民法理论将法律行为划归于合法行为一类,与违法行为相并列。同时又将法律行为分为有效的和无效的两种。这种传统的分类,其中有难以自圆其说之处:为什么法律行为属于合法行为又是无效的?我们用民事行为这个概念也是为了避免上述缺陷。"④惟值注意者,较之以往,民事行为概念的用法已发生变化。依《民法教程》之见,民事行为是"民事主体为达到一定的民事法律后果的行为",以意思表示为基本要素。⑤ 显然,此处所称民事行为,系表示行为之谓,事实行为与侵权行为均被排除于外。这一别出心裁的用法为《民法通则》所接受。

《民法通则》第58—61条及66条使用民事行为概念,却未作定义,所对应者,则均属存在效力瑕疵之行为。不过,这不表示,民事行为仅指存在效力瑕疵之行为。依曾任全国人大法工委主任的顾昂然先生之解释,"合法的民事行为,叫做民事法律行为。这就是民事行为和民事法律行为的区别,民事行为比民事法律行为要宽,包括民

---

① 佟柔主编:《中国民法学·民法总则》,中国人民公安大学出版社1990年版,第208页。
② 何勤华、李秀清、陈颐编:《新中国民法典草案总览》(上卷),法律出版社2003年版,第30页以下。
③ 同上书,第40—42页。
④ 王作堂、魏振瀛、李志敏、朱启超等编:《民法教程》,北京大学出版社1983年版,第80页。
⑤ 同上书,第78—79页。

事法律行为、无效民事行为和可撤销的民事行为"。① 可见,《民法通则》所使用的民事行为语词虽早在第一次民法典起草之时即曾出现,但用法已相去甚远,不再是一切产生民事法律后果之行为的总称,而仅仅对应于表示行为。

以民事行为表达传统法律行为之概念,此等语用逻辑尚未见之于其他立法例,在此意义上,称民事行为概念为《民法通则》所创,自不为过。也正是在此意义上,可以理解,为何民事法律行为概念之意义,"体现在创造了'民事行为'这一概念上"。因为,民事行为与民事法律行为配套使用之后,在维持法律行为之合法性特征的前提下,诸如"无效法律行为"之类的概念得以回避,长期存在于德国学术中的合法性矛盾就此一举得到解决。如此重大的学术贡献,似乎没有理由不在世界立法史上留下浓墨重彩的一笔。

三、法律行为概念的"合法性矛盾"

处理法律行为"合法性矛盾"之前,须先就其合法性问题作一考察。之所以如此,是因为,如果法律行为其实本不具有合法性特征,所谓合法性矛盾,即属虚假。

(一)合法性挑战

《民法通则》颁行后,几乎所有民法教科书在论及民事法律行为时,皆自觉与制定法保持一致,以合法性为其基本特征。对此表示异议者极为鲜见。

张文显教授对法律行为概念的检讨与建构

对《民法通则》的定义,挑战首先来自于法理学者。

据黄金荣教授考察,1949 年以来的新中国法理学中,"法律行为概念的地位一直都显得微不足道"。这一局面延续至 20 世纪 90 年代。② 而法律行为概念的地位上升,"在很大程度上要归功于 1993 年张文显教授所著之《法学基本范畴研究》的出版"。③ 在该书中,张教授将"法律行为"视为"法学的基本范畴和重要论题",并为之单辟一章。④ 目的在于,通过深入系统地研究"法律行为","为各部门法学研究具体法律领域的行为提供一般原理"。⑤

---

① 顾昂然:《〈民法通则〉的制定情况和主要问题》,载氏著:《立法札记——关于我国部分法律制定情况的介绍(1982—2004)》,法律出版社 2006 年版,第 231 页。
② 黄金荣:《法理学中的"法律行为"》,载郑永流主编:《法哲学与法社会学论丛》(总第 10 期),北京大学出版社 2007 年版,第 23 页。另外,王勇飞、张贵成主编:《中国法理学研究综述与评价》(中国政法大学出版社 1992)"认真、广泛地收集了法理学研究中的各种观点"(该书"前言"),却无只言片语论及"法律行为",可为黄教授判断之佐证。
③ 黄金荣:《法理学中的"法律行为"》,载郑永流主编:《法哲学与法社会学论丛》(总第 10 期),北京大学出版社 2007 年版,第 23 页。
④ 张文显:《法学基本范畴研究》,中国政法大学出版社 1993 年版,第 124 页。
⑤ 同上书,第 127 页。

法律行为概念首出民法,讨论起点当然亦在于此。《民法通则》将民事法律行为定义为合法行为。这显然是构建适于所有法域之一般"法律行为"理论的障碍,不能不予以清除。张文显教授正是循此思路展开论述。

在张教授看来,源自德国的法律行为(Rechtsgeschäft)原初含义虽然是"合法的表意行为","但是,在苏联的法学理论体系中,'法律行为'是一个涵括一切有法律意义和属性的行为的广义概念和统语,而不限于狭义的合法的表意行为"。受其影响,"从50年代开始,我国的法学家,尤其是法理学家都是在广义上使用法律行为概念"。"法律行为作为合法行为与违法行为的统语本来是没有多少异议的,但自从我国《民法通则》规定'民事法律行为是公民或者法人设立、变更、终止民事权利和民事义务的合法行为'以来,争论就发生了。"①

张教授由此认为,《民法通则》不值得认可。法律行为作为"最能科学地概括和反映人们在法律领域全部活动的概念",应该得到坚守,主要理由是:第一,在汉语中,法律行为中的"法律"是用来修饰"行为"的中性定语,指"具有法律意义的"或"能够引起一定法律后果的",而不是指"公平的""合法的""违法的"。因此,"法律行为"指称具有法律意义的或能够引起一定法律效果的行为。第二,在逻辑上,"法律行为"的对应概念应是"非法律行为",而不是"违法行为"。这一点可以借鉴伦理学的概念方法。在伦理学中,道德行为(伦理行为)是与非道德行为(非伦理行为)相对的。第三,仅仅因为《民法通则》把"民事法律行为"界定为合法行为,同时用"民事行为"概念与之并行,就要改变一个学理概念的内涵以及采用了这一内涵的其他法律文件,也是不可取的。②

张文显教授的立意虽然高远,论述亦雄辩,却未必有足够的说服力。不仅关于苏联法学的概念使用张教授的认识不见得正确,更重要的是,对于"法律行为"概念的理解,存在明显的望文生训现象。如果把"法律行为"作为德文 Rechtsgeschäft 的对译语词,在通过汉语理解法律行为概念之用法时,就不能简单在自身既有语境下作语词拆分,而必须同时置入他者的语用逻辑中。否则,概念之意义脉络可能变得面目全非。

在语词构成上,"法律"与"行为"二词的结合固然无法显示行为的合法性,德国法通过这一概念所表达的私法自治理念更是难觅其踪。若据此断定,所谓"法律行为",无非是具有法律意义之行为③,那么,这种论证进路将无可避免造成如下局面:"法律行为"系 Rechtsgeschäft 的汉译概念,但以汉语解释"法律行为"时,表达的却是

---

① 张文显:《法学基本范畴研究》,中国政法大学出版社1993年版,第129—130页。
② 同上书,第131—132页。
③ 惟值注意者,语词拆分式的望文生训现象并不仅仅存在于法理学著述当中。实际上,民法学者亦常作此论。典型者如,早在《民法通则》之前,佟柔先生论述法律行为的合法性时,即曾争辩道:"从中国人的习惯用语来说,道德行为就是指符合道德的行为;法律行为,当然是符合法律的行为,绝不应该将其理解为违法行为。"全国第三期法律专业师资进修班民法班整理:《中华人民共和国民法原理》(上册),1983年,第168页(佟柔)。

juristische Handlung(法律上的行为)或 Handlung im Rechtssinne(具有法律意义的行为)。而在德国法,后者乃是 Rechtsgeschäft 的上位概念。如此转换之后,不仅 juristische Handlung 与 Handlung im Rechtssinne 再难汉译,与 Rechtsgeschäft 用法相同的汉语概念亦消失不见。最终,概念体系将因此需要全盘重构。①

实际上,囊括一切具有法律意义行为的"法理学上的法律行为"彼此相去甚远,既无统一的构成要件,亦乏统一的法律效果,依托这一概念能够建构出何种行为理论,笔者对此不无疑虑。

---

20 世纪 90 年代开始,民法学者开始对《民法通则》的概念定义展开反思。其中最称系统全面者,当属董安生教授。

董安生教授认为,关于法律行为概念之理解,基本上可划为两种立场:一是主张法律行为具有合法性质,惟有效法律行为始得称为法律行为;二是不以合法性为特征,只强调法律行为中的设权意图,故而无效法律行为与可撤销法律行为皆列其中。《民法通则》代表前者,包括德国、苏联(尤其是苏联立法)在内的传统民法理论则持后一立场。② 为董教授所接受的,是"传统民法理论"。理由略谓:以法律行为为合法行为,首先,难以解释为何却又存在无效、可撤销或效力待定法律行为之现象;其次,难以解释为何下位概念合同及遗嘱却又存在合法与不合法之别的现象;再次,既造成我国民法概念体系的混乱,且不利于对外交流;最后,这一背离概念传统的做法并无充分的根据。③

此后,越来越多学者加入到质疑者行列。④ 不过就理由而论,似乎皆未超出董安生教授之框架。

董安生教授所列理由中,前两项涉及法律行为的合法性矛盾,后两项则事关如何对待法学传统问题。为此,关于合法性,本书尚需就法律行为概念之传统理解再作考

---

① 进一步说,若是望文生训式的理解逻辑能够成立,不仅"法律行为"需要重新赋值,许多法学基本概念亦莫不如是:"行为能力"训作"实施行为之能力","法人"系"法律上的人","事实行为"则为"事实上存在的行为"……诸如此类,不一而足。照此推衍,整个法学概念体系将为之重整。得失如何,实费思量。
② 董安生:《民事法律行为——合同、遗嘱和婚姻行为的一般规律》,中国人民大学出版社 1994 年版,第 90 页以下。
③ 同上书,第 100—105 页。
④ 如,高在敏、陈涛:《对民事法律行为本质合法说的质疑》,载《法律科学》1996 年第 1 期,第 33 页以下;李永军:《民法总论》(第 2 版),中国政法大学出版社 2012 年版,第 176—178 页;龙卫球:《民法总论》(第 2 版),中国法制出版社 2002 年版,第 425—427 页;宋炳庸:《法律行为概念应更名为设权行为》,载《中外法学》1999 年第 2 期,第 75 页以下。王利明教授新近的立场更易颇耐人寻味。在 2015 年第 2 版的《民法总论》(中国人民大学出版社)中,王教授放弃之前坚持多年的法律行为合法论,转而认为:"产生法律效果的法律行为既可能是合法的,也可能是非法的。就法律行为而言,其并不限于合法行为,非法的行为也可能发生法律效果,例如欺诈行为属于非法行为,但是它可能产生合同被撤销等法律效果,也可能在不损害国家利益的前提下,因当事人自愿接受而使其有效。"(第 226 页)

察,尤其是当学者对于传统理解本身即持有异议之时①,此等考察就更显必要。构成学者所称传统理论者,包括德国法学与苏联法学。

(二) 德国法学的用法

以董安生教授为代表的《民法通则》质疑者多认为,作为法律行为理论的发源地,德国未尝予法律行为以合法性特征。该项判断恐怕值得商榷。

18世纪,内特尔布拉特首先将 actus juridicus 对译为德语的 rechtliches Geschäft 时,即已指出,这一概念指称"人的合法行为"——尽管其本人并未严格遵守这一用法。18世纪末,哈勒大学教授与法学院董事达贝洛(Christoph Christian von Dabelow)亦以 rechtliche Handlungen 或 rechtliche Geschäfte 为拉丁文 actus juridici 或 negotia juridica 的德译名,并将其定义为"以相互间的权利义务为标的之合法的人的行为"(erlaubte menschliche Handlungen)。② 同一时期的巴伐利亚州埃尔兰根大学教授格林德勒(Carl August Gründler)对 rechtliche Geschäfte 所作定义与达贝洛基本一致:"以权利义务为标的之合法的人的行为。"③

现代法律行为概念为萨维尼以降的潘德克顿法学系统阐发。在此阶段,包括萨维尼本人在内的潘德克顿法学家未再刻意突出法律行为的合法性,而致力于发掘其意志决定性质。不过,无论是海泽④,还是普赫塔⑤、温德沙伊德⑥、德恩堡⑦,在概念的分类体系中,法律行为均和不法(违法)行为(unerlaubte Handlungen, rechtswidrige Handlungen, unerlaubte Verhalten)处于同一位阶,共同构成法律上的行为(juristische Handlungen)之下位概念。法律行为与不法(违法)行为对立,这一逻辑结构表明,法律行为非属不法(违法)行为。

19世纪晚期,经过潘德克顿法学的努力,法律行为概念已趋定型。其时,法律行为之意志决定性虽得到普遍强调,但同时以合法性特征定义法律行为者,殊非罕见。波恩大学教授巴龙(Julius Baron)即其著例。巴龙首先将法律行为定义为"当事人直接指向法律效果(权利之产生、移转、终止、变更与维持)之合法(erlaubte)意思表

---

① 佟柔先生对于概念传统的理解截然相反:"所有的资产阶级的法学著作,以及苏联传统的教科书,都认为法律行为的本质属性是合法的。……法律行为原来就是为了解决正常的财产关系而提出的,世界各国都知道它是合法的。"全国第三期法律专业师资进修班民法班整理:《中华人民共和国民法原理》(上册),1983年,第168页(佟柔)。

② Christoph Christian von Dabelow, System des gesammten heutigen Civil-Rechts, erster Theil, 2. Ausg., 1796, S. 196.

③ Carl August Gründler, System des Preussischen Rechts, mit Hinsicht des in Deutschland geltenden gemeinen Rechts, erster Theil, 1797, S. 78.

④ Arnold Heise, Grundriss eines Systems des gemeinen Civilrechts zum Behuf von Pandecten-Vorlesungen, 3. Ausg., 1819, S. 30 ff.

⑤ G. F. Puchta, Pandekten, 9. Aufl., Nach d. Tode d. Verf. besorgt von A. F. Rudorff, 1863, S. 74.

⑥ Bernhard Windscheid, Lehrbuch des Pandektenrechts, Bd. 1, 1862, S. 144.

⑦ Heinrich Dernburg, Pandekten, Bd. 1, 1884, S. 178.

示"。① 随即又指出,法律行为之首要特征为"合法的意思表示":"它永远都必须是合法的(合乎法律的)意思表示,否则,即便具备了与合法意思表示相同的外部特征(如抢匪对遗物的占据),(不法行为、违法行为)亦不属于法律行为。"②

更具意义的是施洛斯曼(Siegmund Schlossmann)著作。波恩大学教授施洛斯曼对于法律行为概念持批判态度。③ 但由其论述可以推知,至迟到 19 世纪晚期,法律行为系合法行为之观念已经得到大范围的认可。施洛斯曼认为,通说将法律行为列作不法行为(unerlaubte Handlunen)的对立概念,该分类并未穷尽一切具有法律意义的行为,当中存在既非属法律行为、又不能归入不法行为的情况,例如,驶过或走过他人土地,且因之时效取得地役权。因此,真正符合逻辑的分类应该拆列两组:(1)合法行为与不法行为;(2)法律行为与非法律行为。其中,第二组第一类(法律行为)系第一组第一类(合法行为)之一种,第一组第二类(不法行为)则为第二组第二类(非法律行为)之一种。④ 由此可见,即便是批评激烈如施洛斯曼者,亦未对"法律行为系合法行为"表示怀疑。

《德国民法典》颁行前后的教科书中,以合法性界定法律行为之举仍随处可见。例如,罗斯托克大学教授马蒂亚斯(Bernhard Matthiass)指出,法律上的行为有不法行为(unerlaubte Handlungen)与合法行为(erlaubte Handlungen)之别。若是合法行为之法律效果系行为人意欲所致,则称法律行为(Rechtsgeschäft)。⑤ 德国枢密院法律顾问与柏林大学教授科勒(Josef Kohler)则将行为(Verkehr)分为三类:适法行为(Rechtshandlungen)、不法行为(Unrechtshandlungen)与中性行为(neutrale Tätigkeiten),其中,适法行为是指"人的意志合乎法律逻辑本质(der logischen Natur des Rechts)之行为"⑥,而私法适法行为(Privatrechtshandlungen)又包括法律行为(Rechtsgeschäft)与附随适法行为(abhängige Rechtshandlungen)两类。⑦

所有这些,似乎都意味着,无论如何划分法律上的行为,只要有合法行为类型,之下的亚分类就必定包括法律行为。恩内克策鲁斯与冯·图尔进一步为该判断提供了佐证。

恩内克策鲁斯指出,能够依法产生法律效果的行为称"具有法律效力的行为"(rechtswirksame Handlungen)或"法律上的行为"(juristische Handlungen)。对于法律上的行为,二分为合法或不合法(rechtmäßige oder unrechtmäßige)不尽妥当,但若非得

---

① Julius Baron, Pandekten, 9. Aufl., 1896, S.89.
② a. a. O., S.90.
③ 施洛斯曼并不认为法律行为概念有存在之必要,斥其"毫无学术价值"。Siegmund Schlossmann, Der Vertrag, 1876, S.129 ff.
④ Siegmund Schlossmann, Der Vertrag, 1876, S.129 f.
⑤ Bernhard Matthiass, Lehrbuch des bürgerlichen Rechtes, Bd. 1, 4. Aufl., 1900, S.169.
⑥ Josef Kohler, Lehrbuch des Bürgerlichen Rechts, Bd. 1: Allgemeiner Teil, 1906, S.485.
⑦ a. a. O., S.536.

作此划分,其中两类最属重要:"作为合法行为的意思表示,即,指向并因此决定法律效果的意思表达,以及违法行为,多属为行为人招致不利后果(基本上都是损害赔偿义务)的可归责行为。"意思表示的核心部分是法律行为,违法行为则包括侵权行为与债务不履行。① 冯·图尔将法律上的行为称作"具有法律意义的行为"(rechtliche bedeutsame Handlungen)。与恩内克策鲁斯不同的是,在冯·图尔看来,合法与不法之划分不仅必要,而且是具有法律意义的行为之最高层级的分类。其中最重要的合法行为,即是法律行为。② 至于不法行为,冯·图尔指出,包括对特定关系义务之违反及对一般性义务之违反两类。③

如今,德国法学家在阐述法律行为概念时,多从功能角度凸显其作为私法自治工具之意义,淡化甚至搁置合法性问题,相应的,合法行为与不法行为之分类亦常隐而不现。④ 然而,这恐怕只能说明,合法性讨论在当代文献中的重要性降低了,却似乎不能据此认为,德国法学已不再将法律行为归入合法行为之列。

实际上,但凡有合法行为类型,之下的亚分类就必定包含法律行为,这一传统延续至今。例如,许布纳(Heinz Hübner)指出,法律上的行为(juristische Handlungen)即是与法律相关、具有法律效力之行为,包括合法行为(rechtmäßiges Verhalten oder erlaubtes Verhalten)与违法行为(Rechtswidriges Verhalten)两类。合法行为可进一步划分为法律行为型(rechtsgeschäftlicher Art)与非法律行为型(nicht rechtsgeschäftlicher Art),违法行为则包括违反法定义务(侵权行为)、违反意定义务(违约)以及违反特定结合关系中的法律义务(如缔约上过失)诸情形。⑤ 博尔克(Reinhard Bork)亦保留合法行为(rechtmäßige Rechtshandlungen)与违法行为(rechtswidrige Rechtshandlungen)之分类,并将侵权行为、积极侵害契约(positive Vertragsverletzung)等归入后者,将法律行为、准法律行为与事实行为归诸前者。⑥

综上所述,情况似乎是,德国法学传统中,法律行为之合法性自始即为众多法学著述所肯定,甚至不妨认为,这一认识其实构成德国法学主流。

---

① Enneccerus/Nipperdey, Allgemeiner Teil des Bürgerlichen Rechts, zweiter Halbband, 15. Aufl., 1960, S. 862 f.
② Andreas von Tuhr, Der Allgemeine Teil des Deutschen Bürgerlichen Rechts, zweiter Band, erste Hälfte, S. 103 ff.
③ a. a. O., S. 121 f.
④ Brox/Walker, Allgemeiner Teil des BGB, 34. Aufl., 2010, Rn. 70 ff.; Werner Flume, Das Rechtsgeschäft, 4. Aufl., 1992, S. 1 ff.; Helmut Köhler, BGB Allgemeiner Teil, 34. Aufl., 2010, § 5 Rn. 1 ff.; Larenz/Wolf, Allgemeiner Teil des Bürgerlichen Rechts, 9. Aufl, 2004, § 22 Rn. 1 ff.; Detlef Leenen, BGB Allgemeiner Teil: Rechtsgeschäftslehre, 2011, § 4 Rn. 1 ff.; Dieter Leipold, BGB I: Einführung und Allgemeiner Teil, 6. Aufl., 2010, § 10 Rn. 1 ff.; Dieter Medicus, Allgemeiner Teil des BGB, 10. Aufl., 2010, Rn. 172 ff.; Rüthers/Stadler, Allgemeiner Teil des BGB, 16. Aufl., 2009, § 16 Rn. 1 ff.
⑤ Heinz Hübner, Allgemeiner Teil des Bürgerlichen Gesetzbuches, 2. Aufl., 1996, Rn. 579 ff. 同其见解,Staudinger/Jickeli/Stieper (2004), Vorbem. zu §§ 104—115 Rn. 85.
⑥ Reinhard Bork, Allgemeiner Teil des Bürgerlichen Gesetzbuchs, 3. Aufl., 2011, Rn. 276 f.

（三）苏联法学的影响

德国传统对新中国未必有足够的影响力。影响新中国法律知识之形成的，主要是苏联法学。

苏联法理学译著中的法律行为

上文曾指出张文显教授对于法律行为的理解有望文生训之嫌。论者或不以为然，因为，将法律行为理解为一切能够产生法律效果之行为，此为几乎所有新中国法理学者所共举，其来源，则在苏联法理学。

的确，新中国法理学家有关"法律行为"之认识，系来自于苏联法学，或者更准确说，来自于苏联法理学译著。① 据黄金荣教授判断，在众多译著中，玛·巴·卡列娃等著《国家和法的理论》当属影响最大的教科书，此书"对法律事实、法律行为、法律事件和事实构成含义的理解和表述，日后都似乎成了许多中国法理学教材的标准蓝本"。② 该书认为，法律事实包括法律事件与"法律行为"，其中，如果"苏维埃法律规范把个别人本身的行为看作是这些人之间的法律关系的产生、改变或消灭的根据，"即称"法律行为"，包括"合法的法律行为"与"违法的法律行为"两类，对于前者，该书仅举劳动法律关系与产品供应关系两例予以说明，未作进一步逻辑划分，后者则又包括犯罪、违反民法的行为、违反劳动法的行为以及违反行政法的行为等等。③

看起来，苏联法学上，"法律行为"确实是所有能够产生法律效果之行为的总称，而不限于合法行为。不过，在接受这一结论之前，不妨稍作追问：苏联法理学译著中的"法律行为"，与民法上的法律行为是否同其所指？

限于语言能力，笔者无力考证苏联法理学著作中被汉译为"法律行为"的俄文语词。但就用法而论，卡列娃等著《国家和法的理论》中，与事件并列的"法律行为"显然指称一切具有法律意义的行为，若质之以潘德克顿法学，与其对应的概念理当是 juristische Handlung（法律上的行为），而非 Rechtsgeschäft。果若如此，新中国法理学家从苏联译著中习得的"法律行为"，即非属民法语境下的 Rechtsgeschäft，而是另外一个概念"法律上的行为"。对此，另外一部苏联法理学译著也许可为之提供佐证。

汉译阿列克谢耶夫著《法的一般理论》同样将法律事实划分为"法律行为"和"法律事件"。其中，"法律行为是人们的意志行为，是公民的意志和意识、组织和社会构

---

① 张文显：《法学基本范畴研究》，中国政法大学出版社1993年版，第130页；黄金荣：《法理学中的"法律行为"》，载郑永流主编：《法哲学与法社会学论丛》（总第10期），北京大学出版社2007年版，第18页以下。

② 黄金荣：《法理学中的"法律行为"》，载郑永流主编：《法哲学与法社会学论丛》（总第10期），北京大学出版社2007年版，第19页。

③ 〔苏〕玛·巴·卡列娃等著：《国家和法的理论》（下册），李嘉恩等译，中国人民大学出版社1956年版，第456—457页（加·伊·费其金）。

成的意志的外在表现"。包括合法行为与违法行为。①但在该书所列法律事实分类表上,与事件相对应的概念是"行为",而行为之下"合法行为"的亚分类中,"法律行为(契约)"赫然在列,位阶与之相同者,是国家法行为、行政行为、诉讼行为、劳动法行为以及家庭法行为等。②显然,和"法律事件"并列的所谓"法律行为"(行为)与分类表中以契约标注的"法律行为"分属两个不同的概念。在用法上,前者相当于 juristische Handlung,后者则为 Rechtsgeschäft。

依笔者所信,当我国法理学者以苏联法理学译著为根据,主张"法律行为"应作"广义"理解时,实际上是用 juristische Handlung 批评 Rechtsgeschäft。张冠李戴式的望文生训在苏联法理学译著的掩护下,就此轻而易举正当化为中国法理学者的共识。

实际上,在苏联民法译著中,法律事实概念体系极其清晰,根本不存在法理学译著中的混乱。例如,布拉都西主编《苏维埃民法》:"法律事实可以分为:(一)事件;(二)行为。行为又分为:(甲)行政行为;(乙)法律行为——即旨在发生、变更或消灭法权关系的意思表示;(丙)没有产生法权后果的意图、但直接由法律本身而引起法权后果的合法行为;(丁)依权利形成之诉所为的法院判决;(戊)不法行为(不合法行为)。"③再如,坚金主编《苏维埃民法》:"可以把作为发生、变更和消灭民事法律关系的根据的法律事实分为以下几大类:(一)国家管理机关的文件;(二)事件——不依法律关系当事人的意志为转移的法律事实;(三)人们的具有法律意义的行为。而行为本身又可以分为下面几种:预期达到法律后果的意思表示——法律行为;并无引起法律后果的目的、但由于法律有直接规定而引起这种后果的单方的行为;由于侵权而引起法律后果的非法的作为(或不作为)。"④

因此,除非苏联如同我国,法理学与民法学在概念使用上各行其是,否则,似乎没有理由认为,苏联法学中,法律行为是与事件并列的"广义"概念。而法理学译著中出现的概念混乱,或可归因于翻译本身。

早在1950年,新政权的中央人民政府法制委员会即组织翻译了《苏俄民法典》。《法典》第26条系法律行为的定义:"法律行为,即设定,变更或废止民事权利关系之行为,得为单方者及双务者(契约)。"⑤这是新中国第一次民法典起草各稿草案定义的原型。与《民法通则》的最大不同是,该定义未显示法律行为的合法性特征。但这不表示,苏联不存在相关讨论。

---

① 〔苏〕C. C. 阿列克谢耶夫:《法的一般理论》(下册),黄良平、丁文琪译,法律出版社1991年版,第542页。
② 同上书,第544页。
③ 〔苏〕斯·恩·布拉都西主编:《苏维埃民法》(上),中国人民大学民法教研室译,中国人民大学出版社1954年版,第51页。
④ 〔苏〕Д. М. 坚金主编:《苏维埃民法》(第1册),中国人民大学民法教研室(李光谟、康宝田、邬志雄)译,法律出版社1956年版,第134页(坚金)。
⑤ 王增润译:《苏俄民法典》,新华书店发行1950年版,第14页。

阿加尔柯夫与法律行为的合法性讨论

学者常以为,《民法通则》之所以将民事法律行为定义为合法行为,是受苏联学者阿加尔柯夫的影响。其说略谓:阿加尔柯夫一反传统观点,认为法律行为必属合法行为,并进而主张"无效法律行为"之概念是自相矛盾的,这一遭到包括诺维茨基、布拉都西、坚金等众多苏联学者批评的"不成熟观点",却为《民法通则》所接受。① 依笔者管见,这一说法恐怕值得推敲。

据诺维茨基介绍,阿加尔柯夫确实认为法律行为具有合法性特征,亦确实主张,"作为合法行为的法律行为有时可能是无效的这种看法,是不合逻辑的",他由此得出的结论是,"法律行为不可能是无效的,无效的只可能是人们借以从事法律行为的那个意思表示"。②

不过,诺维茨基所批评的,不是阿加尔柯夫奉法律行为必合法之立场,而是其"无效法律行为"概念自相矛盾、需质以"意思表示无效"之观点。诺维茨基认为,无效法律行为实际存在,其间并无矛盾,将"无效法律行为"之表述置换为"无效意思表示"实属多此一举。③ 至于法律行为的合法性问题,诺维茨基本人有如阿加尔柯夫,亦持肯定态度。他明确指出:"在苏维埃民法书籍中有这样一种见解,即认为合法或不合法并不是法律行为这一法律事实的必要特征,而只决定着法律行为的这些或那些后果。这种论断是不能令人同意的","法律行为是合法的行为,这一点乃是法律行为所特有的本质的要素之一"。④ 相应的,在诺维茨基看来,"所谓法律行为,就是一个或几个有行为能力并作为财产权利(民事权利)主体的人所办理的旨在设定、变更或消灭民事法律关系的合法的、法律性质的行为"。⑤

苏联民法译著显示,以合法性定义法律行为者,非在少数。如布拉都西主编《苏维埃民法》对于法律行为的定义虽未明确显示合法性特征⑥,但在论及法律事实的分类时却指出:"行为,如其不受法律禁止者,便是合法的行为。法律行为,即具有引起

---

① 董安生:《民事法律行为——合同、遗嘱和婚姻行为的一般规律》,中国人民大学出版社1994年版,第92—95、105—107页;高在敏:《法律行为本质合法说观点源头考——对民事法律行为本质合法说质疑之三》,载《法律科学》1999年第6期,第56页以下;李永军:《民法总论》(第2版),中国政法大学出版社2012年版,第176页;龙卫球:《民法总论》(第2版),中国法制出版社2002年版,第426—427页。
② 〔苏〕И. Б. 诺维茨基:《法律行为·诉讼时效》,康宝田译,中国人民大学出版社1956年版,第70—71页。
③ 同上书,第71页以下。
④ 同上书,第8—9页。
⑤ 同上书,第14页。
⑥ 〔苏〕斯·恩·布拉都西主编:《苏维埃民法》(上),中国人民大学民法教研室译,中国人民大学出版社1954年版,第140页。

一定法权后果的意图而为的行为(立遗嘱、缔结买卖契约等),便是合法的法律上的行为中的主要一种。"①再如谢列布洛夫斯基:"法律行为属于具有发生一定法律效果目的底合法行为。为法律行为的人是希图达成一定的法律效果。所以为法律行为的人的意思表示是法律行为的特征。但是为了那个意思表示具有法律上的效果,就要意思表示是根据了法律并是依照法定方式表现出来底。"②

直到20世纪80年代,苏联民法译著显示,彼邦民法理论依然持合法性立场。如格里巴诺夫与科尔涅耶夫主编《苏联民法》称:"法律行为、有法律后果的行为以及包括计划行为在内的行政行为等等,都是合法行为。"③不仅如此,该书还特别强调:"法律行为指的只是合法行为。""根据多数人的见解,合法性是法律行为的决定性特征之一。同时,也有一种见解认为,合法性只是在确定已经实施的法律行为的法律后果时才有意义,但不构成法律行为的要素。应当认为,第一种观点更符合于法律行为的实质。"④

如果能够相信,上述民法译著足以代表相应时期的苏联主流,那么,就法律行为合法性问题,学者对于苏联的认识也许就有调整之必要。因为,在此传统中,恰恰是支持法律行为具合法性特征的见解占有主导地位。实际上,直至今日,俄罗斯民法理论依然将法律行为划归合法行为之列。⑤

(四) 所谓合法性矛盾

阿加尔柯夫主张以"无效意思表示"取代"无效法律行为"概念,《民法通则》创造出"民事法律行为"与"民事行为"的独特用法。两种策略进路不同,想要解决的问题却无二致:法律行为既具合法性特征,无效法律行为概念便与之矛盾。《民法通则》的批评者则认为,所谓合法性矛盾其实原本不是问题,因为按照传统理解,法律行为不必是合法行为。换言之,正是因为《民法通则》无谓改变法律行为概念的既定用法,矛盾始得出现。这一釜底抽薪式的批评若能成立,给对手的打击必定是致命的。然而,本书显示,无论是德国传统,抑或苏联传统,其主流观念均与批评者的判断大相径庭。

局势似乎因此变得峰回路转:既然《民法通则》并未改变传统语用逻辑,以民事法律行为专指合法有效之法律行为、其他则归诸民事行为之策略,便无可非议;非但如此,由于即使德国亦未避免无效法律行为这一矛盾概念,誉之为"世界民法立法史上的一个独创",自不为过。

---

① 〔苏〕斯·恩·布拉都西主编:《苏维埃民法》(上),中国人民大学民法教研室译,中国人民大学出版社1954年版,第50页。
② 〔苏〕谢列布洛夫斯基:《苏联民法概论》,赵涵舆译,人民出版社1951年版,第35页。
③ 〔苏〕B. п. 格里巴诺夫、C. M. 科尔涅耶夫主编:《苏联民法》(上册),中国社会科学院法学研究所民法经济法研究室译,法律出版社1984年版,第206页。
④ 同上书,第208—209页(着重号为书中原有)。
⑤ 〔俄〕E. A. 苏哈诺夫主编:《俄罗斯民法》(第1册),黄道秀译,中国政法大学出版社2011年版,第299页(B. C. 艾姆)。

问题当然没有这么简单。《民法通则》的解决之道,虽然曾备受赞誉,但并非全然未遭批评。例如,寇志新教授指出,即使将无效行为以民事行为相称,问题依然未能得到解决,因为,部分无效的行为,以及可撤销(可变更)但超过除斥期间却未作撤销(变更)的行为,究竟是属于"民事法律行为",抑或"民事行为",令人困惑。① 张俊浩教授的批评则独辟蹊径。张教授表示,无效法律行为和可撤销法律行为"这两个被非议的语词,具有储藏特别信息的修辞价值,而不存在什么自相矛盾","其实,在我们的语言中,类似的修辞用法并非罕见,例如'假革命''假党员''未婚妻'就是。如均目为语义矛盾,岂不等于放弃了一种颇有价值的修辞手段?"② 将众多学者眼中的法学难题化之以"修辞手段",这一举重若轻的处理虽然难免予人过度简化之感③,但同时启示另外一条思维进路:法律行为的合法与无效之间是否真的存在逻辑矛盾?

法律领域,概念定义有以立法作出者——称立法定义(Legaldefinition),亦有学术性的本质定义(Wesensdefinition)。二者目标不同,定义方法亦各异。

立法定义属于描述性规范(umschreibende Rechtssätze),意义在于,通过构成要素之描述为法律规范中的概念作出界定,以便寻找可供适用的法律规则。例如,《合同法》第 21 条系关于承诺的立法定义:"承诺是受要约人同意要约的意思表示。"据此,构成一项承诺需要具备的要素是:第一,须为意思表示;第二,意思表示的内容须对要约表示同意。两项要素缺乏其一,即不构成第 21 条所称承诺,法律适用时,亦不得适用有关承诺的各项规则。

本质定义旨在揭示概念的逻辑本质,与立法定义判然有别。本质定义所指向的,是被定义事物之"共相"。④ 例如,"人是理性的动物"系本质定义。其意义在于指明,在抽象层面,人与动物的本质区别在于前者拥有理性,而不是说,构成一个具体人,必须具备理性要素。因而,"非理性人是人"命题不与"人是理性动物"之定义相抵触。虽然均在使用"人"这一概念,但论域不同,概念所指其实并不相同。其中,"非理性人"之"人"对应具体的个人(非集合概念),而"人是理性的动物"之"人",则为人之共相,系抽象之人(集合概念)。⑤

---

① 寇志新:《民法总论》,中国政法大学出版社 2000 年版,第 190 页。
② 张俊浩主编:《民法学原理》(上册)(修订第 3 版),中国政法大学出版社 2000 年版,第 227 页(张俊浩)。
③ 另外,张俊浩教授以"假革命""假党员""未婚妻"类比无效法律行为与可撤销法律行为,似乎在论证的关联性上有所欠缺。因为,"假革命"非革命、"假党员"非党员、"未婚妻"亦非妻,前缀修饰语均起否定作用,无效法律行为与可撤销法律行为则并不因为无效或可撤销而被排除于法律行为阵营之外。
④ 哲学上的"共相"理论最早为柏拉图所阐述,系柏拉图"理念论"的一部分。关于事物理念,柏拉图的经典表述是:"在凡是我们能用同一名称称呼多数事物的场合,我认为我们总是假定它们只有一个形式或理念的。"〔古希腊〕柏拉图:《理想国》,郭斌和、张竹明译,商务印书馆 1996 年版,第 388 页。对于柏拉图理念论的阐释,可参〔德〕E. 策勒尔:《古希腊哲学史纲》,翁绍军译,山东人民出版社 1992 年版,第 139 页以下;〔英〕罗素:《西方哲学史》(上卷),何兆武、李约瑟译,商务印书馆 1991 年版,第 161 页以下。
⑤ 关于集合概念与非集合概念的逻辑性质,可参见金岳霖主编:《形式逻辑》,人民出版社 1979 年版,第 30—31 页。

以此返观法律行为的定义。学术上,称"法律行为是根据意思表示内容发生相应法律效果的合法行为",系本质定义。此时所谓"法律行为",乃是法律行为的抽象共相(集合概念)。这一命题与"无效法律行为是法律行为"之命题并不抵触,因为,"无效法律行为"指称的是具体法律行为(非集合概念)。这一观念,实际上早在《德国民法典》制定之初,即已为齐特尔曼(Ernst Zitelmann)所揭示:"概念定义,乃是针对正常的法律行为而论,各种非正常状态对之不构成影响。"①所谓"正常的法律行为",表达的正是共相之谓。

然而,立法定义法律行为时,任务不在于揭示抽象法律行为的共相本质,而是描述判断法律行为的构成要素,以便法律适用。若将法律行为合法性之逻辑共相以立法的方式固定,成为立法定义,"合法"便成为鉴别概念的构成要素。不具备该要素者,即不得称此概念,亦不得适用相应的法律规则。因而,《民法通则》第54条将合法性纳入定义之时,"无效法律行为是否属于法律行为"之两难追问即已生成:一方面,既然每一项法律行为都必须具备合法之要素,因为违法而无效的法律行为怎么可能是法律行为?另一方面,行为之所以无效,恰恰是适用法律行为规则(如行为能力欠缺、意思表示瑕疵等)的结果。能够适用法律行为的规则,又怎么可能不是法律行为?

可见,所谓"合法性矛盾",其实是立法者误以学术定义的方法进行立法定义所导致的。如果立法者能够分清学术与立法的界限,不将本质定义与立法定义强行并轨,也就不会存在需要解决的"旷世难题"。由此可以理解,为何德国学界普遍认为法律行为系合法行为,立法却未作此等定义。

实际上,《德国民法典》对于法律行为甚至根本未作定义。虽然立法定义能够界定概念的构成要素,从而有助于法官适用法律,但法典的制定者面对法律行为这一如此核心的概念时,却有意选择沉默。立法者的考虑是,"司法裁判也许会(因为缺乏明确的立法定义而)犹疑不定,甚至将法律行为之关键性原则适用于本不具有法律行为性质的行为之上,或者对真正的法律行为发生错认,但尽管如此,比之僵硬的概念定义,它所带来的误导危险当较为微小"。②

在某种程度上说,概念越是重要,立法者就越是需要谨慎克制。《德国民法典》立法者对其权力行使的节制意识,也许值得我国立法者三思。

四、"民事"法律行为的法域区分价值

(一) 潘德克顿法学中的法域界定

除解决合法性矛盾之外,《民法通则》创造民事法律行为概念的另外一项贡献被归结为,"民事"二字把民法领域的法律行为从其他法域中区分出来。显然,想要印证

---

① Ernst Zitelmann, Das Recht des Bürgerlichen Gesetzbuchs: Allgemeiner Teil, 1900, S. 87.
② Motive zu dem Entwurfe eines Bürgerlichen Gesetzbuches für das Deutsche Reich, Bd. I, Allgemeiner Teil, Amtliche Ausgabe, zweite unveränderte Auflage, 1896, S. 126.

此项贡献,就必须回答:法律行为是否同样存在于其他法域?为寻找答案,首先需要考察法律行为概念出现之初的使用情况。对此,温德沙伊德与德恩堡等潘德克顿法学家有过明确阐述。

依温德沙伊德之见,法律行为作为法律事实之一类,是指向权利设立、消灭与变更的私人意思表示,与裁判意思表示(die richtlichen Willenserklärungen)相对立。① 温氏进而认为,普赫塔等人仅以"根据意思表示而变动权利"定义法律行为,颇有不当,"因为这样一来,法院裁判也是法律行为了"。② 在《潘德克顿法学教科书》第1卷第6版中,温德沙伊德更是特别强调:"法律行为是私人意思表示。法律行为的实施者并非根据国家权威而行为。"③"因此,尤其是法院裁判,虽然也包含一项处分,但并非法律行为。"④德恩堡与温德沙伊德见解相似,他指出:"公权处分(尤其是裁判)不是法律行为",虽然时有将法律行为概念扩展至其他领域者,但其所谓"法律行为"既呆板(farblos)又不准确(unpräzis),因而不足为训。⑤

温德沙伊德等人的研究成果为《德国民法典》总则编预案的起草者格布哈特所接受,后者在撰写预案的立法理由时,明确表示:"法律行为是私人意思表示,机关为国家事务所为之处分,尤其是司法处分,不在此概念之列。"⑥

不过,上述考察结果尚无充分的说明价值,因为,法律行为概念原本专属于民法,论者多不予否认,批评者所要表达的是,随着法学理论的发展,法律行为逐渐扩及至其他法域。为此,下文尚需讨论两个问题:一是潘德克顿法学家基于何种考虑将法律行为当作私法专属概念?二是公法领域是否有法律行为的容身之地?

(二) 法律行为与私法自治

德国法学普遍认为,法律行为是私法自治的工具。不过,新中国的语用逻辑与之相去甚远。

在苏联的影响下,新中国从启动民法典编纂之始,即将法律行为简单作"设定,变更或废止民事权利关系之行为"理解,德国传统理论一直强调的意志与法律效果之间

---

① Bernhard Windscheid, Lehrbuch des Pandektenrechts, Bd. 1, 1862, S.144. 与法律行为相对的意思表示,除裁判意思表示外,《潘德克顿法学教科书》第5版还加上了"其他国家工作机构"的意思表示,令法律行为的私人性更显清晰。Bernhard Windscheid, Lehrbuch des Pandektenrechts, Bd. 1, 5. Aufl., 1879, S. 175.
② Bernhard Windscheid, Lehrbuch des Pandektenrechts, Bd. 1, 1862, S.145.
③ Bernhard Windscheid, Lehrbuch des Pandektenrechts, Band 1, 6. Aufl., 1887, S.188.
④ a. a. O., S.189.
⑤ Heinrich Dernburg, Pandekten, Bd. 1, 1884, S.208.
⑥ Die Vorlagen der Redaktoren für die erste Kommission zur Ausarbeitung des Entwurfs eines Bürgerlichen Gesetzbuches(Die Vorentwürfe der Redaktion zum BGB): Allgemeiner Teil, Teil 2, Verf.: Albert Gebhard, herausgegeben von Werner Schubert, 1981, S. 27.

的内在关联未引起立法者太多关注①,借助法律行为而彰显的私法自治理念当然更是无从谈起。非但如此,学者亦往往遵从意识形态话语,为配合社会主义的管制需要,猛烈批判资本主义的私法自治(契约自由)原则。② 直至20世纪90年代,正面张扬此等理念者方始偶见于学者著述。③ 但旋即又遭遇"意思自治(契约自由)衰落"论的强力阻击。④ 私法自治理念命运之多舛,良有以也。

意志决定性抽出之后,合法性问题随即被推到概念讨论的前台。于此可以理解,为何新政权以来,法律行为合法性问题一直盘踞概念讨论的中心,历经数十年而不堕。

法律行为的合法性当然值得讨论。问题在于,新中国对于法律行为的理解从一开始就偏离应有的航道,在抽空意志决定性的背景下,合法性讨论往往在加剧偏离的同时更使问题变得隐蔽难察,从而导致真正的关键之点反被忽略。实际上,于德国法学而言,法律行为概念的核心根本不是所谓的合法性,而是行为人意志与法律效果之间的内在关联性,惟有如此,始足当私法自治工具之任。前文对于德国法律行为概念的梳理谅已表明,这一观念至少自萨维尼开始,即根深蒂固贯穿于法律行为概念的整个历史脉络。在此意义上,新中国继受法律行为概念,却又剔除蕴含其间的私法自治理念,此举实与买椟还珠无异。

温德沙伊德论法律行为与私法自治

埃森哈特(Ulrich Eisenhardt)指出,温德沙伊德有关法律行为之见解代表19世纪德国通说,从而为民法典所采信。⑤ 而关于法律行为与私法自治的内在关联,在其《潘德克顿法学教科书》的历次修订中表现得淋漓尽致。

1862年,温德沙伊德《潘德克顿法学教科书》第1卷首版问世,其中,法律行为作

---

① 在新中国立法史上,法律行为与意志的内在关联曾两度进入草案文本。第一次民法典起草时,法律行为与民事行为的概念讨论虽以后者胜出而告终,但讨论本身却有助于凸显法律行为概念的私人意旨性。其表现是,随后的草案三、四两稿在定义作为另案的法律行为时,加入了行为人目的因素,其中,三稿:"法律行为是为了设立、变更、消灭民事权利义务关系的行为。"四稿:"法律行为是目的在于设定、变更或者消灭民事权利义务关系的行为。"何勤华、李秀清、陈颐编:《新中国民法典草案总览》(上卷),法律出版社2003年版,第33、43页。立法方针改"批发"为"零售"后,目的因素亦体现于直到1985年11月13日的《中华人民共和国民法通则(草案)》。其时,民事法律行为被定义为"以设立、变更、终止民事权利和民事义务为目的"的行为。可惜,上述认识终究未能得到立法者的首肯,而消失无踪。
② 如,佟柔主编:《民法原理》,法律出版社1983年版,第13页以下;佟柔主编:《中国民法》,法律出版社1990年版,第164页;王作堂、魏振瀛、李志敏、朱启超等编:《民法教程》,北京大学出版社1983年版,第33页以下;西南政法学院民法教研室编:《中华人民共和国民法讲义(初稿)》,1980年,第4页以下;中央政法干部学校民法教研室编著:《中华人民共和国民法基本问题》,法律出版社1958年版,第25页以下。
③ 如,张俊浩主编:《民法学原理》,中国政法大学出版社1991年版,第10页以下(张俊浩)。
④ 如,傅静坤:《二十世纪契约法》,法律出版社1997年版;尹田:《法国现代合同法》,法律出版社1995年版。
⑤ Ulrich Eisenhardt, Allgemeiner Teil des BGB, 3. Aufl., 1989, S.52.

为法律事实之一种,已被明确界定为"指向"权利设立、消灭与变更的私人意思表示①,其私法属性彰显无遗。不过,在正式定义法律行为时,温德沙伊德的表述是:"法律行为是以权利设立、消灭或发生变更为内容的私人意思表示。"(Rechtsgeschäft ist die Willenserklärung einer Privatperson des Inhalts, das ein Recht entstehen, untergehen, oder eine Veränderung erleiden solle.)②法律效果与意思表示之间的内在关联,尚未得到足够明白的表达。

1879年教科书出至第5版时,法律行为的界定方式发生变化:"法律行为是指向权利设立、消灭或变更的私人意思表示。"(Rechtsgeschäft ist die auf die Entstehung, den Untergang oder die Veränderung von Rechten gerichtete Privatwillenserklärung.)③此时,法律行为被明确定义为"指向"权利变动的意思表示。通过法律行为实现私法自治的观念已是呼之欲出。

1887年的第6版不仅继续突出意思表示对于法律效果的"指向"性,更详细说明法律行为概念之私法属性:

"法律行为是指向法律效果之创设的私人意思表示(Rechtsgeschäft ist eine auf die Hervorbringung einer rechtlichen Wirkung gerichtete Privatwillenserklärung)。

1. 法律行为是意思表示。表达法律效果应得实现之意思,而法律制度亦因此听其实现,原因在于,此为法律行为的实施者所欲求。

2. 法律行为是私人意思表示。法律行为的实施者并非根据国家权威而行为。

3. 法律行为指向的是法律效果之创设。法律行为的最终目的总在权利(或权利集合)的设立、消灭或变更,唯其无需直接指明权利的设立等效果。

4. 法律行为只是指向法律效果之创设。所欲求的法律效果是否确实通过法律行为得到实现,以及是否得到立即实现,不属于法律行为的概念范围。"④

如果能够了解,法律行为概念之创造,系用以指称私法领域中法律效果为意志所规定的自治行为,那么,以之为私法专有概念,实属理所当然。因为,私法之外的其他法律(公法)领域中,当事人行为并不奉行自治原则。就此而言,无论法学理论如何发展,只要公法与私法的界分仍属必要,法律行为就不可能扩及至私法之外的其他法域。再者,若是认为,法律行为不仅存乎私法领域,诸如"行政法律行为"等概念亦能成立,因此需要另创"民事法律行为"术语以示区别,除非论者一并声称自治理念已扩及至公法领域,否则,此等见解即意味着,"法律行为"作为"行政法律行为""民事法律行为"等的上位概念,不再用以指称效果为意志所决定的自治行为,而仅仅是一切

---

① Bernhard Windscheid, Lehrbuch des Pandektenrechts, Bd. 1, 1862, S.144.
② a. a. O., S.145.
③ Bernhard Windscheid, Lehrbuch des Pandektenrechts, Bd. 1, 5. Aufl., 1879, S.176.
④ Bernhard Windscheid, Lehrbuch des Pandektenrechts, Bd. 1, 6. Aufl., 1887, S.186 ff.

具有法律意义之行为的通称。

(三) 法律行为与行政行为

前述论证似乎不过是单纯的理念推衍,实际情况是,许多学者主张,至少在行政法领域,法律行为概念亦有其容身之所。① 为此,尚需对行政法中的"法律行为"略作观察。

德国行政法上所谓 Verwaltungsakt② 概念,系法语 acte administratif 之德译。③ 其含义为,国家公权力者为形成公法上的法律关系而实施的单方行为。④ 一般认为,行政行为理论为19世纪德国行政法学之父奥托·迈耶(Otto Mayer)首创,以服务于法治国限制国家权力、保障人权之目的。⑤ 许宗力教授指出,行政行为概念指涉极为广泛,兼跨实体法、程序法、执行法与救济法领域,并且在不同的领域有其不同的功能。例如,行政行为在实体法上具有明确界定国家与人民权利义务关系,以提升法安定性的功能,在执行法上充当执行名义,在救济法上则是提请救济的前提要件。⑥

在能够直接发生法律效果方面,诸如警察命令及形成性行政行为(如行政许可、授予许可证、任命公务员)等行政行为与法律行为类似。⑦ 就此而言,行政行为无妨以行政法上的意思表示相称。⑧ 然而,行政行为终究不是法律行为,即便存在法律行为式的行政行为(rechtsgeschäftlicher Verwaltungsakt)之语词,一般观念仍然认为,行政行为与私法意义上的法律行为迥然有别。⑨

法律行为包括单方行为与双方行为(契约),行政行为则必为单方行为⑩,除此之

---

① 详参李洪雷:《行政法上的意思表示与法律行为》,载郑永流主编:《法哲学与法社会学论丛》(总第10期),北京大学出版社2007年版,第31页以下。
② 德文 Verwaltungsakt,台湾地区通译"行政处分",依许宗力教授所信,"谅系受到日本影响";我国内地有译"行政行为"者(高家伟教授),有译"具体行政行为"者(刘飞教授),亦有"行政处理"者(李洪雷教授),不一而足。分别参见,许宗力:《行政处分》,载翁岳生编:《行政法》(上册),中国法制出版社2002年版,第630页;[德]哈特穆特·毛雷尔:《行政法学总论》,高家伟译,法律出版社2000年版,第181页以下;[德]奥托·迈耶:《德国行政法》,刘飞译,商务印书馆2002年版,第97页(译者同时将 Verwaltungsakt 译作"行政行为",见该书第64页,97页以下);李洪雷:《行政法上的意思表示与法律行为》,载郑永流主编:《法哲学与法社会学论丛》(总第10期),北京大学出版社2007年版,第32页。
③ [德]奥托·迈耶:《德国行政法》,刘飞译,商务印书馆2002年版,第64页。
④ Werner Flume, Das Rechtsgeschäft, 4. Aufl., 1992, S.41.
⑤ [德]奥托·迈耶:《德国行政法》,刘飞译,商务印书馆2002年版,第56页以下;许宗力:《行政处分》,载翁岳生编:《行政法》(上册),中国法制出版社2002年版,第630—632页。
⑥ 许宗力:《行政处分》,载翁岳生编:《行政法》(上册),中国法制出版社2002年版,第631页。
⑦ Werner Flume, Das Rechtsgeschäft, 4. Aufl., 1992, S.41.
⑧ 许宗力:《行政处分》,载翁岳生编:《行政法》(上册),中国法制出版社2002年版,第638页。
⑨ Werner Flume, Das Rechtsgeschäft, 4. Aufl., 1992, S.41.
⑩ 行政法上亦有"行政契约"之概念,这是一种公法契约,有对等关系行政契约与隶属关系行政契约之别。法律理论上,行政契约得到的重视程度远不如行政行为。之所以如此,原因有二:第一,私法契约源于地位平等之权利主体的合意,而在公法领域,几乎皆ါ权力支配关系,当事人地位并不平等,"合意"自然难以形成;第二,私法奉契约自由为圭臬,公法则强调"依法行政原则",二者理念相去甚远,难以协调。当今德国通说并目认为,虽亦称契约,但公法契约适用公法而非私法,并且不存在有关公法契约的一般法律规范。行政契约与私法契约之间的关联主要表现为,法律适用时,有关民法契约缔结与撤销等方面的规定,得准用于行政契约。Werner Flume, Das Rechtsgeschäft, 4. Aufl., 1992, S. 38 f.;林明锵:《行政契约》,载翁岳生编:《行政法》(上册),中国法制出版社2002年版,第745页以下。

外,依弗卢梅概括,二者尚有如下差别:第一,行政行为不适用私法自治,而适用依法行政原则;法律行为则是实现私法自治的工具。第二,法律行为的核心在于自决;行政行为则在内容的法定性。第三,对于行政行为而言,需要考察的是,该行为是否符合法定要件,以及行为是否依法律的指示而实施,当中并不存在公职人员的创造性意志形成空间,甚至,只要"依法作出并且合乎事理",即便是精神病公职人员实施的行政行为,亦属有效;相反,意志因素对于法律行为至关重要,精神病人实施的法律行为无效。第四,行政行为中,意志因素亦有其活动空间,表现为行政"裁量"。不过,行政裁量必须受制于义务思想(Pflichtgedanken),换言之,公职人员作出裁量行为时,必须以实现公共利益为导向,否则,即存在裁量瑕疵(Ermessensfehler)或裁量权滥用(Ermessensmißbrauch),该行政行为亦相应变得有瑕疵。第五,行政行为是公权力行使行为,因此具有直接的强制执行力;法律行为则必须通过法院判决的方式取得强制执行力。第六,依法行政原则的要求是,行政行为的内容原则上为法律所确定;法律行为、尤其是债权契约,则奉行内容形成自由原则。①

可见,虽然行政行为理论系借鉴法律行为而来,但不过是技术模仿(如有关行为之分类、行为之无效或可撤销规则等)之产物,其间理念不可同日而语。行政行为并非法律行为扩及至行政法领域的结果,不是"行政法律行为"(Verwaltungsrechtsgeschäft 或 verwaltungsrechtliches Rechtsgeschäft),而仅仅是行政行为(Verwaltungsakt)。

Rechtsgeschäft 的翻译

在某种意义上,依西方学术范式而建立的中国法学乃是翻译学术。这不仅表现在几乎所有法律术语皆自翻译而来,更重要的是,中国学者对于现代法学思维的想象,基本上都是在翻译的基础上展开。对于"法律行为"的不同理解,在某种程度上,即是因为翻译所致。"法律"与"行为"两个平淡无奇的汉语词汇组合,在字面上,既难以传达合法性的信息,更无法让人将其与私法自治理念建立联系,而望文生义的"具有法律意义之行为"理解,倒显得自然顺畅。问题是,是否有更合适的对译语词?

用"法律行为"表达德文 Rechtsgeschäft,并不是中国学者的创造,而来自于日本。② 与日本翻译 Rechtsgeschäft 时有过激烈争论不同③,我国也许是因为有成例可循,在接受法律行为之译名过程中,未曾表现出太多踟躇。这一局面,直至近年方始有所改观。例如,米健教授认为,以"法律行为"对译 Rechtsgeschäft,其实是概念错译。

---

① Werner Flume, Das Rechtsgeschäft, 4. Aufl., 1992, S.41 ff.
② 胡长清:《中国民法总论》,中国政法大学出版社1997年版,第184页;佟柔主编:《中国民法学·民法总则》,中国人民公安大学出版社1990年版,第214—215页;张俊浩主编:《民法学原理》(上册)(修订第3版),中国政法大学出版社2000年版,第218页(张俊浩)。
③ 可参〔日〕平井宜雄:《法律行为论在日本的形成》,柯伟才译,载《比较法研究》2007年第6期,第147页以下。

因为,另外一个德文概念 Rechtshandlung 才是真正的"法律行为",其法律效果直接为法律所设定,而 Rechtsgeschäft 的正确译法应该是"法律交易"。①

Handlung 一词的汉语直译是"行为",Geschäft 在日常用法上则有"交易"之含义。因而,以"法律行为"对译 Rechtshandlung、"法律交易"对译 Rechtsgeschäft,系语词直译。需要讨论的问题因而在于,是否有必要依此直译改造既有翻译?笔者对此持怀疑态度。

首先,将 Rechtshandlung 直译为"法律行为"未必准确。

德国法律用语上,Rechtshandlung 不是一个有固定用法的语词。依使用者的偏好,至少有四种用法。各种用法的涵盖范围有所不同。

用法一,在最广义上,Rechtshandlung 指称一切能够产生法律效果之行为,包括合法行为与违法行为。其中,合法行为又包括法律行为(Rechtsgeschäft)、准法律行为与事实行为;违法行为则包括侵权行为与契约法上的违法行为。② 此时,Rechtshandlung 其实只是一个笼统的概念,与 juristische Handlung 同义,可译作"法律上的行为"。

用法二,法律上的行为可能被二分为 Rechtsgeschäft 与 Rechtshandlung。除 Rechtsgeschäft 外,其他一切具有法律意义的行为都属于 Rechtshandlung,包括违法行为、准法律行为与事实行为三类。③ 显然,此处所遵从的区分标准是法律效果是否根据行为人意志而产生。Rechtshandlung 被用以指称"效果法定行为",与 Rechtsgeschäft 并峙而立。

用法三,Rechtshandlung 可能被用作所有合法行为的共同上位概念,包括法律行为(Rechtsgeschäft)、准法律行为与事实行为。④ 此时,Rechtshandlung 与 rechtmäßige Handlung 或 erlaubte Handlung 同义,可译作"合法行为"或"适法行为"。

用法四,合法行为可能被二分为 Rechtsgeschäft 与 Rechtshandlung。除 Rechtsgeschäft 外,其他一切合法行为均为 Rechtshandlung,包括准法律行为与事实行为。这一用法为较多学者所采。⑤ 在此用法下,由于准法律行为与事实行为的共同特点在于效果法定,故可将 Rechtshandlung 译作"合法的效果法定行为"。

Rechtshandlung 存在如此之多且相去甚远的用法,简单概以"法律行为"直译,对于语词含义之理解,显然无所助益。更为务实的做法是,根据使用者的不同用法,分

---

① 米健:《论"民事法律行为"命名的谬误》,载《人民法院报》2003 年 10 月 10 日,第 3 版;亦见米健:《法律交易论》,载《中国法学》2004 年第 2 期,第 61 页。

② Reinhard Bork, Allgemeiner Teil des Bürgerlichen Gesetzbuchs, 3. Aufl. , 2011, Rn. 276 f.

③ Palandt/Heinrichs, Überbl. v. § 104 Rn. 4 ff.

④ Andreas von Tuhr, Der Allgemeine Teil des Deutschen Bürgerlichen Rechts, zweiter Band, erste Hälfte, 1914, S. 105.

⑤ BGB-RGRKomm/Krüger-Nieland (1982), vor § 104 Rn. 12 ff.; Enneccerus/Nipperdey, Allgemeiner Teil des Bürgerlichen Rechts, zweiter Halbband, 15. Aufl. , 1960, S 865 ff.; Werner Flume, Das Rechtsgeschäft, 4. Aufl. , 1992, S. 105; Motive zu dem Entwurfe eines Bürgerlichen Gesetzbuches für das Deutsche Reich, Band I, Allgemeiner Teil, Amtliche Ausgabe, zweite unveränderte Auflage, 1896, S. 127.

别选择对译语词。同时，无论何种用法，Rechtshandlung 的意义均极为有限，因为，这一概念所包括的各行为类型形色各异，难以抽象出一般性的法律规则适用于所有的 Rechtshandlung①，况且，用法如此漂移不定，以至于内涵外延均不确定，不可能是法学上的重要概念，《德国民法典》甚至根本未出现这一概念即其明证。

其次，以"法律交易"直译 Rechtsgeschäft 未必能够清除概念理解障碍。

在传达合法性与私法自治理念方面，"法律交易"并不比"法律行为"更有优势。不仅如此，"法律交易"之译法，可能带来新的问题。例如，在汉语语境下，将抛弃等单方行为称为"单方法律交易"，无论如何都难以理解；称身份法领域亦存在"法律交易"，同样令人费解；法律行为最重要的分类负担行为（Verpflichtungsgeschäft）与处分行为（Verfügungsgeschäft），若分别更名为"负担交易"与"处分交易"，所带来的恐怕就不仅仅是理解上的困难，更有汉语构词法的变革；如此等等，不一而足。

实际上，若要诉诸构词法，Geschäft 的原初含义并非"交易"。Geschäft 来自于 Schaffen，因而，更为彻底的语义分析亦当追溯至此。就此问题，早有学者指出，Rechtsgeschäft 从 Schaffen 中提取的不是字面的"劳作"（Arbeiten）之义，更多的指向"创造"（Produziren）。就此而言，所谓 Rechtsgeschäft，是指"创造法律意义之行动"（eine Thätigkeit, die rechtlich Bedeutsames schafft）。② 不仅如此，其间关键尚在于，"该法律意义或称效果能够被理解为行为人欲求的结果：行为的法律效果之发生，系行为人欲求所致"。③ 这意味着，强调作为日常用语的 Geschäft 之"交易"含义，对于理解 Rechtsgeschäft 的语用逻辑，意义实在有限。④

再次，对于概念的理解，了解用法比单纯的语义分析更重要。

以"法律行为"对译 Rechtsgeschäft 确实难如人意，但这一缺憾，亦存在于德文语词自身。以 Recht 与 Geschäft 组合而成新词，将其作为专业术语使用，这在德国亦曾有过疑虑。阿福尔特即指出："日常语言中亦常见 Rechtsgeschäft 一词，证据显示，该语词组合似乎易于理解，其含义即为：法律上的交易（rechtliches Geschäft），与法律相关的交易（Geschäft, welches Beziehungen zum Rechte hat）。"⑤

---

① Werner Flume, Das Rechtsgeschäft, 4. Aufl., 1992, S.105; Motive zu dem Entwurfe eines Bürgerlichen Gesetzbuches für das Deutsche Reich, Band I, Allgemeiner Teil, Amtliche Ausgabe, zweite unveränderte Auflage, 1896, S.127; Palandt/Heinrichs, Überbl. v. § 104 Rn. 4; Andreas von Tuhr, Der Allgemeine Teil des Deutschen Bürgerlichen Rechts, zweiter Band, erste Hälfte, 1914, S.105.

② Albert Affolter, Zur Lehre vom Rechtsgeschäfte, 1888, S.3.

③ a.a.O., S.3 f.

④ 也正是注意到 Geschäft 与 Schaffen 之间的关系，田士永教授指出："Geschäft"一词来自于"schaffen"在西南德地区"arbeiten"的含义，因此，将"Rechtsgeschäft"中的"Geschäft"译成"交易"，"实际上不尽妥当，因为其动词的含义最初应当是'创造'的意思，其他的义项是根据具体情况进行的意译，而汉语中的'交'字表示交叉、结交、相互等意思，'交易'表示买卖商品等意思。……因此，采用'交易'的译法显然无法将单方法律行为包括在内。"田士永：《中国民法中法律行为概念的学说发展》，载郑永流主编：《法哲学与法社会学论丛》（总第10期），北京大学出版社2007年版，第16页。

⑤ Albert Affolter, Zur Lehre vom Rechtsgeschäfte, 1888, S.3.

将 Rechtsgeschäft 根据惯常用法进行拆分以求理解,此望文生训现象并不罕见,尤见之于新概念出现之初。① 原因是,新创概念往往不得不借助既有语词加以表述,而既有语词已然存在相对稳定的用法。在使用惯性的驱使下,理解者往往倾向于遵从语词的既定使用逻辑,从而导致新概念涵义之传达受阻。一般情况下,越是对新概念所依托的意义脉络感到陌生,理解者受语词既定用法牵引的可能性就越大,对于新概念的理解也就越发困难。

　　然而,无论如何容易引起误解,Rechtsgeschäft 一旦成为特定的专业术语,就需要明白,其用法不再是简单的语义叠合所能说明者,毋宁说,通过构词法的运用,Rechtsgeschäft 被附加了难以从字面看出的新含义。惟在语词的实际使用中,其所表达的自治观念才能得到理解。换言之,静态的构词法分析固然有助于理解语词含义,但更具意义的,是概念的特定语用逻辑。

　　最后,关于 Rechtsgeschäft,"法律行为"诚非信译,但新创译法似乎未能表现出实质的优势。既然如此,较为稳妥的做法也许就是因袭旧译。毕竟,"法律行为"之表述通行已逾百年,在未有足够充分的理由之前,强行改变这一传统,不见得是明智的选择。时至今日,与其念念不忘译名的"拨乱反正",不如致力于阐发法律行为的语用逻辑,后者对于理解概念及其背后的学术脉络或许更具建设意义。

---

① 遭逢此遇的另一法律概念如"法人"(juristische Person)。温德沙伊德即曾措词激烈指斥,"juristische Person"是一个"被不幸选中的术语",人之所以为人,是因为他具有自我意识与意思能力,换言之,人的地位建立在人的自然本性基础之上,而非以法律规定为前提,所以,所谓的"法人"(juristische Person)其实根本不是人,它不过是人创造的某种实体,如果非要将原本意义上的人称为"自然人"(natürliche Person),与之相对立的适切概念亦不是"法人"(juristische Person),毋宁是"虚构人"(fingirte Person)。Bernhard Windscheid, Lehrbuch des Pandektenrechts, Bd. 1, 1862, S. 108 f.

第四章　法律行为的效力自治

第九节　法律行为的效力基础

一、法律行为的自治途径

称法律行为是私法自治的工具,意义在于,私人能够借助自由行为依自己的意志形成法律关系。因而,通过法律行为的私法自治,在法律制度上,理应包含行为自由与效果自主两个方面。

（一）行为自由

私法中的自由,指的是私人意志不受外在强制与干涉之状态,表现在法律行为制度上,包含两层含义。

其一,法律行为之实施,由当事人自由选择。首先,法律行为之实施与否,由当事人自主决定,既不必征得他人、尤其是公权力者的许可,更不被指令实施。哈耶克指出,"一个人应当在得到允许以后方能做特定事情的状态,并不是自由","如果一个人所能做的大多事情须先获致许可,那就绝无自由可言"。[①] 这一含义得到制定法的确认,如《民法通则》第 4 条与《合同法》第 4 条均规定私法行为奉行"自愿原则","任何单位和个人不得非法干预"。其次,法律行为之实施方式,奉形式自由原则。此亦体现于《民法通则》第 56 条第 2 句与《合同法》第 10 条第 2 款第 1 句中。与之相反,公权行为或者以授权规范为依据,或者是强行规范指令的结果,强调"依法行政",不以自由为原则。例如,《行政强制法》第 4 条规定:"行政强制的设定和实施,应当依照法定的权限、范围、条件和程序。"

其二,法律行为之实施,不必向任何人宣示理由。私人实施法律行为,单凭一己意志。行为人不必向任何人说明,为何在这个超市购物,而不到另外一家超市或零售商店,亦不必向超市说明,为何决定购买矿泉水,而对大减价的红酒置之不理。道理很简单,在私法自治的框架内,效果由本人承担的私人行为,不必自证正当性。此如德国法学家肯德根（Johannes Köndgen）在评论梅迪库斯《民法总论》教科书时所言:

---

① 〔英〕弗里德利希·冯·哈耶克:《自由秩序原理》(上册),邓正来译,生活·读书·新知三联书店 1997 年版,第 14—15 页。

"私法主体的行为动机属于禁忌,行为后果由其本人承担即为已足。"①公权行为则相反。权力行使行为针对他人,因而,公权力机关无论作出行政决定抑或司法裁判,均须证其正当。正因为如此,私法纠纷中,主张对方行为不当的原告,须负举证之责(《民事诉讼法》第 64 条第 1 款),而在行政诉讼中,行政行为合法的举证负担由作为被告的公权力机关承担(《行政诉讼法》第 32 条)。

(二) 效果自主

行为自由可以区隔私人行为与公权行为,却难以展现法律行为的本质特征。因为,除法律行为之外的其他私人行为,如事实行为,亦至少在表面合乎行为自由原则之要求——任何行为之作出,均是行为人意志支配的结果。法律行为与其他私法行为的根本区别在于,前者的法律效果为行为人意思表示所设定,即,除了行为自由,还奉行效果自主原则。

效果自主亦有两层含义:

其一,法律行为本身即为规范,能够直接作为请求权规范基础。法律行为系拘束当事人的个别规范,只要不与一般规范中的强制规范相抵触,即兼具行为规范与裁判规范之效力,当事人发生纠纷时,法官须以之为据作出裁判。《法国民法典》第 1134 条第 1 款称"契约在当事人之间有相当于法律的效力",意即在此。

其二,法律行为产生何种法律效果,取决于当事人的意思表示。帕夫洛夫斯基(Hans-Martin Pawlowski)指出,"法律行为之术语指向意思表示或者说契约与其法律效果之间的关联"。②欲构成民法上健全的意思表示,除外部的表示行为外,行为人还需要具备行为意思、表示意识与法效意思三项要素。这意味着,行为人不仅对其行为的法律意义具有明确的认知(表示意识),而且还通过法效意思设定行为的具体法律效果。相应的,无论关于契约标的与对价、履行时间地点与方式,抑或违约之后的救济,有关契约(法律行为)的任何纠纷,若是契约已作约定,法官均应尊重,并依契约内容实现当事人意志。

行为效果由行为人意志自决,此乃区别私法法律行为与公法行为(如行政行为)的关键之点。行政行为可课予相对人以义务与责任,在此意义上,行政行为亦具规范效力,属于凯尔森脉络下的个别规范。不过,行政行为法律效果之产生,并非基于行为实施者的意志,而仅仅是将抽象的一般规范具体化于个案,是所谓"依法行政"。法律行为这一个别规范则有不同:一方面,私法缺乏如公法般的一般性积极行为规范,少量的强制规范则多属禁止性的消极行为规范,当法律行为充任当事人的积极行为规范时,不可能是消极行为规范的具体化;另一方面,抽象的任意规范只是隐性行为规范,在当事人没有其他意思表示时始得适用,法律行为自然亦不可能是任意规范的

---

① Johannes Köndgen, Dieter Medicus: Allgemeiner Teil des BGB, AcP 184 (1984), 600, 602.
② Hans-Martin Pawlowski, Allgemeiner Teil des BGB, 7. Aufl., 2003, Rn. 358a.

具体化。因而,法律行为并不是抽象一般规范具体化的结果,而是通过行为人意志直接创造个别规范。

二、法律行为效力基础的传统见解

法律行为之行为自由已得到普遍认可,并反映于我国实证法,但上述效果自主的观念却应者寥寥,被广泛接受的反倒是效果法定。

早在民国时期,法律行为之效力基础即被普遍归结为法律规定。例如,史尚宽先生一方面认可私人依其意志自由创设法律关系之自治理念,并以法律行为为其手段①,另一方面又表示:"一切之法律效力,为法律所赋与,于此意义,法律行为之效力亦为法律所创设。"只不过,法律之所以赋与法律行为以效力,"乃在于行为人于其意思表示亦欲如此之效力",而与非法律行为不同。② 再如,在王伯琦先生看来,将法律行为效力归因为意思表示中的法效意思,此系个人主义的结果,但"与客观事实,全不相符"。实际上,法律行为之效果"绝非表意人意思力之产物,表意人虽可意欲,但终无法影响其效力之发生"。无论婚姻收养等行为,抑或财产契约,效力均为法定,概莫能外。③

效果法定的观念在新中国得到加强。表现之一是,民国时期,法律行为之"合法",尚在消极意义上被理解为不得违反强制性规范或公序良俗,强调的是"不得违法"。④ 而在新中国,法律行为的合法性已转向如同"依法行政"般的积极意义,强调的是"必须合法"。例如,谢怀栻先生指出,法律行为的效果为法律所赋予,"法律(民法)之所以按照行为人的意思使其发生一定的法律效果,是因为行为人在意思表示中的意思(意愿)是合法的,符合法律的规定,是法律所允许的"。⑤ 王利明教授曾作更为明白的表述:"强调法律行为的合法性,首先揭示了法律行为产生法律效力的根源。……法律行为的效力,从表面上看,是当事人意思表示的产物,但实质上来源于国家法律的赋予。也就是说,因为当事人的意思表示符合国家的意志,具有合法性,因此国家赋予当事人的意思表示以法律约束力。"⑥

再往前追溯,德国潘德克顿法学时期,法学家就法律行为与制定法之间的关系曾有过讨论。前述史尚宽先生的观念,即受其影响。至少自萨维尼以降,"法律事实"已

---

① 史尚宽:《民法总论》,中国政法大学出版社2000年版,第304—305页。
② 同上书,第307页。
③ 王伯琦:《民法总则》(第8版),台湾"国立编译馆"1979年版,第149—150页。
④ 史尚宽:《民法总论》,中国政法大学出版社2000年版,第329页以下;王伯琦:《民法总则》(第8版),台湾"国立编译馆"1979年版,第132页以下。
⑤ 谢怀栻:《民法总则讲要》,北京大学出版社2007年版,第129页。
⑥ 王利明:《民法总论》,中国人民大学出版社2009年版,第221页。在该书2015年第2版(中国人民大学出版社)中,王利明教授大幅修正之前的观点,删除有关法律行为合法性之论述,转而认为:"法律行为制度体现了私法自治的基本精神,即一般情况下,只要当事人的意思表示符合法定的条件,就可以实现当事人的目的,依法发生当事人所期望的法律后果。"(第228页)

成为潘德克顿法学不可或缺的法律概念,被用以指称能够导致法律关系产生或消灭的事实。① 作为法律事实,法律行为虽被普遍定义为指向法律效果之产生、消灭或变更的私人意思表示,但潘德克顿法学家同时认为,与并不指向法律效果的其他法律事实相比,效果的终极根源其实具有同一性,均来自于制定法(Gesetz)的意志,不同之处仅仅在于,对于前者,制定法将法律效果加诸其上之时,须考虑当事人意志,后者则否。② 对此,冯·图尔亦曾明确表示:"法律行为的效力,有如任何法律事实,建立在制定法的许可基础之上,只不过因为制定法是依照当事人所表示的意志塑造法律行为,所以不妨将此意志当作法律行为效果的具体来源,而法律行为亦因此与那些制定法无需考虑当事人意志即予以法律效果之其他法律要件对峙而立。"③

在德国法学家看来,法律行为之成为私法自治的工具,在于制定法赋予其法律效果时须尊重行为人的意志,因为,"制定法于此只是以私人当事人意志的服务者之面目出现"。④ 新中国法学家则认为,法律行为之所以能够根据行为人意志发生效力,是因为该意志"符合了国家的意志"。私人与国家的地位恰好被倒置了。

三、法律行为的构成要件

由制定法赋予法律行为以效果,在传统法律教义学上,系借助"构成要件(法律要件)"而实现,即是说,构成要件为特定法律效果之法律前提,于法律效果(法律效力之实现)而言,法律规范与具体实现法律效果的特定事实——所谓的法律要件——均不可或缺。⑤

(一) 构成要件的传统功能

传统民法上,法律行为的构成区分为成立要件(Tatbestand des Rechtsgeschäfts)与生效要件(Wirksamkeitsvoraussetzung)。其中,成立要件是指为法律行为成立所必要之事实,法律行为成立后,欲使其发生效力,尚需具备生效要件。陈自强教授指出,传统理解的构成要件是"法律效果发生之前提,要件未备,效果即不发生"。⑥ 此系关于法律效果发生的积极规定。一旦在与成立要件相对应的积极意义上,要求行为必须"符合"法定的"生效要件",法律行为的效力就无可避免为实证法所赋予。

实证法规范"赋予"法律行为以法律效果,系通过"涵摄"而实现:法律行为仅在

---

① Friedrich Carl von Savigny, System des heutigen römischen Rechts, Bd. 3, 1840, S. 3.
② Otto Karlowa, Das Rechtsgeschäft und seine Wirkung, Neudr. der Ausg., 1877, S. 1.
③ Andreas von Tuhr, Der Allgemeine Teil des Deutschen Bürgerlichen Rechts, zweiter Band, erste Hälfte, 1914, S. 147.
④ Konrad Cosack, Lehrbuch des Deutschen bürgerlichen Rechts auf der Grundlage des Bürgerlichen Gesetzbuchs für das Deutsche Reich, 1898, S. 146.
⑤ Erich Danz, Die Auslegung der Rechtsgeschäfte: Zugleich ein Beitrag zur Rechts- und Thatfrage, 1897, S. 5; Friedrich Endemann, Lehrbuch des bürgerlichen Rechts, 6. Aufl., 1899, S. 245 f.
⑥ 陈自强:《法律行为、法律性质与民法债编修正》(下),载《台湾本土法学杂志》第6期(2000年1月),第3页。

符合法律规范的要件时才具有法律效力,若法律规范未赋予其效力,则该法律行为在法律上无意义,换言之,唯有将法律行为代入法律规范的构成要件部分,相应的法律效果才能从中导出。① 司法三段论的法律适用过程清楚显示了这一过程:制定法规范为大前提,法律行为作为法律事实则为小前提,结论的主项来自于小前提,谓项(法律效果)来自于大前提(制定法规范)。②

对此,郑玉波先生亦有通俗形象的描述:"各种法律事实,必经法规之适用始生法律效果。所谓法规适用者乃将抽象的法律规定,适用于具体的事实,以判断其在法律上应得之价值之谓,恰如以天秤称金然,天秤者法律也,金者具体事实也,而所得之分量,即法律上之效果也。法规适用,普通以理则学上之三段论法为之,即以法律为大前提,事实为小前提,而推得结论。"③也正是基于这一认识,一些学者在定义法律行为时,迳以法律要件为其上位概念④,而所谓法律要件,则被定义为"法律付以法律效力所必具之一切事实也"。⑤

(二)要件理论及其意义

1.《民法通则》第55条

《民法通则》第55条界定了"民事法律行为"需要具备的条件:"行为人具有相应的民事行为能力;意思表示真实;不违反法律或者社会公共利益。"此处规定与第54条的定义相呼应:既然"民事法律行为"被定义为合法行为,也就唯有健全有效者,始得当之,否则将被归入"民事行为"之列。如此,"民事法律行为"自不必进一步区分成立与生效——唯一的例外是附条件与期限的"民事法律行为"。依《民法通则》第62条与《民通意见》第76条情形一之规定,"民事法律行为"只在条件成就或期限到来之时生效,在此之前,应可解释为已成立但未生效。

2. 成立要件与生效要件

汉语通说与《民法通则》不同。自民国直至今日,通说一直刻意区分成立要件与生效要件。

成立要件复有一般成立要件与特别成立要件之别。前者系一切法律行为之共通成立要件,包括当事人、意思表示与标的(内容)三项;后者则仅存在于某些特殊的法律行为,如特定形式之于要式行为、物之交付之于要物行为等。

---

① [德]莱奥·罗森贝克:《证明责任论——以〈德国民法典〉和民事诉讼法典为基础撰写》(第4版),庄敬华译,中国法制出版社2002年版,第272页。
② 朱庆育:《意思表示解释理论——精神科学视域中的私法推理理论》,中国政法大学出版社2004年版,第6—7页。
③ 郑玉波著、黄宗乐修订:《民法总则》(修订11版),台湾三民书局2008年版,第241—242页。
④ Brox/Walker, Allgemeiner Teil des BGB, 34. Aufl., 2010, Rn. 96;洪逊欣:《中国民法总则》,台湾自版发行1958年版,第246页;李宜琛:《民法总则》,中国方正出版社2004年版,第151页;史尚宽:《民法总论》,中国政法大学出版社2000年版,第297页。
⑤ 史尚宽:《民法总论》,中国政法大学出版社2000年版,第297页。

生效要件亦分一般与特殊。与成立要件相呼应，一般生效要件对其三项要素进一步作出要求：当事人——须有权利能力与行为能力，意思表示——须真实自由健全，内容——须合法、妥当、可能、确定。特别生效要件如遗嘱人死亡之于遗嘱、条件成就或期限届至之于附停止条件或始期、法定代理人追认之于限制行为能力、本人追认之于无权代理或无权处分等等。①

学者之间就如何归置各要素容有争议，例如，胡长清先生认为，意思表示必有当事人及标的，因而一般成立要件仅意思表示一项即为已足②，再如，张俊浩教授将标的确定可能、意思表示健全及行为能力适格等实质要求均归诸一般成立要件③，但"满足一定的条件才构成一项法律行为，在此基础上满足进一步的条件，法律行为才能生效"的思路却是高度一致。

3. 区分成立与生效的意义

对于成立要件与生效要件之区分，王伯琦先生认为意义有限。王先生指出，法律行为缺乏成立要件，为不成立，而缺乏生效要件，或为无效，或为可撤销，或为效力未定。就此而言，区别成立要件与生效要件有其意义。但若为无效，在法律效果上，与不成立并无实质差别："无效为不生法律上之效力，不成立亦无非不生法律上之效力，学说上纵可将无效及不成立加以区分，就法律上之效果而言，无以异也。从而不论在法律之规定上或学说之著述上，一旦言及其效果时，只有无效之一种，再无所谓不成立。"即便是要式行为与要物行为，特定形式与物之交付固可称特别成立要件，若未满足，法律行为不成立，但法律效果，实与无效无异，以其为生效要件，亦无不可。④

王伯琦先生言之成理，但若是由此得出不必区分法律行为成立与生效之结论，则又未免太过。不成立与无效虽无实质差别，但欠缺生效条件者，并非仅有无效一种后果——可撤销或效力未定即与不成立判然有别。再者，当事人有权决定其所实施的法律行为何时生效，因而，虽然在多数情况下，法律行为成立即生效，但为尊重私法自治，法律原则上不宜一般性地规定法律行为在其成立时生效。⑤ 就此而言，《民法通则》第57条前句与《合同法》第44条第1款之规定固无大碍，却也非属必要。因

---

① 胡长清：《中国民法总论》，中国政法大学出版社1997年版，第193—194页；梁慧星：《民法总论》（第4版），法律出版社2011年版，第170页；施启扬：《民法总则》（第8版），台湾自版发行2009年版，第239—240页；史尚宽：《民法总论》，中国政法大学出版社2000年版，第324页以下；王泽鉴：《民法总则》（最新版），北京大学出版社2014年版，第235—236页；姚瑞光：《民法总则论》，台湾自版发行2002年版，第273—275页；张俊浩主编：《民法学原理》（上册）（修订第3版），中国政法大学出版社2000年版，第249页以下（张俊浩）；郑玉波著、黄宗乐修订：《民法总则》（修订11版），台湾三民书局2008年版，第251—252页。

② 胡长清：《中国民法总论》，中国政法大学出版社1997年版，第193页。

③ 张俊浩主编：《民法学原理》（上册）（修订第3版），中国政法大学出版社2000年版，第249页以下（张俊浩）。

④ 王伯琦：《民法总则》（第8版），台湾"国立编译馆"1979年版，第197—198页。

⑤ 黄茂荣：《债法总论》（第1册），中国政法大学出版社2003年版，第108页。

而,问题的关键不在于是否需要区分法律行为的成立与生效,而在于如何区分。

(三) 要件理论的重塑

1. 陈自强教授的三分法

对于传统根深蒂固的成立要件与生效要件之区分,陈自强教授将其比作"歌剧中的魅影"——"不断困扰台上演员,台下观众亦为之目眩神迷,如入五里雾中"。① 何以如此?

陈教授指出,法律行为成立与生效要件的概念与区别,系德国概念法学全盛时期的产物,汉语法学则辗转日本继受而来。如今,德国理论经过百年演进,此等见解已近乎销声,我学说则仍固步不前。②

在陈教授看来,分立成立要件与生效要件的传统观念不足为信。首先,看似精准的特别成立要件与特别生效要件之区分,对于法律适用并无意义,无论将特定形式及物之交付归入特别成立要件抑或生效要件,在未能满足时,法律效果均无区别。其次,一般成立要件之概念亦无存在之必要。意思表示自然是"人"的行为无疑,同时,所成立的法律行为,若无法通过内容确定属于何种具体法律行为,在判断法律效果时亦无意义。再次,未具备成立要件,法律行为不成立,但生效要件不满足,却未必导致法律行为无效,因而,所谓生效要件,与成立要件的意义大相径庭,不可同日而语。③ 更重要的是,依传统要件理论的逻辑,主张契约请求权之人不仅须就契约之成立负举证之责,还必须证明契约生效之事实,而这显然不符合契约之举证责任分配原则。④ 因为,契约内容自由原则下,法律一般不积极规定契约所应具有的内容,而仅以消极的方式列举禁止事项,故在一般情形下,契约成立即发生效力,为此,主张契约请求权者,仅需证明契约之成立,对方若以效力瑕疵为由否认请求权,须负效力瑕疵的举证之责。

以举证责任分配为切入点,陈自强教授进而以债权契约为典型,将契约成立与生效的要件作三层重塑:(1) 契约成立要件,即意思表示一致;(2) 积极的有效要件,如官署之同意、第三人(如法定代理人、本人)之同意、条件、期限以及法定方式;(3) 效力阻却事由,即导致契约无效或可撤销之情形。其中,契约之成立,由主张契约请求权者举证,相对方负效力阻却事由的举证之责,至于积极的有效要件,则应分别观察。⑤

陈自强教授指出,传统法律行为要件理论之根本缺陷,在于无法彰显法律行为与

---

① 陈自强:《法律行为、法律性质与民法债编修正》(下),载《台湾本土法学杂志》第6期(2000年1月),第1页。
② 同上,第1—2页。
③ 同上,第3页。
④ 同上,第5页。
⑤ 同上,第8—9页。

私法自治之间的"功能性关联"。① 此"功能性关联",如前文所示,系基于私法自治理念,法律行为本具有效果自主之属性,并不以制定法为其效力基础。可见,陈教授之理论重塑虽以程序性的举证责任分配为支点,当中所渗透的,却是清晰可辨的私法自治理念——契约以有效为常态,对此提出挑战者负论证之责。

2. 苏永钦教授的三分法

在私法自治的维护方面,苏永钦教授的思考与陈自强教授可称是异曲同工。

在苏教授看来,有如刑法上犯罪行为之构成与违法性阻却,法律行为亦需要两道判断:成立要件是针对行为人可以控制的范畴,就自治应具有的行为要素所设的强制规定,只有"符不符合"而"是否生效"的问题;生效要件是从行为以外整个法律秩序的角度,为贯彻公权力的行为"管制"而对私行为加以评价所设的强制规定,只有"是否违反"以致"是否无效"的问题。前者或生效力或不生效力,后者视情形则还会有有效或全部无效、一部无效乃至相对无效的选择。因此,无论就判断基础或效果而言,成立与生效之区分皆非没有意义。

但二分法稍嫌粗糙,苏教授建议改采三分法:依其共通要件和针对某些行为特别设定的要件,再分为狭义成立要件与特别生效要件,加上成立后法律秩序对该行为所作的第二道判断——阻却生效要件。其中,成立要件与特别生效要件是单纯就行为生效所设的最低要求,均属积极要件;阻却生效要件则是为了排除反社会的行为,旨在避免民法挖公法的墙角,因此是消极要件。前者是从落实私法自治考量,后者则是落实国家管制考量。成立要件是民法对所有法律行为所作的基本要求,即对行为主体、能力、客体、意思表示的生效、合致等相关的规定。具备这些要件,法律行为基本上即已"成形"(zustande kommen),通常亦可期待发生当事人所要的效力(wirksam werden),但若民法或特别法对于特定行为,要求当事人、第三人或国家有一定的行为,或发生一定事实,始承认其效力,此等规定即是特别生效要件。仅仅成立而未具备特别生效要件的法律行为,都还可能因为违反国家的强行规范而罹于无效(nichtig)。②

陈苏二教授的共同思路在于,以私法自治为法律行为之积极效力基础,而以制定法仅为法律行为之消极的效力瑕疵基础,从而改变了传统要件理论之思维进路。其间差别仅仅在于对某些具体要素的归列存有分歧。例如,陈自强教授将行为能力列入效力阻却事由,苏永钦教授则以之为成立要件。③

3. 莱嫩教授的三分法

对于法律行为,今日德国仍作成立与生效之区分。所不同的是,生效要件(Wirk-

---

① 陈自强:《法律行为、法律性质与民法债编修正》(下),载《台湾本土法学杂志》第6期(2000年1月),第5页。
② 苏永钦:《私法自治中的国家强制——从功能法的角度看民事规范的类型与立法释法方向》,载氏著:《走入新世纪的私法自治》,中国政法大学出版社2002年版,第21页以下。
③ 同上书,第25页。

samkeitsvoraussetzung)含义已发生变化,在外延上,大致相当于传统所谓"特别生效要件":第三人的同意、遗嘱人死亡、不动产让与中的登记、要式行为中的特定形式、附停止条件之条件成就等。① 最近的系统性成果,则见诸莱嫩(Detlef Leenen)教授的民法总则教科书。其基本观念与陈自强及苏永钦教授颇为相似。

莱嫩指出,法律行为,无论契约抑或单方行为,均可从事实构成(Tatbestand)、有效性(Wirksamkeit)及效力(Wirkung)三个阶段观察。所对应的问题是:法律行为成立(zustande kommen)之后,若有效(wirksam),产生何种效力(Wirkung)。② 关于成立要件,莱嫩认为,在契约,为双方意思表示一致,在单方行为,则为单方意思表示之作出。③ 教授同时指出,法律行为是否有效之问题,系法律行为理论最重要的问题之一。④ 而法律行为之有效,受制于两个因素:有效要件(Wirksamkeitserfordernis)与有效障碍事由(Wirksamkeitshindernis)。前者积极,后者消极。

有效要件是为了让法律行为有效而必须满足的要件,不同于生效要件。德国通说将行为能力、要式行为中的特定形式以及遗嘱人死亡之于遗嘱均归入生效要件之列,但莱嫩对此并不认同:首先,无行为能力人所实施的行为,不是法律行为是否有效而是是否成立的问题;其次,特定形式,与其说是行为有效之前提,不如说是阻却行为生效的因素,属于效力阻却事由;最后,遗嘱人死亡并非使得遗嘱变得有效,而是令其开始发生效力,属于第三阶段观察的内容。莱嫩使用有效要件(Wirksamkeitserfordernis)概念,目的正在于将其与传统概念中的生效要件(Wirksamkeitsvoraussetzung)相区分。⑤

莱嫩所谓有效要件,在得到满足之前,法律行为效力处于待定状态。⑥ 属于此等要件的是第三人同意,主要包括法定代理人对于未成年人缔约行为的允许或追认、本人对于代理行为的授权或追认、本人对于非权利人处分行为的授权或追认等。⑦ 满足有效要件,未必能令法律行为终局有效。法律行为若越过自治界限,将因此而无效。此无效原因,称有效障碍事由(Wirksamkeitshindernis),包括形式瑕疵、违反法律禁令、违反处分禁止、违反善良风俗等。⑧ 至于法律行为的可撤销事由,并不妨碍行为之有效,故非有效要件,亦非有效障碍事由。法律行为之被撤销而归于无效,不过是撤销这一单方法律行为的法律效果。⑨

---

① Reinhard Bork, Allgemeiner Teil des Bürgerlichen Gesetzbuchs, 3. Aufl., 2011, Rn. 404; Wolfgang Brehm, Allgemeiner Teil des BGB, 6. Aufl., 2008, Rn. 101; Larenz/Wolf, Allgemeiner Teil des Bürgerlichen Rechts, 9. Aufl., 2004, § 22 Rn. 11 f.
② Detlef Leenen, BGB Allgemeiner Teil: Rechtsgeschäftslehre, 2011, Vorbem. zu Kap. 3 Rn. 1 ff., § 11 Rn. 11 f.
③ Detlef Leenen, BGB Allgemeiner Teil: Rechtsgeschäftslehre, 2011, § 8 Rn. 1, § 11 Rn. 13.
④ a. a. O., § 9 Rn. 1.
⑤ a. a. O., § 9 Rn. 13.
⑥ a. a. O., § 9 Rn. 14.
⑦ a. a. O., § 9 Rn. 16 ff.
⑧ a. a. O., § 9 Rn. 143 ff.
⑨ a. a. O., § 14 Rn. 1 ff.

区分有效要件与效力阻却事由之意义,首在举证负担之分配。主张契约请求权者,须就有效要件负举证之责,原因在于,第三人同意属于积极要件,被告无法就不存在的情况(第三人未同意)举证;否认契约有效之被告,则就有效障碍事由举证,原因在于,已成立的契约奉行有效原则,挑战这一推定者,须负举证之责。①

(四) 本书见解

我国学者普遍以"合法性"当作法律行为的效力来源,管见却以为,与私法自治理念相契合的思路是,与"无罪推定"相似,法律行为奉行"有效推定"原则,即,已成立的法律行为推定有效。原则上,在对法律行为的有效性产生怀疑之前,"合法性"评判并无足够的正当性。换言之,法律行为有效,非因法律行为"合法"所致,而是直接源于行为人自由意志。"合法性"判断则只在观察法律行为是否因违反强制规范而产生效力瑕疵时,才有意义。

私法自治的要求是,行为人一经作出意思表示,法律行为即已成立,如果不存在效力阻却因素,法律效力随之而生。因此,除基于管制需要而设置的法定积极生效要件(《合同法》第 44 条第 2 款)或当事人基于自由意志而自设的意定积极生效要件(《合同法》第 45 条第 1 款第 2 句、第 46 条第 2 句)外,法律行为一般可作成立要件与有效障碍事由两段观察。就此而言,上述三教授三分法的基本思路与框架可资赞同。以之为基础,笔者将法律行为的构成整合为:

第一,成立要件。包括一项,即意思表示之作出(单方行为)或意思表示合致(契约)。未能满足这一要件,不存在法律行为。

第二,特别生效要件。包括法定生效要件(如批准)与意定生效要件(如停止条件与始期)。其中,法定生效要件属于许可规范,应随市场自由的扩大而相应减少;意定生效要件则是法律行为效力自治的题中之义。此要件仅适于特殊的法律行为,故称"特别";未能满足,虽已成立,不能生效,故称"生效要件"。同时,此与成立要件均属积极要件,要求行为予以"符合"。

第三,有效障碍事由。有效障碍事由为影响法律行为效力的消极因素,一旦出现此类事由,法律行为将陷于效力瑕疵。称"有效障碍"而不称"效力阻却",是因为,在导致效力瑕疵的各项事由中,可撤销事由并不"阻却"法律行为之生效,只是对其"有效性"构成障碍而已——其有效性并非终局确定。以意思表示为观察对象,有效障碍事由可类型化为判断能力型、意思保留型、单方错误型、表意自由型、事务处置型与强制秩序型六类,每一类型之下包括若干具体效力瑕疵事由。被陈自强教授归入积极有效要件的第三人同意与法定要式,分属事务处置型与强制秩序型有效障碍事由。原因在于:

其一,欠缺特别生效要件,法律行为不能生效,非属效力瑕疵范畴,亦不存在补正

---

① Detlef Leenen, BGB Allgemeiner Teil: Rechtsgeschäftslehre, 2011, § 9 Rn. 11.

问题;第三人同意与法定要式之欠缺,则生效力瑕疵,或为效力待定或为无效,且均可被绕过而令效力瑕疵得到补正(如无权处分人取得处分权、以实际履行补正形式瑕疵等)。二者功能不可同日而语。

其二,法定生效要件属于许可规范,唯有"是否符合"、而无"是否违反"之问题;法定要式则为效力性的禁止规范,关注的是"违反"之后的后果。二者性质之积极消极,判然有别。

其三,意定生效要件为私法自治的正面体现,系当事人有权自由设定法律行为生效时间之谓;法律行为原本依当事人意志即为已足,之所以需要第三人同意,是因为待同意行为已越过私法自治的边界,而出现效力瑕疵,当中所体现的,是私法自治的消极效应——不得处置自己能力或领域之外的事务。

其四,对于法定或意定生效要件,法律行为自要件得到满足之日起面向将来生效(ex nunc),积极"令其生效"之特点至为明显;第三人同意或法定要式之瑕疵得到补正后,法律行为溯及自始有效(ex tunc),所遵行的,显然是消极"阻却生效"之逻辑。

图示如下:

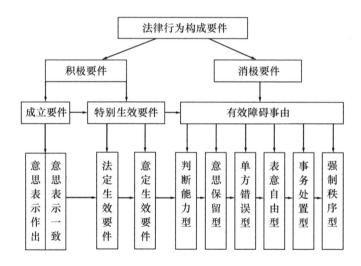

四、法律行为效果自主的正当性

关于私法自治,行为自由已无疑义,效果自主却似乎一直难获认可。管见以为,如果法律行为不能设定法律效果,私法自治犹如纸上谈兵。主张法律行为效力为实定法所"赋予",无异于否认行为人意志在效果控制方面的正当性。而行为效果一旦不能自主设定,"行为自由"亦势将难以为继,因为,当事人欲使其行为有效,就必须依照立法者事先设定的法律规范进行活动。此时,即使私人能够"自由"决定为何种行为,因其不能自主设定相应效果,所谓"自由行为",不过是在迎合立法者预设的目的,"自治"当然无从谈起。

基于私法自治,作为个别规范的法律行为,效力来自于行为人意志,此已如本书第六节所述。不过,即便如此,似乎依然容易产生另外一个追问,即,行为人意志何以能够在当事人之间产生拘束力？这一颇具形上意味的追问,往往导致法学家再次得出"由实证法赋予"的答案。相应的,《法国民法典》第1134条第1款也就容易被解释为授权规范,意义在于赋予契约以法律效力。这一推论所隐含的前提是,私人行为的正当性由政府(公权力)给出。管见以为,此混淆了正义这一社会法则与政府起源之间的关系。

在某种意义上,哈耶克的所有法律理论,均是在"内部秩序(自生自发秩序)"与"外部秩序(刻意建构秩序)"的区分基础上展开。其中,"社会"之形成和存续,端赖人们对构成内部秩序的自生自发正义规则的遵循;"政府"则不过是旨在维护整体社会秩序的刻意建构组织。① 哈耶克这一观念源自休谟(David Hume)。休谟指出,包括践履允诺在内的三项基本正义法则是维持社会存续的前提,因而"在政府成立以前就已存在",非但如此,"政府在其初成立时,自然被人假设为是由那些法则,特别是由那个关于实践许诺的法则,得到它的约束力的"。② 对此,即便是持"权威的国家论"之新黑格尔主义者拉伦茨③亦承认,"契约严守(pacta sunt servanda)首先并非遵循实证法律制度之命令的结果,其拘束力来自于承诺作为道德行为之属性,不仅如此,它还是个人与国家形成制度的前提,并不简单建立在权力的基础之上"。④

汉语学者中,关于法律行为效力自治问题,洪逊欣先生曾有过精辟的论述。洪先生指出,法律行为之发生法律上效力,原非基于国家法而言,实系自然的社会心理认识,即,个人的自由意志具有不可侵之权威,可以订定安排自身私法上之生活关系,故当事人须负严守契约(pacta sunt servanda)之义务,而绝对遵守其所订立之内容。此等义务,以自然正义观念为基础,纵无国家制定法,亦不受影响。所以,私人所为之法律行为,因其意思具有不可侵之立法权威,其存在本身虽属事实问题,其内容却是当事人之间的法律规范。⑤ 此亦表明,《法国民法典》第1134条之存在与否,并不影响契约效力,显然非属授权规范。

当然,为获得公权力保护,法律行为必须能够为实证法律制度所承认。但不妨设想,倘若当事人都能够自觉履约、不害他人,则社会将不再需要强制力的存在。因而,

---

① 集中论述,参见〔英〕弗里德利希·冯·哈耶克:《自由秩序原理》(上册),邓正来译,生活·读书·新知三联书店1997年版,第10章"法律、命令与秩序";〔英〕弗里德利希·冯·哈耶克:《法律、立法与自由》(第1卷),邓正来等译,中国大百科全书出版社2000年版,第2章"内部秩序与外部秩序"。
② 〔英〕休谟:《人性论》(下册),关文运译,郑之骧校,商务印书馆1996年版,第581—582页。
③ 〔德〕亚图·考夫曼:《法律哲学》,刘幸义等译,台湾五南图书出版公司2000年版,第36页。
④ Karl Larenz, Allgemeiner Teil des deutschen bürgerlichen Rechts, 7. Aufl., 1989, S.41.
⑤ 洪逊欣:《中国民法总则》,台湾三民书局1958年版,第247—248页。

政府实施其强制功能,只是为维续整体社会秩序"提供一项基本的条件"。① 就此而言,实证法律制度对法律行为的承认,意义仅仅在于,国家基于社会秩序维护者的地位,承诺为有效的法律行为提供强制力支持,以及排除某些有害他人的行为之效力。显然,"政府的这一特殊功能有点像工厂维修队的功能"。② 公权力只是起到事后保障的作用,而不可能成为法律行为的效力基础。实证法对不当行为进行控制无可非议,但是,"控制不当行为"却无论如何不能成为改变法律行为效力来源、侵蚀当事人自由行为空间的正当理由。同时,实证法制度对法律行为效力的"承认",与其说是国家的"权力",不如说是基于民众利益保障者地位而产生的义务与责任。③

法律行为效力为实证法所赋予,或者,实证法为法律行为提供保障,两种思考进路的根本区别在于:在前者,为赋予每一法律行为以效力,公权力有理由对当事人行为逐一审查,市场交易被置于公权力的严密管制之下④;后者则表示,除非存在影响法律行为效力及其实现的因素,否则公权力无权介入私人领域。

显然,假使自治在私法中的根本地位能够得到承认与尊重,法律就必须放弃通过积极的生效要件为当事人设定行为模式的管制企图,而理应采取后一态度,以消极控制的方式关注影响行为效力的因素。由此方可理解,为何私法一般规范中,几乎所有强制性规范均为消极规则:"这些规则禁止而非要求采取某些特定种类的行动,其目的乃在于对可以确认的领域提供保护——在这些领域中,每个个人都可以自由地按照自己的选择行事。"⑤在某种程度上,这也是德国私法的态度,因为,德国私法"从来没有将法律行为的效力,而总是将法律行为的无效作为规范的对象"。⑥

---

① 〔英〕弗里德利希·冯·哈耶克:《法律、立法与自由》(第1卷),邓正来等译,中国大百科全书出版社2000年版,第70页。
② 同上书,第69页。
③ "赋予(许可)"和"承认"二词作此意义区隔,绝非单纯的文字游戏,而足以显示实质的法律立场。《德国民法典》第80条第1款的语词变换为之提供了佐证。该款原本规定:"成立有权利能力财团,须存在捐助行为,并以财团住所地之州主管官署的许可(Genehmigung)为必要。"2002年9月1日起生效的《财团法现代化法》修正为:"成立有权利能力财团,须存在捐助行为,并以财团住所地之州主管官署的承认(Anerkennung)为必要。"从"许可"到"承认"的措辞变化,体现了法律管制程度的降低。
④ 这一思路的经典表述是计划经济时代制定的《经济合同法》(1982年7月1日起施行,1999年10月1日废止)。该法第51条规定:"各级业务主管部门和工商行政管理部门应对有关的经济合同进行监督检查,建立必要的管理制度。各级业务主管部门还应把企业经济合同的履行情况,作为一项经济指标进行考核。"另据第7条第3款之规定,除法院外,合同管理机关有权确认经济合同无效,甚至无待乎当事人提出无效请求,即可主动介入。相应的,所谓"经济合同",不过是"保证国家计划执行"(第1条)的工具而已,与市场交易所奉行的原则背道而驰。值得关注的是,2010年10月13日国家工商总局第51号令发布《合同违法行为监督处理办法》,以自我授权的方式,要求各级工商行政管理机关"在职权范围内","负责监督处理合同违法行为"(第4条)。"监督处理合同违法行为"所奉行的基本原则是,"查处与引导结合,处罚与教育结合,推行行政指导,督促、引导当事人依法订立、履行合同"。《经济合同法》时代的工商行政管理魅影重现。
⑤ 〔英〕弗里德利希·冯·哈耶克:《法律、立法与自由》(第2、3卷),邓正来等译,中国大百科全书出版社2000年版,第56页。
⑥ 〔德〕莱奥·罗森贝克:《证明责任论——以德国民法典和民事诉讼法典为基础撰写》(第4版),庄敬华译,中国法制出版社2002年版,第268页。

第十节　法律行为效力自治的时间维度

一、法律行为的附款

（一）法律行为效果自主与附款

法律行为的积极生效要件可由公权力者为施行管制而设，亦可由当事人基于自由意志自设。前者主要以"批准生效"的形式体现，后者则为私法自治之效果自主的题中之义。后者的意义在于，法律行为实现何种效果固由行为人决定，如何实现以及何时实现亦理应交由行为人自主设置。法律行为的附款，即是当事人通过条件或期限的设置控制法律行为生效或失效时间的手段。

当事人实施法律行为，建立在对法律效果实现时形势的判断基础之上。当事人对于特定法律效果的需求，往往以某些事实的发生或不发生为前提，但由于未来的不确定性，事实发生与否，难以预知。例如，某甲想在一个月后租住一套住房以参加司法考试培训班，但该培训班是否能够如期开班尚不确定，贸然租住，可能因租住目的落空而无谓付出，但若是等到确知开班后再租住，又可能因为错过时机而无房可租。此时，如果双方当事人能够事先订立一份租赁契约，同时约定，以培训班如期开班为生效条件，则问题迎刃而解。反之，某乙想要出租一套闲置房屋，却又想在三个月后朋友某丙回国时为其提供住处，而某丙届时是否回国尚不确定。某乙由此陷入两难：出租，则朋友回国后将无处安身；空等，则白白损失可观的租金收入。此时，若是双方当事人能够订立一份租赁契约，同时约定，以三个月后某丙回国为失效条件，某乙的两难困境将为之烟消。

可见，通过法律行为的附款控制法律行为的生效或失效时间，可冲销未来不确定性所带来的市场风险。

（二）附款的许可性

原则上，法律行为皆可依当事人意志自由设立条件或期限，以控制法律行为的生效或失效时间。但由于附款带来效力的时间不确定性，若某些法律行为就其性质而言应当排除不确定性、以维持法律的安全与清晰，则应禁止其设定附款。[①] 例外主要存在于两种情形：

第一，保护一般的确定性。基于一般安全利益考虑而禁止效力不确定的典型，首先在于具有强烈伦理色彩的亲属法领域，如婚姻契约。婚姻之存续不得附有条件或期限，否则有违与时间同在的本质。财产法领域亦可能存在此类法律行为，如《德国民法典》第925条第2款规定的不动产让与合意（Auflassung）即其著例，该规定旨在

[①] Larenz/Wolf, Allgemeiner Teil des Bürgerlichen Rechts, 9. Aufl., 2004, § 50 Rn. 21.

防止土地登记簿之登记所产生的法律清晰性与确定性受到条件或期限的侵蚀。①

第二,保护意思表示相对人的确定性。双方法律行为以合意为要,故保护意思表示相对人的确定性利益问题,基本上只存在于单方行为场合。如果仅凭单方意思表示即可改变对方的法律地位,实施时,不得附条件或期限,以免对方处于过分不确定状态。如《合同法》第99条第2款后句所规定的抵销权之行使。另外,撤销、解除、追认(事后同意)等形成权之行使,法律虽未明文禁止附条件或期限,但其效力与抵销权相似,应作相同解释。② 不过,上述禁止属主体半强制性规范,可为意思表示相对人排除。申言之,若相对人对附条件或期限之行为明确表示认可,或者,双方就此达成合意,则禁止规范被排除适用。再者,若相对人利益并无保护之必要,即便属于单方行为,亦无妨附条件或期限,例如法定代理人的允许(事先同意)、本人对于处分行为或代理行为的授权等。③

(三) 附款的种类

能够控制法律行为生效或失效的附款可分两类:条件与期限。其中,以将来不确定事件作为控制手段者,称条件;以将来确定事件作为控制手段者,则称期限。

广义上,法律行为的附款还包括"负担",即在法律行为中为当事人设定他项义务。典型情形是《合同法》第190条第1款:"赠与可以附义务。"例如,"赠你一辆车,但须每天用此车接送残疾人甲上下班"。条件与负担的区别在于,前者被用以控制法律行为的效力,在生效条件成就之前,法律行为不生效力,解除条件成就之后,法律行为失其效力;后者则不影响法律行为生效,唯在所附义务未得到履行时,对方得以此为由撤销法律行为(《合同法》第192条第1款第3项)。

二、条件

(一) 条件的构成

1. 意定条件

作为法律行为附款的条件只包括当事人依法律行为设定的条件(意定条件),而不包括所谓的法定条件(Rechtsbedingung)。

法定条件是法律规范直接为法律行为设定的必备有效条件,如不动产变动中的登记(《物权法》第9条第1款)等。法定条件虽然亦能控制法律行为的生效或失效,

---

① Brox/Walker, Allgemeiner Teil des BGB, 34. Aufl., 2010, Rn. 486; Larenz/Wolf, Allgemeiner Teil des Bürgerlichen Rechts, 9. Aufl., 2004, § 50 Rn. 22 f.; Dieter Medicus, Allgemeiner Teil des BGB, 10. Aufl., 2010, Rn. 847.

② Brox/Walker, Allgemeiner Teil des BGB, 34. Aufl., 2010, Rn. 487; Larenz/Wolf, Allgemeiner Teil des Bürgerlichen Rechts, 9. Aufl., 2004, § 50 Rn. 25; Dieter Medicus, Allgemeiner Teil des BGB, 10. Aufl., 2010, Rn. 849.

③ Brox/Walker, Allgemeiner Teil des BGB, 34. Aufl., 2010, Rn. 487; Larenz/Wolf, Allgemeiner Teil des Bürgerlichen Rechts, 9. Aufl., 2004, § 50 Rn. 26.

但并非当事人自由意志的结果,与意定条件的功能相去甚远,适用颇为不同的法律规则。即使当事人合意将法定条件载入契约条款,亦不能构成意定条件,因为此处合意,无非是将法定条件复述一遍而已,无关乎当事人的自由意志。① 不过,如果法定条件之成就与否不确定,在未决期间,当事人的法律地位可比照适用意定条件之情形。② 例如,双方已达成不动产让与合意,亦已提起登记申请,在登入登记簿之前,取得人地位受期待权保护。③

另需注意,并非所有意定、被冠以"条件"之名者均是此处所称条件。如果不具有控制法律行为效力之功能,则不构成条件,如"交货条件""付款条件""一般交易条件""同等条件的优先购买权""资质条件"等等。

2. 将来事件

法律行为成立时,成就与否业已确定之条件称既成条件或已定条件。德国通说认为,如果"条件"设定于当前乃至已过去的事件之上,只是所谓的表见条件(Scheinbedingung),不能发生真正条件所具有的效力,即便当事人对此并不知情,亦复如此。④ 至于该不真正条件之效力,则应区分条件之不同类型而定(亦见《日本民法典》⑤第131条第1—2款):(1) 条件已确定成就者,若为停止条件,视为无条件;若为解除条件,法律行为自始无效。(2) 条件已确定不成就者,以之为停止条件,法律行为自始无效;以之为解除条件,视为无条件。⑥

条件是否既成,固然奉行客观标准,但当事人设定条件时,可能不以客观上事件之发生与否为基础,而以其将来在主观上知悉已发生事件为前提。此时,事件虽已发生,但由于当事人并不知情,其法律地位与以事件发生与否为条件的情形类似,亦具有某种不确定性。为保护当事人在未决期间的利益,有关条件的规定应可类推适用。⑦

---

① Werner Flume, Das Rechtsgeschäft, 4. Aufl., 1992, S. 680; Staudinger/Bork (2003), Vorbem. zu §§ 158—163 Rn. 25.
② Larenz/Wolf, Allgemeiner Teil des Bürgerlichen Rechts, 9. Aufl., 2004, § 50 Rn. 19.
③ 〔德〕鲍尔、施蒂尔纳:《德国物权法》(上册),张双根译,法律出版社2004年版,第391页。
④ Reinhard Bork, Allgemeiner Teil des Bürgerlichen Gesetzbuchs, 3. Aufl., 2011, Rn. 1254; Brox/Walker, Allgemeiner Teil des BGB, 34. Aufl., 2010, Rn. 481; Heinz Hübner, Allgemeiner Teil des Bürgerlichen Gesetzbuches, 2. Aufl., 1996, Rn. 1123; Larenz/Wolf, Allgemeiner Teil des Bürgerlichen Rechts, 9. Aufl., 2004, § 50 Rn. 7; Dieter Medicus, Allgemeiner Teil des BGB, 10. Aufl., 2010, Rn. 829.
⑤ 若无特别说明,本书所引用的《日本民法典》条文内容,来自于渠涛编译:《最新日本民法》,法律出版社2006年版。
⑥ Reinhard Bork, Allgemeiner Teil des Bürgerlichen Gesetzbuchs, 3. Aufl., 2011, Rn. 1254; 史尚宽:《民法总论》,中国政法大学出版社2000年版,第482—483页;郑玉波著,黄宗乐修订:《民法总则》(修订11版),台湾三民书局2008年版,第310页。
⑦ Reinhard Bork, Allgemeiner Teil des Bürgerlichen Gesetzbuchs, 3. Aufl., 2011, Rn. 1254; Brox/Walker, Allgemeiner Teil des BGB, 34. Aufl., 2010, Rn. 481; Heinz Hübner, Allgemeiner Teil des Bürgerlichen Gesetzbuches, 2. Aufl., 1996, Rn. 1123; Dieter Medicus, Allgemeiner Teil des BGB, 10. Aufl., 2010, Rn. 829.

3. 不确定事件

必定成就之条件称必成条件或必至条件(notwendige Bedingung),如,"若明天太阳从东方升起"。条件区别于另一类附款(期限)的根本之点即在于,其成就与否并不确定。必成条件既然缺乏不确定之要求,自不构成此处所谓条件。

问题是,若法律行为附有必成条件,应如何处置?郑玉波先生认为,若为停止条件,视为无条件;若为解除条件,则法律行为不生效。① 据此,"若是明天太阳从东方升起,甲即承租乙房"之约定,因被视为无条件,故自约定之时起生效。

然而,当事人如果存在令其约定立时生效之意思,原不必多此一举,以"明天太阳从东方升起"为条件。太阳从东方升起固是必然,但直到明天之前,此项必然毕竟尚未成为现实。当事人既以之为条件,依常识理解,应欲以之控制法律行为之生效时点,即,租赁契约自明天太阳升起之后生效。因而,以必成条件为停止条件者,宜解释为附始期的法律行为。反之,对于"若是明天太阳从东方升起,借给乙用的自行车就应归还于甲"之约定,若解释为借用契约不生效,甚至连文义矛盾都难以避免,更不可能符合当事人真意。而若解释为附终期的法律行为,以明天太阳升起之时为借用契约失效时点,则一切顺理成章。实际上,既称"必成",所表达的便已是期限的特点。因而,将必成条件解释为期限,应较合理。②

(二) 条件的类型

1. 生效条件与解除条件

生效条件的效力特点是,条件成就,法律行为生效。因其具有延缓法律行为生效时间之功能,故又称延缓条件(aufschiebende Bedingung);在条件成就之前,法律行为效力处于停止状态,故又称停止条件(Suspensivbedingung)。如,"若明天下雨,甲购买乙的雨伞"。明天是否下雨不确定,属于条件;甲乙的雨伞买卖契约虽已成立,但是否生效须待明天是否下雨而定,故为生效条件。《民法通则》第 62 条与《合同法》第 45 条中句所规定者,即为生效条件。另外,《合同法》第 134 条之所有权保留买卖亦附生效条件:所有权移转行为之生效,以买受人履行支付价款或其他义务为条件。

解除条件(auflösende Bedingung, Resolutivbedingung)对于法律行为效力的控制方向与生效条件相反;条件成就,法律行为失效。如,"若明天下雨,则甲应返还所借用的雨伞"。明天是否下雨不确定,属于条件;借用契约已经生效,若明天下雨,则失却效力,故为解除条件。有关解除条件之规范,未见之于《民法通则》或《民通意见》,仅在《合同法》第 45 条后句:"附解除条件的合同,自条件成就时失效。"当然,这并不表示,唯有契约始得附解除条件。可附条件的单方行为若附解除条件,可类推适用《合

---

① 郑玉波著,黄宗乐修订:《民法总则》(修订 11 版),台湾三民书局 2008 年版,第 310 页。
② Reinhard Bork, Allgemeiner Teil des Bürgerlichen Gesetzbuchs, 3. Aufl., 2011, Rn. 1255; Brox/Walker, Allgemeiner Teil des BGB, 34. Aufl., 2010, Rn. 481;史尚宽:《民法总论》,中国政法大学出版社 2000 年版,第 482 页。

同法》之规定。

2. 积极条件与消极条件

以将来某事实之发生或状态之改变作为条件之成就者,称积极条件(affirmative Bedingung, bejahende Bedingung)。如,"若是明天下雨":明天下雨,条件成就;明天未下雨,条件不成就。消极条件(negative Bedingung, verneinende Bedingung)之成就,则为某事实之不发生或状态之不改变。如,"若是明天不下雨":明天未下雨,条件成就;明天下雨,条件不成就。

当事人有权任意设定积极条件或消极条件,以控制法律行为的效力。因此,对于法律适用而言,这一分类并无意义。① 分类的意义仅在表明,条件之"成就"并不等于被设定为条件的事实之"发生"。

3. 随意条件、偶成条件、混合条件

事件之不确定,原因各有不同。以此为标准,条件可区分为随意条件(Potestativbedingung, Willkürbedingung)、偶成条件(Zufallsbedingung)与混合条件(gemischte Bedingung)三类。

随意条件之成就,取决于当事人一方以作为或不作为的方式所体现的意志。② 如,"我若移居上海,则将北京住房出卖与你"。另外,一般认为,所有权保留买卖中存在典型的随意条件:所有权是否移转,取决于买受人是否依约支付全部价款。③ 条件之成就取决于当事人意志者,尚有所谓的意愿条件或称纯粹随意条件(Wollensbedingung)。

意愿条件与随意条件的区别在于:第一,前者纯粹以当事人的意愿为条件,该意愿直接以法律行为是否有效为内容。如,"我若愿意,即买下你的钢琴"。后者则以当事人的作为或不作为为其条件,该作为或不作为的内容与法律行为无关。"移居上海"与北京房屋之买卖契约在内容上完全互不相干。④ 第二,随意条件之作为或不作为构成将来不确定发生之事件,附意愿条件之法律行为,其有效性则不取决于某个事件,而取决于一方当事人是否作出同意的意思表示。如,"明天18点之前我若没有拒绝,就买下你的钢琴"。⑤

随意条件不必禁止,意愿条件则难以构成"条件"。基本上,法律行为若附意愿条

---

① Werner Flume, Das Rechtsgeschäft, 4. Aufl., 1992, S.683.
② a. a. O., S.683; HKK/Finkenauer, §§ 158—163, Rn. 4.
③ Werner Flume, Das Rechtsgeschäft, 4. Aufl., 1992, S.683; HKK/Finkenauer, §§ 158—163, Rn. 4; Rüthers/Stadler, Allgemeiner Teil des BGB, 16. Aufl., 2009, § 20 Rn. 8.
④ Werner Flume, Das Rechtsgeschäft, 4. Aufl., 1992, S.684.
⑤ Rüthers/Stadler, Allgemeiner Teil des BGB, 16. Aufl., 2009, § 20 Rn. 8.

件,其效力如何,属于意思表示解释问题①:

首先,在负担行为,意愿条件并无意义。以意愿条件为停止条件者("我若愿意,即买下你的钢琴"),表明设此条件之人作出表示时,并无负担义务之意愿,法律行为不成立;若为解除条件("今立约租房,不满意时,随时废约搬出"),意味着,有权凭一己意愿废止法律行为之当事人取得解除权(一时性债权关系)或终止权(持续性债权关系)。

《德国民法典》第454条第1款确立了一项意愿条件的法定例外。该款规定:"试用买卖或检验买卖得依买受人意愿确定买受物。有疑义时,所订立的买卖契约应确认为附有停止条件。"我国《合同法》第171条亦规定了试用买卖,有学者同以之为附生效条件。② 但第171条并无《德国民法典》第454条第1款后句之解释性规定,似不必亦步相从。并且,《德国民法典》虽明文规定为附停止条件,但许多德国学者指出,附停止条件既非唯一解释,亦非最佳处置,以买受人之选择权作解释,并无不妥,另创例外实无必要。③

郑玉波先生论纯粹随意条件

郑先生讨论纯粹随意条件之效力,区分系于债务人意思与系于债权人意思两种情形。④

(1) 系于债务人情形。若为停止条件,则法律行为无效。如云"我欲时则赠汝",毫无受法律拘束之意思,故不生效也;如为解除条件则有效。如云"此笔赠汝,我欲用时仍得取回",此时法律行为自可发生效力,倘其永远不用,则其效力更确定的不消灭矣。关于停止条件之见解,可资赞同。但其"如为解除条件则有效"之言,语焉不详,可作两层解释。其一,法律行为有效。这一解释对法律行为效力的描述没有问题,问题是未显示该"解除条件"所起的作用。其二,更进一层的解释,不仅法律行为有效,而且所设定的"解除条件"亦为有效。果如此,则可商榷。随当事人意愿而废止契约效力者,如上文所述,以解释为解除权为宜。

(2) 系于债权人情形。郑先生认为,若意愿条件系于债权人一方意思,则不论为停止条件抑或解除条件,均属有效。前者如"汝如高兴,随时来取",后者如"此表赠

---

① Werner Flume, Das Rechtsgeschäft, 4. Aufl., 1992, S. 686; Larenz/Wolf, Allgemeiner Teil des Bürgerlichen Rechts, 9. Aufl., 2004, § 50 Rn. 17 f.; Staudinger/Bork (2003), Vorbem. zu §§ 158—163 Rn. 15.

② 韩世远:《合同法学》,高等教育出版社2010年版,第406页。

③ Werner Flume, Das Rechtsgeschäft, 4. Aufl., 1992, S. 684 ff.; Larenz/Wolf, Allgemeiner Teil des Bürgerlichen Rechts, 9. Aufl., 2004, § 50 Rn. 16; Palandt/Heinrichs, Einf. v. § 158 Rn. 10; Staudinger/Bork (2003), Vorbem. zu §§ 158—163 Rn. 16 ff.

④ 郑玉波著,黄宗乐修订:《民法总则》(修订11版),台湾三民书局2008年版,第309页。

汝,嫌弃时则还我"。管见与之不同。在前者,债权人未为承诺之前,契约并未成立,因而"汝如高兴"并不构成条件,"随时来取"不过是一方要约而已;若债权人已为承诺,则意味着,债权人得随时要求受领,与契约履行相关,亦非条件。在后者,"嫌弃时还我"之表示,可视作为对方设定废止赠与契约效力之解除权。

其次,在处分行为,意愿条件或者无意义,或者应被禁止。处分行为若附停止条件("我若愿意,钢琴所有权即移转于你"),表明设此条件之人作出表示时,并无处分权利之意愿,法律行为无效;为解除条件("钢琴所有权移转于你,依我意愿,应随时归还"),本应相当于一时性债权关系,产生撤回权,但处分行为产生对世效力,当事人不得约定撤回权,否则有碍交易安全,故此等条件应被禁止。

所谓偶成条件,是指条件之成就与否无关乎当事人意思,而取决于自然事件或第三人意思之其他事实。[①] 自然事件如刮风、下雨、地震、海啸等,第三人意思则如"朋友回国"等。偶成条件原则上不为法所禁止。

若条件成就与否取决于当事人意志与其他事实相结合,称混合条件。[②] 如,"若你通过考试"、"若你与某甲结婚"等。是否通过考试、是否能与某人结婚,均非当事人意志所能单独决定,需与其他事实相配合。混合条件与随意条件常常难以截然区分,或者说,随意条件往往也免不了混杂其他因素。例如,所有权保留常被视为附随意条件,梅迪库斯却不以为然,因为一方面,如质权债权人之类的第三人可能为之支付价金,而令条件成就,另一方面,买受人虽有支付意愿却缺乏足够的金钱,而致条件不成就。[③]

根据事件不确定之原因进行分类,对法律行为效果几乎没有影响。[④] 特定事件无论被归入随意条件、混合条件乃至偶成条件,均不妨碍法律适用。就此而言,此等分类,意义似乎仅仅在于训练概念辨析之能力——有关意愿条件之讨论也许是唯一的例外。

(三) 不真正条件

1. 概说

前述法定条件、既成条件与必成条件皆可归入不真正条件之列。另外,《民通意见》第75条规定:"附条件的民事行为,如果所附的条件是违背法律规定或者不可能发生的,应当认定该民事行为无效。"包括不法条件与不能条件两类。还有一种不真

[①] Larenz/Wolf, Allgemeiner Teil des Bürgerlichen Rechts, 9. Aufl., 2004, § 50 Rn. 11; Staudinger/Bork (2003), Vorbem. zu §§ 158—163 Rn. 20.

[②] HKK/Finkenauer, §§ 158—163, Rn. 4.

[③] Dieter Medicus, Allgemeiner Teil des BGB, 10. Aufl., 2010, Rn. 830.

[④] a. a. O.

正条件是所谓的矛盾条件。

2. 不法条件

依《民通意见》第 75 条之规定,附不法条件者,法律行为无效。适用时,"违背法律规定"应作扩张解释,即,违反强制性规范固然属于不法,虽未有明确的强制规定,但违背公序良俗者,亦在其列。前者如,"你若杀人",后者如"你若终身不婚"。

另外,《日本民法典》第 132 条第 2 句规定,以不为不法行为为条件者,视同不法条件。据此,"若不杀人,赠金 10 万"之约定无效。郑玉波先生的解释是:"此种条件表面上似属奖励守法,但实际上不为不法行为乃法律上当然应有之义务,以之为条件反足助长不法,故亦为不法条件。"①然而,何以"法律上当然应有之义务"不得成为条件?为何以不为不法行为为条件"反足助长不法"?其间逻辑令人难以索解。莫非"若不赌博,则房屋租住于你"(停止条件)或"房屋租住于你,你若赌博,则废约收房"(解除条件)具有助长赌博之效用?与萌生杀意之人约定"若不杀人,赠金 10 万",所起效用难道不是阻止迫在眼前的不法行为?何以"反足助长杀人"?管见以为,概以附有不为不法行为之条件的法律行为无效,实无必要,除非通过解释能够得知,此等条件之设置,反倒有助于反社会行为之实施。②

3. 不能条件

以客观上不能成就之事实为条件者,依《民通意见》第 75 条之规定,法律行为无效。如此处置,似过于简单。关键依然在于意思表示的解释。不能条件若为停止条件("太阳西升东落之时,即是租房契约生效之日"),意味着,当事人意在永久停止法律行为之效力,法律行为自属无效。而若以不能条件为解除条件("太阳西升东落之时,即是租房契约失效之日"),则表示,当事人无意废止租房契约,所"无效"者,非法律行为,而是解除条件本身。

4. 矛盾条件

矛盾条件将令法律行为之内容自相矛盾。如,"买卖契约若被撤销,则生效"。矛盾条件无论为停止条件抑或解除条件,均令法律行为不生效。

(四) 条件的效力

条件的效力可从未决期间、条件成就与不成就三方面观察。

1. 未决期间的效力

未决期间是指条件成就与否尚未确定的期间。若为停止条件,法律行为在未决期间已成立,但未生效;若为解除条件,法律行为在未决期间已生效。

对因条件成就而受有利益之当事人在未决期间的法律地位,我实证法未置一词,

---

① 郑玉波著,黄宗乐修订:《民法总则》(修订 11 版),台湾三民书局 2008 年版,第 310 页。
② 亦见史尚宽:《民法总论》,中国政法大学出版社 2000 年版,第 484 页。

学者普遍认为,应予之以期待权保护。① 至于保护的具体方式,德国法作有明确规定,可供参照。

保护方式主要有两种:一是损害赔偿。《德国民法典》第 160 条规定,附停止条件之权利人以及附解除条件因法律状态回复而受有利益之人,若其权利在未决期间因对方当事人过错而受到阻碍或妨害,条件成就后,得主张损害赔偿。二是处分限制。《德国民法典》第 161 条规定,对处于停止条件效力之下的标的物作出处分者,若其处分将阻碍或妨害对方当事人因条件成就而取得权利,或权利因解除条件成就而终结之人对标的物作出处分者,在条件成就时,处分行为无效。此意味着,限制处分之期待权拥有物权效力。②

2. 条件成就的效力

条件成就时,法律状态将为之改变。具体而言:若为停止条件,法律行为生效,期待权变为完整权;若为解除条件,法律行为效力终结。

依《合同法》第 45 条第 1 款第 2 句("自条件成就时生效")和第 3 句("自条件成就时失效")之规定,法律状态自条件成就之时起改变,并无溯及力(Wirkung ex nunc)。不过,附款既然本就是法律行为效果自主的体现,若当事人予之以溯及力,法律不必禁止。唯依行为性质,溯及力之约定仅及于负担行为、而不及于处分行为。③ 原因在于,处分行为若溯及无效,其他权利后手可能因此变为自非权利人处取得,从而妨碍交往安全。

3. 条件不成就的效力

若为停止条件,法律行为被永远停止,终局不生效,期待权消灭。若为解除条件,法律行为效力维持,终局有效。

(五) 条件成就与不成就的拟制

《合同法》第 45 条第 2 款规定:"当事人为自己的利益不正当地阻止条件成就的,视为条件已成就;不正当地促成条件成就的,视为条件不成就。"之所以如此,系基于诚信要求。

三、期限

(一) 期限的构成

期限与条件同为控制法律行为效力的附款,二者根本区别在于,后者发生与否不确定,前者则确定到来。

---

① 梁慧星:《民法总论》(第 4 版),法律出版社 2011 年版,第 187 页;王利明:《民法总论》(第 2 版),中国人民大学出版社 2015 年版,第 265—266 页;张俊浩主编:《民法学原理》(上册)(修订第 3 版),中国政法大学出版社 2000 年版,第 268 页。

② Rüthers/Stadler, Allgemeiner Teil des BGB, 16. Aufl. , 2009, § 20 Rn. 20 f.

③ Brox/Walker, Allgemeiner Teil des BGB, 34. Aufl. , 2010, Rn. 492.

不过,是否确定到来,界限往往模糊。例如,"你结婚之日,我为你请乐队演奏贺喜"。"结婚之日"属于条件抑或期限,须视语境而断:若婚期已定,当属期限;但此人若是无意结婚,所谓"结婚之日"云云,则应以条件视之。再如,死亡固然确定无疑,但何时死亡却是未知之数,若以"活过50岁"为附款,究属条件抑或期限,不可一概而论。另外,德国法上常常讨论一种复合情形:A对B许诺,待B的父亲去世后,每月向其支付400元。通说认为,B的父亲确定会去世,但B能否活过其父,并不确定,系条件。但若A对B许诺:待B的父亲去世后,A向B或其继承人每月支付400元,则A的支付义务仅取决于B父去世之事实,属于期限。①

(二) 期限的类型

1. 始期与终期

关于始期与终期,《民通意见》第76条与《合同法》第46条作有规定。

始期(Anfangstermin)亦称生效期限,将法律行为之生效系于将来确定事件之成就。"下次下雨时,自你处购买雨伞若干。""下次下雨时"必定到来,故为期限。期限到来,雨伞买卖契约生效,故为始期。终期(Endstermin)与始期相反,将法律行为效力之终止系于将来确定事件之成就。"房屋借给你住,今年10月1日还我。""今年10月1日"必定到来,故为期限;期限到来,房屋借用终止,故为终期。法律行为之附终期,一般对应于持续性法律关系,如租赁、借贷、雇佣、供应水电气等。

与始期相似的是履行期。如,"购买雨伞若干,下次下雨时送货"。在概念上,区分二者并非难事:附始期者,法律行为尚未生效,当事人所享有的只是期待权而非完整权;附履行期者,法律行为已生效,当事人享有完整权,唯对方义务未届履行期而已。

德国通说认为,除概念差异外,法律适用亦有不同:一方面,附始期的法律行为准用关于停止条件的规定(《德国民法典》第163条),履行期则无准用余地。另一方面,未届履行期,依《德国民法典》第271条第2款之规定,债权人无权请求履行,债务人却可作期前履行,另依第813条第2款,债务人若期前履行,不得请求返还;附始期者,不适用上述二规则。② 弗卢梅则主张,第813条第2款之规定亦应适用于附始期债权,因而在法律适用上,二者区分的意义不大。③

2. 确定期限与不确定期限

凡属期限,必确定到来。此处所谓"确定"与"不确定",系就到来的具体时日而

---

① Brox/Walker, Allgemeiner Teil des BGB, 34. Aufl., 2010, Rn. 481 f.
② Reinhard Bork, Allgemeiner Teil des Bürgerlichen Gesetzbuchs, 3. Aufl., 2011, Rn. 1285; Heinz Hübner, Allgemeiner Teil des Bürgerlichen Gesetzbuches, 2. Aufl., 1996, Rn. 1163 f.; Larenz/Wolf, Allgemeiner Teil des Bürgerlichen Rechts, 9. Aufl., 2004, § 50 Rn. 63 ff.; Dieter Medicus, Allgemeiner Teil des BGB, 10. Aufl., 2010, Rn. 845. 台湾地区通说与之相近。施启扬:《民法总则》(第8版),台湾自版发行2009年版,第319页;王泽鉴:《民法总则》(最新版),北京大学出版社2014年版,第410页。
③ Werner Flume, Das Rechtsgeschäft, 4. Aufl., 1992, S. 730.

言。若到来的时日确定(如"今年 10 月 1 日"),则称确定期限,反之,则为不确定期限(如"下次下雨时")。

(三) 期限的法律适用

期限的效力亦可区分成就前与成就后两个阶段观察。在称谓上,始期成就称届至,终期成就称届满。两种期限对于法律行为效力的控制作用相当于停止条件与解除条件,故《德国民法典》第 163 条规定,法律适用时,始期与终期分别准用关于停止条件与解除条件之规则。我国法律未作类似规定,但就事理而言,应作相同处置。

不过,基于行为性质,某些适用于条件的规则,未必适用于期限。例如,当事人不得以特约令期限具有溯及效力,因为,期限的效果重在期限前后的决定,若令其效力回溯至期限届至(届满)之前,有违期限的本质。[①]

[①] 施启扬:《民法总则》(第 8 版),台湾自版发行 2009 年版,第 320 页;郑玉波著,黄宗乐修订:《民法总则》(修订 11 版),台湾三民书局 2008 年版,第 320 页。

第五章 法律行为的类型

第十一节 法律行为的分类

一、单方法律行为与数方法律行为

依法律行为实施之人的单复数,可将法律行为区分为单方法律行为(einseitige Rechtsgeschäfte)与数方法律行为(mehrseitige Rechtsgeschäfte)。后者之成立,需要所涉数方当事人达成合意,又包括双方法律行为即契约(Verträge)与多方法律行为如决议(Beschlüsse)。由于一方当事人代表一项意思表示,这一分类的标准实际上亦是意思表示的单复数:一项意思表示即可成立的法律行为,称单方行为;需要数项意思表示者,称多方行为。①

单方法律行为与数方法律行为除成立要件不同外,效力障碍事由亦有所不同。例如,根据《民法通则》第58条第1款第2项与第3项,"限制行为能力人依法不能独立实施的"以及"一方以欺诈、胁迫的手段或者乘人之危,使对方在违背真实意思的情况下所为的"法律行为,均属无效,而依《合同法》第47条第1款与第54条第2款之规定,这两种情形分别是效力待定与可撤销。如此,作为数方法律行为的契约适用《合同法》,单方法律行为则依然适用《民法通则》。

(一) 单方法律行为

单方法律行为仅需单方作出意思表示即可成立并生效。根据意思表示是否需要受领,又可进一步分为需要受领与无需受领两类。前者如撤销权、解除权等形成行为,后者则如所有权之抛弃、遗嘱等。意思表示若是需要受领,须到达受领人始能生效;若是无需受领,则不存在送达问题。

一方当事人可能包括数人,此时,该方意思表示需要数人共同作出。例如,数人共同承租房屋或出租共有房屋,行使解除权时,需要共同向对方当事人发出解约表示,又如数人共同实施设立财团法人的捐助行为。此类行为被称为共同行为(Gesamtakte)。共同行为需要行为人达成一致,故常被归入数方行为之列②,但对于受领人或第三人

---

① Detlef Leenen, BGB Allgemeiner Teil: Rechtsgeschäftslehre, 2011, § 4 Rn. 18.
② Brox/Walker, Allgemeiner Teil des BGB, 34. Aufl., 2010, Rn. 101; Heinz Hübner, Allgemeiner Teil des Bürgerlichen Gesetzbuches, 2. Aufl., 1996, Rn. 619.

而言,只存在一方的一项意思表示,属于单方行为,应适用有关单方行为的规则。① 就此而言,共同行为兼具数方行为(内部关系)与单方行为(外部关系)之特点,难以简单归类。②

(二) 契约

双方法律行为,我实证法称之为"合同",民国时期与台湾地区概念传统则称"契约"。契约因方向相对的双方意思表示一致而成立,如出卖与买受合成买卖契约、出租与承租合成租赁契约等。双方当事人的两项意思表示,分别构成要约与承诺(《合同法》第13条)。

如何在"契约"与"合同"之间选用术语,更多是语用习惯问题。为接轨民国时期用法,并照顾法定术语,本书将契约与合同作同义概念使用。使用场合一般作如下区分:作者自身学术性的用法,选用"契约";表述实证法时,则从法律条文称"合同"。需注意者,民国时期和台湾地区另有"合同"概念,用以指称意思表示方向相同之行为。③ 此等行为,新中国以"共同行为"对应。④

(三) 决议

除契约外,数方行为另有所谓决议。典型的决议行为如股东会决议、董事会决议、合伙人决议等。

由于决议的合意方向相同,故常被归入共同行为之列。⑤ 但实际上,决议有其自身特点,既不同于共同行为,亦区别于契约。

首先,决议与共同行为均属于表意方向相同的法律行为,此区别于契约,但共同行为只存在一项意思表示,决议则包括多项意思表示,因而属于数方行为。其次,共同行为可能以对方当事人为相对人(如解约行为针对租赁契约对方当事人),亦可能无相对人(如数人共同实施的捐助行为),契约以对方为意思表示受领人,决议则系团体内部意思形成过程,原则上不对团体外部产生效力,亦相应地以团体或团体机关(如董事会)为其受领人。⑥

---

① Larenz/Wolf, Allgemeiner Teil des Bürgerlichen Rechts, 9. Aufl. , 2004, § 23 Rn. 6;史尚宽:《民法总论》,中国政法大学出版社2000年版,第309页。
② Reinhard Bork, Allgemeiner Teil des Bürgerlichen Gesetzbuchs, 3. Aufl. , 2011, Rn. 430.
③ 史尚宽:《民法总论》,中国政法大学出版社2000年版,第310—311页;王泽鉴:《民法总则》(最新版),北京大学出版社2014年版,第242页。
④ 民国时期及台湾地区亦常以"共同行为"为"合同行为"之同义概念。施启扬:《民法总则》(第8版),台湾自版发行2009年版,第241页;王伯琦:《民法总则》(第8版),台湾"国立编译馆"1979年版,第125页;郑玉波著,黄宗乐修订:《民法总则》(修订11版),台湾三民书局2008年版,第247页。
⑤ 施启扬:《民法总则》(第8版),台湾自版发行2009年版,第241页;王泽鉴:《民法总则》(最新版),北京大学出版社2014年版,第242页;郑玉波著,黄宗乐修订:《民法总则》(修订11版),台湾三民书局2008年版,第247页。
⑥ Reinhard Bork, Allgemeiner Teil des Bürgerlichen Gesetzbuchs, 3. Aufl. , 2011, Rn. 436 f. ;Larenz/Wolf, Allgemeiner Teil des Bürgerlichen Rechts, 9. Aufl. , 2004, § 23 Rn. 20 ff. ; Dieter Medicus, Allgemeiner Teil des BGB, 10. Aufl. , 2010, Rn. 205.

再次,共同行为与契约均须所有人表意一致,决议则可采多数决原则(如《公司法》第 16 条第 3 款后句、第 43 条第 2 款),决议一旦通过,即便是反对者,亦须受其拘束。①

因合意方向相同而常被归入共同行为之列的,尚有社团设立行为。② 但社团设立行为亦存在多项意思表示,并无单方行为的特点,德国通说认为,它属于非交换型契约(kein Austauschvertrag),虽然当事人往往超过两方,但仍得准用有关契约的规则。③ 我国《公司法》第 28 条第 2 款规定,未履行出资义务的设立人,应向其他股东承担违约责任。其规范逻辑,近于德国。另需注意者,德国将社团设立行为一概归为契约,原因在于,德国法上,社团必为多数人所设立。④ 我实证法则承认一人亦得设立有限公司(《公司法》第 57 条)。此时,一人公司之设立行为属单方行为无疑。

二、财产行为与身份行为

依法律效果所处法域,可将法律行为二分为财产行为(vermögensrechtliche Geschäfte)与身份行为(personenrechtliche Geschäfte)。

财产行为发生财产性法律效果,如买卖契约令当事人负担财产性的给付义务,所有权的抛弃产生所有权消灭的法律效果等等。根据财产效果的性质不同,大体又可区分为债法上的法律效果与物法上的法律效果,前者多为债权行为,后者是所谓的物权行为。身份行为则发生在身份法领域,如结婚创设夫妻身份、离婚废止夫妻身份、收养成立亲子关系等。需要注意的是,财产行为与身份行为可能相互渗透。一方面,身份行为可能产生财产效果,如结婚带来夫妻共同财产、离婚带来夫妻财产分割;另一方面,财产行为亦可能具有身份色彩,尤其体现于租赁契约、雇佣契约等具有人身信任性质的持续性债务关系中。

继承法上的法律行为常被归入身份行为之列。⑤ 但在法律效果上,无论是遗赠、放弃继承抑或继承契约,所发生的均是财产性法律效果,其中,遗赠甚至不以身份关系之存在为前提。称之为身份行为,实在勉强。我实证法上,最具身份色彩的继承法上行为当属遗赠扶养协议(《继承法》第 31 条)。根据该协议,受遗赠人负有扶养遗赠人义务。

---

① Brox/Walker, Allgemeiner Teil des BGB, 34. Aufl., 2010, Rn. 102; Dieter Medicus, Allgemeiner Teil des BGB, 10. Aufl., 2010, Rn. 205.
② 施启扬:《民法总则》(第 8 版),台湾自版发行 2009 年版,第 241 页;王泽鉴:《民法总则》(最新版),北京大学出版社 2014 年版,第 242 页;郑玉波著,黄宗乐修订:《民法总则》(修订 11 版),台湾三民书局 2008 年版,第 247 页。
③ Heinz Hübner, Allgemeiner Teil des Bürgerlichen Gesetzbuches, 2. Aufl., 1996, Rn. 621; Dieter Medicus, Allgemeiner Teil des BGB, 10. Aufl., 2010, Rn. 204.
④ Brox/Walker, Allgemeiner Teil des BGB, 34. Aufl., 2010, Rn. 732.
⑤ 施启扬:《民法总则》(第 8 版),台湾自版发行 2009 年版,第 243 页;郑玉波著,黄宗乐修订:《民法总则》(修订 11 版),台湾三民书局 2008 年版,第 246 页。

身份行为较之财产行为更具伦理色彩。同时,法律行为制度之构建,系以财产行为为原型,对于身份行为的适用,多有限制,例如,身份行为不得代理,身份行为的效力障碍事由与财产行为相去甚远,等等。

三、给予行为与非给予行为

此系财产行为的亚分类。所谓给予行为(Zuwendungsgeschäfte),是为他人增加财产利益的行为。① 非给予行为则不能令人增加财产利益。

契约,无论债权契约抑或物权契约,均为给予行为:债权契约虽为负担行为,令债务人负担义务,但相对人因此获得债权,此为积极财产利益,故属给予行为;创设、移转物权之契约,直接为取得人增加物权性财产,亦属给予行为无疑。单方行为若无人因之获利,即非在其列,如抛弃;若有人因之获利,无论是否需要受领,均属给予行为,前者如票据背书,后者如遗赠。

区分给予行为与非给予行为,目的在于观察给予原因(Rechtsgrund der Zuwendung)及其对给予行为效力的影响。诸如抛弃之类的非给予行为,与行为人之外的任何他人均无关涉,故不必追问原因,正当性由行为自证。唯基于给予行为而获利之情形,才需要追问:自他人之处获得利益的正当性何在?此即所谓的给予原因。② 换言之,唯有给予行为,才存在要因行为(kausale Rechtsgeschäfte)与抽象行为或称无因行为(abstrakte Geschäfte)的分类:行为效力若是受制于给予原因,即为要因行为;若是不受给予原因之有无影响,则为抽象行为。③

另值注意者,并非所有给予行为的正当性均建立在原因的基础上,社团设立行为与形成行为即无所谓要因无因。④

四、有偿行为与无偿行为

一方承担义务以对方承担对待给付义务为前提,称有偿行为(entgeltliche Geschäfte),如买卖契约、租赁契约;若无对待给付,则为无偿行为(unentgeltliche Geschäfte),如赠与契约、借用契约。对待给付义务构成有偿行为的对价,该对价是否与给付义务客观等值并不重要,重要的是,当事人主观视其为等价。⑤ 同时,作为对价的对待给付义务未必是金钱给付,其他义务之履行亦无不可。⑥

---

① Heinz Hübner, Allgemeiner Teil des Bürgerlichen Gesetzbuches, 2. Aufl., 1996, Rn. 634;Larenz/Wolf, Allgemeiner Teil des Bürgerlichen Rechts, 9. Aufl., 2004, § 23 Rn. 89.
② Brox/Walker, Allgemeiner Teil des BGB, 34. Aufl., 2010, Rn. 113.
③ Larenz/Wolf, Allgemeiner Teil des Bürgerlichen Rechts, 9. Aufl., 2004, § 23 Rn. 76.
④ a.a.O., § 23 Rn. 77.
⑤ Heinz Hübner, Allgemeiner Teil des Bürgerlichen Gesetzbuches, 2. Aufl., 1996, Rn. 624;Larenz/Wolf, Allgemeiner Teil des Bürgerlichen Rechts, 9. Aufl., 2004, § 23 Rn. 90.
⑥ Detlef Leenen, BGB Allgemeiner Teil:Rechtsgeschäftslehre, 2011, § 4 Rn. 42.

有偿行为与无偿行为亦是财产行为的亚分类,且仅对给予行为有意义。同时,关于义务承担之有偿或无偿的约定,涉及承担义务的原因,因此,一般而言,该分类仅对要因行为有意义。处分行为抽象于原因之外,自行为本身不见其原因,例如,移转所有权,原因既可能存在于买卖契约,亦可能是赠与契约(无偿行为),还可能是消费借贷(或者有偿或者无偿),所以,处分行为自身无所谓有偿无偿,属于"中立"行为。或者说,处分行为有偿与否,取决于原因行为有偿与否。[1]

一般情况下,无偿给予人的注意义务、瑕疵担保责任轻于有偿给予人。例如,赠与人只在故意不告知瑕疵或保证无瑕疵时,才负损害赔偿责任(《合同法》第191条);无偿保管人若能证明自己没有重大过失,不负损害赔偿责任(《合同法》第374条但书);无偿受托人给委托人造成损失时,仅就故意或重大过失承担责任(《合同法》第406条第1款第2句)。另外,法律对于善意取得的保护,有偿取得者亦强于无偿取得。依《物权法》第106条第1款之规定,唯有偿取得始得适用善意取得制度。

五、诺成行为与要物行为

更准确的称谓是诺成契约(Konsensualvertrag)与要物契约(Realvertrag),因为此等分类仅对契约有意义。诺成契约经双方当事人意思表示一致即可成立,要物契约或称践成契约则除此之外,尚须有物之交付作为特别成立要件。

契约以诺成为原则。《合同法》上的15种有名契约中,被明确规定为要物契约者,仅保管合同一项。依《合同法》第367条之规定,除当事人另有约定外,"保管合同自保管物交付时成立"。若不对"成立"与"生效"两概念作泾渭区分,《合同法》第210条之自然人借款合同与《担保法》第90条之定金合同亦可归为要物契约。[2] 另外,赠与契约曾被《民通意见》第128条第1句规定为要物契约,但《合同法》已将其诺成化(第185条),唯予赠与人以撤销权(第186条第1款)而已。

要物契约概念之检讨

自体系而言,"以标的物的授受为成立要件"的"要物契约"如果有意义,理当或者存在于负担行为,或者存在于处分行为。两种行为性质不同,需要分别检讨。

1. 作为负担行为的"要物契约"

罗马法曾先后出现过要式口约、文书契约、要物契约与诺成契约等契约类型。要

---

[1] Reinhard Bork, Allgemeiner Teil des Bürgerlichen Gesetzbuchs, 3. Aufl., 2011, Rn. 492; Larenz/Wolf, Allgemeiner Teil des Bürgerlichen Rechts, 9. Aufl., 2004, § 23 Rn. 91; Detlef Leenen, BGB Allgemeiner Teil: Rechtsgeschäftslehre, 2011, § 4 Rn. 54.

[2] 李永军:《民法总论》(第2版),中国政法大学出版社2012年版,第198页。

物契约的特点在于,当事人即使未履行特定手续,一旦物被交付,债的关系亦属有效。梅因(Henry Maine)据此认为,与强调形式的要式口约和文书契约相比,要物契约"第一次把道德上的考虑认为'契约'法中的一个要素","在伦理概念上向前跨进了一大步"。诺成契约的出现,则标志着罗马法正式承认"合意"契约之拘束力。① 可见,法律史上,要物契约是契约拘束基础从特定形式到行为人意志演进中的过渡阶段。

现代债法保留了要物契约类型,但由于私法自治已得到普遍承认,罗马法上要物契约所昭示的"伦理概念进步"之意义也就不复存在。于是,现代要物契约的存在理由被归结为:此等契约系属无偿,特以"物之交付"作为成立要件,令当事人能于物之交付前有考虑斟酌的机会,具有警告的功能。② 为此,无偿的借贷、保管等契约曾被普遍归入要物契约之列。然而,该理由似乎过于牵强:假借物之交付给予当事人以考虑斟酌机会,若通过任意规范提供建议、供当事人选择自无不可,但被冠以强制效力,成为必须遵守的管制性成立要件时,却不仅未必能起到保护当事人的效果——这尤其表现在物已被先行交付之场合,而且限制了当事人的自治空间。③ 颇值玩味的是,罗马法上代表私法观念向自治转变的"要物契约",却被现代法加载立法者管制的意图,并固化为一些法学家的思维定式。④

其实,私法理论经过现代发展,以物的交付为成立要件之债法上"要物契约"已变得自相矛盾。因为,无偿借贷或保管契约属于负担行为,而物之交付系所负债法义务之履行行为,性质与负担行为本身不同,以之为后者的成立要件,混淆了不同性质法律关系之间的界限。即使法律认为,需要对无偿契约中的义务人施以特别保护,亦可通过减轻注意义务和承认任意撤销权等方式实现,委实没有必要以违反理论脉络为代价,硬搬出"要物"之契约类型。

如今,在德国法上,包括使用借贷即借用(Leihe)、物之消费借贷(Sachdarlehen)、金钱消费借贷(Gelddarlehen)及保管(Verwahrung)在内的所有曾被定性为要物契约的无偿契约,均已实现诺成化。⑤ 相应的,要物契约之概念亦仅具历史意义,在契约或法律行为的分类中,几乎不再被提起。

与之形成对比的是,自民国法学界接受当时在德国尚被普遍认可的要物契约概

---

① 〔英〕梅因:《古代法》,沈景一译,商务印书馆1995年版,第182页以下(引文见第187页)。
② 王泽鉴:《债法原理》(第2版),北京大学出版社2013年版,第150页。
③ Esser/Weyers, Schuldrecht II: Besonderer Teil, Teilband 1: Verträge, 8. Aufl., 1998, S.335.
④ 黄茂荣教授曾断言:"只要天下有无偿契约,就有要物契约存在的必要,我想这点基本上是颠扑不破的。"陈自强等:《法律行为、法律性质与民法债编修正——民法研究会第十六次学术研讨会》,载《法学丛刊》第45卷(2000)第2期,第133页(黄茂荣发言)。
⑤ Esser/Weyers, Schuldrecht II: Besonderer Teil, Teilband 1: Verträge, 8. Aufl., 1998, S.210, 214, 335; Fikentscher/Heinemann, Schuldrecht, 10. Aufl., 2006, Rn. 59, 1298; Karl Larenz, Lehrbuch des Schuldrechts, Bd. 2 Halb. 1: Besonderer Teil, 13. Aufl., 1986, S.293 f., 456; Dirk Looschelders, Schuldrecht: Besonderer Teil, 3. Aufl., 2009, Rn. 344, 534, 886; Medicus/Lorenz, Schuldrecht II: Besonderer Teil, 15. Aufl., 2010, Rn. 572; Palandt/Grüneberg, Überbl. v. § 311 Rn. 3.

念后,直至今日台湾地区法学界,多数学者依然固守诺成与要物之分隔,以至于1999年台湾地区"民法"债编修正仍以立法的方式确认使用借贷和消费借贷的要物性质。不过,虽是如此,反对声音亦不可忽视,王泽鉴教授即批评道:"财产性的契约均应予以'诺成化',保留要物契约此种法制史上的残留物,实无必要。"① 陈自强教授亦指出:"借贷之要物性,为法制史上错误之发展,要物契约概念本身,在德国亦多被认系陈旧过时,早可功成身退。……无用陈腐之概念,虽有其历史之渊源,应尽量避免,甚而扬弃之。"②

2. 作为处分行为的"要物契约"

德国法上,要物契约仅是负担性的债权契约之亚类,似未及于物权契约领域。③但台湾地区法学却存在不同认识。

例如,谢在全教授曾认为,动产物权行为除意思表示外,亦须以物之交付为要件,此与要物行为相类,故"性质上系要物行为"。④ 要物契约之必要,在于保护无偿契约中的义务人。而物权行为并不设定义务,亦无所谓有偿无偿,因而,在概念上,要物契约应不适于物权行为。不过,谢教授亦注意到动产物权行为与要物行为之不同:"物权行为之意思表示,系以物权之变动为内容,而要物行为,以使用借贷为例,其意思表示仅发生债之关系,而非以物权变动为内容,则两者亦属有异。"⑤

也许更具意义的是,谢在全教授在其《民法物权论》的最新一版中,已删去动产物权行为"性质上系要物行为"之论断⑥,而仅维持动产物权行为在以交付为要件方面与要物行为有相似之处之见解。⑦

六、要式行为与不要式行为

法律行为以其是否需要具备特定的形式,可区分为要式行为(formbedürftiges Rechtsgeschäft)与不要式行为(nicht formbedürftiges Rechtsgeschäft)。基于私法自治,法律行为当以形式自由为原则、以强制为例外,换言之,法律行为以不要式为原则、以要式为例外。《民法通则》第56条的表达虽稍嫌隐晦,却仍明白无误传达了这一信息。

---

① 王泽鉴:《债法原理》(第2版),北京大学出版社2013年版,第151页。
② 陈自强教授对于要物契约理论有过详细的检讨。对于台湾民法债编修正,陈教授更进而认为,修正的结果,其实并未加立法者所愿,令使用借贷与消费借贷呈要物性质,以诺成性质解释,其实反倒较为体系协调。陈自强:《法律行为、法律性质与民法债编修正》(下),载《台湾本土法学杂志》第6期(2000年1月),第12—18页。
③ 同上,第14页。
④ 谢在全:《民法物权论》(上册),中国政法大学出版社1999年版,第68页(注释1)。
⑤ 同上书,第69页。
⑥ 谢在全:《民法物权论》(上册)(修订5版),中国政法大学出版社2011年版,第56页(注释4)。
⑦ 同上书,第60页。

该条规定:"民事法律行为可以采取书面形式、口头形式或者其他形式。法律规定用特定形式的,应当依照法律规定。"特定形式以法律特别规定为要,即意味着,法律行为采取书面形式、口头形式抑或其他形式,原则上由当事人自由决定。

依《合同法》第 10 条第 2 款之规定,要式行为可分法定要式(gesetzliche Form)与约(意)定要式(gewillkürte Form)两类。法定要式为法律所规定,如《合同法》第 270 条:"建设工程合同应当采用书面形式。"虽未为法律所规定,但如果当事人约定缔结契约须采取某种特定形式,则应当使用该特定形式,此称约定要式。

不要式行为不表示不采取任何形式。任何法律行为之实施,必借助某种形式。所谓不要式行为,所强调的是,法律行为的形式由当事人自由决定。问题是,约定要式亦基于当事人意志,为何却属要式行为?二者区别在于:当事人若是对于法律行为的形式作有特别约定,即为双方确立一项个别规范,须为当事人所遵守;而不要式行为,则不存在关于行为形式的个别规范。

七、生前行为与死因行为

死因行为(Rechtsgeschäft von Todes wegen)以当事人的死亡为生效前提,否则即是生前行为(Rechtsgeschäft unter Lebenden)。绝大多数法律行为属于生前行为。典型的死因行为如遗嘱、死因捐助。《继承法》第 31 条所规定的遗赠扶养协议可称混合行为:扶养义务生前履行,遗赠效力死后发生。

第十二节 契 约

一、契约的概念

(一) 立法定义

我实证法以"合同"取代之前通行的"契约"概念。关于"合同"的立法定义,首见于《民法通则》第 85 条前句:"合同是当事人之间设立、变更、终止民事关系的协议。"在概念体系上,契约系法律行为的下位概念,属于所谓的双方法律行为。《民法通则》以非法律术语"协议"作为上位概念,应该是法律概念通俗化的结果。此等举措,曾遭学者严厉批评。[1]

不过,定义虽是业余,倒也无碍传达契约之合意特点,因为,协议系指协商之后达成一致之谓。《合同法》第 2 条第 1 款一仍其旧,措辞与《民法通则》大同小异:"本法所称合同是平等主体的自然人、法人、其他组织之间设立、变更、终止民事权利义务关

---

[1] 张俊浩主编:《民法学原理》(上册)(修订第 3 版),中国政法大学出版社 2000 年版,第 237—238 页(张俊浩)。

系的协议。""立法说明"显示,与《民法通则》之间的亲缘关系系有意为之。①

(二) 概念体系

对于契约概念的理解,"合意"固然是关键,"合意什么"同样至关重要。如果经由当事人合意,一方当事人负有财产性给付义务,另一方则取得给付请求权,此系债法契约(schuldrechtlicher Vertrag);如果合意内容是物权变动(设立、变更、废止),则称物权契约(dinglicher Vertrag)。同理,变动亲属法上权利义务(如结婚、离婚、收养)之合意,是亲属法契约(familienrechtlicher Vertrag),以死后遗产移转为内容之合意,则为继承契约(Erbvertrag)。《德国民法典》将契约(Vertrag)置于第 1 编"总则"第 3 章"法律行为"的第 3 节,清楚表明,契约规范通用于法典各编。

《民法通则》第 85 条前句未就其所谓"民事关系"的性质作出界定。通说认为,合同既被规定于"债权"一节,并且被第 84 条规定为债的发生原因,自应限缩解释为债权契约,并由此拒绝物权契约之概念。② 但存在债权契约与物权契约之对立,以债物二分为前提。《民法通则》未采"物权"概念,套用"债权行为—物权行为"之分析框架,未必妥当。况且,形式的体例设置对于实质的概念理解未必具有充分说明价值。

民国如同德国,亦设法典总则编,却未将契约置于总则,而降至债编,以其为债的发生原因(第 2 编"债"第 1 章"通则"第 1 节"债之发生"),但是,民国时期与如今台湾地区通说并不因此否认物权契约之存在。不仅如此,2009 年 1 月 23 日台湾地区公布的物权编修正案,将原第 760 条删除,增加第 758 条第 2 项("前项行为,应以书面为之")。修正理由称,此举旨在明确,书面之要式,系对变动不动产物权之物权行为所作出的要求。③ 承认物权契约之立场至为明显。至于以契约仅为债之发生原因,梅仲协先生早已指出,此乃立法技术错误。④

《合同法》制定时,直到第 3 次审议稿,第 2 条所定义的合同均是"设立、变更、终止债权债务关系的协议",明确将其内容限于债法,但第 4 次即最后一次审议稿将"债权债务关系"扩大为"民事权利义务关系"。⑤ 审议之后,除增加一款排除性规定("婚姻、收养、监护等有关身份关系的协议,适用其他法律的规定")外⑥,"民事权利义务

---

① 顾昂然:《关于〈中华人民共和国合同法(草案)〉的说明》(1999 年 3 月 9 日第九届全国人大第二次会议),载全国人大法工委民法室编著(孙礼海主编):《〈中华人民共和国合同法〉立法资料选》,法律出版社 1999 年版,第 21 页。
② 王家福主编:《中国民法学·民法债权》,法律出版社 1991 年版,第 262 页(梁慧星);谢怀栻:《民法总则讲要》,北京大学出版社 2007 年版,第 150 页。
③ 陈聪富主编:《月旦小六法》(第 19 版),台湾元照出版有限公司 2015 年版,第叁—85 页。
④ 梅仲协:《民法要义》,中国政法大学出版社 1998 年版,第 121 页(注释 1)。
⑤ 《全国人民代表大会法律委员会关于〈中华人民共和国合同法(草案)〉修改情况的汇报》(1999 年 1 月 25 日九届全国人大常委会第七次会议),载全国人大法工委民法室编著(孙礼海主编):《〈中华人民共和国合同法〉立法资料选》,法律出版社 1999 年版,第 17—18 页。
⑥ 《第九届全国人民代表大会法律委员会关于〈中华人民共和国合同法(草案)〉审议结果的报告》(1999 年 3 月 13 日),载全国人大法工委民法室编著(孙礼海主编):《〈中华人民共和国合同法〉立法资料选》,法律出版社 1999 年版,第 25 页。

关系"之表述未再调整,终成定稿。此时,不仅《民法通则》的体例限制不再成其为理由[①],并且,根据第2款,被排除适用的仅仅是亲属法上的契约而已,物权契约并未受到否认。换言之,从实证法中,无法得出契约(合同)仅仅是债法概念的结论。

另外,有学者认为,不仅物权契约概念未得到实证法认可,身份契约概念亦遭排除,理由是,根据《合同法》第2条之规定,有关财产关系的双方行为称合同,有关身份关系的双方行为,则称协议。[②] 管见以为,《合同法》第2条第2款只是表明,"婚姻、收养、监护等有关身份关系的协议"不适用《合同法》,却未必意味着否认身份契约(合同)之概念。

在语词用法上,身份法固然以协议相称,《合同法》中合同的上位概念又何尝不是协议? 实际上,几乎所有需要当事人合意的行为,在我实证法中,均以协议称之,如合伙协议(《民法通则》第30条、《合伙企业法》第4条以下)、公司发起人协议(《公司法》第79条第2款)、股权收购协议(《公司法》第74条第2款)、公司合并协议(《公司法》第173条)等等。就此而言,协议概念之用法,已相当于数方法律行为。再者,身份行为不适用《合同法》,并不表示,二者规则各行其是,相反,结婚、离婚、婚姻无效或可撤销、夫妻财产约定以及收养协议等等,无不存在大量的双方法律行为之特点。需要单独立法,只不过是表明,它们属于特殊的双方法律行为(契约),而非契约之外的另外一类双方法律行为。

新中国民法学教科书中,就笔者所见,唯2007年由张谷教授整理出版的谢怀栻先生之《民法总则讲要》将契约置于总则(第6章"合同的订立"),除此之外,皆以契约为债法内容,即便是支持物权行为理论者,亦复如是。就现状而言,未来的民法典即使采总分则编制,亦不太可能将契约置于总则。本节基于概念体系考虑,主要就契约之成立略作讨论,至于效力问题,则留诸第八章。

二、契约原则

私法自治要求,法律关系所涉之人,均须有其意志参与其中,否则,此人即被他治。多数情况下,法律交往至少涉及双方当事人,因而奉行契约原则。这在德国法上体现得尤其明显:移转物权固然需要物权合意(《德国民法典》第873、925、929条),债之关系的设立、变更乃至消灭,原则上亦须借助契约(《德国民法典》第311条第1款)。也正是在此意义上,私法自治中的法律行为自由往往被直接替换为契约自由。[③]

每一法律交往当事人的意志均须参与其间,仅仅是出于尊重意志自由的考虑,与其他诸如是否获得经济利益、是否提升法律地位等因素皆无关联。因而,赠与虽令受

---

① 谢怀栻:《民法总则讲要》,北京大学出版社2007年版,第150页。
② 梁慧星:《民法总论》(第4版),法律出版社2011年版,第162页。
③ Brox/Walker, Allgemeiner Teil des BGB, 34. Aufl., 2010, Rn. 74.

赠人纯获利益,却须以契约形式实施(《合同法》第185条),目的在于为受赠人保留完整的选择空间。为尊重当事人的选择自由,在德国法上,甚至是债务免除亦以契约为之(《德国民法典》第397条)。单方行为并非不可变动法律关系,唯其必有各自特别缘由而已:或者只涉及单方行为人自己(如抛弃);或者无法与受其行为影响之人达成合意(如遗赠);在形成行为,则又各有其形成原因,不一而足。

悬赏广告的法律性质——兼及法律解释的基本立场

悬赏广告比较特殊。悬赏广告发布后,欲取得悬赏之人若无相应行为与之配合,不能取得利益,而是否实施广告指定行为,取决于行为人的自由意志。因此,无论利益抑或义务,悬赏广告均不存在强加于对方之问题。在此意义上,悬赏广告是否奉行"契约原则",无关宏旨。《德国民法典》将"悬赏广告"置于第8章"各种之债"的第11节,与各种契约之债、无因管理、不当得利等并列。第657条的规定是:"通过公开通告,对完成某行为,特别是对产生结果悬赏之人,负有向完成此行为之人支付报酬的义务,即使行为人完成该行为时未考虑到此悬赏广告,亦同。"德国通说据此认为,悬赏广告是为自己设定义务的单方行为,属于契约原则之例外。[1]

《民国民法典》虽将悬赏广告规定于"契约通则"部分,但在解释上,单独行为说[2]与契约说[3]各有支持者。台湾地区1999年修正"民法"第164条,修正理由指出,"为免理论争议影响法律之适用",特"明示本法采取契约说之旨"。[4] 对于该条修正,台湾地区学者讨论纷纭,从中亦可看到不同学者对于法律解释的基本立场。除对修正理由表示接受者[5]外,批评意见大致可归作三类:

其一,黄立教授与王泽鉴教授一方面以修正理由为据,承认法典已明采契约说,另一方面则对这一立法政策的妥当性批评激烈。[6] 就此而言,黄王二教授似较偏于探寻立法者意旨的主观解释立场,并较严格区分所谓的"解释论"(de lege lata)——"法律是什么"与"立法论"(de lege ferenda)——"法律应当是什么"两种思考进路。

其二,与之相对,陈自强教授明显强调客观解释。陈教授认为,修正理由并非法

---

[1] Medicus/Lorenz, Schuldrecht I: Allgemeiner Teil, 19. Aufl., 2010, Rn. 60.
[2] 梅仲协:《民法要义》,中国政法大学出版社1998年版,第127页;史尚宽:《债法总论》,中国政法大学出版社2000年版,第34页。
[3] 郑玉波著,陈荣隆修订:《民法债编总论》(修订2版),中国政法大学出版社2004年版,第54页。
[4] 王泽鉴:《债法原理》(第2版),北京大学出版社2013年版,第253页。
[5] 林诚二:《民法债编总论——体系化解说》,中国人民大学出版社2003年版,第71页;邱聪智:《新订民法债编通则》(上)(新订1版),中国人民大学出版社2003年版,第37页;孙森焱:《民法债编总论》(上册),法律出版社2006年版,第66页。
[6] 黄立:《民法债编总论》,中国政法大学出版社2002年版,第117页以下;王泽鉴:《债法原理》(第2版),北京大学出版社2013年版,第253页以下。

律本身,对悬赏广告的定性不具有拘束力。修正之后的文辞表述,依然在单方行为说的解释框架之内,且较之契约说更为"简洁明快"。因此,即便经过修正,更为合理的解释仍是单独行为说,修正并未改变悬赏广告的法律性质。①

其三,苏永钦教授开启主观解释与客观解释之外的第三条道路。苏教授指出,悬赏广告的法律定性其实不会对法律适用产生太大影响,因为,其间所涉规范属于任意规范,当事人固然无妨以契约(要约)形式发布悬赏广告,采单方行为,亦不必禁止。所以,问题的关键在于私人以何种方式实现自治。就此而言,有关悬赏广告之法律性质问题的学说争论,"实在多余"。法律规范就法律行为定性,意义仅仅在于,在当事人未就行为性质有所表示时,应如何萃取具有典型意义的行为模式,从而适用相应的规范。②管见以为,无论主观解释抑或客观解释,均或多或少存在将私法规范预设为强制规范或至少遮蔽其任意规范性质的倾向,苏教授的法律解释观则以私法自治为立论基点,格局自是不同。

我制定法迄未正面规定悬赏广告,片段规定仅见诸《物权法》第112条第2款:"权利人悬赏寻找遗失物的,领取遗失物时应当按照承诺履行义务。"但未明确其法律性质。司法态度则偏于契约说,典型案例如天津"李珉诉朱晋华、李绍华悬赏广告酬金纠纷案"(载《最高人民法院公报》1995年第2期)、辽宁"鲁瑞庚诉东港市公安局悬赏广告纠纷案"(载《最高人民法院公报》2003年第1期)等,另外,《合同法解释二》第3条以及《民事案件案由规定》(2011)亦均在契约的框架下处理悬赏广告问题。学说从司法倾向,以契约说为通说。③

不过,《物权法》第112条第2款虽使用"承诺"一词,但这一语词并非只有对应于"要约"一种用法,况且,以悬赏表示为契约订立之"承诺",与契约说的解释脉络不甚相符——契约说主张悬赏表示系悬赏人发出的要约。另外,近年出现的民事判决亦存在以悬赏广告为单方行为者。如北京市朝阳区法院"白平诉阎崇年悬赏广告纠纷案"(2010)朝民初字第20321号判决书称:"悬赏广告作为一种单独的法律行为,一经发布者的发布行为即告成立。"这也许在一定程度上为苏永钦教授的判断提供注脚:悬赏广告的定性对于法律适用并无太大影响。

---

① 陈自强:《法律行为、法律性质与民法债编修正》(上),载《台湾本土法学杂志》第5期(1999年12月),第17—18页。
② 苏永钦:《私法自治中的国家强制——从功能法的角度看民事规范的类型与立法释法方向》,载氏著:《走入新世纪的私法自治》,中国政法大学出版社2002年版,第29—31页。
③ 崔建远:《合同法》(第2版),北京大学出版社2013年版,第40页;葛云松:《李珉诉朱晋华、李绍华悬赏广告酬金纠纷案评析》,载氏著:《过渡时代的民法问题研究》,北京大学出版社2008年版,第319页;韩世远:《合同法总论》(第3版),法律出版社2011年版,第82页;张俊浩主编:《民法学原理》(下)(修订第3版),中国政法大学出版社2000年版,第740页(姚新华)。

三、要约

契约之订立,须先经要约。所谓要约,依《合同法》第 14 条规定,是希望和他人订立合同的意思表示。但"希望"之表达过于笼统含糊,根据《合同法》相关规定,结合学理,构成要约的意思表示需要具备以下要素:

(一) 需受领的单方意思表示

意思表示有需受领与无需受领之别,后者如抛弃、遗嘱。要约旨在与对方订立契约,因此需要对方受领。由此决定,要约必须针对受领人作出,并且依通常情形,要约人有理由期待该表示能够到达受领人。[①] 这意味着,仅仅是订约意思为他人获知,尚不足以构成要约。如,甲聊天时告知乙想从丙处购买钢材若干,碰巧被丙听见,此时,丙作出的承诺表示没有意义,因为甲的意思未向丙作出,不构成要约。

要约之发出,往往是针对特定人,但也不尽然。例如,设置自动售货机,依通说,即属向不特定多数人发出的要约。[②]

(二) 内容具体确定

仅仅是表达希望订立契约的意愿,即使该意思针对相对人作出,亦不足以构成要约,依《合同法》第 14 条第 1 项之规定,要约的意思表示必须"内容具体确定"。对于"具体确定"的判断标准,一般认为,是指内容确切到受领人只需简单地表示同意即可订立契约的程度。[③]《合同法》虽未明确作此规定,但从第 30 条中亦可约略推知。

(三) 具有受法律拘束的意思

在交易过程中,为便利起见,契约基本条款可能在双方接触之初即已形成,但即便内容已经"具体确定",仍未必成立要约,还必须具备的条件是,表意人必须具有受法律拘束之意思(Rechtsbindungswille),此即《合同法》第 14 条第 2 项所谓"表明经受要约人承诺,要约人即受该意思表示约束"。欠缺拘束力者,称要约邀请(invitatio ad offerendum),因其实际上是邀请对方向自己发出要约。依《合同法》第 15 条规定,寄送的价目表、拍卖公告、招标公告、招股说明书、商业广告等均为要约邀请。

上列情形中,拍卖公告与招标公告均是邀请对方向自己出价,属于典型的要约邀请;招股说明书是股票发行之前就相关情况所作的告知,旨在为股票认购行为提供必

[①] Brox/Walker, Allgemeiner Teil des BGB, 34. Aufl., 2010, Rn. 143.

[②] Reinhard Bork, Allgemeiner Teil des Bürgerlichen Gesetzbuchs, 3. Aufl., 2011, Rn. 717;Brox/Walker, Allgemeiner Teil des BGB, 34. Aufl., 2010, Rn. 167;Larenz/Wolf, Allgemeiner Teil des Bürgerlichen Rechts, 9. Aufl., 2004, § 29 Rn. 23;Rüthers/Stadler, Allgemeiner Teil des BGB, 16. Aufl., 2009, § 19 Rn. 7;陈自强:《民法讲义 I 契约之成立与生效》,法律出版社 2002 年版,第 60 页;崔建远:《合同法》(第 2 版),北京大学出版社 2013 年版,第 39 页;韩世远:《合同法总论》(第 3 版),法律出版社 2011 年版,第 82 页;王泽鉴:《债法原理》(第 3 版),北京大学出版社 2013 年版,第 175 页。梅迪库斯则认为属于要约邀请。Dieter Medicus, Allgemeiner Teil des BGB, 10. Aufl., 2010, Rn. 362.

[③] Larenz/Wolf, Allgemeiner Teil des Bürgerlichen Rechts, 9. Aufl., 2004, § 29 Rn. 16.

要的信息,亦仅具邀请之意。

然而,许多情况下,当事人自己往往未必有明确的法律拘束意思。此时,何种情形构成要约或要约邀请,更多是规范评价的产物。当中所考虑的因素,主要是法律风险的分配。例如,之所以将价目表寄送、发布商业广告等行为归诸要约邀请之列,是要将是否订约的决定权留给行为人,否则行为人可能或者因为供应不足而陷入给付障碍,或者因为发布广告时思虑不周而蒙受损害。同样,展示窗上陈列的标价商品亦应作要约邀请对待,因为如果是要约,在店主雇佣数名店员的情况下,展示窗上的商品就会有遭到数卖的风险。[1]

有争议的是,超市与自助商店中陈列的商品,属于要约抑或要约邀请?德国有学者认为,为了让店主有机会考虑诸如存货状态、顾客的信用评价等具体情形,应由其最终决定缔约与否,因此,商品之陈列只是要约邀请,顾客在付款台出示商品方为要约[2];反对者则认为,除非店主明确为自己保留此等机会(如标明"限量供应之特价商品"),否则,商品之陈列,应视为要约,向款台出示则为承诺。[3] 台湾地区采后说[4],大陆学者亦从之。[5]

某些情况下,相对人需要得到特别保护,为此,《合同法》第 15 条第 2 款特设例外,将内容符合要约规定的商业广告,视为要约。这一例外的典型体现是最高法院《商品房买卖解释》第 3 条:"商品房的销售广告和宣传资料为要约邀请,但是出卖人就商品房开发规划范围内的房屋及相关设施所作的说明和允诺具体确定,并对商品房买卖合同的订立以及房屋价格的确定有重大影响的,应当视为要约。该说明和允诺即使未载入商品房买卖合同,亦应当视为合同内容,当事人违反的,应当承担违约责任。"司法解释作此规定,显然是为了让房屋买受人得到更好的法律保护。[6]

四、承诺

承诺是受要约人同意要约的意思表示(《合同法》第 21 条)。构成承诺,须具备以下条件:

(一) 意思表示向要约人作出

承诺原则上是需受领的意思表示,须针对要约人或其法定代理人作出。《合同法》第 22 条所谓"以通知的方式作出",宜应作此理解。

---

[1] Dieter Medicus, Allgemeiner Teil des BGB, 10. Aufl., 2010, Rn. 360.
[2] Rüthers/Stadler, Allgemeiner Teil des BGB, 16. Aufl., 2009, § 19 Rn. 5.
[3] Dieter Medicus, Allgemeiner Teil des BGB, 10. Aufl., 2010, Rn. 363.
[4] 王泽鉴:《债法原理》(第 2 版),北京大学出版社 2013 年版,第 175 页。
[5] 崔建远:《合同法》(第 2 版),北京大学出版社 2013 年版,第 39 页;韩世远:《合同法总论》(第 3 版),法律出版社 2011 年版,第 82 页。
[6] 参见韩延斌:《〈关于审理商品房买卖合同纠纷案件适用法律若干问题的解释〉的理解与适用》,载《法律适用》2003 年第 6 期,第 3 页。

不过,并非任何承诺都必须由要约人受领。第22条后段但书规定:"根据交易习惯或者要约表明可以通过行为作出承诺的除外。"此无需"通知"之承诺,学理称"意思实现"(Willensbetätigung)①,源于德国学者对《德国民法典》第151条的解释,是指通过履行、先占或使用行为订立契约之情形。② 如今,德国通说认为,第151条所规范之情形,亦须有承诺表示,唯其无须对方受领而已。③

根据《合同法》第22条后段但书,无须受领之承诺表示有两种情形:一是交易习惯,二是要约已作声明。关于交易习惯,《合同法解释二》第7条规定两类:第一,在交易行为当地或者某一领域、某一行业通常采用并为交易对方订立契约时所知道或者应当知道的做法;第二,当事人双方经常使用的习惯做法。构成此类交易习惯者如订酒店房间、餐馆桌位等。

(二) 对要约表示同意

承诺是对要约表示同意,因此,承诺内容应当与要约内容一致(《合同法》第30条第1句)。如果对要约作出实质性变更,即不再是承诺,而构成一个新要约(反要约)。所谓"实质性变更",依《合同法》第30条第3句之界定,是指"有关合同标的、数量、质量、价款或者报酬、履行期限、履行地点和方式、违约责任和解决争议方法等的变更"。

在某些情况下,严守承诺与要约的一致性,未必符合当事人意志,因为,某些契约条款之更动可能对要约人无足轻重。为使得契约订立更具灵活性,《合同法》第31条规定:"承诺对要约的内容作出非实质性变更的,除要约人及时表示反对或者要约表明承诺不得对要约的内容作出任何变更的以外,该承诺有效,合同的内容以承诺的内容为准。"

(三) 适时到达

承诺须适时到达要约人。迟到的承诺除非得到要约人认可,否则不构成适格承诺,而沦为新要约(《合同法》第28条)。

若是要约指定承诺期限,承诺须在此期限之内到达要约人(《合同法》第23条第1款),未确定承诺期限者,则分对话与非对话而有不同:要约以对话方式作出者,除非当事人另有约定,否则应即时作出承诺;以非对话方式作出者,承诺应在合理期限内到达(《合同法》第23条第2款)。合理期限,依合同类型之不同,循交易惯例为断。

对不在场人发出的意思表示,可能出现的情形是,原本能够于预定时间之前到达

---

① Larenz/Wolf, Allgemeiner Teil des Bürgerlichen Rechts, 9. Aufl., 2004, § 24 Rn. 21 ff.;张俊浩主编:《民法学原理》(下册)(修订第3版),中国政法大学出版社2000年版,第746页(姚新华)。

② Tilman Repgen, Abschied von der Willensbetätigung, AcP 200 (2000), 533, 535.

③ Reinhard Bork, Allgemeiner Teil des Bürgerlichen Gesetzbuchs, 3. Aufl., 2011, Rn. 749; Brox/Walker, Allgemeiner Teil des BGB, 34. Aufl., 2010, Rn. 181; Larenz/Wolf, Allgemeiner Teil des Bürgerlichen Rechts, 9. Aufl., 2004, § 30 Rn. 3; Detlef Leenen, BGB Allgemeiner Teil: Rechtsgeschäftslehre, 2011, § 8 Rn. 89; Dieter Medicus, Allgemeiner Teil des BGB, 10. Aufl., 2010, Rn. 382; Rüthers/Stadler, Allgemeiner Teil des BGB, 16. Aufl., 2009, § 19 Rn. 27.

相对人,却因为某种非可归责于发出人的事由未能顺利到达,如邮递过程中发生误投等投递故障,对此,《合同法》第29条规定:"受要约人在承诺期限内发出承诺,按照通常情形能够及时到达要约人,但因其他原因承诺到达要约人时超过承诺期限的,除要约人及时通知受要约人因承诺超过期限不接受该承诺的以外,该承诺有效。"《合同法》之规范意旨应值认可。

一般情况下,承诺人须就其选择的表示方式承担风险,因此,迟到的承诺对要约人不能构成到达。但这只是风险分配,承诺人对于承诺迟到并无过失,自不能适用过失归责。鉴于承诺之实际到达时间在要约人的控制之下,难以为承诺人获知,要约人欲要摆脱承诺的拘束力,依诚信原则,就负有告知承诺人迟到情况之义务,否则,承诺人有理由相信未迟到。如此,受领人拥有选择空间,表意人亦获得回旋余地。

承诺期限之确定,除期间长短外,还需要有起算点。依《合同法》第24条之规定,起算点分以下三种情形确定:第一,要约以信件或者电报作出的,承诺期限自信件载明的日期或者电报交发之日开始计算;第二,信件未载明日期的,自投寄该信件的邮戳日期开始计算;第三,要约以电话、传真等快速通讯方式作出的,承诺期限自要约到达受要约人时开始计算。

五、契约的特殊订立方式

(一) 交叉要约

所谓交叉(交错)要约(kreuzende Offerten),是指双方互为内容相同的要约。① 交叉要约能否订立契约,学者意见不一。肯定说认为,各自向对方发出内容一致的要约,即表明双方均有缔约意思,无须再为承诺即可成立契约;否定说则认为,应为当事人保留对要约承诺或拒绝之余地,因此交叉要约本身尚不足以成立契约。不过,现实中契约之订立,一般都需要经过反复商谈,交叉要约基本上仅具教学意义。② 我国通说认为,交叉要约具有"心有灵犀一点通"之特性,互达对方之时,契约成立。③

(二) 拍卖契约

所谓拍卖,依《拍卖法》第3条之定义,是指以公开竞价的形式,将特定物品或者财产权利转让给最高应价者的买卖方式。此涉及拍卖人、委托人、竞买人与买受人各方主体。拍卖契约以拍卖成交的方式成立。《拍卖法》第51条规定:"竞买人的最高应价经拍卖师落槌或者以其他公开表示买定的方式确认后,拍卖成交。"需要注意的

---

① 张俊浩主编:《民法学原理》(下册)(修订第3版),中国政法大学出版社2000年版,第740页(姚新华)。
② Werner Flume, Das Rechtsgeschäft, 4. Aufl., 1992, S.650 f.
③ 崔建远:《合同法》(第2版),北京大学出版社2013年版,第57页;韩世远:《合同法总论》(第3版),法律出版社2011年版,第105页;张俊浩主编:《民法学原理》(下册)(修订第3版),中国政法大学出版社2000年版,第740页(姚新华)。

是,第 52 条之买受人和拍卖人签署的确认书不是拍卖契约成立的标志,因为拍卖契约双方当事人是委托人和买受人,拍卖人只是职业中介。

(三) 招投标契约

招投标契约之订立,需要经过招标、投标、开标、评标与中标诸阶段。《招标投标法》第 45 条规定,中标人确定后,招标人应当向中标人发出中标通知书,中标通知书对招标人和中标人具有法律效力。第 46 条规定,招标人和中标人应当自中标通知书发出之日起三十日内,按照招标文件和中标人的投标文件订立书面契约。招标人和中标人不得再行订立背离契约实质内容的其他协议。自性质而言,中标通知书当属预约,双方当事人据此具有订立本约之义务,依《招标投标法》第 46 条所订立的书面契约,才是本约,因为中标通知书发出之后,双方当事人的义务只是订立书面契约,而不是履行契约义务。对此,《招标投标法》第 59 条的规定可资佐证:"招标人与中标人不按照招标文件和中标人的投标文件订立合同的,或者招标人、中标人订立背离合同实质性内容的协议的,责令改正;可以处中标项目金额千分之五以上千分之十以下的罚款。"

六、合意与不合意

契约属双方法律行为,是双方当事人意思表示一致的结果,契约订立则是谋求当事人合意的过程。问题在于:如何判断是否存在契约所需要的合意?如果当事人就某些事项未达成一致,或就契约成立与否存在争议,应如何认定?

合意是否达成,须以契约内容为断。问题是,当事人就哪些内容达成一致,即可认为契约成立?依《合同法》第 12 条第 1 款之规定,契约的必要条款通常包括当事人的名称或者姓名和住所,合同标的,数量,质量,价款或者报酬,履行期限、地点和方式,违约责任,解决争议的方法等内容。

当然,这不意味着,只有所有这些条款都具备,契约才能成立。首先,纠纷解决条款无关乎契约成立,因其无碍于契约目的之实现;其次,由《合同法》第 61 与 62 条可知,即便当事人就质量、价款(报酬)、履行地点、履行期限、履行方式等事项未约定或约定不明确,亦不影响契约之成立生效。在此基础上,《合同法解释二》第 1 条第 1 款第 1 句规定:"当事人对合同是否成立存在争议,人民法院能够确定当事人名称或者姓名、标的和数量的,一般应当认定合同成立。"

第六章 负担行为与处分行为

第十三节 基本概念

一、负担行为

负担行为系德语 Verpflichtungsgeschäfte 的汉译,直译"义务行为",是指使一方相对于他方承担一定行为义务的法律行为。该行为义务即给付义务(Leistungspflicht)。负有给付义务之人是债务人,因而,负担行为亦称债务行为(schuldliche oder obligatorische Rechtsgeschäfte),产生债法上的法律效果。[①] 从对方当事人着眼,负担行为亦可定义为创设给付请求权(债权)之行为[②],也许正是在此意义上,民国以来,汉语法学选择与"物权行为"具有对称美感的"债权行为"作为对译语词。

负担行为以契约为原则。单方负担行为较为少见,德国法上,仅包括悬赏广告(Auslobung)、捐助行为(Stiftungsgeschäft)与遗赠(Vermächtnis)寥寥数种。[③]

悬赏广告、捐助行为与遗赠

第一,悬赏广告已如前述。

第二,关于捐助行为。依《德国民法典》第80条第1款前段之规定,捐助行为系旨在设立财团法人之行为。德国通说以之为无需受领的单方法律行为,原因在于,既无人受领捐助人的意思表示,更不存在与之合意的相对人。[④] 显然,此以捐助人仅一人为前提。若财团法人为数人共同设立,则可成立共同行为,内部无妨存在捐助契约(Stiftungsvertrag)[⑤],外部则依然适用单方行为的规则。再依《德国民法典》第82条之

---

① Detlef Leenen, BGB Allgemeiner Teil: Rechtsgeschäftslehre, 2011, § 4 Rn. 19; Schwab/Löhnig, Einführung in das Zivilrecht, 18. Aufl., 2010, Rn. 437.

② Reinhard Bork, Allgemeiner Teil des Bürgerlichen Gesetzbuchs, 3. Aufl., 2011, Rn. 448; Dieter Medicus, Allgemeiner Teil des BGB, 10. Aufl., 2010, Rn. 207.

③ Fikentscher/Heinemann, Schuldrecht, 10. Aufl., 2006, Rn. 72.

④ Brox/Walker, Allgemeiner Teil des BGB, 34. Aufl., 2010, Rn. 735; Dieter Medicus, Allgemeiner Teil des BGB, 10. Aufl., 2010, Rn. 1166.

⑤ Reinhard Bork, Allgemeiner Teil des Bürgerlichen Gesetzbuchs, 3. Aufl., 2011, Rn. 223.

规定,捐助人有义务向财团移转财产。可见捐助行为属于负担行为。① 我实证法将设立财团法人之行为称"捐赠"。此捐赠并不限于设立基金会之行为(《基金会管理条例》第2条),尚包括向已成立之基金会的"捐赠"(《基金会管理条例》第25条第1款)。前一"捐赠"相当于德国法上的捐助(Stiftungsgeschäft);至于后一"捐赠",实际上是以基金会为受赠人的赠与契约(《基金会管理条例》第27条第2款),与捐助行为性质判然有别。

第三,关于遗赠。法律行为有所谓"死因处分"(Verfügung von Todes wegen)之类型,系遗嘱(Testament)与继承契约(Erbvertrag)的上位概念。② 遗赠以遗嘱为之,自属"死因处分"。照此推断,遗赠当为处分行为。然而,德国通说认为,死因处分之"处分"(Verfügung)不过是日常语词,具有误导性。通常所理解的"处分",是与负担行为相对应、直接发生权利变动的处分行为。此处则有不同。"死因处分"所表达的是,行为人生前最后一次对其财产作出概括性处置。简言之,所谓死因处分,仅仅意味着,此类行为须待被继承人死亡始得生效。③ 遗赠所生效力,并非令受遗赠人直接取得所有权,唯遗赠义务人有义务移转所给予的财产利益而已。④ 就此问题,民国以来直到台湾地区,通说皆从德国,持遗赠生债权效力(负担行为)说。⑤

遗赠行为在我国法律中属于负担行为抑或处分行为,端视实证法律规范为之设定的法律效果而定。

《继承法》第25条第2款规定:"受遗赠人应当在知道受遗赠后两个月内,作出接受或者放弃受遗赠的表示。到期没有表示的,视为放弃受遗赠。"该款所涉及者,首先是遗赠之单方行为抑或双方行为性质。由于该性质之认定将对遗赠的法律效果构成影响,故分析不妨自单方行为与双方行为的区分入手。

受遗赠人需要积极作出"接受"的意思表示,方可主张受遗赠之权利。自文义观之,此规范立场与台湾地区"民法"第1207条正好相反:"继承人或其他利害关系人,得定相当期限,请求受遗赠人于期限内为承认遗赠与否之表示;期限届满,尚无表示者,视为承认遗赠。"台湾地区"民法"所遵循者,乃典型的单方法律行为之规范结构:单方法律行为一经作出,即已生效,无需受益人作出肯认意思表示以为迎合;若受益

---

① Larenz/Wolf, Allgemeiner Teil des Bürgerlichen Rechts, 9. Aufl., 2004, § 12 Rn. 10; Dieter Medicus, Allgemeiner Teil des BGB, 10. Aufl., 2010, Rn. 1166.
② Brox/Walker, Erbrecht, 23. Aufl., 2009, Rn. 83; Dieter Leipold, Erbrecht, 17. Aufl., 2009, Rn. 36.
③ Reinhard Bork, Allgemeiner Teil des Bürgerlichen Gesetzbuchs, 3. Aufl., 2011, Rn. 450; Brox/Walker, Erbrecht, 23. Aufl., 2009, Rn. 83 f.; Dieter Leipold, Erbrecht, 17. Aufl., 2009, Rn. 36.
④ Brox/Walker, Erbrecht, 23. Aufl., 2009, Rn. 83 f.; Lange/Kuchinke, Erbrecht, 5. Aufl., 2001, S. 623 f.; Dieter Leipold, Erbrecht, 17. Aufl., 2009, Rn. 768.
⑤ 陈棋炎、黄宗乐、郭振恭:《民法继承新论》(修订7版),台湾三民书局2011年版,第350页(黄宗乐);戴炎辉、戴东雄:《中国继承法》(第16版),2001年版,第308页;林秀雄:《继承法讲义》(第5版),台湾自版发行2012年版,第296页;史尚宽:《继承法论》,中国政法大学出版社2000年版,第516页。

人不欲接受,得以意思表示否定之。由此返观,《继承法》之"接受"似颇接近于契约订立之"承诺",而遗赠意思表示则相应成为"遗赠契约"之"要约"。

不过,上述解释虽与第25条第2款文义不冲突,却存在体系障碍:第一,遗赠表示若为要约,即属需受领之意思表示,以向相对人作出为必要,但《继承法》未要求遗赠表示须向受遗赠人作出。第二,遗赠表示若为要约,受遗赠人惟于遗赠表示到达后始得承诺(《合同法》第16条第1款),但依《继承法》第25条第2款规定,受遗赠人须自"知道受遗赠"时起作出接受或放弃之表示,而"知道受遗赠"未必以遗赠表示到达为前提;再者,遗赠人死亡前,得随时撤回遗赠,因而,即便遗赠表示曾向受遗赠人作出,遗赠人死亡前的承诺亦无意义。第三,遗赠以遗嘱的方式作出,而遗嘱乃单方法律行为无疑。

基于上述理由,《继承法》第25条第2款之"接受"不宜作"承诺"理解,毋宁是受遗赠人行使权利之表示。于是,受遗赠人所行使权利的性质,便成为判断遗赠行为属于负担行为抑或处分行为的关键,因为该权利若为遗赠物之所有权,即意味着,遗赠直接导致遗赠物所有权变更,属于处分行为。

进一步的解释需要求诸《继承法意见》第53条。该条规定:"继承开始后,受遗赠人表示接受遗赠,并于遗产分割前死亡的,其接受遗赠的权利转移给他的继承人。"受遗赠人于遗产分割前死亡,向其继承人移转的是"接受遗赠的权利",而非遗赠物之所有权。这表示,遗赠并不直接导致所有权移转。所以,我国继承法上的遗赠表示属于单方设定义务之负担行为。

然而,上述原本尚属清楚的法律格局,因《物权法》第29条而变得模糊。该条规定,因受遗赠而取得物权者,自受遗赠开始时发生效力。据此,遗赠应具有物权行为之效力。以单方行为而生所有权移转之效力,受遗赠人的意志即不在考虑之列,利益强加之程度,远甚于以遗赠为单方负担行为。不过,《物权法》第29条的文义并非无其他解释之可能。条文所称"受遗赠"若解释为"接受遗赠",则可与《继承法》及其司法解释相协调。此举虽与语词惯常用法有所偏离,但毕竟勉强可收弥合体系裂缝之功,相比之下,应较具可接受性。即便如此,《物权法》将遗赠与继承并列、同归"非基于法律行为而取得物权"之情形的做法仍令人费解。之所以如此,笔者揣测,立法者也许混淆了遗赠与遗嘱继承,进而混淆了遗嘱继承与法定继承。

商事领域亦存在若干单方负担行为,其中尤以票据行为为典型,如汇票的背书(《票据法》第27条第4款)、承兑(《票据法》第38条)、保证(《票据法》第45条)。背书人、承兑人或保证人一旦将相应意思表示记载于汇票,即须承担票据债务。另外,我实证法上,一人亦可设立有限公司(《公司法》第57条),而设立人有义务在公司设立后履行出资义务、向公司移转相应财产权利(《公司法》第28条第1款)。此一人公

司之设立行为当属单方负担行为。

除上述少量单方行为外,其余负担行为均为契约,称债务契约(Schuldverträge)。债务契约最集中规定于《合同法》。《合同法》所称合同概念虽然未必局限于债法领域,但所列举的15种有名契约均属负担契约。其中最具说明价值的是买卖契约。根据《合同法》之规定,买卖契约的法律效果是出卖人与买受人各负义务:出卖人负担向买受人交付标的物或者交付提取标的物的单证、并移转标的物所有权的义务(第135条),买受人则负担向出卖人支付价金的义务(第159条)。债务契约可能是双方互负给付义务的双务契约(gegenseitige Verträge),如买卖契约、租赁契约(《合同法》第212条),亦可能是仅有一方负给付义务的单务契约(einseitig verpflichtende Verträge),如赠与契约(《合同法》第185条)。

二、处分行为

处分行为(Verfügungsgeschäfte)是直接让与权利(übertragen)、变更权利内容(inhaltlich verändern)、设定权利负担(belasten)或废止权利(aufheben)之法律行为。① 需要注意的是,作为处分行为的设定权利"负担"(Belastung)与负担行为之"负担"(Verpflichtung)异其所指,前者是为权利设立物权性负担,如抵押权、质权等他物权,后者则指给付义务。

处分行为之处分标的若为物权,称物权行为(dingliche oder sachenrechtliche Rechtsgeschäfte),对应于前述"债权行为"。德国法的典型表现是《德国民法典》第873条(不动产所有权之让与)与929条(动产所有权之让与)。我国《物权法》第9条第1款及第23条分别对不动产与动产物权的"设立、变更、转让和消灭"作有一般性规定,是否如德国法般承认物权行为,则存在不同解释。除物权之外,诸如债权、著作财产权等权利亦得成为处分标的,前者如债权让与(《合同法》第79条),后者如著作财产权的让与(《著作权法》第25条)或出质(《著作权法》第26条、《物权法》第223条第5项)等。可见,处分行为系物权行为之上位概念,不过,德国法上,鉴于物权系处分行为之典型标的,故在非严格意义上,处分行为与物权行为常作同义概念互换使用。② 相应的,其他处分行为则称准物权行为。

有如负担行为,处分行为亦以契约为原则。德国法上,单方处分行为只是罕见的

---

① Reinhard Bork, Allgemeiner Teil des Bürgerlichen Gesetzbuchs, 3. Aufl., 2011, Rn. 450; Brox/Walker, Allgemeiner Teil des BGB, 34. Aufl., 2010, Rn. 104; Heinz Hübner, Allgemeiner Teil des Bürgerlichen Gesetzbuches, 2. Aufl., 1996, Rn. 631; Larenz/Wolf, Allgemeiner Teil des Bürgerlichen Rechts, 9. Aufl., 2004, § 23 Rn. 35; Detlef Leenen, BGB Allgemeiner Teil: Rechtsgeschäftslehre, 2011, § 4 Rn. 20; Dieter Medicus, Allgemeiner Teil des BGB, 10. Aufl., 2010, Rn. 208; Rüthers/Stadler, Allgemeiner Teil des BGB, 16. Aufl., 2009, § 16 Rn. 10.

② Reinhard Bork, Allgemeiner Teil des Bürgerlichen Gesetzbuchs, 3. Aufl., 2011, Rn. 451; Brox/Walker, Allgemeiner Teil des BGB, 34. Aufl., 2010, Rn. 104.

例外,基本上只存在所有权之抛弃(《德国民法典》第959条)一种。其他无论是不动产物权之让与(《德国民法典》第873条),抑或动产物权之让与(《德国民法典》第929条),均明确以合意(Einigung)为要,甚至为了贯彻契约原则,债权之抛弃即债务免除亦被规定为契约(《德国民法典》第397条)。对于后者,汉语通说则以之为单方行为。①

负担行为与处分行为之识别

甲每天上班都要在路过乙的报亭时买一份单价1元的日报。这天,甲把一张5元的纸币放在柜台。乙收下后,放回4个1元的硬币和一份日报。甲收起钱和报纸,继续走路。请问:存在几项法律行为?②

在负担行为与处分行为分立的格局下,存在7项法律行为:第一,甲乙就日报订立一项买卖契约,此属负担行为。根据买卖契约,出卖人乙负有向买受人甲移转日报所有权及日报占有之义务,买受人甲则负有支付价金之义务。第二,乙为履行买卖契约,将一份日报的所有权移转于甲,甲表示接受,双方实施的日报所有权让与行为系处分行为,以合意为要件,故为契约。第三,甲为履行买卖契约,将一张面值5元的纸币所有权移转于乙,乙表示接受,此纸币所有权让与契约亦为处分行为。第四,乙将4个面值1元的硬币找给甲,双方实施4项硬币所有权让与契约。全部7项法律行为中,除买卖契约属于债权契约外,其余6项行为均以所有权为处分标的,发生所有权让与之效果,皆为物权契约。③

三、概念关联

负担行为与处分行为之区分,建立在财产法债物二分的基础上,并由此形成被称为德国法系标志的物权行为理论。④ 王泽鉴教授形象喻之为"民法上的任督二脉"。⑤ 不过,负担行为与处分行为未必在任何情况下均相伴而生。概括而言,负担行为与处

---

① 韩世远:《合同法总论》(第3版),法律出版社2011年版,第575页;孙森焱:《民法债编总论》(下册),法律出版社2006年版,第922—923页。

② 案例改编自:Rüthers/Stadler, Allgemeiner Teil des BGB, 16. Aufl., 2009, § 16 Rn. 8.

③ 如果是以银行转账方式支付报款,将涉及买卖契约当事人与银行的关系,如果是在不同银行之间转账,将进一步涉及银行间关系。又如果是以刷卡方式结算,更须加入中国银行卡联合组织("银联"),在此关系中,刷借记卡(储蓄卡)与贷记卡(信用卡)又有不同。鉴于法律关系复杂,本书不做深入讨论。

④ Larenz/Wolf, Allgemeiner Teil des Bürgerlichen Rechts, 9. Aufl., 2004, § 23 Rn. 86;〔德〕K. 茨威格特、H. 克茨:《"抽象物权契约"理论——德意志法系的特征》,孙宪忠译,王晓晔校,载《外国法译评》1995年第2期,第25页。

⑤ 王泽鉴:《民法总则》(最新版),北京大学出版社2014年版,第243页。

分行为的关系呈三种状态。

首先,仅存在负担行为而无处分行为。例如,无偿的保管契约,保管人负有妥善保管并到期归还保管物之义务(《合同法》第 365 条),当中并不存在权利让与、权利内容变更、设定权利负担或权利废止之情形;再如,甲委托乙用自己的设备代为录制电视节目,若为无偿,仅是受任人负有完成委任事务之义务(《合同法》第 396 条),亦无权利被处分。

其次,仅存在处分行为而无负担行为。典型者如,抛弃所有权,只存在一个孤立的处分行为。

最后,负担行为与处分行为同时存在。"任督二脉"之意义,集中于这一情形。物权行为理论之所谓分离原则与抽象原则,以同时存在负担行为与处分行为为前提。其中,买卖契约及其履行最具说明价值。买卖双方不仅因为负担行为而互负义务,为履行义务,还各与对方实施处分行为。其他非典型情形如,赠与系单务契约,仅赠与人负担义务,亦仅赠与人为履行义务需要处分权利;租赁虽系双务契约,但出租人负有义务而不必实施处分行为,承租人则不仅负有义务,尚须处分权利(支付租金);与租赁契约类似的情形尚包括有偿的保管契约(《合同法》第 366 条第 1 款)、仓储契约(《合同法》第 381 条)等。

四、区分标准

(一)法律效果

负担行为与处分行为之分类,系以行为所生法律效果为基本标准。当事人一方因负担行为而负有给付义务,对方因此享有要求履行之请求权;处分行为则直接变动一项权利。二者区别具体表现在:

首先,负担行为与处分行为虽均与权利有关,但因负担行为而生的请求权之前并不存在,即,请求权本身因负担行为而新生[1];处分行为所变动的则是既存权利。换言之,创设或取得新权利,均非处分行为。[2]

其次,负担行为不会直接引起当事人积极财产(Aktiva)即权利的减少,只是增加其消极财产(Passiva)即义务;处分行为则导致处分人积极财产的直接减少。[3] 例如,买卖契约生效,只是为出卖人增加一项移转标的物所有权、为买受人增加一项支付价金之义务,但双方并不因此实际失去标的物所有权或价金所有权,在出卖人实施移转标的物所有权之处分行为、买受人实施移转价金所有权之处分行为后,各自积极财产

---

[1] Reinhard Bork, Allgemeiner Teil des Bürgerlichen Gesetzbuchs, 3. Aufl., 2011, Rn. 448.
[2] Larenz/Wolf, Allgemeiner Teil des Bürgerlichen Rechts, 9. Aufl., 2004, § 23 Rn. 35; Detlef Leenen, BGB Allgemeiner Teil: Rechtsgeschäftslehre, 2011, § 4 Rn. 24.
[3] Reinhard Bork, Allgemeiner Teil des Bürgerlichen Gesetzbuchs, 3. Aufl., 2011, Rn. 452; Brox/Walker, Allgemeiner Teil des BGB, 34. Aufl., 2010, Rn. 103 f.

才相应减少。

再次,负担行为之义务需要借助给付行为而得到履行(Erfüllung)①,若未履行,义务人可能陷入给付障碍(Leistungsstörung)或债务不履行(Nichterfüllung)境地并因此承担损害赔偿责任;处分行为则不存在履行问题,自身即是负担行为所确立之给付义务的履行行为。② 为此,买卖契约之履行具有双重意义:债法上的给付行为产生清偿效果(《合同法》第91条第1项)以及物法上的让与行为生所有权变动效果。

(二) 处分权

由于负担行为仅令当事人负担给付义务,而不直接变动权利,故无处分权之要求,相反,处分行为之有效以处分权为必要。这意味着,出卖他人之物的买卖契约,不会因为出卖人对于标的物无处分权而出现效力瑕疵。此时,买受人有权依有效的买卖契约请求出卖人履行移转标的物所有权之义务,若出卖人在履行义务时已成为标的物所有权人或至少已取得处分权,自可依约履行无碍,但若是迄无处分权,处分行为之效力,端视处分权人而定(《合同法》第51条)。处分权人否认其效力时,出卖人将因无法移转所有权而陷于给付障碍状态,买受人可依有效的买卖契约主张损害赔偿(《买卖合同解释》第3条第2款)。简言之,若无处分权,出卖人不能(können nicht)处分权利,同时,不许(dürfen nicht)以之为理由,拒绝履行义务。③ 如此,买受人与处分权人的利益均得到合理保护。

不仅如此,由于负担行为只是为对方创设请求权,而请求权只是请求义务人作出给付,彼此之间并不存在效力的优先性(债权平等原则),任何请求权均不得以自身的存在为由,否认其他请求权的效力。这意味着,负担行为具有兼容性,就同一标的物而缔结的数重买卖契约,可同时有效。另一方面,出卖人虽对任一契约均有义务履行,但在处分权利时,拥有处分自由,只要债务已届清偿期,出卖人可自由选择任一债权人让与权利。④ 权利被让与后,出让人便失去该权利,不得再让与他人。因而,权利之处分,不具有兼容性,奉行"优先原则"(Prioritätsgrundsatz),首次作出的处分行为始

---

① Schwab/Löhnig, Einführung in das Zivilrecht, 18. Aufl., 2010, Rn. 436.
② Ernst Zitelmann, Der Wert eines „Allgemeinen Teils"des bürgerlichen Rechts, 1905, S.15 f.
③ Brox/Walker, Allgemeiner Teil des BGB, 34. Aufl., 2010, Rn. 109.
④ 《买卖合同解释》第9条:"出卖人就同一普通动产订立多重买卖合同,在买卖合同均有效的情况下,买受人均要求实际履行合同的,应当按照以下情形分别处理:(一) 先行受领交付的买受人请求确认所有权已经转移的,人民法院应予支持;(二) 均未受领交付,先行支付价款的买受人请求出卖人履行交付标的物等合同义务的,人民法院应予支持;(三) 均未受领交付,也未支付价款,依法成立在先合同的买受人请求出卖人履行交付标的物等合同义务的,人民法院应予支持。"三项情形分别确立三项规则:交付在先,权利优先;支付在先,权利优先;成立在先,权利优先。这些规则虽然看起来与动产公示效力相呼应(规则一)并鼓励尽快履行契约(规则二),但对出卖人的处分权明显构成不当限制——尤以规则三为甚,亦违反债的相对性原理。

属有效。① 至于其他未获满足的债权人,则可依有效的买卖契约要求出卖人承担损害赔偿责任(《合同法解释二》第 15 条)。

(三) 效力的相对性与绝对性

处分权之所以不影响负担行为的效力,除上述理由外,还在于负担行为约束当事人双方,仅具相对效力。义务固然只对特定人(债权人)而存在,由此创设的债权,亦只能针对特定人(债务人)主张(债的相对性原理)。② 债权契约之外的第三人(处分权人)既不受该契约之约束,自无从影响其有效性。相反,处分行为则生绝对效力,权利之处分,对任何人而言,均生变动效力。③ 若所处分的权利本身亦属绝对权,如物权,则该权利变动还需要公示(《物权法》第 6 条、第 9 条第 1 款及第 23 条),以便能为公众所知。④

(四) 特定原则与确定原则

处分行为奉客体特定(Spezialitätsgrundsatz)与确定原则(Bestimmtheitsgrundsatz)。⑤

所谓特定原则,是指作为处分行为客体的,必须是一项权利或一项权利之部分,而不得是一束权利(权利集合)。换言之,存在几项权利,就对应几项处分行为。之所以如此,系基于法律关系的清晰性考虑:一项行为处分一项权利,可独立观察各项处分行为的效力,有助于准确分析效力瑕疵之所在并寻求针对性的解决之道。⑥ 处分行为的客体特定原则与物权客体特定原则相呼应,后者要求,物权仅存在于确定的一物之上,相应的,每一行为亦仅能处分一物。⑦

确定原则是指,至迟在处分行为生效之时,必须明确所处分的具体是哪项权利。⑧ 无论债权物权,在被处分之前,都必须得到明确。确定原则与特定原则的区别在于,前者要求处分标的需要确定,后者则强调一项行为只能处分一项权利。⑨

---

① Reinhard Bork, Allgemeiner Teil des Bürgerlichen Gesetzbuchs, 3. Aufl., 2011, Rn. 455; Brox/Walker, Allgemeiner Teil des BGB, 34. Aufl., 2010, Rn. 110; Heinz Hübner, Allgemeiner Teil des Bürgerlichen Gesetzbuches, 2. Aufl., 1996, Rn. 632.

② Medicus/Lorenz, Schuldrecht I: Allgemeiner Teil, 19. Aufl., 2010, Rn. 30.

③ Reinhard Bork, Allgemeiner Teil des Bürgerlichen Gesetzbuchs, 3. Aufl., 2011, Rn. 453; Heinz Hübner, Allgemeiner Teil des Bürgerlichen Gesetzbuches, 2. Aufl., 1996, Rn. 626, 631; Larenz/Wolf, Allgemeiner Teil des Bürgerlichen Rechts, 9. Aufl., 2004, § 23 Rn. 54 ff.

④ Reinhard Bork, Allgemeiner Teil des Bürgerlichen Gesetzbuchs, 3. Aufl., 2011, Rn. 458; Dieter Medicus, Allgemeiner Teil des BGB, 10. Aufl., 2010, Rn. 211.

⑤ 德国亦有学者将两原则合而为一,统称特定原则或确定原则。Reinhard Bork, Allgemeiner Teil des Bürgerlichen Gesetzbuchs, 3. Aufl., 2011, Rn. 457; Dieter Medicus, Allgemeiner Teil des BGB, 10. Aufl., 2010, Rn. 209.

⑥ Schwab/Löhnig, Einführung in das Zivilrecht, 18. Aufl., 2010, Rn. 459.

⑦ Brehm/Berger, Sachenrecht, 2. Aufl., 2006, § 1 Rn. 42; Hans Josef Wieling, Sachenrecht, Bd. 1, 2006, S. 22.

⑧ Schwab/Löhnig, Einführung in das Zivilrecht, 18. Aufl., 2010, Rn. 462.

⑨ Brehm/Berger, Sachenrecht, 2. Aufl., 2006, § 1 Rn. 43.

负担行为不适用特定原则。无论想要让对方负担几项所有权的移转义务,均不妨包括在一项买卖契约中。① 至于确定性,负担行为亦有此要求,唯程度有所不同。债权契约仅需具有可履行性即为已足,不必确定至具体的标的物,因而,种类之债、选择之债、未来物买卖乃至他人之物,均不影响契约生效,只不过,当义务人实际履行义务时,种类之债须具体化为特定之债、选择之债须确定为单一之债、未来物须现实化、对于他人之物须取得处分权,之所以如此,原因正在于,旨在变动权利的履行行为系处分行为,标的物未经确定,无法履行。

(五) 目的无涉

"行为人何以移转权利"系处分行为的原因(典型交易目的),如果该法律原因表现为法律行为,即是作为处分行为原因行为(基础行为)的负担行为。相同的让与所有权之行为,可基于不同的法律原因作出,或者是买卖,或者是赠与,不一而足,因此,作为原因行为(债权行为)之履行行为的处分行为(物权行为)目的无涉(Zweckfreiheit)。② 换言之,处分行为只是移转权利,内容禁令或善良风俗等道德判断对其效力一般不构成影响。③ 负担行为则因其给出处分行为之法律原因,需要接受善良风俗的检验。

第十四节 分离原则

一、分离原则的含义

负担行为与处分行为之区分,最具意义的,是产生所谓的物权行为理论。该理论由分离原则与抽象原则两部分组成。

因履行债法义务而变动物权时,变动物权的法律行为与设定债法义务的法律行为相互分离,彼此独立。后者称债权行为;前者称物权行为。此之谓"分离原则"(Trennungsgrundsatz),汉语亦称"独立性原则"。法律规范由构成要件与法律效果两部分组成,分离原则的意义亦可作此两层理解:其一,效果分离,即法律行为之债法效力与物法效力相分离;其二,要件分离,即产生债法效力者与产生物法效力者分属两项相互独立的法律行为,各有其构成要件。④ 若与抽象原则一并出现,分离原则一般在后一意义上使用。

---

① Schwab/Löhnig, Einführung in das Zivilrecht, 18. Aufl., 2010, Rn. 460.
② Larenz/Wolf, Allgemeiner Teil des Bürgerlichen Rechts, 9. Aufl., 2004, § 23 Rn. 72.
③ Rüthers/Stadler, Allgemeiner Teil des BGB, 16. Aufl., 2009, § 26 Rn. 44.
④ Brehm/Berger, Sachenrecht, 2. Aufl., 2006, § 1 Rn. 19.

二、分离原则的基础

(一) 理念基础

私法自治理念下，法律效果基于行为人意志产生。这意味着，行为人欲以何种行为发生何种法律效果，由行为人自主决定。行为人可能通过行为负担给付义务，使得对方产生给付请求权，此等行为建立债法关系，故以债权行为相称；行为人亦可能通过行为直接变动权利，所变动的权利若为物权，称物权行为，若导致其他权利的变动，则称准物权行为。

正义法则[①]与分离原则

占有的稳定性(the stability of possesion)、财产基于同意而移转(the transference of property by consent)以及履行允诺(the performance of promises)的法则，是休谟总结的人类社会三项基本法则。其中，占有乃是社会形成之初，确定财产权归属的初始规则；后两项法则则表明，财产基于自由意志而移转是人类交往的基本正义规则，其间所体现的思考进路，与德国法上的分离原则如出一辙。

自然状态下，财产权概念并不存在。因而，"划定财产、稳定财物占有的协议，是确立人类社会的一切条件中最必要的条件"。[②]

占有是偶然的机会行为，虽然具有稳定财产权之功能，但远不足以满足人的多样需求。在不破坏和平秩序的前提下，占有者之间有必要依各自意志互通有无。由此产生"财产基于同意而转移"之法则。然而，这一法则仍不敷使用，因为，即时交易式的财产转移意义有限。休谟指出："一个人不能转移六十里以外的一所特定房屋的财产权，因为这种同意不能伴有交付，而交付是一个必需的条件。一个人也不能凭着单纯的表示和同意转移出十斛谷或五大桶酒的财产权；因为这些只是一般的名词，与任何一堆特定的谷或某些大琵琶桶的酒毫无直接关系。"[③]前者表明，仅仅是愿意移转财产之允诺本身，尚不足以导致财产权发生变动；后者则表明，在客体被特定化之前，不可能发生具体财产权的变动。

为使得远程交易与种类物交易能够顺利完成，第三项法则便不可或缺——履行允诺。履行允诺本非自然法则之要求，因为，基于利己的本性，任何利他行为或者不可理解，或者不具有道德约束力。就此而言，"许诺是以社会的需要和利益为基础的

[①] 详参〔英〕休谟：《人性论》(下册)，关文运译，郑之骧校，商务印书馆1996年版，第2章"论正义与非义"，尤其是第2—5节(第525—566页)；并参 David Hume, *A Treatise of Human Nature*, Clarendon Press, 1896, pp. 477 ff. 若干措辞与术语笔者根据英文原著有所改译。

[②] 〔英〕休谟：《人性论》(下册)，关文运译，郑之骧校，商务印书馆1996年版，第532页。

[③] 同上书，第560—561页。

人类的发明"。① 申言之,人类天性利己,在本性上难以为他人利益而行为,除非在此过程中可同时实现自己的利益,并且,自己此等利益之实现须以利他行为为前提。如此,履行对于他人的诺言,即构成人类互利交往的基础。若可随意违反而无需承担不利后果,人类交往的信任关系将为之颠覆。

将后两项法则转换成德国法律术语,"财产基于同意而转移",此处"同意"(consent),即是所谓"物权合意",而允诺(promise),令允诺人负担履行义务,显然是对应于"债权行为"。物权行为与债权行为分离之观念,昭然若揭。至于使得允诺具有拘束力的利益关系,则构成法律行为(债权行为)之法律原因。

(二) 规范基础

1. 债物二分

债物二分的概念体系,在逻辑上就已经蕴含发生债法效力的法律行为与发生物法效力的法律行为之分立。就此而言,只要民事立法是在德国式债物二分的格局下展开,债权行为与物权行为的分离,即是逻辑必然。② 相反,《法国民法典》因其尚未分立债物,也就无从想象分离原则,将所有权变动效果附着于买卖契约(《法国民法典》第1583条)自在情理之中。

介于德法之间的是日本。《日本民法典》移植德国债物二分的概念体系,第176条("物权的设定及移转,仅因当事人的意思表示而发生效力")却又是受法国影响的结果。"兼采众家"的后果是,规范体系出现重大错乱。③ 为弥补这一漏洞,直至今日,日本学界仍在殚精竭虑寻找实证法框架之内合乎逻辑的解释。其间虽然学说层出,创意不断,效果却似乎始终不尽如人意。

2. 物权客体特定原则

物权客体特定原则(一物一权原则)的基本含义是:"物权只存在于确定的一物之上,相应地,每一行为亦只能处分一物。"④该项原则服务于物权的清晰性。清晰性不仅体现在静态的权利内容方面,更体现在动态的物权移转方面。由于一物之上存在、且只存在一个物权,移转一项权利便需要一项行为。物权行为若不独立于债权行为,物权客体特定原则将被消解,因为,债权行为并不要求客体特定化,无论负担几项义

---

① 〔英〕休谟:《人性论》(下册),关文运译,郑之骧校,商务印书馆1996年版,第559页。
② 亦见葛云松:《物权行为理论研究》,载《中外法学》2004年第6期,第724页;苏永钦:《物权行为的独立性与无因性》,载氏著:《私法自治中的经济理性》,中国人民大学出版社2004年版,第123—124页;孙宪忠:《再谈物权行为理论》,载《中国社会科学》2001年第5期,第125—126页;田士永:《物权行为理论研究》,中国政法大学出版社2002年版,第329页以下。
③ 苏永钦:《物权行为的独立性与相关问题》,载氏著:《私法自治中的经济理性》,中国人民大学出版社2004年版,第156页。
④ Brehm/Berger, Sachenrecht, 2. Aufl., 2006, § 1 Rn. 42; Hans Josef Wieling, Sachenrecht, Band 1, 2006, S. 22.

务,均无妨包含于同一意思表示。这在所谓"一括买卖、分批履行"的情形下,意义尤其突出。无论国内交易抑或国际贸易,一笔订单分期交货的交易形式均属正常。如果所有权的移转只能附着于一次买卖合意,那么,分期交付标的物之所有权移转问题,将无可避免地面临解释困境。①

三、分离原则否定论

否定分离原则的各项主张之间,彼此未必能够兼容。概括而言,否定理由大致可分两类。其一,客观上并无物权行为之存在。此又包括两亚类:一是债权契约即足以导致物权变动,故债权契约与物权变动系一体行为;二是债权契约辅以事实行为可导致物权变动。其二,观念上不容有物权行为之存在。此亦含两亚类:一是日常观念上,分离原则过于疏离生活;二是法律观念上,行为人的债权意思与物权意思应作一体把握。以下分述之。

(一) 行为一体抑或行为分离?

行为一体论的基本主张是,买卖契约旨在变动所有权,因而,买卖契约本身与构成契约目的的所有权移转彼此不可分离,系一体行为。如此,不必有分离原则,所有权移转系买卖契约的当然效果。这一见解,是新中国成立后直至20世纪整个80年代的绝对通说。

1949年后我国物权变动学说概略

民国继受德国物权行为理论,虽然鲜见专书专论,但教科书普遍予以肯定。物权行为系彼时法律人习见概念无疑。

1949年之后,物权行为理论蓦然淡出法学家的视野。中央政法干部学校民法教研室编著的《中华人民共和国民法基本问题》一书系新政权首部民法教科书,亦是迄至20世纪80年代初唯一一部公开出版的民法教科书。该书对于"物权行为"只字未提,同时,在谈及买卖契约的效力时,书中指出:"出卖人的财产所有权因出卖而消灭,买受人对于标的物的所有权因买受而发生。"②显然是认为,所有权变动系买卖契约效力的结果。

文革结束后,民法教科书相继出版。20世纪80年代,仅有部分教科书在叙述法

---

① 苏永钦:《物权行为的独立性与无因性》,载氏著:《私法自治中的经济理性》,中国人民大学出版社2004年版,第129页。
② 中央政法干部学校民法教研室编著:《中华人民共和国民法基本问题》,法律出版社1958年版,第213页。

律行为的分类时一笔带过式地提及物权行为与债权行为①或要因行为与不要因行为②之分类,并且,在叙述所有权的变动时,但凡有所涉及,均对原因行为(债权行为)与直接导致权利移转的处分行为(物权行为)未加区辨,直接以"买卖合同"作为所有权的取得方式。③

1989年,受日本学说影响的梁慧星教授在《法学研究》第6期发表大作《我国民法是否承认物权行为》,既让物权行为概念正式浮出水面,并且接续之前买卖契约直接导致所有权变动的学界通说。

随后,首版于1991年的教科书《民法学原理》则对物权行为理论持肯定态度。该书不仅较为详细介绍"处分行为与负担行为"及"有因行为与无因行为"之分类,并且在"物权通论"章为"物权行为"单辟一节,系统分析了物权行为的概念、形式、特征、构成要件等基本内容。④ 1996年,德国负笈归来的孙宪忠教授在《法学研究》第3期发表《物权行为理论探源及其意义》一文,借助一手德文文献,倡导物权行为理论,正面挑战通说。

之后的十数年间,物权行为理论越来越成为学术热点,反对⑤与支持⑥二阵营论

---

① 例如,金平主编:《民法学教程》,内蒙古大学出版社1987年版,第105页(陈训敬);寇志新主编:《民法学》(上册),陕西科学技术出版社1989年版,第161页(寇志新);佟柔、赵中孚、郑立主编:《民法概论》,中国人民大学出版社1982年版,第57页(杨大文);王利明、郭明瑞、方流芳:《民法新论》(上册),中国政法大学出版社1988年版,第370页;

② 例如,金平主编:《民法学教程》,内蒙古大学出版社1987年版,第105页(陈训敬);寇志新主编:《民法学》(上册),陕西科学技术出版社1989年版,第161页(寇志新);《民法教程》编写组:《民法教程》,复旦大学出版社1987年版,第62页;全国第三期法律专业师资进修班民法班整理:《中华人民共和国民法原理》(上册),1983年版,第178页(佟柔);西北政法学院民法教研室编:《民法原理讲义》,1982年版,第76页(王家祯);周元伯主编:《中国民法教程》,南京大学出版社1989年版,第121页(曾昭华)。

③ 例如,金平主编:《民法学教程》,内蒙古大学出版社1987年版,第105页(王光明);江平、张佩霖:《民法教程》,中国政法大学出版社1988年版,第130页(江平);《民法教程》编写组:《民法教程》,复旦大学出版社1987年版,第112、185页;佟柔、赵中孚、郑立主编:《民法概论》,中国人民大学出版社1982年版,第195页(郑立);佟柔主编:《民法原理》(修订本),法律出版社1986年版,第281页;王利明、郭明瑞、吴汉东:《民法新论》(下册),中国政法大学出版社1988年版,第69页;王忠、苏惠祥、龙斯荣、王建明:《民法概论》,黑龙江人民出版社1984年版,第304页;王作堂等编:《民法教程》,北京大学出版社1983年版,第139页;西北政法学院民法教研室编:《民法原理讲义》,1982年版,第119页(张效友);杨振山、王遂起:《中华人民共和国民法讲义》,1984年版,第333页(王遂起)。

④ 张俊浩主编:《民法学原理》,中国政法大学出版社1991年版,第227—230页(张俊浩)、第370—380页(刘心稳)。

⑤ 例如,陈华彬:《论基于法律行为的物权变动》,载梁慧星主编:《民商法论丛》(第6卷),法律出版社1997年版;崔建远:《从立法论看物权行为与中国民法》,载《政治与法律》2004年第2期;崔建远:《从解释论看物权行为与中国民法》,载《比较研究》2004年第2期;米健:《物权抽象原则的法理探源与现实斟酌》,载《比较法研究》2001年第2期;王利明:《物权行为若干问题探讨》,载《中国法学》1997年第3期;王轶:《物权变动论》,中国人民大学出版社2001年版。

⑥ 例如,葛云松:《物权行为理论研究》,载《中外法学》2004年第6期;李永军:《我国民法上真的不存在物权行为吗?》,载《法律科学》1998年第4期;孙宪忠:《物权变动的原因与结果的区分原则》,载《法学研究》1999年第5期;孙宪忠:《再谈物权行为理论》,载《中国社会科学》2001年第5期;田士永:《物权行为理论研究》,中国政法大学出版社2002年版;徐涤宇:《物权行为无因性理论之目的论解释》,载《中国法学》2005年第2期;谢怀栻、程啸:《物权行为理论辨析》,载《法学研究》2002年第4期;赵勇山:《论物权行为》,载《现代法学》1998年第4期。

战不断,持续至今。

2007年,《物权法》颁行。然而,争论并未消弭,甚至几乎没有学者因此改变之前择定的立场。这部法律的意义,似乎仅仅在于为不同立场提供解释与印证的材料而已。① 此亦表明,在学术未予澄清之处,理论分歧不可能借助立法而得到消除。

奉行为一体论的典型立法是《法国民法典》。依法典第711条,财产所有权因债的效力而移转;第1583条更是明确规定:"当事人一经对标的物与价金协议一致,即使标的物尚未交付,价金尚未支付,买卖即告完全成立,且买受人对出卖人依法取得标的物的所有权。"不过,在二分债物的德国法学看来,变动所有权,是行为人的经济目的,而判断行为在法律上是否具有一体性,应以法律效果为标准。买卖契约的效力,在于令出卖人负有移转标的物所有权之义务,此时,买受人只是有权请求出卖人作出给付。所有权之变动,则是义务履行行为所产生的法律效果。因而,负担性的买卖契约与处分性的所有权让与,二者并非一体行为。②

法国法的"一体原则"

《法国民法典》之前,著名法学家波蒂埃(Robert-Joseph Pothier)接受多内鲁斯(Donellus)的见解,将物权契约作为所有权移转的手段。但令人意外的是,《法国民法典》虽然大量采行波蒂埃学说,于此问题却背道而驰,转而采纳格老秀斯(Hugo Grotius)所称的自然法规则,认为所有权取得乃是债的效力,交付并非必要。③ 因其主张物权变动的意思包含于买卖契约或其他债权契约,故称"一体原则"(Einheitsprinzip)④或合意原则(Konsensprinzip)。⑤ 汉语法学则受日本影响,多称"债权意思主义"。

---

① 偏于主观解释的否定论者自然相信《物权法》系否定论的成果(如崔建远:《物权法》(第2版),中国人民大学出版社2011年版,第47—48页;梁慧星、陈华彬:《物权法》(第5版),法律出版社2010年版,第83—84页);肯定论者则从规范的客观旨意出发,认为《物权法》体现了分离原则(如葛云松:《物权行为:传说中的不死鸟》,载《华东政法大学学报》2007年第6期),甚至还承认可了抽象原则(如田士永:《〈物权法〉中物权行为理论之辨析》,载《法学》2008年第12期)。

② Larenz/Wolf, Allgemeiner Teil des Bürgerlichen Rechts, 9. Aufl., 2004, § 23 Rn. 65.

③ Ulrich Huber, Savigny und das sachenrechtliche Abstraktionsprinzip, in: Festschrift für Claus-Wilhelm Canaris zum 70. Geburtstag, 2007, S. 492 ff.; Franz Wieacker, Privatrechtsgeschichte der Neuzeit: unter besonderer Berücksichtigung der deutschen Entwicklung, 2. Aufl., 1967, S. 292 f.

④ Wolf/Wellenhofer, Sachenrecht, 24. Aufl., 2008, § 7 Rn. 41 f.

⑤ Ulrich Huber, Savigny und das sachenrechtliche Abstraktionsprinzip, in: Festschrift für Claus-Wilhelm Canaris zum 70. Geburtstag, 2007, S. 480.

法国立场的逻辑与缺陷不必详述①,无论如何,我国实证法无法作类似解释。

首先,1986年通过的《民法通则》第五章第二节专节规定"债权",2007年颁行《物权法》。至此,我国民事立法确立债物二分的基本格局。概念框架不一,步趋法国无制度基础。如果债权效力可导致物权变动,意味着,无需公示即可依法律行为取得并享有物权。此与物权公示的规范意旨不符:物权之所以需要公示,因其属于绝对权。

其次,我国具体规定与法国大相径庭。《民法通则》第84条第1款前段关于债的定义是:"按照合同的约定或者依照法律的规定,在当事人之间产生的特定的权利和义务关系。"依同条2款之规定,债权人所享有的"特定权利",仅限于给付请求权("有权要求债务人按照合同的约定或者依照法律的规定履行义务"),而无法直接取得标的物上的权利(如所有权)。至于所有权,《民法通则》第72条第2款前段规定,原则上"从财产交付时起转移"。

《合同法》的规范逻辑与《民法通则》相近。《合同法》第130条虽然将买卖契约定义为"出卖人移转标的物的所有权于买受人,买受人支付价款的合同",但这并不表示,买卖契约产生直接移转所有权的效力。② 第135条系买卖契约对于出卖人所生效力的基本规定:"出卖人应当履行向买受人交付标的物或者交付提取标的物的单证,并转移标的物所有权的义务。"这一与《德国民法典》第433条第1款前句高度相似的规定表明,依买卖契约,出卖人仅负移转标的物占有以及标的物所有权的义务,并不直接失去所有权。所有权的移转,如《民法通则》之规定,原则上"自标的物交付时起转移"(《合同法》第133条前段)。至于《合同法》第130条之立法定义,则是将经济目的强嵌于法律规范的非专业手法。

上述有关"交付"的规定以动产交易为原型。关于不动产,《物权法》第15条规定:"当事人之间订立有关设立、变更、转让和消灭不动产物权的合同,除法律另有规定或者合同另有约定外,自合同成立时生效;未办理物权登记的,不影响合同效力。"此所谓"合同",显然是不动产物权变动的原因行为,即债权契约;而"未办理物权登记",在公示生效主义的原则下(《物权法》第9条),即意味着,物权尚未发生变动。因而,第15条的要旨在于:不动产物权未变动,不影响买卖等债权契约之效力。反过来说,买卖等债权契约生效,不动产物权并不因之同时发生变动。虽然从中尚不足以得出承认物权行为独立性之结论,但至少可知,买卖等债权契约不产生直接变动物权之效力。

---

① 简要的检讨,可参 Rüthers/Stadler, Allgemeiner Teil des BGB, 16. Aufl., 2009, § 16 Rn. 16.
② 相反见解,崔建远:《合同法总论》(上卷),中国人民大学出版社2008年版,第324页以下;梁慧星:《民法总论》(第4版),法律出版社2011年版,第213页。

《日本民法典》第 176 条之解释

《日本民法典》第 176 条规定:"物权的设定及移转,仅因当事人的意思表示而发生效力。"此所谓"意思表示"究应何指,直至今日,依然是日本民法学的论争焦点。主要分"债权意思表示"与"物权意思表示"两说。

关于第 176 条的解释,日本学说几经反复,最终形成具有日本特色的物权行为理论。在此过程中,日本经历了从对他国法律理论的被动步趋到强调本土经验的独立创作之转变。

《日本民法典》施行之初,直至整个明治时代,主流学说与司法判例均从法国法解释,否认独立的物权意思表示之存在,认定物权变动系债权契约的当然效果。明治末期开始,德国式的解释进路(称"形式主义")逐渐占据通说地位。大正十年(1921年),末弘严太郎重新祭出法国理论,在我妻荣的支持下,本已没落的"意思主义"理论重又赢得众多支持者。之后,末川博对我妻学说提出挑战,以德国理论为底色,开创物权行为理论本土化的解释新格局。①

明治通说之所以采法国进路,理由在于,第 176 条系以法国法为母法,解释上亦趋其步理所当然。但这一主张显然忽略了日本民法体系与法国的不同,其中最重要的差别是,前者采行德国债物二分的体例。为此,反对者转而求诸德国理论,以所谓的"形式主义"理论取代"意思主义"理论。

然而,新的通说迅速遭到质疑,原因在于,第 176 条明确规定物权仅因意思表示而变动,无论是动产的交付抑或不动产的登记,均只生对抗效力(第 177、178 条)。此同于法国,而与德国之公示生效且具公信效力的立场判然有别。正因为如此,我妻荣认为,即便承认独立物权行为概念,亦无实益,川岛武宜则直接否认独立的物权行为之存在。解释方向再次偏向法国。

从末川博开始,许多日本法学家逐渐确信,对于本国法的解释,母法虽然具有参考价值,但并不意味着,必须亦步相随。关于第 176 条,一方面,采法国解释无法协调债物二分的规范体系,且不符合日本交易习惯,故不可采;另一方面,即便承认物权行为的独立性,亦有别于德国,因为日本法上的物权公示仅生对抗效力。

如今,物权行为之否定与肯定两说并峙而立,各有其支持者。讨论焦点则集中于"所有权何时移转"之问题。②

---

① 参见[日]近江幸治:《民法讲义 II 物权法》,王茵译,渠涛审校,北京大学出版社 2006 年版,第 48 页。
② 详参[日]近江幸治:《民法讲义 II 物权法》,王茵译,渠涛审校,北京大学出版社 2006 年版,第 33—49 页;[日]田山辉明:《物权法》(增订本),陆庆胜译,齐乃宽、李康民审校,法律出版社 2001 年版,第 32—42 页;[日]我妻荣著,有泉亨补订:《新订物权法》,罗丽译,中国法制出版社 2008 年版,第 51—70 页。

(二) 事实行为抑或法律行为？

债的效力不能直接导致物权变动,并不表示必然承认分离原则。逻辑上还存在一种可能,即,有效的债权契约及其履行行为(交付)相结合,产生物权变动效果。其中,有效的债权契约称"名义"(Titel),交付则为"方式"(Modus)。此即所谓"名义加方式理论"(Titel-Modus-Lehre)。若无有效的负担行为或负担行为嗣后无效,物权变动无效。由于交付属于事实行为,因而,并无独立的移转所有权之意思表示存在。1811 年的《奥地利普通民法典》①第 380 条明确规定:"缺乏名义或法定取得方式者,不能获得所有权。"可归入此列。

奥地利法上的物权变动

奥地利法中,物权变动奉行所谓"名义加方式理论"(Titel-Modus-Lehre)。与法国立场不同,奥地利法强调作为"方式"的交付之地位,故称"交付原则"(Traditionsprinzip)。瑞士、荷兰与西班牙亦大致同此法例。②

(1) 名义

依《奥地利普通民法典》,基于法律行为而"间接取得"(mittelbare Erwerbung)或称"传来取得"(abgeleitete Erwerbung)所有权须具备法定名义。③ 第 424 条:"间接取得的名义包括契约、死因处分、司法判决与法律指令。"

(2) 方式

契约本身不足以导致所有权移转,此与法国奉行的"一体原则"不同。第 425 条规定:"单纯的名义不足以移转所有权。除非法律另有规定,所有权及一切对物物权只能通过法定交付与受领而取得。"交付(Übergabe)因动产与不动产而有不同。对于动产,第 426 条规定:"动产原则上只能是有形交付,相互之间手递手地移转。"对于不动产,第 431 条规定:"不动产所有权的移转,须将取得行为登入特定的公共登记簿。该项登记称为登录(土地簿登录)。"

(3) 物权合意

《奥地利普通民法典》所确立的要因让与原则(Prinzip kausaler Übereignung)仍为当代奥地利通说所支持。不过,《德国民法典》颁行前后的世纪之交,奥地利受其影响,学术文献曾试图引入德国法上的抽象原则,这一努力虽未成功,但在随后的学术发展中,与分离原则相对立的要因原则已不再是当然之理。《奥地利普通民法典》施

---

① 本书所引用的《奥地利普通民法典》条文,系作者根据德文自译。
② Ulrich Huber, Savigny und das sachenrechtliche Abstraktionsprinzip, in: Festschrift für Claus-Wilhelm Canaris zum 70. Geburtstag, 2007, S. 480; Wolf/Wellenhofer, Sachenrecht, 24. Aufl., 2008, § 7 Rn. 41 f.
③ Martin Binder, Sachenrecht, 2003, S. 137.

行之初,"方式"(modus)之内被认为只包括单纯的事实行为,但在德国潘德克顿法学的影响下,双方物权行为得以成功植入其中。如今,关于物权合意,奥地利主要存在三种学说:其中具相当影响力的见解坚持,物权合意根本不必要;第二种观点则认为,该项合意虽为必要,却通常包含于负担行为;根据第三种看法,物权让与合意通常表示于动产移转所必需的交付行为。①

我实证法上,债权行为无直接变动物权之效力。问题是,变动物权是否需要借助独立的法律行为(物权行为)?

《民法通则》第72条第2款、《合同法》第133条与《物权法》第23条规定,所有权变动自交付时发生效力;至于不动产物权变动,《物权法》第9条称,"经依法登记,发生效力;未经登记,不发生效力"。此等规定,较之《德国民法典》,存在一项重大的不同。根据《德国民法典》第873条与第925条,变动不动产物权,除以登记(Eintragung)为要件外,还需要双方当事人的物权合意(Einigung, Auflassung);同样,变动动产物权,除交付(Übergabe)外,亦以物权合意(Einigung)为必要。两相比较,我实证法缺乏物权合意之规定。而德国法上的所谓物权契约,恰恰体现于此。不过,若据此得出结论,称我国实证法未承认物权行为的独立性、物权变动采"名义加方式"模式,管见以为,则未免失之仓促。

首先,我实证法缺乏相当于《奥地利普通民法典》第380条之规定,亦无任何规范明确显示:原因行为无效,物权变动随之无效。因而难以作类似于奥地利法的解释。

其次,依《合同法》第135条规定,出卖人负有两项并列的主义务:一是交付标的物,二是移转标的物所有权。显然,仅仅是交付义务之履行,不足以导致所有权移转。为履行第二项义务,出卖人必须实施一项独立的所有权让与行为。交付标的物即占有之移转,以之为事实行为,可以理解②;但若认为,所有权让与之行为亦属事实行为,则无论如何不能让人信服。第135条虽以动产买卖为原型,但相同的规范逻辑适于不动产无疑,只不过交付义务应替换为登记义务而已。

然则如何解释与德国法的上述差异,即我实证法直接规定"变动所有权自交付(登记)之时发生效力"而无物权合意之要求?对此,不妨作如下解释:《物权法》第9条与第23条(以及《民法通则》第72条第2款与《合同法》第133条)只是表明,我国以公示生效主义(公示公信主义)为基本原则,规范功能相当于台湾地区"民法"第758条与761条,并不表示,所有权之移转无需物权合意。在公示生效主义之下,公示状态与物权变动状态彼此重合,故而不妨以外在公示状态作为物权变动之判断标志。

---

① Astrid Stadler, Gestaltungsfreiheit und Verkehrsschutz durch Abstraktion, 1996, S.27 f.
② 关于交付的法律性质,德国法与中国法上的分析可参田士永:《物权行为理论研究——以中国法和德国法中所有权变动的比较为中心》,中国政法大学出版社2002年版,第183—187页。

民国时期民法典无物权合意之规定,通说却认可物权行为理论,原因亦在于此。

再次,买受人有义务支付价金(《合同法》第159—161条)。履行此项义务时,若以货币支付,则买受人同样需要实施移转货币占有及货币所有权之行为。更具直观说明价值的是,买受人亦得以债权让与或债务承担的方式履行义务。此时,根本不存在事实行为,能够看到的,唯有清晰可辨的法律行为(处分行为)。

最后,《合同法》第134条规定:"当事人可以在买卖合同中约定买受人未履行支付价款或者其他义务的,标的物的所有权属于出卖人。"此即所谓"所有权保留买卖"。据此,所有权之移转,以买受人履行支付价款或其他义务为生效条件。能够附条件的,唯法律行为而已,事实行为则无此余地;此处所附条件,并不影响买卖契约效力。因此,唯一合理的解释只能是,移转所有权的是买卖契约之外的另外一项法律行为,即物权契约。

此外,事实行为的法律效果由制定法规范直接给出,无效果自主之余地。若移转所有权通过有效的买卖契约加一项事实行为而完成,可能既不利于私法自治理念之贯通,亦为纠纷之解决制造难题。例如,双方约定,买卖契约生效3个月后履行。设若履行期届至时,买受人以欺诈或胁迫手段诱使或迫使出卖人履行义务,由于欺诈、胁迫不能影响事实行为的法律效果,而此等效力瑕疵因素又不存在于之前已经生效的买卖契约,故买受人可无障碍地从出卖人的履行行为中获得所有权,出卖人难以寻求法律救济。又设出卖人在此期间因精神病发被鉴定为行为能力欠缺之人,由于行为能力对事实行为无意义,买卖契约效力亦不因其后丧失行为能力而受影响,故而出卖人届期的履行行为足令买受人取得所有权。此时,出卖人因缺乏必要的判断能力而可能遭受不利(如未意识到履行抗辩权之存在等),并且难以获得法律救济。

(三)生活写照抑或分析工具?

分离原则下,即便是日常的即时买卖,亦至少包括三项法律行为:买卖契约、标的物所有权让与及价金所有权让与。批评因而经常在于,此等人为的复杂化局面,与当事人生活观念严重不符,难以为外行所理解,从而导致法律疏离生活。[1]

即时交易(Handgeschäfte)中,除非借助"逻辑一秒钟",否则,瞬间完成的一手交钱、一手交货,确实很难让法律外行看到负担行为与处分行为的分离。[2] 就此而言,称分离原则疏离于生活实践,确不为过。然而,分离原则在何种程度上疏离于生活观念,取决于私法以何种形式的交易为原型;而疏离生活在何种程度上构成分离原则的缺陷,又取决于如何理解私法规范的功能。

首先,私法交易可能是负担契约生效及其履行一气呵成的即时交易,如到报亭买

---

[1] Brox/Walker, Allgemeiner Teil des BGB, 34. Aufl., 2010, Rn. 121.
[2] 苏永钦:《物权行为的独立性与无因性》,载氏著:《私法自治中的经济理性》,中国人民大学出版社2004年版,第127页。

报纸。此时,至少在表面上看,"我只做了买报纸一件事"较为贴近生活观念,甚至付钱的行为也会笼统归入"买报纸"这"一件事"当中。然而,一旦把时间拉长,当负担契约生效及其履行之间的时间间隔可被明显感知时,负担义务之行为与为履行该义务而移转所有权的行为相互分离之景象,即相应变得明晰。市场交易越发达,非即时交易就越能代表典型的交易形态。因而,正如苏永钦教授所指出的,分离原则"不仅未与现实生活脱节,当交易形态愈来愈多样化,因距离而保留交易弹性的需求也增加以后,分离主义反而比所有权当然随买卖合意而移转的合一主义更贴近生活"。①

其次,民法规范并非旨在为私人提供积极行为规范,而是以裁判规范的面目出现,为纠纷之解决提供裁判依据。由此决定,私法规范及其相应的规范解释理论,系法律专业人士用以分析私法关系之工具。判断私法规范及其解释理论是否合理的标准,在于是否能够准确分析法律关系,为纠纷提供公正的解决方案。至于分析过程是否与法律外行的生活观念一致,则无关宏旨。此正如医生诊断疾患,所使用的医学术语及病理分析过程是否为患者所懂并不重要,重要的是,能否准确找到病因并对症下药。作为分析工具,分离原则如同观察法律关系的高倍显微镜,将交易行为拆分到最小单元,清楚显示行为人在交易每一阶段的相应意思表示,从而帮助观察者准确获悉导致纠纷发生之"病因"(具体存在何种意思表示瑕疵,意思表示瑕疵又具体存在于何处),为随后的对症下药奠定基础。与之相对,不加区分地笼统对待的"一体原则",精密度明显不足。

实际上,若说抽象难懂,任何专业概念,未受过相应教育之人皆难以理解,岂独物权行为为然?又岂独法律概念为然?就此而言,以外行观念为标准,所追求的,其实是法律的去专业化。这与知识分工日益细致的趋势,显然是背道而驰。

(四)债权意思抑或物权意思?

当事人只是按照生活观念理解交易行为,如何用法律概念加以表述,是意思表示解释问题。关于基于法律行为的所有权变动,可能的解释之一是:"买卖合同的买主是为了取得对象物的所有权而订立合同的,而卖主则相反,但两者的意向是吻合的。因此可以解释为订立买卖契约时,也有了物权变动的意思表示。"②如此,债权意思与物权意思被一体把握,债权行为之外,不必有独立的物权行为。③《合同法》第132条第1款似乎为之提供了实证法支持。该款规定:"出卖的标的物,应当属于出卖人所有或出卖人有权处分。"买卖契约若无处分效力,处分权之要求本无必要。

依笔者管见,上述解释值得怀疑。对此,可以买卖为例进行观察。依标的物在买卖契约订立时是否存在为标准,可有现实物买卖与未来物买卖之分。

---

① 苏永钦:《物权行为的独立性与无因性》,载氏著:《私法自治中的经济理性》,中国人民大学出版社2004年版,第128页。
② 〔日〕田山辉明:《物权法》(增订本),陆庆胜译,齐乃宽、李康民审校,法律出版社2001年版,第41页。
③ 梁慧星:《民法总论》(第4版),法律出版社2011年版,第167页。

首先,关于现实物买卖。此又可分特定物与种类物两种情形。

第一,特定物买卖。当事人订立买卖契约时一并达成所有权让与之合意,自是无妨,此在即时交易中尤为常见。只不过,对两项意思作一体把握的,只是当事人的生活观念。生活事实上的"一件事",未必对应于法律规范中的"一项行为"。后者的判断标准在于法律效果。在出卖人方面,订立买卖契约之意思与移转所有权之意思判然有别,前者发生债法效果,后者则发生所有权变动之物法效果,因而分别对应于两项行为。换言之,在债物二分的立法例下,即便即时交易的当事人订立买卖契约时一并达成物权合意,解释时,亦须分拆为债权行为与物权行为。若要从规范层面强作"一体把握",首先需要改变的,是债物二分的概念体系。或者说,"一体把握"之主张,实际上是否认负担行为与处分行为之区分。

第二,种类物买卖。当事人订立买卖契约时达成所有权移转之合意,若为即时交易,在生活观念上,亦无不可。但在法律关系上,买卖契约订立之后、履行之前,其实尚存在一项种类物的特定化行为。对此,当事人虽然往往因为时间瞬息经过而予以忽略,法律关系的分析者却必须将其凸显出来,否则,无法解释"客体尚未被特定化,如何能够让与所有权"之问题。因而,加入"逻辑一秒钟"后,法律关系的结构是:买卖契约订立(债权合意)→标的物特定化→买卖契约履行(标的物所有权移转合意)。在非即时交易中,这一规范结构更是一望可知。债权合意与物权合意之间横亘着另外一项意思表示,"一体把握"如何可能?

其次,关于未来物买卖。买卖契约订立时,标的物尚未存在。此时,即使在生活观念上,亦不可能存在所有权移转合意,规范上的"一体把握",更是无从谈起。

再次,如果买卖契约具有处分效力,欠缺处分权时,其有效性即取决于处分权人意志。在得到同意之前,买卖契约将处于效力待定状态。然而,未来物买卖固然不可能因为处分权不存在而无效,即便是出卖他人之物,最高法院《买卖合同解释》第3条第1款亦明确规定:"当事人一方以出卖人在缔约时对标的物没有所有权或者处分权为由主张合同无效的,人民法院不予支持。"显然,最高法院在解释《合同法》第132条第1款时,并未将处分权作为影响买卖契约效力的因素。当事人违反这一条款,无任何不利后果发生。可见,该条款不具有强制规范之效力。若以处分权作为买卖契约的效力控制因素,意味着,除非买卖契约订立之时即可履行,否则该项交易将被禁止。很明显,这一立法政策下的市场交易受到不必要的过度管制。①

---

① 前《合同法》即《经济合同法》时期,标的物若非为出卖人所有,往往属于"采取签订合同的方式,合同标的不过手,从中牟取非法利益"的"利用经济合同买空卖空"之投机倒把行为,因其挑战国家计划分配体制,不仅经济合同无效,甚至可能构成犯罪。参见最高法院《关于在审理经济合同纠纷案件中具体适用〈经济合同法〉若干问题的解答》(1987年7月21日颁行,2000年7月25日废止)之六。实际上,禁止倒卖合同牟利、禁止买空卖空,一直是计划经济的题中之义。就此而言,《合同法》第132条也许只是转型时期计划管制思维的余绪,世易时移,已不再具有实质规范效力,只相当于罗马法上的不完全法律。

第十五节 抽象原则

一、抽象原则的含义

抽象原则(Abstraktionsgrundsatz),更为通行的汉译是"无因原则",与之相反的情形则称有因原则或要因原则。基本判断标准是,法律行为之效力是否受其原因(causa, Rechtsgrund)影响。① 若是,则为有因行为或称要因行为(kausale Rechtsgeschäfte);若否,则为无因行为或称抽象行为(abstrakte Rechtsgeschäfte)。显然,为进一步理解抽象原则之含义,首先需要了解何谓法律原因。

(一) 法律原因

人性虽然包括利他之美德,但最为核心的,乃是利己之本能。② 在资源稀缺的背景下,任何人给予他人利益,往往有其自身利益考虑。③ 其中的利益关系,如休谟所言,正是使得给予允诺具有约束力之原因。相应的,自他人之处取得利益,亦需要相应的正当理由。为给予行为提供正当化说明的,即是所谓的法律原因。④ 法律原因不同于当事人的动机或经济目的,指的是"负担行为中双方共同形成的、为法律所认可的目的"⑤,谓之"典型交易目的"(geschäftstypische Zwecke)。⑥

一方向对方移转所有权,对于"此人为何愿向对方移转所有权"之追问,存在不同的回答。若是回答:"因为他想帮助对方。"该"原因"即为动机(Beweggrund);若是回答:"因为他想赚钱。"则为经济目的,在法律上,亦被归入"动机"(Motiv)之列。法律原因的回答则是:"因为他负有此项义务。"即移转所有权(处分行为)系所负担的法律义务之履行行为。在此意义上,设定该项法律义务(债务)者,可称"原因行为"(Kausalgeschäft),系买卖契约、互易契约、赠与契约等以移转所有权为目的的债权行为。可见,原因行为是目的设定行为(Zwecksatzungsgeschäfte, zweckbestimmte Geschäfte),通过权利义务之确定而形成当事人之履行目的。⑦ 由于作为履行行为的处分行为旨在清偿债务,故而,该原因被称作清偿原因(causa solvendi)。

然则,一方何以愿意承担移转所有权之义务?对此问题,因债权行为之有偿无偿而有不同回答。若是有偿,法律原因在于,对方愿意为此负担支付对价之义务。这意

---

① Astrid Stadler, Gestaltungsfreiheit und Verkehrsschutz durch Abstraktion, 1996, S. 19.
② 〔英〕休谟:《人性论》(下册),关文运译,郑之骧校,商务印书馆1996年版,第527页。
③ 正义也正是起源于人的自私和有限的慷慨与资源的稀缺性之间的紧张关系中。〔英〕休谟:《人性论》(下册),关文运译,郑之骧校,商务印书馆1996年版,第536页。
④ Brox/Walker, Allgemeiner Teil des BGB, 34. Aufl., 2010, Rn. 113.
⑤ Larenz/Wolf, Allgemeiner Teil des Bürgerlichen Rechts, 9. Aufl., 2004, § 23 Rn. 66.
⑥ Astrid Stadler, Gestaltungsfreiheit und Verkehrsschutz durch Abstraktion, 1996, S. 10.
⑦ Ernst Zitelmann, Der Wert eines „Allgemeinen Teils" des bürgerlichen Rechts, 1905, S. 15 f.

味着,双方互负之义务,分别构成对方负担义务之法律原因。此称负担原因(causa obligandi)。一方负担义务,对方因此取得给付请求权(债权),因而,负担原因亦称取得原因(causa acquirendi)或与信原因(causa credendi)。① 无偿给予行为,系利他美德之体现,不存在法律上的对价,故直接以赠与原因(causa donandi)相称。然而,以赠与原因作为无偿给予之正当化理由,难免循环论证。为救其穷,实证法上或者以赠与为要式行为(如《德国民法典》第518条第1款),以法定形式弥补原因缺陷,或者赋予未具备法定形式之赠与人以任意撤销权(如台湾地区"民法"第408条,《合同法》第186条),以消解赠与允诺对于赠与人的拘束力。

清偿原因、负担原因与赠与原因之三分,逻辑周延,将包括处分行为与负担行为在内的几乎所有给予行为之法律原因悉数涵盖。②

(二) 要因行为与抽象行为

要因行为是指法律上的给予原因属于行为自身内容之法律行为。与之相反,抽象行为与其法律上给予原因相分离,即,法律原因不属于行为内容,并且行为效力不受原因的影响。③

德国法上,负担行为一般是要因行为。负担行为的效力与承担义务的法律目的相联系。一方之所以承担给付义务,目的在于令另一方承担对待给付义务。换言之,双务契约中,一方义务相互构成对方负担义务之原因。但负担行为并不总是要因行为,如《德国民法典》第780条之债务允诺(Schuldversprechen)、第781条之债务承认(Schuldanerkenntnis)、第793条之无记名债券(Schuldverschreibung auf den Inhaber)以及票据行为等。④

《票据法》中的票据行为

我实证法上,票据行为亦被解释为无因行为。尽管《票据法》第10条第1款要求"票据的签发、取得和转让"应当"具有真实的交易关系和债权债务关系",第21条第

---

① 取得原因在罗马法与信原因的基础上发展而来,当代常作同义概念使用。两概念之间的细致辨析,可参田士永:《物权行为理论研究——以中国法和德国法中所有权变动的比较为中心》,中国政法大学出版社2002年版,第289—290页。

② Brox/Walker, Allgemeiner Teil des BGB, 34. Aufl., 2010, Rn. 113; Werner Flume, Das Rechtsgeschäft, 4. Aufl., 1992, S. 155; Astrid Stadler, Gestaltungsfreiheit und Verkehrsschutz durch Abstraktion, 1996, S. 11;田士永:《物权行为理论研究——以中国法和德国法中所有权变动的比较为中心》,中国政法大学出版社2002年版,第289页。

③ Reinhard Bork, Allgemeiner Teil des Bürgerlichen Gesetzbuchs, 3. Aufl., 2011, Rn. 463; Brox/Walker, Allgemeiner Teil des BGB, 34. Aufl., 2010, Rn. 114; Larenz/Wolf, Allgemeiner Teil des Bürgerlichen Rechts, 9. Aufl., 2004, § 23 Rn. 66, 72.

④ Brox/Walker, Allgemeiner Teil des BGB, 34. Aufl., 2010, Rn. 116; Heinz Hübner, Allgemeiner Teil des Bürgerlichen Gesetzbuches, 2. Aufl., 1996, Rn. 644.

1款进一步强调:"汇票的出票人必须与付款人具有真实的委托付款关系,并且具有支付汇票金额的可靠资金来源。"并且,自1996年颁行的《票据法》首次规定上述条款以来,虽经修订,却未对之有所触动,然而,通说认为,票据行为奉无因原则,此乃不刊之论,因而对制定法批评激烈。①

更具意义的是,最高法院2000年颁行的《票据问题规定》第14条规定:"票据债务人以票据法第十条、第二十一条的规定为由,对业经背书转让票据的持票人进行抗辩的,人民法院不予支持。"背后的法理依据,显然是无因性原理。对此,谢怀栻先生评论道:"这样就等于是把票据法第10条、第21条给否定了。"②

以司法解释否定立法机关的制定法,难以跨过权力配置之栅栏。就措辞而言,《票据法》上述条款固属强制规范,但因未明确违反的效果,故其规范性质,存在解释空间。司法解释不以《票据法》第10、21条为无效抗辩依据,不妨理解为,最高法院将其解释为非效力性强制规范(纯粹秩序规定)。如此,司法解释与《票据法》之间的"冲突"可得到消解。

负担行为中的抽象行为只是例外,典型的抽象行为是处分行为。德国法上,除法典第387条之抵销(Aufrechnung)以及有争议的第779条之和解契约(Vergleichsvertrag)等寥寥数例之外,几乎所有给予性处分行为均是抽象行为。③ 其中最重要的,是物权行为。

(三) 外部抽象与内部抽象

有如分离原则,抽象原则亦可作两层理解④:

其一,外部抽象(äußere Abstraktion)。亦称狭义抽象原则(Abstraktionsprinzip im engeren Sinn)⑤,指处分行为效力不受负担行为的影响,是所谓效力抽象。申言之,处分行为是否有效或者存在何种效力瑕疵,须就自身而作判断;作为原因行为的负担行为,无论有效性如何,均不对处分行为构成影响。如此,在逻辑上,负担行为和处分行为的效力可能呈现四种样态:(1) 负担行为与处分行为皆有效;(2) 负担行为有效而处分行为存在效力瑕疵;(3) 负担行为存在效力瑕疵而处分行为有效;(4) 负担行为与处分行为皆存在效力瑕疵。效力瑕疵又分无效、效力待定或可撤销而有不同组合。

---

① 谢怀栻:《评新公布的我国票据法》,载《谢怀栻法学文选》,中国法制出版社2002年版,第332—336页。

② 同上书,第342页。

③ Astrid Stadler, Gestaltungsfreiheit und Verkehrsschutz durch Abstraktion, 1996, S. 16 ff.

④ Reinhard Bork, Allgemeiner Teil des Bürgerlichen Gesetzbuchs, 3. Aufl., 2011, Rn. 479; Brehm/Berger, Sachenrecht, 2. Aufl., 2006, § 1 Rn. 20 f.; Dieter Medicus, Allgemeiner Teil des BGB, 10. Aufl., 2010, Rn. 225.

⑤ Ulrich Huber, Savigny und das sachenrechtliche Abstraktionsprinzip, in: Festschrift für Claus-Wilhelm Canaris zum 70. Geburtstag, 2007, S. 474, 476.

其二，内部抽象。亦称内容抽象（inhaltliche Abstraktion），是指处分行为的内容抽象于原因行为的目的合意之外，原因行为有关履行目的的合意不进入处分行为内部，不构成其内容。处分行为的目的无涉性质由内容抽象造就：作为履行行为的处分行为，既然其目的存在于外部的原因行为，自身便与履行目的无关。内容抽象意即处分行为的构成要件抽象于原因行为，此亦分离原则之含义。① 在此意义上，抽象原则的内容包括分离原则。②

（四）绝对抽象与相对抽象

绝对抽象是指，物权行为效力必抽象于债权行为。如此，抽象原则具有强制规范性质，不得为当事人所排除。德国通说认为，对于动产所有权的移转，当事人可约定以债权行为的有效性作为物权行为的有效条件。虽然这属于不真正条件（因为债权行为之有效不是将来不确定事件），但可类推适用《德国民法典》第158条以下。③ 换言之，动产领域所奉行的，是相对抽象原则，当事人无妨以特约排除，从而在债权行为与物权行为之间建立效力关联。至于不动产领域，《德国民法典》第925条第2款规定："不动产转让，附条件或期限者，无效。"据此，当事人不得以债权行为作为不动产物权行为之条件，奉绝对抽象原则。之所以如此，原因在于，不动产登记被赋予公信力，对此效力，当事人无自治余地。

二、抽象原则的基础

（一）理念基础

法律行为的私法自治包括行为自由与效果自主两个方面。行为自由对应构成要件——实施何种性质的行为取决于行为人意志，由此产生负担行为与处分行为的要件分离及内部抽象；效果自主则对应于法律效果——不同法律行为的效力应就该行为自身判断。负担行为与处分行为各有其构成要件，法律效果自应分别观察，互不影响，此即效果分离与外部抽象（效力抽象）。

有如分离原则，物权行为效力是否抽象亦属意思表示解释问题。

要因说认为，即便奉行分离原则，由于债权行为与物权行为毕竟具有经济上的一体性，故原则上两项行为具有"因果关系"。前者无效，后者应随之无效，因为一般情况下，当事人不会愿意履行不存在的义务。要因说亦有绝对要因说与相对要因说之别。前者排除当事人以特约将物权行为效力抽象于债权行为之可能性，极大限缩了私人自治空间。因此，通常所称要因说系指相对要因说而言，即，只要当事人未订立使物权契约抽象于原因行为的特别约定，作为原因的买卖契约一旦被撤销，物权契约

---

① Ulrich Huber, Savigny und das sachenrechtliche Abstraktionsprinzip, in: Festschrift für Claus-Wilhelm Canaris zum 70. Geburtstag, 2007, S. 474.

② Larenz/Wolf, Allgemeiner Teil des Bürgerlichen Rechts, 9. Aufl., 2004, § 23 Rn. 79.

③ BGHZ 31, 321, 322; Reinhard Bork, Allgemeiner Teil des Bürgerlichen Gesetzbuchs, 3. Aufl., 2011, Rn. 489; Larenz/Wolf, Allgemeiner Teil des Bürgerlichen Rechts, 9. Aufl., 2004, § 23 Rn. 81; Dieter Medicus, Allgemeiner Teil des BGB, 10. Aufl., 2010, Rn. 239; Rüthers/Stadler, Allgemeiner Teil des BGB, 16. Aufl., 2009, § 20 Rn. 15.

即随之失效。要因论者认为,此等解释符合当事人真意。①

抽象说则认为,债权行为与物权行为在规范的意义上,分属两种不同性质的行为,效力亦发生于不同的法律领域,理当互不影响。订立买卖契约,固然是以移转所有权为目的,但何时移转、如何移转,却应有当事人自主判断之余地,移转物权与负担义务之间的效力关联,亦应有其自主选择之空间。因而,抽象原则符合当事人可推断的意思。②

表面上看,两种对立学说均可寻求私法自治的支持。需要判断的是,何种主张更符合私法自治下的规范性意思表示解释路径?如果承认债权行为与物权行为属于相互独立的两项行为,逻辑推论就是,两项行为的效力须分别观察。依私法自治,当事人自然无妨将后者效力系于前者——尤其是在动产交易领域,不过这同时意味着,负担行为之有效,被设定为处分行为有效之条件。需要考察的问题因而在于:为一项法律行为设定控制效力之条件,是否需要当事人的积极意思表示?对此问题,相对要因说与相对抽象说的思考方向正好相反:前者以效力相关为前提,若要否认,需作出积极意思表示;后者则以效力分离为原则,若要建立关联,需作出积极意思表示。管见以为,后者更符合私法自治之思考脉络,因为,"行为不同效力不同"事属常态,法律不宜以效力连带为规则出发点、而令当事人负有积极否认之义务。况且,在不动产领域,若登记产生公信力,物权行为必抽象于债权行为。

(二) 规范基础

物权行为不受原因效力影响,这意味着,无论债权行为是有效、无效抑或被撤销,物权移转效力均与之无关。物权公示公信原则为之提供规范基础。

公信力的经典立法是《德国民法典》第 892 条第 1 款第 1 句:"为通过法律行为取得土地上的权利或此等权利之上权利之人利益计,土地登记簿的内容视为正确,除非登记簿上已作异议登记或其不正确性为取得人明知。"该条条旨表明,此系"土地登记簿之公信力"(Öffentlicher Glaube des Grundbuchs)之规定。"土地登记簿的内容视为正确",德国通说认为,对此可作两方面理解:已登记之物权,视为存在(积极信赖);未登记或已注销之物权,视为不存在(消极信赖)。③ 与此相应,物权变动奉登记生效主义(《德国民法典》第 873 条),即,物权变动情形与登记簿的记载一致:已登入登记簿者,已变动;未登入登记簿者,未变动。④ 如此,物权公示公信主义可称物权取得的"结果主义"。登记簿即足以清楚显示物权变动的结果,至于引发变动之原因(债权行

---

① 〔日〕近江幸治:《民法讲义 II 物权法》,王茵译,渠涛审校,北京大学出版社 2006 年版,第 41—42 页;〔日〕田山辉明:《物权法》(增订本),陆庆胜译,齐乃宽、李康民审校,法律出版社 2001 年版,第 38 页。

② Ulrich Huber, Savigny und das sachenrechtliche Abstraktionsprinzip, in: Festschrift für Claus-Wilhelm Canaris zum 70. Geburtstag, 2007, S. 511.

③ 〔德〕鲍尔/施蒂尔纳:《德国物权法》(上册),张双根译,法律出版社 2004 年版,第 506 页。

④ 同上书,第 61—62 页。

为),则因其不得进入登记簿而被排除于考虑之外。就此而言,物权公示公信主义可称物权行为抽象原则的"技术前提"。

由于登记簿之登入或注销须经登记机关之手,非纯属当事人自治领域,故一旦登入登记簿,物权变动之效力不得仅因当事人意思表示而废止。并且,为确保登记簿之公信力,所记载事项须具有确定性。由此可以理解,为何《德国民法典》第 925 条第 2 款禁止不动产物权变动附条件或期限,奉行绝对抽象原则,而与动产不同。

与之形成对比的是日本。《日本民法典》第 176 与 177 条规定,不动产登记簿不具有公信力,仅具对抗第三人效力而已。对此,日本学说与判例均无异说。① 因而,在当事人已作出物权变动之意思表示、却未登入登记簿时,物权依第 176 条之规定已发生变动,第三人却无法从登记簿上获悉。换言之,登记簿的记载事项可能与物权变动的真实状态相错。登记簿无法准确提供物权变动的真实信息,抽象原则缺乏制度基础。

登记效力与登记审查

是否采行物权行为理论,反过来又对不动产公示审查的范围构成影响。如果物权移转的效力受到原因行为的影响,为保证公示登记的正确性,登记机关就有理由对原因行为(债权行为)的效力作出审查。② 反之,登记机关应仅审查登记表示本身。显然,前一种登记政策扩大了公共机构介入私法关系的范围。

论者常以为,在审查程度上,如果登记仅生对抗效力,形式审查即为已足,若如德国法般采公信主义,则须由登记机关对私法关系作实质审查,以确保登记之正确性。③ 如此,公信力之设置,势将加深公权力对私法关系的介入程度。这恐怕是误解。

德国《土地登记簿条例》(Grundbuchordnung) 第 19 条规定:"若权利受影响之人表示同意,登记即得实行。"通说据此认为,登记只需权利受不利影响之人单方同意即为已足,无须共同申请,是所谓"形式合意原则"(formelles Konsensprinzip)。④ 更有进者,"形式合意"之所以称"形式",指的是该同意只需要指向登记申请这一程序行为即

---

① 〔日〕近江幸治:《民法讲义 II 物权法》,王茵译,渠涛审校,北京大学出版社 2006 年版,第 33 页;〔日〕田山辉明:《物权法》(增补本),陆庆胜译,齐乃宽、李康民审校,法律出版社 2001 年版,第 31、43 页;〔日〕我妻荣著,有泉亨补订:《新订物权法》,罗丽译,中国法制出版社 2008 年版,第 74 页。
② 〔日〕田山辉明:《物权法》(增补本),陆庆胜译,齐乃宽、李康民审校,法律出版社 2001 年版,第 43 页。
③ 〔日〕近江幸治:《民法讲义 II 物权法》,王茵译,渠涛审校,北京大学出版社 2006 年版,第 33 页;〔日〕田山辉明:《物权法》(增补本),陆庆胜译,齐乃宽、李康民审校,法律出版社 2001 年版,第 43、45 页。
④ Brehm/Berger, Sachenrecht, 2. Aufl., 2006, § 11 Rn. 19; Hans Josef Wieling, Sachenrecht, 5. Aufl., 2007, S.274.

可,不必包含实体法上的物权合意或债权合意。① 同时,"土地登记机关需要审查的只是,是否具备《土地登记簿条例》第19条所要求的表意要件。可能的权利障碍或权利消灭事由,惟在登记机关觉察具体线索时,始被考虑。登记员不负有调查义务"。②

不过,《土地登记簿条例》第20条确立一个例外:"在土地让与及地上权的设定、内容变更或转让时,只有当权利人与对方当事人作出合意表示时,登记始得实行。"此时,基于经济上的重要意义之考虑,实行"实质合意原则"(materielles Konsensprinzip),但须接受审查的"实质合意",亦仅是物权合意(dingliche Einigung)而已。③ 无论如何,债权合意均不进入审查范围。

我国不动产登记兼采公信主义与对抗主义两种立场,但无论何种立场,似乎均未妨碍登记机关的实质审查。登记机关进行审查时,不仅积极主动,而且审查范围极为广泛,物权移转合意与原因行为均在其列。④ 显然,审查制度首先被定位为我国登记机关对私法交易进行"管理"的合法手段。此亦表明,若是公权力者欲积极介入私法交易,自有动因规定范围广泛、程度深入的审查制度,此仅事关公权力的分立与制衡机制,而无关乎登记在私法上产生公信效力抑或对抗效力。

我国不动产物权变动之登记,兼采公信主义(生效主义)与对抗主义两种立场。《物权法》第9条第1款与第14条显示,不动产登记以公示生效(公信)为原则。作为例外的公示对抗情形,包括土地承包经营权之让与登记(《物权法》第129条)、地役权设立登记(《物权法》第158条)等。此等立法格局,导致物权变动与原因行为之间的关系变得复杂,以至于难以在一般意义上断言抽象原则是否得到我国实证法的认可。⑤ 可以肯定的只是,在采公示生效(公信)主义的领域,抽象原则有其制度基础。

---

① Brehm/Berger, Sachenrecht, 2. Aufl., 2006, § 11 Rn. 19; Hans Josef Wieling, Sachenrecht, 5. Aufl., 2007, S.274.

② Brehm/Berger, Sachenrecht, 2. Aufl., 2006, § 11 Rn. 21.

③ a. a. O., § 11 Rn. 19; Hans Josef Wieling, Sachenrecht, 5. Aufl., 2007, S.274 f.; Wolf/Wellenhofer, Sachenrecht, 24. Aufl., 2008, § 17 Rn. 37.

④ 《物权法》第12条:"(1款)登记机构应当履行下列职责:(一)查验申请人提供的权属证明和其他必要材料;(二)就有关登记事项询问申请人;……(2款)申请登记的不动产的有关情况需要进一步证明的,登记机构可以要求申请人补充材料,必要时可以实地查看。"《房屋登记办法》第18条:"(1款)房屋登记机构应当查验申请登记材料,并根据不同登记申请就申请登记事项是否是申请人的真实意思表示、申请登记房屋是否为共有房屋、房屋登记簿记载的权利人是否同意更正,以及申请登记材料中需进一步明确的其他有关事项询问申请人。询问结果应当经申请人签字确认,并归档保留。(2款)房屋登记机构认为申请登记房屋的有关情况需要进一步证明的,可以要求申请人补充材料。"亦见《不动产登记暂行条例》第16—19条。

⑤ 我国学者中,即便承认分离原则,对于实证法是否采行抽象原则的问题,亦存在不同解释。例如,葛云松教授认为,抽象原则尽管在法律政策上具有合理性,但就解释论而言,"在《物权法》上的确没有体现。"葛云松:《物权行为:传说中的不死鸟》,载《华东政法大学学报》2007年第6期,第105页。田士永教授则认为,"物权法不但承认了物权行为的独立性,而且承认了物权行为的抽象性"。田士永:《物权法中物权行为理论之辨析》,载《法学》2008年第12期,第98页。

对此,《买卖合同解释》提供了进一步的规范依据。《解释》第 34 条规定:"买卖合同当事人主张合同法第一百三十四条关于标的物所有权保留的规定适用于不动产的,人民法院不予支持。"最高法院通过限缩解释,将不动产交易排除出所有权保留买卖之外,可理解为,不动产所有权的移转,不得附条件。在规范体系上,此恰与房屋所有权移转①之公示公信主义相呼应。如德国法般以抽象原则解释,当无障碍。

三、抽象原则的功能

即便在债物二分的框架内,逻辑上,物权行为之效力亦存在依附于债权行为之可能。在欧洲乃至整个世界范围内,德国法几乎是一肩承担抽象原则的型塑构造。② 这表明,是否采行抽象原则,如弗卢梅所言,并非先验正确与否的问题,更多是在合理解决纠纷的考量下进行目的论权衡。③ 然则,抽象原则对于解决纠纷有何意义?

(一) 厘清法律关系

法律纠纷是否得到合理解决,取决于解决措施能否维护当事人的自由意志,能否支持当事人正当诉求。所有这些,都以法律关系的清晰为基本前提。分离原则将债法关系与物法关系相区分,法律关系极为清晰;抽象原则则在此基础上进而提供解决纠纷的合理路径。对此,可从动产的即时交易、动产的非即时交易与不动产交易三个方面观察。

第一,在动产的即时交易,处分行为与负担行为一般同其效力,此无论要因抑或抽象。负担行为有效,处分行为亦有效;负担行为因行为能力之欠缺而无效,处分行为亦无效;负担行为因胁迫而可撤销,处分行为亦可撤销……诸如此类,不一而足。就此而言,要因或抽象,对于即时交易纠纷之解决,并无不同。差别只在解释方式。

要因原则下,处分行为之效力,系受负担行为影响所致。抽象原则的解释与之不同。处分行为之所以与负担行为同属有效,原因在于,两项行为均不存在效力瑕疵事由;当负担行为因行为能力欠缺或胁迫等因素出现效力瑕疵时,由于时间瞬息经过,此等因素亦延续至处分行为,换言之,处分行为之所以同为无效或可撤销,亦系行为能力欠缺或胁迫所致,非受负担行为影响的结果。

若所有交易均为即时交易,要因理论与抽象理论本无强作取舍之必要。问题在于,法律交易存在多种形式,即时交易不过是其中最简单的一种。法律理论的功能在于对法律现象提供解释。解释力越强的理论,可接受性越高,而越是能够应对复杂法律关系的理论,解释力也就越强。对于动产的非即时交易与不动产交易,抽象理论的解释力明显强于要因理论。

---

① 依《物权法》第 47 条与 58 条之规定,土地只能为国家或集体所有,故私法交易,能够被移转所有权的不动产,一般仅限于房屋。当然,建设用地使用权之让与无妨类推所有权让与之规范。
② Rüthers/Stadler, Allgemeiner Teil des BGB, 16. Aufl., 2009, § 16 Rn. 21.
③ Werner Flume, Das Rechtsgeschäft, 4. Aufl., 1992, S.176.

第二,当动产交易非即时履行时,负担行为与作为履行行为的处分行为时间间隔拉长,彼此效力分离的可能性亦随之增加。买卖契约生效后,当事人履行义务时,处分行为效力既可能受到对方胁迫等因素之影响,亦可能因自己丧失行为能力而无效。此时,负担行为与处分行为效力出现分离。要因理论难以解释:两项行为之效力既具因果关联,为何前者有效却无法保证后者同为有效?

更具说明意义的是,负担行为存在效力瑕疵,未必意味着,处分行为亦须作相同认定。

一方面,处分行为可能有效。例如,限制行为能力人订立买卖契约,法定代理人拒绝同意,该买卖契约因而无效。限制行为能力人若在履行期届至时已成年,因不知买卖契约无效而向对方履行契约、移转所有权。此时,行为能力欠缺之因素已得到消除,因而处分行为有效。再如,出卖人受胁迫订立买卖契约。设若履行期届至,撤销期限尚未届满,且胁迫因素已消除,当出卖人依尚未被撤销因而有效的买卖契约履行契约时,移转所有权之处分行为当然有效。即便随后出卖人将买卖契约撤销,处分行为亦继续有效。

另一方面,处分行为可能存在不同于负担行为的效力瑕疵。例如,前述限制行为能力人在履行期届至时,因买卖契约无效而不愿履行义务,但在相对人的胁迫下,不得不移转所有权。此时,负担行为因行为能力欠缺而无效,处分行为则因受胁迫而可撤销。再如,买卖契约因受胁迫而订立,在履行契约时,胁迫因素已消除,但出卖人因精神病而陷于无行为能力,处分行为无效。

第三,对于不动产交易,若采登记生效并公信立场,债权关系并非审查范围,只要所有权让与合意无瑕疵,登记表示真实,登记机关即应作出登记。同时,不动产所有权是否发生变动,取决于是否登记。如此,债权行为具有何等效力,在逻辑上,自然与物权行为无关。以债权行为之有效性作为物权变动的根据,如前文所述,为公权力介入私法交易提供合法借口。

(二) 将顺法律效果

抽象原则的实质意义,体现于负担行为与处分行为效力不一之情形。包括两方面:其一,负担行为有效而处分行为无效;其二,负担行为无效而处分行为有效。问题因而在于:拆出这两种效力状态,对于纠纷之解决是否有益?

其一,负担行为有效而处分行为无效。此时,权利受让人不能依无效的处分行为取得所有权,处分人得以所有权人身份请求返还(Vindikation)。然而,由于负担行为继续有效,处分人的返还请求权实现后,依然负有将所有权移转于对方之义务。处分人请求返还之意义何在?

管见以为,意义主要体现于三点:首先,当事人不得借助无效法律行为变动权利。处分人若非享有返还请求权,无异于表明,权利变动时,相对人尽可恶意欺诈、非法胁迫无妨,亦表明,处分人意志自由是否遭到不法侵扰、判断能力是否健全,对于权利变动无关紧要。这显然与私法自治理念背道而驰。① 其次,处分人的返还请求权实现后,固然依旧负有向对方移转所有权之义务,但再次履行义务时,处分人重新获得处分自由,因而既可选择将此物所有权移转于他人、亦可在向对方履行义务时考虑履行抗辩权的行使,若是行为能力欠缺,还为法定代理人的介入提供渠道,如此等等。最后,若受让人再次让与标的物,其行为属于无权处分。第三人除非满足善意取得要件,否则将受到原权利人所有权返还请求权之追及。

其二,负担行为无效而处分行为有效。抽象原则下,权利变动的有效性与原因行为无关,因而,负担行为虽无效,却不妨碍所有权移转。这一效力格局虽然合乎逻辑,却难免令人心生疑窦:当事人所履行的,是无效的负担行为,所有权却因此丧失,正当性何在?看起来,抽象原则于此制造了一道规范裂痕。修复该裂痕的,是不当得利制度。②

申言之,一方面,处分行为的效力固然抽象于原因行为之外,但另一方面,原因给出了当事人的典型交易目的,处分行为正是为实现这一目的而实施。目的不复存在,利益之给予便不再有正当性。为此,权利受让人虽依有效的处分行为获得利益,但因不具有正当原因,故不得保有,应将其返还。利失之人对于利得之人所享有的请求权,即是不当得利返还请求权(Kondiktion)。为自始不存在(如负担行为自始无效)或嗣后消失(如负担行为被撤销)之清偿原因而履行者,构成给付型不当得利(Leistungskondiktion)的一类重要形态——"非债清偿"(condictio indebiti)。③ 正是在此意义上,王泽鉴教授指出,基于给付行为的不当得利返还请求权,"具有调节因物权行为无因性理论而生财产变动的特殊规范功能"。④ 可见,处分行为有效,并不意味着,移转所有权之人不能获得法律救济。负担行为无效时,无论要因抑或抽象,均不否认处分人的返还请求权,区别只在于,前者对应所有物返还请求权(Vindikation),后者则产生不当得利返还请求权(Kondiktion)。

负担行为无效而处分行为有效时,若不涉第三人,处分人的返还请求权性质纵有不同,在返还效果上,要因或抽象原则亦无实质差异。唯在第三人介入后,不同效果才得以凸显。

设若相对人将所有权再次让与第三人。要因原则下,由于负担行为导致处分行为无效,故相对人对于第三人之让与,属无权处分。除非原权利人表示追认或满足善意取得要件,否则第三人不能取得所有权,原权利人之返还请求权可及于第三人。相反,依抽象原则,相对人基于有效的处分行为取得所有权,再次让与,属有权处分。此

---

① Heinz Hübner, Allgemeiner Teil des Bürgerlichen Gesetzbuches, 2. Aufl., 1996, Rn. 656.
② Heinrich Dernburg, Das bürgerliche Recht des Deutschen Reichs und Preußens, Bd. 2 Abt. 2, 4. Aufl., 1915, S. 722.
③ Medicus/Lorenz, Schuldrecht II: Besonderer Teil, 15. Aufl., 2010, Rn. 1133 f.
④ 王泽鉴:《不当得利》(第 2 版),北京大学出版社 2015 年版,第 48 页。

时,原权利人的不当得利返还请求权仅及于相对人,第三人与原权利人之间无任何法律关系,所取得的所有权不受追夺。二原则效果差异至为明显。问题是,此等差异意义何在？概括而言,事关债的相对性原理。负担行为所确立的债权属于相对权,效力仅及特定的相对人。要因原则使得负担行为的无效后果透过处分行为而及于第三人,显然有违债的相对性原理。抽象原则则既将第三人阻隔于当事人的债权关系之外,且避免返还请求权人介入相对人与第三人的法律关系,与债的相对性原理丝丝相扣。① 孰优孰劣,一望可知。

（三）维护交易安全

债权效力具有相对性,仅在特定的当事人之间产生约束力。同时,债权不必公示,亦无公示之法定途径。债权关系是否存在、内容如何、效力状态等问题,第三人既无从知晓,亦无权介入。因而,若以债权关系影响第三人行为之效力,交易安全将存在未知隐患。抽象原则则切断负担行为对于第三人的拘束力,无论负担行为效力如何,只要处分行为有效,第三人即可取得不受追夺的权利。② 就此而言,抽象原则有助于维护交易安全。

现代学者普遍突出抽象原则维护交易安全之功能,甚至以之为首要功能③,然而,研究表明,萨维尼创立物权行为理论时,其实并未特别关注交易安全问题。在萨维尼看来,基于何种原因移转所有权,涉及的不过是行为动机问题。当让与人误信存在有效的给与原因时,即出现动机错误,而动机错误原则上不被考虑。因此,原因关系无从影响所有权移转的效力,此乃自然的逻辑结论。④ 将抽象原则通过目的论解释(teleologisches Argument)与交易安全相联系,应归功于19世纪晚期的德国法学家尤其是《德国民法典》立法者的引申。⑤ 可见,在发生学意义上,维护交易安全并非创立抽象原则之初衷,不过是附带产生的"受欢迎的从属结果"(willkommene Nebenfolge)而已。⑥

---

① Ulrich Huber, Savigny und das sachenrechtliche Abstraktionsprinzip, in: Festschrift für Claus-Wilhelm Canaris zum 70. Geburtstag, 2007, S. 503 ff.

② Reinhard Bork, Allgemeiner Teil des Bürgerlichen Gesetzbuchs, 3. Aufl., 2011, Rn. 480; Brox/Walker, Allgemeiner Teil des BGB, 34. Aufl., 2010, Rn. 120; Larenz/Wolf, Allgemeiner Teil des Bürgerlichen Rechts, 9. Aufl., 2004, § 23 Rn. 87.

③ Larenz/Wolf, Allgemeiner Teil des Bürgerlichen Rechts, 9. Aufl., 2004, § 23 Rn. 87.

④ Ulrich Huber, Savigny und das sachenrechtliche Abstraktionsprinzip, in: Festschrift für Claus-Wilhelm Canaris zum 70. Geburtstag, 2007, S. 498 f.; H. H. Jakobs, Gibt es den dinglichen Vertrag? SZ 119 (2002), S. 298 ff.

⑤ Ulrich Huber, Savigny und das sachenrechtliche Abstraktionsprinzip, in: Festschrift für Claus-Wilhelm Canaris zum 70. Geburtstag, 2007, S. 501; Wolfgang Wiegand, Die Entwicklung des Sachenrechts im Verhältnis zum Schudrecht, AcP 190 (1990), 120.

⑥ Ulrich Huber, Savigny und das sachenrechtliche Abstraktionsprinzip, in: Festschrift für Claus-Wilhelm Canaris zum 70. Geburtstag, 2007, S. 504.

四、抽象原则否定论

分离原则若遭否定,抽象原则自然无从谈起。此处所论否定论,仅针对抽象原则,而不涉分离原则。两种典型的否定主张分别诉诸公平与交易安全两项法律理念。

（一）对原权利人不公平

当负担行为无效时,依要因原则,处分行为随之无效,处分人因而享有物权性质的返还请求权;抽象原则下,处分人所享有的,是债权性质的不当得利返还请求权。若相对人陷于支付不能、破产清偿时,在前者,原权利人（出卖人）得以所有权人身份直接取回标的物（取回权）;在后者,原权利人只能从其他破产财产中获得清偿,地位明显不利。更进一步,若相对人将标的物让与他人,在前者,无论标的物辗转至何人之手,原权利人的返还请求权均可追及而至;在后者,原权利人的不当得利返还请求权仅及于相对人,无力向第三人请求回复。原权利人再次被置于不利境地。① 这一建立在利益衡量基础上的批评,对抽象原则最具杀伤力。② 不过,当中的思考进路值得再推敲。

首先,出卖人仅享有债权请求权系债物二分体例下债权相对性的自然结果。况且,买受人在支付价金后,无论要因抑或抽象,均失去金钱所有权。若是出卖人因为要因原则而依然拥有物权性质的返还请求权,反倒表明,在同一交易中,出卖人与买受人的法律待遇不同,买受人被置于不利地位。就此而言,抽象原则恰恰矫正了这一不平等格局。③

其次,如果一方总是出卖人,而陷入支付不能境地之人总是买受人,那么,因抽象原则而被置于债权人地位的出卖人所能得到的法律保护,确实不如要因原则。然而,理想状态中,私法规则的设置,以充分的市场自由为前提。在此前提下,当事人所扮演的市场角色频繁更易。任何人充任出卖人或买受人的概率均等,任何人因经营失败而陷入支付不能境地的概率亦均等。这意味着,虽然在个案中,出卖人看似被置于不利境地,但在概率上,任何人均有同等的机会处于这一境地。如果没有人能够事先知悉自己将扮演何种市场角色,没有人的市场角色被预定,那么,概率上的均等,即意味着法律保护上的平等。④ 唯有在计划经济占主导地位的制度背景下,垄断社会资源

---

① Franz Beyerle, Der dingliche Vertrag, FS Boehmer, 1954, S. 164 ff.; Gerhard Dulckeit, Die Verdinglichung obligatorischer Rechte, 1951, S. 31 ff.; Philipp Heck, Das abstrakte dingliche Rechtsgeschäft, 1937, S. 17 ff.; Heinrich Lange, Rechtsgrundabhängigkeit der Verfügung im Boden- und Fahrnisrecht, AcP 146 (1941), 28 ff.

② Brox/Walker, Allgemeiner Teil des BGB, 34. Aufl., 2010, Rn. 121.

③ Ulrich Huber, Savigny und das sachenrechtliche Abstraktionsprinzip, in: Festschrift für Claus-Wilhelm Canaris zum 70. Geburtstag, S. 505 f.; Heinz Hübner, Allgemeiner Teil des Bürgerlichen Gesetzbuches, 2. Aufl., 1996, Rn. 654.

④ 这恰好符合罗尔斯（John Rawls）"无知之幕"（the Veil of Ignorance）下平等自由、机会均等诸正义原理。详参〔美〕约翰·罗尔斯:《正义论》,何怀宏、何包钢、廖申白译,中国社会科学出版社1988年版。

的国有经济才更有机会成为出卖人,相应的,较容易陷入破产的,则是作为国有经济对立面的市场主体。此时,希望强化出卖人地位之主张,实际上是在强调国有经济的优越地位,与市场逻辑背道而驰。

(二) 功能替代

抽象原则之创立,虽然不是基于保护交易安全的考虑,但在客观上具有此项功能。另外一项直接以交易安全为旨归的制度是善意取得。在两项制度并行的情况下,彼此之间似乎难免出现功能重叠。于是,抽象原则的否定论者认为,善意取得制度令取得人能够从非权利人处取得权利,即便要因原则使得所有权移转随原因行为而无效,善意第三人亦可得到保护,因而,抽象原则实属冗赘。① 管见以为,二者功能虽然存在部分重叠,但仍不足以相互取代。

第一,善意取得制度解决的是从无处分权人处获得权利的正当性问题,或者说,善意取得制度补正的是处分行为自身的无效性问题,必然涉及原权利人、无权处分人与取得人三方利害关系人。抽象原则解决的则是处分行为与外部原因的效力关联、而非行为人欠缺处分权的效力问题,着眼于行为之间的效力关联,一般只涉及两方利害关系人。

第二,在涉及第三人时,善意取得的适用领域将受制于抽象原则。具体情形约分四端:其一,若处分标的为物权之外的其他权利,无权处分时,无善意取得之余地,所谓"功能替代",无从谈起②;其二,若债权行为无效而物权行为有效,相对人再让与所有权时,属有权处分,第三人无所谓善意恶意,不必考虑善意取得;其三,若债权行为有效而物权行为无效,相对人再让与所有权,属无权处分,原权利人拒绝追认处分行为时,第三人不能取得所有权,但如果第三人善意且符合其他要件,可善意取得;其四,若之前并无所有权移转行为,相对人之取得占有,只是基于其他非以物权处分为目的的债权行为(如保管契约),相对人让与所有权时,属于无权处分,第三人之法律地位,如前例。

另需说明者,在上述情形二,无论第三人是否知悉债权行为无效,依抽象原则,均可取得所有权,但要因原则将以知情第三人非属善意为由,排除善意取得制度之适用,第三人因而不能取得所有权。两相比较,抽象原则可能鼓励不当得利之相对人将标的物移转于知情第三人。对此,苏永钦教授认为,如果恶意达到故意加害程度,不妨考虑借助侵权法保护原权利人,以弥补抽象原则的缺陷。③ 而第三人之取得若为无

---

① Brox/Walker, Allgemeiner Teil des BGB, 34. Aufl., 2010, Rn. 121; Heinz Hübner, Allgemeiner Teil des Bürgerlichen Gesetzbuches, 2. Aufl., 1996, Rn. 655.

② Brox/Walker, Allgemeiner Teil des BGB, 34. Aufl., 2010, Rn. 121; Rüthers/Stadler, Allgemeiner Teil des BGB, 16. Aufl., 2009, § 16 Rn. 21;苏永钦:《物权行为的独立性与无因性》,载氏著:《私法自治中的经济理性》,中国人民大学出版社2004年版,第137页。

③ 苏永钦:《物权行为的独立性与无因性》,载氏著:《私法自治中的经济理性》,中国人民大学出版社2004年版,第137页。

偿,则无论知情与否,在抽象原则下,原权利人均可直接请求第三人返还利得(《德国民法典》第 822 条、台湾地区"民法"第 183 条),因而在不当得利法的规范领域之内。

五、抽象原则的限制

基于抽象原则不利于原权利人并可能保护恶意第三人的考虑,一部分德国学者主张限制抽象原则的适用。具体包括三条途径:一曰瑕疵同一(Fehleridentität),如果负担行为与处分行为存在共同瑕疵,则二者效力同其命运;二曰条件关联(Bedingungszusammenhang),以负担行为之有效,作为处分行为有效之条件;三曰行为一体(Geschäftseinheit),将负担行为与处分行为视为一体行为,通过《德国民法典》第 139 条"行为一部无效则全部无效"之规则,使得处分行为在负担行为无效时同归无效。

以上主张皆似是而非,因而为德国通说所拒斥。

首先,关于瑕疵同一。抽象原则的意义在于,处分行为效力不受原因行为之影响,两项行为效力须分别观察,而不是说,任何情况下处分行为均为有效或二者效力必不一致。作为法律行为,若存在行为能力欠缺、错误、诈欺、胁迫等事由,无论负担行为抑或处分行为,效力自然均受影响。当某一事由同时影响二者时(尤在即时交易情况下),负担行为与处分行为同其效力。之所以如此,并不是因为处分行为效力受到负担行为的影响,而是因为,相同的瑕疵事由同时影响两项行为。换言之,所谓"瑕疵同一",与抽象原则原本就不发生冲突,因而不构成"限制"。[①]

其次,关于条件关联。在动产领域,当事人本就可依自由意志将处分行为的有效性建立在负担行为的基础上。只不过,除非当事人已作明确约定或根据行为环境可探知当事人存在此等意思,否则,基于私法自治的考虑,不得作条件关联之补充解释。[②]

最后,所谓"行为一体",实际上并不是在"限制"抽象原则,而是在否定分离原则。因为,分离原则的要旨在于,负担行为与处分行为分属两项各自独立的行为,无《德国民法典》第 139 条之适用余地。[③]

[①] Reinhard Bork, Allgemeiner Teil des Bürgerlichen Gesetzbuchs, 3. Aufl., 2011, Rn. 482 ff.; Dieter Medicus, Allgemeiner Teil des BGB, 10. Aufl., 2010, Rn. 231 ff.

[②] Reinhard Bork, Allgemeiner Teil des Bürgerlichen Gesetzbuchs, 3. Aufl., 2011, Rn. 489; Brox/Walker, Allgemeiner Teil des BGB, 34. Aufl., 2010, Rn. 123; Heinz Hübner, Allgemeiner Teil des Bürgerlichen Gesetzbuches, 2. Aufl., 1996, Rn. 657; Dieter Medicus, Allgemeiner Teil des BGB, 10. Aufl., 2010, Rn. 239.

[③] Reinhard Bork, Allgemeiner Teil des Bürgerlichen Gesetzbuchs, 3. Aufl., 2011, Rn. 488; Brox/Walker, Allgemeiner Teil des BGB, 34. Aufl., 2010, Rn. 122; Heinz Hübner, Allgemeiner Teil des Bürgerlichen Gesetzbuches, 2. Aufl., 1996, Rn. 658; Larenz/Wolf, Allgemeiner Teil des Bürgerlichen Rechts, 9. Aufl., 2004, § 23 Rn. 81; Dieter Medicus, Allgemeiner Teil des BGB, 10. Aufl., 2010, Rn. 241.

第七章　意思表示的一般原理

第十六节　意思表示的概念

一、意思表示与法律行为

法律行为的要旨是,根据行为人意志发生相应法律效果。设定法律效果的行为人意志必须表示于外,才能构成法律交往行为。这一表示于外的意志行为,称意思表示(Willenserklärung)。据此,意思表示可定义为:将欲发生法律效果之意思表示于外的行为。很明显,意思表示与法律行为两概念相互缠绕纠结,难分彼此。因而,意思表示概念,可通过与法律行为比较而得到进一步的理解。

关于意思表示与法律行为的关系,大致有要素说与工具说两种观察视角。

（一）要素说

德国传统法律理论上,意思表示系法律行为之构成要素(Bestandteil),二者有着相同的本质,均是指向法律效果之变动的私人意志行为。[1] 尤其是,单方法律行为由一项意思表示构成,二者彼此重合;即便是由数项意思表示构成的数方法律行为(如契约由要约与承诺两项意思表示结合而成),亦在意思表示之外不包含其他构成要素。换言之,法律行为,无论单方抑或数方,均以且仅以意思表示为构成要素。二者性质自然不必两论。

《德国民法典》以立法形式将法律行为与意思表示两概念固定下来,但未作定义,亦未明文规定二者关系,不过仍不妨从条文术语的使用中推知法典的基本态度。《德国民法典》总则编第 3 章(第 104—185 条)以"法律行为"为章名,第 105 条第 1 款、第 107 条、第 116—124 条等条款使用的概念却皆非"法律行为",而是"意思表示";不仅如此,法典第 119、120 与 123 条规定的是可撤销的"意思表示",而根据第 142 条,所撤销的却是"法律行为"。梅迪库斯据此认为,"术语如此跳跃性的互换使用,这一事实表明,两概念之间的区别微乎其微。"[2]《德国民法典》"立法理由书"的表述则为该判

---

[1] Enneccerus/Nipperdey, Allgemeiner Teil des Bürgerlichen Rechts, zweiter Halbband, 15. Aufl., 1960, S. 896; Friedrich Carl von Savigny, System des heutigen römischen Rechts, Bd. 3, 1840, S. 5 ff.
[2] Dieter Medicus, Allgemeiner Teil des BGB, 10. Aufl., 2010, Rn. 242.

断提供了支持:"意思表示与法律行为之术语通常可作为同义概念使用。"①不同之处仅仅在于,"前者在使用时,或者偏重于意思之表达(Willensäußerung),或者只是被当做法律行为构成之要素。"②以意思表示为法律行为之要素、进而将二概念大体等值使用之见解,直至今日,仍是德国的绝对通说。③ 据此,法律行为之效力即是意思表示之效力,意思表示之瑕疵亦为法律行为之瑕疵,意思表示无效将导致法律行为无效。一言以蔽之,对于意思表示与法律行为,在法律适用时并无差别。④

汉语法学界通说与德国不同。汉语学者虽普遍认为意思表示系法律行为之要素,但并不因此主张二者殆属同义。理由如郑玉波先生所言:"惟所谓要素者,当然指其重要之因素而言,并非谓法律行为之构成,除意思表示外,已别无其他因素,例如要物行为,除意思表示外,尚以物之交付因素,要式行为除意思表示外,尚以方式之践行为因素,可见法律行为并不即等于意思表示也。"⑤郑先生更进而断言:"昔学者有迳以意思表示概法律行为之说,已为今所不取。"⑥郑先生之言似可商榷。要物行为,如第十一节所述,无存在之必要;至于要式行为,法律行为"要式",同时也意味着,意思表示亦为"要式"⑦,换言之,特定形式并非独立于意思表示之外的法律行为另一构成要素。

(二) 工具说

工具说的简明表述首见于梅迪库斯:"意思表示是法律行为的工具(Mittel),法律行为则是私法自治的工具。"⑧莱嫩由此阐发不同于传统要素说的工具说。该说略谓:"意思表示是旨在设定由法律行为所引发的法律效果之法律工具。意思表示创设法律行为,法律行为则创设私法自治框架内的法律效果。"⑨二者所指非一,差别主要在:第一,意思表示无效,法律行为不成立;法律行为无效,则以成立为前提,即,唯在有效的意思表示已令法律行为成立的前提下,始得进一步论及法律行为无效之问题。因而第二,旨在设立法律行为的意思表示与法律行为本身未必同时无效,二者的生效有其各自适用的规则,《德国民法典》亦未真正贯彻同义使用之思想。⑩

管见以为,意思表示与法律行为二概念固然存在某些技术差别,但在贯彻私法自治方面,二者扮演着几乎相同的角色。就此而言,要素说与工具说,不过是关注的侧

---

① Motive zu dem Entwurfe eines Bürgerlichen Gesetzbuches für das Deutsche Reich, Band I, Allgemeiner Teil, Amtliche Ausgabe, zweite unveränderte Auflage, 1896, S.125.
② a.a.O.
③ Detlef Leenen, BGB Allgemeiner Teil: Rechtsgeschäftslehre, 2011, § 4 Rn. 103.
④ a.a.O.
⑤ 郑玉波著,黄宗乐修订:《民法总则》(修订11版),台湾三民书局2008年版,第244页。
⑥ 同上;亦见梁慧星:《民法总论》(第4版),法律出版社2011年版,第162页。
⑦ 史尚宽:《民法总论》,中国政法大学出版社2000年版,第313、353页。
⑧ Dieter Medicus, Allgemeiner Teil des BGB, 10. Aufl., 2010, Rn. 175.
⑨ Detlef Leenen, BGB Allgemeiner Teil: Rechtsgeschäftslehre, 2011, § 4 Rn. 106.
⑩ a.a.O., § 4 Rn. 107 ff.

重不同而已。

二、无需意思表示之法律行为？

德国私法史上,曾经出现过意思表示与法律行为存在实质差别之主张,此即事实契约理论。根据这一理论,法律行为不必由意思表示构成。

(一) 事实契约理论

1941年1月29日,德国法学家豪普特(Günter Haupt)在莱比锡大学发表就职演说,主题是"论事实契约关系"。

豪普特认为,传统契约理论在解释强制缔约制度以及一般交易条款所产生的契约类型时已显得牵强,为了迎合"法律行为必包含意思表示"的见解,经常不得不依靠默示推定、甚至拟制来确认当事人意思表示之存在。如果能够摆脱传统理论的局限,就会发现,其实在某些情况下,当事人并不依循要约—承诺的缔约方式进入契约关系,而仅依无须考虑当事人意思之事实过程即为已足。①

由此形成的法律关系被豪普特称为"事实契约关系"(faktische Vertragsverhältnisse)。主要包括三种类型：(1) 基于社会接触之事实契约(faktische Vertragsverhältnisse kraft sozialen Kontakts)。当事人为缔约而相互接触时,产生以照顾、通知、保护等义务为内容的事实契约关系,因而不必归入缔约过失理论框架之内。② (2) 基于团体关系之事实契约,即事实合伙与事实劳动关系(faktische Gesellschaft und faktitsches Arbeitsverhältnis)。③ (3) 基于社会给付义务之事实契约(faktische Vertragsverhältnisse kraft sozialer Lesitungsverpflichtung)。主要指供用电力、煤气、自来水,乘坐电车等交易关系。④

(二) 事实契约理论的衰落

事实契约理论甫出,即引起德国法学界的强烈反响。⑤ 不仅如此,经过若干法学家的完善,这一理论的影响超出学术探讨范围,左右了德国某些判决的作出。⑥

---

① Günter Haupt, Über faktische Vertragsverhältnisse, 1941, S. 6 ff.
② a. a. O., S. 9 ff.
③ a. a. O., S. 16 ff.
④ a. a. O., S. 21 ff.
⑤ 主要文献,可参见王泽鉴：《事实上之契约关系》,载氏著：《民法学说与判例研究》(第1册),北京大学出版社2009年版,第86页。
⑥ 德国法院最早援引"事实契约"理论的判决是"汉堡广场停车费"案。1953年,汉堡市宣布将市政厅广场的一部分改为收费停车场。一私人企业接受委托对停车场进行看管,并标明"需缴纳停车费用并由人看管"。一名驾车人将其汽车停放于收费停车场,但她以停车场乃公共用地,任何人皆可使用为由,拒绝接受看管服务并拒绝付费。德国联邦法院判决认为："谁在看车时间段内在特别标明的停车场上泊车,即以此泊车行为引致了合同上的法律关系,车主即有义务按照停车收费表支付费用。至于车主内心是否有另外的意思——即使想停车的车主在开始停车之初即向原告的管理员表达出了这个意思,则可在所不问。"支持该判决的理由即是"事实契约"理论。邵建东编著：《德国民法总则编典型判例17则评析》,南京大学出版社2005年版,第31页以下(引文见第46页)。此后,德国法院又在1957年的使用电力案、1965年的公共汽车业主长期使用公共汽车站案以及1970年的接受供暖案等判决中使用该理论。不过,20世纪70年代以来,这一理论因遭到越来越多的反对而渐趋式微。Karl Larenz, Allgemeiner Teil des deutschen bürgerlichen Rechts, 7. Aufl., 1989, S. 535; Dieter Medicus, Allgemeiner Teil des BGB, 10. Aufl., 2010, Rn. 247.

然而,事实契约理论未能提供更佳法律方案。

一方面,这一理论所给出的解释,并不足以令人信服。

首先,仅仅是基于社会接触,无法成立契约关系。因为在一项真正的契约中,当事人负有给付义务,若未履行,对方有权诉请履行。基于缔约接触而产生的照顾、通知、保护等义务却不能被诉请履行,充其量能够作为损害赔偿的准契约责任基础而已。① 就此而言,豪普特所批评的缔约过失理论其实更具合理性。

其次,在当事人未有法定要式之缔约意思表示、而直接作出给付的"事实合伙与劳动关系"中,不妨在解释当事人意思表示的基础上、通过限缩法定要式的适用范围并类推适用相应契约规范,不必贸然认定当中不存在意思表示、进而为论证其契约性质另创事实契约理论。②

再次,所谓"基于社会给付义务之事实契约",更是依然在私法自治的框架之内,即便缔约自由因为强制缔约义务的存在、契约内容的形成自由因为一般交易条款的存在而受到极大限制,亦不能改变契约订立系意志行为之本质,传统要约—承诺理论足以提供解释,事实契约理论毫无必要。③

另一方面,事实契约理论的应用,还可能使得许多传统理论框架下可得到合理解决的问题反而变得难以处理。

比如,自助商店的小偷一旦被发现,得依事实契约理论主张,已基于其"事实行为"与商店订立"事实契约",只不过自己未履行价金支付义务而已,从而从容将偷窃行为转化为普通债务不履行行为④;再如,假使契约关系仅因乘客登上汽车之"事实行为"而成立,其间不存在意思表示,那么,若公共汽车未能遵守运行时间安排,乘客因此而遭受的损害是否能够根据"事实契约"理论获得救济?为方便他人下车而临时下车的行为又将如何认定?等等。

更重要的是,若事实行为即足以订立契约,行为能力制度对此类契约将了无意义,亦无所谓因意思表示瑕疵而导致契约效力瑕疵之问题。这意味着,事实契约理论若能成立,整个契约法将被推倒重来⑤,同时,私法自治理念亦被推向边缘。正是在此意义上,德国著名法学家雷曼(Heinrich Lehmann)认为,事实契约理论"有如一颗原子弹,足以摧毁实证法所信仰的法律思维"。⑥

今日德国,曾经喧嚣一时的事实契约理论几乎已无人再予支持。其中,拉伦茨的态度转变最具说明价值。拉伦茨曾在豪普特所列第三种事实契约类型的基础上,发

---

① Heinrich Lehmann, Faktische Vertragsverhältnisse, NJW 1958, S. 2.
② a. a. O., S. 3 f.
③ a. a. O., S. 4.
④ Dieter Medicus, Allgemeiner Teil des BGB, 10. Aufl., 2010, Rn. 249.
⑤ Werner Flume, Das Rechtsgeschäft, 4. Aufl., 1992, S. 100.
⑥ Heinrich Lehmann, Faktische Vertragsverhältnisse, NJW 1958, S. 5.

展出一度占据通说地位的社会典型行为(sozialtypisches Verhalten)理论。然而,自其《德国民法总论》第3版开始,拉伦茨开始改变看法,转而认为,由于社会典型行为同样涉及当事人参与法律交往,故至少行为能力之条件必须被满足。① 显然,一旦行为能力成为影响行为效力之因素,"以事实行为订立契约"之观点便不再融贯。社会典型行为理论已名存实亡。

更具意义的是,拉伦茨在生前最后一版(第7版)《德国民法总论》教科书中明确表示,放弃其社会典型行为理论。② 至此,社会典型行为理论正式宣告破产。

(三) 事实契约理论的中国版本

《合同法》第10条第1款将合同形式划分为书面形式、口头形式和其他形式三类。何谓"其他形式",《合同法》未作界定。《合同法解释二》第2条对此漏洞略作弥补:"当事人未以书面形式或者口头形式订立合同,但从双方从事的民事行为能够推定双方有订立合同意愿的,人民法院可以认定是以合同法第十条第一款中的'其他形式'订立的合同。但法律另有规定的除外。"该司法解释主事者指出,此系德国事实契约理论的产物。③

管见以为,最高法院对于事实契约理论的运用,既误解了事实契约理论本身,且误认了事实契约理论的当代命运。

首先,事实契约理论之提出,如前文所述,是用以挑战传统的契约订立过程以及法律行为(契约)必包含意思表示之观念。其核心主张是,某些契约之订立无需经过"要约—承诺"之过程,借助单纯的事实行为即为已足。此等事实契约,与当事人的意思表示无关。而《合同法》第10条第1款与《合同法解释二》第2条所涉及的,并非缔约时是否需要意思表示、而是意思表示以何种方式作出之问题,换言之,是关于意思表示明示作出抑或默示作出之问题。最高法院以事实契约为理论基础,不过是令人尴尬的张冠李戴。

其次,事实契约理论如今在德国已成明日黄花,即使是对该理论作出重大贡献的拉伦茨,亦在生前亲自修订的最后一版民法总论教科书中明确表示放弃。最高法院欲令其复活,道理何在,颇令人费解。

三、意思表示的构成

意思表示由表示(Erklärung)与意思(Wille)两词组合而成,相应的,传统学说上,意思表示的构成可分为外部(客观)要素与内部(主观)要素。

---

① Karl Larenz, Allgemeiner Teil des deutschen bürgerlichen Rechts, 7. Aufl., 1989, S.536.
② a.a.O.
③ 曹守晔:《〈关于适用合同法若干问题的解释(二)〉的理解与适用》,载《人民司法》2009年第13期,第41—42页。

（一）外部要素

意思表示的外部要素即是表示行为（Erklärungshandlung）——将意志表示于外的行为。表示行为依其表示方式之不同,有明示（ausdrückliche Erklärung）与默示（stillschweigende Erklärung）之别。

1. 区分标准

我国实证法未对明示作正面界定,唯《民通意见》第66条前句规定:"一方当事人向对方当事人提出民事权利的要求,对方未用语言或者文字明确表示意见,但其行为表明已接受的,可以认定为默示。"由此反推,所谓明示,系指以口头或书面的话语形式明确表达意思之行为。此亦德国通说见解。①

许布纳（Heinz Hübner）的区分标准有所不同。在他看来,明示与默示之别,不在于表示工具本身,而在于表示工具的意义是否明确:所谓明示,指的是所选择的表示工具之意义事先已依交往惯例、法定或约定得到确定之表示行为;而默示则需要根据具体情形作出意义推断。② 据此,明白无歧义的口头或书面话语固然不失为明示,其他被通说归为默示的表示行为,诸如交往惯例中的"摇头不算点头算"、将硬币投入自动售货机、用手势比划价格、使用双方约定的暗号密码等等,亦均属明示无疑。以表示工具的意义是否明确为区分标准,清晰性显然远不及通说,因为语言必有歧义,即便是口头与书面话语,亦复如此。③

不过,通说亦非无可议。如果唯有口头或书面话语才是明示,那么,不识字的失语者除非借助代理,否则将无明示之可能。

2. 默示的判别

梅迪库斯指出,在用法上,"默示"可能被用以指称三种相去甚远的情形,分别是推知的意思表示（konkludente Willenserklärung）、需要通过补充解释（ergänzende Auslegung）填补的意思表示以及单纯的沉默（wirkliches Schweigen）。④ 其中,推知的意思表示最属常用,单纯的沉默则与之最为接近。至于补充解释,第十八节将作阐述,此处略过。

（1）推知的意思表示

除明示外,意思表示还可以其他行为作出,该"其他行为",即是推知的意思表示,在通常情况下,与默示同义。推知的意思表示外延之大小,取决于如何界定明示。依德国通说,除以口头或书面话语直接表达者外,其他基于交往惯例、法定或约定的肢

---

① Reinhard Bork, Allgemeiner Teil des Bürgerlichen Gesetzbuchs, 3. Aufl., 2011, Rn. 567; Larenz/Wolf, Allgemeiner Teil des Bürgerlichen Rechts, 9. Aufl., 2004, § 24 Rn. 15; Dieter Medicus, Allgemeiner Teil des BGB, 10. Aufl., 2010, Rn. 334 f.; Rüthers/Stadler, Allgemeiner Teil des BGB, 16. Aufl., 2009, § 17 Rn. 3.
② Heinz Hübner, Allgemeiner Teil des Bürgerlichen Gesetzbuches, 2. Aufl., 1996, Rn. 669.
③ Reinhard Bork, Allgemeiner Teil des Bürgerlichen Gesetzbuchs, 3. Aufl., 2011, Rn. 567 (Fn. 2).
④ Dieter Medicus, Allgemeiner Teil des BGB, 10. Aufl., 2010, Rn. 333.

体等语言形式,均为推知的意思表示,除前文所提及的"摇头不算点头算"等事例外,还包括诸如在债务人面前默默无言将债务证书撕毁、一言不发把商品置于售货柜台、挥手向空驶出租车示意等等。① 而根据许布纳学说,上述情形均为明示,因为所涉行为均是直接表达内心意志,至于推知的意思表示,只在行为间接表达意志、非经推断不能获知表意人目的的情况下存在,例如,使用现物要约之物可推知具有接受对方要约之意思、主张不当得利返还可推知具有撤销法律行为之意思等。②

学说不同,分类亦各异。但就法律效果而言,明示默示之区分,意义其实甚是有限。一般情况下,只要被认定为意思表示,无论明示默示,法律效果并无分别。③《合同法》第 10 条第 1 款与《合同法解释二》第 2 条表明,订立契约时,采用明示(书面或口头)方式抑或默示方式("从双方从事的民事行为能够推定双方有订立合同意愿的")均无差别。

比较法上,二者差异主要体现于:某些情况下,法律规定意思表示须以明示作成,如《德国民法典》第 244 条 1 款、第 700 条 2 款,台湾地区"民法"第 272 条(连带债务之成立,除法律规定者外,以明示为必要)。

我实证法上的类似规定如《合同法》第 19 条。依该条第 1 项,要约之不可撤销须以明示方式表明。不过,这并不表示,未以明示方式表明者,要约即可撤销,唯其他情形下要约的不可撤销性须具备严格的要件而已,这些要件是,"受要约人有理由认为要约是不可撤销的",并且"已经为履行合同作了准备工作"(第 2 项)。至于连带责任,《担保法》第 19 条作有与台湾地区"民法"相反的推定("当事人对保证方式没有约定或者约定不明确的,按照连带责任保证承担保证责任"),但未要求所涉"约定"须明示作出。这一推定与私法以独立责任为原则、连带责任为例外的自治理念相抵触,因而在解释上,为缓和保证人严苛的法定责任,不必将保证方式的约定限于书面(《担保法》第 13 条)或其他明示方式。

另有学者指出,明示与默示之别还在于,唯有明示才能符合要式行为之规定。④ 然而,一方面,并非所有明示均能符合要式规定,若是以此为标准,作为明示的口头形式反倒更接近于默示;另一方面,未能符合要式之规定,未必导致法律行为无效,反倒是作为默示的履行行为,能够治愈契约的形式瑕疵(《合同法》第 36 条,《德国民法

---

① Reinhard Bork, Allgemeiner Teil des Bürgerlichen Gesetzbuchs, 3. Aufl., 2011, Rn. 572; Larenz/Wolf, Allgemeiner Teil des Bürgerlichen Rechts, 9. Aufl., 2004, § 24 Rn. 18; Dieter Medicus, Allgemeiner Teil des BGB, 10. Aufl., 2010, Rn. 334; Rüthers/Stadler, Allgemeiner Teil des BGB, 16. Aufl., 2009, § 17 Rn. 3.

② Heinz Hübner, Allgemeiner Teil des Bürgerlichen Gesetzbuches, 2. Aufl., 1996, Rn. 670.

③ Reinhard Bork, Allgemeiner Teil des Bürgerlichen Gesetzbuchs, 3. Aufl., 2011, Rn. 573; Dieter Medicus, Allgemeiner Teil des BGB, 10. Aufl., 2010, Rn. 335; 施启扬:《民法总则》(第 8 版),台湾自版发行 2009 年版,第 276 页;王泽鉴:《民法总则》(最新版),北京大学出版社 2014 年版,第 320 页。

④ Reinhard Bork, Allgemeiner Teil des Bürgerlichen Gesetzbuchs, 3. Aufl., 2011, Rn. 573.

典》第311b条第1款、第518条第2款)。① 因而,这一差别,意义亦属有限。

(2) 单纯的沉默

"沉默"的含义在法律上比在日常用语中受到的限制更多,不仅意味着"没有说话",更关键还在于"无意表达"。② 因而,仅仅是未作口头或书面表达,不能当然归为沉默,因为当事人可能以行为尤其是不作为的方式表达意思表示,从而构成默示甚至许布纳意义上的明示。至于单纯的沉默,原则上并不具有意思表示的意义,所以,受要约人若对要约保持单纯的沉默,固然不构成承诺,亦不意味着拒绝——既非肯定亦非否定。③

《民通意见》第66条后句规定:"不作为的默示只有在法律有规定或者当事人双方有约定的情况下,才可以视为意思表示。"默示已然具有意思表示的效力,称"不作为的默示……才可以被视为意思表示"显系概念误用,此处所指称的,应理解为"单纯的沉默"。根据该条规定,单纯的沉默在法律特别规定及当事人特别约定的情形下,具有表示价值。

前一情形称规范化沉默(normiertes Schweigen),系将沉默拟制为意思表示④,如《合同法》第236条:"租赁期间届满,承租人继续使用租赁物,出租人没有提出异议的,原租赁合同继续有效,但租赁期限为不定期。"承租人继续使用租赁物,被视为租赁契约延期之推知的意思表示(默示),出租人的沉默则产生承诺的效力。

至于后一情形,当事人因为约定而负有积极作出反对表示之义务,因而,若届时沉默,自可解释为表示同意。需要注意的是,此以双方合意为前提,若仅是一方告知:"若不反对即为同意",对方届时的沉默不具有任何表示效力,原因很简单,基于私法自治,一方意志不能拘束他方,不能为他方设定义务。

现 物 要 约

对于非订而寄的现物要约(Lieferung unbestelllter Sachen),受领人的沉默自然是未作出任何意思表示——既非接受亦非拒绝。问题是,物之受领人是否对物负有保管义务,寄送人是否享有返还请求权甚至损害赔偿请求权? 先前的德国学说倾向于做肯定回答,但在寄送人为企业主(Unternehmener)、受领人为消费者(Verbraucher)的场合,《德国民法典》第241a条第1款排除寄送人的请求权,包括契约请求权与物上

---

① Dieter Medicus, Allgemeiner Teil des BGB, 10. Aufl., 2010, Rn. 337.
② Rüthers/Stadler, Allgemeiner Teil des BGB, 16. Aufl., 2009, § 17 Rn. 24.
③ Reinhard Bork, Allgemeiner Teil des Bürgerlichen Gesetzbuchs, 3. Aufl., 2011, Rn. 571, 574; Dieter Medicus, Allgemeiner Teil des BGB, 10. Aufl., 2010, Rn. 345; Rüthers/Stadler, Allgemeiner Teil des BGB, 16. Aufl., 2009, § 17 Rn. 24.
④ Larenz/Wolf, Allgemeiner Teil des Bürgerlichen Rechts, 9. Aufl., 2004, § 28 Rn. 77.

返还请求权、损害赔偿请求权等法定请求权,即便受领人抛弃其物,亦复如此。这实际上是通过切断救济以禁止非订而寄的销售方式。①

问题还在于,受领人若未抛弃其物,而是实际使用,当如何认定? Rüthers/Stadler 认为,如果受领人不想与之订立契约,原本可选择抛弃,若反去使用,则不再具有保护价值,该使用行为应推断为订立契约之承诺。② Heinrichs 则认为,既然寄送人无返还请求权,即意味着受领人有权使用或消费其物,占用或消费行为自不构成承诺。③

前者的解释难题在于:为何法律要迫使受领人对物采取于资源配置无益之行为? 受领人随时可抛弃,寄送人如何能得知当中的使用行为? 法律所要禁止的是非订而寄的行为本身,与受领人以何种方式对待其物有何关联? 或者,为何受领人使用其物之行为足令本被禁止的非订而寄行为变得合法?

后者的解释难题则在于:虽然寄送人无返还请求权,但不意味着受领人因此取得所有权或使用权,受领人之占有并不具有合法权原,属于无权占有,如是,则受领人使用或消费之正当性何在?

(二) 内部要素

依德国通说,意思表示的内部主观要素包括三项:行为意思(Handlungswille),表示意识(Erklärungswille, Erklärungsbewußtsein)与法效意思(Rechtsfolgewille, Geschäftswille)。④ 将观察视角探入行为人内心,此系受心理学影响的结果。⑤

1. 行为意思

行为意思指有意实施行为之意识。该项意思用以表明,外在行动乃是行动人自主意思支配的结果。至于行为的表示内容如何,则非所问。

无意识状态之下的动作——如催眠状态的言语、神经反射、睡梦中的动作,以及被物理强制(vis absoluta)时的动作——如被强按着在契约文本上签字⑥,均缺乏行为

---

① Rüthers/Stadler, Allgemeiner Teil des BGB, 16. Aufl., 2009, § 17 Rn. 26; Palandt/Heinrichs, § 241a, Rn. 6 f.
② Rüthers/Stadler, Allgemeiner Teil des BGB, 16. Aufl., 2009, § 17 Rn. 26 (Fn. 12).
③ Palandt/Heinrichs, § 241a, Rn. 6.
④ Reinhard Bork, Allgemeiner Teil des Bürgerlichen Gesetzbuchs, 3. Aufl., 2011, Rn. 578; Brox/Walker, Allgemeiner Teil des BGB, 34. Aufl., 2010, Rn. 84 ff.; Werner Flume, Das Rechtsgeschäft, 4. Aufl., 1992, S. 46 f.; Heinz Hübner, Allgemeiner Teil des Bürgerlichen Gesetzbuches, 2. Aufl., 1996, Rn. 664 ff.; Larenz/Wolf, Allgemeiner Teil des Bürgerlichen Rechts, 9. Aufl., 2004, § 24 Rn. 3 ff.; Rüthers/Stadler, Allgemeiner Teil des BGB, 16. Aufl., 2009, § 17 Rn. 6.
⑤ Larenz/Wolf, Allgemeiner Teil des Bürgerlichen Rechts, 9. Aufl., 2004, § 24 Rn. 2; Rüthers/Stadler, Allgemeiner Teil des BGB, 16. Aufl., 2009, § 17 Rn. 6.
⑥ 物理强制之下的被迫签字应与签字协助(Schreibhilfe)相区分,后者是指签字之人因疾病或体弱无法独自签字,由他人握住其手来协助完成。关键在于签字人是否拥有意志自由。Rüthers/Stadler, Allgemeiner Teil des BGB, 16. Aufl., 2009, § 24 Rn. 10.

意思,原则上不构成意思表示。相反,精神强制(vis compulsiva)则不影响行为意思之存在,唯因为胁迫,可能成为导致法律行为效力瑕疵之事由。

2. 表示意识

表示意识是对行为具有某种法律意义所具有的意识。不知其行为意味者,欠缺表示意识。如,白酒拍卖,甲向友人举手致意,而不知拍卖场内举手即竞拍。

3. 法效意思

法效意思是行为人欲依其表示发生特定法律效果的意思。与表示意识区别在于,后者仅要求行为人意识到其行为具有"某种"法律意义,前者则必须指向一项"特定具体"的法律效果。① 例如,甲表示欲以5000元购买乙的电脑,其中,成立买卖契约之意思属于表示意识,以5000元获得电脑所有权的意思则为法效意思。再以前述白酒拍卖为例,甲知其为竞拍,但以为每举手一次代表50元,而不知已涨为100元,举手时,表示意识健全但法效意思有瑕疵。

(三) 复合式概念的正当性

将意思表示拆分为外部要素与内部要素、尤其是进而三分内部要素,此传统学说称意思表示的复合式概念。② 基本考虑是,在细致观察意思表示各项构成要素的基础上,准确判断意思表示瑕疵之所在,并恰当处理内心意思与外部表示不一致的各种情形。③ 例如,若无外部表示行为,即无意思表示之存在;若无行为意思,单纯的身体动作亦不构成意思表示;行为意思只存在欠缺(fehlen)、而无瑕疵(fehlerhaft)之问题;等等。④

然而,复合式概念的逻辑及其实益颇值怀疑。

第一,构成要素(Tatbestandsmerkmale)的任务不在于描绘意思表示的理念模型,此不同于概念的本质定义。⑤ 构成要素云者,缺一不可者也。⑥ 然而,无论法效意思抑或表示意识,均非不可或缺。

首先,法效意思并非必要。实施法律行为尤其是订立契约时,当事人对于诸如价金之类的具体法律效果未必存在确切的想法,反倒可能愿意留待契约成立后再行磋

---

① Reinhard Bork, Allgemeiner Teil des Bürgerlichen Gesetzbuchs, 3. Aufl., 2011, Rn. 600; Brox/Walker, Allgemeiner Teil des BGB, 34. Aufl., 2010, Rn. 86; Werner Flume, Das Rechtsgeschäft, 4. Aufl., 1992, S. 47; Heinz Hübner, Allgemeiner Teil des Bürgerlichen Gesetzbuches, 2. Aufl., 1996, Rn. 666; Larenz/Wolf, Allgemeiner Teil des Bürgerlichen Rechts, 9. Aufl., 2004, § 24 Rn. 9; Rüthers/Stadler, Allgemeiner Teil des BGB, 16. Aufl., 2009, § 17 Rn. 12.

② 黄立:《民法总则》(修订4版),台湾自版发行2005年版,第219页以下。

③ Heinz Hübner, Allgemeiner Teil des Bürgerlichen Gesetzbuches, 2. Aufl., 1996, Rn. 668; 王泽鉴:《民法总则》(最新版),北京大学出版社2014年版,第318页。

④ Heinz Hübner, Allgemeiner Teil des Bürgerlichen Gesetzbuches, 2. Aufl., 1996, Rn. 673; 王泽鉴:《民法总则》(最新版),北京大学出版社2014年版,第318—319页。

⑤ Detlef Leenen, BGB Allgemeiner Teil: Rechtsgeschäftslehre, 2011, § 5 Rn. 30.

⑥ a.a.O., § 5 Rn. 28.

商。当事人既已就契约之订立达成合意,法律自然不必横加干涉。就此而言,成立法律行为所必要的,与其说是具体的法效意思,不如说是笼统的受法律拘束之意思(Rechtsbindungswille)。① 再者,若法效意思出现瑕疵,如将100元误作50元而作出表示,几乎所有学者均认为,此时并不影响意思表示之成立与生效,唯表意人得基于错误而撤销而已。②

其次,表示意识亦非必要。当行为人缺乏表示意识时,如何理解行为的法律意义,涉及交往风险分配之问题。虽然表示意识欠缺曾被当做意思表示不成立的理由③,但当今德国通说认为,若同时符合以下两个要件,即便行为人缺乏表示意识,亦被视为有效的意思表示:其一,任何人在法律交往中,均负有基本的、在特定交往环境下让自己行为不被误解的谨慎义务。若是未能尽到这一义务,即须为其行为负责。其二,若相对人对表示人的行为作了该特定交往环境下的一般理解,即具有信赖保护价值。④ 为此,在白酒拍卖场贸然挥手,纵无表示意识,亦构成竞拍表示,由此订立的契约有效,唯表示人享有撤销权而已。

如今,德国通说已不再将表示意识与法效意思当成意思表示的构成要素。⑤ 内部构成要素三去其二,意思表示概念在主观方面的"复合"性质已不能维持。

第二,德国通说至今依旧认为,行为意思系意思表示的必要构成。⑥ 就此而言,意思表示概念区分外部客观构成与内部主观构成的"复合"性质似乎仍可成立。然而,各项要素并立,逻辑上即意味着,彼此互不依存。问题是,意思表示外部构成与内部构成是否能够截然区分?

管见以为,作为客观要件的"表示行为"与作为主观要件的"行为意思",在概念上其实已相互隐含对方:既称表示"行为"(Handlung)而非机械的"身体动作"(Körperbewegung),必在行为人意志控制下作出;而既称"行为"意思——"承载表示

---

① Werner Flume, Das Rechtsgeschäft, 4. Aufl., 1992, S.52; MünchKomm/Kramer (2006), Vorbem. zu §§ 116—144 Rn. 14.

② Reinhard Bork, Allgemeiner Teil des Bürgerlichen Gesetzbuchs, 3. Aufl., 2011, Rn. 600; Brox/Walker, Allgemeiner Teil des BGB, 34. Aufl., 2010, Rn. 87; Heinz Hübner, Allgemeiner Teil des Bürgerlichen Gesetzbuches, 2. Aufl., 1996, Rn. 679; Larenz/Wolf, Allgemeiner Teil des Bürgerlichen Rechts, 9. Aufl., 2004, § 24 Rn. 10 f.; Rüthers/Stadler, Allgemeiner Teil des BGB, 16. Aufl., 2009, § 17 Rn. 12.

③ Enneccerus/Nipperdey, Allgemeiner Teil des Bürgerlichen Rechts, zweiter Halbband, 15. Aufl., 1960, S.902.

④ Reinhard Bork, Allgemeiner Teil des Bürgerlichen Gesetzbuchs, 3. Aufl., 2011, Rn. 596; Brox/Walker, Allgemeiner Teil des BGB, 34. Aufl., 2010, Rn. 137; Werner Flume, Das Rechtsgeschäft, 4. Aufl., 1992, S.449 f.; Heinz Hübner, Allgemeiner Teil des Bürgerlichen Gesetzbuches, 2. Aufl., 1996, Rn. 677; Larenz/Wolf, Allgemeiner Teil des Bürgerlichen Rechts, 9. Aufl., 2004, § 36 Rn. 25 f.; Dieter Medicus, Allgemeiner Teil des BGB, 10. Aufl., 2010, Rn. 607; Rüthers/Stadler, Allgemeiner Teil des BGB, 16. Aufl., 2009, § 17 Rn. 9 ff.

⑤ Staudinger/Knothe (2004), Vorbem. zu §§ 116—144 Rn. 1.

⑥ MünchKomm/Kramer (2006), Vorbem. zu §§ 116—144 Rn. 8; Palandt/Heinrichs, Einf. v. § 116, Rn. 16. Staudinger/Knothe (2004), Vorbem. zu §§ 116—144 Rn. 1, 27.

行为之意思"①,其意义自于相应外部行为实施时获得。这意味着,脱离内部的行为意思而独立判断是否存在外部的表示行为,势无可能。郑玉波先生即曾明确指出:"表示行为须本于意识作用,故在无意识(梦话)或精神错乱(重病中之谵语)中之动作,不能认为表示行为。"②既然如此,外部客观要件与内部主观要件之区隔,如何可能?

第十七节 意思表示的生效

一、意思表示的基本类型

意思表示虽与法律行为同为实现私法自治的工具,二者有着相同的本质,但这并不表示,彼此不存在技术或视角上的差别。如《德国民法典》"立法理由书"所言,意思表示更偏重意思之表达,较之法律行为更关注行为作出的过程。再者,契约由要约与承诺两个意思表示结合而成,要约生效方具承诺能力,承诺生效则契约成立。可见,意思表示生效与法律行为生效所指非一,须作独立观察。

单纯的内心意思不会产生规范效力,要关注的只是内心意思外化之后的情形。从内心意思的外化到为他人知晓,意思表示需要经过作成、发出、到达、对方知悉等阶段。所要讨论的问题因而在于,意思表示何时发生效力?发生何种效力?未生效阶段是否意味着没有任何法律意义?意思表示之生效时点受制于是否需要受领以及受领人是否在场两项因素,因而,在正面讨论意思表示的生效之前,有必要先了解这两种意思表示的分类。

(一) 是否需要受领

以是否需要受领为标准,意思表示可分为需受领的意思表示(empfangsbedürftige Willenserklärungen)与无需受领的意思表示(nicht empfangsbedürftige Willenserklärungen),前者需要向他人(表示受领人)作出,又称有相对人的意思表示,后者则不针对他人作出,又称无相对人的意思表示。

契约系特定人之间形成的法律关系,原则上,要约、承诺均为需受领的意思表示,但不尽然。《德国民法典》第151条第1句规定:"若承诺之意思表示依交易习惯不被期待或已被要约人放弃,则承诺不必向要约人表示,契约即得成立。"德国有学者认为,此处所涉承诺,系无需受领的意思表示(nicht empfandsbedürftige Willenserklärung)。③ 另外,要约的相对人多为特定之人,某些情况下,亦无妨以不特定之人为相对人,例如,假若将自助商店或超市所陈列商品解释为要约,该要约即是

---

① Dieter Medicus, Allgemeiner Teil des BGB, 10. Aufl., 2010, Rn. 606.
② 郑玉波著,黄宗乐修订:《民法总则》(修订11版),台湾三民书局2008年版,第273页。
③ Tilman Repgen, Abschied von der Willensbetätigung, AcP 200 (2000), 533 ff.; Rüthers/Stadler, Allgemeiner Teil des BGB, 16. Aufl., 2009, § 17 Rn. 30.

向不特定人发出。

除前述无需受领的承诺外,无需受领的意思表示存在于单方行为,如抛弃所有权、遗嘱、设立财团之捐助等等。至于悬赏广告,则依对其性质的不同认识而有不同定位。若以之为旨在订立契约之要约,属于向不特定相对人作出的意思表示①;而若以之为单方行为,则将其归诸无需受领的意思表示之列。② 另外,并非所有单方行为都是无需受领的意思表示,撤销、同意(包括事先允许与事后追认)、代理权之授予、解除等行为,均需向相对人作出。

(二) 受领人是否在场

受领人是否与表示人同在场,将影响意思表示的生效时点,因而,需受领的意思表示,可进一步作对在场人的表示(Erklärung gegenüber einem Anwesenden, Willenserklärung unter Anwesenden)与对不在场人的表示(Erklärung gegenüber einem Abwesenden, Willenserklärung unter Abwesenden)之分。

对于这组概念,汉语通译是"对话的意思表示"与"非对话的意思表示"。③ 在用法上,前者对应直接表达的情形,后者则是需要借助媒介的间接表达。④ 此等定义,强调的是当事人能否直接交流,空间上是否在场则非所问。⑤ 原则上,口头交流对应对话,书面交流则因其需要借助有形载体,属于非对话。因而,"虽地隔千里,以电话表示其直接意思时,仍为对话,虽近在咫尺,以纸条为传达时,不能直接表达其意思,仍应适用非对话的规定"。⑥ 例外情形是,借助传达人转达之意思表示,虽为口头,却属非对话表示。⑦

在概念上,如果将非对话表示定义为一切需要借助媒介的间接表达,那么,书面文件即便是当面递交,亦因为尚需阅读始得了解,归诸其列固无可厚非,但此等归列,在适用法律时却未必妥适。

依《合同法》第 23 条第 2 款之规定(《德国民法典》第 147 条),要约未确定承诺期时,对话的要约,应即时作出承诺(第 1 项);非对话的要约,承诺应在合理期限内到达(第 2 项)。揆诸规范意旨,非对话要约的承诺期间之所以更为宽松,系因为受要约人

---

① 郑玉波著,陈荣隆修订:《民法债编总论》(修订 2 版),中国政法大学出版社 2004 年版,第 54 页;郑玉波著,黄宗乐修订:《民法总则》(修订 11 版),台湾三民书局 2008 年版,第 275 页。
② Reinhard Bork, Allgemeiner Teil des Bürgerlichen Gesetzbuchs, 3. Aufl., 2011, Rn. 604; Brox/Walker, Allgemeiner Teil des BGB, 34. Aufl., 2010, Rn. 142; Heinz Hübner, Allgemeiner Teil des Bürgerlichen Gesetzbuches, 2. Aufl., 1996, Rn. 729.
③ 德汉术语对应,可参梅仲协:《民法要义》,中国政法大学出版社 1998 年版,第 104—105 页。
④ 施启扬:《民法总则》(第 8 版),台湾自版发行 2009 年版,第 277 页;王泽鉴:《民法总则》(最新版),北京大学出版社 2014 年版,第 326 页。
⑤ Reinhard Bork, Allgemeiner Teil des Bürgerlichen Gesetzbuchs, 3. Aufl., 2011, Rn. 605.
⑥ 王泽鉴:《民法总则》(最新版),北京大学出版社 2014 年版,第 326 页。亦见 Reinhard Bork, Allgemeiner Teil des Bürgerlichen Gesetzbuchs, 3. Aufl., 2011, Rn. 605;施启扬:《民法总则》(第 8 版),台湾自版发行 2009 年版,第 277 页。
⑦ Reinhard Bork, Allgemeiner Teil des Bürgerlichen Gesetzbuchs, 3. Aufl., 2011, Rn. 605.

不在场,需要为意思表示的到达留出必要的在途时间。

书面文件的当面递交,并不需要在途时间,将其定性为非对话表示而适用《合同法》第23条第2款第2项,有欠妥当。这意味着,当事人空间的是否在场,并非不重要,至于电话交谈、视频通话、网络即时聊天之所以能被归入对话表示(对在场人的表示)之列,则是因为时间的即时性消解了空间的不在场。

基于上述考虑,本文沿袭今日德国更为通行的进路,在口头、书面之外,加入空间是否在场一起作为划分标准。在此脉络下,无论是否对在场人作出意思表示,均各有口头与书面表达方式。① 就此而言,选择"对在场人的表示"与"对不在场人的表示"作为对译术语,应较为准确。

二、意思表示的发出

(一) 发出的含义

为有效作出意思表示,表意人首先需要将内心意思外在定形化(Entäußerung)即作成,然后将其发出(Abgabe)。表意人的行为若构成发出,即意味着表意人一方已完成意思表示生效所必需的一切行为。② 至于该"一切行为"具体内容如何,则取决于意思表示是否需要受领。

(二) 发出的判断

我实证法未就意思表示发出之判断作出规范,学者亦少有关注。为此,本书参酌德国相关学说,略作讨论。

1. 无需受领的意思表示之发出

无需受领的意思表示不存在表示相对人,意思表示一经作成即发出。口头形式,说出即发出;书面形式,则是书面文件拟就并签名。

2. 需受领的意思表示之发出

需受领的意思表示之发出,须在意思表示作成后向相对人送出,并且在通常情况下能够期待到达受领人。具体又因口头或书面形式而有不同。

(1) 口头意思表示之发出

包括电话交谈、视频交谈在内的对在场人的口头意思表示,表意人必须向相对人说出意思表示,并且可期待相对人能够理解表示的内容。③

对不在场人的口头意思表示可通过表示传达人(Erklärungsboten)实现。通过传

---

① Brox/Walker, Allgemeiner Teil des BGB, 34. Aufl., 2010, Rn. 143 ff.; Heinz Hübner, Allgemeiner Teil des Bürgerlichen Gesetzbuches, 2. Aufl., 1996, Rn. 729; Helmut Köhler, BGB Allgemeiner Teil, 34. Aufl., 2010, § 6 Rn. 12; Larenz/Wolf, Allgemeiner Teil des Bürgerlichen Rechts, 9. Aufl, 2004, § 26 Rn. 5 ff.; Dieter Medicus, Allgemeiner Teil des BGB, 10. Aufl., 2010, Rn. 265 ff.

② Heinz Hübner, Allgemeiner Teil des Bürgerlichen Gesetzbuches, 2. Aufl., 1996, Rn. 728; Dieter Medicus, Allgemeiner Teil des BGB, 10. Aufl., 2010, Rn. 263.

③ Brox/Walker, Allgemeiner Teil des BGB, 34. Aufl., 2010, Rn. 144.

达人而发出意思表示者,表意人须完成一切为使意思表示生效所需之行为,包括已对传达人完整表达意思表示并指示其告知表示受领人。①

(2) 书面意思表示之发出

对在场人发出书面意思表示,表意人须向相对人递交书面文件或点击发送网络即时聊天内容。仅仅是将意思表示定形化于书面文件并签名、或者写就网络即时聊天内容尚不构成发出,在递交或点击发送之前,表意人仍可任意收回、修改、重作甚至撕碎该签名文件。②

对不在场人发出书面意思表示,表意人必须将已作成的签名文件寄送于相对人,使得该表示在通常情形下能够被期待到达受领人。例如,书信,投递交邮为发出;传真(远程复印),将书面文件装入并开启传真设备为发出;电子邮件,将写就的邮件点击发送为发出。③

意思表示发出的表象

现实交往中,尤其在对不在场人发出书面表示的情况下,相对人收到的某项意思表示可能并非基于表意人意志发出。此时,对于不知情的受领人而言,存在意思表示发出的表象。问题因而在于,该仅具发出表象的意思表示是否具有法律效力?

例如,甲接到乙的要约后,写好回信表示承诺,并将信件装入写好收信人地址的信封,但为慎重计未发出。朋友丙在甲的书桌看见这封信,以为甲忘记发出,便自作主张投递交邮。甲、乙契约是否订立?

依意思表示构成理论,唯有具备行为意思的表达才能构成意思表示。上述案例中,甲并无发出表示之意思,亦未实施发出行为,故不存在意思表示。④ 博尔克进而主张,虽然存在意思表示发出之表象,但受领人不能依《德国民法典》第122条主张信赖利益损害赔偿,原因即在于,当中并不存在表示行为,而第122条之损害赔偿请求权以意思表示之存在为前提。⑤ 梅迪库斯则认为,无意发出意思表示虽与缺乏表示意识不同,但为了保护相对人的信赖利益,二者不妨等同处理,因而,无意发出的意思表示亦属有效,唯表意人享有撤销权,受领人则有权在撤销后主张信赖利益损害赔偿。⑥

对不在场人发出的书面意思表示,善意相对人难以获知所受领的意思表示究否

---

① Brox/Walker, Allgemeiner Teil des BGB, 34. Aufl., 2010, Rn. 145.
② a.a.O., Rn. 146.
③ a.a.O., Rn. 147.
④ Reinhard Bork, Allgemeiner Teil des Bürgerlichen Gesetzbuchs, 3. Aufl., 2011, Rn. 615; Brox/Walker, Allgemeiner Teil des BGB, 34. Aufl., 2010, Rn. 147.
⑤ Reinhard Bork, Allgemeiner Teil des Bürgerlichen Gesetzbuchs, 3. Aufl., 2011, Rn. 615.
⑥ Dieter Medicus, Allgemeiner Teil des BGB, 10. Aufl., 2010, Rn. 266; ähnlich Larenz/Wolf, Allgemeiner Teil des Bürgerlichen Rechts, 9. Aufl., 2004, § 26 Rn. 7; Palandt/Heinrichs, § 130, Rn. 4.

基于表示人意志发出,若其信赖利益不能得到保护,将置身极为不利的境地。就此而言,梅迪库斯关注相对人的信赖保护,值得认同。不过,若因此认定无意发出的意思表示亦属有效,似乎又走得太远,毕竟"表意人"自身并未实施表示行为。

管见以为,意思表示如何发出,属于表意人的控制领域,所以,意思表示之发出虽为无意,但与受领人相较,表意人更有理由承受发出风险,令其承担善意相对人的信赖利益损失,应不为过,除非表意人能够证明,所发出的意思表示非在其控制领域之内,且表意人就该失控不可归责(如被盗)。同时,当受领人主张意思表示的效力时,由于其实并不真正存在表示行为,表意人得直接主张权利未发生之权利阻却抗辩,而不必行使撤销权,只不过,表意人须就意思表示不存在负举证之责。

需要指出的是,以上关于信赖利益损害赔偿的讨论,系以德国法为背景。《民法通则》第61条第1款后句与《合同法》第58条后句所规定的信赖利益损害赔偿,均以过错为要件。此与《德国民法典》第122条不同。换言之,我实证法上,除非意思表示之无意发出系因过错所致,否则善意相对人的纯粹信赖利益无论如何不能得到保护。

(三) 发出的法律意义

1. 权利能力与行为能力的判断时点

表意人的权利能力与行为能力状况以发出时点为断。意思表示发出时,若表意人行为能力欠缺或受限,或者应由法定代理人代为,或者应征得限制行为能力人的法定代理人之允许;意思表示发出后,表意人死亡、丧失行为能力或行为能力受到限制,意思表示效力均不受影响。[①]

2. 意思表示瑕疵的判断时点

意思表示是否存在诸如错误、受欺诈、受胁迫之类的瑕疵,是否属于通谋虚伪行为或非诚意表示,均以发出时点为断。

3. 要约的承诺能力

未发出的要约,不具有承诺能力,即,对要约的承诺,须待意思表示发出后方可为之。

4. 无需受领的意思表示之生效时点

《民法通则》虽就法律行为设有若干一般性规定,但意思表示在技术上的特殊性几乎完全被忽略,而《合同法》所规定的要约与承诺,均为需受领的意思表示。无需受领的意思表示未得到专门规范。不过,这并不表示,实证法毫无可供依循之线索。无需受领的意思表示不存在表示相对人,无所谓到达问题,更谈不上相对人的知悉,换言之,此等意思表示发出即完成。《民法通则》第57条前句规定:"民事法律行为从成

[①] Brox/Walker, Allgemeiner Teil des BGB, 34. Aufl., 2010, Rn. 148.

立时起具有法律约束力。"虽然意思表示生效与法律行为生效未必完全一致,但此处规定之法律意旨正合乎无需受领的意思表示,当可准用。所以,无需受领的意思表示以发出为生效时点。

三、需受领的意思表示的到达

(一) 到达的含义

无需受领的意思表示不必讨论到达问题。需受领的意思表示之到达(Zugang),是指意思表示进入受领人支配领域,在通常情形下足令其知悉内容。① 除数据电文形式的意思表示(《合同法》第 16 条第 2 款)外,我实证法未提供判断意思表示到达的标准。原则上,意思表示之到达依对在场人或不在场人而有不同判断标准。

(二) 到达在场人的判断

1. 口头表示的到达

对在场人发出的口头意思表示,通常发出即到达,因为此时受领人了解表示的内容。换言之,对在场人发出的口头意思表示,发出、到达与对方知悉三个阶段合而为一。德国旧时通说之了解主义(Vernehmungstheorie)强调到达与知悉的重合。据此,口头意思表示之到达,须以受领人实际听悉为要,申言之,口头意思表示并非一经发出,即意味着受领人听悉而到达,毋宁说,意思表示发出后,之所以到达,系因为受领人已实际听悉。② 但这一绝对了解主义(reine Vernehmungstheorie)如今日益受到质疑,相对了解主义(eingeschränkte Vernehmungstheorie)或称弱了解主义(abgeschwächte Vernehmungstheorie)正逐渐取而代之成为新的通说。

依绝对了解主义,正确听悉之风险由表意人承担。③ 所以,即便口头发出的意思表示在通常情况下能够为对方听悉,但如果受领人重听或者心不在焉而未实际听悉,意思表示亦未到达。质疑者指出,重听乃至心不在焉系受领人自身因素,令表意人为之承担到达风险,殊为不公。相对了解主义因此认为,表意人只要能够合理相信,所发出的口头表示在特定情形下足令对方听悉,意思表示即到达,除非受领人即时表明并未实际听悉,或者受领人明显存在听悉障碍(如重听、心不在焉等)表意人却置之不顾。④

---

① Reinhard Bork, Allgemeiner Teil des Bürgerlichen Gesetzbuchs, 3. Aufl., 2011, Rn. 619.
② Werner Flume, Das Rechtsgeschäft, 4. Aufl., 1992, S. 241; Heinz Hübner, Allgemeiner Teil des Bürgerlichen Gesetzbuches, 2. Aufl., 1996, Rn. 735.
③ Werner Flume, Das Rechtsgeschäft, 4. Aufl., 1992, S. 241.
④ Reinhard Bork, Allgemeiner Teil des Bürgerlichen Gesetzbuchs, 3. Aufl., 2011, Rn. 631; Brox/Walker, Allgemeiner Teil des BGB, 34. Aufl., 2010, Rn. 156; Helmut Köhler, BGB Allgemeiner Teil, 34. Aufl., 2010, § 6 Rn. 19; Larenz/Wolf, Allgemeiner Teil des Bürgerlichen Rechts, 9. Aufl, 2004, § 26 Rn. 34 ff.; Dieter Medicus, Allgemeiner Teil des BGB, 10. Aufl., 2010, Rn. 289.

2. 书面表示的到达

一般情况下，意思表示递交于受领人即到达，因为意思表示由此进入受领人的支配领域，同时亦具备知悉可能。① 但若书面意思表示被偷偷插入口袋，则虽然进入受领人领域，却仍未构成到达。② 另外，如果双方使用网络即时聊天工具实时沟通，准用《合同法》第16条第2款第1分句之规定："采用数据电文形式订立合同，收件人指定特定系统接收数据电文的，该数据电文进入该特定系统的时间，视为到达时间。"

（三）到达不在场人的判断

1. 到达的判断标准

关于对不在场人表示的到达，德国通说以空间支配领域与知悉的合理期待为判断标准，即，意思表示进入表示受领人领域，以致于能够获悉并且在通常情形下能够被期待获悉其内容。③ 信件被投入私人信箱、被塞入住宅门缝、被任职机构签收等情形，均进入受领人空间领域，受领人亦有了知悉可能；同时还必须得到满足的要件是，受领人的知悉能够被合理期待，据此，午夜将信件投入私人邮箱、非营业时间将信件送至营业场所等情形，虽已进入受领人支配领域，却因为无法合理期待受领人在此期间获悉内容，而尚未到达。

《合同法》对于普通书面表示的到达时点未置一词，却在第16条第2款规定："采用数据电文形式订立合同，收件人指定特定系统接收数据电文的，该数据电文进入该特定系统的时间，视为到达时间；未指定特定系统的，该数据电文进入收件人的任何系统的首次时间，视为到达时间。"此处所运用的标准，显然仅是进入支配领域，受领人是否具有知悉之合理期待，则未作考虑。然而，电子化的意思表示与传统书面表达，除更为快捷之外，其他并无特殊之处。④ 电子邮件即便进入对方邮箱，但若是在深夜或非营业时间，自是无法合理期待受领人知悉，此时认定到达，显然于受领人不利，亦无端缩减表意人撤回意思表示之余地。

德国通说将空间维度的支配领域与时间维度的知悉之合理期待综合考察，可谓细致严密。然而此等复合标准并非没有问题：

第一，复合标准以书面载体作为思考原型，而对口头转送（如表示传达人或受领传达人）的情形有所忽略，后者不存在空间支配范围问题。

第二，到达受领人的空间支配范围，可作为到达的证据，却不是到达本身，亦未必

---

① Brox/Walker, Allgemeiner Teil des BGB, 34. Aufl., 2010, Rn. 155; Larenz/Wolf, Allgemeiner Teil des Bürgerlichen Rechts, 9. Aufl, 2004, § 26 Rn. 33.

② Brox/Walker, Allgemeiner Teil des BGB, 34. Aufl., 2010, Rn. 155.

③ Reinhard Bork, Allgemeiner Teil des Bürgerlichen Gesetzbuchs, 3. Aufl., 2011, Rn. 622 f.; Brox/Walker, Allgemeiner Teil des BGB, 34. Aufl., 2010, Rn. 149; Heinz Hübner, Allgemeiner Teil des Bürgerlichen Gesetzbuches, 2. Aufl., 1996, Rn. 731; Helmut Köhler, BGB Allgemeiner Teil, 34. Aufl., 2010, § 6 Rn. 13; Dieter Medicus, Allgemeiner Teil des BGB, 10. Aufl., 2010, Rn. 274.

④ Reinhard Bork, Allgemeiner Teil des Bürgerlichen Gesetzbuchs, 3. Aufl., 2011, Rn. 628.

是构成到达不可或缺的前提。前者如,到达往往晚于到达空间支配范围时间,信件在午夜投入受领人私人信箱者,次日才能到达,而若在非营业时间投递,到达时间则是下一次营业时间开始;后者如,邮局采邮件通知待取的处理方法时,信件虽未进入受领人空间支配领域,却仍可构成到达。

第三,在空间支配范围外再加上知悉的合理期待,形成双重标准,二者不一致时,须以后者为断,前一标准往往只是用来判断是否具有知悉的合理期待。因而,判断意思表示到达时点时,空间维度的支配领域与时间维度的知悉之合理期待固然无妨并举,但具最终决定意义的,其实只是后者。①

此外,若是不确知相对人或相对人下落不明,以至于无法以私人方式发送意思表示,可通过法院公告送达。依《民事诉讼法》第92条第1款后句之规定,"自发出公告之日起,经过六十日,即视为送达"。

2. 到达时间的提前

知悉的合理期待为抽象标准,如信件于下班时间送至,可合理期待的知悉时间即为次日上班之时。然而,若受领人下班后仍滞留办公室并阅读该信件,抽象的合理期待问题便不复存在,到达时间亦因而提前至受领人实际阅读信件之时。

3. 中介人对到达的影响

无论是口头表示,抑或书面表示,均可通过中介人向不在场的受领人送达。此时,到达之判断,取决于该中介人是受领代理人(Empfangsvertreter)、受领传达人(Empfangsbote)还是表示传达人(Erklärungsbote)。

(1) 受领代理人

代理行为之效果直接归属于本人(被代理人),故意思表示到达受领代理人,即到达本人。

(2) 受领传达人

所谓受领传达人,是指被视为适于并且有权接收意思表示之人。除有特别授权者外,同住亲属、家政保姆、室友以及企业职员等亦被视为有权代为接收意思表示之受领传达人。② 受领传达人相当于受领人的信箱,因此,意思表示交于传达人或向传达人说出、在通常情形能够期待其转达于受领人时,即视为到达受领人,同时,由于受领传达人属于受领人的支配领域,故受领传达人错误传达、延迟传达甚至未传达之风险,由受领人承担,受领人不得以此为由,主张意思表示未到达。③

(3) 表示传达人

与受领传达人相反,表示传达人属于表意人支配领域。《民通意见》第77条所称

---

① Larenz/Wolf, Allgemeiner Teil des Bürgerlichen Rechts, 9. Aufl, 2004, § 26 Rn. 27.
② Brox/Walker, Allgemeiner Teil des BGB, 34. Aufl., 2010, Rn. 152; Heinz Hübner, Allgemeiner Teil des Bürgerlichen Gesetzbuches, 2. Aufl., 1996, Rn. 732.
③ Brox/Walker, Allgemeiner Teil des BGB, 34. Aufl., 2010, Rn. 152.

义务转达意思表示之"第三人",即属表示传达人。意思表示交于传达人或向传达人说出、并嘱其向受领人转达,仅构成意思表示之发出,唯在将意思表示传达于受领人时,方属到达。①

(四) 理解问题对到达的影响

口头意思表示,听悉即到达,至于受领人是否理解所听悉内容的含义,则非所问②;书面意思表示之到达,则以意思表示进入受领人支配领域并具知悉的合理期待为标准,至于受领人是否理解文中含义,亦非所问。这意味着,理解问题对于意思表示之到达不构成影响,而属于意思表示解释的范畴。③

若意思表示以受领人未能掌握的外语表达,情况将有所不同。书面表示记载于有形载体,受领人有机会寻求翻译的帮助,因此,如果受领人依通常情形能够获得翻译,即具有"知悉的期待"。然而,该期待是否合理,不仅与受领人是否有能力获得翻译相关,还取决于受领人是否有义务承担语言风险(Sprachrisiko)。除非在具体的交往中,受领人有义务掌握对方所使用的外语,否则,语言风险应由有机会选择语种的表意人承担。④ 语言风险由表意人承担时,借助外语表达的意思表示虽被发出,却由于不可"合理"期待受领人知悉而无法到达⑤;反之,若语言风险由受领人承担,则在受领人可正常获得翻译之时,知悉的"合理"期待要件满足,意思表示到达。⑥

口头表示又有不同。常态下的在场对话,话语听悉(akustische Wahrnehmung)与内容理解(inhaltliches Verstehen)之分别对待,建立在双方共用一套话语的前提上。⑦ 若是表意人以相对人不懂的外语或方言表达,由于口头话语未被有形化,一言既出,瞬间消逝,相对人虽然在理论上可以听悉表意人说出的言辞,但绝无可能理解,所听到的无非是声音而已,所以,为了公平起见,此等口头表示不能到达在场相对人。⑧

(五) 到达障碍

意思表示可能因为受领人行为而不能到达或延迟到达,此时即发生到达障碍(Zugangshindernisse)。到达障碍可能因为受领拒绝(Verweigerung der Annahme),亦可

---

① Brox/Walker, Allgemeiner Teil des BGB, 34. Aufl., 2010, Rn. 153.
② Reinhard Bork, Allgemeiner Teil des Bürgerlichen Gesetzbuchs, 3. Aufl., 2011, Rn. 631; Heinz Hübner, Allgemeiner Teil des Bürgerlichen Gesetzbuches, 2. Aufl., 1996, Rn. 735.
③ Dieter Medicus, Allgemeiner Teil des BGB, 10. Aufl., 2010, Rn. 295 f.
④ Reinhard Bork, Allgemeiner Teil des Bürgerlichen Gesetzbuchs, 3. Aufl., 2011, Rn. 629; Wolfgang Brehm, Allgemeiner Teil des BGB, 6. Aufl., 2008, Rn. 174.
⑤ Werner Flume, Das Rechtsgeschäft, 4. Aufl., 1992, S. 249; Dieter Medicus, Allgemeiner Teil des BGB, 10. Aufl., 2010, Rn. 296.
⑥ Wolfgang Brehm, Allgemeiner Teil des BGB, 6. Aufl., 2008, Rn. 174; Detlef Leenen, BGB Allgemeiner Teil: Rechtsgeschäftslehre, 2011, § 4 Rn. 50.
⑦ Wolfgang Brehm, Allgemeiner Teil des BGB, 6. Aufl., 2008, Rn. 174.
⑧ a. a. O., Rn. 174; Detlef Leenen, BGB Allgemeiner Teil: Rechtsgeschäftslehre, 2011, § 4 Rn. 53.

能因为受领设施阙如或存在瑕疵(fehlende oder fehlerhafte Empfangseinrichtung)。① 另需说明的是,单纯的外出度假或入院治疗原则上不构成到达障碍,因为此时只是影响受领人实际知悉内容,而不影响知悉可能性(Kenntnisnahmemöglichkeit),这种不能按照通常情形知悉的非常态为受领人所制造,亦应由其承担风险。② 不过,如果受领人事先告知或以电子邮件设置无法阅读邮件的自动回复,则无妨阻却对方意思表示之到达。

1. 受领拒绝

受领拒绝对于意思表示的到达构成何种影响,端视受领人是否有权拒绝而定。若受领人有权拒绝,到达风险归于表意人,意思表示未到达,例如,对在场人的口头表示中,表意人出言不逊,受领人因此捂住耳朵或听筒。③ 若是受领人无权拒绝,将构成到达阻碍(Zugangsvereitelung),意思表示之到达风险归于受领人。此时,虽然意思表示并未实际到达受领人,但由于受领人行为违反诚信甚至构成恶意,得类推适用法律行为所附条件成就或不成就之拟制的规定(《德国民法典》第162条,《合同法》第45条第2款与之同旨),意思表示将被拟制为在具备通常的知悉之合理期待时到达(Zugangsfiktion)。属于到达阻碍的情形如,邮局通知领取信件,受领人无正当理由拒绝前往领取;再如,公司雇员得知公司将以传真的方式发送解雇通知,遂故意不往传真机装纸。④

2. 受领设施阙如或瑕疵

除了有意拒绝受领,构成意思表示到达障碍的事由还可能是受领人缺乏受领设施或受领设施存在瑕疵,如未提供通信地址、未设置信箱、传真机出现故障、电子邮箱已满等等。⑤ 此等情形通常存在于对不在场人的书面表示场合。受领设施属于受领人的支配领域,若因此碍于或者延迟意思表示到达,理应自担风险,受领人不值得保护。问题在于,所谓"受领人不值得保护",如何体现于法律效果中?

有如受领拒绝,受领设施欠缺或瑕疵亦是因为受领人原因而导致到达障碍,所以,与到达阻碍同其处理,将到达拟制适用于此似乎亦无可厚非。⑥ 然而,在德国联邦最高法院看来,并非所有归因于受领人的到达障碍均可在违背诚信的考虑下类推适

---

① Brox/Walker, Allgemeiner Teil des BGB, 34. Aufl., 2010, Rn. 157 f.; Rüthers/Stadler, Allgemeiner Teil des BGB, 16. Aufl., 2009, § 17 Rn. 57 f.

② Larenz/Wolf, Allgemeiner Teil des Bürgerlichen Rechts, 9. Aufl, 2004, § 26 Rn. 47; Rüthers/Stadler, Allgemeiner Teil des BGB, 16. Aufl., 2009, § 17 Rn. 49, 59.

③ Brox/Walker, Allgemeiner Teil des BGB, 34. Aufl., 2010, Rn. 157; Rüthers/Stadler, Allgemeiner Teil des BGB, 16. Aufl., 2009, § 17 Rn. 57.

④ Brox/Walker, Allgemeiner Teil des BGB, 34. Aufl., 2010, Rn. 157; Larenz/Wolf, Allgemeiner Teil des Bürgerlichen Rechts, 9. Aufl, 2004, § 26 Rn. 46; Dieter Medicus, Allgemeiner Teil des BGB, 10. Aufl., 2010, Rn. 282; Rüthers/Stadler, Allgemeiner Teil des BGB, 16. Aufl., 2009, § 17 Rn. 57.

⑤ Brox/Walker, Allgemeiner Teil des BGB, 34. Aufl., 2010, Rn. 158; Rüthers/Stadler, Allgemeiner Teil des BGB, 16. Aufl., 2009, § 17 Rn. 58.

⑥ Detlef Leenen, BGB Allgemeiner Teil: Rechtsgeschäftslehre, 2011, § 6 Rn. 51.

用条件成就之规则,毋宁说,类推适用的前提是,"受领人有意阻碍或迟延意思表示的到达,或者必须接收具有法律行为意义之表示却置之不理"。①

与之相应,当今德国通说放弃到达拟制之进路,而选择更具弹性的处理方式。一方面,意思表示之到达仍适用受领人具有知悉的合理期待之标准。与有意阻碍意思表示到达不同,当受领人之受领设施阙如或出现瑕疵时,不可合理期待其知悉,故意思表示尚未到达。表意人除非继续以可能的方式尝试送达,否则意思表示不能发生到达之效力。另一方面,受领人不得主张免除应由其承担的到达风险(如要求表意人承担意思表示迟延之不利后果)。② 这意味着,表意人拥有更多的选择空间:如果表意人继续选择恰当的方式送达,无论何时将其意思表示送入受领人支配领域并产生知悉的合理期待,均被拟制为适时到达(Rechtszeitigkeitsfiktion),不构成迟延;而若是心生悔意,自可停止继续送达,不必如到达拟制般无可选择地受之前发出的意思表示的拘束。之所以如此,原因在于,意思表示在到达受领人之前,固然不能对受领人生效,表意人自身亦有权摆脱约束。③

(六)到达的法律意义

1. 受领能力的判断时点

受领人的权利能力与行为能力状况以到达时点为判断标准。意思表示到达时,若受领人已失去权利能力,自无受领能力;若受领人为无行为能力人,亦无受领能力,意思表示须由法定代理人受领,故以到达法定代理人为到达时点;若受领人为限制行为能力人,除纯获利益或在其判断能力范围之内的意思表示外,其他亦无独立受领能力,只能或者在法定代理人的同意下受领、或者由法定代理人代为受领(《合同法》第47条第1款)。

2. 需受领的意思表示生效之判断时点

我实证法上,需受领的意思表示以到达为生效时点(《合同法》第16条第1款、第26条第1款前句)。

四、需受领意思表示的生效时点

所谓意思表示生效,是指依意思表示内容发生效力。意思表示何时发生效力,系利益衡量与风险分配的结果。④ 需受领的意思表示之生效,须就对不在场人的表示与对在场人的表示分别讨论。

---

① Dieter Medicus, Allgemeiner Teil des BGB, 10. Aufl., 2010, Rn. 282.
② Reinhard Bork, Allgemeiner Teil des Bürgerlichen Gesetzbuchs, 3. Aufl., 2011, Rn. 637; Brox/Walker, Allgemeiner Teil des BGB, 34. Aufl., 2010, Rn. 159; Dieter Medicus, Allgemeiner Teil des BGB, 10. Aufl., 2010, Rn. 278 f.; Rüthers/Stadler, Allgemeiner Teil des BGB, 16. Aufl., 2009, § 17 Rn. 58.
③ Dieter Medicus, Allgemeiner Teil des BGB, 10. Aufl., 2010, Rn. 279.
④ Reinhard Bork, Allgemeiner Teil des Bürgerlichen Gesetzbuchs, 3. Aufl., 2011, Rn. 608 f.; Brox/Walker, Allgemeiner Teil des BGB, 34. Aufl., 2010, Rn. 141.

（一）对不在场人的意思表示

意思表示之作成、发出、到达与知悉四个阶段，最完整地表现于对不在场人作出的书面意思表示中。与此四阶段相应，意思表示之生效依次有表达主义（Äußerungstheorie）、发送主义（Übermittelungstheorie，Entäußerungstheorie）、受领主义（Empfangstheorie）与了解主义（Vernehmungstheorie）。[①]

意思表示对双方生效，最理想的状态是，表意人与受领人均已充分了解意思表示的内容。就此而言，了解主义最为可采。然而，意思表示进入受领人领域后，受领人何时了解，表意人处于全然被动地位。基本上，受领人何时了解并引发意思表示的生效，完全取决于受领人。令表意人为受领人领域内的风险负责，对表意人显然不公。

与了解主义处于对称位置的是表达主义。若意思表示一经作成便生效，受领人将因此处于类似于了解主义中表意人的不利地位。不仅如此，表达主义在使得受领人被动的同时，亦陷表意人于被动。意思表示作成后，由于已经生效，在理论上，表意人已无斟酌、修正乃至废止尚未发出的意思表示之机会，甚至是否决定向受领人发出亦不再重要——虽然此时受领人通常并无可能获悉表示内容。

发送主义对于表达主义的缺陷有所弥补，但仍不理想。意思表示发送时，相对人并不知悉内容，甚至可能根本不知道对方给自己发出了一项意思表示。若在此时生效，相对人依然无法摆脱不利地位：该意思表示为要约时，相对人承诺的考虑期限被缩短；为承诺时，契约订立而相对人无从知晓；为解除等单方形成行为时，相对人的法律关系被改变却一无所知。再者，意思表示可能延误甚至无法送达。表意方式既然由表意人选择，运送风险自然不宜转嫁与受领人。

受领主义足以避免上述所有缺陷。到达以具有知悉之合理期待为判断时点，意思表示此刻生效，即是表明，受领人具有知悉可能性后，须自负怠于了解之风险。了解主义之弊就此消弭。同时，受领人仅就其支配领域承受风险，不必如表达主义或发送主义般无端受表意人牵连。此外，到达相对人之前，由于意思表示尚未生效，表意人亦因为可随时将其撤回而获得最大限度的谨慎考虑余地。

为此，《德国民法典》第130条第1款规定："须对他人作出之意思表示，若向不在场人发出，于到达该相对人时生效。若撤回之表示先于或与意思表示同时到达相对人，则意思表示不生效。"我实证法亦持到达生效立场，契约行为如《合同法》第16条第1款与第26条第1款前句，单方行为如《合同法》第17条后句、第18条后句、第27条后句、第96条第1款中句及第99条第2款中句。

另须指出的是，以上利益衡量与风险分配，均以当事人未作事先安排为前提。若当事人以特约预先分配风险，无论选择表达主义抑或了解主义，法律均不必横加干

[①] Motive zu dem Entwurfe eines Bürgerlichen Gesetzbuches für das Deutsche Reich, Band I, Allgemeiner Teil, Amtliche Ausgabe, zweite unveränderte Auflage, Berlin, 1896, S. 156 f.

涉。换言之,制定法所提供的意思表示生效之规范,属于任意规范,不具有强制效力。①

(二) 对在场人的意思表示

对在场人的意思表示可有书面表示与口头表示两种方式。书面表示,书面文件一经递交即到达,意思表示随之生效。唯须注意者,若表意人未将书面文件递交于相对人,即便相对人已获悉表示内容或自己取得该书面文件,意思表示亦不能生效,因为,未递交即意味着,表意人尚未将其意思表示发出,到达自然无从谈起。至于口头表示,意思表示之发出、到达与听悉(了解)三个阶段合而为一,通说以相对了解主义为到达时点,此亦为生效时点。

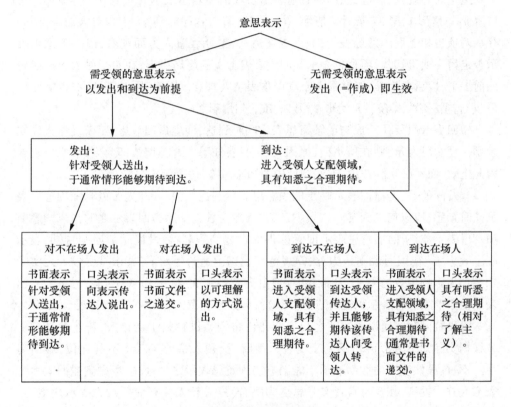

意思表示的生效示意图

---

① Reinhard Bork, Allgemeiner Teil des Bürgerlichen Gesetzbuchs, 3. Aufl., 2011, Rn. 609; Brox/Walker, Allgemeiner Teil des BGB, 34. Aufl., 2010, Rn. 154.

五、意思表示的撤回与撤销

(一) 意思表示的撤回

无需受领的意思表示发出即生效,表意人一言既出,再无回旋余地,不存在收回之可能。需受领的意思表示则有不同。需受领的意思表示在到达对方时生效,表意人因而有机会利用发出后到达前的时间间隔,收回之前发出但尚未生效的意思表示,此之谓撤回(Widerruf)。对此,《合同法》第17条前句与第27条前句明确规定:要约与承诺可以撤回。

撤回的意义在于阻止前项意思表示生效,而撤回本身亦为需受领的意思表示,适用到达生效之规则,因此,撤回的意思表示须较前项意思表示先行到达(《合同法》第17条后句情形1、第27条后句情形1)。另外,若二者同时到达,于相对人而言,同时存在两项自相矛盾的意思表示,似乎难作适从,但就表意人方面观察,以一项意思表示否定另一项,说明后项意思表示更能代表表意人的终局决定,在对受领人无所妨碍的前提下,以后项为准,能够最大限度尊重表意人真意。因而,同时到达,亦生撤回效果(《合同法》第17条后句情形2、第27条后句情形2)。

撤回表示只要先于或与前项意思表示同时到达,即生撤回效果,至于受领人先知悉哪一项意思表示,则在所不问,原因在于,具备知悉之合理期待即为到达,意思表示因此生效,而不必实际知悉,支配领域内的知悉风险,由受领人自行承担。①

有疑问的是,若撤回表示晚于前项意思表示到达,受领人却先于或与前项意思表示同时知悉,应以何者为准?许布纳认为,既然受领人知悉撤回表示之时尚未知悉前项意思表示,对于前项意思表示即无值得保护之信赖利益,根据诚信原则,撤回表示应生效力。② 德国通说则认为,法律规范明确以到达为生效要件,未将受领人之实际知悉作为影响生效的因素,因而,没有理由突破规范文义,另作解释;再者,只要撤回表示晚于前项意思表示到达,该送达风险就应归于表意人,而不宜转嫁于受领人。③

管见赞同德国通说。知悉之合理期待已将知悉风险归于受领人,若在此基础上又根据实际知悉情形再作不利于受领人解释,受领人将处于双重不利地位,难谓衡平。不过,虽然晚到的撤回表示不能影响前项意思表示之生效,但考虑到撤回效力对表意人并无损害,甚至与其真实意思更为吻合,故受领人放弃前项意思表示之效力,而选择依从撤回表示,亦无不可。④

---

① Reinhard Bork, Allgemeiner Teil des Bürgerlichen Gesetzbuchs, 3. Aufl., 2011, Rn. 649.
② Heinz Hübner, Allgemeiner Teil des Bürgerlichen Gesetzbuches, 2. Aufl., 1996, Rn. 737;同其见解,Rüthers/Stadler, Allgemeiner Teil des BGB, 16. Aufl., 2009, § 17 Rn. 65.
③ Reinhard Bork, Allgemeiner Teil des Bürgerlichen Gesetzbuchs, 3. Aufl., 2011, Rn. 649; Helmut Köhler, BGB Allgemeiner Teil, 34. Aufl., 2010, § 6 Rn. 23; Larenz/Wolf, Allgemeiner Teil des Bürgerlichen Rechts, 9. Aufl, 2004, § 26 Rn. 50; Dieter Medicus, Allgemeiner Teil des BGB, 10. Aufl., 2010, Rn. 300.
④ Larenz/Wolf, Allgemeiner Teil des Bürgerlichen Rechts, 9. Aufl, 2004, § 26 Rn. 50.

另须指出的是,撤回表示不必与前项意思表示采同一形式,故口头的撤回表示亦不妨碍阻止书面的前项意思表示生效。之所以如此,是因为,撤回表示须不晚于前项意思表示到达,若又再要求采相同形式,撤回自由将受到极大限制。

(二) 意思表示的撤销

一般而言,意思表示生效后,表意人即受其拘束,不得撤销(Anfechtung)。这尤其表现在意思表示一经作出即可改变法律关系的行为中,如单方的形成行为与双方行为中的承诺。

不过,在双方行为中,作为要约的意思表示仅仅是意欲与对方订立契约,在对方作出承诺之前,双方法律关系尚未改变。此时,允许撤销要约,能够最大限度尊重表意人的形成自由。《合同法》第 18 条规定:"要约可以撤销。撤销要约的通知应当在受要约人发出承诺通知之前到达受要约人。"这同时意味着,我实证法在原则上排除了要约对于要约人的拘束力(称"形式拘束力"①),此与《德国民法典》第 145 条与台湾地区"民法"第 154 条第 1 项的规范方向正好相反,系接纳《联合国国际货物销售合同公约》与《国际商事合同通则》的结果。② 不过,为了利益衡平,善意相对人若是信赖要约,并为之有所付出,应有权要求要约人撤销要约后赔偿信赖利益损失。

撤回与撤销两概念的用法

撤回与撤销,除一般情况下撤回针对未生效意思表示、撤销针对已生效意思表示外,依梅仲协先生之见,二者区别还在于,撤销须有法定撤销原因,"若法律行为,已经成立,依当事人之自由意思,使其效力消失者,则不得谓之撤销"。③ 同时,"法律行为有疵累,利害关系人,依法律之规定,可使其效力,归于消灭者,是为撤销。法律行为之本身,并无疵累,唯因特种事实之发生,法律准许利害关系人,收回其所作成之法律行为者,是为撤回。"④依梅先生,《合同法》第 18 条固然不宜以"撤销"相称,第 186 条第 1 款、第 192 条第 1 款及第 193 条第 1 款所规定的赠与人撤销权亦应改称"撤回"权。不过,如此一来,收回未生效的意思表示与收回已生效的意思表示之间的界限也就变得模糊。"由此可知法律概念形成及统一的不易。"⑤

并非所有要约均可撤销。依《合同法》第 19 条之规定,在两项例外情形下,要

---

① 王泽鉴:《债法原理》(第 2 版),北京大学出版社 2013 年版,第 180 页。
② 胡康生主编:《中华人民共和国合同法释义》(第 2 版),法律出版社 2009 年版,第 44—45 页。
③ 梅仲协:《民法要义》,中国政法大学出版社 1998 年版,第 290 页(注释 1)。
④ 同上书,第 364 页(注释 1)。
⑤ 王泽鉴:《债法原理》(第 2 版),北京大学出版社 2013 年版,第 181 页(注释 3)。

约不得撤销:其一,"要约人确定了承诺期限或者以其他形式明示要约不可撤销";其二,"受要约人有理由认为要约是不可撤销的,并已经为履行合同作了准备工作"。

第十八节　意思表示的解释

一、意思表示解释的性质

(一) 理解意义抑或消除歧义?

人类借助语言进行交流,但语言对于人类而言,远不止交流工具那么简单。无论是充满诗意的"词语缺失处,无物存在"①,还是饱含哲理的"语言是存在之家"②,德国哲学家海德格尔(Martin Heidegger)均意在揭示人类的语言性存在。就此而言,对于他人的理解乃是一种语言过程③,或者说,语言就是理解本身得以进行的普遍媒介④,渗透于人类交流的每一环节。而所谓解释,正是理解语言意义的过程。

包括意思表示解释在内的规范(法律)解释亦是旨在实现语言的意义理解(《合同法》第125条第1款:"确定该条款的真实意思"),此与神学解释、历史解释及文学解释等其他一般解释学别无二致。⑤ 特别之处在于,意思表示解释所实现之意义理解,并非落足于日常生活世界。

法律规范为人类交往创造了一个意义不同于日常世界的规范世界,亦为之配备相应的规范概念(如意思表示、法律行为、自然人、法人、有效、无效等)。然而一方面,规范概念并非借助自然语言之外的另外一套语言系统表述,而只是对自然语词重作赋值,换言之,规范概念之建立,系自然语言"翻译"为规范语言的结果;另一方面,当事人未必使用规范概念进行法律交往,为理解表意人真意,须将日常语言"翻译"为规范概念,例如,"这部相机给你用""这部相机给你用,你给2000块钱就行""这部相机给你用,把你的电脑给我就行""这部相机给你用,明天还我就行"以及"这部相机给你用,明天还我时给10块钱就行",五处"给你用",经规范化"翻译"后,可分别对应赠与、买卖、互易、借用与租赁五种法律关系。因而,准确地说,所谓意思表示解释,乃是理解其规范意义的过程。⑥

---

① 〔德〕海德格尔:《在通向语言的途中》(修订译本),孙周兴译,商务印书馆2004年版,第152页。
② 同上书,第269页。
③ 〔德〕汉斯-格奥尔格·加达默尔:《真理与方法》(下卷),洪汉鼎译,上海译文出版社1999年版,第490页。
④ 同上书,第496页。
⑤ MünchKomm/Busche (2006), § 133 Rn. 3.
⑥ Reinhard Bork, Allgemeiner Teil des Bürgerlichen Gesetzbuchs, 3. Aufl., 2011, Rn.497; Werner Flume, Das Rechtsgeschäft, 4. Aufl., 1992, S.292 f.; Karl Larenz, Allgemeiner Teil des deutschen bürgerlichen Rechts, 7. Aufl., 1989, S.337 ff.; Palandt/Heinrichs, § 133 Rn. 1; Staudinger/Singer (2004), § 133 Rn. 2.

由于解释的目的在于理解,一些学者认为,若意思表示明确无歧义,即无需解释。①《合同法》第 125 条第 1 款亦称"当事人对合同条款的理解有争议的,……",显然同此见解。② 如此,解释的任务由"理解意义"转换为"消除歧义",解释(Auslegung)与理解(Verstehen)亦由此发生分离——理解未必须经解释。此系 18 世纪神学家施莱尔马赫(Friedrich Schleiermacher)创立普遍诠释学(universale Hermeneutik)之前的诠释观念。③

问题在于,未经解释,如何知晓文本是否具有歧义或者存在争议?在进入解释之前,如何判断"这部相机给你用"意味着什么?又如何能够知道对方说"好的"是否足以构成承诺从而导致契约订立?契约是否因合意而成立尚未通过解释得到澄清,又何谈契约条款的"理解"?哲学诠释学(philosophische Hermeneutik)的创立者加达默尔(Hans-Georg Gadamer)指出,理解其实总是一种视域融合(Horizontverschmelzung)。④未经解释,如何融合?这意味着,"解释不是一种在理解之后的偶尔附加的行为,正相反,理解总是解释,因而解释是理解的表现形式"。⑤ 为此,更为恰切的说法毋宁是,意思表示之理解必经解释,即便是所谓单义无歧义的意思表示,亦是解释的结果。⑥ 诚如梅迪库斯所言,理解意义系作出判断的前提,举凡意思表示是否发出、是否到达、是否生效、发生何种效力、是否存在效力瑕疵、存在何种效力瑕疵等几乎所有问题的讨论,均建立在解释的基础之上。⑦

不仅如此,称意思表示解释旨在理解其规范意义,即意味着,解释终结于意思表示法律效果之探明,唯在此时,意思表示始可谓得到理解,而法律适用(Anwendung)亦最终落足于具体法律效果之得出,在此意义上,意思表示解释、理解与适用系"三位一体"的共生过程。该"三位一体"之特性,使得作为个别规范的意思表示解释与通常所称法律解释的一般规范解释共同成为哲学诠释学的典型例证。⑧ 相应的,当代德国评

---

① Palandt/Heinrichs, § 133 Rn. 6; Zweigert/Kötz, Einführung in die Rechtsvergleichung, 3. Auflage, 1996, S.396;梅仲协:《民法要义》,中国政法大学出版社 1998 年版,第 103 页;施启扬:《民法总则》(第 8 版),台湾自版发行 2009 年版,第 279 页;郑玉波著,黄宗乐修订:《民法总则》(修订 11 版),台湾三民书局 2008 年版,第 303 页。

② 胡康生主编:《中华人民共和国合同法释义》(第 2 版),法律出版社 2009 年版,第 193 页。

③ 〔德〕汉斯-格奥尔格·加达默尔:《真理与方法》(上卷),洪汉鼎译,上海译文出版社 1999 年版,第 236 页以下。

④ 〔德〕汉斯-格奥尔格·加达默尔:《真理与方法》(上卷),洪汉鼎译,上海译文出版社 1999 年版,第 393—394 页。

⑤ 同上书,第 395 页。

⑥ Brox/Walker, Allgemeiner Teil des BGB, 34. Aufl., 2010, Rn. 127; Rüthers/Stadler, Allgemeiner Teil des BGB, 16. Aufl., 2009, § 18 Rn. 20; MünchKomm/Busche (2006), § 133 Rn. 50; Staudinger/Singer (2004), § 133 Rn. 9;王泽鉴:《债法原理》(第 2 版),北京大学出版社 2013 年版,第 218 页。

⑦ Dieter Medicus, Allgemeiner Teil des BGB, 10. Aufl., 2010, Rn. 312 ff.

⑧ 〔德〕汉斯-格奥尔格·加达默尔:《真理与方法》(上卷),洪汉鼎译,上海译文出版社 1999 年版,第 394 页以下、417 页以下。

价法学(Wertungsjurisprudenz)亦是在诠释学脉络下建构包括意思表示解释在内的法律解释理论乃至整个法学方法论①,其中最为精炼的概括,莫过于拉伦茨的名言:"法学方法论的特点即在于,在诠释学的烛照下进行自我反思。"②

(二) 事实问题抑或法律问题?

法律适用区分事实问题与法律问题。前者旨在确定案件事实,由证据制度解决;后者则是加诸事实之上的规范评价,以法律效果为依归。法律解释系法律问题无疑,问题是,意思表示解释属于事实问题抑或法律问题?

事实问题与法律问题的区分,不仅在程序法(如证据制度、上诉事项等)有其意义,对于实体法律适用亦关系重大。史尚宽先生就法律解释与意思表示解释在传统法律适用模型中的地位曾作经典概括:"意思表示之解释者,确定意思表示之意义也。法律行为之解释云者,明确法律行为之意义也。为适用法律以定法律行为之法律效力,一方面应明确应适用的法律之意义,以定逻辑上之大前提,他方面须明确应受适用之法律行为之意义,以定逻辑上之小前提。前者为法律解释之问题,后者为法律行为解释之问题。"③传统法律适用模型称司法三段论,系将小前提(案件事实)涵摄于大前提(法律规范)从而得出法律效果的过程。同时,在传统概念分类上,意思表示(法律行为)作为行为之亚分类,与事件、状态同以法律事实为上位属概念。由此推论,理解意思表示之意义,应是为法律适用确定案件事实,属事实问题。④

问题并不如此简单。意思表示的解释旨在理解其规范意义,此与法律解释的目标别无二致。对于规范意义即法律效果之认知,显然不是事实判断,而属规范评价作业。因而,将意思表示解释定性为事实问题,不可苟同。

德国通说认为,意思表示解释可分两个阶段:一是确定解释对象,二是理解意思表示之意义。前者任务在于确定意思表示是否存在,因而属事实问题,后者则为意思表示的规范评价,属于法律问题。⑤ 此二阶段分析自是较为细致,不过仍可再作检讨。

首先,第一阶段若无关乎意思表示意义之理解,即非意思表示解释本身,充其量

---

① Karl Larenz, Methodenlehre der Rechtswissenschaft, 6. Aufl., 1991, S. 204 ff., 312 ff.; HKK/Vogenauer, §§ 133, 157, Rn. 3 ff.; MünchKomm/Busche (2006), § 133 Rn. 3 ff.; Staudinger/Singer (2004), § 133 Rn. 2 ff.
② Karl Larenz, Methodenlehre der Rechtswissenschaft, 6. Aufl., 1991, S. 246.
③ 史尚宽:《民法总论》,中国政法大学出版社2000年版,第459页。
④ 施启扬:《民法总则》(第8版),台湾自版发行2009年版,第279页(注释1);杨仁寿:《法学方法论》,中国政法大学出版社1999年版,第185页。不过,史尚宽先生持法律问题见解:"意思表示之解释,系决定表示行为应有之意义,非事实之确定,乃系将其事实依解释之法则,以为判断,从而为法律问题。"氏著:《民法总论》,中国政法大学出版社2000年版,第470页。
⑤ Karl Larenz, Allgemeiner Teil des deutschen bürgerlichen Rechts, 7. Aufl., 1989, S. 342; MünchKomm/Busche (2006), § 133 Rn. 51; Staudinger/Singer (2004), § 133 Rn. 8.

构成解释之先期准备过程①,其事实属性不足以说明意思表示解释之性质。

其次,确定意思表示是否存在之作业在何种程度上属于事实问题,亦值得怀疑。当事人是否有过某种作为或不作为、是否签署过某种文件等事实固然在举证范围之列,但解释者要确定是否存在的,是作为意思表示的行为,而非行为而已。为证据所证明的行为是否可进而认定为"意思表示",取决于是否符合意思表示的构成要件、是否足以根据当事人意志产生相应法律效果。这意味着,判断是否存在意思表示,其实即是在理解该行为的规范意义——是否以及如何发生法律效果。显然,这一判断早已逸出事实世界而进入规范评价领域,换言之,确定意思表示是否存在本身即构成理解意思表示意义的一部分,属于法律问题。

实际上,意思表示作为个别规范,与制定法等一般规范同为法律规范的组成部分,二者解释性质本就不必两论。意思表示解释系规范意义之理解,此已得到广泛认同,之所以与事实认定相关,原因在于,解释之前,须以证据表明行为之存在。然而,如上文所述,行为之存在与意思表示之存在并非同一性质问题,况且,意思表示解释可分拆为两个阶段,照此逻辑,一般规范的解释即通常所谓法律解释又何尝不是如此?

有如意思表示,一般规范的解释首先亦须回答该一般规范是否存在之问题。原则上,一般规范非属证明对象,此与意思表示似有不同,但原因并不在于一般规范之存在缺乏证明能力,仅仅是因为一般规范已作公布,基于"法官懂法"(iura novit curia)之职业要求,不宜将举证风险分配于当事人而已,正因为如此,对于不可期待法官知悉之法律,如习惯法、自治法以及国际私法中涉及的外国法等,提出主张之当事人仍负有举证义务。② 在此意义上,作为个别规范的意思表示,可归入不可期待法官知悉的法律之列。再者,对于一般规范,当事人所证明的只是某项规则在事实上存在(何时颁行、是否被废止等),至于判断该项规则是否属于本案规范从而据此得出法律效果,则仍在解释范畴之内——此正如当事人证明某项行为存在之后,须经解释方可判断,该项行为是否可归为意思表示从而得出相应法律效果。可见,即便从过程上观察,意思表示解释与法律解释亦无本质差别。

(三) 意思表示解释与法律解释

意思表示解释与一般规范的解释同属规范解释,二者不存在本质差别。对此,布洛克斯指出:"法学中的解释包括法律解释(Gesetzesauslegung)与法律行为解释。二者均存在意志表示(立法者或表意人);解释均旨在探明表示产物(制定法或法律行为)所包含的(立法者或表意人的)意志。此外,制定法与法律行为均可出现漏洞,需

---

① Palandt/Heinrichs, § 133 Rn. 5.
② Wolfgang Grunsky, Zivilprozessrecht, 12. Aufl., 2006, Rn. 170;〔德〕罗森贝克/施瓦布/戈特瓦尔德:《德国民事诉讼法》(下),李大雪译,中国法制出版社 2007 年版,第 824 页;张卫平:《民事诉讼法》(第 2 版),法律出版社 2009 年版,第 204 页。

要通过补充解释进行填补。"①不过,意思表示与制定法毕竟属于不同的规范类型,二者最为显著的区别在于,前者系针对特定人仅适用一次的个别规范,后者则为针对不特定人反复适用的一般规范。由此决定,意思表示解释与制定法解释至少存在以下不同:

1. 语词用法

制定法针对不特定人反复适用,须受制于"相似情形作相同处理"之正义要求,故不得根据不同个案作不同解释,相应的,规范语言的用法应具有一贯性,立法者固然不得随意变换法律体系中概念术语之含义,制定法的规范对象亦不得主张自己的独特理解。②

相反,意思表示仅适用于特定情形下的特定当事人,一般不存在"相似情形作相同处理"之要求,即便是相同当事人在另一交易中使用完全相同的语词表达,亦无义务作相同解释,同时,当事人对于语词的独特使用或理解,将构成意思表示解释的重要考量因素。③

2. 立法意图

制定法系抽象立法,所有规范对象处于同等的受规范地位,立法者亦不得主张获得特殊对待,因此,规范制定者的意图往往只是辅助规范理解的参考资料,规范自身意义才是解释的最终落足之点。若规范意义可被理解,无论立法者是否有此意图,甚至明确可知立法者存在其他意图,均无关紧要。

例如,《合同法》制定时,并无证据表明立法者有意为限制行为能力人未获事先同意之单方行为与契约行为分别设置效力规则,但结合《合同法》第47条与《民法通则》第12、58条之解释结果,该效力规则不容否认;再如,虽然大量资料表明,无论是《民法通则》《合同法》,或是《物权法》,法律草案的拟定者与立法职能的担当者均否认物权行为理论④,但规范的意义脉络依然指向肯定结论。

《德国民法典》上,此类例证亦非罕见,如对于《德国民法典》第133条,条文拟定者与立法理由书均明确指出,所探求的当事人真意系"内心真意",但法典施行后,学说判例均几乎未受影响,而普遍采"表示真意"之解释。

此外,规范意义对于立法者意图之背离,于规范的有效性无任何影响,立法者不得以此为由宣称立法行为无效或撤销其立法行为。

---

① Brox/Walker, Allgemeiner Teil des BGB, 34. Aufl., 2010, Rn. 124.
② Karl Larenz, Methodenlehre der Rechtswissenschaft, 6. Aufl., 1991, S. 347; Dieter Medicus, Allgemeiner Teil des BGB, 10. Aufl., 2010, Rn. 307.
③ Karl Larenz, Methodenlehre der Rechtswissenschaft, 6. Aufl., 1991, S. 346 f.; Dieter Medicus, Allgemeiner Teil des BGB, 10. Aufl., 2010, Rn. 307.
④ 崔建远:《从解释论看物权行为与中国民法》,载《比较法研究》2004年第2期,第68—74页;梁慧星:《物权法解析:意义、对策、创新与不足》,载氏著:《中国民事立法评说:民法典、物权法、侵权责任法》,法律出版社2010年版,第96—97页。

与制定法相反,意思表示系私人自治的实现手段,属于特定当事人的自我立法,"立法者"同时也是仅有的规范对象,就意思表示享有权利、承担义务之人,原则上仅限于表意人自己,因而,表意人意图对于意思表示至为重要。所有解释的目的,均在探求当事人真意。若意思表示受领人明知表意人真意之所在,即便外在表示并未传达该内心真意,意思表示亦无妨直接依表意人真意发生效力。即便相对人不知,与外在表示不一的内心真意亦可导致意思表示出现可撤销乃至无效的效力瑕疵。

3. 意义变迁

制定法意义并非一经颁行即已固定,相反,往往随环境的变迁而发生相应的意义转换,即便法条表述只字未易,解释亦可能颇为不同甚至截然相反。

例如,《民法通则》制定之初,诉讼时效制度被定位为规制国家与个人的关系,因而长期要求法官依职权主动适用,解释上,对于《民法通则》第135条亦通采"胜诉权"消灭说。如今,诉讼时效制度功能已发生变化。最高法院因应这一转变,在2008年的《诉讼时效规定》中以抗辩权发生相解释(第1条),并明确要求法院不得主动适用(第3条)。

再如,《民法通则》第4条规定民事活动的"等价有偿"原则,其时,学者普遍强调以"社会必要劳动时间"作为衡量标准的客观等价,并以之区别于资本主义的主观等价。[①] 然而,市场社会讲究主观等价,在此观念下,"价值的正式定义是一件财货或各种财货对物主福利所具有的重要性"。[②] 因此,当事人纵以1元买入市价5000元的电脑,或以1000元买入市价2元的矿泉水,只要是自由判断的结果,即不违反等价原则。显然,现今社会背景下,对于"等价有偿"原则,应以主观等价取代之前客观等价之解释。

意思表示旨在实现表示作出之时表意人的意志,因而,意义理解应以发出(表意人角度)或到达(受领人角度)时点为准[③],除非事后出现重大的情势变更导致交易基础丧失(《合同法解释二》第26条),否则意思表示含义不会出现随时境变迁而作相应调整之情形。

4. 体系关联

体系解释对于一般规范至关重要。任何一项制定法规范均处于整体法律秩序之中,解释时,不得与其他同一位阶或者上位阶的规范相抵触而应相互协调,无论强制规范、任意规范,概莫能外。

通过体系关联,可理解法律规范的真实含义。例如,《合同法》第130条规定:"买卖合同是出卖人转移标的物的所有权于买受人,买受人支付价款的合同。"若是据此

---

① 佟柔主编:《中国民法学·民法总则》,中国人民公安大学出版社1990年版,第18页;王利明、郭明瑞、方流芳:《民法新论》(上册),中国政法大学出版社1988年版,第61—63页。
② 〔奥〕庞巴维克:《资本实证论》,陈端译,商务印书馆1964年第1版(1997年重印),第155页。
③ MünchKomm/Busche (2006),§ 133 Rn. 5;Palandt/Heinrichs,§ 133 Rn. 6b;Staudinger/Singer (2004),§ 133 Rn. 50。

断言,买卖契约含有所有权移转之意思,或者,买卖契约具有所有权移转之效力,至少不违背本条文义,但《合同法》第135条同时规定:"出卖人应当履行向买受人……转移标的物所有权的义务。"此表明,买卖契约仅是令出卖人负有移转所有权之义务(负担效力),在出卖人履行义务之前,所有权尚未移转,因而并不产生处分效力。

意思表示颇有不同。作为个别规范,意思表示亦有其体系协调之要求,但基本上仅限于不得与一般规范中的强制规范相冲突而已。任意规范属于隐性行为规范,仅具补充意思表示的作用,除非涉及补充解释,否则任意规范对于理解意思表示的意义有限。

同时,意思表示系意志行为,不受矛盾律制约,通常不得要求两项意思表示之间逻辑一贯,前次曾以高价买入一幅无名画家的画作,并不表示本次低价收购之举自相矛盾,纵其低价卖出高价买入的画作,亦与"体系违反"毫无关系。换言之,即便是相同当事人,不同时间、不同场合之下所作出的意思表示亦相互独立,不存在所谓的体系关联。唯一的例外是,若对方已就表意人的持续行为形成值得保护的信赖,表意人辜负该信赖之反常行为即可构成自相矛盾,而违反诚信原则。① 当然,意思表示的各组成部分(如契约的各条款)之间应形成统一的意义整体,在此范围内,体系解释有其用武之地。②

二、意思表示解释目标

(一) 解释终于何处?

意思表示解释目标应对的是"解释终于何处"之追问。泛泛而言,解释旨在理解意思表示的规范意义。不过,这一明显过于宽泛的说法虽有助于理解意思表示解释的性质,却远非"解释终于何处"问题的适切回答。意思表示系意志行为,规范意义存在于意志,若能探知表意人意志之所在,解释即可告终结。为此,《德国民法典》第133条规定:"解释意思表示,应探究真意,而不应拘泥于词句的字面含义。"然而,问题并未就此得到解决。传统概念中,意思表示由内心意思与外部表示两部分组成,探求真意时,应以内心意思抑或外部表示为据? 或者,在表意人与相对人对意思表示存在不同理解时,应以何者为准? 19世纪的最后25年,以错误理论(Irrtumslehre)为导火索,德国学者就内心意思与外部表示各取一端,掀起意思主义(Willenstheorie)与表示主义(Erklärungstheorie)之争,论战迅速波及整个欧洲,绵延至今。③

(二) 意思主义

意思主义首创于近代理性自然法学。理性自然法学家以斯多噶哲学与后经院主

---

① Dieter Medicus, Allgemeiner Teil des BGB, 10. Aufl., 2010, Rn. 137 ff.
② a.a.O., Rn. 309.
③ HKK/Vogenauer, §§ 133, 157, Rn. 34 f.

义道德神学为基础,主张理性之人应就其意志自我负责,因而将意思表示的解释目标确定为探究表意人的内心意图。① 意思主义最为经典的宣言则见诸萨维尼:"内心意志应被视为唯一真正重要与有效的东西,唯其藏于内心而不可视见,故需以某种标记使之可被认知。该显现内心意志之标记,正是外部表示。此亦可知,内心意志与外部表示之一致性并非出于偶然,毋宁是彼此关系的自然体现。"② 据此,发生效力的是当事人内心意志,外部表示不过是用以认知内心意志的手段而已,二者若偶然相错,自以内心意志为准。

意思主义强调行为人对且仅对自身自由意志负责,与古典哲学下的私法自治观念互为表里,因而获得包括温德沙伊德③在内众多潘德克顿法学家的支持。不仅如此,在很大程度上,《德国民法典第一草案》亦是这一理论的产物。

负责草案总则编起草的格布哈特在其编撰的预案理由中指出,关于意思表示解释,《第一草案》第 73 条所谓"探究真意",指的是探究存在于表意人内心的"心理事实"(psychische Tatsache)。其所依循的,正是意思主义理论脉络。④ "立法理由书"亦以"内心意志"(innerer Wille)为解释鹄的⑤,相关论证则几乎是温德沙伊德潘德克顿教科书相关段落的逐字摘抄。⑥ 同样是基于意思主义,"立法理由书"指出,未能表达内心真意的意思表示不应由表意人负责,因而《第一草案》第 98 条规定,错误的意思表示无效。⑦

意思主义要求解释直指表意人内心,重建已成历史的"心理事实"。然而,单纯的内心意志既无法确证,仅存乎内心而未表现于外的意志亦不具有规范效力,唯有附着于客观外在表示的内心意志,始可实现当事人欲求的法律效果。为此,有"现代法律行为理论创立者"⑧之誉的齐特尔曼在评论第一草案关于法律行为的规定时指出,探究意思表示的主观意义并无必要,重要的是,意思表示在客观上具有何等意义,而法律效果亦正是依此客观意义而发生。⑨

齐特尔曼尽管对意思表示解释的见解与条文拟定者不一,却未对草案条文提出

---

① HKK/Vogenauer, §§ 133, 157, Rn. 34.
② Friedrich Carl von Savigny, System des heutigen römischen Rechts, Bd. 3, 1840, S.258.
③ Bernhard Windscheid, Lehrbuch des Pandektenrechts, Bd. 1, 6. Aufl., 1887, § 75.
④ Die Vorlagen der Redaktoren für die erste Kommission zur Ausarbeitung des Entwurfs eines Bürgerlichen Gesetzbuches (Die Vorentwürfe der Redaktion zum BGB): Allgemeiner Teil, Teil 2, Verf.: Albert Gebhard, herausgegeben von Werner Schubert, 1981, S.270 ff.
⑤ Motive zu dem Entwurfe eines Bürgerlichen Gesetzbuches für das Deutsche Reich, Band I, Allgemeiner Teil, Amtliche Ausgabe, zweite unveränderte Auflage, 1896, S.189 ff.
⑥ HKK/Vogenauer, §§ 133, 157, Rn. 38.
⑦ Motive zu dem Entwurfe eines Bürgerlichen Gesetzbuches für das Deutsche Reich, Band I, Allgemeiner Teil, Amtliche Ausgabe, zweite unveränderte Auflage, 1896, S.189 ff.
⑧ Schapp/Schur, Einführung in das Bürgerliche Recht, 4. Aufl., 2007, Rn. 336.
⑨ Ernst Zitelmann, Die Rechtsgeschäfte im Entwurf eines Bürgerlichen Gesetzbuches für das Deutsche Reich: Studien, Kritiken, Vorschläge, Teil 1, 1889, S.98.

修改意见。《德国民法典》最终定案(第133条)只字未易接受第一草案的表述,不过,这并不表示,条文拟定者关于"探究真意"的理解被一并带入。相反,《德国民法典》施行后,德国学说与判例对这一"声名卓著或曰臭名昭著"(berühmte oder berüchtigte)条文的解释,迅即转向客观立场,认为所谓"真意",并非表意人的内心意志,毋宁是其"表示真意"(wirklich erklärter Wille)即表示内容(Erklärungsinhalt),换言之,《德国民法典》第133条所表达的其实是:解释意思表示,应探究表示的真实内容。① 于是,纯粹主观的意思主义开始出现客观化转向。

(三) 表示主义

客观化的意思主义虽关注意思表示的客观意义,却不同于表示主义,区别在于,前者尚属表意人视角(Erklärendehorizont),后者则为受领人视角(Empfängerhorizont),相应的,后者对于表意人自由意志之关注亦有所弱化,而将视线更多的投向相对人的信赖保护。在表示主义看来,相对人的信赖事关交往安全,若不能得到尊重,交往秩序将不复存在。所谓受领人视角,指的是受领人所理解的表示意义。该理解须是"客观"理解,因而具体受领人之实际理解并不重要,重要的是,一般理性之人处于受领人地位将作何种理解。②

表示主义对意思主义的直接挑战首发于错误法领域。《德国民法典第一草案》第98条将错误的意思表示规定为无效。这一规定因完全未将相对人纳入考虑而广遭质疑,态度最为激烈者,当属表示主义的极力鼓吹者贝尔(Otto Bähr)。

贝尔的表示主义立场与萨维尼意思主义恰成两极,对于《第一草案》第98条,其修改建议是:"法律交往中所作出的错误意思表示,若表意人以归因于己的方式作出,纵其表示与真实意志不一,亦具有拘束力。"③据此,相对人无论善意恶意,概以信赖保护之名同等对待——贝尔的表示主义显然走得太远。

相较而言,同属表示主义阵营的齐特尔曼所提出的修改建议则可称温和持中:"若表意人误述其意志,或误指意思表示所涉人或标的,在可能的相对人知悉误述或误指的情形下,意思表示依其真意或未发生误指时的状况生效;在其他情形,表意人得撤销该意思表示。"④齐特尔曼建议的要点有二:一是区别相对人善意恶意分设效力规则,二是以可撤销为错误表示的基本效力。此亦多数表示主义者的立场。⑤

表示主义在错误法领域赢得最终胜利。《德国民法典第二草案》以可撤销修正

---

① HKK/Vogenauer, §§ 133, 157, Rn. 39.
② a. a. O. , Rn. 35.
③ Werner Schubert, Zu einer Edition unveröffentlichter Materialien zum BGB: Zugleich ein Beitrag zur Entstehungsgeschichte des § 119 BGB, AcP 175 (1975), 434.
④ Ernst Zitelmann, Die Rechtsgeschäfte im Entwurf eines Bürgerlichen Gesetzbuches für das Deutsche Reich: Studien, Kritiken, Vorschläge, Teil 2, 1890, S. 151.
⑤ Werner Schubert, Zu einer Edition unveröffentlichter Materialien zum BGB: Zugleich ein Beitrag zur Entstehungsgeschichte des § 119 BGB, AcP 175 (1975), 434 ff.

《第一草案》无效之规定,并终成定案。相应的,自 19 世纪末以降,表示主义逐渐取代意思主义而成为学界通说。①

(四) 意思表示解释与风险分配

意思表示解释目标如何设定,实质上亦是意思表示之误解风险如何合理分配问题。② 萨维尼的意思主义完全以表意人内心意志为判断标准,无非是将所有的误解风险归诸相对人;贝尔的表示主义则截然相反——表意人承担误解风险。二者皆失之极端。

萨维尼强调自由意志固然值得认可,但表意时如何选择并使用话语,毕竟在表意人的控制之下,要求相对人一概为表意人的词不达意承担风险,不可谓之合理;贝尔关注交往秩序亦可理解,但表意人欲要获得何种法律效果,毕竟属于自决范畴,若相对人明知表意人表达有误,却仍可主张错误表达之效力,或者,完全不考虑表意人独特的语词用法,概以抽象的"理性受领人"理解为断,更是难以令人接受。之所以后者"更"难以接受,原因在于,萨维尼之非真意表达无效,不过让相对人不能取得所追求的法律效果,而贝尔之纯依外在表示生效,将令表意人承受本无意追求甚至有意拒绝的法律效果,两相比较,后者更具危害。

表示主义的危险还在于,推至极致,势将踏上以整体利益之名否弃私人自治之路。正是借助极端表示主义对秩序与整体的强调,德国纳粹法律行为理论宣称,代表个人主义与自由主义的私人利益应让位于民族整体利益,因而必须"真诚无保留且毫不妥协地拒斥意思主义"。③

贝尔的极端表示主义未形成太大影响,在与萨维尼意思主义的论战中,胜出的是齐特尔曼式温和表示主义。后者虽强调意思表示客观意义,却未因此忽略表意人意志,加之《德国民法典》立法者刻意回避纯粹的理论之争,而将关注焦点集中于具体法律问题的实际解决④,为此,《德国民法典》关于意思表示解释的规定,几乎是最大限度兼容并包了意思主义与表示主义两种立场:第 133 条所采取的虽然是主观意思主义的表述方式,但无妨作客观解释;第 119 条虽以表示主义为出发点,但对表意人意志亦多有考虑。

尽管如此,理论之争的影响毕竟无法完全清除。关于法律行为的解释,除第 133 条外,《德国民法典》尚以第 157 条专对契约作出规定:"契约应作诚信解释,并顾及必

---

① HKK/Vogenauer, §§ 133, 157, Rn. 36; MünchKomm/Busche (2006), § 133 Rn. 9. 何为通说,学者似乎各有判断。拉伦茨首版于 1930 年的教授资格论文仍以意思主义为彼时通说。Karl Larenz, Die Methode der Auslegung des Rechtsgeschäfts, 1966, S.59.

② Staudinger/Singer (2004), § 133 Rn. 2.

③ HKK/Vogenauer, §§ 133, 157, Rn. 41.

④ a.a.O., Rn. 38.

要的交易惯例。"似乎表明,第 133 条针对意思表示,契约解释则适用第 157 条。① 学者进而分别以"自然解释"(natürliche Auslegung)或"经验解释"(empirische Auslegung)概括第 133 条、以"规范解释"(normative Auslegung)概括第 157 条,称前者旨在探究表意人主观的自然(或,作为经验事实的)真意,后者则以客观的规范意义为鹄的。②

然而,契约无非是两项意思表示之结合,未理解意思表示,谈何理解契约?因此,第 133 条关于意思表示解释之规定,毫无疑问同适用于契约解释;而第 157 条所谓诚实信用与交易惯例,亦是一切意思表示解释所需考虑的因素。有鉴于此,当代德国通说指出,上述区分实属败笔。③ 况且,任何解释,均在理解意思表示之规范意义,此无论单方意思表示抑或契约,概莫能外。真正有意义的区分,毋宁是无需受领与需受领的意思表示,或者更准确地说,是无需顾及信赖利益或需要顾及信赖利益的意思表示。唯有如此,方可根据利益格局合理分配风险。

意思主义之所以强调表意人内心真意,除理念上的私法自治外,原因还在于,这一理论以遗赠为思考原型。④ 遗赠虽然存在受遗赠人,亦可能涉及继承人利益,但无论是受遗赠人抑或继承人,对于遗产之取得均无值得保护的信赖利益,故遗赠之解释不必顾及他人,"理性受领人"之理解基本上没有意义。《德国民法典》第 133 条由此获得最典型的适用事例。⑤ 由此推而广之,抛弃所有权之行为所涉利益格局与遗赠相似,解释时可同其对待。不过,这不意味着所有无需受领的意思表示均是如此。悬赏广告虽无受领人,但因其面向公众发出,有意领取悬赏之人可能为此付出相应成本,故亦须考虑潜在的"理性受领人"之理解。⑥

另须注意者,单纯的内心意志不具有法律效力,即便不存在值得保护之信赖利益,意思表示之解释,亦非探究表意人的"内心真意",而只能是通过外在表示发生效力的"表示真意"。⑦

无需受领的意思表示本就屈指可数,不必顾及"理性受领人"理解之情形更是寥寥无几。绝大多数情形下,意思表示须对相对人作出。就此而言,表示主义以需受领

---

① 《德国民法典》制定之初,"法律行为"尚未被普遍接受为"意思表示"与"契约"的上位概念,通说以及为法典编撰者所接受的概念用法是,法律行为与意思表示同一概念,而契约则与之相并列,正是基于这一认识,《德国民法典》为意思表示与契约各自设置解释规则。HKK/Vogenauer, § § 133, 157, Rn. 30.
② Brox/Walker, Allgemeiner Teil des BGB, 34. Aufl., 2010, Rn. 130 ff.; Staudinger/Singer (2004), § 133 Rn. 11 ff.
③ Dieter Medicus, Allgemeiner Teil des BGB, 10. Aufl., 2010, Rn. 319 f.; MünchKomm/Busche (2006), § 133 Rn. 17; Staudinger/Singer (2004), § 133 Rn. 3.
④ Dieter Medicus, Allgemeiner Teil des BGB, 10. Aufl., 2010, Rn. 320.
⑤ Brox/Walker, Erbrecht, 23. Aufl., 2009, Rn. 198; Dieter Medicus, Allgemeiner Teil des BGB, 10. Aufl., 2010, Rn. 322; MünchKomm/Busche (2006), § 133 Rn. 11; Staudinger/Singer (2004), § 133 Rn. 15.
⑥ MünchKomm/Busche (2006), § 133 Rn. 11; Staudinger/Singer (2004), § 133 Rn. 17.
⑦ Dieter Medicus, Allgemeiner Teil des BGB, 10. Aufl., 2010, Rn. 322.

的意思表示为预设对象,其思考进路较之意思主义更具典型性。

存在受领人,即意味着,对于意思表示的理解,存在表意人视角与受领人视角之别。单纯关注任何一方视角均不具有正当性,因为,意思表示效力须适用于双方,以任何一方的理解为据,均置对方于不利之境,尤其在契约的情形下,双方各自发出意思表示,因而互为表意人与受领人,此时再强调意思主义或表示主义,已无太大意义。正是在此意义上,茨威格特(Konrad Zweigert)与克茨(Hein Kötz)指出,在学术史上曾扮演重要角色的意思主义与表示主义之争如今已是明日黄花,意思表示解释非以任何一方的理解为标准,而必须充分考虑理性的表意人将如何作出意思表示、理性之人面对表示词句在综合考量各项因素的情况下将作何种理解,以便最终确定意思表示的规范意义。[1]

融合意思主义与表示主义二元结构的努力,最早见诸拉伦茨于1930年出版的教授资格论文《法律行为的解释方法——兼论意思表示理论》,该书首创效力主义(Geltungstheorie)的解释理论。拉伦茨指出,意思表示并非单纯表达事实或想法的行为,而是一种效力表示(Geltungserklärung),外部表示亦非如萨维尼等意思主义者所言,只是用以证明内心意志的"标记",毋宁说,其本身即是引发法律效果之基础,而表意人之所以要对外在表示负责,原因在于该表示可归因于(zurechenbar)表意人,因此,解释需受领的意思表示时,应探求可适用于表意人与受领人双方的客观规范意义,只有双方共同认可的意义,才能兼及双方意志,而不至于有所偏废。[2]

我国仅对契约解释作有规定。《合同法》第125条称:"当事人对合同条款的理解有争议的,应当按照合同所使用的词句、合同的有关条款、合同的目的、交易习惯以及诚实信用原则,确定该条款的真实意思。"所谓"确定该条款的真实意思",系就契约解释的目标而言。该"真实意思"体现于"条款"中,故属条款拟订者的"表示真意";条款的拟定者为双方当事人,故最终确定的条款"真实意思"须适用于双方。《合同法》第125条虽以"契约条款"而非各表意人的意思表示为直接解释对象,与《德国民法典》第157条存在相似的微瑕,但在解释目标的立场方面,大致可归入偏向意思主义的效力主义,此颇值赞许。

"菜单案"解释中的风险分配

德国法上常作为教学案例讨论的"菜单案"对于意思主义、表示主义与效力主义诸解释立场下风险的分配格局具有典型说明价值。该案基本案情是:一名法科学生

---

[1] Zweigert/Kötz, Einführung in die Rechtsvergleichung, 3. Aufl., 1996, S.404.
[2] Karl Larenz, Die Methode der Auslegung des Rechtsgeschäfts, 1966, S.34 ff.; Karl Larenz, Allgemeiner Teil des deutschen bürgerlichen Rechts, 7. Aufl., 1989, S.333 ff.

在学生餐馆用餐后,随手带走一份装饰考究的菜单。10年后,已成为检察官的法科学生在良心的谴责下悄悄将菜单放回。顾客以为这是现行的菜单,对此低价欣喜不已,于是点了一份丰盛的套餐。结账时发现,实际定价是旧菜单所标价格的两倍多。①

讨论之前,首先需要确定两项前提:一是通说认为,餐馆点餐时,要约的发出者是顾客,餐馆放置菜单的行为仅构成要约邀请②;二是餐馆的注意义务不必强到对与自己无法律关系之第三人(检察官)的行为负责,故餐馆在本案中不存在过失,无缔约过失责任之适用余地。③

以要约为观察点,顾客依旧菜单点餐之"表示真意",显然是旧菜单所标价格,而餐馆的承诺表示可化作简单的"同意"二字,即同意顾客所发出的要约。依意思主义解释理论,双方订立以旧菜单价格为内容的契约。然而,餐馆之同意,其实是同意顾客依现价点餐,所以餐馆有权以内容错误为由撤销其意思表示进而撤销契约。撤销之后,顾客须就其消费的套餐负不当得利返还之责,金额以现价折算,餐馆则应赔偿顾客信赖利益损害,金额相当于现价与旧价之差。最终,顾客以旧价消费该套餐,其意思表示的理解风险由餐馆承担。依表示主义,结果恰好相反。顾客的意思表示在"理性受领人"看来,系以现价点餐无疑,因而,双方订立以现价为内容的契约。为避免支付现价,顾客有权以内容错误为由撤销意思表示进而撤销契约。此时,不当得利的返还义务不受影响,不同的是,负信赖利益损害赔偿之人换成顾客——顾客承担自己意思表示的理解风险。

两种解释立场各有一方处于不利地位,问题因而在于:菜单错误之风险究应分配于何方?论者也许会以"保护弱者"为由将同情的天平偏向顾客,然而一方面,餐馆与顾客之间难以判别强者弱者,另一方面,餐馆消费并不涉及生存利益,"保护弱者"之政策判断师出无名。不分场合动辄祭出"保护弱者"之"社会主义"大旗,恐怕只能将问题的讨论引向歧路。真正具有说服力的,只能是基于法律理性的考虑。

意思主义将风险归于餐馆的理由可能是:餐厅属于餐馆主人的空间,无论如何,顾客不应较之更有责任保证菜单的真实性。但餐厅几乎等于公共场所,除非有特别的规矩,餐馆主人一般不得拒绝任何人入内,若应承担在此空间内的任何风险,餐馆可能不堪重负。表示主义的理由则可能是:基于常识,顾客对过于优惠的价格应有所怀疑,从而至少在点餐时作出询问。但餐馆并非单纯的售卖饭菜,菜品价格加入了餐厅装饰、格调营造、厨师水平、服务质量、经营管理等各项成本,因而即便是相同的菜品,各餐馆价格亦可能相去甚远,要求顾客具备这一判断"常识",应属过分。可见,无论意思主义抑或表示主义,均难以具备足够充分的正当化理由,如何取舍,往往取决

---

① Dieter Medicus, Allgemeiner Teil des BGB, 10. Aufl., 2010, Rn. 324.
② a. a. O.
③ a. a. O., Rn. 325.

于判断者的价值取向。

值得指出的是,上述意思主义解释虽然在结果上也许更为普通人所能接受,但逻辑其实并不融贯。意思主义下,顾客的要约被解释为以旧价为内容顺理成章,不过,契约存在两项意思表示,并且契约之订立须以两项意思表示内容一致为前提。契约内容既被确定为旧价,就意味着,餐馆作出的承诺表示亦被理解为以旧价为内容。然而,餐馆的同意,若以意思主义为标准,无论究其"内心真意"抑或"表示真意",均应解释为现价承诺。能够得出旧价承诺之结论的,唯顾客这一"具体受领人"的理解而已。显然,具体受领人理解与意思主义风马牛不相及。① 与之相较,表示主义对于顾客与餐馆各自意思表示的解释反倒逻辑一贯,均是在"理性受领人"标准下展开。

若意思主义一以贯之地适用于双方意思表示,结果将是:顾客以旧价发出要约,餐馆以现价作出承诺,当事人因隐藏的不合意(即当事人未意识到的不合意)而未能订立契约。效力主义同此结论。在拉伦茨看来,顾客以旧价发出要约,餐馆以现价作出承诺,当中并不存在可同时适于双方的意思表示,故契约未曾订立,顾客仅须对餐馆负不当得利返还义务,双方均无信赖利益损害赔偿问题。② 显然,在风险分配问题上,效力主义具有某种程度的折中效果。管见以为,餐馆有权主张不当得利返还即为已足,不必再进而享有损害赔偿请求权。就此而言,效力主义与逻辑融贯的意思主义之解释结果可资赞同。

三、意思表示解释因素

《合同法》第125条要求"按照合同所使用的词句、合同的有关条款、合同的目的、交易习惯以及诚实信用"进行解释,以法定方式确立文义、体系、目的、惯例以及诚信诸解释因素。

(一) 解释诸因素

1. 文义因素

意思表示必借助语言表述,文义往往成为进入意思表示意义世界的第一道关口。凡自然语言必有歧义,文义解释即旨在消除之。唯值注意者,此处所称文义,非自然语言的日常含义,而是其法律意义。

当事人并无义务使用规范术语表达意志,而解释的任务之一即是,当意思表示借助日常语言表达时,将其翻译为规范概念,以便确定法律效果。例如,双方当事人约

---

① 私法史上,具体受领人理解曾在19世纪晚期被少量学者当作表示主义之标准,但由于具体受领人理解如同表意人意思难以被客观把握,故只是昙花一现,未能得到学界认可。HKK/Vogenauer, §§133, 157, Rn. 35.

② Karl Larenz, Allgemeiner Teil des deutschen bürgerlichen Rechts, 7. Aufl., 1989, S.342.

定:预先支付"定金"若干,若双方未能履行契约,则应将"定金"返还。契约文本虽使用"定金"之语词,但双方约定的法律效果与《合同法》第115条之定金不同,故不能套用定金规则。再如,汽车经销商许诺"买车赠倒车雷达",之后倒车雷达出现质量瑕疵,商家不得援引《合同法》第191条之责任免除与减轻条款,因为此处所谓"赠",实非赠与,不过是商家转移成本的营销策略而已。被"赠"出的倒车雷达与汽车本身同为买卖契约标的,商家应负出卖人的瑕疵担保责任。

另外,契约文本可能同时使用数种语言文字,对此,《合同法》第125条第2款第1句规定:"合同文本采用两种以上文字订立并约定具有同等效力的,对各文本使用的词句推定具有相同含义。"

2. 体系因素

如前所述,意思表示并不像法律文本般处于广泛的体系脉络中,但同一契约的各条款之间仍有相当程度的脉络关联,可能具备相互印证的作用,尤其在确定文义时,单就目标语词可能难以作出判断,需要结合契约其他条款作出解释。例如,甲乙约定,将甲的自行车"赠与"乙使用,若又同时约定乙在使用完毕后归还,则所谓"赠与",并不是旨在移转所有权的赠与契约,仅仅表达"无偿"之含义,双方当事人成立的是借用契约关系。

3. 目的因素

文义系意思表示解释的出发点,却不意味着,解释必以文义之揭示为旨归。意思表示表达的是当事人意志,当文义解释结果与当事人意志不符时,应舍文义而取目的。此即《德国民法典》第133条之规定:"意思表示的解释应探求真意,而不拘泥于语词之字面含义。"《合同法》第125条第2款第2句对此有所体现:"各文本使用的词句不一致的,应当根据合同的目的予以解释。"

"误载无害真意"(falsa demonstratio non nocet)规则对于目的解释颇具说明价值,经典案例则是德国帝国法院的鲸鱼肉买卖案:双方当事人都以为契约文本使用的荷兰语 Haakjöringsköd 是鲸鱼肉的意思,但实际含义是"鲨鱼肉",双方意在买卖鲸鱼肉,因契约履行时交付的是鲨鱼肉而成讼。Haakjöringsköd 的文义虽然清楚,但帝国法院仍然根据当事人实际目的,确认契约内容是鲸鱼买卖。①

另值注意者,契约双方如买受人与出卖人、承租人与出租人之间往往在利益对立中寻求合作,各自意思表示的目的未必一致,对契约条款进行目的解释,即意味着,所寻得的目的须同时适于双方,否则,通常意味着合意未曾达成。

4. 惯例因素

意思表示双方目的未必一致,某些契约内容亦未必得到明确约定,加之纠纷发生后,当事人都愿意选择有利于己的解释,此时,交易习惯可能有助于确认契约的客观

---

① Dieter Medicus, Allgemeiner Teil des BGB, 10. Aufl., 2010, Rn. 327.

意义。

对于交易习惯,《合同法解释二》第7条第1款列有两项情形:第一,"在交易行为当地或者某一领域、某一行业通常采用并为交易对方订立合同时所知道或者应当知道的做法";第二,"当事人双方经常使用的习惯做法"。交易习惯具有相当于习惯法的效力,前者为习惯法的一般规范,后者则为个别规范。① 另依同条第2款规定,对上述交易习惯之存在,主张者负责举证。

个别规范性质的交易习惯系建立在双方当事人的默示合意基础之上,故无所谓"知道"或"应当知道"问题。

一般规范性质的交易习惯则往往由特定交易阶层或行业的长期实践所确立,具体当事人不过是予以遵从而已。双方均属同一行业,对于行业交易惯例自然"知道或应当知道",问题在于,若交易双方不属于同一行业,并且一方确实不了解对方行业的交易习惯,解释意思表示时,是否应将该交易习惯纳入考虑?弗卢梅认为,交易习惯用作意思表示的解释手段,不得对不属于该行业领域的当事人不利。② 拉伦茨与沃尔夫(Manfred Wolf)则反对这一见解,主张,行业之外的人欲涉足陌生领域从事交易,应了解该行业惯例,否则,对方视其为行业成员并在此基础上理解其意思表示时,该外行人须承担相应后果。③

管见以为,在一般意义上,弗卢梅见解值得赞同。人的一生可能与无数行业打交道,如果每踏入一次陌生领域,就必须了解该行业习惯,要求难免苛刻,尤其是普通民事人面对复杂而又专业的商事领域,以其了解相关行业惯例相期待,不可谓之合理的风险分配。因而,行内人有义务对涉足该行业的行外人说明交易习惯,否则行内人应承担相应的不利后果,换言之,行外人不应被认定为"应当知道"行业惯例,除非行内人有理由相信,该行外人已知道或比如因为长期涉入该行业而应当知道行业惯例。不过,若是交易发生于商人之间,则基于商事谨慎义务之要求,应有理由期待商人进入某一领域时对其行业惯例已作了解。

5. 诚实信用

诚实信用系法律交往的基本原则,《合同法》将其规定为契约解释的因素,是借助一般条款作价值判断方面的控制。

(二) 解释因素、解释方法抑或解释规则?

上述各项解释因素(Auslegungselemente)有多种称谓,如解释方法(Methoden der

---

① 德国通说认为,交易习惯非属规范,作为一种惯常实践,只是用以辅助意思表示解释之事实因素,有别于习惯法。Werner Flume, Das Rechtsgeschäft, 4. Aufl., 1992, S. 312;Larenz/Wolf, Allgemeiner Teil des Bürgerlichen Rechts, 9. Aufl., 2004, § 28 Rn. 48;HKK/Vogenauer, §§ 133, 157, Rn. 61 ff.;MünchKomm/Busche (2006), § 157 Rn. 16;Staudinger/Singer (2004), § 133 Rn. 65. 但习惯法本就是惯常实践产生规范效力之事实,交易习惯并不比其他成为习惯法的事实更加特殊。

② Werner Flume, Das Rechtsgeschäft, 4. Aufl., 1992, S. 313.

③ Larenz/Wolf, Allgemeiner Teil des Bürgerlichen Rechts, 9. Aufl., 2004, § 28 Rn. 51 f.

Auslegung)、解释规则(Auslegungsregeln)、解释标准(Auslegungskriterien)、解释准则(Auslegungskanones)等等，不一而足。① 汉语表述则以解释方法与解释规则最为习见。我国学者常将解释方法与解释规则作同义概念使用，唯侧重点有所不同：称解释方法，系基于以正确的方式达成目标之考虑；称解释规则，则强调此正确的解释方式对于解释者的拘束力。正是在此意义上，许多学者认为，《合同法》第 125 条规定各种解释方法（解释规则），旨在限制法官的恣意解释、从而避免解释失当。②

比较法上，如《法国民法典》（第 1156—1164 条）、《意大利民法典》（第 1362—1371 条）等均不吝条文为契约规定详细的解释方法。相形之下，《合同法》将各项解释方法浓缩于一个条文，难免显得单薄。

更单薄的是《德国民法典》。萨维尼被誉为现代法学方法论的奠基人，自他之后，德国法学方法研究在世界范围内独领风骚长逾百年。然而，《德国民法典》对于法律解释以及意思表示解释的各种方法几乎未置一言。之所以如此，原因在于，法典起草者意识到，规定缺乏实质内容的法律适用技术规则，并以此教导法官如何运用实践逻辑，这不是立法者的任务。法官进行解释时，应依具体情境作个案判断，机械遵从制定法所规定的一般化规则，势将误入歧途。因此，解释方法应让诸司法实践与理论学说予以阐发与提炼。③

《德国民法典》制定者的顾虑非杞人之忧，法国实践为之提供了注脚。

《法国民法典》对契约解释规则作有详细规定，然而，这些规则或者是老生常谈，或者不过是经验总结，规范价值殊值怀疑④，它们甚至被嘲笑为"笨蛋的初级读物"，为法官所忽略。⑤ 基本上，法典中的解释规则仅仅是纸面规定而已，指引法官进行意思表示解释的，与其说是原则性的一般规定，毋宁是其自身判案经验及知识背景。法定解释规则的意义似乎仅仅在于，法官基于各种考虑形成解释后，选择其中与之相合的解释规则作为依据以获得合法性。⑥ 结果，原本指望用以控制法官任意裁判行为的解释规则，反而为法官所用，变成正当化其裁判的工具。更具意义的是，此非不良法官有意规避所致，实际上，以法律规则形式表现的各项解释方法并未真正获得规范拘束力。

文义、体系、目的等各项解释方法均服务于探求当事人真意，若目的已达，是否或者如何运用何种解释方法并不重要，因而，上诉法院不得仅仅因为下级法院忽略某项

---

① HKK/Vogenauer, § § 133, 157, Rn. 44.
② 梁慧星：《民法总论》（第 4 版），法律出版社 2011 年版，第 191 页；王利明：《民法总论》（第 2 版），中国人民大学出版社 2015 年版，第 242 页。
③ Zweigert/Kötz, Einführung in die Rechtsvergleichung, 3. Aufl., 1996, S. 397; MünchKomm/Busche (2006), § 157 Rn. 2.
④ Zweigert/Kötz, Einführung in die Rechtsvergleichung, 3. Aufl., 1996, S. 397.
⑤ 〔德〕海因·克茨：《欧洲合同法》（上卷），周忠海等译，法律出版社 2001 年版，第 165 页。
⑥ Zweigert/Kötz, Einführung in die Rechtsvergleichung, 3. Aufl., 1996, S. 397.

解释规则而将其判决撤销改判①,换言之,对于任何一项解释规则的忽略,均不构成"适用法律错误"。实体法律规范无论任意规范抑或强制规范,均属裁判规范,须得到法官遵行,解释规则却可为法官自由选择适用与否,此意味着,对于法官无拘束力之所谓解释规则并不具有规则(规范)的属性,如何能够担当限制法官"恣意解释"之重任?

可见,文义、体系、目的等解释"方法"或"规则",无非是解释时应考虑的各项因素而已,对于解释者并不具有规范意义上的拘束力。真正称得上解释规则的,如《合同法》第41条:"(规则一)对格式条款的理解发生争议的,应当按照通常理解予以解释。(规则二)对格式条款有两种以上解释的,应当作出不利于提供格式条款一方的解释。(规则三)格式条款和非格式条款不一致的,应当采用非格式条款。"规则一意味着,即使涉及格式条款的解释,首先也必须先考量《合同法》第125条规定的各项因素,在这点上,格式条款的解释与非格式条款的解释并无不同;规则二表明,若"通常理解"无法在数种可能的解释中作出取舍,格式条款提供者将承担风险,之所以如此,条款提供者拥有控制语词使用之最后机会,令其承担歧义风险,当无不妥;格式条款虽属私人立法,但因其具有反复适用的特点,已趋于一般规范,规范越是一般化,所体现的当事人意志就越是抽象,就此而言,规则三其实是"具体的个别规范优于抽象的一般规范"规则之产物。对此三项规则,法官解释时若有所违反,当事人得以"适用法律错误"为由提起上诉。

四、补充解释

(一) 单纯解释与补充解释

如同法律解释,意思表示解释亦有单纯解释(einfache Auslegung)或称阐释性解释(erläuternde Auslegung)与补充解释(ergänzende Auslegung)之别。二者区别在于:前者以既存意思表示为解释对象,后者则属意思表示之漏洞填补。唯值注意者,单纯解释与补充解释之分本就是解释的结果,换言之,非经解释,无从得知意思表示是否既存、是否存在需要填补的漏洞。

(二) 补充解释的功能

表意人并非在任何情况下都能作周全考虑,意思表示难免存在缺漏,正如法律规范难免出现漏洞。此时,如果因缺漏部分而判定意思表示无效,往往非当事人所愿。为最大限度维护既有意思表示的有效性,有必要对意思表示进行补充,以完成意思表示实现相应法律效果所需要的细节。

补充解释既然是对意思表示的解释,便不能在表意人之外进行。因此,补充解释所补充的,往往被称为"推知的当事人意思"。不过,需要补充解释时,往往意味着当事人已陷入纠纷,此时,各自"推知的意思"难以达成一致,须由法官作出调适。

---

① Zweigert/Kötz, Einführung in die Rechtsvergleichung, 3. Aufl., 1996, S.397.

法官以推知的意思作补充时,需要追问:"契约当事人若考虑到当时未加关注的情况,并且遵从诚信原则以及交易惯例,将作何想?"[①]显然,具有决定意义的,并非契约当事人的真实意思,毋宁是抽象理性人在相同情境之下的一般考虑,而此抽象理性人,只能由法官代表。为此,英国法学家阿蒂亚(P. S. Atiyah)将补充解释称为法官替当事人设定契约责任之活动,并认为,补充解释与私法自治已无关联。[②]

不过,补充解释虽由法官完成,所考虑的亦是抽象理性人意志,但法官毕竟不能从自身立场出发进行事后判断,所假想的理性人,亦必须在充分考虑当事人具体个体因素的基础上抽象而来,因而,本质上仍是从当事人角度进行考虑。

(三) 任意规范先于补充解释

补充解释时,法官尽管被要求从当事人角度考虑,但毕竟缺乏具有拘束力的规范制约。法官是否以及在何种程度上分清自己与抽象理性人角色,完全取决于裁判理由的论证。因此,法官存在极大的滥用权力危险,稍有不慎,权力即凌驾于私法自治之上,成为当事人法律关系的实际决定者。

例如,一家商店的店堂贴有一张告示:进入本店的顾客,如有盗窃行为,即意味着允诺支付契约罚金(Vertragsstrafe)。德国法院因此判令一位偷窃顾客依告示支付罚金,理由是:"可以期待一名守法的顾客同意商店的此项规定。"对此判决,梅迪库斯质疑道:告示并不适用于守法顾客,不守法的顾客则没有理由同意该告示;并且,当法律规定必须通过契约才能发生法律后果时,不得以张贴告示的方式单方确定法律后果,尤其是为自己设定权利或免除己方义务。[③]

显然,为防止法官擅断,有必要设置相关措施以作控制。此时,任意规范的意义便得以彰显。任意规范对于行为人没有拘束力,可为其意志所排除。但如果当事人未就任意规范所定事项作出表示,法官应首先考虑适用任意规范。换言之,于法官而言,任意规范具有拘束力;于当事人而言,任意规范具有填补意思表示漏洞之功能,避免当事人思虑不周可能带来的不利后果。

---

① Brox/Walker, Allgemeiner Teil des BGB, 34. Aufl., 2010, Rn. 140.
② P. S. Atiyah, *An Introduction to the Law of Contract*, Clarendon Press, 1981, pp.176—183.
③ Dieter Medicus, Allgemeiner Teil des BGB, 10. Aufl., 2010, Rn. 344.

第八章　法律行为的效力瑕疵

第十九节　效力瑕疵及其事由

一、法律行为效力根源与效力瑕疵

依传统观念,法律行为之所以能够产生法律效力,是因为实证法律制度之赋予,而此等赋予,则是通过技术化的"生效要件"得以实现。所以,"生效要件"的意义在于,积极为法律行为的效力提供正当性说明。这一思路可以表述为:法律行为之所以产生该当法律效力,是因为符合相应的生效(构成)要件。[①]

本书不以传统观念为然,而认为法律行为自身具有规范品格,效力源自行为人的自由意志,即,法律行为一经作出,便可发生行为人意欲的法律效力,除非其间存在影响效力实现的法律障碍。相应的,实证法所扮演的角色不再是积极"赋予"法律行为以效力,而只是消极为其效力实现提供制度保障。所以,实证法无需关心法律行为如何具有效力,需要特别关注的毋宁是,哪些因素构成影响法律行为效力实现的法律障碍。这一思路可以表述为:法律行为之所以未产生预设的法律效力,是因为存在某种法律障碍。

二、法律行为效力瑕疵概观

定义法律行为系以完美的法律行为为预设对象,各种非正常因素未在考虑之列。[②] 但现实的法律交往中,具体法律行为不可能均符合此"共相",不同的法律障碍可能导致法律行为出现不同的效力瑕疵。效力瑕疵从强到弱的排列是:绝对无效(Nichtigkeit),未决的无效(schwebende Unwirksamkeit)或称效力待定、效力未定,可撤

[①] Ernst Zitelmann, Das Recht des Bürgerlichen Gesetzbuchs: Allgemeiner Teil, 1900, S.101.
[②] a.a.O., S.87.

销(Anfechtbarkeit)。①

(一) 无效

两个德文词均可表达"无效"之含义：一为 nichtig(Nichtigkeit)，英文对译词是 void(voidness)，汉语一般译为"无效"或"绝对无效"；二为 unwirksam(Unwirksamkeit)，英文对译词是 inoperative、invalid、ineffective 或 of no effect，汉语则通常译为"不生效"或"无效"。译名表达了两概念的基本区别："无效"(Nichtigkeit)是确定无效，"不生效"(Unwirksamkeit)则存在变成有效之可能，如第三人的同意或官署的许可。② 不过，实际情形要更为复杂。

关于 nichtig(Nichtigkeit)，王宠惠先生指出，在《德国民法典》中，"无效法律行为在法律眼中被视为绝对不存在,在任何意义上均是自始无效(void ab initio)。任何利害关系人均有权主张行为无效。不过，'无效'一词在婚姻关系上的用法略有不同。无效婚姻不是当然无效(void per se)，毋宁说，在不可上诉之判决宣告其无效之前，婚姻被视为有效，该判决特别为一项以使婚姻无效为目的的诉讼而设。此等诉讼被称为宣告无效之诉(Nichtigkeitsklage)"。③

至于 Unwirksamkeit(unwirksam)，在《德国民法典》中没有固定含义，一般被用作 Wirksamkeit 的对立概念。依齐特尔曼的界定，不生效(unwirksam)是指法律行为尚未生效或根本不生效：既可能是当事人无意令其即时生效或在某种情境下无意令其生效(无意即时生效如附停止条件与附始期的法律行为，无意令其生效的情境如法律行为所附停止条件不成就)，亦可能是不能令其即时生效或根本不能生效(不能即时生效如客观生效要件尚未满足，根本不能生效即无效)。尚未生效与根本不生效之区别在于，前者是暂时不生效(未决的不生效，效力待定)，后者是终局不生效。④

另依王宠惠先生，unwirksam 主要在三种意义域中使用："它有时意指'(绝对)无效'(void)(如《德国民法典》第 111 条)；有时意指法律行为并非在绝对意义上无效，而只是在某些方面或对某些人无效(如《德国民法典》第 135、161 条)；有时又意指法律行为尚未满足、但随后可能满足一项或数项有效要件之情形(如《德国民法典》第

---

① 与 schwebende Unwirksamkeit(未决的无效)对称，德国法上尚有所谓 schwebende Wirksamkeit(未决的有效)，其基本含义是，法律行为本属有效，但可被撤回(Widerruf)，一旦被撤回，该法律行为便归于无效。未决的有效不同于可撤销(Anfechtbarkeit)，二者区别首先在于撤回或撤销的根据不同；其次，撤销使得法律行为入溯及自始无效，若已为履行，产生不当得利返还请求权，撤回的法律效果则较为复杂。附解除条件之行为属于意定未决的有效，更典型的是法定未决的有效，如《德国民法典》第 355 条之附撤回权的消费者契约(撤回消费者契约所生复杂的法律效果见诸第 357 条)。Larenz/Wolf, Allgemeiner Teil des Bürgerlichen Rechts, 9. Aufl., 2004, § 44 Rn. 56 f.; Dieter Medicus, Allgemeiner Teil des BGB, 10. Aufl., 2010, Rn. 492.
② Werner Flume, Das Rechtsgeschäft, 4. Aufl., 1992, S.548.
③ The German Civil Code, translated and annotated by Chunghui Wang, Stevens and sons, Limited, 1907, p.600.
④ Ernst Zitelmann, Das Recht des Bürgerlichen Gesetzbuchs: Allgemeiner Teil, 1900, S.101 f.

108、174、185 条)。"①其中,第二种用法称"相对无效"(relative Unwirksamkeit),第三种用法则称"未决的无效(效力未定)"(schwebende Unwirksamkeit)。由其用法可知,无效(Nichtigkeit)系不生效力(Unwirksamkeit)的最强程度,而 Unwirksamkeit 则是所有无效形态的上位概念,甚至还可以包括可撤销。②

（二）有效却可撤销

可撤销(anfechtbar)的英文对译词是 voidable。可撤销法律行为有效成立,并在撤销权人表示撤销之前持续有效。可撤销法律行为被撤销后,被视为自始无效(void ab initio)并适用关于无效法律行为之规则。德国旧时民法上,有如无效,"可撤销"一词在婚姻关系中亦有不同用法。可撤销婚姻有效成立,并且在被判决宣告撤销之前,持续有效。③ 换言之,婚姻之可撤销,须依诉而为。④ 此等特殊性在我实证法上被淡化了,因为《民法通则》第 59 条第 1 款与《合同法》第 54 条均规定,财产法上法律行为之撤销权,亦须依诉行使。

三、效力瑕疵事由概览

（一）绝对无效事由

导致法律行为绝对无效的事由皆涉及强制规范。此类强制规范或者针对判断能力欠缺之人的强制保护(第二十节"判断能力与法律行为")——判断能力欠缺之人无法为自己作出理性判断,无从贯彻自治理念;或者事关公共秩序(第二十五节"强制秩序与法律行为")——公共秩序在私人的自治领域之外,不得以私人行为改变。另外,若行为人有意作出与其真意相违的法律行为,虽既不存在需要强制保护之无判断能力人,亦未直接与公共秩序对抗,但因其主动将自己置于法律秩序之外而不值得法律保护,所以,此类行为亦可能被认定无效(第二十一节"意思保留与法律行为")。

（二）未决的无效事由

某些行为超出当事人的自治领域,若加以实施,本不应发生行为人所追求之法律效力,比如超出当事人理性判断能力范围的行为(限制行为能力人所实施的法律行为),未经授权处理他人事务之行为(无权处分、无权代理等)。但若迳作无效处理,又可能失之僵硬,于当事人及公共秩序未必有利。上列两类行为,前者涉及行为人的保

---

① *The German Civil Code*, translated and annotated by Chunghui Wang, Stevens and sons, Limited, 1907, p. 600.

② Larenz/Wolf, Allgemeiner Teil des Bürgerlichen Rechts, 9. Aufl., 2004, § 44 Rn. 1 ff.; Dieter Medicus, Allgemeiner Teil des BGB, 10. Aufl., 2010, Rn. 487.

③ *The German Civil Code*, translated and annotated by Chunghui Wang, Stevens and sons, Limited, 1907, p. 600.

④ 由于婚姻的撤销不具有溯及力,为了与财产行为的撤销相区别,如今《德国民法典》已无婚姻的撤销制度,取而代之的,是仅具面向未来效力的婚姻废止(Aufhebbarkeit)制度。Dieter Schwab, Familienrecht, 15. Aufl., 2007, Rn. 68.

护,后者涉及第三人的保护,规范意旨各有不同。

首先,关于超出判断能力范围之行为。此类行为虽亦涉行为能力欠缺之人的强制保护,但不同于完全无行为能力者。当限制行为能力人要求进入法律交往领域时,法律不再直接予以否认,而交由负责照管其利益的法定代理人判断,此时,限制行为能力人得在法定代理人的同意下参与法律交往。此处所涉"同意",称为"基于监督权之同意"(Zustimmung kraft Aufsichtsrechts)。[①] 如此,未获事先同意即允许之行为,其效力不妨系于法定代理人之事后同意即追认。若法定代理人予以追认,原本要归于无效的行为将被补正而变得有效。于是,通过法定代理人的照管,限制行为能力人的利益可得到维护,其必要的法律交往亦能得到满足,较之一概认定无效显然更为有利(第二十节"判断能力与法律行为")。

其次,关于未经授权处理他人事务之行为。基于自治理念,除非得到相应授权,否则每个人都只能处理自己的法律事务,未经授权而处理他人事务之行为必须为法律所禁止。但该类行为所直接冒犯的,非强制性的公共秩序,毋宁是同为私人的第三人利益。行为人经授权而处理他人事务时,事务被处理之第三人其实是借助同意而成为法律关系的参与者。此之谓"基于法律关系参与之同意"(Zustimmung kraft Rechtsbeteiligung)。[②] 处理他人事务之不当既然得由事先同意(授权)补正,自无一概禁止事后追认之理,因此,在未经授权情形,法律行为效力交由事务被处理之第三人判断并无不妥。第三人自会基于自身利益的考虑决定是否认可未经授权行为之效果,而不必由法律越俎代庖,强令无效(第二十四节"事务处置与法律行为")。

上述两类行为效力的特点均在于,依其自然运行逻辑本应归于无效,但得通过施以外力的方式(追认)改变运行轨迹而变得有效,故称未决的无效。

(三) 可撤销事由

与未决的无效相反,有一类行为本属有效,但特定行为人得令其变得无效,此类效力状态被称为"可撤销"(Anfechtbarkeit)。

可撤销事由一般涉及到撤销权人意志自由之维护问题。当事人意志自由未能得到体现,可能是因为自身疏误(如单方错误),亦可能是因为受到他方不当行为(如恶意欺诈、非法胁迫)的影响。在前者,行为人之享有撤销权,旨在为行为人提供更正错误之机会(第二十二节"单方错误与法律行为");在后者,则是为了矫正受到侵犯的意志自由(第二十三节"表意自由与法律行为")。

四、法律行为效力瑕疵的判断流程

法律行为效力瑕疵事由虽然纷繁复杂,但概括而言,不外乎三类:或者来自于表

[①] Brox/Walker, Allgemeiner Teil des BGB, 34. Aufl., 2010, Rn. 501.
[②] a.a.O.

意人自身,或者来自于表意人之外的具体他人,或者来自于抽象的他人即公共秩序。

在逻辑上,关于表意人自身因素,首先需要追问的是:表意人是否适格?或者说,表意人是否具有足够的理性判断能力因而具备法律交往的入场资格?若未持有理性入场券,法律行为理所当然会出现效力瑕疵("判断能力型")。其次,进入法律交往场域后,基于诚信的基本要求,表意人之所为,都应当是心中所想。心口不一,将对法律行为效力构成影响("意思保留型")。再次,心口不一,除有意的意思保留外,亦可能是无心之失。后者称错误,亦是法律行为效力瑕疵的典型事由("单方错误型")。

若表意人适格,所为亦其所想,法律行为却依然存在瑕疵,对其原因的探寻,便必须越过表意人自身,将检索目光投向他人。与他人有关的效力瑕疵事由可分两类:一是他人侵入表意人领域——表意人的意志自由受到侵犯("表意自由型");二是表意人侵入他人领域——他人事务遭到表意人的无端处置("事务处置型")。

所涉他人可能是具体的他人,亦可能是抽象的他人——代表公共秩序的"第三人"。公共秩序是人类和平生活的基本制度背景,具有强制性,不容侵犯。挑战这一秩序的法律行为势将出现效力瑕疵("强制秩序型")。

判断法律行为是否存在效力瑕疵时,从自身因素而他人因素而秩序因素,此判断流程犹如水波荡漾,由内及外层层扩展,巨细靡遗而一览无余。本章以下各节,即循此流程渐次铺开。

图示如下:

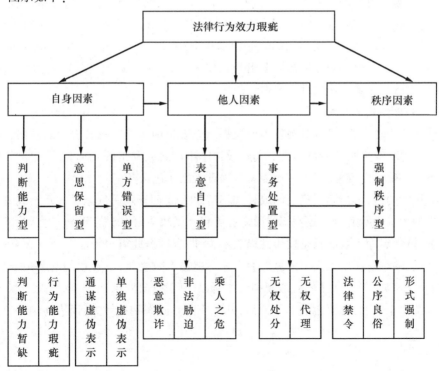

第二十节 判断能力与法律行为

一、判断能力与法律行为效力

依私法自治理念,法律行为效力系于行为人自由意志,而自由意志之拥有,又以独立的理性判断能力为前提。超出判断能力之领域,即谈不上意志自由。所以,判断能力之欠缺将影响法律行为的效力。

判断能力之欠缺可能是持续性的,这将导致行为能力欠缺,需要亲权、监护等能够产生法定代理人的制度提供补救。行为能力越是欠缺,法律行为效力所遭遇的障碍便越是严重。根据行为能力欠缺的程度,法律行为效力瑕疵可能表现为完全无效或未决的无效两种形态。

判断能力之欠缺也可能是暂时的,此等欠缺不至于导致行为人失去行为能力,仅影响具体所涉法律行为的效力。《民通意见》第 67 条对此有所规范:"(第 1 款)间歇性精神病人的民事行为,确能证明是在发病期间实施的,应当认定无效。(第 2 款)行为人在神志不清的状态下所实施的民事行为,应当认定无效。"

二、判断能力的暂缺

依《民通意见》第 67 条之规定,判断能力暂缺而导致法律行为无效的情形包括两类:一是间歇性精神病人发病期间,二是神志不清。其规范功能,可与《德国民法典》第 105 条第 2 款相比较:无意识(Bewusstlosigkeit)或暂时性精神错乱(vorübergehende Störung der Geistestätigkeit)状态下发出的意思表示,无效。此时,法律行为之所以无效,是因为行为非基于正常理性考虑而作出。

(一)意思表示的发出与受领

法律行为之实施,可拆分为发出或受领意思表示两部分。意思表示之发出,以发出时的意志状况为断。精神病发病期间或神志不清之人发出的意思表示,自然无效,纵然不在场受领人善意信赖,亦不能苛责表意人之注意义务。

有疑问的是,精神病发病期间或神志不清之人能否有效受领意思表示?或者,对其发出的意思表示能否生效?德国通说在解释其民法典第 105 条第 2 款时认为,法条文义上,被规定为无效的只是发出意思表示,不能直接据此得出无法有效受领意思表示之结论,唯有对在场人发出的意思表示才不能被有效受领,不在场的情形则依然适用《德国民法典》第 130 条的一般规则。之所以作此解释,原因在于,在场人能够知晓相对人的意志状态,且意思表示发出后,几乎在同一时间到达对方,而不在场时,暂时的无意识或精神错乱状态消除后,仍可合理期待其知悉所受领意思表示的内容。[1]

《民通意见》第67条未必能直接接引德国通说,解释时需要关注两个问题。

首先,第67条并未在文义上区分意思表示的发出与受领,而是笼统地以"民事行为"(法律行为)作为规范对象,这似乎意味着,无论意思表示的发出或受领,只要当时处于发病期间或神志不清,所涉法律行为即属无效。不过,此等解释不过是望文生义的结果,未必合乎规范意旨。行为之所以无效,系因为意志表达的非理性,若期间并无意志表达或不必有意志表达,精神病发作也好,神志不清也罢,皆无影响。所以,《民通意见》第67条之"所实施的民事行为",应解释为发出意思表示,否则即未"实施"任何"民事行为"。如此,仅仅是对方意思表示之到达,并不会因为受领人精神病发作或神志不清而无效,充其量,在受领人"确能证明"的前提下,将对方意思表示的到达时间推迟至精神与意志恢复正常之时,此时,受领人能被合理期待知悉意思表示内容。

其次,《民通意见》所谓"间歇性精神病人发病期间"与"神志不清状态"如何理解,需要界定。

(二) 间歇性精神病人发病期间与神志不清

关于间歇性精神病。依《民法通则》第13条与19条之规定,精神病人可被宣告为无行为能力或限制行为能力人,其法律行为之实施,效力各有不同。《民通意见》第67条将间歇性精神病人发病期间与神志不清并列,且概以无效与之,说明此处所称间歇性精神病人,仅指未受行为能力宣告之人。

法律适用时,间歇性精神病人与受行为能力宣告之精神病人主要存在两点差别:其一,后者发出与受领意思表示作相同处置:无表意能力,亦无受领能力;反之亦反。前者则如前文所述,病发期间所发出的意思表示虽然无效,却不影响意思表示之受领。其二,在后者,法律行为无效系常态,主张有效者,须证明行为实施时精神病人例外具有正常的理性能力即处于"灵光时刻"(lichter Moment)。在前者,法律行为则以有效为常态,主张无效者,须证明行为实施时精神病人处于发病期间。此等适用特点,与《德国民法典》第105条第2款之"暂时性精神错乱"相似。[2] 唯《民通意见》第67条仅以"间歇性精神病人发病期间"为规范对象,其他"暂时性精神错乱"则须类推适用。另外,持续性精神病人若未受行为能力宣告,无法定代理人代为发出或受领意思表示,其所实施的法律行为未得到专门规范,当可准用于此。

---

[1] Reinhard Bork, Allgemeiner Teil des Bürgerlichen Gesetzbuchs, 3. Aufl., 2011, Rn. 987; Brox/Walker, Allgemeiner Teil des BGB, 34. Aufl., 2010, Rn. 162; Heinz Hübner, Allgemeiner Teil des Bürgerlichen Gesetzbuches, 2. Aufl., 1996, Rn. 704; Larenz/Wolf, Allgemeiner Teil des Bürgerlichen Rechts, 9. Aufl., 2004, § 6 Rn. 21; Dieter Medicus, Allgemeiner Teil des BGB, 10. Aufl., 2010, Rn. 545.

[2] Reinhard Bork, Allgemeiner Teil des Bürgerlichen Gesetzbuchs, 3. Aufl., 2011, Rn. 987; Larenz/Wolf, Allgemeiner Teil des Bürgerlichen Rechts, 9. Aufl., 2004, § 6 Rn. 21.

至于"神志不清",应相当于德国法上的"无意识"。判断时,首先应排除睡梦、昏迷等状态,因为后者缺乏行为意思,根本不能构成意思表示。① 属于导致意思表示无效的"神志不清",如深度醉酒、重度毒品反应、高烧性谵妄、癫痫病发等无法令表意人保持大脑清醒并作出理性判断的情形。②

三、行为能力

判断能力的暂缺不至于影响行为能力之健全,仅令当时发出的意思表示无效。若判断能力持续欠缺,——个案认定显然既无必要且不可能,遂以抽象的行为能力制度界定法律交往领域的准入资格。

(一) 行为能力的概念

民法以自治为基本理念,贯彻行为自由与效果自主思想。欲实现私法自治,行为人首先必须能够理解其所实施行为的意义,当事人的理性能力于是成为前提。就此而言,只有具备理性能力、能够进行法律交往之人,才称得上是真正的私法上的"人"。理性能力至少包括理解能力(Einsichtsfähigkeit)与判断能力(Urteilsfähigkeit)③,在实证法上即表现为行为能力(Geschäftsfähigkeit)。

以法律效果是否为行为人意志所设定为标准,法律上的行为有法律行为与事实行为之别。法律行为的效果直接为行为人意志所设定,是行为人借以实现自治的最重要工具,效力如何,取决于行为人具有何等的理性能力(行为能力);事实行为产生何种法律效果,则视法律规范而非行为人意志而定,基本上与行为人的理性能力(行为能力)无关。这表示,行为能力所影响的,只是法律行为的效力。所以,行为能力可被定义为:行为人有效实施法律行为之能力。

"行为能力"的广狭两义

汉语所称"行为能力",可作广狭两义理解。不过,"行为能力"虽自德语翻译而来,却不意味着,该借用同一语词表达广狭两义的语用现象在德语环境下同样存在。事实上,汉语"行为能力"的广狭两义分别对应两个相去甚远的德语词汇。

德语 Geschäftsfähigkeit 的中文对译语词为"行为能力",其含义如前文所述,使行为依当事人意志发生法律效果之能力,位居总则,意在控制法律行为的效力。汉语习

---

① Reinhard Bork, Allgemeiner Teil des Bürgerlichen Gesetzbuchs, 3. Aufl., 2011, Rn. 987; Larenz/Wolf, Allgemeiner Teil des Bürgerlichen Rechts, 9. Aufl., 2004, § 6 Rn. 20; Dieter Medicus, Allgemeiner Teil des BGB, 10. Aufl., 2010, Rn. 544.

② a.a.O.

③ Brox/Walker, Allgemeiner Teil des BGB, 34. Aufl., 2010, Rn. 259; Rüthers/Stadler, Allgemeiner Teil des BGB, 16. Aufl., 2009, § 23 Rn. 1.

惯上,若无特别说明,"行为能力"一词即在此意义上使用。德语另一语词 Handlungsfähigkeit 亦可汉译为"行为能力",为将其与 Geschäftsfähigkeit 相区分,学者常以"广义的行为能力"相称,在此语境下,Geschäftsfähigkeit 被称为"狭义的行为能力"。①

德国法上的 Handlungsfähigkeit② 之所以被称为"广义的行为能力",因其属于 Geschäftsfähigkeit 的上位概念,其含义为,能够通过自己的行动(Verhalten,Handeln)行使权利、承担义务或引发其他法律效果的行为。③ 显然,该"行动"包括但不限于"法律行为"。Handlungsfähigkeit 的外延除 Geschäftsfähigkeit 外,还包括侵权行为能力(Deliktsfähigkeit)或称过错能力(Verschuldensfähigkeit)、责任能力(Zurechnungsfähigkeit),指的是为其侵权行为承担责任之能力,此等能力亦适用于意定义务(如契约义务)之违反的场合。④

一般情况下,侵权行为能力之拥有以年龄为判断标准,并且与狭义行为能力相呼应,即,完全行为能力人具有完全侵权行为能力,无行为能力人不具有侵权行为能力,限制行为能力人则依其"认识其责任所必要的理解力"而具有相应的侵权行为能力。但二者不完全等同,如《德国民法典》第828条:"(第1款)未满7周岁者,对其加于他人之损害不负责任。(第2款)已满7周岁、未满10周岁者,对其在机动车、有轨交通工具或悬空缆车事故中加于他人之损害,不负责任。故意引起损害者,不在此限。(第3款)未满18周岁者,若责任未为第1款与第2款所排除,在实施损害行为时对其责任承担缺乏必要的理解能力者,亦不对加于他人之损害承担责任。"

除年龄侵权行为能力(altersabhängige Deliktsfähigkeit)外,行为人的意志状态亦可

---

① 梅仲协:《民法要义》,中国政法大学出版社1998年版,第57—58页;黄立:《民法总则》(修订4版),台湾自版发行2005年版,第80—81页;施启扬:《民法总则》(第8版),台湾自版发行2009年版,第110页。史尚宽先生的看法有所不同。史先生认为,"行为能力(Geschäftsfähigkeit),自广义言之,乃依自己之意思活动,得引起法律上效果之能力也。于法律行为能力之外,包括违法行为能力及单纯的适法行为能力。然民法未认有如是广泛的行为能力之一般概念,惟就法律行为能力(民法12条至15条、75条)与责任能力(民法184条、187条)分别为规定。民法所谓行为能力,指法律行为能力(Rechtsgeschäftsfähigkeit)而言。"氏著:《民法总论》,中国政法大学出版社2000年版,第108页。据此,"广义的行为能力"对应 Geschäftsfähigkeit,"狭义的行为能力"则对应 Rechtsgeschäftsfähigkeit。从德语术语使用来看,史先生见解与德国当代法学有所偏差,一个原因,也许可归诸时代变迁学术发展。

② 此处需要专门强调"德国法"上的 Handlungsfähigkeit,是因为《瑞士民法典》与《德国民法典》的概念系统颇有不同。Handlungsfähigkeit 曾在《德国民法典》之前的法典中(如《萨克森王国民法典》)被采用,但未在《德国民法典》出现,而就此转化为单纯的学术用语。Ernest J. Schuster, *The principles of German civil law*, Clarendon Press, 1907, P. 83. 相反,《瑞士民法典》将 Handlungsfähigkeit 作为法典用语,Geschäftsfähigkeit 反而未被采用。《瑞士民法典》第12条对 Handlungsfähigkeit 作如下规定:"具行为能力者,拥有以其行为创设权利和义务之能力。"

③ Heinz Hübner, Allgemeiner Teil des Bürgerlichen Gesetzbuches, 2. Aufl., 1996, Rn. 124; Larenz/Wolf, Allgemeiner Teil des Bürgerlichen Rechts, 9. Aufl., 2004, § 6 Rn. 1.

④ Heinz Hübner, Allgemeiner Teil des Bürgerlichen Gesetzbuches, 2. Aufl., 1996, Rn. 124, 481 ff.; Larenz/Wolf, Allgemeiner Teil des Bürgerlichen Rechts, 9. Aufl., 2004, § 6 Rn. 3 ff., 33 ff.

能对侵权行为能力构成影响,谓之状态侵权行为能力(zustandsbedingte Deliktsfähigkeit)。①《德国民法典》第827条第1句规定:"致人损害时,若处于无意识或精神错乱以至于无法依其自由意志作出决定之状态,不必就其损害承担责任。"据此,陷于无意识或精神错乱状态之人,亦被认为缺乏侵权行为能力。不过,若此等状态由行为人自己以酒精或类似手段促成,依该条第2句之规定,在存在过失时,应为损害负责。另值注意者,无论年龄侵权行为能力,抑或状态侵权行为能力,均是"或者全有,或者全无",并不存在"限制侵权行为能力"之概念。

我实证法对年龄侵权行为能力与状态侵权行为能力均有所体现。《侵权责任法》第32条第1款第1句规定:"无民事行为能力人、限制民事行为能力人造成他人损害的,由监护人承担侵权责任。"不以无行为能力人、限制行为能力人为侵权责任人,似在贯彻年龄侵权行为能力之逻辑,但将无行为能力与限制行为能力不加区分地一体对待,又失之粗疏。同时,该条第2款第1句规定:"有财产的无民事行为能力人、限制民事行为能力人造成他人损害的,从本人财产中支付赔偿费用。"以财产状况替代理性能力,应该是"结果公平"旗号下的产物,对此观念,余不敢苟同。② 至于状态侵权行为能力,则体现于《侵权责任法》第33条。

(二) 行为能力的界定依据

个人通过自己的行为进行法律交往,而行为的有效性首先取决于是否具有相应的能力。权利能力是静态的享有权利、承担义务的能力,系法律交往的基础,不宜实行差别待遇,故自然人的权利能力具有完全且平等之特性;行为能力则是动态的通过具体行为取得权利、履行义务的能力,对应自然人的实际法律交往行为,故需要根据自然人的具体情况加以区分。

理性能力各有不同,最准确的区分办法是个案审查,以确定每一自然人具有何种程度的行为能力。该做法显然不具有技术上的可操作性,并且,个案审查可能助长公权力恣意,并为法律交往带来极大的不安定。因此,法律一般避免积极规定何人具有行为能力,而只是消极宣示欠缺完全行为能力之人。③ 为了确定行为能力的欠缺程度,法律需要找出某些具有规律性的因素,并以之作为衡量标准。最具规律性的因素是:自然人的理性能力一般随年龄的增长而增长。由此决定,划定行为能力界线时,应以年龄为首要标准。不过,年龄划界的办法过于整齐划一,可能忽视个体因素。现

---

① Larenz/Wolf, Allgemeiner Teil des Bürgerlichen Rechts, 9. Aufl., 2004, § 6 Rn. 36.
② 对此规定,张谷教授的评论是:"孩子无法实施过错行为,但是作为孩子本身是一个错误,作为一个富有的孩子是一个更大的错误。"张谷:《论〈侵权责任法〉上的非真正侵权责任》,载《暨南学报》2010年第3期,第50页。
③ Brox/Walker, Allgemeiner Teil des BGB, 34. Aufl., 2010, Rn. 259.

实生活中,自然人的理性发展情形各有不同,明显早熟者有之,因精神状况出现瑕疵而无判断能力者亦有之。为了较为恰当反映异乎寻常的个体特性,法律亦须对此人群特别对待。于是,确定行为能力时,"年龄主义 + 有条件的个案审查"遂成理想模式。①

(三) 行为能力的程度分界

1. 完全行为能力

如果自然人的理性已发育成熟,有能力为自己的任何私法事务作独立判断,就能够以自己意志从事任何法律交往,充分践行私法自治理念,此即所谓完全行为能力人。完全行为能力的年龄与成年年龄一致,《民法通则》第 11 条将其确定为 18 周岁。这意味着,在普通人的正常发展范围内,尽管具体个人的理性能力容有不同,一旦年满 18 周岁,便无例外获得完全行为能力,需要独立规划法律交往并为自己的行为承受后果。同时,法律的特别保护亦随之撤去。显然,理性发育越是健全,自然人就越是能够充分享受私法自治所带来的益处。由此可见,借助自己行为自己责任的自治理念,行为能力制度在客观上具有促使自然人完善自己理性能力之功效。

称完全行为能力人可独立实施任何私法行为,这一判断仅具一般意义。根据我国法律,自然人虽成年,却仍有不得实施之私法行为,典型者如结婚。《婚姻法》第 6 条第 1 句与第 10 条第 4 项规定,男未满 22 周岁,女未满 20 周岁,不得结婚,否则结婚行为无效。在一般的行为能力之外,特别提高结婚能力之年龄,该立法政策是否妥当,值得检讨。此政策需要面对的追问是:既然完全行为能力即意味着能够独立实施任何法律行为,为何立法者却认为结婚行为如此重大,以至于仅仅是成年尚不具备理性判断之能力?② 不过,我国结婚年龄畸高的理由似乎不存在于私法层面,而更可能来自于旨在控制人口数量的计划生育政策。

18 周岁是一般人的成年年龄,不排除某些自然人心智发育的成熟程度异乎常人。非完全行为能力人虽然能够享受法律的特别保护,但亦须为此付出行为自由受到限制的代价。如果有证据表明,特定自然人已足够成熟,以至于再无必要施以特别保护,那么,法律可考虑不再限制其行为自由。某些立法例下,结婚被视为心智成熟的法定证据,因此规定结婚成年制度(如《日本民法典》第 753 条:"未成年人结婚后,视为因此而达成年")。日本成年年龄高于法定婚龄,我国与之相反,不可能出现尚未成年却存在有效婚姻的情形。结婚成年于我体制不合。

---

① 张俊浩主编:《民法学原理》(上册)(修订第 3 版),中国政法大学出版社 2000 年版,第 109 页(张俊浩)。

② 《德国民法典》第 2 条以 18 周岁为成年年龄,第 1303 条第 1 款亦以之为法定婚龄,第 2 款更进一步规定,若申请人年满 16 周岁且未来配偶已成年,则可在取得家庭法院的许可后结婚。日本与台湾地区甚至走得更远。二者均规定 20 周岁成年(《日本民法典》第 4 条、台湾地区"民法"第 12 条),法定婚龄则均为男 18 岁女 16 岁(《日本民法典》第 731 条、台湾地区"民法"第 980 条),低于成年年龄。

我国规定劳动成年制。《民法通则》第11条第2款规定:"16周岁以上不满18周岁的公民,以自己的劳动收入为主要生活来源的,视为完全民事行为能力人。"所谓"以自己的劳动收入为主要生活来源",依《民通意见》第2条解释,是指"能够以自己的劳动取得收入,并能维持当地群众一般生活水平"。"劳动成年制"将未成年人拟制成年。德国法上,与"劳动成年"类似的是《德国民法典》第112条第1款第1句("若法定代理人经监护法院许可而授权未成年人独立从事经营行为,则未成年人在因经营所引起的法律行为方面,行为能力不受限制")。与第113条第1款第1句("若法定代理人授权未成年人从事雇佣或劳动事务,则未成年人在缔结或废止已获允许的雇佣关系或劳动关系类型,或履行由此类关系而产生的相关义务方面,行为能力不受限制")不同之处在于:

首先,依德国法之规定,未成年人进入雇佣或劳动关系之前,需要得到法定代理人的授权,而我实证法对此未置一词。若无需授权,劳动成年将成为悖论:未成年人因为劳动而被视为成年,但在此之前,因为不必有法定代理人的授权,实际上已具备成年人地位。

其次,未成年人经授权进入劳动领域后,德国法仅在此限度内解除行为能力限制。限制行为能力人所拥有的,是所谓部分行为能力(Teilgeschäftsfähigkeit, partielle Geschäftsfähigkeit)。① 不仅如此,即便是该限度内的完全行为能力,亦未终局确定,因为《德国民法典》第112条与113条的第2款均规定:授权得由代理人收回。法定代理人一旦收回授权,该未成年人在此领域即回归为限制行为能力人。我实证法则完全松闸,令未成年人全面加速成年,并且不可逆转。

显然,在未成年人的保护方面,我实证法远不如德国。

2. 限制行为能力

一般情况下,不满18周岁之人即为非完全行为能力人。然而,这一年龄界限所涵括的人理性能力相去甚远,不宜一体对待。人的心智发育是一个不断成熟的过程,在未臻完全成熟之前,若一律禁涉法律交往,显然属于过度管制。因此,法律应当容许具有一定程度理性能力之人独立实施与其理性能力相适应的法律行为。依《民法通则》第12条第1款之规定,10周岁以上的未成年人理性能力在同一层次,属于限制行为能力人。

限制行为能力人能够独立实施的法律行为必须与其"年龄、智力相适应",对此,《民通意见》第3条所提供的判断依据是:行为与本人生活相关联的程度,本人的智力能否理解其行为并预见相应的行为后果,以及行为标的数额等。与其年龄、智力不相

---

① Reinhard Bork, Allgemeiner Teil des Bürgerlichen Gesetzbuchs, 3. Aufl., 2011, Rn. 1037 ff.; Brox/Walker, Allgemeiner Teil des BGB, 34. Aufl., 2010, Rn. 296 f.; Larenz/Wolf, Allgemeiner Teil des Bürgerlichen Rechts, 9. Aufl., 2004, § 6 Rn. 22; Rüthers/Stadler, Allgemeiner Teil des BGB, 16. Aufl., 2009, § 23 Rn. 39.

适应的法律行为,则必须由限制行为能力人的法定代理人代为实施,或征得法定代理人的允许后自己实施。之所以如此,主要是为了保护理性能力尚有欠缺的限制行为能力人。

3. 无行为能力

如果完全不具备法律交往所需要的理性能力,该自然人即是民法上的无行为能力人。《民法通则》第12条第2款规定,不满10周岁的未成年人是无行为能力人。无行为能力人既无任何理性能力,自不能独立实施任何法律行为,而应由其法定代理人代理。

4. 成年精神障碍者的行为能力

自然人的世界里,既存在心智发育超乎寻常之人,当然也不乏精神出现障碍者。精神不健全之人,纵使成年,亦难以具备正常人的理性能力。如果理性能力的欠缺程度将严重妨碍自然人的法律交往,法律就有必要为之提供保护,设立行为能力欠缺的宣告制度。传统民法上,行为能力欠缺的宣告制度包括精神病人的行为能力欠缺宣告与精神耗弱、酗酒、吸毒、有挥霍恶习者等的禁治产宣告。我国未设禁治产宣告制度,只规定精神病人(包括痴呆症人)的行为能力欠缺宣告。

根据《民法通则》第13条,精神病人可能被宣告为无行为能力人或限制行为能力人。不能辨认自己行为之人为无行为能力人。所谓"不能辨认",《民通意见》第5条的解释是:"没有判断能力和自我保护能力,不知其行为后果。"对于无行为能力的精神病人,适用无行为能力的未成年人的法律规定。如果精神病人"不能完全辨认自己行为",则可宣告为限制行为能力,除实施与其精神健康状况相适应的法律行为外,其他法律行为须由法定代理人代理,或征得法定代理人同意(《民法通则》第13条第2款)。《民通意见》第5条亦对"不能完全辨认自己行为"作出解释:"对于比较复杂的事物或者比较重大的行为缺乏判断能力和自我保护能力,并且不能预见其行为后果"。

《民法通则》根据精神病人的精神健康程度,区分无行为能力与限制行为能力两个等级分别对待,看似用心良苦,《民通意见》提供的区分标准亦看似用词考究,然而,可操作性却值得怀疑。年龄行为能力之所以能作无与限制二级分挡,是因为,正常人的理性随年龄增长而相应稳定增长,从零岁到成年逐步完成理性能力由无到成熟的积累。一概将成年之前无差别对待,过于粗糙。

精神病人不存在理性能力渐趋成熟之特点,反倒是表现得极不稳定,无法根据生活常识把握其规律。即便是专司此职的司法精神医学鉴定,在面对《民通意见》第5条时,亦感无所适从,而普遍希冀改两级制的精神病人行为能力宣告为一级制,对精神病人的行为能力奉"全有或全无"之原则。① 此等主张,与德国相合。《德国民法

---

① 如,刘双臣等:《精神疾病患者涉及合同问题时民事行为能力鉴定的等级划分》,载《中华精神科学杂志》2004年第37卷第1期,第47—48页;王俊杰等:《精神障碍者民事行为能力两分法的理论依据》,载《法律与医学杂志》2002年第9卷第4期,第243—244页;邢学毅、马长锁:《81例民事行为能力司法精神医学鉴定分析》,载《临床精神医学杂志》2006年第16卷第5期,第278—279页。

典》首创年龄行为能力的三级制,但对于精神病人,却无限制行为能力分挡,而概以无行为能力人视之(《德国民法典》第104条第2项)。

患有精神病不是常态,是否属于可受行为能力欠缺宣告的精神病亦非自明。为防止权力恣意,精神病人的行为能力是否欠缺及其欠缺程度须经法院个案审查,由法院作出宣告判决。在法院作出判决之前,任何成年人不得被视作行为能力欠缺之人。精神病宣告程序为民事诉讼法上的特别程序,由利害关系人提起并负举证之责。依《民通意见》第7条规定,适格证据包括:司法精神病学鉴定,医院的诊断、鉴定,民众公认的当事人的精神状态等。另外,即便经过宣告,亦不排除精神病人存在某种"灵光时刻",从而例外地能够理解其行为意义,并作出有效的意思表示。[①]

禁治产宣告制度及其替代

某些未达到医学精神病程度之人同样可能因其精神障碍而缺乏判断能力,对此,《德国民法典》原本设有其他精神障碍者的禁治产(Entmündigung)宣告制度(原第6条)。一旦被宣告为禁治产人,即为无行为能力人(第104条原第3项)。由于禁治产宣告有法律歧视、扩张管制之嫌,遭到越来越多的批评。[②] 德国1992年1月1日起施行的《关于修订监护法和保佐法的法律》将这一制度废除,取而代之的是照管(Betreuung)制度。

修正之后的《德国民法典》第1896条第1款第1句规定:"成年人因精神疾病或身体、精神、或心理障碍而完全或部分不能照顾自身事务者,监护法院可应本人申请或依职权为其选任照管人(Betreuer)。"照管人是被照管人(Betreute)的法定代理人。与之前的禁治产宣告不同,指定照管人并不因此影响被照管人的行为能力。照管人与被照管人可能各自实施相互冲突的法律行为,从而形成"双重主管"(Doppelzuständigkeit)的局面,此时,若订立的是买卖契约,则构成"双重买卖",两项契约均为有效;若实施处分行为,则适用优先原则(Prioritätsgrundsatz)。

为了更好保护被照管人利益,使其免遭某些显著的人身或财产危险,《德国民法典》第1903条第1款第1句赋予监护法院指示允许保留(Einwilligungsvorbehalt)之权,令某些行为之实施必须事先征得照管人允许,但即便如此,被照管人的行为能力仍不

[①] Reinhard Bork, Allgemeiner Teil des Bürgerlichen Gesetzbuchs, 3. Aufl., 2011, Rn. 982; Larenz/Wolf, Allgemeiner Teil des Bürgerlichen Rechts, 9. Aufl., 2004, § 6 Rn. 19; Dieter Medicus, Allgemeiner Teil des BGB, 10. Aufl., 2010, Rn. 543; Rüthers/Stadler, Allgemeiner Teil des BGB, 16. Aufl., 2009, § 23 Rn. 4.

[②] Dieter Medicus, Allgemeiner Teil des BGB, 10. Aufl., 2010, Rn. 539.

受影响。只有在精神障碍达到第 104 条第 2 项之程度时,始陷于无行为能力。①

我国台湾地区亦从 2009 年 11 月 23 日起废除禁治产制度,代之以监护宣告(第 14 条、15 条)与辅助宣告(第 15 条之 1、15 条之 2)。修订理由是:鉴于现行"禁治产"之用语,仅有"禁止管理自己财产"之意,无法彰显成年监护制度重在保护受监护宣告之人,维护其人格尊严,并确保其权益之意旨;同时,之前禁治产宣告规定,系采宣告禁治产一级制,缺乏弹性,且不符合社会需求,故于监护宣告之外,增加"辅助宣告"制度,分别令被宣告人陷于无行为能力或限制行为能力状态。②

台湾地区制度与德国不一。监护宣告与辅助宣告均对行为能力构成影响,之所以如此,与台湾"民法"未设单独的精神病人行为能力制度有关。台湾地区将所有成年人的行为能力问题统一交由监护宣告与辅助宣告制度(之前则是禁治产制度)解决。

---

5. 部分无行为能力与相对无行为能力

某些人可能只在特定领域存在心智障碍,缺乏理性判断能力,此时,需要部分无行为能力(partielle Geschäftsunfähigkeit)制度加以保护。在特定领域,作无行为能力处理,其他领域,则为正常。部分无行为能力的适用场合如,极端刚愎自用之人(Querulantenwahn)之于诉讼代理活动、猜疑症患者(krankhafte Eifersucht)之于婚姻、性瘾症患者(sexuelle Abhängigkeit)之于电话性聊(Telefonsex-Gesprächen)等。③ 德国法上,部分无行为能力的法律适用,视乎心智障碍持续时间长短而定:短则类推第 105 条第 2 款之暂时性精神错乱,长则类推第 104 条第 2 项(持续性精神错乱)。④ 我国若要承认这一概念,应可类推《民通意见》第 67 条之"间歇性精神病人发病期间"。

曾有德国法学家提出相对无行为能力(relative Geschäftsunfähigkeit)概念,基本含义是,在某些非日常、难度及复杂性很高的行为领域,自然人作无行为能力对待。由于几乎无法划定难度高低的准确界限,相对无行为能力制度对于法律安全将构成不可容忍的损害,所以,德国通说未认可这一概念。⑤

---

① Rüthers/Stadler, Allgemeiner Teil des BGB, 16. Aufl., 2009, § 23 Rn. 42 ff.
② 施启扬:《民法总则》(第 8 版),台湾自版发行 2009 年版,第 120 页以下;王泽鉴:《民法总则》(最新版),北京大学出版社 2014 年版,第 126 页以下;郑玉波著,黄宗乐修订:《民法总则》(修订第 11 版),台湾三民书局 2008 年版,第 106 页以下。
③ Reinhard Bork, Allgemeiner Teil des Bürgerlichen Gesetzbuchs, 3. Aufl., 2011, Rn. 983; Larenz/Wolf, Allgemeiner Teil des Bürgerlichen Rechts, 9. Aufl., 2004, § 6 Rn. 24; Rüthers/Stadler, Allgemeiner Teil des BGB, 16. Aufl., 2009, § 23 Rn. 4.
④ Larenz/Wolf, Allgemeiner Teil des Bürgerlichen Rechts, 9. Aufl., 2004, § 6 Rn. 24.
⑤ Reinhard Bork, Allgemeiner Teil des Bürgerlichen Gesetzbuchs, 3. Aufl., 2011, Rn. 984; Larenz/Wolf, Allgemeiner Teil des Bürgerlichen Rechts, 9. Aufl., 2004, § 6 Rn. 25; Rüthers/Stadler, Allgemeiner Teil des BGB, 16. Aufl., 2009, § 23 Rn. 4.

行为能力系规范概念而非事实描述。无行为能力人未必在事实上毫无判断能力,只不过法律以之为规范上的无判断能力人;同理,完全行为能力人事实上的判断能力未必高明,唯法律令其应为自己一切事务独立作出判断而已,至于所需判断的事务实际有多复杂,则非所问。

四、无行为能力与法律行为效力

(一) 法律效果

无行为能力人在法律上不具备任何判断能力,不能实施任何法律行为。《民法通则》第 58 条第 1 款第 1 项规定,无行为能力人实施的法律行为无效。该无效不可补正,如《继承法意见》第 41 条第 2 句:"无行为能力人所立的遗嘱,即使其本人后来有了行为能力,仍属无效遗嘱。"

无行为能力人的法律行为概为无效,实际上是将其进入法律交往场域的大门关闭。这一举措的目的在于,防止无行为能力人贸然闯入充满风险的交往世界而自我伤害。这同时也意味着,对于行为能力欠缺者的保护,优先于交易安全。只要是未对行为能力欠缺者开放的交往领域,无论相对人如何善意,亦无论是通过自助机器、远程对话抑或电脑网络作出意思表示,均不得以信赖保护为由主张法律行为有效。①

(二) 无行为能力人实施法律行为的方式

禁止进入法律交往,不意味着无行为能力人不存在交往需求,法律不得以保护之名将需求一并遏制。当无行为能力人需要对外交往时,法律的任务是为之提供帮助,设置利益照管者。此利益照管者称法定代理人。《民法通则》第 12 条第 2 款规定:无行为能力人"由他的法定代理人代理民事活动"。只不过需要代理的,并非所有"民事活动",而仅仅是法律行为,因为事实行为与行为能力无关,无需代为,亦无法代为。

然而,《民通意见》第 6 条规定:"无民事行为能力人、限制民事行为能力人接受奖励、赠与、报酬,他人不得以行为人无民事行为能力、限制民事行为能力为由,主张以上行为无效。"似乎表明,有如限制行为能力人,无行为能力人亦无妨实施接受奖励、赠与、报酬等纯获利益行为。梁慧星教授进而认为,《合同法》第 47 条但书之有关纯获利益合同之规定,应类推适用于无行为能力人。② 不过,这一主张需要再斟酌。

首先,《民通意见》第 6 条之"接受奖励、赠与、报酬"可作两种解释。第一,所谓"接受",系在负担行为意义上构成赠与等契约的承诺。如此,所列举的三项情形除赠与属于典型的私法纯获利益行为外,其他两项均殊可疑。奖励未必具有私法性质,若然,则可归入赠与,不必单列;至于报酬,语义本身已表明,这是对待给付的对价,显非

---

① Brox/Walker, Allgemeiner Teil des BGB, 34. Aufl., 2010, Rn. 259; Larenz/Wolf, Allgemeiner Teil des Bürgerlichen Rechts, 9. Aufl., 2004, § 25 Rn. 10 ff.; Dieter Medicus, Allgemeiner Teil des BGB, 10. Aufl., 2010, Rn. 552.

② 梁慧星:《民法总论》(第 4 版),法律出版社 2011 年版,第 105 页。

纯获利益。与纯获利益更具相关性的是第二种解释，即将"接受"理解为对赠与契约等负担行为的履行行为之受领。此时，无论是受领赠与物、奖金抑或报酬，在单纯取得物的所有权意义上，可称纯获利益的行为。然而，这一理解固然可将《民通意见》第6条当作无行为能力人独立实施纯获利益法律行为之规范基础，但无行为能力人亦因此获得相当于限制行为能力人的法律地位，《民法通则》行为能力的三分格局遭到司法解释的更改。

其次，《民通意见》第6条之"他人不得……主张以上行为无效"亦可作两种解释。将其理解为行为有效固然不至于违背文义，但该条只是禁止相对人（"他人"）以无行为能力为由主张无效。文义并未禁止无行为能力人主张无效，更未直接认可行为有效，因而至少在逻辑上，另外一种解释有着同等的可能："他人"不得主张行为无效，而无行为能力人一方则可主张。行为有效之解释，势将出现无行为能力人拥有独立实施某些法律行为之能力的局面，在逻辑上与"无行为能力"概念相矛盾，在法律效果上使得无行为能力人取得相当于限制行为能力人的地位，无论如何不具有可接受性。后一解释将法律行为无效之主动权交由无行为能力人一方，而不以传统绝对无效的逻辑进行规范，此倒也不失为保护无行为能力人的一条进路。

将限制行为能力人之规则类推适用于无行为能力人，在我实证法背景下，这一主张并非没有道理。10周岁前，无行为能力人绝大多数已经入学或者具有一定的独立生活能力，无论在时间还是空间上，均与法定代理人有所脱离。所有事务概由法定代理人代为已不可能。此时，准用限制行为能力人的规则①或者直接如日本般采行二分法②也就显得顺理成章。然而，若仅以成年为界二分行为能力，从零岁到成年差距如此之大的理性能力被一体对待，不仅粗糙，更重要的是，婴幼儿阶段需要得到绝对保护，强行拉伸其理性能力，无异于揠苗助长。

管见以为，问题的症结恐怕在于，《民法通则》以10周岁为无行为能力年龄上限显然过高，若能降至比如6周岁，无行为能力人的交往需求即可借助法定代理人而实

---

① 台湾地区走得更远。无行为能力人与限制行为能力人使用邮政（"邮政法"第12条）及电信（"电信法"第9条）时，被拟制为完全行为能力人。解释上，则以发端于德国但已被放弃的"事实上的契约关系"为理论基础。施启扬：《民法总则》（第8版），台湾自版发行2009年版，第261—262页。德国1969年的《邮政事业法》第8条第1款曾规定，任何人均有权使用邮政设施，即便该人"无权利能力或无完全行为能力"亦如此，第7条则规定因使用邮政设施而产生的法律关系由该法及相关条例调整。旧时通说据此认为，使用邮政设施时，未成年人负有完全行为能力的义务。然而，第8条第1款的上述内容如今已被删去，第7条亦将邮政与顾客之间的法律关系重新纳入普通私法范畴。这意味着，未成年人（限制行为能力人）在使用邮政设施时的特殊性已不复存在。Dieter Medicus, Allgemeiner Teil des BGB, 10. Aufl., 2010, Rn. 590a. 限制行为能力人尚且如此，无行为能力人更是可想而知。

② 日本民法上，行为能力仅作成年与未成年之二分（《日本民法典》第3、4条），因此，所有未成年人（非完全行为能力人）均作一体对待。详参〔日〕山本敬三：《民法讲义Ⅰ总则》（第3版），解亘译，北京大学出版社2012年版，第65页以下；〔日〕我妻荣：《新订民法总则》，于敏译，中国法制出版社2008年版，第56页以下，366页以下。梁慧星教授主张，我实证法应废行为能力的三分法而改宗日本的二分法。梁慧星：《民法总论》（第4版），法律出版社2011年版，第106页。

现。以 10 周岁为无行为能力上限已是立法疏失,再以此为前提抹平无行为能力与限制行为能力之差别,不过是试图用一个错误弥补另一个错误,余未见其可也。

德国通说不仅对无行为能力人独立实施法律行为的可能性持全然否定态度,更进而认为,即便经法定代理人允许,无行为能力人所实施的法律行为亦属绝对无效,换言之,无行为能力人之法律交往唯有通过法定代理人代理之一途。① 此通说立场与《德国民法典》一致,法典第 105 条第 1 款明确规定:"无行为能力人的意思表示无效。"

不过,《德国民法典》第 107 条("未成年人之非纯获法律利益的意思表示,须征得法定代理人的允许。")的措辞似存在其他解释可能。如果此处所称"未成年人"(Minderjährige)包括无行为能力"未成年人",则意味着,对于纯获法律利益的意思表示,无行为能力人亦得独立为之。

就体系而言,上述解释只是望文生义的结果:首先,第 107 条之"未成年人"表述来自于第 106 条:"已满七周岁之未成年人,行为能力依第 107 至 113 条之规定受限制。"显然,其所规范者,为已满七周岁之人;其次,未满七周岁之人的规范基础见诸第 104 条与 105 条,这意味着,这两条规范对第 106 条以下所称"未成年人"具意义限缩作用。可见,《德国民法典》第 106 条以下所称"未成年人",实指"限制行为能力人",而不包括无行为能力的"未成年人"。②

当然,对此通说,德国非无反对意见。著名法学家卡纳里斯(Claus-Wilhelm Canaris)即撰文指出,《德国民法典》第 105 条违反基本法第 2 条第 1 款之规定,构成过度禁止(Übermaßverbot),理应无效;无行为能力人应类推适用第 107 条以下有关限制行为能力人之规定。③ 拉伦茨与沃尔夫则认为,在某些情况下,类推适用看起来确实更有利于无行为能力人,原本无效的法律行为可因追认而有效,但这不够充分,因为经追认的法律行为亦不妨由当事人重新实施。更重要的是,欲以自然的行动能力(natürliche Handlungsfähigkeit)取代年龄界限,付出的代价将是法律的安全。就此而言,立法者的衡量并未逾越界限,第 105 条亦未违宪。④

另值注意者,德国学界讨论(我国亦然)均以年龄无行为能力为预设对象。对于成年的状态无行为能力者,一直奉行与年龄未达无行为能力者相同的规则,直到《德国民法典》于 2002 年 8 月 1 日起生效的第 105a 条。该条规定:"成年无行为能力人实施以小额金钱支付的日常生活行为,一旦给付与对待给付皆已发生,由其订立的契约

---

① Reinhard Bork, Allgemeiner Teil des Bürgerlichen Gesetzbuchs, 3. Aufl., 2011, Rn. 985; Brox/Walker, Allgemeiner Teil des BGB, 34. Aufl., 2010, Rn. 267 f.; Larenz/Wolf, Allgemeiner Teil des Bürgerlichen Rechts, 9. Aufl., 2004, § 25 Rn. 13; Dieter Medicus, Allgemeiner Teil des BGB, 10. Aufl., 2010, Rn. 551.

② Rüthers/Stadler, Allgemeiner Teil des BGB, 16. Aufl., 2009, § 23 Rn. 6; Rolf Wank, Die Auslegung von Gesetzen, 3. Aufl., 2005, S.38.

③ Claus-Wilhelm Canaris, Verstöße gegen das verfassungsrechtliche Übermaßverbot im Recht der Geschäftsfähigkeit und im Schadensersatzrecht, JZ 42 (1987), S.993 ff.

④ Larenz/Wolf, Allgemeiner Teil des Bürgerlichen Rechts, 9. Aufl, 2004, § 25 Rn. 14.

在给付与取得合意的对待给付方面即为有效。无行为能力人的人身或财产存在显著危险时,第1句不适用。"此系受英美法影响的结果,旨在避免此类行为成为《德国民法典》第812条不当得利返还的事由。①

不过,这一规范的合理性遭到质疑:就文义而言,该条规定只适用于负担行为,但如果认为立法者想让105a条所涉契约之履行行为无效,在教义学上则是荒谬的,因此,这一规定与民法典的体系不相符。另外,这一规定的实际作用因为大量的不确定性概念(如日常生活行为、小额金钱支付等)而变得几乎没有意义。况且,105a条想要处理的问题,实际上通过"灵光时刻"概念令其有效即为已足,本不必多此一举,创造新规范。②

五、限制行为能力与法律行为效力

限制行为能力人已经具备一定的理性能力,不宜再全然禁止其参与法律交往。法律要做的,唯划界——划出自由行为之边界与制限——确定非自由领域管制的限度而已。

(一) 自由行为领域

《民法通则》第12条第1款称:限制行为能力人"可以进行与他的年龄、智力相适应的民事活动",此即自由行为领域。《合同法》第47条第1款但书则在此基础上添加一种情形:订立纯获利益之契约。

1. 纯获法律利益的法律行为

《民通意见》第6条已隐约点出纯获利益之法律意旨,更明确的表达,见诸《合同法》第47条但书情形一:纯获利益的合同不必经法定代理人追认。不必以事后同意(追认)补正契约的效力瑕疵,意味着事先同意(允许)亦无必要。

《德国民法典》与此类似的规定是第107条:"未成年人之非纯获法律利益的意思表示,须征得法定代理人的允许。"不同之处在于,《德国民法典》限定为纯获"法律利益",《合同法》则泛称"利益"。因而,需要解释的是,所谓纯获利益,应作何理解?判断时奉行经济标准,抑或如德国法般仅作法律层面的判断?

以经济标准判断是否纯获利益,最有效的方法是财务标准,即以收益减除成本,若为正数,则获益,若为负数,则亏损。然而,成本收益之计算方法系结果取向之判断标准,以之为法律行为有效性的基础,限制行为能力人固然立于有利地位,相对方却将因为无法准确预知结果而处于不确定状态,交易安全亦将因此遭到破坏。缓解这一困境的办法是,以法律行为实施时限制行为能力人对于成本收益的估算为依据,但如此一来,限制行为能力人可能因为估算失误而最终陷于亏损,更重要的是,交易时

---

① Rüthers/Stadler, Allgemeiner Teil des BGB, 16. Aufl., 2009, § 23 Rn. 5a.
② a. a. O.

第八章 法律行为的效力瑕疵

收益成本的核算,限制行为能力人本就因为理性不足而需要借助法定代理人,此时却交由限制行为能力人自行判断,与保护限制行为能力人的法律意旨背道而驰。

可见,经济标准,无论在交易发生时抑或在交易发生后,均不具有可行性。法律标准遂成唯一选择,相应的,《合同法》所称纯获"利益"亦以限缩为纯获"法律利益"为宜。

德国通说认为,是否仅仅存在法律利益,全然依照法律效果、而非行为之经济结果而断。法律不以不确定的经济利益作为判断依据。而所谓纯获法律利益,指的是限制行为能力人实施法律行为时,不会因此减损权利或增加义务。[①] 具体判断,又区分下列情形:

(1) 负担行为

若负担行为未为限制行为能力人设定义务,则属于纯获法律利益。此亦表示,双务契约(gegenseitiger Vertrag)永远不是纯获利益行为,即便是以1元买入一幢大厦,亦因限制行为能力人负有价金支付义务而未纯获法律利益;不完全双务契约(unvollkommen zweiseitig verpflichtender Vertrag)亦非纯获利益,例如汽车之使用借贷,作为借用人的限制行为能力人虽然不必支付对价,但负有返还义务。

由于单务契约(einseitig verpflichtender Vertrag)只是为一方设定义务,故原则上属于纯获法律利益行为,如作为受赠人订立未负担义务的赠与契约,但若该单务契约存在法定的其他给付义务,如《合同法》第398条规定的委任契约中委托人的费用偿还义务(Aufwendungsersatzpflicht),则依然不属于纯获法律利益之行为。[②]

一言以蔽之,只要限制行为能力人负有给付义务,无论该义务是主给付义务(Hauptleistungspflicht)抑或从给付义务(Nebenleistungspflicht),该负担行为均不属纯获法律利益之行为。[③]

(2) 处分行为

如果一项权利为限制行为能力人的利益而被让与、废止、变更或设定负担,则处分行为是纯获法律利益行为,限制行为能力人有权独立受领。即使所获得的权利附有物上负担(如设有抵押权),该处分行为亦属纯获利益,因为物上负担(dingliche Belastung)只是导致所获权利之价值减损,纵然实现,亦不会危及未成年人的其他财产,充其量让未成年人失去该物,而若法律行为无效,未成年人本就不能获得该物。

---

① Reinhard Bork, Allgemeiner Teil des Bürgerlichen Gesetzbuchs, 3. Aufl., 2011, Rn. 998; Brox/Walker, Allgemeiner Teil des BGB, 34. Aufl., 2010, Rn. 272; Heinz Hübner, Allgemeiner Teil des Bürgerlichen Gesetzbuches, 2. Aufl., 1996, Rn. 706; Larenz/Wolf, Allgemeiner Teil des Bürgerlichen Rechts, 9. Aufl., 2004, § 25 Rn. 18 f.; Dieter Medicus, Allgemeiner Teil des BGB, 10. Aufl., 2010, Rn. 560; Rüthers/Stadler, Allgemeiner Teil des BGB, 16. Aufl., 2009, § 23 Rn. 9.

② Rüthers/Stadler, Allgemeiner Teil des BGB, 16. Aufl., 2009, § 23 Rn. 9.

③ Reinhard Bork, Allgemeiner Teil des Bürgerlichen Gesetzbuchs, 3. Aufl., 2011, Rn. 1000; Larenz/Wolf, Allgemeiner Teil des Bürgerlichen Rechts, 9. Aufl., 2004, § 25 Rn. 19.

再者,物上公法负担(öffentliche Lasten)亦不构成法律不利益,因为诸如赋税之类的公法负担不是法律行为的直接结果,而是公法为所有人一体设定。

不过,依德国通说,私法负担可能影响法律行为的纯获利益性,例如,受赠的新房主若须承受赠与人的出租人地位(让与不破租赁),则该赠与契约于限制行为能力人而言不属纯获法律利益。①

抽象原则、纯获利益与限制行为能力人的保护(一)

在负担行为与处分行为的分离与抽象原则下,根据行为的不同特点判断是否纯获法律利益以及是否有效,能够更充分保护限制行为能力人。

例如②:17岁的K不顾父母的明确反对,从V处以500欧元价格购买一辆轻型摩托车,V即时将摩托车移转于K。由于K未付款,V要求返还摩托车。在本案中,V不享有基于所有权的返还请求权,因为于K而言,取得所有权属于纯获法律利益行为,即使未征得父母同意,亦属有效。不过,由于父母反对K购买摩托车,该买卖契约无效,K之取得摩托车所有权构成不当得利——K在无法律原因(无有效的买卖契约)的情况下通过他人给付(V的移转行为)而取得利益(摩托车的所有权与占有)。V有权依不当得利返还请求权要求K返还。

不当得利的返还范围根据善意或恶意之不同而有不同。若是善意,当得利不复存在时,即不负返还义务。德国通说认为,善意恶意之判断,分两种情况:在给付型不当得利(Leistungskondiktion)场合,以未成年人的法定代理人为判断标准;在侵占型不当得利(Eingriffskondiktion)场合,则以未成年人自己为断。③ 据此,若K的父母在K取得摩托车所有权时属于善意,摩托车不复存在时,K的返还义务亦随之消灭;即便是恶意,亦仅以所得利益为限返还。无论如何,限制行为能力人绝不会处于较之行为实施前更不利的地位。

(3) 履行行为

对于限制行为能力人所享有的请求权,义务人不得向其履行,因为履行将导致请求权消灭,故受领履行并非纯获法律利益。换言之,限制行为能力人缺乏履行行为的受领权限(Empfangszuständigkeit),对于义务人的履行,只能由法定代理人受领或由限制行为能力人在征得法定代理人同意后受领。④

---

① Rüthers/Stadler, Allgemeiner Teil des BGB, 16. Aufl., 2009, § 23 Rn. 13.
② Brox/Walker, Allgemeiner Teil des BGB, 34. Aufl., 2010, Rn. 276.
③ Rüthers/Stadler, Allgemeiner Teil des BGB, 16. Aufl., 2009, § 23 Rn. 35.
④ a. a. O., § 23 Rn. 31.

抽象原则、纯获利益与限制行为能力人的保护(二)

上述案例中,若 K 的法定代理人追认买卖契约,并拒绝追认 K 受领摩托车之行为,则法律利益状态会更复杂。此时,V 将摩托车交与 K 的行为具有双重意义,一在物权法,旨在移转所有权,二在债法,作为债的履行行为旨在消灭债。两重意义的效力各有不同。一方面,K 取得摩托车所有权,因为取得所有权系纯获法律利益之行为,法定代理人反对与否,无关紧要;另一方面,K 对 V 之给付请求权并未因履行消灭,因为未得到同意的受领行为无效。结果是,K 的法定代理人仍然有权要求 V 依约给付摩托车,V 则对 K 享有摩托车的不当得利返还请求权。正常情况下,双方固然可以通过抵销消灭各自债务,但由于善意不当得利的返还仅以现存利益为限,若摩托车已不复存在(如非因其过失而灭失且无赔偿请求权),K 的返还义务即消灭,而 V 的给付义务依然需要履行。

由此可进一步看到法律对于限制行为能力人保护之周密:当限制行为能力人需要独自面对法律世界时,所涉行为性质——纯获法律利益,即足以令其立于不败之地;而在理性不及领域,有法定代理人为其照管利益,纵然出现脱离法定代理人照管之行为,在法律效果的设计上,相对人亦无可乘之机。限制行为能力人理性不足之缺陷为精巧的法律制度所填平,而为这一精巧创造条件的,正是拥有"任督二脉"之誉的负担行为与处分行为之二分。[①]

---

2. 判断能力之内的法律行为

德国法上,除非纯获法律利益,否则均须征得法定代理人的同意(《德国民法典》第 107 条)。我实证法与之不同,判断能力之内的法律行为亦被允许限制行为能力人独立实施。所谓判断能力之内,即是"与其年龄、智力、精神健康状况相适应的"法律行为。

如何判断是否"相适应"显然是一个裁量空间极大的问题。对此问题,《民通意见》第 3 条提供的判断依据是:"从行为与本人生活相关联的程度、本人的智力能否理解其行为,并预见相应的行为后果,以及行为标的数额等方面认定。"易言之,法律行为是否在其判断能力之内,取决于所针对事项的复杂程度。其间所体现的思维逻辑,与为德国通说所否认的"相对行为能力"(relative Geschäftsfähigkeit)暗合。更严重的是,这一标准在适用时,既可能因其极具弹性而削弱对限制行为能力人的保护,且可

---

① Reinhard Bork, Allgemeiner Teil des Bürgerlichen Gesetzbuchs, 3. Aufl., 2011, Rn. 1006; Heinz Hübner, Allgemeiner Teil des Bürgerlichen Gesetzbuches, 2. Aufl.-, 1996, Rn. 709 f.; Dieter Medicus, Allgemeiner Teil des BGB, 10. Aufl., 2010, Rn. 566.

能因其极端不确定而伤害交易安全。管见以为,若这一规定不能在未来的立法中删去,在适用时,应尽可能朝有利于限制行为能力人一方解释,以便最大限度贯彻保护未成年人之法律意旨。

3. 中性行为

中性行为(neutrale Geschäfte)是指法律效果对他人而不对限制行为能力人自己发生的行为。① 中性行为虽未获法律利益,但亦未带来不利益,未成年人无特别保护之必要。德国通说对《德国民法典》第 107 条进行目的性扩张(teleologische Extension),认为中性行为不为法律所禁止。② 依《德国民法典》第 165 条,限制行为能力人得充任他人的意定代理人,此即为典型的中性行为。我实证法虽无类似明确规定,但不妨作相同解释。

另依德国通说,处分他人之物亦属中性行为,不必得到法定代理人的同意,因为未成年人不会因此而带来法律上的不利益,至于随之而来的返还义务问题,则不是处分行为本身所生法律效果。③ 如果得到权利人的同意,则处分行为效力瑕疵得到补正而变得有效,相对人取得所有权。

问题在于,如果未得到权利人的同意,基于限制行为能力人之无权处分,相对人是否存在善意取得之可能? 否定见解认为,善意取得的前提是相对人善意信赖处分人系有权处分,这意味着,限制行为能力人必须如处分自己之物般处分他人之物,但既然处分己物尚且因为未得到法定代理人同意而无效,处分他人之物没有理由反倒有效,因此,除非限制行为能力人的处分行为得到法定代理人的同意,否则相对人不能主张善意取得。④ 但此处援引举轻明重作为论证手段,正当性值得怀疑,因为,限制行为能力人的行为之所以需要得到法定代理人的同意,系旨在保护该限制行为能力人。无权处分时,即便适用善意取得制度,失去权利的亦非限制行为能力人,而是物之真权利人。物之真权利人不受此特别保护。⑤

---

① Brox/Walker, Allgemeiner Teil des BGB, 34. Aufl., 2010, Rn. 277.
② Reinhard Bork, Allgemeiner Teil des Bürgerlichen Gesetzbuchs, 3. Aufl., 2011, Rn. 1008; Brox/Walker, Allgemeiner Teil des BGB, 34. Aufl., 2010, Rn. 277; Larenz/Wolf, Allgemeiner Teil des Bürgerlichen Rechts, 9. Aufl., 2004, § 25 Rn. 27; Rüthers/Stadler, Allgemeiner Teil des BGB, 16. Aufl., 2009, § 23 Rn. 18.
③ Reinhard Bork, Allgemeiner Teil des Bürgerlichen Gesetzbuchs, 3. Aufl., 2011, Rn. 1008; Brox/Walker, Allgemeiner Teil des BGB, 34. Aufl., 2010, Rn. 277; Helmut Köhler, BGB Allgemeiner Teil, 34. Aufl., 2010, § 10 Rn. 20; Larenz/Wolf, Allgemeiner Teil des Bürgerlichen Rechts, 9. Aufl., 2004, § 25 Rn. 28; Rüthers/Stadler, Allgemeiner Teil des BGB, 16. Aufl., 2009, § 23 Rn. 18.
④ Winfried Boecken, BGB-Allgemeiner Teil, 2007, Rn. 350; Dieter Medicus, Allgemeiner Teil des BGB, 10. Aufl., 2010, Rn. 568.
⑤ Helmut Köhler, BGB Allgemeiner Teil, 34. Aufl., 2010, § 10 Rn. 20; Larenz/Wolf, Allgemeiner Teil des Bürgerlichen Rechts, 9. Aufl., 2004, § 25 Rn. 28.

(二) 受管制的行为领域

1. 一般规则

除上述行为外,其他均属受管制的行为领域,须征得法定代理人同意或由法定代理人代理实施(《民法通则》第13条第2款第2分句、《合同法》第47条第1款前段)。代理实施时,适用代理的一般规则,此处不赘。

关于同意,《德国民法典》区分事先同意(vorherige Zustimmung)即允许(Einwilligung)(第183条)与事后同意(nachträgliche Zustimmung)即追认(Genehmigung)(第184条)两种方式。我实证法虽未作如此明确的区分,但类似用法亦有迹可寻。《合同法》第47条以"追认"为补正效力瑕疵的手段,显然专指事后同意;而《民法通则》第58条第1款第3项将限制行为能力人"依法不能独立实施"的法律行为直接规定为无效,不存在通过追认而补正之余地,此意味着,《民法通则》第13条第2款所称"同意",在规范脉络上,仅对应事先同意即允许。

2. 允许

限制行为能力人受管制领域的法律行为若得到法定代理人允许,即无效力瑕疵。

(1) 允许的方式

最常见的允许方式是个别允许(Einzeleinwilligung)或称特别授权(Spezialkonsens),即针对每项法律行为——作出允许。个别允许最能确保法定代理人对限制行为能力人利益的照管,但过于繁琐,当限制行为能力人需要在一定时间集中实施一系列法律行为时,个别允许更是显得机械僵硬。为救其穷,法定代理人应有权在综合考量某一领域交往风险的基础上,对限制行为能力人一系列彼此相关的行为概括授权,此之谓有限的概括授权(beschränkter Generalkonsens)。

不过,法定代理人若更进一步,为了一劳永逸,将概括授权扩及至限制行为能力人的一切法律行为,该无限的概括授权(unbeschränkter Generalkonsens)则应当被禁止,因为,无限授权后,限制行为能力人即不再处于法定代理人的照管之下,与完全行为能力人的地位已无分别,换言之,通过无限授权,限制行为能力人相当于被宣告成年。法定代理人既不得卸责对于限制行为能力人的照管义务,法律亦不得切断为之提供的特别保护。无论以何种方式——法定代理人的无限授权或制定法上的劳动成年制——令未成年人在法律上加速成年,都难以具备伦理上的正当性。

(2) 用自己的金钱作出给付

现实中,父母往往定期或不定期给未成年子女一些零用钱,供其自由支配,或者给一定量的金钱,供其作为某一期间的基本生活开支。当限制行为能力人与他人订立契约,并以供自己支配的金钱履行,法定代理人是否有权以契约之订立未得到同意为由主张无效?

我实证法对此未置一词。可供借鉴的是《德国民法典》第110条:"若未成年人以金钱履行契约之给付,而该笔由代理人或得到代理人同意的第三人向其支付的金钱正是为此目的或意在供其自由处分,则未成年人未经法定代理人同意而订立的契约视为自始有效。"据此,法定代理人不得主张无效。表面上看,《德国民法典》第 110 条之"零用钱条款"(Taschengeldparagraph)似乎确立一个虽"未经法定代理人同意"却可有效订立契约之例外,但德国通说认为,此处其实存在一种特殊允许,即当法定代理人或得到法定代理人同意之第三人给予金钱,并要求为某种目的使用或供其自由使用时,即可推断其以此使用领域为条件事先表示同意。①

"零用钱条款"的适用特点在于,限制行为能力人独自订立的契约在未得到法定代理人同意时,原本处于效力待定状态,若法定代理人进而明确表示反对,则归于无效,但限制行为能力人以符合使用目的的或自由使用的零用钱作给付,可补正此效力瑕疵,令契约变得自始有效。② 另外,限制行为能力人对契约之履行,以完全给付为限,分期付款的信用交易(Kreditgeschäfte)仍然必须得到个别允许,因为当中可能存在不可预知的潜在危险;若是可分给付,则部分给付部分有效。③

3. 追认

未得到事先允许的法律行为存在效力瑕疵,为了充分尊重私法自治,法定代理人尚有通过事后追认予以补正之机会。其中又因契约行为与单方行为而不同。

(1) 未获允许的契约行为

依《民法通则》第 12 条第 1 款及第 58 条第 1 款第 2 项与第 2 款之规定,限制行为能力人未得到事先同意的法律行为无效,该无效属于自始绝对无效,无补正之余地。但依《合同法》第 47 条第 1 款前段之规定,限制行为能力人未获允许之契约,经法定代理人追认后有效。这意味着,效力瑕疵由之前的绝对无效变成未决的无效。作为新法的《合同法》改变了旧法《民法通则》的规定。此规则与《德国民法典》第 108 条第 1 款一致:"未成年人未经法定代理人之必要允许而订立契约者,契约有效性取决于法定代理人的追认。"

另外,若限制行为能力人在追认期内成年或精神恢复正常,即脱离法定代理人的监管,原法定代理人的追认已无意义。此时,只能由行为人自己作出追认(《德国民法典》第 108 条第 3 款)。

---

① Reinhard Bork, Allgemeiner Teil des Bürgerlichen Gesetzbuchs, 3. Aufl., 2011, Rn. 1021; Brox/Walker, Allgemeiner Teil des BGB, 34. Aufl., 2010, Rn. 280; Larenz/Wolf, Allgemeiner Teil des Bürgerlichen Rechts, 9. Aufl., 2004, § 25 Rn. 34; Dieter Medicus, Allgemeiner Teil des BGB, 10. Aufl., 2010, Rn. 579; Rüthers/Stadler, Allgemeiner Teil des BGB, 16. Aufl., 2009, § 23 Rn. 24.
② Reinhard Bork, Allgemeiner Teil des Bürgerlichen Gesetzbuchs, 3. Aufl., 2011, Rn. 1018 ff; Larenz/Wolf, Allgemeiner Teil des Bürgerlichen Rechts, 9. Aufl., 2004, § 25 Rn. 37 ff.
③ Reinhard Bork, Allgemeiner Teil des Bürgerlichen Gesetzbuchs, 3. Aufl., 2011, Rn. 1019; Brox/Walker, Allgemeiner Teil des BGB, 34. Aufl., 2010, Rn. 280; Heinz Hübner, Allgemeiner Teil des Bürgerlichen Gesetzbuches, 2. Aufl., 1996, Rn. 720; Larenz/Wolf, Allgemeiner Teil des Bürgerlichen Rechts, 9. Aufl., 2004, § 25 Rn. 37; Rüthers/Stadler, Allgemeiner Teil des BGB, 16. Aufl., 2009, § 23 Rn. 25.

(2) 未获允许的单方行为

法律行为有契约行为与单方行为之别。《合同法》只规范契约行为,其第47条仅对《民法通则》第12条、58条构成限缩,却不能完全取代。契约行为固因《合同法》而效力待定,单方行为却依然适用《民法通则》之无效规定。其他有关单方行为的规则如《继承法》第22条第1款:限制行为能力人所立遗嘱无效。

没有证据表明立法者有意将契约行为与单方行为分别对待,但无心插柳亦成荫。单方行为之所以不必有追认余地,而区别于契约,原因在于,单方行为无相对人时,无效之后重新实施或效力待定由法定代理人追认,二者并无差别,直接规定为无效至少可令法律状态始终确定;如果有相对人,单方行为人依一己意思即可改变对方法律地位,相对人既无法介入亦无法避开,本就被动,若再以效力待定令其处于悬而不决的不确定状态,相对人将遭受双重不利。与之相较,契约相对人本身即为法律关系的共同创设者,无此项保护之必要。[①] 正是基于上述考虑,《德国民法典》第111条第1句规定:"未成年人未获法定代理人之必要允许而实施的单方法律行为,无效。"

同样是为了法律关系的清晰与确定,《德国民法典》第111条第2句进一步表示:"即使未成年人获得允许,向对方实施法律行为时,若未以书面形式出示该允许,而对方以此为由不迟延地表示拒绝,法律行为亦无效。"相对人之所以有权表示拒绝,是因为若无书面文件证明存在法定代理人的允许,即有理由对限制行为能力人所声称的允许心存疑虑,而该合理疑虑值得法律保护。不过,当疑虑足以被其他方式消除时,相对人不再值得保护。最具效果的"其他方式"乃是法定代理人亲自告知,因此《德国民法典》第111条第3句规定:"代理人已将其允许告知对方者,不得拒绝。"

限制行为能力人未获允许而实施的单方法律行为,存在无效之例外。如果相对人知道行为人仅具限制行为能力,并且同意将该法律行为的有效性系于法定代理人的追认,即表示相对人自愿置身于不确定境地。法律自然不必再为之提供特别保护。[②] 此亦表明,有关限制行为能力人未获允许的单方行为无效之规则系任意规范,得为当事人排除适用。

(3) 追认意思表示

追认系需受领的意思表示。依《合同法解释二》第11条之规定,"追认的意思表示自到达相对人时生效"。追认表示的相对人,既可为限制行为能力人,亦可为法律行为的相对人。

[①] Reinhard Bork, Allgemeiner Teil des Bürgerlichen Gesetzbuchs, 3. Aufl., 2011, Rn. 1033; Brox/Walker, Allgemeiner Teil des BGB, 34. Aufl., 2010, Rn. 284; Heinz Hübner, Allgemeiner Teil des Bürgerlichen Gesetzbuches, 2. Aufl., 1996, Rn. 718; Dieter Medicus, Allgemeiner Teil des BGB, 10. Aufl., 2010, Rn. 570.

[②] Reinhard Bork, Allgemeiner Teil des Bürgerlichen Gesetzbuchs, 3. Aufl., 2011, Rn. 1034; Brox/Walker, Allgemeiner Teil des BGB, 34. Aufl., 2010, Rn. 285.

4. 相对人的催告权与撤回权

限制行为能力人未获允许的契约行为,效力依法定代理人意志而决。若相对人只能消极等待,难免太过被动。为此,相对人应有法律手段帮助自己尽快摆脱不确定性。该法律手段包括催告与撤回。

(1) 催告及其效果

《合同法》第47条第2款第1句规定:"相对人可以催告法定代理人在一个月内予以追认。法定代理人未作表示的,视为拒绝追认。"催告的目的在于催促法定代理人作出追认与否的决定,以便及早结束悬而未决的法律状态。

催告属于准法律行为中的意思通知,表达催告之意即为已足,不必使用"催告"之正式术语,亦不必包含效果意思。一旦作出催告,即开始计算法定代理人一个月的追认期,而无论催告人对此是否有确切意识。

一般情况下,追认可向限制行为能力人作出,亦可向法律行为的相对人作出。但催告之后,为了让催告人(契约相对人)确知法律关系之命运,法定代理人不宜再向限制行为能力人作出追认与否的意思表示,而应直面相对人。《德国民法典》第108条第2款第1句第1分句即持这一立场:"若对方当事人催告法定代理人就追认作出表示,该表示仅得向其作出"。同时,既然催告之后须向相对人作出意思表示,之前对未成年人所作的追认或拒绝表示即归无效(《德国民法典》第108条第2款第1句第2分句)。此亦意味着,除了开始计算追认期,催告还产生一项附带效果,即,法定代理人取得重新选择的机会。

(2) 撤回及其效果

催告之后仍是等待。若契约相对人想要更迅速确定法律关系,尚有釜底抽薪之手段,即,在法定代理人作出追认与否的表示之前,将自己发出的意思表示撤回,从不确定的法律交易中抽身而出。

《合同法》第47条第2款第3句规定:"合同被追认之前,善意相对人有撤销的权利。"一般情况下,意思表示自到达之时起生效。依《合同法》之用法,表意人在到达之前收回尚未产生拘束力的意思表示,称撤回,到达之后则称撤销。就此而言,《合同法》第47条第2款称相对人之权利为"撤销权",似无不妥。然而,因行为能力受限而致效力未定场合,双方意思表示均已到达,限制行为能力人之法定代理人却不受任何意思表示之拘束,可自由决定追认与否,若相对人反受拘束,于相对人未必公平,此其一;其二,已生效意思表示之撤销,往往伴随着信赖利益的赔偿,限制行为能力人所实施的法律行为中,相对人在追认之前收回意思表示,无论如何不产生信赖利益赔偿问题。因而,相对人收回意思表示,名为"撤销",实为"撤回"。

至于该款第4句之"撤销应当以通知的方式作出",表达的无非是,撤回属于需受领的意思表示。撤回表示以法定代理人作为相对人固无不妥,由于限制行为能力人不会因为对方收回意思表示而遭受不利,亦无妨拥有受领能力。

另需注意者,《合同法》将撤回权人限于"善意相对人",至于何谓善意,则未作界定。对此,《德国民法典》第109条第2款可供参考:"若对方当事人知其未成年,仅当未成年人伪称已获代理人之允许时,始得撤回;若对方当事人知其欠缺订立契约之允许,即便出现前述情形,亦不得撤回。"据此,一般情况下,唯有明知未成年之事实才构成非善意,换言之,所有不知——包括因重大过失而不知——的相对人,均属善意相对人。

以知与不知作为善意与否的判断标准,是因为,若相对人明知对方未成年仍与之交往,可解释为自担风险,甘愿承受效力待定的不确定后果,不必施以特别保护。① 但当未成年人伪称已获法定代理人允许,则相对人自担风险之解释不再成立,即便明知未成年,仍有权撤回。当然,在相对人既明知未成年、又明知未获允许时,无论未成年人如何伪称,相对人均不值得特别保护,撤回权被排除。

5. 强制有效的法律行为

未成年人可能伪称已成年或已获法定代理人允许,以便摆脱监管。依《德国民法典》第109条第2款前段之规定,未成年人之伪称若足令相对人相信,将成就相对人的善意,令其拥有撤回意思表示之权利。

台湾地区"民法"则更进一步。第83条规定:"限制行为能力人用诈术使人信其为有行为能力人或已得法定代理人之允许者,其法律行为为有效。"是所谓强制有效的法律行为。台湾地区通说对此提供的解释是:限制行为能力人既已能使用诈术,其智虑不薄,而且玩弄手段,自无保护之必要,以免相对人因误信而遭受不利益。②

然而,有能力使用诈术谎称已成年或已获法定代理人允许,并不必然表示限制行为能力人足以在法律交往中自我保护。毕竟,涂改、伪造文件之狡黠与判断法律交易之利益格局不可同日而语。以维护交易安全之名撤去强制保护,是对未成年人耍小伎俩的过度惩罚,余不敢苟同。

第二十一节　意思保留与法律行为

一、意思保留与行为效力

行为人可能具有健全的判断能力,由此取得法律交往领域的入场券,但意思表示的效力仍可能存在疑义,因为,表意人也许会基于某些考虑,作出有所保留的意思表示。此时,表面意思表示所指向的法律效果,其实不为表意人所追求。私法自治保障行为人实现其所追求的法律效果,意思保留如何发生效力,便成为行为人进入法律交

---

① Reinhard Bork, Allgemeiner Teil des Bürgerlichen Gesetzbuchs, 3. Aufl., 2011, Rn. 1032.
② 施启扬:《民法总则》(第8版),台湾自版发行2009年版,第269页;王泽鉴:《民法总则》(最新版),北京大学出版社2014年版,第316页。

往领域后首当其冲的难题。

意思保留(Willensvorbehalte)可分两类。第一类可称通谋虚伪行为。此类行为需要双方当事人合作而成,经常披有真假两项意思表示的外衣。其中,虚假的意思表示浮现于表面(表面行为)而为外人所知,真实的意思表示则被隐藏(隐藏行为),成为双方当事人"心照不宣"式的秘密。民法所要处理的关键问题在于,两项意思表示的法律效力如何?第二类是单独虚伪行为,即虚假的意思表示由表意人单方作出,相对人无论是否知情,皆未参与虚假意思表示之形成与作出。对于单独虚伪行为,需要回答的问题是,表示于外但虚假的意思产生何种效力?真实却未表示于外的意思又有何种效力?相对人知情与否具有何等影响?

二、通谋虚伪行为

(一) 基本结构

通谋虚伪行为在结构上可包括内外两层行为:外部的表面行为(Scheingeschäft, Scheinerklärung)系双方当事人共同作出与真实意思不一的行为,亦称伪装行为(simuliertes Geschäft, simulierte Erklärung);内部的隐藏行为(verdecktes Geschäft, verdeckte Erklärung)则是被掩盖于表面行为之下、代表双方当事人真意的行为,亦称非伪装行为(dissimuliertes Geschäft, dissimulierte Erklärung)。[1] 例如,甲乙双方以买卖之名行赠与之实,买卖契约为表面行为,赠与契约则为隐藏行为。通谋虚伪行为的特点在于:表面行为不应生效系双方合意的结果,此亦通谋虚伪行为区别于单独虚伪行为的根本之点。[2]

(二) 效力规则

通谋虚伪行为既然包括两层行为,效力即须分别观察。《德国民法典》第117条正是这一逻辑的体现:"(第1款)向对方作出的意思表示,若双方同意只是虚假作出,无效。(第2款)表面行为背后隐藏他项法律行为者,该隐藏行为适用相应的规定。"

首先,表面行为无效。原因在于:该"意思表示"所指向的法律效果非当事人所欲求,且双方已就此达成合意,若为有效,显属效果强加,与私法自治相悖;表面行为由双方通谋有意作出,非一方意志自由受到侵害需要矫正或意思表示存在单方错误的问题,不存在撤销的问题;该伪装行为与第三人无关,故效力不必待定。

其次,隐藏行为未必无效。隐藏行为虽不为外人所知,却是当事人真正的意思表示,其效力依一般规则确定。

---

[1] 通谋虚伪行为亦可只有表面行为而无隐藏行为,如当事人单纯做成一个虚假交易。此时,虚假交易适用表面行为的效力规则,既无隐藏行为,自然不必另予考虑。因而,单层结构的通谋虚伪行为不必特别讨论。

[2] Reinhard Bork, Allgemeiner Teil des Bürgerlichen Gesetzbuchs, 3. Aufl., 2011, Rn. 801; Brox/Walker, Allgemeiner Teil des BGB, 34. Aufl., 2010, Rn. 402.

（三）实证规范

我实证法上，与通谋虚伪行为近似的，是所谓恶意串通行为。《民法通则》58条第1款第4项与《合同法》第52条第2项均规定，"恶意串通，损害国家、集体或者第三人利益的"法律行为（契约）无效。谓之"近似"，是因为，二者均在规范有关"串通"（"通谋"）之行为。只不过，我实证法所确立的效力规则显得含糊乃至混乱。

首先，"恶意"概念未得到界定。民法上，恶意可有两种用法。一是与"善意"（如善意取得）相对，系明知或因重大过失而不知之谓；二是侵害他人之故意（如恶意欺诈）。就文义而言，此处所称"恶意"，系指双方共同故意"损害国家、集体或者第三人利益"。如为了避税，甲乙将标的额为1000万元的买卖契约故意作成100万元。然而，果若如此，是否即意味着，过失"损害国家、集体或者第三人利益"之行为非属无效？莫非甲乙未意识到具有避税效果时，"串通"行为即是有效？

其次，甲乙为了避税，作成表面100万元的买卖契约，但其实隐藏了另一个1000万元的契约，依实证法，哪项契约无效？若认定两项契约均无效，显然不符合《民法通则》第58条与《合同法》第52条之构成要件与规范意旨，因为1000万元的交易并未"损害国家、集体或者第三人利益"。合乎逻辑的处理是令100万元的交易无效而维持1000万元的交易。但这也意味着，法律行为效力之认定无非是通谋虚伪行为的自然结果而已，与是否"恶意""损害国家、集体或者第三人利益"并无关联。换言之，无论是否"损害国家、集体或者第三人利益"，对于两项交易的效力均无影响。即便双方将100万的买卖契约作成1000万，无效的依然是表面行为，虽然此时表面行为似乎有利于国家征税。可见，以"损害国家、集体或者第三人利益"作为"恶意串通"行为的无效要件，并无意义，且因为未将表面行为与隐藏行为区别规范而尤显混乱。更何况"串通"未必损害任何人利益，例如，故意将买卖价格写得更高仅仅意在维持某种虚荣心，或者为免人情干扰而将赠与作成买卖等等。此等情形，显然无法适用《民法通则》第58条与《合同法》第52条。

再次，如果说"损害国家、集体利益"尚可借助"公共利益"或"公序良俗"概念导致法律行为无效，"损害第三人利益"之行为则无论如何不能一概作无效认定。例如，处分人与受让人"恶意串通"，将他人之物无权处分，第三人因此遭受"损害"，但该无权处分行为却并非无效，只是效力待定而已。

恶意串通规则所要处理的问题，绝大部分在通谋虚伪规则的射程内，适用时，无妨利用我实证法文义的含混性套用后者的规范逻辑。当然，这不表示，我国法上的恶意串通规则可直接置换为通谋虚伪规则，原因在于，二者规制对象并不完全重合。

《商品房买卖解释》第10条规定："买受人以出卖人与第三人恶意串通，另行订立商品房买卖合同并将房屋交付使用，导致其无法取得房屋为由，请求确认出卖人与第三人订立的商品房买卖合同无效的，应予支持。"此处显然是"恶意串通损害第三人利益"的类型化规则，但因为出卖人与第三人（第二买受人）的意思表示未必"虚伪"，故而逸出通谋虚伪规则射程。不过,第三人明知第一买受人之存在仍与出卖人订立买卖契约,恶意侵害第一买受人的债权,其行为可构成悖俗侵权,买卖契约亦因违背公序良俗而无效。这意味着,恶意串通规则在此"典型"适例中实属多余,并无存在之必要。如此,恶意串通规则可予删除。

(四)通谋虚伪行为与法律规避行为

与通谋虚伪行为相关的还有《民法通则》第58条第1款第7项与《合同法》第52条第3项之规定:"以合法形式掩盖非法目的"的法律行为(契约)无效。所谓合法"形式",非要式行为与不要式行为之"形式",应解释为"合法手段"。

以表面合法的手段追求非法目的,系迂回规避强制规范之行为,法律理论上,被称为法律规避行为或脱法行为(Gesetzesumgehung, Umgehungsgeschäft)。法律规避理论起源于罗马法。优士丁尼《学说汇纂》第1卷曾辑录法学家保罗(Paulus)言论:"实施法律所禁止的行为,是违法;虽未违背法律文义却迂回法律意旨者,是法律规避。"[①]《德国民法典》制定之际,曾有建议对法律规避行为设置特别规定,但法典制定者未予采纳,理由是:"法律行为是否因规避法律而无效,取决于对法律行为要件以及该要件所涵盖的法律规范之解释。""若是侵入法官自由解释领域,由法律提供判断指令,可能存在本属合法的法律行为被宣告为无效之危险。"[②]

罗马法之所以需要法律规避理论,原因在于对文义解释的强调——符合法律文义之行为非属违法,而今法律解释不再以文义为唯一标准,规范意旨亦具关键意义。[③] 再者,以合法手段追求非法目的,往往需要借助外部的表面行为掩盖真实意图,典型者如,为了避税而作成两层法律行为。这意味着,法律规避行为与通谋虚伪行为密切相关。[④] 因此,法律规避行为或者可归入通谋虚伪行为,或者可通过法律解释予以解决,独立的法律规避理论已无必要。[⑤]

三、单独虚伪表示

单独虚伪表示分内心保留与非诚意表示两类。与通谋虚伪表示不同,单独虚伪表示在作出非真意表示时,仅有表意人一方参与,同时,亦不存在表面行为与隐藏行为之双层结构,行为人仅实施一项表意行为。单独虚伪行为未为我实证法所规范,然法律交往中并非绝无仅有。为了解相关规则,本书参酌德国立法学说略作介绍。

(一)内心保留

内心保留(geheimer Vorhalten, Mentalreservation)是指一方有意作出与真意不符

[①] Werner Flume, Das Rechtsgeschäft, 4. Aufl., 1992, S. 350; Dieter Medicus, Allgemeiner Teil des BGB, 10. Aufl., 2010, Rn. 660.
[②] Werner Flume, Das Rechtsgeschäft, 4. Aufl., 1992, S. 350.
[③] Dieter Medicus, Allgemeiner Teil des BGB, 10. Aufl., 2010, Rn. 660.
[④] Werner Flume, Das Rechtsgeschäft, 4. Aufl., 1992, S. 350 f.
[⑤] a. a. O., S. 350 f.

的意思表示。《德国民法典》第 116 条规定:"表意人作出的意思表示非其所愿,却作内心保留者,意思表示不因此无效。若意思表示向对方作出,而对方知悉保留,则意思表示无效。"被保留的内心真意因为未表示于外,无论动机如何,均不能发生效力,亦无从影响表示于外行为之效力①;至于表示于外的行为是否有效,则取决于相对人是否知悉保留。相对人若不知悉,基于善意相对人之保护,表示于外的行为有效;反之,知情的相对人不值得保护,意思表示无效。②

(二) 非诚意表示

表意人作出意思表示时并无诚意,并且期待对方不至于对此产生误认,即称非诚意表示。《德国民法典》第 118 条条旨为"缺乏诚意"(Mangel der Ernstlichkeit),学术用语则为"戏谑表示"(Scherzerklärung)。如今,德国学者普遍认为,"戏谑表示"过于狭窄,因为缺乏诚意的意思表示,未必都是玩笑。③

构成非诚意表示的前提是,行为人作出一项意思表示,只不过该意思表示缺乏必要的严肃性而已,因此诸如戏剧舞台上、课堂教学中以及社交活动时等明显无关乎法律效力的"表示"均不在其列。④ 生活中的非诚意表示如玩笑("这套房子喜欢吗?送给你了")、嘲讽("你既然那么爱钱,这些钱都归你了")、吹牛("我有的是钱,现在就可以把你的公司买下来")或者广告的夸大宣传("一朝拥有,终生无忧")等等。《德国民法典》118 条规定:"无诚意的意思表示,若表意人期待诚意之缺乏不至于被误认,无效。"

非诚意表示与纠错悬赏

北京市朝阳区法院(2010)朝民初字第 20321 号案件系有关非诚意表示的著作纠错悬赏案。

被告出版一部古籍校注著作,并为此在家宴请分属四家媒体的四位记者。席间,自信满满的被告称:"希望读者来监督,挑出一个错,奖励 1000 元。"其中一家媒体报

---

① Reinhard Bork, Allgemeiner Teil des Bürgerlichen Gesetzbuchs, 3. Aufl., 2011, Rn. 795; Brox/Walker, Allgemeiner Teil des BGB, 34. Aufl., 2010, Rn. 394; Werner Flume, Das Rechtsgeschäft, 4. Aufl., 1992, S. 402 f.; Rüthers/Stadler, Allgemeiner Teil des BGB, 16. Aufl., 2009, § 25 Rn. 3.

② Reinhard Bork, Allgemeiner Teil des Bürgerlichen Gesetzbuchs, 3. Aufl., 2011, Rn. 796 f.; Brox/Walker, Allgemeiner Teil des BGB, 34. Aufl., 2010, Rn. 395 f.; Werner Flume, Das Rechtsgeschäft, 4. Aufl., 1992, S. 403; Heinz Hübner, Allgemeiner Teil des Bürgerlichen Gesetzbuches, 2. Aufl., 1996, Rn. 761 f.; Larenz/Wolf, Allgemeiner Teil des Bürgerlichen Rechts, 9. Aufl., 2004, § 35 Rn. 6 ff.; Dieter Medicus, Allgemeiner Teil des BGB, 10. Aufl., 2010, Rn. 593; Rüthers/Stadler, Allgemeiner Teil des BGB, 16. Aufl., 2009, § 25 Rn. 4.

③ Brox/Walker, Allgemeiner Teil des BGB, 34. Aufl., 2010, Rn. 398; Werner Flume, Das Rechtsgeschäft, 4. Aufl., 1992, S. 413; Dieter Medicus, Allgemeiner Teil des BGB, 10. Aufl., 2010, Rn. 596.

④ Larenz/Wolf, Allgemeiner Teil des Bürgerlichen Rechts, 9. Aufl., 2004, § 35 Rn. 13; Dieter Medicus, Allgemeiner Teil des BGB, 10. Aufl., 2010, Rn. 596.

道了这一内容。被告获悉报道内容后,未提出异议。原告就该书挑出909处错误,并要求支付相应报酬。被告以悬赏广告无效为由予以拒绝。法院认为,鉴于悬赏广告的重要性,其发布"应当是明确、具体、严格、正式的",家宴过程中以聊天的方式作出悬赏表示,不能认定为表意人的真意,遂以悬赏表示不具足够的正式性为由驳回原告诉讼请求。

法院所表达的,正是非诚意表示之原理。考虑到被告的自负因素,可进一步将其归入吹牛类型。不过,非诚意表示即使无效,德国通说认为,表意人对于相对人或第三人亦负有信赖利益损失之赔偿义务。① 另外,非诚意须由被告举证,本案中,被告在知悉相关报道后,未对其非诚意性质尽说明义务,是否有权主张无效,值得怀疑。

(三) 内心保留与非诚意表示

内心保留与非诚意表示均是虚伪表示,德国法上,二者区别在于主观方面,即前者属于恶意玩笑(böser Scherz)——有意隐瞒真意,后者则为善意玩笑(guter Scherz)——期待对方知晓自己的真意。② 相应的,各自效力基础亦有不同。内心保留侧重相对人的信赖保护,故以有效为出发点;非诚意表示则明显是意思主义的产物,强调表意人的内心真意,以至于纵然相对人误信为真,非诚意表示亦属无效。③ 台湾地区"民法"第86条("表意人无欲为其意思表示所拘束之意,而为意思表示者,其意思表示,不因之无效。但其情形为相对人所明知者,不在此限")则师法日本,"注重客观",将内心保留与非诚意表示合而为一,概以有效为原则。④

台湾地区做法的优点是简单明了,但稍显武断,面对个案时可能难以充分顾及行为人意志,增加表意人的交往风险;德国进路留有个案观察的余地,代价则是导致法律规则的操作变得复杂。

由于内心保留与非诚意表示界限的主观性,相对人难以探知,故主张因非诚意而无效的表意人须负有更多的义务。这主要表现在两个方面:

---

① Reinhard Bork, Allgemeiner Teil des Bürgerlichen Gesetzbuchs, 3. Aufl., 2011, Rn. 814; Brox/Walker, Allgemeiner Teil des BGB, 34. Aufl., 2010, Rn. 400; Heinz Hübner, Allgemeiner Teil des Bürgerlichen Gesetzbuches, 2. Aufl., 1996, Rn. 771; Larenz/Wolf, Allgemeiner Teil des Bürgerlichen Rechts, 9. Aufl., 2004, § 35 Rn. 16; Dieter Medicus, Allgemeiner Teil des BGB, 10. Aufl., 2010, Rn. 596; Rüthers/Stadler, Allgemeiner Teil des BGB, 16. Aufl., 2009, § 25 Rn. 10.

② Reinhard Bork, Allgemeiner Teil des Bürgerlichen Gesetzbuchs, 3. Aufl., 2011, Rn. 812; Werner Flume, Das Rechtsgeschäft, 4. Aufl., 1992, S. 413; Heinz Hübner, Allgemeiner Teil des Bürgerlichen Gesetzbuches, 2. Aufl., 1996, Rn. 771; Larenz/Wolf, Allgemeiner Teil des Bürgerlichen Rechts, 9. Aufl., 2004, § 35 Rn. 12; Rüthers/Stadler, Allgemeiner Teil des BGB, 16. Aufl., 2009, § 25 Rn. 3, 10.

③ Reinhard Bork, Allgemeiner Teil des Bürgerlichen Gesetzbuchs, 3. Aufl., 2011, Rn. 813; Larenz/Wolf, Allgemeiner Teil des Bürgerlichen Rechts, 9. Aufl., 2004, § 35 Rn. 13; Rüthers/Stadler, Allgemeiner Teil des BGB, 16. Aufl., 2009, § 25 Rn. 10.

④ 胡长清:《中国民法总论》,中国政法大学出版社1997年版,第233页(注释1)。

其一,非诚意表意人的说明义务(Aufklärungspflicht)。若受领人未意识到诚意之缺乏,表意人应及时向对方说明,否则应负基于诚信而产生的相当于意思表示有效的给付义务①,或者被直接认定为内心保留。②

其二,一旦发生纠纷,表意人应就其意思表示的非诚意性质负举证之责。③ 但即便如此,区分二者依然可能是个难题。例如,为安抚罹患重病即将死亡的债务人,债权人对其作出债务免除之表示。德国有学者认为,此免除系基于善良动机(gute Absicht),因而属于无效的非诚意表示,但梅迪库斯指出,既然动机对于意思表示的性质并无影响,而债权人在债务人死亡后,已无法再说明免除表示是否具有诚意,故应适用内心保留之规范。④

第二十二节　单方错误与法律行为

一、错误概说

意思表示未能表达行为人真意,除有意为之外,还可能是行为人无心之失,此即民法所谓错误(Irrtum)。

（一）术语界定

"错误"本为日常用语,凡属不正确之事,皆可泛称"错误"。我实证法中,因受欺诈而实施的意思表示亦被"错误"一词描述(《民通意见》第68条:"一方当事人故意告知对方虚假情况,或者故意隐瞒真实情况,诱使对方当事人作出错误意思表示的,可以认定为欺诈行为")。

本节所称"错误",乃是民法的专门术语,系影响法律行为效力的一项独立因素,我国与之相近的用语是"重大误解"(《民通意见》第71条)。与宽泛意义上的错误相较,此处"错误"非受他人影响(如受欺诈)所致,而专指存在于表意人自身原因的错误,故又称"单方错误"。⑤ 称"单方错误"的另外一个考虑是,实施法律行为时,双方当事人均可能出现错误(如双方当事人均将白金项链当做银项链订立买卖契约),此时涉及的是行为基础丧失或破坏(Wegfall bzw. Störung der Geschäftsgrundlage)的问

---

① Reinhard Bork, Allgemeiner Teil des Bürgerlichen Gesetzbuchs, 3. Aufl., 2011, Rn. 815; Brox/Walker, Allgemeiner Teil des BGB, 34. Aufl., 2010, Rn. 401; Larenz/Wolf, Allgemeiner Teil des Bürgerlichen Rechts, 9. Aufl., 2004, § 35 Rn. 17.

② Werner Flume, Das Rechtsgeschäft, 4. Aufl., 1992, S. 414; Dieter Medicus, Allgemeiner Teil des BGB, 10. Aufl., 2010, Rn. 604; Rüthers/Stadler, Allgemeiner Teil des BGB, 16. Aufl., 2009, § 25 Rn. 10.

③ Larenz/Wolf, Allgemeiner Teil des Bürgerlichen Rechts, 9. Aufl., 2004, § 35 Rn. 14.

④ Dieter Medicus, Allgemeiner Teil des BGB, 10. Aufl., 2010, Rn. 597.

⑤ 唯需注意者,因受恶意欺诈而实施法律行为可构成动机错误,一般情况下,该动机错误在错误法中并无意义,为欺诈法所规整。但如果基于欺诈而形成的错误属于交易上认为重要的人或物之性质错误,则可能存在撤销权竞合问题。

题,主要属于债法内容①,本书不论。

《德国民法典》第119条是关于错误的基本规范:"(第1款)就意思表示内容发生错误或根本无意作出此项内容之表示者,如果能够表明,若知悉实情并经理智评价即不会作出,得撤销该表示。(第2款)交易上视作重要的人或物的性质错误,亦视为意思表示的内容错误。"我国与错误制度相应的是"重大误解"制度。

《民法通则》第59条第1款第1项与《合同法》第54条第1款第1项均以"重大误解"为法律行为(契约)可撤销事由。不过,立法以"(重大)误解"为表述语词,似欠妥当。因为,就语词的常规用法而言,"错误系表意人方面,于意思表示成立之际之误,误解系受领人方面于了解意思表示时之误"。② 称重大误解,改变了法律行为效力瑕疵的观察角度。法律行为出现效力瑕疵之原因,不在于受领意思表示时是否存在误解,而在于发出意思表示时是否存在错误。《民通意见》第71条对于"重大误解"的界定,强调的正是行为人"错误认识"与其意思表示之间的关联。有鉴于此,本书借助"错误"概念展开分析。

(二) 法律行为错误与私法自治

每个人对自己的行为负责,此乃私法自治题中之义。因此,只要行为人具有独立的判断能力,实施法律行为时亦未受他人不当干扰,就必须承受行为后果,尤其不能将自己的错误转嫁他人。在此意义上,错误原本不应影响法律行为之有效性。

不过,私法自治同时要求,唯有健全的自我决定才值得完全尊重。所言非其所想,未必是行为人有意为之。如果法律坚持认为,即便法律行为存在错误,行为人亦须将错就错,无任何回旋余地,此无异于宣称,任何人出现错误均无法弥补。其结果是,通过消极的方式,法律对民众提出永不犯错的无限理性要求。然而,天下没有免费的午餐,若是为了给错误人提供更正错误的机会而直接判定行为无效,又难免走入另外一个极端,将纠错成本转由善意的相对人承担。两相结合,当意思表示出现错误时,法律秩序就必须在完全有效或完全无效两个极端之间有所调适。③

对于错误所导致的效力瑕疵类型,各国规定并不一律。有以之为无效者,有以之为可撤销者。前者如《日本民法典》第95条:"意思表示,在法律行为的要素中有错误时,无效。但表意人有重大过失时,表意人自己不能主张其无效。"后者则如《德国民法典》第119条第1款。

无效抑或可撤销,在《德国民法典》立法史上曾有过反复。《第一草案》受萨维

---

① Heinz Hübner, Allgemeiner Teil des Bürgerlichen Gesetzbuches, 2. Aufl., 1996, Rn. 807; Larenz/Wolf, Allgemeiner Teil des Bürgerlichen Rechts, 9. Aufl, 2004, §38; Rüthers/Stadler, Allgemeiner Teil des BGB, 16. Aufl., 2009, §25 Rn. 95 ff.

② 史尚宽:《民法总论》,中国政法大学出版社2000年版,第395页。

③ Dieter Medicus, Allgemeiner Teil des BGB, 10. Aufl., 2010, Rn. 737;陈自强:《意思表示错误之基本问题》,载《政大法律评论》1994年12月第52期,第314—315页。

尼、温德沙伊德意思主义的影响,基于错误的法律行为未能表达表意人真意之考虑,将其规定为无效。但是否表达表意人的内心真意,相对人几乎全无置喙余地。这一唯内心真意是尊的立场,显然置相对人及交易安全于不利,因而受到贝尔、齐特尔曼等著名法学家的强烈质疑。有鉴于此,《第二草案》改采表示主义,以错误为法律行为可撤销事由,并终成定案。日本之无效规定系师法《德国民法典第一草案》。① 不过,《日本民法典》第95条在广受批评后②,如今判例与学说主流皆认为,法典所称"无效",非谓任何人均得主张的"绝对无效",而是"相对无效",即唯有错误人方可主张无效,其他人则无此权利。③ 借助法国"相对无效"的概念,日本法学用解释的手段,在立法只字未易的情况下达至相当于德国"可撤销"的效果。④

(三) 解释先于撤销

错误法律行为可撤销,而是否存在错误其实是意思表示解释的结果,因此,适用错误规则之前须经解释,此之谓"解释先于撤销"(Auslegung geht der Anfechtung vor)。

首先,需要解释的是表意人是否无意发出与内心真意不一的意思表示。若表意人作出过真实意思表示,并就此与相对人达成合意,则即便之后形成的契约文本出现误载,基于"误载无害真意"规则,亦无需认定错误之存在。

其次,如果经解释得知,表意人的意思表示确实非其所愿,但相对人知悉或通过可期待的谨慎即可知悉表意人真意,则双方虽就该非真意表示达成合意,亦不存在错误,法律行为直接根据表意人真意产生,原因在于,非善意相对人不值得保护。例如,水果商贩甲所售卖的红富士苹果单价近期一直是三块七一斤且不讲价,熟客乙这天照例又去买苹果,付钱时甲才意识到因为口误说成了三块一一斤,此时,乙不得主张三块一的价格,甲亦不必撤销,双方仍以三块七成交。

另外,即使通过解释确定存在错误,错误人亦可能无撤销权。此等情形如:第一,所发出的错误表示较其真意对表意人更为有利。如,甲欲以1000元出售某物,却误写为1200元,乙对1200元表示承诺,甲不必享有撤销权。第二,表意人发出对己不利的错误表示,受领人知悉表意人真意后,表示愿以其真意为内容订立契约,表意人即与受领人成立以真意为内容的契约,而不得对错误的表示行使撤销权,否则,表意人将有违诚信。例如,甲与乙订立月租金300元的房屋租赁契约,但甲其实是错将350元说成300元。如果乙表示愿以350元承租,即使另有他人出价更高,甲亦不得撤销租赁契约,将房屋另租他人,而应与乙直接成立租金350元的租赁契约。若非如此,

---

① 〔日〕富井正章:《民法原论》(第1卷),陈海瀛、陈海超译,中国政法大学出版社2003年版,第259页;〔日〕我妻荣:《新订民法总则》,于敏译,中国法制出版社2008年版,第284页。
② 〔日〕我妻荣:《新订民法总则》,于敏译,中国法制出版社2008年版,第284页。
③ 〔日〕山本敬三:《民法讲义Ⅰ总则》(第3版),解亘译,北京大学出版社2012年版,第177页。
④ 同上,第178页。

甲将因错误而获得重新实施法律行为的机会，令其法律地位较之未出现错误时更优。① 第三，若通过解释仍无法消除双方意思表示之多义性，则契约因不存在合意而未订立，无需撤销。

二、错误的形态

《民通意见》第 71 条对于错误作有界定："行为人因为对行为的性质、对方当事人、标的物的品种、质量、规格和数量等的错误认识，使行为的后果与自己的意思相悖，并造成较大损失的，可以认定为重大误解。"这一界定过于粗糙且逻辑含混，不经解释，难以适用。

意思表示可分意思形成与表达两个阶段。相应的，意思表示错误或者存在于意思形成阶段(Irrtum bei der Willensbildung)，或者存在于意思表达阶段(Irrtum bei der Willensäußerung)。《民通意见》第 71 条仅泛泛而言"错误认识"，至少在文义上，难以看出该"错误认识"因意思表示之不同阶段而被赋予不同的法律意义，故须结合规范意旨作进一步界定。

（一）意思表达错误

存在于意思表达中的错误，是错误制度的典型规范对象。意思表达错误是指表示行为无意识地与法效意思相背离。② 逻辑上，又可分表达行为本身的错误与表达内容的错误，前者称表示错误(Erklärungsirrtum)，后者则称内容错误(Inhaltsirrtum)，共同构成《德国民法典》第 119 条第 1 款所列两种错误情形。

表示错误对应于《德国民法典》第 119 条第 1 款情形 2，是指表意人错误使用表示符号，而该表示符号所指向的法律效果非其所欲。典型的表示错误如说错（将"100"错说成"700"）、写错（将"500"错写成"50"）、取错（误将 A 画当成 B 画取走）。③

内容错误对应于《德国民法典》第 119 条第 1 款情形 1。与表示错误不同，内容错误中，表意人使用表示符号正确，唯就该符号所指示的内容发生理解错误。④ 同一性错误(Identitätsirrtum)与行为类型错误(Irrtum über die Geschäftsart)属于典型的内容

---

① Rüthers/Stadler, Allgemeiner Teil des BGB, 16. Aufl., 2009, § 25 Rn. 13.
② Brox/Walker, Allgemeiner Teil des BGB, 34. Aufl., 2010, Rn. 411.
③ Reinhard Bork, Allgemeiner Teil des Bürgerlichen Gesetzbuchs, 3. Aufl., 2011, Rn. 840; Brox/Walker, Allgemeiner Teil des BGB, 34. Aufl., 2010, Rn. 412; Heinz Hübner, Allgemeiner Teil des Bürgerlichen Gesetzbuches, 2. Aufl., 1996, Rn. 774 f.; Larenz/Wolf, Allgemeiner Teil des Bürgerlichen Rechts, 9. Aufl., 2004, § 36 Rn. 12; Dieter Medicus, Allgemeiner Teil des BGB, 10. Aufl., 2010, Rn. 746; Rüthers/Stadler, Allgemeiner Teil des BGB, 16. Aufl., 2009, § 25 Rn. 24 ff.
④ Reinhard Bork, Allgemeiner Teil des Bürgerlichen Gesetzbuchs, 3. Aufl., 2011, Rn. 840; Brox/Walker, Allgemeiner Teil des BGB, 34. Aufl., 2010, Rn. 411 f.; Heinz Hübner, Allgemeiner Teil des Bürgerlichen Gesetzbuches, 2. Aufl., 1996, Rn. 776; Larenz/Wolf, Allgemeiner Teil des Bürgerlichen Rechts, 9. Aufl., 2004, § 36 Rn. 20; Dieter Medicus, Allgemeiner Teil des BGB, 10. Aufl., 2010, Rn. 745 f.; Rüthers/Stadler, Allgemeiner Teil des BGB, 16. Aufl., 2009, § 25 Rn. 27.

错误。

所谓同一性错误,是指表意人所指称的与欲指称的人或物不具有同一性,包括人的同一性错误与物的同一性错误。人的同一性错误如,甲想与乙订立契约,却将丙误认为乙;物的同一性错误如,甲想买桔子,却指着芦柑说:"来两斤。"

如果表意人想要实施的行为与相对人所理解的行为类型不一,可能存在行为类型错误。例如,甲欲将小猫卖给乙,问:"给你一只小猫要不要?"因未谈及价钱,乙理解为赠与,遂予以接受。甲乙之间的买卖契约因未达成合意而未成立,依表示主义,双方成立赠与契约,但甲得基于行为类型错误而主张撤销,同时,所有权移转行为不得撤销,因为原因错误不能影响物权契约之效力。①

在概念上,表示错误与内容错误不难分辨:前者误用表示符号,后者误解表示意义。例如,甲向乙寄送一份价目表(要约邀请),乙本想依价目表向甲发出编号为5的手表的购买要约,但错写为15,此为表示错误;价目表显示的价格是560元,甲承诺愿"依价目表价格将手表出售"与乙,但实际上,甲所理解的"价目表价格"是650元,此时,甲未错误使用任何表示符号,却发生表示意义的理解错误,从而构成内容错误。

不过,内容错误固然指向意思表示的内容,表示错误若不与内容相联结,亦无意义,因此,两种类型的错误之间并无明确的界限。更重要的是,无论是表示错误,抑或内容错误,在法律效果上并无分别,均是导致法律行为可撤销,所以区分二者其实并无太大实质意义。②《民通意见》第71条将错误界定为"对行为的性质、对方当事人、标的物的品种、质量、规格和数量等的错误认识",虽然过于笼统,但只要能够确定这些"错误认识"属于意思表达错误,即可构成撤销事由,倒也有其快刀乱麻之利。

另值注意者,除行为性质与对方当事人外,《民通意见》第71条关于错误的界定围绕"标的物"展开,而对标的物之对价的错误(如买受价格、租金等)则未置一言。适用时,应可类推标的物错误之规定。

(二) 意思形成错误

《民通意见》第71条之粗糙与含混,首在未分辨意思表达错误与意思形成错误。"对行为的性质、对方当事人、标的物的品种、质量、规格和数量等的错误认识"既可存在于意思表达阶段,亦可能存在于意思形成阶段。涉及意思形成错误时,欲使第71条得到合理适用,须同时使用限缩与扩张两种解释手段。

1. 动机错误的规范意义

表意人在形成意思表示时,错误理解于法效意思具有重要意义的情形,称意思形成错误,又称动机错误(Motivirrtum)。

原则上,法律行为的效力与动机无关,动机错误自然不成其为效力瑕疵事由,所

---

① Rüthers/Stadler, Allgemeiner Teil des BGB, 16. Aufl., 2009, § 25 Rn. 33 ff.
② Dieter Medicus, Allgemeiner Teil des BGB, 10. Aufl., 2010, Rn. 746.

以,即使就对方当事人履约能力、标的物质量与规格是否合乎自己需求等问题形成"错误认识",亦不得主张撤销。在此意义上,《民通意见》第 71 条所称"错误认识"须作限缩,排除动机领域的错误认识。

但动机可能对于法律行为具有重要意义,一概忽略不计,未必合理。为此,《德国民法典》第 119 条第 2 款确立一项例外:"交易上视作重要的人或物的性质错误,亦视为意思表示的内容错误。"德国通说认为,该性质错误(Eigenschaftsirrtum)系动机错误,并不构成意思表示的内容,仅是表意人意思形成中的错误,但因其对于交易具有重要意义,故与内容错误适用相同的法律规则。①

2. 性质错误与同一性错误

性质错误存在于人或物上,与同一性错误界限模糊。② 一般情况下,二者区别在于,同一性错误未能正确指认契约对方或行为客体,性质错误则对于被正确指认的人或物具有行为人所需要的性质发生错误。例如,甲以为赛马 A 曾赢得过竞赛,故以重金买下,但其实赢得竞赛的是赛马 B,此时,甲所要买下的确实是赛马 A,并无同一性错误,但误判赛马 A 的能力,存在性质错误。③

德国法上性质错误之构成④

《德国民法典》第 119 条第 2 款涉及三个关键概念的判断:人的性质错误、物的性质错误与交易上的重要性。

人的性质

此处所谓"人",不仅包括法律行为当事人,亦包括第三人,只不过该第三人必须与法律行为有关。例如,与房屋承租人共同居住、有犯罪前科的儿子虽然不是租赁契约当事人,但承租人需要的是安全居所,若事先得知这一情况,不会决定在此租房。人的性质则举凡年龄、性别、宗教信仰、政治立场、犯罪前科、职业能力、信用状况等,只要与行为内容有直接关联,就属于有重要意义的性质。因此,为使得《民通意见》第

---

① Reinhard Bork, Allgemeiner Teil des Bürgerlichen Gesetzbuchs, 3. Aufl., 2011, Rn. 853; Brox/Walker, Allgemeiner Teil des BGB, 34. Aufl., 2010, Rn. 416; Heinz Hübner, Allgemeiner Teil des Bürgerlichen Gesetzbuches, 2. Aufl., 1996, Rn. 786; Larenz/Wolf, Allgemeiner Teil des Bürgerlichen Rechts, 9. Aufl., 2004, § 36 Rn. 34 ff.; Rüthers/Stadler, Allgemeiner Teil des BGB, 16. Aufl., 2009, § 25 Rn. 47.

② Larenz/Wolf, Allgemeiner Teil des Bürgerlichen Rechts, 9. Aufl., 2004, § 36 Rn. 55 f.

③ Dieter Medicus, Allgemeiner Teil des BGB, 10. Aufl., 2010, Rn. 763 f.; Rüthers/Stadler, Allgemeiner Teil des BGB, 16. Aufl., 2009, § 25 Rn. 31.

④ Reinhard Bork, Allgemeiner Teil des Bürgerlichen Gesetzbuchs, 3. Aufl., 2011, Rn. 845 ff.; Brox/Walker, Allgemeiner Teil des BGB, 34. Aufl., 2010, Rn. 417 ff.; Heinz Hübner, Allgemeiner Teil des Bürgerlichen Gesetzbuches, 2. Aufl., 1996, Rn. 787 ff.; Larenz/Wolf, Allgemeiner Teil des Bürgerlichen Rechts, 9. Aufl., 2004, § 36 Rn. 38 ff.; Rüthers/Stadler, Allgemeiner Teil des BGB, 16. Aufl., 2009, § 25 Rn. 46 ff.

71条能够成为性质错误的规范基础,应将"对方当事人"扩张解释至与对方当事人存在法律关联之人。

物的性质

此处所谓"物",包括法律行为的一切标的,而不限于物权法上的"有体"标的,至于物的性质,则指所有价值形成因素。所以,不仅特征性的自然属性是物的性质,标的之上的事实与法律关系,以及基于属性、使用期限与价值而形成的相关影响亦在其列。例如,根据法律行为的目的,位置、地界、土地属性、可耕作性等各项因素均可成为某幅土地的性质。

交易上的重要性

交易上的重要性系客观判断,因此,仅对表意人具有重要性而无客观重要性者,不得主张撤销。一般情况下,交易上的重要性依行为的典型经济目的而定。但如果通过解释得知,物的主观重要性质成为意思表示的内容(行为重要性),则表意人同样有权因错误而将其撤销。同时,交易重要性须结合具体的行为类型作出判断,例如,信用状况对于借贷契约或赊买属于重要性质,但对于现金交易却不重要,等等。

3. 撤销权之排除

以下情形,即便出现性质错误,亦不得主张撤销①:

(1) 风险行为

风险行为(riskantes Geschäft)本身即意味着交易目的落空之可能,当事人涉此领域,可推断为自冒风险,因而对于画作、古董、艺术品等交易,只要其中未含欺诈,即便买受人事后得知所购买者为复制品,亦不得以物的性质错误为由主张撤销。

(2) 保证行为

保证人订立保证契约时,若对债务人的偿付能力判断错误,以至于承担保证责任后无法自债务人处获得追偿,不得以人的性质错误为由主张撤销,因为保证行为即意味着偿付风险之承担。

(3) 物的瑕疵担保责任之优先性

买卖契约标的物出现瑕疵时,根据特别法优于普通法的规则,买卖契约瑕疵担保责任(《合同法》第150—155条)排斥较具一般性的撤销规定之适用。原因在于:当出卖人为错误人时,若许其行使撤销权,将为其规避瑕疵担保责任提供通道;而买受人为错误人时,若是有权选择撤销或瑕疵担保,其法律地位将优于未发生错误的情形,此法律优待缺乏正当性。

---

① Brox/Walker, Allgemeiner Teil des BGB, 34. Aufl., 2010, Rn. 420.

（三）特殊错误形态

1. 签名错误

若当事人未阅读或未完全阅读、未理解或未完全理解书面文件却签名其上，而书面意思表示所指向的法律效果其实非其所欲，则可能存在签名错误（Unterschriftsirrtum, Irrtum beim Unterschreiben）。签名错误是否构成撤销理由，须视具体情形而定。

（1）误载无害

若当事人口头约定法律行为内容，而以书面确认，在书面内容与口头内容不一致时，首先应运用解释手段确定表意人真意。① 若通过解释得知，当事人所追求的法律效果存在于口头约定而非书面记载，即便发生签名错误，亦依真实的口头合意发生效力，不存在撤销问题。其间道理，如同"误载无害真意"规则。②

（2）行为担受

行为人签名时本可从容阅读书面文件却在未受他人不当干扰的情况下放弃阅读，事后若以未了解书面文件内容因而存在签名错误为由主张撤销，不能获得支持。因为，签名之时，表意人并未形成明确的意思表示，不存在外部表示与内心真意不一的情形，非但如此，其放弃阅读而签名之行为可推断为对所签署文件的概括同意，有义务担受由此带来的后果。③

（3）文件误签

签名人签名时发生误解，以为所签署的是文件甲，其实签的却是文件乙。此时，签名人内心意思与表示行为发生偏离。效果意思错误不影响意思表示之生效，但表意人享有撤销权。此亦适用于签名人亲自草拟或由其口授的文件存在错误、未经阅读即予签名之情形。④

2. 空白签名

行为人签名于空白文件可能基于不同考虑：或者授权对方填入任意内容，或者授权对方填入之前约定的内容。若为前者，法律效果相当于行为担受，无权撤销。有疑问的是后者。

当事人于空白文件签名，嗣后该空白文件却被填入违反约定的内容。例如，出卖人甲与买受人乙约定售价为 3000 元，乙在甲提供的空白买卖契约上签名，并嘱甲自行填上售价，甲遂填作 5000 元。此时，甲无权向乙请求 5000 元价款，乙亦不必诉诸表示错误而撤销，双方买卖契约仍以 3000 元生效。原因在于，3000 元才是双方合意内容，甲的背信行为不能得到保护。但如果书面内容涉及善意第三人，则法律关系有所

---

① Dieter Medicus, Allgemeiner Teil des BGB, 10. Aufl., 2010, Rn. 753.
② Brox/Walker, Allgemeiner Teil des BGB, 34. Aufl., 2010, Rn. 421; Werner Flume, Das Rechtsgeschäft, 4. Aufl., 1992, S.452.
③ Werner Flume, Das Rechtsgeschäft, 4. Aufl., 1992, S.453.
④ Brox/Walker, Allgemeiner Teil des BGB, 34. Aufl., 2010, Rn. 421.

不同。甲以书面记载的 5000 元债权让与善意第三人丙,丙可类推表见代理取得 5000 元债权①,唯乙得依《合同法》第 82 条之规定对丙作出抗辩,而丙若要寻求救济,在证明甲构成欺诈的前提下适用《合同法》第 54 条第 2 款,将债权让与契约撤销。

3. 法律效果错误

法律效果错误(Rechtsfolgeirrtum)是表意人对意思表示之效果所生错误。泛泛而言,行为人之所以出现错误,即是因为意思表示所指向的法律效果与其内心真意不一,在此意义上,包括表示错误与内容错误在内的所有意思表达错误,均属法律效果错误。不过,越是无所不包的概念,意义越是有限。此处所称法律效果错误,仅是一种特殊的观察角度。依其与意思表示的关联程度,法律效果错误可能只是无关紧要的动机错误,亦可能构成内容错误。

(1) 法律效果之动机错误

法律行为的效果由行为人自决,但这不表示,行为人必须巨细无遗地设定法律行为所带来的一切法律效果。为便于法律适用并节省交往成本,制定法根据法律行为的主法律效果,类型化出若干有名法律行为(契约),如买卖、租赁等,然后参酌交往惯例或公共政策,就相应有名契约的间接法律效果一并加以规定,如出卖人的瑕疵担保义务或租赁物受让人的法定契约承担义务等。② 此等间接法律效果不必由当事人明确约定,因此,若双方买卖汽车,却未约定物的瑕疵担保责任,出卖人据此误认为不需要承担该项责任,或双方买卖房屋,买受人未意识到自己必须承受出卖人的出租人地位(买卖不破租赁),出卖人或买受人即不得以法律效果错误为由主张撤销。当中所涉错误,仅构成动机错误,不影响法律行为的效力。

(2) 法律效果之内容错误

如果表意人明确追求某项法律效果,却因为误认意思表示的法律意义而产生他项法律效果,则法律效果错误构成内容错误。例如,买卖双方约定排除卖方的权利瑕疵担保责任,卖方误以为物的瑕疵担保责任亦被排除。此时卖方即对其表示之意义发生错误,得因内容错误撤销。③ 关键之点在于,作为内容错误的法律效果错误,必须是意思表示的直接法律效果。④

4. 计算错误

交易中的价金、数量等依计算而来,若计算发生错误,具体法律效果亦将受其影响。所谓计算错误(Kalkulationsirrtum),是指表意人对据以确定价格、数量等因素的计算过程或计算基础发生错误。可分隐藏的计算错误(verdeckter Kalkulationsirrtum)

---

① Brox/Walker, Allgemeiner Teil des BGB, 34. Aufl., 2010, Rn. 422.
② Werner Flume, Das Rechtsgeschäft, 4. Aufl., 1992, S.465.
③ Brox/Walker, Allgemeiner Teil des BGB, 34. Aufl., 2010, Rn. 423.
④ Larenz/Wolf, Allgemeiner Teil des Bürgerlichen Rechts, 9. Aufl., 2004, § 36 Rn. 73; Rüthers/Stadler, Allgemeiner Teil des BGB, 16. Aufl., 2009, § 25 Rn. 37.

或称内部计算错误(inerner Kalkulationsirrtum)与公开的计算错误(offener Kalkulationsirrtum)或称外部计算错误(externer Kalkulationsirrtum)。《民通意见》第71条所界定的重大误解包括对于数量的错误认识,数量的计算错误应在该"错误认识"之列。至于价金的计算错误,则可准用关于数量错误之规定。

隐藏的计算错误发生的场合是,意思表示相对人仅知晓计算结果,而未被告知计算过程。德国通说认为,既然计算基础未向对方当事人显示,此类错误即发生于意思形成阶段,仅构成单纯的动机错误,错误人自担风险,无撤销权。① 通说并且认为,即便相对人明知却违反诚信任由计算错误发生,错误人亦无撤销权,唯表意人可能有权以相对人违反诚信为由拒绝履行契约。② 此外,隐藏的计算错误有别于履行契约时因为算错而多作给付之情形,后者无关乎撤销,只是因为多出的给付没有法律上的原因而发生不当得利返还问题。③

如果表意人告知对方计算过程或基础,或者对方对此予以承认,当中发生的计算错误称公开的计算错误。德国帝国法院曾认为,既然计算过程或基础已告知对方或为对方所承认,即成为意思表示的内容,从而构成内容错误。但当今德国学者对此普遍表示反对。

实际上,公开的计算错误虽被公开,但同样存在于意思形成过程中,表意人向外表达计算结果时,其内心意思与外在表示并未发生偏差——所表达的内容正是想表达的内容,偏差只存在于意思表示与正确的计算结果之间。要保护表意人,未必需要借助撤销的方式,诉诸"解释先于撤销"的原理即为已足。首先,如果通过解释得知,当事人就单价达成合意,只不过计算总价时发生错误,则根据"误载无害真意"规则,以正确的计算结果为准。其次,如果得知,计算基础与最终结果具有同等的意义,而二者不相吻合,则意思表示因为无所适从而无效,亦无关乎撤销;再次,如果当事人仅就最终结果达成合意,同时却被告知或承认计算过程,则可能因为双方的共同错误而发生行为基础丧失问题。④

---

① Brox/Walker, Allgemeiner Teil des BGB, 34. Aufl., 2010, Rn. 424; Heinz Hübner, Allgemeiner Teil des Bürgerlichen Gesetzbuches, 2. Aufl., 1996, Rn. 783; Larenz/Wolf, Allgemeiner Teil des Bürgerlichen Rechts, 9. Aufl., 2004, § 36 Rn. 70 f.; Rüthers/Stadler, Allgemeiner Teil des BGB, 16. Aufl., 2009, § 25 Rn. 41.

② Reinhard Bork, Allgemeiner Teil des Bürgerlichen Gesetzbuchs, 3. Aufl., 2011, Rn. 837; Rüthers/Stadler, Allgemeiner Teil des BGB, 16. Aufl., 2009, § 25 Rn. 41.

③ Larenz/Wolf, Allgemeiner Teil des Bürgerlichen Rechts, 9. Aufl., 2004, § 36 Rn. 58; Rüthers/Stadler, Allgemeiner Teil des BGB, 16. Aufl., 2009, § 25 Rn. 41.

④ Brox/Walker, Allgemeiner Teil des BGB, 34. Aufl., 2010, Rn. 424; Werner Flume, Das Rechtsgeschäft, 4. Aufl., 1992, S. 469 f.; Heinz Hübner, Allgemeiner Teil des Bürgerlichen Gesetzbuches, 2. Aufl., 1996, Rn. 776; Larenz/Wolf, Allgemeiner Teil des Bürgerlichen Rechts, 9. Aufl., 2004, § 36 Rn. 65 ff.; Dieter Medicus, Allgemeiner Teil des BGB, 10. Aufl., 2010, Rn. 757 ff.; Rüthers/Stadler, Allgemeiner Teil des BGB, 16. Aufl., 2009, § 25 Rn. 42 f.

三、错误与意思表示的因果关联

错误产生撤销权。这一结果之出现,以错误与意思表示之间具有因果关系为前提。与一般因果关系不同的是,表意人欲取得撤销权,不仅需要表明错误与意思表示之间事实上的因果关联,更需要表明这一关联的重要性。

依我实证法的概念用法,"误解"须属"重大",法律行为始得撤销。不过,《民通意见》第71条对于"重大"的界定落足于"造成较大损失",颇欠妥当。原因在于,何谓"较大损失",无从判断。若以绝对金额为标准,即意味着小额交易的当事人将失去更正错误的机会,显然有失公平;而若以损失占交易总额比例的相对金额为标准,又势必对大额交易不公平,比如,在总金额为1亿元的交易中造成1‰的损失,与总金额为100元的交易造成50%的损失,何者属于"较大损失"?无法确定的标准,相当于无标准,非当事人之幸。

实际上,错误意思表示之撤销,旨在为行为人错误的意志表达提供更正机会,而非弥补错误行为的损失,在此意义上,将错误的经济后果作为判断错误重大与否的标准,该思考进路从一开始就偏离正确的轨道。

与之相较,德国法进路更值赞许。依《德国民法典》第119条之规定,因果关联的判断,聚焦于错误对行为实施本身的重要性,即错误对于决定行为实施与否所具有的影响力,包括主观与客观两个方面。[①]

首先,主观重要性(subjektive Erheblichkeit)是指,若表意人知悉实情(Kenntnis der Sachlage)就不会作出此等意思表示。反之,如果真实情形并不妨碍意思表示之作出,即使出现错误,亦因为不具有主观重要性而不能产生撤销权。例如,甲本想订酒店的517号房间,却错写成514号,于此发生表示错误,但只要甲对517号房间没有特殊偏好(如每次入住均是517号房间),而仅仅是基于价格、面积、房间设施、窗外景观、安静程度等一般因素考量而作出选择,并且514号房间的各方面条件均与517号相同,则该表示错误不存在主观重要性,甲不得撤销。

其次,即便错误对于表意人具有主观重要性,若未同时具备客观重要性,亦不足以产生撤销权。所谓客观重要性(objektive Erheblichkeit),指的是表意人经理智评价(verständige Würdigung)即不会作出意思表示,而所谓"理智评价",以抽象理性人而非具体表意人为判断标准,换言之,错误人应被视为理性、不偏执或愚笨之人。例如,甲主张517("我要妻")房间对其具有主观重要性,因为他至今尚未婚配,渴望早日遇见生命中的另一半,514("我要死")房间则暗示自寻死路,该主观重要性即不具备客观重要性,甲不得撤销,因为这种迷信观念不能影响一般理性之人的行为抉择。

[①] Brox/Walker, Allgemeiner Teil des BGB, 34. Aufl., 2010, Rn. 431 f.

四、错误与误传

意思表示可能借助传达人表达。当传达人发生误传时,应如何处理?关于误传,唯一明确的法律规范见诸《民通意见》第 77 条:除法律另有规定或当事人另有约定者外,传达人因过失误传,应由表意人承担损害赔偿责任。然而很遗憾,这一规范对于认定因误传而实施的法律行为之效力意义甚微。此处所规定者,仅仅是损害赔偿责任的承担问题,至于误传是否影响意思表示的有效性以及产生何种影响(无效抑或可撤销),则未置一言。况且,错误对于意思表示效力的影响,不应以过失为要件。第 77 条既以过失为损害赔偿要件,似乎意味着,若传达人非因过失而误传,表意人不必承担责任,此规范逻辑,倒是与《民法通则》第 61 条后句遥相呼应。

关于误传,首先需要解决的是,误传是否对意思表示的效力构成影响,然后才能谈及损害赔偿的问题,否则即便出现损害,亦因为无从寻找请求权基础而陷入困境。传达人属于表意人支配领域,其错误自应由表意人承受,因此《德国民法典》第 120 条与台湾地区"民法"第 89 条均规定,传达人或传达设施误传者,与表意人错误同其对待。较为特殊的是门户网站发布信息。例如,甲欲以 5000 元的价格在网上出售二手电脑(要约邀请),但门户网站错将价格显示为 500 元,当买受人通过互联网发出要约时,甲未留意门户网站的错误显示而予以承诺。此时,门户网站作为传达设施,属于甲的传达人,误传归之于甲。① 甲有权以意思表示错误为由撤销买卖契约。

另外,误传后果归诸表意人之规则,仅适用于无意的误传。若为有意误传,则该表示非由表意人作出,不能拘束表意人,无需撤销。在适用上,可类推无权代理之规定,表意人可追认,否则由传达人自负其责。②

五、错误人的损害赔偿

错误人拥有更正错误的机会,并不意味着无需承担由此带来的成本。当错误人因为更正错误而给对方造成损害时,法律需要回答:该损害由谁负责?《民法通则》第 61 条后句规定:"有过错的一方应当赔偿对方因此所受的损失,双方都有过错的,应当各自承担相应的责任。"管见以为,这一规定颇值检讨。

第一,过错归责不妥。乍看之下,过错归责合乎私法自治理念。然而,此处所涉损害赔偿,与违约、侵权乃至缔约上过失均有不同。错误未必出于过错,而更正错误,往往带来成本,给对方造成损失。错误人有过错时固须赔偿对方损失,但若赔偿以过错为要件,即意味着,当错误非因过错所致时,错误人更正错误的成本,被转嫁于相对人。这一利益分配格局,显然对错误人过于宽容而对相对人过于苛刻。毕竟,错误行

---

① Rüthers/Stadler, Allgemeiner Teil des BGB, 16. Aufl., 2009, § 25 Rn. 56.
② a.a.O., § 25 Rn. 55.

为的实施者是错误人,而非相对人。就此而言,错误人的损害赔偿责任,与其说是过错归责的结果,不如说是错误人更正错误所须付出的代价,与过错无关。①

第二,免责条件阙如。除所谓的过错相抵外,《民法通则》未对错误人的免责条件作出规定,而过错相抵,系建立在过错归责的基础之上。另外,过错相抵无法解决双方皆无过错时的责任承担问题。实际上,错误人之所以有义务赔偿相对人的损失,目的在于保护善意相对人的信赖利益,反之,若相对人非属善意,即无信赖利益可言,错误人亦无需赔偿。对此,《德国民法典》第122条第2款之规定可资借鉴:"若受损害之人知道或因过失而不知(应当知道)无效或可撤销的原因,则赔偿义务不发生。"

第三,赔偿范围含糊。赔偿范围被笼统界定为"对方因此所受的损失"。具体如何,需要解释。法律行为上的损害赔偿,或者是履行利益(积极利益),或者是信赖利益(消极利益)。所谓履行利益,是指法律行为有效时当事人能够从履行中获得的利益;信赖利益则是指,当事人若未信赖法律行为有效而拥有的利益或节省的成本,前者如丧失的订约机会所带来的利益,后者如付出的交通费、通讯费、人力费等订约成本。基于错误撤销法律行为,赔偿履行利益已无可能,所以,所谓"对方因此所受的损失",仅指信赖利益的损失。同时,信赖利益之赔偿,以履行利益为限,原因在于,无效契约的当事人,不得主张较之契约有效更为优越的法律地位,否则所谓为错误人提供更正错误的机会,无异于画饼充饥,甚至制造交易陷阱。

第二十三节　表意自由与法律行为

一、意志的自由表达与法律行为效力

行为人若是属于完全行为能力人,意志即自由,在私法自治的框架下能够并且必须承受自己行为的法律后果。每个人为自己的行为负责,这正是私法自治的基本含义。

不过,许多情况下,即便具备独立的判断能力,亦不意味着意思表示为自由意志的产物。在意志的形成与表达过程中,行为人可能受到来自于他人的不当干扰:可能受到欺诈而懵然作出决定,可能受到胁迫而违心作出决定,也可能危难被他人所乘而忍痛作出决定。所有这些情况,均非行为人独立判断的结果,不能归诸"自由意志"名下。

对于受欺诈、胁迫及危难被乘的法律行为,《民法通则》第58条第1款第3项与《合同法》第54条第2款皆称"违背真实意思",《民通意见》第68条对于受欺诈更是直接以"错误意思表示"相称,似乎意味着,此类行为之出现效力瑕疵,是因意思表示

---

① Dieter Medicus, Allgemeiner Teil des BGB, 10. Aufl., 2010, Rn. 783.

"不真实"或"错误"所致。管见以为,法律之所以对此类情形提供救济,意思表示是否"真实"并非决定性因素,更关键的是,表意自由是否受到侵害。否则,判断该类行为效力时,就必须审查意思表示是否"真实",如果真实,即便存在欺诈胁迫因素,亦不能撤销。在此意义上,将上述情形归为意思瑕疵的传统归类并不准确,"因为严格而论,表示中并无错误存在,毋宁说,是表示人的意志决定自由在作出表示之前受到侵害。"① 换言之,"受欺诈或胁迫之影响而作出的意思表示,其可撤销性旨在保护意志自由"。②

既然是自由意志的形成与表达受到不当干扰,法律为之提供矫正手段时,便只能消极阻止意志不自由的情况出现,却无法积极替当事人作出具体的意志选择。因此,法律提供的救济无法帮助当事人形成或改变具体的法律关系内容,而仅在对已经形成的法律关系进行效力控制。在法律效果的设定上,存在两种选择:一是由实证法迳行认定无效(《民法通则》第58条第1款第3项),二是将是否有效的决定权交由当事人(《合同法》第54条第2款,《德国民法典》第123条)。第一种选择较为简单、直接,却有立法者替当事人作出判断之嫌,此时,即便自由意志受干扰之人欲接受法律关系的内容,亦不可得,结果本应为当事人自由意志提供保障的制度,却越俎代庖充当私人意志的决定者。因此,与私法自治理念更为吻合的选择是,将是否有效的决定权(撤销权)交由意志自由受不当干扰之人。

二、受恶意欺诈的法律行为

(一) 构成要件

《民通意见》第68条系关于欺诈的具体界定:"一方当事人故意告知对方虚假情况,或者故意隐瞒真实情况,诱使对方当事人作出错误意思表示的,可以认定为欺诈行为。"据此,受欺诈人所实施的法律行为,其可撤销性应具备欺诈行为、因果关系与故意三项要件。

1. 欺诈行为

欺诈行为(Täuschungshandlung)是旨在引起、强化或维持对方不正确看法之行为。该行为可表现为积极作为(积极欺诈),即"告知对方虚假情况";亦可表现为消极不作为(消极欺诈),即"隐瞒真实情况"。

积极欺诈是以明确告知错误事实为欺骗手段的行为。明知虚假却告知为真(如将二手车谎称为新车)固在其列,未知真假却保证为真(如未见过所要推销的二手车却言之凿凿保证无事故),若被证实为假,亦无妨构成欺诈。③ 另外,虽未明确告知,但

---

① Rüthers/Stadler, Allgemeiner Teil des BGB, 16. Aufl., 2009, § 25 Rn. 1.
② a.a.O., § 25 Rn. 73.
③ Dieter Medicus, Allgemeiner Teil des BGB, 10. Aufl., 2010, Rn. 788.

足以引起或强化对方错误认识时,该行为可推断为积极欺诈,例如,出卖人单单提及二手车的某次事故,让人误以为除此之外未发生其他事故。① 当然,并不是任何与真实情况不一致的声称均构成欺诈。例如广告夸耀("气死头场雪,不让二露霜")更多是一种艺术修辞,依常理判断不至于让人受其误导,不必以欺诈目之。再者,欺诈涉及事实真伪,这意味着,唯有对可客观检验的事实作虚假陈述始得当之。据此,不仅主观评价难以构成欺诈,对于将来事实的表述,亦因无法判定真假而不成其为欺诈的基础。②

并非所有"隐瞒真实情况"的行为均构成欺诈。消极不作为之构成消极欺诈,以告知义务之存在为前提。当事人并不负有一般性的告知义务,尤其是交易双方总是在某种程度上处于利益对立状态,此时,信息不对称往往反倒是达成交易的条件。为尊重当事人的私人领域,除非于对方明显具有重要意义、尤其是可能危及契约目的之实现甚至使其落空的情况,否则法律不得强制当事人负担告知义务。③ 显然,这一界定依旧过于宽泛。卖方的购置成本、买方的购进底价等信息均于对方具有"重要意义",却不必告知。因此,当事人何时负有告知义务,需要结合个案情形,依诚实信用与交易观念而定。双方的交易底价虽不必相告,但对于汽车性能、事故状况及里程数等有关标的物的基本信息,出卖人却负有告知义务。

2. 因果关系

除欺诈行为之存在,还需具备因果关系要件。《民通意见》第 68 条所称"诱使对方当事人作出错误意思表示",意义即在于此。欺诈中的因果关系不同于普通情形,需要具备双重因果,即,相对人因为欺诈而陷于错误,并且受欺诈人基于错误而作出意思表示。④

(1) 相对人因为欺诈而陷于错误

欺诈人故意告知虚假情况或故意隐瞒真实情况之行为,使得受欺诈人对于事实的认识陷入错误(如误以为所要购买的二手车从未出过事故)。此等事实认识系受欺诈人据以形成意思表示(如购买汽车)的基础,但不属于意思表示的内容,故为动机错误。就此而言,《民通意见》第 68 条称诱使对方当事人作出"错误意思表示"并不准确,因为该表述似乎表示,"意思表示"本身出现了"错误"。

动机错误本不为法律所重视,但如果该动机错误之形成系受他人欺诈所致,则表明,当事人的意志形成自由受到侵犯,法律须为之提供救济。因此,受欺诈人所陷入

---

① Reinhard Bork, Allgemeiner Teil des Bürgerlichen Gesetzbuchs, 3. Aufl., 2011, Rn. 866; Rüthers/Stadler, Allgemeiner Teil des BGB, 16. Aufl., 2009, § 25 Rn. 76.
② Larenz/Wolf, Allgemeiner Teil des Bürgerlichen Rechts, 9. Aufl., 2004, § 37 Rn. 6.
③ Rüthers/Stadler, Allgemeiner Teil des BGB, 16. Aufl., 2009, § 25 Rn. 77.
④ Reinhard Bork, Allgemeiner Teil des Bürgerlichen Gesetzbuchs, 3. Aufl., 2011, Rn. 871; Detlef Leenen, BGB Allgemeiner Teil: Rechtsgeschäftslehre, 2011, § 14 Rn. 100.

的动机错误无论是否指向交易上重要的人或物之性质,均不影响受欺诈人的撤销权。①

(2) 受欺诈人因错误而作出意思表示

受欺诈人陷入错误后,基于错误作出意思表示。这一因果关系的判断要点在于,若无该错误,受欺诈人根本不会或者不会在这一时间或以这一内容发出意思表示。同时,只要受欺诈人的表意自由受到侵扰,无论程度如何,法律均须为之提供救济,因此,在因果关系方面,欺诈行为引发的错误对于意思表示之作出构成影响即为已足,不必是唯一原因。②

(3) 因果关系的双重性

上述双重因果缺一不可。首先,相对人若是未因欺诈而陷入错误,即便作出欺诈人所期望的意思表示,相对人亦因表意自由未受欺诈侵扰而不得撤销。例如,出卖人谎称二手车从未出过事故,但买受人根本不相信,即便如此,买受人还是以出卖人所期待的价格买下该二手车。其次,相对人虽然陷入错误,但之所以作出欺诈人所期待的意思表示,系基于其他考虑,而非因为错误认识。此时,相对人之表意自由亦未受到侵扰,同样不得撤销。例如,买受人对于二手车未出过事故的说法信以为真,但他其实根本不关心该二手车的车况,之所以决定买下,仅仅是想接济处于经济窘境的出卖人。

3. 故意

欺诈须基于故意(Vorsatz),德国法称之为恶意(Arglist)。根据《民通意见》第68条之规定,无论是告知虚假情况,抑或隐瞒真实情况,均以故意为要,而"诱使"对方作出"错误意思表示",显然亦是有意为之。换言之,欺诈人之恶意,不仅包括实施欺诈行为之故意,而且包括令相对人因此陷入错误并基于错误作出意思表示之故意。另外,由于欺诈制度的直接保护目标是法律行为的决定自由而非财产利益,故欺诈人是否存在获利意图或造成对方财产损害之故意,不在考虑之列。③

(二) 法律效果

依《民法通则》第58条第1款第3项之规定,因恶意欺诈而实施的法律行为无效;《继承法》第22条第2款亦规定,受欺诈所立遗嘱无效。《合同法》第54条第2款则规定,因欺诈而订立的契约可撤销,但如果该契约损害国家利益,无效(第52条第1项)。《合同法》以契约行为为规制对象,在法律行为方面,属于《民法通则》的特别

---

① 亦见李永军:《民法总论》(第2版),中国政法大学出版社2012年版,第214页。
② Brox/Walker, Allgemeiner Teil des BGB, 34. Aufl., 2010, Rn. 452.
③ Reinhard Bork, Allgemeiner Teil des Bürgerlichen Gesetzbuchs, 3. Aufl., 2011, Rn. 874; Larenz/Wolf, Allgemeiner Teil des Bürgerlichen Rechts, 9. Aufl., 2004, § 37 Rn. 12; Dieter Medicus, Allgemeiner Teil des BGB, 10. Aufl., 2010, Rn. 789; Rüthers/Stadler, Allgemeiner Teil des BGB, 16. Aufl., 2009, § 25 Rn. 79.

法,并且属于新法,故关于契约行为,《合同法》排除《民法通则》之适用。如此,因受欺诈而实施法律行为,其法律效果是:若为单方行为,适用《民法通则》与《继承法》,无效;若为契约,适用《合同法》,一般可撤销,损害国家利益者无效。另外,若为劳动契约,则又适用相较于《合同法》同时兼为新法与特别法的《劳动合同法》第26条第1款第1项之规定:因受欺诈而订立或变更劳动契约,无效。

有如限制行为能力人擅自实施法律行为,立法者虽未有意为之,但我实证法依然区别单方行为与契约,为欺诈确立双轨法律效果。如果说在限制行为能力人问题上,立法者之无心插柳值得称道,对于欺诈,双轨效果则似乎缺乏正当化理由。为何契约当事人受到欺诈,有权决定是否让法律行为继续有效,单方行为人的这一自由却被剥夺?再者,将损害"国家利益"的受欺诈契约规定为无效,亦令人困惑。立法者显然意在维护"国家利益",使之不会因为欺诈行为而受到侵害,然而,何谓"国家利益"?将损害"国家利益"作为受欺诈契约效力的"加重要件",莫非意味着,只要未作欺诈,即使有损"国家利益",契约之有效性亦不受影响?若是如此,维护"国家利益"之意旨如何能够得到贯彻?若非如此,又何必将其附着于欺诈行为之上?[①]

(三) 第三人欺诈

《民法通则》第58条第1款第3项、《民通意见》第68条与《合同法》第54条第2款均显示,实证法关于欺诈之规定,以法律行为当事人实施欺诈为规范对象。然而,当事人之外的第三人亦可能是欺诈人。例如,得知买受人要购买朋友的二手汽车,即极力游说,并谎称该车从未出过事故,买受人信以为真,遂决意购买。买受人是否有权以欺诈为由主张撤销?若是有权,无异于要求出卖人为第三人行为负责;而若是无权,买受人被侵扰的意志自由势将无法获得矫正。法律的解决之道,端在衡平。对此,德国法可供借鉴。

1. 对表示受领人的撤销

《德国民法典》第123条第2款第1句规定:"第三人实施欺诈者,向对方作出的意思表示,仅在对方知道或应当知道欺诈时,得为撤销。"据此,第三人实施欺诈,唯在意思表示受领人非属善意(知道或应当知道)时,表意人始得向受领人撤销。此亦意味着,善意的表示受领人值得保护。

不过,称善意的表示受领人不必为第三人欺诈负责,以该第三人的法律地位独立于表示受领人为前提。如果表示受领人本就须为第三人行为负责(如表示受领人的代理人、雇员等行为辅助人),当该第三人对表意人实施欺诈时,表示受领人即便是善意,亦不值得保护,同时,第三人如果站在表示受领人的位置并且助其订立契约,亦不成

[①] 张俊浩主编:《民法学原理》(上册)(修订第3版),中国政法大学出版社2000年版,第282页(张俊浩)。

其为"第三人",如表示受领人所聘请的谈判辅助人、经纪人或其他信赖之人。① 此等格局,系利益衡量之结果。

2. 对权利取得人的撤销

《德国民法典》第 123 条第 2 款第 2 句规定:"若意思表示相对人以外的他人因意思表示直接取得权利,且该他人知道或应当知道欺诈,则意思表示得对其撤销。"据此,即使表示受领人为善意,表意人仍可享有撤销权,其撤销表示针对非善意的契约当事人之外、但依意思表示直接取得权利的第三人。利他契约是这一规则的典型适用对象。

所谓利他契约,亦称向第三人给付契约,是指契约当事人约定由债务人向第三人给付之契约。对权利取得人的撤销通常涉及四方关系人,以利他契约为例:表意人(受欺诈人)与受领人订立契约,约定由表意人向第三人甲(权利取得人)给付,而表意人的意思表示系基于第三人乙的恶意欺诈作出。若受领人为善意,依《德国民法典》第 123 条第 2 款第 1 句之规定,表意人不得向其主张撤销,但根据该款第 2 句,如果第三人甲知道或应当知道第三人乙的欺诈行为,表意人有权向第三人甲撤销。

基本原理仍在于,非善意的第三人不值得保护。例如:因为第三人乙的恶意欺诈,保险公司与投保人订立以投保人为被保险人的死亡险契约,第三人甲被指定为受益人。若第三人甲知道或应当知道第三人乙的欺诈行为,则保险公司有权对甲撤销;而若是投保人也知道或应当知道该欺诈,保险公司同时有权对投保人撤销。此外,当甲与乙合而为一即受益人实施欺诈行为时,举轻明重,保险公司(表意人)对受益人(权利取得人)的撤销权毋庸置疑。

(四)权利竞合

1. 撤销权竞合

基于欺诈产生的错误,若是构成交易中重要的人或物的性质错误,虽然属于动机错误,但可准用内容错误之规则,依错误法撤销。此时,受欺诈的表意人同时享有两项撤销权,可择一行使,法律效果相当于请求权竞合。在实体效果上,基于欺诈的撤销权于撤销权人更为有利,因为撤销权人无须承担损害赔偿责任。但在程序上,欺诈撤销权需要承担更重的举证责任:当撤销相对人表示异议时,基于受欺诈的撤销权人必须证明对方存在恶意欺诈行为。若未能成功证明,则可依错误法撤销。

2. 撤销权与瑕疵担保请求权竞合

出售存在瑕疵之物,当出卖人故意告知无瑕疵或故意隐瞒瑕疵时,构成恶意欺诈。此时,买受人可在买卖法上的瑕疵担保请求权与欺诈法上的撤销权之间择一行使。这种竞合属于选择竞合:若买受人选择撤销,即不得再主张瑕疵担保,因此时已无有效契约之存在;反之,若买受人选择瑕疵担保,则不得撤销契约,因为主张瑕疵担

---

① Rüthers/Stadler, Allgemeiner Teil des BGB, 16. Aufl., 2009, § 25 Rn. 81.

保之行为表明,买受人已认可契约的有效性。

3. 撤销权与损害赔偿请求权之竞合

恶意欺诈行为可同时构成侵权行为。如此,将发生撤销权与损害赔偿请求权的竞合。此处竞合为并存的竞合(聚合),侵权行为所生损害赔偿请求权不取决于受欺诈人是否撤销其意思表示。即便撤销权因除斥期间经过而消灭,受欺诈人亦有权依侵权行为法之规定主张损害赔偿。此外,欺诈行为经常还同时引发基于缔约上过失的损害赔偿请求权。①

三、受非法胁迫的法律行为

受非法胁迫(widerrechtliche Drohung)而实施法律行为,表意人不存在错误。受胁迫人作出迎合胁迫人的意思表示时,清楚意识到该意思表示意味着什么,问题只在于,受胁迫人并非基于自由意志作出此等意思表示。可见,受欺诈行为与受胁迫行为被归于一类,仅仅是因为二者均事关意志决定自由。

(一)构成要件

我实证法关于胁迫的界定见诸《民通意见》第69条:"以给公民及其亲友的生命健康、荣誉、名誉、财产等造成损害或者以给法人的荣誉、名誉、财产等造成损害为要挟,迫使对方作出违背真实的意思表示的,可以认定为胁迫行为。"据此,因受胁迫而实施法律行为,其可撤销性应具备胁迫、因果关系、不法性与故意四项要件。

1. 胁迫

胁迫是向对方预告将来危害,并且声称自己有能力令其实现之行为。包括以下要素:

(1)危害

《民通意见》称"以给公民及其亲友的生命健康、荣誉、名誉、财产等造成损害或者以给法人的荣誉、名誉、财产等造成损害为要挟",这一列举较为具体,但亦显得僵硬乃至于狭窄。首先,所欲施加的危害,意在侵扰对方的自由意志,因此,危害加之于谁并不重要,重要的是,是否足以影响对方的意志决定。基本上,任何足以侵扰对方自由意志的不利,均可构成危害,施之于"公民及其亲友"固然没有疑问,即便是陌路人、他主或无主之物甚至胁迫人自己,亦无妨成为危害对象。在此意义上,《民通意见》之界定,在适用时,应作典型列举而非封闭列举解释。其次,所欲施加的"危害"(Übel)未必是被胁迫人的"损害"(Schaden),只要在被胁迫人看来构成不利(Nachteil)并为之感到恐惧,即为已足。例如,以减少所给予的利益相要挟,虽未构成损害,仍属胁

---

① Reinhard Bork, Allgemeiner Teil des Bürgerlichen Gesetzbuchs, 3. Aufl., 2011, Rn. 886; Brox/Walker, Allgemeiner Teil des BGB, 34. Aufl., 2010, Rn. 463; Rüthers/Stadler, Allgemeiner Teil des BGB, 16. Aufl., 2009, § 25 Rn. 93.

迫。因而,《民通意见》所称损害,须作扩张解释,以便令其容纳所有经被胁迫人主观评价为不利的情形。

（2）将来危害

称"以……为要挟",即意味着,该危害并不具有现实性。此与强调事实的既成性之欺诈不同,原因很简单,既成危害无法再令对方心生恐惧。这同时意味着,非法胁迫系以心理强制（psychische Zwangslage, vis compulsiva）的手段令被胁迫人产生恐惧,此又与现实的身体上无法抗拒之物理强制（physischer unwiderstehlicher Zwang, vis absoluta）不同。若为后者,意思表示因欠缺行为意思而未能成立,不必撤销。

不过,心理强制作用于主观,与客观情形未必对应。一方面,危害虽已客观发生,但如果被胁迫人尚不知情,胁迫人以之为要挟手段,亦无妨构成胁迫;另一方面,并非所有将来危害均具心理强制功能。"你若不把房子租给我,明天将有地震发生。"固然是预告危害,但该危害与胁迫人无关,亦与胁迫人所要实施的法律行为无关,除非胁迫人能够让对方相信,自己有能力让地震明天发生,否则受胁迫人不可能心生恐惧,地震亦无法成为要挟手段。因此,危害不仅必须是将来的,而且在被胁迫人看来,该将来危害之实现受制于胁迫人意志。至于危害之实现在客观上究否受制于胁迫人意志、甚至危害在客观上是否具有实现之可能,均非所问。关键只在于,被胁迫人相信危害将会实现,并且相信胁迫人有能力令其实现。

（3）胁迫人

有如欺诈,《民法通则》第58条第1款第3项与《合同法》第54条第2款亦是将胁迫人局限于法律行为当事人。第三人当然同样可能作出胁迫。德国法对第三人胁迫采取与欺诈不同的处理办法。通说认为,胁迫无论由当事人抑或第三人作出,法律行为均具有可撤销性。这意味着,第三人胁迫时,受胁迫人的对方当事人即便是善意,亦不值保护。① "盖胁迫行为对表意人意思自由影响甚大,应优先予以保护。"②

2. 因果关系

胁迫必须具备双重因果关系:预告危害之行为导致被胁迫人陷于恐惧,以及被胁迫人基于恐惧作出意思表示。此与欺诈类似。

另值注意者,因果关系之判断,非以理智的旁观者为标准,而取决于被胁迫人的实际心理状态。③ 只要被胁迫人确实因为胁迫而心生恐惧并因此作出意思表示,即便该胁迫行为对任何其他人都不会产生影响,亦不妨碍此特定情形下胁迫之构成。例

---

① Reinhard Bork, Allgemeiner Teil des Bürgerlichen Gesetzbuchs, 3. Aufl., 2011, Rn. 889; Brox/Walker, Allgemeiner Teil des BGB, 34. Aufl., 2010, Rn. 472; Heinz Hübner, Allgemeiner Teil des Bürgerlichen Gesetzbuches, 2. Aufl., 1996, Rn. 843; Larenz/Wolf, Allgemeiner Teil des Bürgerlichen Rechts, 9. Aufl., 2004, § 37 Rn. 31; Rüthers/Stadler, Allgemeiner Teil des BGB, 16. Aufl., 2009, § 25 Rn. 84.

② 王泽鉴:《民法总则》(最新版),北京大学出版社2014年版,第374页。

③ Brox/Walker, Allgemeiner Teil des BGB, 34. Aufl., 2010, Rn. 466.

如,以扎小人取人性命相要挟,若被胁迫人果然心生恐惧,则具备因果关系,虽然一般理性之人不会受此胁迫。

3. 不法性

欺诈不必特别要求不法性,原因在于,恶意欺诈本身即属不法。[①] 胁迫却未必如此。例如,买受人以起诉相要挟,要求出卖人向自己移转标的物所有权,虽为胁迫,却不具有不法性,出卖人不得以此为由主张撤销所有权移转行为。因此,实证法虽未明确显示不法性要件,适用时却不能弃之不顾。况且,《民通意见》第69条以"造成损害"相称,在某种程度上,亦隐含了胁迫的不法性。

逻辑上,胁迫之不法性可存在于手段、目的及手段与目的之间的关联三个环节。任一环节的不法,均构成不法胁迫。

(1) 手段不法

手段不法(Widerrechtlichkeit des Mittels)是指以不法行为实施胁迫,迫使对方发出意思表示。只要手段不法,即便所追求的目的合法,胁迫亦具有不法性。例如,出卖人拖延不履行移转所有权之义务,买受人遂放言欲将其杀害。买受人有权依有效的买卖契约要求出卖人移转标的物所有权,故其目的并不违法,但以杀害对方相要挟作为实现目的的手段,却具有不法,因此,出卖人有权以胁迫为由主张撤销所有权移转行为。

(2) 目的不法

通过某种手段所要实现的结果不法,称目的不法(Widerrechtlichkeit des Zwecks)。目的不法时,要求对方作出意思表示之行为亦属不法。例如,甲乙双方为避税,相约作通谋虚伪表示,后甲欲退出,乙以告发相要挟。告发避税之手段并不违法,但通过该手段所要达到的目的违法,故该胁迫行为具有不法性。

(3) 手段与目的之间的关系不法

即使手段与目的皆合法,以该手段实现该目的亦可能不法,此之谓手段与目的之间的关系不法(Widerrechtlichkeit der Mittel-Zweck-Relation)。例如,以告发先前犯罪

[①] 《德国民法典》正是基于这一认识,未将不法性列为恶意欺诈的要件。不过,随着个人隐私的保护不断得到加强,"恶意欺诈必属不法"之判断出现了例外,某些情况下,当事人拥有"说谎的权利"。例如,根据《德国联邦中央登记法》(Bundeszentralregistergesetz)第53条第1款之规定,犯罪记录之销除视为未受犯罪处罚,所以,若雇主询问职位申请人已从犯罪记录簿中销除的犯罪前科,而申请人若拒绝回答或如实回答将令其失去该职位,则申请人说谎不具有不法性,提出不适当问题的雇主亦不得因此享有撤销权。再如,基于性别歧视之禁止,雇主一般不得对女性职位申请人询问有关怀孕的问题。另外,为正当防卫而实施欺诈,亦阻却不法性。Reinhard Bork, Allgemeiner Teil des Bürgerlichen Gesetzbuchs, 3. Aufl., 2011, Rn. 873; Brox/Walker, Allgemeiner Teil des BGB, 34. Aufl., 2010, Rn. 453; Detlef Leenen, BGB Allgemeiner Teil: Rechtsgeschäftslehre, 2011, § 14 Rn. 87 f. 我国《刑法》第100条第1款规定犯罪前科报告义务:"依法受过刑事处罚的人,在入伍、就业的时候,应当如实向有关单位报告自己曾受过刑事处罚,不得隐瞒。"据此,因就业而订立契约时,若未履行报告义务,将构成欺诈。但若符合第2款所列情形("犯罪的时候不满十八周岁被判处五年有期徒刑以下刑罚的人,免除前款规定的报告义务"),即便故意隐瞒,亦非属不法。

行为相要挟,要求出卖人依约向自己移转标的物所有权。告发犯罪行为不违法,要求出卖人依约履行义务亦属正当,但二者本不相关,强行建立联系以令出卖人心生恐惧,有违正当的权利须以正当的方式实现之诚信要求,因而不法。

4. 故意

胁迫人在预告危害、引起恐惧及迫使被胁迫人作出迎合己意的意思表示诸方面,须有意为之。① 此亦可从《民通意见》第69条推知。

不过,有如欺诈,法律旨在矫正受胁迫人的意志自由,而非提供财产救济,故胁迫人不必有损害故意。② 同时,德国通说认为,对于不法性,奉行客观判断标准,胁迫人是否存在过错乃至是否意识到不法性之存在,均非所问,原因在于,意思表示的可撤销性仅为保护被胁迫人的意志自由不受侵扰,而非制裁胁迫人。③

(二) 法律效果

受非法胁迫法律行为之效果,同于欺诈。但《农村土地承包法》第57条规定:"任何组织和个人强迫承包方进行土地承包经营权流转的,该流转无效。"此处所谓"强迫",自应包括胁迫。特别法优于普通法,因受胁迫而以"转包、出租、互换、转让、入股、抵押或者其他方式""流转"土地承包经营权者(《农村土地承包法》第32条、49条),所涉契约无效而非可撤销。

四、危难被乘的法律行为

因受他人侵扰、明知作出的意思表示非其所愿却依然被迫作出的情形,除受胁迫者外,还可能是危难被人所乘。关于乘人之危,《民通意见》第70条的界定是:"一方当事人乘对方处于危难之机,为牟取不正当利益,迫使对方作出不真实的意思表示,严重损害对方利益的,可以认定为乘人之危。"

(一) 构成要件

1. 危难

一般情况下,能够被人所乘之危难系急迫的经济窘境,至于导致该经济窘境的缘由如何则在所不问,无论是地震等自然灾害,抑或市场经营失败,还是家庭突生变故,均无关紧要。只不过,该危难处境必须具有现实急迫性,或者正在发生亟待解决,或者迫在眉睫亟需应对。

---

① Werner Flume, Das Rechtsgeschäft, 4. Aufl., 1992, S.538.
② Heinz Hübner, Allgemeiner Teil des Bürgerlichen Gesetzbuches, 2. Aufl., 1996, Rn. 842; Rüthers/Stadler, Allgemeiner Teil des BGB, 16. Aufl., 2009, § 25 Rn. 89.
③ Reinhard Bork, Allgemeiner Teil des Bürgerlichen Gesetzbuchs, 3. Aufl., 2011, Rn. 899; Brox/Walker, Allgemeiner Teil des BGB, 34. Aufl., 2010, Rn. 471; Werner Flume, Das Rechtsgeschäft, 4. Aufl., 1992, S. 538 ff.; Heinz Hübner, Allgemeiner Teil des Bürgerlichen Gesetzbuches, 2. Aufl., 1996, Rn. 841; Larenz/Wolf, Allgemeiner Teil des Bürgerlichen Rechts, 9. Aufl., 2004, § 37 Rn. 43 f; Dieter Medicus, Allgemeiner Teil des BGB, 10. Aufl., 2010, Rn. 820.

2. 因果关系

欺诈与胁迫中,妨碍表意人自由判断之外部环境由欺诈人与胁迫人造就——欺诈人伪造虚假事实,胁迫人则制造恐怖气氛。乘人之危与之不同。乘危人未参与危难状态的形成,仅仅是对该状态加以恶意利用而已。因而,危难处境下的意思表示是否具有可撤销性,取决于乘危人的恶意利用是否侵扰表意人的决定自由。判断时,须从主观与客观两个方面观察。

(1) 主观因果

主观因果可进一步作两层判断:其一,危难处境为人所乘。若表意人虽处于危难,但对方并未利用该危难,只是与之正常交易,或者,危难人为摆脱困境而主动作出意思表示,则对方行为不构成乘人之危。其二,非迫于危难,表意人本不会作出或不会作出此等意思表示。若对方虽有意利用危难,但表意人即便未遭遇该危难,亦愿作出或作出此等意思表示,则该意思表示不成其为危难被乘之意思表示。

(2) 客观因果

为摆脱危难处境,当事人对于法律交易的需要往往较之平时更显迫切。即便该处境未为他人所乘,表意人亦可能"挥泪大甩卖"。因而,主观因果纵然成立,亦不足以认定行为之不当。表意人仅仅是为摆脱危难处境而"被迫"交易,抑或因为该危难处境受到恶意利用而"被迫"交易,尚需借助客观情形作出判断。依《民通意见》第70条之规定,该客观情形是"严重损害对方利益"。法律交易中的"严重损害对方利益"往往表现为以明显不相称的对价获取危难人的高额利益,即利益严重失衡。利益严重失衡,可作为危难被恶意利用的客观证据。至于何谓严重失衡,则需结合个案、视具体情形而定。

另外,乘人之危所涉利益,一般仅限于财产利益。单纯的情感利益之损害,原则上不构成撤销理由。① 例如,甲因妻子重病急需医疗费,知情人乙表示愿以市价购其家传名画,虽然之前一直坚持不卖,但此次经考虑再三,甲终忍痛售出。事后,甲不得以危难被乘为由主张撤销,应认定为自由意志的结果,原因在于,甲虽对祖传名画有深厚的情感利益,但出售之举表明,在甲看来,与筹钱为妻治病相较,该情感利益可放弃。否则,危难之际的交易但凡涉及情感利益,劫波渡尽之后,表意人均得以危难被乘为由主张撤销。得鱼而忘筌,吾未见其可也。

3. 故意

《民通意见》第70条称乘危人旨在"牟取不正当利益"。这意味着,乘危人之故意,不仅表现在有意利用对方危难处境,而且还在通过该利用获得不正当利益。

(二) 法律效果

《民法通则》第58条第1款第3项将乘人之危与欺诈、胁迫并列规范,采相同的

---

① 相反见解,见韩世远:《合同法总论》(第3版),法律出版社2011年版,第195页。

无效立场,《合同法》第 54 条第 2 款亦一同改无效为可撤销。不同之处在于,依《合同法》第 52 条第 1 项之规定,欺诈、胁迫同时"损害国家利益"时,导致契约无效,乘人之危则无此例外规定,概为可撤销。另外,依《劳动合同法》第 26 条第 1 款第 1 项之规定,乘人之危而订立或变更劳动契约,无效,此又同于欺诈、胁迫。

(三) 危难被乘、显失公平与暴利行为

影响法律行为之有效性的,我实证法上尚有"显失公平"情形。对此,《民法通则》第 59 条第 1 款第 2 项与《合同法》第 54 条第 1 款第 2 项均以之为撤销原因。仅就法条文义观之,该情形似乎强调纯结果判断,基于何种原因"显失公平"则非所问,但《民通意见》第 72 条的界定是:"一方当事人利用优势或者利用对方没有经验,致使双方的权利与义务明显违反公平、等价有偿原则的,可以认定为显失公平。"将导致显失公平结果的原因纳入构成要件。所谓"明显违反公平、等价有偿原则",即是利益严重失衡之谓;而"利用优势或者利用对方没有经验",又与乘人之危的手段相近,均是恶意利用对方的不利处境使之就范。原本看来泾渭分明的"乘人之危"与"显失公平",如此迂回之后,竟似系出同源。

实际上,许多学者已经正确指出,我实证法上的乘人之危与显失公平,是德国法上暴利行为一拆为二的结果。[①]

《德国民法典》第 138 条第 2 款规定:"特别是一方恶意利用对方之困境、无经验、缺乏判断能力或明显的意志薄弱,使其对自己或第三人为一项给付允诺提供或实际给予财产利益,而该财产利益与给付显然不相称者,法律行为无效。"该条所规范的法律行为被称为"暴利行为"(wucherische Rechtsgeschäfte)。所谓"特别是",系针对该条第 1 款("违背善良风俗的行为无效")而言,换言之,暴利行为被当作违背善良风俗"特别重要的适用情形"。[②]

在构成上,德国区分客观要件与主观要件。客观要件是指给付与对待给付显然不相称。至于判断"显然不相称"之标准,则无统一规定,适用时,须考虑法律行为之所有具体情形(如风险分配、交易的投机色彩、一般市场行情、市场通常做法等)。主观要件指的是暴利者恶意利用对方的困境、无经验、缺乏判断能力或明显的意志薄弱。其中,恶意利用是指有意利用法律行为对方当事人的困难情境牟求过度收益;困境是指因暂时的急迫窘境(多为经济窘境)而对于物或金钱给付存在迫切需求;无经验是指生活或交易经验之缺乏;缺乏判断能力是指行为人(多为理解力薄弱之人)明显缺乏基于理智考虑而实施法律行为或正确评判双方对待给付与法律行为经济后果

[①] 崔建远:《合同法总论》(上卷),中国人民大学出版社 2008 年版,第 299 页;李永军:《民法总论》(第 2 版),中国政法大学出版社 2012 年版,第 215—216 页;梁慧星:《民法总论》(第 4 版),法律出版社 2011 年版,第 202 页;张俊浩主编:《民法学原理》(上册)(修订第 3 版),中国政法大学出版社 2000 年版,第 290 页(张俊浩)。

[②] Dieter Medicus, Allgemeiner Teil des BGB, 10. Aufl., 2010, Rn. 707.

之能力;明显的意志薄弱则是指微弱的抵御能力。①

台湾地区"民法"第74条亦规定暴利行为:"法律行为,系乘他人之急迫、轻率或无经验,使其为财产上之给付或为给付之约定,依当时情形显失公平者,法院得因利害关系人之声请,撤销其法律行为或减轻其给付。"与德国不同,台湾地区未将暴利行为规定为无效,而只是可撤销或减轻给付,亦未将其置于公序良俗条款(第72条)之下。但学说颇受德国影响。

关于暴利行为的性质,除梅仲协先生等少数学者认为系旨在保护经济上弱者、"与违反公序良俗之行为有别"外②,多数见解均从德国解释,将其视作公序良俗条款的特别规定。③ 然而,悖俗行为本应无效,何以第74条却以之为可撤销?对此,王伯琦先生的解释是:"盖以此种行为,涉及社会整个利益者少,关系于当事人个人利益者大也。"④问题是,既然"关系于当事人个人利益者大",又何必强附德国,将其按入公序良俗的轨道?

以暴利行为为悖俗行为,强调的是"暴利"之结果。通过财产利益的伦理化,德国法将其置于自治领域之外,概以无效视之。管见以为,暴利因素难以改变法律关系仅关乎当事人利益之实质,故不必纳入公共秩序调整,交由当事人自决应较符合自治理念。适用时,无妨将《民通意见》第70条之"危难"略作扩张,将无经验、缺乏判断能力或明显的意志薄弱等情形一并纳入。如此,则可合流乘人之危与显失公平,在侵扰意志自由的逻辑下重作统一规范。

第二十四节 事务处置与法律行为

一、自治原则与事务处置

私法自治的要义在于,法律关系所涉之人,须有其意志贯彻其中。因而,除要求意志自由外,私法自治另有一题中之义,即,各人只能处置自己事务——处分自己的权利,为自己设定义务。

原则上,未经允许,任何人无权处置他人事务,否则该他人将处于"他治"状态,而陷他人于"他治"者,往往构成侵权。当中若是涉及法律行为,效力势必出现瑕疵。此效力瑕疵之病因,端在被"他治"之人对自己事务的意志自主遭到剥夺,对症之药因而

---

① Brox/Walker, Allgemeiner Teil des BGB, 34. Aufl., 2010, Rn. 344 f.
② 梅仲协:《民法要义》,中国政法大学出版社1998年版,第120页。
③ 施启扬:《民法总则》(第8版),台湾自版发行2009年版,第255页;史尚宽:《民法总论》,中国政法大学出版社2000年版,第343页;王伯琦:《民法总则》(第8版),台湾"国立编译馆"1979年版,第135页;郑玉波著,黄宗乐修订:《民法总则》(修订11版),台湾三民书局2008年版,第257页。
④ 王伯琦:《民法总则》(第8版),台湾"国立编译馆"1979年版,第135页。

在于令其重归自治。体现在法律技术上,行为的有效性取决于被"他治"之人的意志:同意,有效;否认,无效。该效力形态称"效力待定"。

因越界处置他人事务而导致效力待定的情形,主要有无权处分与无权代理两类。

二、无权处分

关于无权处分,《民法通则》未置一言,唯《民通意见》第89条有所涉及:"在共同共有关系存续期间,部分共有人擅自处分共有财产的,一般认定无效。"更直接的规范基础见诸《合同法》第51条:"无处分权的人处分他人财产,经权利人追认或者无处分权的人订立合同后取得处分权的,该合同有效。"

(一)构成要件

1. 处分行为

作为法律行为的处分行为与负担行为相对,指的是让与权利、变更权利内容、设定权利负担或废止权利等直接变动权利之行为。处分行为可为单方行为,亦可为契约。前者如所有权抛弃、债务免除(《合同法》第105条),后者则如所有权让与合意。《合同法》第51条所规范的无权处分仅指处分契约。

典型的处分行为系物权行为。若处分标的为债权,则可称"准物权行为"。

债务承担的法律性质

债权让与系处分行为无疑。有疑问的是,债务承担是否亦具处分属性?在法律效果上,债务承担令承担人负担义务。表面上看,此系典型的负担行为。然而,《合同法》第84条规定:"债务人将合同的义务全部或者部分转移给第三人的,应当经债权人同意。"《德国民法典》第415条第1款第1句亦有类似规定。问题因而在于,若债务承担契约纯属负担行为,为何需要第三人(债权人)同意?

债务承担涉及债权人、债务人与承担人三方关系人,有债权人与承担人之间的承担契约与债务人与承担人之间的承担契约两种基本形式。当然,三方合意的债务承担契约最为周全,但在法律关系方面不具有典型的说明价值。债权人与承担人之间的债务承担契约较为少见,常见的是后者。《合同法》第84条所规定的,即是后者。德国通说认为,债务承担兼具负担行为与处分行为之特性。[①] 之所以具有负担行为的特性,是因为债务承担契约使得承担人负有债务清偿之义务。至于其处分行为之特性,则有不同解释。

德国早期学说认为,债务承担之处分行为属性,来自于对债务这一消极财产的处

---

① Palandt/Grüneberg, Überbl vor § 414, Rn. 1.

分,即,债务人将其债务处分与第三人。① 将债务作为处分内容不符合对处分行为的一般理解。这一解释若能成立,负担行为与处分行为之分立,恐怕也就没有太大的意义。如今,德国从债权处分的角度立论,认为:除新债务人负担义务外,债务承担亦含有对债权的处分,因为债务人的变更意味着债权内容的变更。在《德国民法典》第414条债权人与第三人为债务承担之情形,债权人自行实施这种处分,而在第415条债务人与第三人为债务承担之情形,原债务人乃是无权处分,故其有效性取决于处分权人(债权人)之同意。②

另值注意者,若是未获债权人同意,债务人与承担人之间的债务承担契约无效,但并不表示,双方合意在任何意义上均属无效。债务承担契约毕竟包含负担合意,而负担合意无需第三人(债权人)同意,故其有效性不受影响,因此,承担人仍对债务人负有向债权人清偿之义务,只不过债权人对于承担人无请求权而已,此即所谓履行承担(Erfüllungsübernahme)。

2. 无处分权

一般情况下,处分权人是权利人(所有权人、债权人等)或权利人的法定代理人。未得到权利人或其法定代理人之处分授权,即无处分权。

处分权固然来自于原权利,但并不表示,权利人必定拥有处分权,例如,权利人一旦成为破产人,即失去对自己财产的处分权,取而代之的是破产管理人。另外,除破产管理人等法定处分权人外,权利人亦可对非权利人授予处分权,令非权利人之处分成为有权处分。

3. 以处分人名义作出处分

无权处分人系以处分人自己的名义作出处分行为。若以本人(处分权人)名义,则为无权代理。

(二) 法律效果

1. 效力待定

《合同法》51条称:"经权利人追认或者无处分权的人订立合同后取得处分权的,该合同有效。"反面解释,若未满足所需条件,即无效。两相结合,在条件成就与否确定之前,"该合同"既非有效亦非无效,处于待定状态。显然,《民通意见》第89条之当然无效立场被放弃了。

---

① Karl Larenz, Lehrbuch des Schuldrechts, Bd. I: Allgemeiner Teil, 14. Aufl., 1987, S.603 (Fn. 3).郑玉波先生亦作此解释。参见郑玉波著、陈荣隆修订:《民法债编总论》,中国政法大学出版社2004年版,第448页。

② Karl Larenz, Lehrbuch des Schuldrechts, Bd. I: Allgemeiner Teil, 14. Aufl., 1987, S.603 f.; Medicus/Lorenz, Schuldrecht I: Allgemeiner Teil, 18. Aufl., 2008, Rn. 791.

《合同法》第51条系关于效力待定之规定,此无疑义,有疑问的是,"该合同"指的是何种合同?答案取决于如何看待负担行为与处分行为之二分。①

依笔者管见,一方面,并无足够证据表明,《合同法》所称"合同"概为债权合同,亦无令人信服的理由表明,《合同法》中的买卖等"债权合同"具有直接变动物权之效果;另一方面,在区分负担行为与处分行为的框架下,《合同法》《物权法》等实证法中涉及物权变动的法律规范能够得到更为合理且合乎逻辑的解释,而同样是在此框架之下,负担行为之有效性与处分权无关。因此,第51条所谓"该合同",应解释为直接发生权利变动的处分契约(物权契约或准物权契约),而非为当事人设定义务的负担契约(债权契约)。

例如,甲将属于丙的手表卖与乙,并与乙达成所有权移转合意。属于无权处分因而效力待定的,唯所有权移转合意(物权契约)而已;至于甲乙之间的买卖契约,则称"出卖他人之物",效力不受制于处分权之有无。若所有权移转合意因为丙拒绝追认而无效,乙不能取得手表的所有权,但可依有效的买卖契约请求甲继续履行,甲若陷入履行不能,则应向乙承担违约责任。此亦《买卖合同解释》第3条之规范意旨。

2. 追认与取得处分权的溯及力

依《合同法》第51条之规定,追认与嗣后取得处分权均可令无权处分契约变得有效,但有效时点如何计算,则未明确。追认系权利人事后对处分行为表示同意,具有相当于事先同意即允许之效力,无权处分可因此溯及至行为实施之时有效。嗣后取得处分权与之不同。处分人嗣后取得处分权的情形如处分人成为标的物所有权人,此时,处分行为之所以变得有效,是因为处分人既已成为权利人,所处置的便不再是他人事务,"无权"瑕疵亦从此得到消除。职是之故,效力待定状态因处分权之取得而得到转化(Konvaleszenz)或称补正(Heilung),不具有溯及效力。②

3. 善意替代处分权

例外情形下,权利取得人可从非权利人处取得权利,此时纵无权利人同意,无权处分行为亦可有效。该例外情形即是善意取得。基于法律行为的物权变动奉公示原则,动产与不动产分别以占有(交付)与登记为公示手段(《物权法》第6条)。善意相对人有理由相信,拥有法定公示表征者,即是权利的合法享有人。为保护相对人的善

---

① 文献梳理,可参崔建远:《合同法总论》(上卷),中国人民大学出版社2008年版,第317页以下。

② Reinhard Bork, Allgemeiner Teil des Bürgerlichen Gesetzbuchs, 3. Aufl., 2011, Rn. 1724; Rüthers/Stadler, Allgemeiner Teil des BGB, 16. Aufl., 2009, § 28 Rn. 15. 台湾地区"民法"则生溯及效力,第118条第2项前句:"无权利人就权利标的物为处分后,取得其权利者,其处分自始有效。"1982年1月4日"民法总则"修正增加但书规定:"但原权利人或第三人已取得之利益,不因此而受影响。"修正理由称:"无权利人就权利标的物为处分后,迄其取得其权利之期间内,原权利人对该项标的物,未为使用收益者,固不生问题,倘仍使用收益,则承认无权利人之处分为自始有效,即显然足以妨害原权利人及第三人在该期间内使用收益之权能,殊不相宜,故增设第2项但书,以资救济。"王泽鉴:《民法总则》(最新版),北京大学出版社2014年版,第481页。但书具有缺漏修补之效,可惜"立法者"未顺势改为无溯及效力,却宁愿抱残守缺诉诸例外规则,整个规范体系因此多出一枚补丁。

意信赖进而保护交易安全,即便处分人其实并非真权利人,亦不影响权利之有效移转(《物权法》第 106 条第 1、3 款)。在善意取得情形,相对人的善意弥补处分人缺乏处分权之瑕疵,因而不必有真权利人的同意。此亦表明,善意之成立,以法定公示为前提,因此,债权之无权处分,不得主张善意取得。

三、无权代理

未获授权的行为人以本人(被代理人)名义实施法律行为,称无权代理。《民法通则》第 66 条第 1 款第 1 句与《合同法》第 48 条第 1 款均规定,无权代理之法律行为,效力须待本人追认而定。详细阐述,请参见本书第二十九节。

第二十五节 强制秩序与法律行为

一、私法自治与强制秩序

法律行为可能涉及特定第三人,此时可通过效力待定制度矫正第三人的"他治"状态,法律行为当然还可能涉及不特定的第三人。抽象的不特定第三人构成公共秩序。维续社会共同体以尊重必要的强制秩序为前提,该强制秩序不得为任何个别意志所改变,处于自治领域之外。所以,如果法律行为与强制秩序相抵触,行为效力可能出现瑕疵。

以拘束力为标准,法律规范可作任意规范与强制规范之区分。任意规范可为当事人改变或排除,无法建构强制秩序。代表强制秩序者,唯强制规范而已。强制规范可再分为强行规范(指令)与禁止规范(禁令),前者指示当事人为积极行为,后者禁止当事人为某种行为。基于私法的自治属性,私法强制规范基本上都是禁止规范。职是之故,法律行为之违反强制秩序,以违反禁止规范的形式表现。

法律规范还可根据构成要件的确定程度区分为规则与原则。规则的构成要件较为具体,适用时较具确定性,但同时意味着,规则系以列举的方式对法律行为作出禁止。——列出被禁止的行为,表面上看,正是"法无明文禁止即自由"理念的反映,有助于私人自由的维护。然而,私人交往的复杂程度远较立法者的理性为甚。私法规范从民众交往惯例中抽象而来,立法者永不可能将所有交往惯例巨细无靡地详加规定,更不可能预见交往中的新禁忌。因此,在规则的具体列举之外,尚须辅以抽象的原则,以防止私人行为侵害公共秩序与善良风俗。

二、违反法律禁令的法律行为

(一) 法律规范与法律行为的效力

《民法通则》第 58 条第 1 款第 5 项与第 6 项规定"违反法律或者社会公共利益

的"及"经济合同违反国家指令性计划的"法律行为无效。其中,第6项"经济合同违反国家指令性计划的"系计划经济时代的产物,因其"明显不适应社会主义市场经济和社会发展要求",已被2009年8月27日通过的《全国人大常委会关于修改部分法律的决定》明令删除;第5项后一情形"违反社会公共利益"则被解释为公序良俗条款;至于前一情形"违反法律",文义显然过于宽泛,立法者似乎以为,所有"法律"均是强制规范,不得"违反"。

《合同法》第52条第5项对《民法通则》有所限缩,据之,契约仅在"违反法律、行政法规的强制性规定"时无效。限缩表现在两个方面:其一,任意规范被排除;其二,能够作为契约无效依据的"强制性规定",仅限于全国人大及其常委会制定的法律及国务院制定的行政法规,而不包括地方性法规与行政规章(《合同法解释一》第4条)。

尽管如此,《合同法》的概念使用仍嫌宽泛,因为,并非所有"强制性规定"之违反,均带来法律行为无效之后果。例如,《公司法》第149条第1款规定,公司董事或高管不得实施违反忠实义务之行为,但根据第2款,若第1款所列行为被实施,相应法律行为并非无效,而仅是令公司取得归入权。为此,《合同法解释二》第14条进一步作出界定:《合同法》第52条第5项规定的"强制性规定","是指效力性强制性规定"。

经过层层限缩,相应规范可表述为:违反效力性强制规定的法律行为无效。"效力性强制性规定"概念,更早可见之于史尚宽先生效力规定与取缔规定之分类①,《民商事合同案件指导意见》第15条则以"管理性强制规定"对称"效力性强制规定"。看起来,这一表述甚是严谨②,但却是同义反复。③ 其所表达的是:如果某项强制性规定将导致违反的法律行为无效,那么,违反该强制性规定之法律行为无效。问题在于,什么样的法律规范是"效力性强制规定"。

(二) 效力性与管理性强制规定

《合同法解释二》第14条仅以效力性强制规定为无效依据,似乎意味着,此类规范与管理性强制规定的区别在于,是否会导致契约无效。然而,《民商事合同案件指导意见》第15条对此有所偏离:"违反效力性强制规定的,人民法院应当认定合同无效;违反管理性强制规定的,人民法院应当根据具体情形认定其效力。""根据具体情形认定其效力"即表明,管理性强制规定亦可成为无效依据。然则《合同法解释二》第14条意义何在?

问题不止于此。《民商事合同案件指导意见》第16条试图给出效力性强制规定

---

① 史尚宽:《民法总论》,中国政法大学出版2000年版,第330页。
② 当然,这一表述可以看起来更严谨:违反效力性禁止规范(法律禁令)的法律行为,无效。不过,由于民法的强制规范基本上都是禁止规范,故以"强制性规定"相称,亦无太大问题。
③ 亦见苏永钦:《违反强制或禁止规定的法律行为——从德国民法§134的理论与实务操作看台湾地区"民法"§71》,载氏著:《私法自治中的经济理性》,中国人民大学出版社2004年版,第43页。

与管理性强制规定的判断标准:"如果强制性规范规制的是合同行为本身即只要该合同行为发生即绝对地损害国家利益或者社会公共利益的,人民法院应当认定合同无效。如果强制性规定规制的是当事人的市场准入资格而非某种类型的合同行为,或者规制的是某种合同的履行行为而非某类合同行为,人民法院对于此类合同效力的认定,应当慎重把握,必要时应当征求相关立法部门的意见或者请示上级人民法院。"很遗憾,即使忽略"征求相关立法部门的意见或者请示上级人民法院"此等深具中国司法特色的政策言辞,上述标准仍模糊含混,甚至似是而非:

首先,若无债务履行,单纯通过债务合同之订立"绝对损害国家利益或者社会公共利益"的情形不太容易想象,但在最高法院看来,"合同行为本身"对于"损害国家利益或者社会公共利益"的严重程度显然远高于"合同的履行行为",以至于前者被直接认定无效,后者却"应当慎重把握"。

其次,《合同法》第52条所列五项无效事由在适用时,应呈并列故而相互排斥的关系。第1项、第2项与第4项均明确与"国家利益"或"社会公共利益"相关,第3项之"目的"既称"非法",自然有违"国家利益或者社会公共利益",若违反强制规定的合同损害"国家利益或者社会公共利益",符合此四项之构成,直接视情形分别适用第1至4项即为已足,何须假借第5项转介参引?

再次,"市场准入"资格亦在"应当慎重把握"之列,但既然负有维护社会公共利益之责的政府为市场准入制造门槛,越过门槛为何不会损害社会公共利益?此时如何区分效力性强制规定与管理性强制规定?例如,《易制毒化学品管理条例》第9条、第14条系关于经营与购买易制毒化学品之"市场准入"的资格管制,当属管理性强制规定,同时,为了遏制易制毒化学品的不法流通,未取得经营许可证或购买许可证之人所订立的买卖契约应归于无效,是否又可视之为效力性强制规定?实际上,最高法院在涉及"市场准入资格"的司法解释中,将其归入《合同法》第52条第5项的规制范围似乎未显示出太多的犹豫,如《建设工程施工合同解释》第1条、第4条。①

效力性强制规定与管理性强制规定之分类是法律解释的结果,自然无法成为判断规范类型的依据,而最高法院司法解释甚至在分类标准上都显得犹疑不定,所提供

---

① 能够体现"宽大"的表现无非在,"市场准入资格"在工程竣工之前(如《建设工程施工合同解释》第5条)或起诉前(如《商品房买卖解释》第2条)得到批准者,法院不支持当事人以此为由的无效主张。同时,《合同法解释一》第10条虽规定:"当事人超越经营范围订立合同,人民法院不因此认定合同无效。"但紧接着又表明:"但违反国家限制经营、特许经营以及法律、行政法规禁止经营规定的除外。"这些都恰恰表明,在法院看来,"市场准入资格"系合同有效性的影响因素。此亦可在司法案例中得到印证。在一起码头租赁纠纷案中,上海市第一中级人民法院(2008)沪一中民二(民)终字第1062号判决虽改变上海市松江区(2007)松民三(民)初字第1566号判决援引《港口法》第22条的无效认定,但并非因为"市场的准入资格"之缺乏不影响合同的有效性,而是认为,涉案港口系《港口法》施行前的老码头,主管机关未及颁发许可证,"一概以老码头不具有许可证而认定租赁合同无效不符合港口法第二十二条的立法意图"。详参陈旭:《以强制性规定类型识别为导向的合同效力认定》,载《人民司法·案例》2010年第14期,第81—85页(直接引文见第85页)。

的判断依据更是治丝益棼。既然如此,何不另觅它径,以别种视角观察强制规范对于法律行为效力的影响?

(三) 法律禁令的类型

早在罗马法,法律禁令即依其后果被三分为完全法律(leges perfectae)、次完全法律(leges minus quam perfectae)与不完全法律(leges imperfectae)。违反完全法律之法律行为无效;违反次完全法律者,行为效力不受影响,但行为人将招致刑事处罚;至于不完全法律,仅仅是禁令而已,无任何制裁手段施于违反者。① 这一分类虽未必与现代法律完全契合,但基本思路沿袭至今。不过,法律禁令属于何种类型,一如法律规范的任意性质抑或强制性质,法律规范自身往往并未给出一望可知的答案,需要通过解释予以判定。

1. 形式判别

用词考究的话,语词的使用能够传达禁令类型之信息。德国法上,法律禁令主要有"不应"(soll nicht)、"不许"(darf nicht)与"不能"(kann nicht)三种表述,分别是强行规范、许可规范及授权规范之反面。违反时,法律效果各有不同。其中,违反"不应"禁令,法律行为并不因之无效;违反"不许"禁令,法律行为是否无效,取决于具体的规范意旨;违反"不能"禁令,法律行为无效。②

形式判别的优点在于清晰明了,但局限性亦甚明显:

首先,对立法者的学术素养与立法语言的精确度要求过高,在我国不具有现实可行性。

其次,过于强调禁令的语词标志,可能机械僵硬甚至舍本逐末,因为规范功能毕竟是通过实质的规范意旨而非外在形式体现。例如,《德国民法典》第181条称,代理人"不能"(kann……nicht)实施自我行为,若依语词,违反此项禁令者,法律行为绝对无效,但德国通说认为,如此判定有违规范意旨,解释时应作缓和。

再次,并非所有禁止规范均包含"不应"之类的否定语词,行为是否被禁止,往往体现于法律后果,例如,《刑法》第232条第一分句规定:"故意杀人的,处死刑、无期徒刑或者十年以上有期徒刑",虽无否定语词,但当中显然包含"不能杀人"之禁止规范。所以,形式判别仅仅构成初步判断或辅助判断。

2. 实质判别

更可靠的判别准据在于实质的规范意旨,即,法律禁令欲通过行为之禁止达到何种目的。③ 以此为标准,法律禁令可三分为内容禁令(Inhaltsverbote)、实施禁令(Vornahmeverbote)与纯粹秩序规定(bloße Ordnungsvorschriften)。

---

① Werner Flume, Das Rechtsgeschäft, 4. Aufl., 1992, S. 340 f.
② Schwab/Löhnig, Einführung in das Zivilrecht, 18. Aufl., 2010, Rn. 662. 亦见梅仲协:《民法要义》,中国政法大学出版社1998年版,第118页。
③ Larenz/Wolf, Allgemeiner Teil des Bürgerlichen Rechts, 9. Aufl., 2004, § 40 Rn. 10.

（1）内容禁令

内容禁令系绝对禁令（absolute Verbote）①，禁止当事人的合意内容或所追求的法律效果之实现。② 例如，双方订立杀人的委任契约即属违反内容禁令之行为。违反内容禁令的法律行为无效，否则将陷于自相矛盾：一方面宣称合意内容被禁止，另一方面合意所约定的义务却应当得到履行。

内容禁令与处分行为抽象原则

若是奉行处分行为（物权行为）抽象原则，一般情况下，内容禁令仅导致负担行为无效，作为履行行为的处分行为则因为目的无涉，效力不受影响，唯利益给予人可享有不当得利法上的返还请求权。③ 例如，以行贿为目的的赠与契约因违反《刑法》第385条以下之规定而无效，但为履行赠与契约而移转所有权的行为则须另作观察。具体可分两种情形：其一，行贿人基于自由意志移转所有权，此时，所有权移转行为并无效力瑕疵，行贿人仅得考虑不当得利返还；其二，若行贿人因索贿而移转所有权，除不当得利返还请求权外，尚可考虑基于胁迫撤销移转行为，从而依所有物返还请求权取回其物。此迥然不同的法律效果于刑法领域亦有意义。

当受贿人遭《刑法》第383条没收财产时，如何界定可供没收之财产至关重要。《刑事裁判涉财产执行规定》第9条第1款称："判处没收财产的，应当执行刑事裁判生效时被执行人合法所有的财产。"另依第13条第1款规定，被执行人所负民事债务应在没收财产之前得到清偿。这意味着，归属于他人之物固然不得被没收，他人享有的返还请求权，亦须优先予以满足。据此，所有权移转无论是否基于行贿人自由意志，贿物似均须别除于没收财产之外。然而，依不当得利法，若行贿人自身存在过错，其返还请求权须被排除（参酌《德国民法典》第817条法理），贿物须被没收。如此，主动行贿与被动遭索之区别对待，不仅体现于《刑法》第389条第3款，亦借助物权行为的抽象原则呼应于民法领域，堪称允当。

反之，若是处分行为有因甚至否认处分行为之独立存在，则贿赠契约无效使得行贿人仍然保有贿物所有权。当受贿人被判处没收财产时，贿物并不属于受贿人，若一并没收，缺乏足够法律依据，但主动行贿人若有权取回其物，显然又不具有正当性；法院虽可将贿物一概认定为赃物，依《刑事裁判涉财产执行规定》第10条予以追缴，但被动遭索之人亦受追缴对待，其正当性同样值得怀疑。

当然，如果内容禁令不仅禁止负担行为之内容，并且拒绝由此带来的利益移转，

---

① Rüthers/Stadler, Allgemeiner Teil des BGB, 16. Aufl., 2009, § 26 Rn. 7 ff.
② Reinhard Bork, Allgemeiner Teil des Bürgerlichen Gesetzbuchs, 3. Aufl., 2011, Rn. 1093.
③ Brox/Walker, Allgemeiner Teil des BGB, 34. Aufl., 2010, Rn. 326.

则负担行为与处分行为同归无效。此时,所有权未发生移转,处分人得以所有权人身份要求返还。例如,《易制毒化学品管理条例》第16条第2款规定,个人不得购买条例所列第1类、第2类易制毒化学品。依其规范意旨,这一规定既禁止与个人订立此类化学品的买卖契约,亦禁止个人取得所有权,因而,所涉负担行为与处分行为皆无效。

(2) 实施禁令

法律禁令若不针对行为内容,仅仅是禁止所实施的行为本身,谓之实施禁令。[1] 史尚宽先生所谓取缔规定,在界定上与此类似:取缔规定"着重违反行为之事实行为价值,以禁止其行为为目的"。[2] 但史先生之取缔规定仅在防止其行为,而非以之无效[3];德国法上之实施禁令,则一般导致法律行为无效。[4] 基于对法律行为效力影响的相似性,许多德国学者主张将实施禁令亦归入内容禁令,不对二者作出区分。[5]

不过,依博尔克之见,实施禁令与内容禁令有所不同。违反实施禁令之法律行为无效,并非因为行为内容有何不妥,而是因为此类行为将带来非正义后果。例如,销赃行为(《刑法》第312条)之被禁止,原因不在于标的物移转合意或价金支付合意有违正义,而在于标的物系盗窃所得。[6] 再者,违反内容禁令之法律行为无效,几乎没有例外,违反实施禁令者,则存在无效之例外。[7]

违反实施禁令无效之例外,主要包括单方禁令与双方禁令之单方违反两种。[8]

其一,属于单方实施禁令者如《公司法》第149条第1款,该禁令仅以公司董事或高管为规范对象。相对人与之实施相关行为,并不因为董事或高管违反对公司的忠实义务而无效,根据该条第2款,唯公司对于董事或高管之所得有权归入而已。与之不同,内容禁令无论单方、双方,一无例外导致违反的法律行为无效,如《合同法》第40条后段与《消法》第26条。

其二,双方实施禁令虽同时规制双方当事人,但若只是一方违反,为诚实守信之相对人利益计,法律行为或者有效,或者其有效性交由诚实守信之相对人决定。前者如善意购买人与销赃人订立的买卖契约,后者则如恶意欺诈。与之不同,内容禁令无论一方违反抑或双方违反,均令法律行为无效。

---

[1] Reinhard Bork, Allgemeiner Teil des Bürgerlichen Gesetzbuchs, 3. Aufl., 2011, Rn. 1094.
[2] 史尚宽:《民法总论》,中国政法大学出版2000年版,第330页。
[3] 同上。
[4] Reinhard Bork, Allgemeiner Teil des Bürgerlichen Gesetzbuchs, 3. Aufl., 2011, Rn. 1115.
[5] Brox/Walker, Allgemeiner Teil des BGB, 34. Aufl., 2010, Rn. 324 f.; Rüthers/Stadler, Allgemeiner Teil des BGB, 16. Aufl., 2009, § 26 Rn. 7 ff.
[6] Reinhard Bork, Allgemeiner Teil des Bürgerlichen Gesetzbuchs, 3. Aufl., 2011, Rn. 1094.
[7] a. a. O., Rn. 1113, 1115.
[8] a. a. O., Rn. 1116 ff.

(3) 纯粹秩序规定

纯粹秩序规定的规制对象是诸如时间、地点、种类、方式之类的法律行为外部环境。① 因其并不直接针对法律行为本身,故可称相对禁令(relative Verbote)。②

纯粹秩序规定只是为法律行为创造公平正义的秩序环境,违反之人将招致行政乃至刑事处罚,所涉具体法律行为的效力却不受影响。在此意义上,纯粹秩序规定其实并不属于《合同法》第52条第5项意义上的"强制性规定",或者说,并不属于私法意义上的法律禁令。③ 例如,《娱乐场所管理条例》第28条("每日凌晨2时至上午8时,娱乐场所不得营业")系有关营业时间的管制规定,如有违反,娱乐场所将面临行政处罚(《娱乐场所管理条例》第48条),但在此时间段所实施的法律行为,有效性却不受影响。

(四) 参引性规范

《合同法》第52条第5项与《德国民法典》第134条及台湾地区"民法"第71条相近。此类规范仅显示法律效果,却无构成要件之规定,属于空白规范(Blankettnorm)④,不得单独援引为裁判依据。不仅如此,若其他更为具体的私法规范已包含法律效果之规定或通过解释可知属于何种类型的禁止规范,则无该空白规范之适用余地。因而,《合同法》第52条第5项作为不完全规范,其功能主要不在于与其他补足构成要件的私法规范结合而成完全规范,而在于通过参引构成要件(参引性规范),将其他法律、尤其是公法与刑法中的禁止规范引入私法,充当沟通私法与公法的中介桥梁。⑤

三、违背公序良俗的行为

(一) 公共秩序与善良风俗

在概念上,"公序良俗"常被拆分为"公共秩序"与"善良风俗"两项,此系《法国民法典》第6条("任何人不得以特别约定违反有关公共秩序与善良风俗之法律")与台湾地区"民法"第72条("法律行为,有背于公共秩序或善良风俗者,无效")之概念用法。台湾地区通说与司法实务认为,公共秩序与善良风俗所指非一,应分别判断,其中,公共秩序是法律本身的价值体系,指"社会一般利益","善良风俗"则属法律外的伦理秩序,为"社会一般道德观念"。⑥

---

① Reinhard Bork, Allgemeiner Teil des Bürgerlichen Gesetzbuchs, 3. Aufl., 2011, Rn. 1095; Larenz/Wolf, Allgemeiner Teil des Bürgerlichen Rechts, 9. Aufl., 2004, § 40 Rn. 17; Rüthers/Stadler, Allgemeiner Teil des BGB, 16. Aufl., 2009, § 26 Rn. 4.
② Rüthers/Stadler, Allgemeiner Teil des BGB, 16. Aufl., 2009, § 26 Rn. 4.
③ Reinhard Bork, Allgemeiner Teil des Bürgerlichen Gesetzbuchs, 3. Aufl., 2011, Rn. 1095.
④ Schwab/Löhnig, Einführung in das Zivilrecht, 18. Aufl., 2010, Rn. 663.
⑤ 关于此类参引性规范,详参苏永钦:《违反强制或禁止规定的法律行为——从德国民法§134的理论与实务操作看台湾地区"民法"§71》,载氏著:《私法自治中的经济理性》,中国人民大学出版社2004年版,第30—52页;苏永钦:《从动态法规范体系的角度看公私法的调和——以民法的转介条款和宪法的整合机制为中心》,载氏著:《寻找新民法》,北京大学出版社2012年版,第249—292页。
⑥ 王泽鉴:《民法总则》(最新版),北京大学出版社2014年版,第277—278页。

概念可作分别定义,实际判断时,彼此界限其实难以把握,加之公共秩序与善良风俗的功能并无二致,均是令有所违反的法律行为无效,因此,二者常以并称("公序良俗")的面貌出现。

《德国民法典》有所不同,其第138条第1款("违背善良风俗的法律行为无效")仅使用善良风俗概念,至于公共秩序,则被认为系国际私法领域的概念。①

(二) 社会公共利益与公序良俗

我实证法未以"公序良俗"为法律行为效力的影响因素,但在解释上,通说透过《民法通则》第7条将"社会公共利益"及"社会公德"赋以"公序良俗"之值。

《民法通则》第7条规定:"民事活动应当尊重社会公德,不得损害社会公共利益,破坏国家经济计划,扰乱社会经济秩序。"最重要的"民事活动"当属法律行为无疑,因而,不妨粗略认为,"社会公共利益"主要在法律行为领域有其意义。以社会公共利益为控制法律行为效力的因素,这一思路为《民法通则》与《合同法》所贯彻。《民法通则》第55条第3项把"不违反社会公共利益"作为"民事法律行为"的消极要件予以规定,又通过第58条第1款第5项将"违反社会公共利益"的"民事行为"归诸无效。《合同法》第52条第4项同其规定。

通说亦是在此语境下解读《民法通则》第7条之"基本原则"地位。只不过,学者普遍将其中的"社会公共利益"与"社会公德"之表述,替换为"公序良俗"。梁慧星教授指出:"依学者通说,中国现行法所谓'社会公共利益'及'社会公德',在性质和作用上与公序良俗原则相当,'社会公共利益'相当于'公共秩序','社会公德'相当于'善良风俗'。"② 王利明教授亦表示:"我国现行民事立法虽然没有采纳公序良俗的概念,而采用了社会公共利益和社会公共道德等概念,但它们表达的都是相同的含义。"③

不过,在使用时,"社会公共利益"与"公共秩序""社会公德"与"善良风俗"之间并非严格对应,实际上,概念常交替使用,从未得到明确区分。例如,王利明教授指出,破坏社会经济生活秩序的行为,固然是违反社会公共利益,而社会公共利益概念亦包括有关公共道德的内容,因而,"将社会公共利益作为衡量法律行为生效的要件,也有利于维护社会公共道德"。④ 就此而言,单独将"社会公共利益"或"社会公德"任一概念对应于"公序良俗",似乎均无不可。

然而,至少从字面上看,"社会公共利益""社会公德""公共秩序"以及"善良风俗"各概念含义并不相同。例如,《德国民法典》上所谓"善良风俗",在其"立法理由书"中,被定义为"所有公平正义思考者的礼仪观念"(Anstandsgefühl aller billig und

---

① Dieter Medicus, Allgemeiner Teil des BGB, 10. Aufl., 2010, Rn. 683.
② 梁慧星:《民法总论》(第4版),法律出版社2011年版,第51页。
③ 王利明:《民法总论》(第2版),中国人民大学出版社2015年版,第60页。
④ 同上书,第253页。

gerecht Denkenden)。① 既称礼仪观念,自是较侧重于伦理道德。而我实证法所称社会公共利益,往往被定义为"由全体社会成员所享有的利益""它是和私人利益相对应的概念"。② 伦理道德观念固然与"利益"相去甚远,即便是"公共秩序",亦未必等同于"公共利益"。例如,姚瑞光先生认为,台湾地区通说将"公共秩序"定义为"社会一般利益"并不妥当,因为"秩序"并无"利益"之义,以"一般利益"定义"公共秩序",易将"公共秩序"混淆于"公共利益"。③

名实不符的尴尬处境亦为我国学者所认识,因而,梁慧星教授建议,"考虑到'社会公共利益'和'社会公德'非法律规范用语,及与国际接轨的要求,应改采通用法律概念。建议在制定民法典时,以《民法通则》第7条的规定为基础,以'公共秩序或善良风俗'取代'社会公共利益'和'社会公德',并用'法律行为的内容或目的'代替'民事活动'"。④ 马俊驹教授、王利明教授等学者亦有类似建议。⑤ 果如此,"社会公共利益"概念可退出法律行为领域。

当然,将"社会公共利益"条款解释为公序良俗,与文义相去太远⑥,强作比附,在学术上似乎多少有点自我殖民的意味。更为直白且本土的解释是,我实证法所称"社会公共利益",仅仅是与私人利益相对的利益类型,此外不必再作其他延伸。但即便如此,何谓"与私人利益相对的利益类型"仍需解释。此利益可能是社会多数成员的共同利益——私人利益因而对应"少数利益"或者"个体利益",亦可能是社会的"代表者"利益即集体利益或国家利益。

若为前者,即意味着,私人之间的法律行为将因其与多数人利益不符而无效,此系社会功利主义进路,将令私人通过法律行为追求自身利益时负有照管乃至增益他人利益之义务,管见以为,这既不可能,亦不正当。⑦ 将社会公共利益对应于集体利益或国家利益则不符合实证法的概念用法。依《合同法》第52条第4项之规定,只要"损害社会公共利益",法律行为即为无效;但同条第1项所规定的无效,除"损害国家利益"外,还须具备欺诈或胁迫之要件,第2项之无效,则除损害"国家、集体"利益外,还须具备恶意串通之要件,换言之,单纯的损害国家或集体利益,并不足以导致法律行为无效。可见,至少在《合同法》上,"社会公共利益"与"国家利益(集体利益)"概

---

① Dieter Medicus, Allgemeiner Teil des BGB, 10. Aufl., 2010, Rn. 682.
② 王利明:《民法总论》(第2版),中国人民大学出版社2015年版,第253页。
③ 姚瑞光:《民法总则论》,台湾自版发行2002年版,第284—285页。
④ 梁慧星:《民法总论》(第4版),法律出版社2011年版,第51页。
⑤ 马俊驹、余延满:《民法原论》(第4版),法律出版社2010年版,第43页(马俊驹);王利明:《民法总论》(第2版),中国人民大学出版社2015年版,第60页。
⑥ 例如,李永军教授即通说不以为然,他认为,社会公共利益包括物质利益与非物质利益两种形态,将其等同于公序良俗,仅凸显其非物质利益一面,而忽略物质利益。李永军:《民法总论》(第2版),中国政法大学出版社2012年版,第208页。
⑦ 详参朱庆育:《权利的非伦理化——客观权利理论及其在中国的命运》,载《比较法研究》2001年第3期,第10—29页。

念被有意区别对待,不宜等同。

就此而言,将"社会公共利益"比附为公序良俗,虽不免自我殖民之嫌,却可勉强令这一条款变得有意义,在各种可能的解释中,最具可取性。

(三) 违背公序良俗行为的构成

公序良俗是不确定的法律概念,属于规则之外的原则(一般条款),意义在于为价值判断提供进入实证法的通道,并由此实现法官造法。① 以原则作为规则的补充,本就意味着当中并无明确的构成要件可供把握,判断时需结合具体的主客观情境作综合考量。

德国法上,善良风俗条款主要借助司法判例的类型化而得到界定。这些案例类型主要包括:滥用权力或垄断地位,捆绑契约,危害债权与信用欺诈,法律行为工具化、尤其是个人私域的商业化利用(如卖淫、性交易等),危害婚姻与家庭秩序,诱使违约(如以刺激出卖人违约为目的的二次买卖),贿赂协议,公共职位、学位或贵族称号买卖,准暴利行为,等等。②

"中国公序良俗第一案"

2001 年发生于四川泸州的遗产纠纷案被称为"中国公序良俗第一案"。"第一案"之谓,既极言其影响之大,亦表明,我国司法判例中,明确诉诸公序良俗者并不多见。

死者将其个人及一部分与妻共有的遗产遗赠于同居情人,妻子拒不交出遗嘱所涉财产,受遗赠人遂诉至法院。两审法院[(2001)纳溪民初字第 561 号、(2001)泸民一终字第 621 号]均认为,死者有配偶,却与他人婚外同居,违反《婚姻法》第 2 条至第 4 条之规定,死者更将财产遗赠于该情人,违反社会公德,因而,"遗赠行为违反了法律规定和公序良俗,损害了社会公德,破坏了公共秩序,应属无效行为",遂依《民法通则》第 7 条之规定,判决驳回原告诉讼请求。

该案是否有适用公序良俗条款之余地,容有争议。遗憾的是,在法律技术上,该案判决书的概念使用与法律论证之漏洞所在多有。③ 另外,《民法通则》第 7 条未包含法律效果之规定,单独以之为无效依据,亦颇有不妥,至少还应与《民法通则》第 58 条第 1 款第 5 项情形 2 相结合。

---

① Rüthers/Stadler, Allgemeiner Teil des BGB, 16. Aufl., 2009, § 26 Rn. 28 ff.
② Larenz/Wolf, Allgemeiner Teil des Bürgerlichen Rechts, 9. Aufl., 2004, § 41 Rn. 31 ff.; Rüthers/Stadler, Allgemeiner Teil des BGB, 16. Aufl., 2009, § 26 Rn. 35 ff.
③ 朱庆育:《法律适用中的概念使用与法律论证——以泸州遗赠案为分析对象》,载郑永流主编:《法哲学与法社会学论丛》(总第 11 期),北京大学出版社 2007 年版,第 255—272 页。

(四) 法律效果

依《民法通则》第 58 条第 1 款第 5 项及《合同法》第 52 条第 4 项之规定,违背公序良俗(社会公共利益)的法律行为无效。

另须注意者有二。其一,若法律对于悖俗行为另有规范,则优先适用该具体规范。例如,欺诈或胁迫等行为就其性质而言,亦违背公序良俗,但对此情形,法律显然认为,与抽象的强制秩序相较,具体当事人的自由意志更值得关注,因而将其单独列出,另作规范。此时,有关欺诈或胁迫的规范应优先得到适用。① 其二,原则上,唯有负担行为才存在悖俗问题,处分行为则因其目的与价值中立而无关乎伦理道德。因此,除非处分行为有损第三人利益,否则不会因为悖俗而无效。②

四、形式强制

(一) 要式行为的正当性

前述对于法律行为的规制,均是着眼于行为内容的实质调整。为维护公共秩序,法律亦可能对行为形式作出规制。在形式自由外,尚有形式强制之规范(《民法通则》第 56 条后句、《合同法》第 10 条第 2 款前句),故法律行为有不要式与要式行为之分类。要式行为除法定要式外,当事人亦可依法律行为设立形式强制之个别规范,此之谓约定形式。《合同法》第 10 条第 2 款后句所规定的约定形式,仅书面形式一种。

约定要式系当事人自由意志的结果,不必另行追问正当性。法定要式的理由则主要被归结为:第一,澄清与证据功能(Klastellungs- und Beweisfunktion),借助法定要式将法律行为内容固定,使法律关系清晰;第二,信息与公示功能(Informations- und Publizitätsfunktion),被法定形式固定的法律行为内容可为当事人提供确切的信息,在公司领域,并可公示公司投资人,以备查阅;第三,警告功能(Warnfunktion),以避免当事人操之过急;第四,咨询功能(Beratungsfunktion),在践行公证等法定形式时得到专业咨询;等等。③

(二) 法律效果

1. 法律行为无效

我实证法未正面规定形式强制对于法律行为效力的影响,唯《合同法》第 36 条规定:"法律、行政法规规定或者当事人约定采用书面形式订立合同,当事人未采用书面形式但一方已经履行主要义务,对方接受的,该合同成立。"由此可知:第一,法定要式

---

① Rüthers/Stadler, Allgemeiner Teil des BGB, 16. Aufl., 2009, § 26 Rn. 43.
② Larenz/Wolf, Allgemeiner Teil des Bürgerlichen Rechts, 9. Aufl., 2004, § 41 Rn. 67 ff.
③ Reinhard Bork, Allgemeiner Teil des Bürgerlichen Gesetzbuchs, 3. Aufl., 2011, Rn. 1046 ff.; Larenz/Wolf, Allgemeiner Teil des Bürgerlichen Rechts, 9. Aufl., 2004, § 27 Rn. 3 ff.; Dieter Medicus, Allgemeiner Teil des BGB, 10. Aufl., 2010, Rn. 612 ff.; 王泽鉴:《民法总则》(最新版),北京大学出版社 2014 年版,第 290 页。

与约定要式被等同视之;第二,若未履行主要义务、或者对方拒绝接受,则依反面解释,违反形式强制之契约不成立。此"不成立",法律效果与无效无异。

法律行为若为要式,原则上,变更亦须要式,否则变更不能生效,如《劳动合同法》第 35 条第 1 款后句:"变更劳动合同,应当采用书面形式。"《担保法》第 24 条前句甚至规定加重结果:当债权人与债务人协议变更主合同时,若未取得保证人书面同意,保证人不再承担保证责任。此时,不仅主合同之变更不能带来保证合同的相应变更,对于原保证合同所约定的保证责任,保证人亦有权主张免责。不过,如果形式强制所保护之人的义务被限缩,则变更不必因形式瑕疵而无效,因为此时已无特别保护之必要。① 例如,通过变更保证契约而减轻保证人的保证责任,不必有保证人的书面同意,另依《担保法解释》第 30 条之规定,主合同数量、价款、币种、利率等内容发生变更,若是减轻债务,保证合同随之变更,甚至无需保证人同意。

约定要式之违反,原则上与法定要式同其处理,此亦《德国民法典》第 125 条第 2 句之基本立场。不过,约定要式毕竟只是当事人自己设立的个别规范,其意旨如何,须作探究当事人真意解释。若是通过解释可知,当事人欲将约定形式作为法律行为的生效要件,该约定即生创设效力(konstitutive Wirkung),违反的后果自是无效;但如果当事人只是意在将其作为契约订立之证明手段,则仅生宣示效力(deklaratorische Wirkung),纵有违反,亦不影响法律行为之有效性。② 另外,约定要式既然是当事人意志的结果,自可依当事人意志随时废止,并且废止之意思表示形式自由——只要能够得知该意思表示系当事人真意即为已足。可见,将约定要式与法定要式等量齐观,其实并无太大意义。③

2. 无效之例外

(1) 形式瑕疵之补正

形式瑕疵可为履行行为所补正。依《合同法》第 36 条之规定,能够补正形式瑕疵的履行行为,必须具备"一方已经履行主要义务"与"对方接受"两项条件。所谓"履行主要义务",应是主给付义务的主要部分,而不包括从给付义务或附随义务;而所谓"对方接受",则是指债权人受领给付。履行行为之所以能补正形式瑕疵,原因在于,此时要式行为的警告与证据功能被履行行为所排除。④

另外,《合同法》第 36 条并未限定履行补正的契约类型,原则上,若无相反规定,所有法定书面要式之契约,均得以履行补正。

(2) 法律另定效果

法定要式未必意在控制法律行为的有效性。若法律对于未遵守法定要式者明确

---

① Brox/Walker, Allgemeiner Teil des BGB, 34. Aufl., 2010, Rn. 309.
② a. a. O., Rn. 317.
③ Rüthers/Stadler, Allgemeiner Teil des BGB, 16. Aufl., 2009, § 24 Rn. 34.
④ Brox/Walker, Allgemeiner Teil des BGB, 34. Aufl., 2010, Rn. 310.

规定法律效果,则从其规定。典型例证如《合同法》第215条:"租赁期限六个月以上的,应当采用书面形式。当事人未采用书面形式的,视为不定期租赁。"

(3) 诚信原则之适用

具体个案中,一方当事人以形式瑕疵为由主张法律行为无效可能违反诚信原则,此时,形式瑕疵可被忽略。例如,就要式问题恶意欺诈者,不得以欠缺形式为由主张无效,若受欺诈人要求履行,为诚实守信之受欺诈人利益计,该契约应得到有效对待。①

形式强制之检讨

形式强制系对私法自治的限制,须具备充分的正当理由。如前所述,法定形式具有澄清与证据、信息与公示、警告功能及咨询等诸项功能。这些功能并不同时体现于所有形式强制的场合,而是依具体情形分别服务于维护当事人、第三人或公共利益。② 管见以为,支持形式强制的理由、尤其是令其成为效力性规范的理由,似较牵强。

1. 关于维护当事人利益

"维护当事人利益"是支持形式强制最重要的理由,主要体现于警告功能及澄清与证据功能。前者意在提醒当事人对于重要的法律行为引起足够的重视,以免操之过急;后者则为法律行为之实施及其内容提供确切的证据,以便预防或解决纠纷。

一般说来,法律行为的重要程度,取决于当事人对所涉利益之实质评价,与形式本身无直接关联。如果当事人自己认为某项利益微不足道,即使法律强制采取特定形式,亦可能在签署该形式文件时漫不经心。另一方面,当事人的谨慎态度可以多种方式表现。口头形式未必缺乏必要的谨慎,这尤其体现在强调"一言九鼎"之生活态度的当事人身上。更重要的是,法律行为后果的承担者是作出自由行为的当事人自己,何种行为方式更有利于保护其利益,亦理应当事人自己判断。因此,即使法律依据客观标准断定某项法律行为重要,而认为有必要提醒当事人引起重视,所能做的,亦仅以建议的形式提出——表现为任意规范,却没有理由将其作为强制规范,替当事人作出判断。

不过,生活实际中,契约双方当事人地位往往并不对等。以正义之名,法律往往被要求对某一部分人、尤其是弱者提供特别保护。由于法定形式具有信息透明化、说明功能,这似乎使得形式强制获得了正当性,如消费者借贷契约、保险契约、劳动契约

---

① Brox/Walker, Allgemeiner Teil des BGB, 34. Aufl., 2010, Rn. 314; Larenz/Wolf, Allgemeiner Teil des Bürgerlichen Rechts, 9. Aufl., 2004, § 27 Rn. 71; Rüthers/Stadler, Allgemeiner Teil des BGB, 16. Aufl., 2009, § 24 Rn. 25.

② Dieter Medicus, Allgemeiner Teil des BGB, 10. Aufl., 2010, Rn. 614.

等定型化契约是。

然而,交易双方经济地位不平等本身并不构成法律上的非正当性,从而也不能成为法律的管制对象。法律所应关注者,毋宁是经济优势地位是否经由不正当手段而获得,以及交易一方是否利用其经济优势地位,对相对方的意志形成施以不当影响。而所谓正义,是一种"对同一或本质相同的类型给予相同方式对待之行为原则"[1],它"并不关注各种交易的结果,而只关注交易本身是否公平"。[2] 因此,"惟有人之行为才能被称为正义的或不正义的"。[3] 相应的,在"不正义"场合,相对方所能获得的救济,当在借助法律实现自由行为意志的表达。

称"法定形式具有信息透明化、说明功能",意义在于,防止交易优势方通过隐瞒相关信息干扰相对方自由意志的形成与表达。换言之,影响契约效力的,是"自由意志是否受到不当影响"问题。形式要求只不过为法律维护自由意志提供一种可能的手段,与契约效力却无任何因果关联。具体而言:

第一,既然法律救济旨在维护自由意志,判断契约效力是否存在瑕疵,自当以相对方自由意志是否受到侵犯为标准。此时,有如欺诈、胁迫等情形,法律承认相对方的撤销权与损害赔偿请求权即为已足,而无须由法律直接判定无效。将契约效力的控制权交由当事人自己,正是私法自治的题中之义。

第二,如果法律规制定型化契约的目的,在于为一方当事人提供保护,其规范对象就理应是交易优势方。倘若违反法定形式要求系交易优势方所致,将契约一律判为无效,未必对相对方有利。因为,契约无效即意味着,交易优势方得以免除契约义务,此时即使相对方希望获得契约履行利益,亦无可能。是以,保护契约当事人更为有效的做法毋宁是,对违反法定形式要求的一方课予契约不利益。

第三,生活实际中,在许多重要情形下,当事人都会以书面或其他特定形式订立契约,而无论法律强制与否。此时,当事人采行某种特定形式,与其说是受法律强制所致,毋宁说是基于对自身利益考虑使然。所以,只要当事人有足够的动因为自己利益计算,立法者以强制效力规范支持法定形式即属多余。不仅如此,由于生活现实纷繁复杂,立法者又不可能掌握全面的知识,其"善意关心"反而可能导致当事人的不便:不分青红皂白的法定形式要求将不可避免加大订约成本,甚至可能因此阻却本应发生的正当交易。

进而言之,如果形式强制声称其意旨在于维护当事人利益,在行为人自己认为存

---

[1] Chaim Perelman, *Justice, Law, and Argument: Essays on Moral and Legal Reasoning*, D. Reidel Publishing Company, 1980, p.11.

[2] 〔英〕弗里德利希·冯·哈耶克:《法律、立法与自由》(第1卷),邓正来等译,中国大百科全书出版社2000年版,第220页。

[3] 〔英〕弗里德利希·冯·哈耶克:《法律、立法与自由》(第2、3卷),邓正来等译,中国大百科全书出版社2000年版,第50页。

在更好的交易方式时,却又将其否定,那么,唯一的解释就只能是:法律认为当事人不具备为自己作出合理判断之能力,而必须由全知全能的立法者代作判断。这种使所有人皆处于被监护状态的假定,显然与私法自治理念正相背离。正确的观念毋宁是,知识分工特性不仅使得所有个人知识皆以分散、不完全的方式存在,而且任何人必定无可避免地处于永恒的无知状态之中,因此,对于行为人的利益所在,"没有人能够知道'谁'知道得最清楚,我们所能找到的唯一途径是经由一个社会过程,在这个过程中让每个人试试看他能做什么"。① 惟有如此,个人自由才不致因公权力的过分介入而丧失殆尽。

另外,如果法定形式之意旨在于确定法律行为的内容,以及在发生纠纷时提供证据,从而减少或者缩短、简化诉讼程序,那么,法律效果就理应体现于程序法领域,却不应该在实体上判定该法律行为不成立或无效。具体表现是,由当事人对本应采取法定形式订立的契约内容无法举证之情事承担败诉之责。此时,当事人败诉之原因,不在于实施法律行为时未遵守法定形式,而仅仅是未能成功举证。也就是说,"契约采取书面形式还是口头形式或其他默式形式,只是在证明契约关系是否存在的举证上有难易之分,而不是契约本身存在着优劣的差别"。② 因此,所谓法定形式,理当能够为当事人意思排除。

2. 关于维护第三人利益

梅迪库斯基于某些第三人"虽然不是实施法律行为的当事人,但这些行为对其产生效力"之考虑,主张法定形式必须被遵守。其例证为,不动产取得人透过《德国民法典》第550条有关书面租赁契约之规定能够获悉,取得不动产后将受制于第566条之买卖不破租赁规则。③

在买卖不破租赁规则中,若不动产受让人能够通过书面租赁契约了解到既存租赁关系,自有助于维护其利益,但不足以得出形式强制系效力性规范之结论:首先,依《德国民法典》第550条之规定,即使当事人未采取书面形式签订租赁契约,亦非无效,而是被推定为不定期租赁(我国《合同法》第215条后句亦是如此)。其次,即便租赁契约缺乏书面形式,不动产受让人亦不得据此直接认定租赁关系不存在,而主张免除买卖不破租赁规则之制约。因此,形式强制固然可能在一定程度上维护第三人利益,但似乎尚未强到足令有所违反的法律行为无效之程度。

3. 关于维护公共利益

依梅迪库斯所信,法定形式在维护公共利益方面的效用,主要表现为"有助于资

---

① 〔英〕海耶克:《个人主义与经济秩序》,夏道平译,台湾远流出版事业股份有限公司1993年版,第30页。
② 姚新华:《契约自由论》,载《比较法研究》1997年第1期,第28页。
③ Dieter Medicus, Allgemeiner Teil des BGB, 10. Aufl., 2010, Rn. 614.

料管理负担之减轻、批准程序之控制以及征税"。①

为了确保为社会提供公共产品之能力,政府有权向私人征收税金。既然政府既不可能做到、亦不能被允许无时不刻对交易实时监控,法定形式之要求就成为防止当事人逃避纳税义务的有效手段。然而,以征税为目的要求交易采法定形式,此等规范应属纯粹秩序规定。若有违反,当事人可招致行政乃至刑事处罚,所涉法律行为却不必因此无效。至于"资料管理负担之减轻"或"批准程序之控制",亦复如是。

第二十六节 效力瑕疵的基本形态

一、无效

(一) 无效概说

1. 无效的含义

通常所谓法律行为无效,系自始、当然、确定、绝对、全部无效。

(1) 自始无效

自始无效概念有两种相互关联但侧重不同的用法,分别以无效溯及的时段与无效因素发生的时点为观察角度。

第一种用法意味着,行为自实施之初便即无效,无效始点既非无效因素被发现之时,更非作出无效认定之日。《民法通则》第58条第2款与《合同法》第56条前句所称自始无效,即在此意义上使用。法律行为之无效,原则上溯及至行为实施之初。唯对于诸如劳动契约、合伙等持续性法律行为,为避免清算困难,常限制无效之溯及效力,而仅向将来发生。②

不过,我实证法似乎未能完全贯彻这一逻辑。关于劳动契约,《劳动合同法》第28条规定:"劳动合同被确认无效,劳动者已付出劳动的,用人单位应当向劳动者支付劳动报酬。劳动报酬的数额,参照本单位相同或者相近岗位劳动者的劳动报酬确定。"在解释上,已付出劳动之报酬请求权应更接近于不当得利返还请求权,因为,如果劳动契约在被确认无效之前仍属有效,双方法律关系就不仅仅是"用人单位应当向劳动者支付劳动报酬"那么简单,报酬的金额,亦不必"参照本单位相同或者相近岗位劳动者的劳动报酬确定",直接依其劳动契约即可。

自始无效的另一用法是指法律行为成立时即存在无效事由而致无效,与之相应,

---

① Dieter Medicus, Allgemeiner Teil des BGB, 10. Aufl., 2010, Rn. 614.
② Larenz/Wolf, Allgemeiner Teil des Bürgerlichen Rechts, 9. Aufl., 2004, § 44 Rn. 9 ff.

所谓嗣后无效,则是指法律行为成立后始发生无效的原因而归于无效。① 至于在此意义上的嗣后无效所对应的行为类型,又有不同归类。在弗卢梅看来,嗣后无效主要包括三种情形:其一,法律行为的有效性取决于第三人同意或官署批准,而第三人或官署表示拒绝;其二,法律行为的内容嗣后违背善良风俗或与嗣后颁行的法律禁令相抵触;其三,法律行为被撤销而归于无效。② 施启扬先生所列例证则是:附停止条件法律行为之标的物,于条件成就前变为不融通物;受遗赠人于遗嘱发生效力前死亡。③

(2) 当然无效

当然无效之意义有二:

其一,法律行为之无效不必经过无效宣告程序,任何人迳得主张。唯值注意者,所谓任何人迳得主张,更多是一种表述修辞,并非意指任何人均有权就该无效行为提起诉请,而是说,任何人均有权直接以无效法律行为视之。若因法律行为之有效性发生争议,有权向法院提起形成之诉或主张损害赔偿者,唯法律行为当事人或对法律行为之无效具有利害关系之人。④ 与之相对的是主要存在于身份法领域的宣告无效。《婚姻法解释一》第13条规定,婚姻唯在被宣告为无效之时,"才确定该婚姻自始不受法律保护";《收养法》第25条第2款亦规定:"收养行为被人民法院确认无效的,从行为开始时起就没有法律效力。"反之,婚姻或收养行为未经宣告,不得指为无效。

其二,一方依无效法律行为向对方主张权利时,即使对方当事人未以行为无效相抗辩,亦足以产生权利否认之权利阻却抗辩,法院可依职权直接判定。

(3) 确定无效

确定无效意味着法律行为终局无效,此区别于悬而未决的无效状态。后者称未决的无效、效力待定或效力未定。

(4) 绝对无效

绝对无效是指,法律行为之无效具有绝对效力,对于任何人而言均为无效。与之相对的是相对无效——仅对特定人无效。

(5) 全部无效

全部无效所表达的是,只要存在无效事由,即导致法律行为整体无效,即使该无效事由仅存在于法律行为之部分,亦复如是。此即"部分无效,全部无效"规则。

2. 无效法律行为的法律效果

法律行为若是无效,当事人法律地位须回复至行为实施前应有的状态。简言之,

---

① Andreas von Tuhr, Der Allgemeine Teil des Deutschen Bürgerlichen Rechts, zweiter Band, erste Hälfte, S. 276 ff.;施启扬:《民法总则》(第8版),台湾自版发行2009年版,第356页。
② Werner Flume, Das Rechtsgeschäft, 4. Aufl., 1992, S. 550.
③ 施启扬:《民法总则》(第8版),台湾自版发行2009年版,第356页。
④ 陈忠五:《法律行为绝对无效与相对无效之区别》,载《台大法学论丛》,第27卷第4期,第159页(注释2)。

无效法律行为相当于未实施。不过,所谓相当于未实施,仅仅是着眼于法律效果的规范判断,而不是在事实构成上否认该法律行为的客观存在。当然,单纯承认该无效法律行为之事实存在其实并无太大意义,重要的是,无效仅仅意味着法律行为不能依当事人意志发生效力,并不表示,该无效法律行为不能产生任何法律效果。①《民法通则》第 61 条与《合同法》第 58 条之财产的返还、损害赔偿等法律效果,恰恰是在法律行为无效后,为回复至行为实施前应有状态而不可缺少的手段。

（二）部分无效

1. 一般规则

关于部分无效对于法律行为整体的影响,德国法有所谓"法律行为一体性"或称"部分无效,全部无效"的规则。《德国民法典》第 139 条规定:"法律行为部分无效,整体亦归无效,除非足以认定,法律行为除去无效部分仍得实施。"以法律行为整体不可分为原则。我实证法的规定与之有所不同。《民法通则》第 60 条与《合同法》第 56 条后句均规定:法律行为部分无效,"不影响其他部分的效力的,其他部分仍然有效"。似乎以法律行为整体可分为出发点。

不过,在适用时,上述两种规范方式并无实质差别。"法律行为一体性"之下,主张法律行为其他部分有效者,需负举证之责,证明内容是"法律行为除去无效部分仍得实施",即,无效部分不影响法律行为其他部分的效力。而在我实证法,举证责任同样归于主张法律行为"其他部分仍然有效"之人,证明内容亦是无效部分"不影响其他部分的效力"。二者差别仅在于,德国法对一般原则与例外情形的清楚区分较符合证明责任分配的基本规则。

2. 例外情形

当无效部分"不影响其他部分的效力"时,"部分无效,全部无效"之规则即被排除。所谓"不影响其他部分的效力",大致包括以下情形:

（1）无效部分不重要

如果无效部分对于整体法律行为不重要,则不应影响其他部分的有效性。例如,双方当事人订立房屋租赁契约,同时为承租人设定具有绝对效力(物权效力)的先买权。物权效力的先买权因违反《物权法》第 5 条物权法定主义之规定而无效,但先买权设立与否对租赁契约之成立不重要,此无效并不影响租赁契约本身的有效性。

（2）无效部分具有独立性

若无效部分具有独立性,无论是否重要,均不影响法律行为其余部分的效力。无效部分的独立性往往是推断当事人意思的结果。例如,《合同法》第 57 条规定,契约无效不影响独立存在之争议解决条款的有效性,反之,争议解决条款若无效,亦不影

---

① Werner Flume, Das Rechtsgeschäft, 4. Aufl., 1992, S. 547 f.; Larenz/Wolf, Allgemeiner Teil des Bürgerlichen Rechts, 9. Aufl., 2004, § 44 Rn. 7 f.

响契约整体之有效性。争议解决条款无关乎契约实质内容,认可其独立性较符合一般理性人之交易观念。再如,《合同法》第 214 条规定,超过 20 年的租赁契约,超过部分无效。之所以仅仅是"超过部分无效",原因在于,一般理性人订立如此长期的租赁契约,不至于采"或者全租,或者不租"之极端立场。

(三) 相对无效

1. 相对无效的含义

法律行为绝对无效与相对无效这一组概念依法国及德国传统而有不同含义。法国绝对无效与相对无效之区分,系以所保护利益之性质为标准:绝对无效旨在保护公共利益,相对无效则仅在保护私人利益。[①] 同时,法国未在立法上严格区分无效与撤销,通说认为,撤销系无效之古老用语,二者并无实质差别,所谓撤销,无非是"使之无效之行为",因而亦是无效的一种形式。[②] 为此,就效力状态及其对应的无效事由而言,法国法之绝对无效,类似于德国三分效力瑕疵(无效、未决的无效、可撤销)中的无效,相对无效则与未决的无效与可撤销较为接近。[③]

我实证法上的法律行为效力瑕疵类型采德国三分框架,因此,德国传统下的相对无效概念较具参考价值。德国法的相对无效发生在处分行为领域,与让与禁止(Veräußerungsverbote)规则联系在一起。[④]

让与禁止,更为准确的表述是处分禁止(Verfügungsverbot),因为这一规则所禁止的不仅仅是标的物的让与,还包括设定抵押或其他物上负担等处分行为。[⑤] 不过,既然让与系最为典型的处分,以让与禁止相称亦无大碍。

逻辑上,让与禁止包括绝对让与禁止与相对让与禁止。前者非为保护特定人,而服务于整体利益,若有违反,无效及于所有人(绝对无效)。此类禁令如《物权法》第 41 条:"法律规定专属于国家所有的不动产和动产,任何单位和个人不能取得所有权。"绝对让与禁止系一般性的法律禁令,无特别说明价值。

若某一禁令专为保护特定人而设,则违反这一禁令之行为,仅需对该特定人无效即为已足。《德国民法典》第 135 条第 1 款规定法定的相对让与禁止:"对于标的所作处分违反专为保护特定人之法定让与禁令者,处分行为仅对该特定人无效。以强制执行或假扣押执行之方式所作处分,与法律行为之处分同等对待。"所谓"仅对该特定人无效",意味着,此无效仅具对人性质,而无对世属性,学说上称相对无效(relative Unwirksamkeit)。其效力特点为:违反让与禁令之处分行为,对于受保护的特定人而

---

① 陈忠五:《法律行为绝对无效与相对无效之区别》,载《台大法学论丛》,第 27 卷第 4 期,第 184 页(注释 28)。
② 同上,第 169—170 页(注释 12)。
③ 同上,第 190—193 页。
④ Larenz/Wolf, Allgemeiner Teil des Bürgerlichen Rechts, 9. Aufl., 2004, § 44 Rn. 58.
⑤ a.a.O., § 44 Rn. 59.

言确定无效,对该特定人之外的所有其他人而言则确定有效。① 因而,相对无效既不同于具有对世属性的绝对无效,亦有别于可撤销或未决的无效,系无效的一种特殊表现。

2. 法定让与禁止

我实证法上亦有相对让与禁止之规定。《物权法》第20条第1款前句即属典型:"当事人签订买卖房屋或者其他不动产物权的协议,为保障将来实现物权,按照约定可以向登记机构申请预告登记。"

在负担行为与处分行为分离的框架下,作为负担行为的买卖契约具有兼容性,同一标的物上成立的双重买卖可同为有效,出卖人有权选择任意一位买受人移转标的物所有权。如此,第一买受人往往陷于无法取得所有权之危险。为弥补这一缺陷,法律特设不动产预告登记(Vormerkung)制度。买卖契约订立后,买受人为防止出卖人将不动产所有权让与他人,可将让与请求权登记于不动产登记簿,预告自己对于取得所有权的期待,而出卖人的处分权亦因此受到限制,此即预告登记。

预告登记专为保护特定买受人而设,显系相对让与禁止。为此,《德国民法典》第883条第2款前句明确规定这一禁令的相对效力:"不动产或其权利作出预告登记后,处分行为在阻碍或妨害请求权之实现的限度内无效。"例如:甲乙订立房屋买卖契约并作预告登记,之后,出卖人甲违反预告登记将房屋所有权让与丙并作变更登记。该所有权让与行为对于乙之外的其他人均为有效,丙有权行使所有权的一切权利,唯对乙则属无效。甲乙之间,甲仍为房屋所有权人,可应乙之请求与其达成所有权让与合意,乙则有权就此合意依《德国民法典》第888条第1款之规定申请涂销甲丙之间的变更登记、将所有权人变更为自己,并有权请求丙将房屋占有交付于己。丙丧失房屋所有权后,可向甲主张损害赔偿。②

遗憾的是,《物权法》有意移植德国的预告登记制度,却未建立合乎逻辑的效力规则。《物权法》第20条第1款后句规定:"预告登记后,未经预告登记的权利人同意,处分该不动产的,不发生物权效力。"处分不动产,除产生物权效力外,并无债权或其他效力之可能,因此,所谓"不发生物权效力"之谓,看似考究,其实不过是"无效"的迂繁表达而已。更严重的是,若违反预告登记之处分行为对任何人均属无效,此举显然是将让与的相对禁令扩张为绝对禁令,正当性值得怀疑。就此而言,"不发生物权效力"在适用时,须作目的性限缩,限制于预告登记权利人与处分人之间无效。③

3. 官署让与禁止

相对无效制度非为解决双重买卖的难题而设,只不过在解决这一难题时,其制度

---

① Reinhard Bork, Allgemeiner Teil des Bürgerlichen Gesetzbuchs, 3. Aufl., 2011, Rn. 1140.
② Larenz/Wolf, Allgemeiner Teil des Bürgerlichen Rechts, 9. Aufl., 2004, § 44 Rn. 62.
③ 关于《物权法》第20条预告登记制度之详尽检讨,参见张双根:《商品房预售中预告登记制度之质疑》,载《清华法学》2014年第2期,第68—86页。

价值能够得到较为充分的展现;双重买卖给买受人带来的不安全,亦非仅存在于不动产领域。动产领域不仅更为频发,而且,动产物权的移转不以登记为要件,故无法借助预告登记制度限制出卖人的处分权。《买卖合同解释》第9条为此创设"交付在先,权利优先""支付在先,权利优先"以及"成立在先,权利优先"三项规则。处分权固然需要限制,但并不表示,任何限制手段均具有正当性。上述规则的意义似乎仅仅在于便利法院作出判决,其他诸如债的相对性原理之鲁莽突破、处分自由之无谓限制,均令人扼腕。

实际上,对此问题,德国法亦有值得借鉴的处理办法。不动产预告登记系法定让与禁止,除此之外,《德国民法典》第136条还规定官署所作的相对让与禁止:"法院或其他官署在其权限内发布的让与禁令,与第135条所规定之法定让与禁令同等对待。"《德国民事诉讼法》第935、938与940条的假处分(einstweilige Verfügung)措施由此被引入。设甲乙订立一幅油画买卖契约,法院应买受人乙的假处分申请,对出卖人甲作出处分禁止,之后,甲违背处分禁令,将油画让与丙并交付。依《德国民法典》第136条之规定,甲丙之间的让与对其他人有效而对乙无效。丙所取得的油画所有权可对抗除乙之外的一切人,于乙而言,油画的所有权人依然是甲。因此,甲乙双方仍可就油画达成所有权让与合意。受让后,乙若向丙行使所有权返还请求权,丙应将油画交还于乙。丙丧失油画所有权后,可向甲主张损害赔偿。①

我国《民事诉讼法》第100条第1款规定:"人民法院对于可能因当事人一方的行为或者其他原因,使判决难以执行或者造成当事人其他损害的案件,根据对方当事人的申请,可以裁定对其财产进行保全、责令其作出一定行为或者禁止其作出一定行为;当事人没有提出申请的,人民法院在必要时也可以裁定采取保全措施。"此增设于2012年的行为保全制度具有近似于德国假处分制度的功能②,不妨良加利用,而不必如《买卖合同解释》第9条般以不断破坏规范脉络的方式看似解决问题实为制造更多问题。

4. 受保护人返还请求权的排除

违反让与禁令的处分行为对于受保护的特定人无效。与处分人达成让与合意后,受保护人对受让人享有所有权返还请求权。在法律结构上,处分人违反让与禁令所作处分系无权处分,受保护人的地位则相当于普通无权处分情境下的真权利人(处分权人),因而,通过类推无权处分规则,若受保护人表示同意,处分行为可为有效。③

---

① Reinhard Bork, Allgemeiner Teil des Bürgerlichen Gesetzbuchs, 3. Aufl., 2011, Rn. 1132; Brox/Walker, Allgemeiner Teil des BGB, 34. Aufl., 2010, Rn. 349; Detlef Leenen, BGB Allgemeiner Teil: Rechtsgeschäftslehre, 2011, § 9 Rn. 222.

② 江伟、肖建国主编:《民事诉讼法》(第7版),中国人民大学出版社2015年版,第238—239页(肖建国)。

③ Reinhard Bork, Allgemeiner Teil des Bürgerlichen Gesetzbuchs, 3. Aufl., 2011, Rn. 1140.

《物权法》第 20 条第 1 款后句以预告登记权利人的同意为有效条件,法理基础即在于此。受保护人同意后,相对无效的瑕疵得以去除,返还请求权亦被排除。

让与禁令之处分人违反禁令而处分其物,可受责难的程度不应高于处分他人之物的无权处分人,相应的,受让人若善意不知处分权受到让与禁令的限制,所受法律保护亦不应弱于无权处分之受让人。为此,《德国民法典》第 135 条第 2 款规定:"有利于自无权利人处取得权利之人的规定,得予准用。"其中最重要的准用规定即是善意取得制度。我国虽无此项准用规定,但在诸如违反预告登记而处分之情形,法律适用时,无妨借助类推援引《物权法》第 106 条之善意取得制度。受让人若构成善意取得,受保护人的返还请求权自然被排除。

5. 意定让与禁止

除法定及官署让与禁止外,当事人还可能通过法律行为设定让与禁止,以限制处分权。依《德国民法典》第 137 条前句之规定,此意定让与禁止条款无效,处分权不受其限制。例如,甲赠与乙一部自己的新著并交付,同时约定,受赠人乙须永久留存该书,不得让与他人。后乙违反约定,将该书让与丙。丙无论是否知悉甲乙之间的让与禁止条款,均完整取得书的所有权,甲不得主张乙丙之间的让与无效。原因很简单,双方约定不得拘束第三人,此乃私法自治的基本含义。我实证法虽无类似《德国民法典》之规定,但依法理,该制定法漏洞可由法官续造填补。

不过,意定让与禁止条款虽无法限制处分权,却可令权利人负有不得处分权利之债法义务(《德国民法典》第 137 条后句)。处分人若有违反,将招致损害赔偿责任。前例中,甲虽不得主张乙丙之间的让与无效,但该赠与系《合同法》第 190 条之附负担赠与——"须永久留存该书,不得让与他人"即为所附义务,受赠人乙不履行所附义务时,赠与人甲有权依《合同法》第 192 条第 1 款情形 3 之规定撤销赠与。赠与契约被撤销后,乙构成不当得利,同时由于丙已合法取得书的所有权,乙负有向甲返还书的利益转化形态之义务。同时,甲亦有权在不撤销赠与的前提下,要求乙承担因为违反让与禁止约定而带来的损害赔偿责任。

二、未决的无效

(一) 法律效果的二阶性

未决的无效可分两个阶段观察:未决阶段与无效阶段。在无效阶段,其效力特点与确定无效无异,毋庸赘言。

所谓未决阶段,即是法律行为实施后至效力最终确定之前的阶段。在此期间,法律行为既非有效,亦非无效,处于悬而未决状态。未决期间非属有效,故当事人不得请求履行负担行为,亦不得基于处分行为让出或取得权利;非属无效,则意味着法律行为对于当事人并不是毫无拘束力。

既然最终存在有效之可能,法律行为在未决期间就能够产生某些预先效力(Vorwirkungen),包括先期义务(例如,对于需要主管官署批准的行为,有义务实施为获得批准而必要的行为)、先期拘束力(例如,需要法定代理人追认的行为,追认之前,相对人固然有撤回自己意思表示的自由,但限制行为能力人却不享有此项权利)以及为将来可能的履行作必要准备(例如,交易由第三方账户付款的,买受人应先将款项打入该账户)。①

未决阶段只是暂时的过渡,法律行为终须在确定有效或确定无效中二居其一。归于无效不必有任何积极行为,任其自然运行即为已足;相反,欲使法律行为从未决走向有效,则需要关系人施以外力,作出某种积极的行为令其改变运行轨迹。因而,对于未决的无效,需要特别关注的是所施加的外力——同意。以法律行为实施时点为界,同意可作事先同意(允许)与事后同意(追认)之分,无论允许抑或追认,皆为基本行为的补助行为。

(二) 同意的一般规则

1. 需受领的单方意思表示

同意是需受领的单方意思表示,必须向受领人作出,其生效规则亦适用需受领单方意思表示的规则。受领人可以是实施法律行为之人,也可以是法律行为相对人。对此,《德国民法典》第182条第1款明确规定:"契约或有相对人的单方法律行为,其有效性取决于第三人之同意者,同意的授予及拒绝既得向一方,亦得向对方当事人表示。"《民法通则》第13条与《合同法》第47、48条虽未正面规定,但既然未作限制,自可解释为当事人双方均得受领。至于《合同法解释二》第11条所称"追认的意思表示自到达相对人时生效"之"相对人",应解释为追认意思表示的相对人,而非待追认契约的相对人,因为并无足够理由表明,同意之意思表示只能向契约相对人作出。

2. 形式自由

同意并无特别的形式要求,奉形式自由原则。纵使基本行为属要式行为,同意的意思表示亦不必采取相应的形式,原因在于,同意虽为基本行为的补助行为,但并非该基本行为的组成部分。②

3. 同意的效力

同意使得法律行为确定有效。若是事先同意(允许),则法律行为成立即生效;若未获事先同意,法律行为处于未决的无效(效力待定)状态,此时事后同意(追认)可消除效力瑕疵,令其自始有效。对此,《合同法解释二》第11条规定,追认使得"合同自订立时起生效"。

---

① Larenz/Wolf, Allgemeiner Teil des Bürgerlichen Rechts, 9. Aufl., 2004, § 44 Rn. 54 f.
② Brox/Walker, Allgemeiner Teil des BGB, 34. Aufl., 2010, Rn. 503.

（三）允许的特殊规则

1. 对于需征得同意的单方行为

德国法上，需征得同意的单方法律行为，原则上只有事先同意（允许）始足令其有效，此无论限制行为能力人抑或无权代理（《德国民法典》第111条、180条）。我实证法有所不同。限制行为能力人规则结合《民法通则》与《合同法》之规定，可产生相当于德国法之效果，但对于无权代理行为，《民法通则》第66条第1款第1句规定："没有代理权、超越代理权或者代理权终止后的行为，只有经过被代理人的追认，被代理人才承担民事责任。"并未区分单方行为或契约而作不同规范。

2. 允许的撤回

我实证法未规定允许的可撤回性问题。允许作为补助行为，其意义依附于基本行为而存在，故作出允许后若法律行为尚未实施，自无妨撤回。《德国民法典》第183条规定："事先的同意（允许）得于法律行为实施之前撤回，但授予允许之基础法律关系另有所指者，不在此限。撤回既得向一方，亦得向对方当事人表示。"可供参考。

（四）追认的特殊规则

征得允许的法律行为自始有效，与效力瑕疵相关的只是需要追认的行为。

1. 形成行为

追认系形成权（追认权）行使之形成行为，意义在于结束法律行为效力的悬而不决状态。依《合同法解释二》第11条之规定，追认自到达相对人时生效。为交易安全计，追认不得撤回。不过，追认自身亦属意思表示，若出现意思瑕疵，同样具有可撤销性。

2. 追认的溯及力

《合同法解释二》第11条规定，追认使得"合同自订立时起生效"。换言之，追认具有溯及效力。

追认的溯及力并非在任何情况下均存在。首先，若涉及期间经过或诉讼时效开始，则溯及效力须在此范围内排除，否则期间将被不当缩短，有违法律意旨。[①] 其次，处分行为追认之前效力处于未决状态，所处分的权利尚未移转，若在此期间追认人对权利另作处分，则基于优先原则，该另作处分有效，受让人值得保护，追认的溯及效力在此范围内被排除（《德国民法典》第184条第2款）。

（五）相对人的催告与撤回

同限制行为能力人实施的法律行为。

---

① Brox/Walker, Allgemeiner Teil des BGB, 34. Aufl., 2010, Rn. 505.

三、可撤销

(一) 法律效果的二阶性

可撤销的法律效果亦具二阶特性——撤销之前的有效阶段与撤销之后的无效阶段。但该二阶性不同于未决的无效,区别约有两点:

首先,可撤销法律行为在撤销前后两个阶段的法律效果均属确定,并不存在如未决的无效般悬而未决的阶段。撤销之前确定有效,负担行为可请求履行,处分行为则足令权利发生变动。只不过该有效状态未必具有终局性,若被撤销,则转为确定无效。

其次,可撤销法律行为的自然惯性是有效,外力作用的意义在于令其脱离有效轨道而转入无效轨道。未决的无效则在未决期间过后,外力施加的意义在于令其进入有效轨道。就此而言,若以终局有效与终局无效为两端,则两端之间的可撤销较趋近于终局有效,未决的无效则较趋近于终局无效。

改变可撤销法律行为运行轨迹的外力是撤销行为,故关注焦点须集中于此。

(二) 撤销行为

1. 撤销权人

唯撤销权人有权作出撤销行为。泛泛而言,撤销权人应是撤销制度所保护之人,具体又视撤销原因之不同须作个别认定。

《民法通则》规定"重大误解"与"显失公平"两种撤销原因,第 59 条只称"一方有权……撤销",至于是何方,则未作明确。《合同法》第 54 条第 1 款关于重大误解与显失公平的规定仍《民法通则》之旧。就规范旨意而言,错误之产生撤销权,系为错误人提供更正错误的机会,相对人无此保护之必要,故撤销权应归于错误人;显失公平制度则为救济交易受损方而设,若利用优势地位获取暴利之人享有撤销权,显然有违正义。因此,所谓"一方",适用时须作目的性限缩,并非任意一方均为撤销权人。

《合同法》增加欺诈、胁迫与乘人之危作为撤销原因。关于撤销权人,第 54 条第 2 款规定为"受损害方"。由此暗含的逻辑似乎是,此等情形之可撤销系为救济交易之受损害人而设,或者,受欺诈、胁迫及危难被乘之人即是受损害人。此涉及如何解释"受损害"。若采经济标准,则未必如此。

首先,欺诈、胁迫与乘人之危之所以可撤销,并非因为损害他人经济利益,而是因为侵扰他人意志自由,相应的,尤其是对于欺诈与胁迫,并不以损害之故意、受欺诈人或受胁迫人遭受经济损害为要件。所以,这一可撤销制度目的并不在于为经济损害提供救济——虽然受欺诈、胁迫或危难被乘之人往往确实受到经济损害,而在于矫正被侵扰的意志自由。

其次,受欺诈、胁迫或危难被乘之人未必受有经济损害。例如,甲见乙有一幅名家书法,遂通过胁迫手段以市场价乃至高于市场价相购,此时,乙并未受有经济损害,却仍应享有撤销权。再次,欺诈人可能反倒经济受损。例如,甲将家用青花瓷瓶谎称清代青花售予乙,乙买来后,经鉴定发现是唐代青花,价格比清代青花高出不止百倍。此时甲系经济受损之人,若享有撤销权,显然有违正义。类似情形亦可发生于胁迫与乘人之危场合。

因此,《合同法》第54条第2款之"受损害方",不应奉行经济标准,而应解释为"意志受损害方",即意志自由受到侵扰之人,更明确地说,是受欺诈人、受胁迫人及危难被乘之人。就此问题,《婚姻法》第11条明确将撤销权归于"受胁迫的一方",较之《合同法》显然更为准确。

2. 撤销权的行使

撤销权的行使行为(撤销行为)是需受领的单方法律行为。依《民法通则》第59条第1款与《合同法》第54条第1、2款规定,撤销权必须依诉行使,因而,撤销行为的生效时点以法院判决或仲裁裁决为判断标准。此与一般需受领的单方行为自意思表示到达相对人时生效不同。不同之处还在于,仅仅是向对方作出撤销表示,并不构成撤销权之行使行为。

撤销权的直接行使与依诉行使

实体权利之行使本不以提起诉讼为要。不过,撤销权系消灭形成权,形成行为生效即消灭既有法律关系,相对人无防御手段。就此而言,要求撤销权须依诉行使,有助于减少撤销行为的随意性。但与此同时,亦增加撤销权的行使成本与当事人的讼累,在案情明了当事人无争议的场合,更是如此。如何权衡,须视不同性质的撤销权而定。

民法上有两类性质颇为不同的撤销权,除此处因行为人意思瑕疵而产生的普通撤销权外,尚有旨在保全债权的债权人撤销权。依《合同法》第74条之规定,当债务人实施诸如放弃到期债权、无偿转让财产、以明显不合理低价将财产转让于知情的第三人等有害于债权人的行为时,债权人有权予以撤销。

债权人撤销权与普通撤销权均属消灭形成权,其特别之处在于,该撤销权所消灭的,是他人(债务人与第三人)之间的法律关系,而不涉及撤销权人(债权人)自己。债权人未必清楚他人之间的法律关系,亦有足够的动因恣意行使撤销权,通过诉讼程序予以制约,实属虽然无奈却又必要之举。普通撤销权所消灭的,则是撤销权人自己与相对人之间的法律关系,隔膜与恣意程度远逊于债权人撤销权,权利行使是否仍有必要纳入诉讼轨道,值得怀疑。对此,《德国民法典》第143条与台湾地区"民法"第116条均明确规定,撤销表示直接向相对人作出即为已足。

另外,普通撤销权所涉利益关系与解除权类似,而《合同法》第96条第1款规定,

第八章 法律行为的效力瑕疵

解除权可直接向对方当事人行使,唯在出现争议时始由法院介入。由此更见《合同法》第54条规定之不妥。

3. 撤销相对人

撤销相对人是撤销意思表示所针对之人,在撤销之诉中充当被告。我实证法未对撤销相对人作出规定,不过,这一漏洞无妨通过诉诸撤销制度之规范意旨而得到填补。

在逻辑上,能够成为撤销相对人者,必是法律地位直接因撤销行为被改变之人。[①] 因此,一方面,若法律地位不会被撤销行为所改变,即便是侵扰意志自由之人,亦不成其为撤销相对人,如第三人欺诈或胁迫;另一方面,只要法律地位直接为撤销行为所改变,纵其与撤销原因毫无关系,亦得为撤销相对人,如基于先占而取得抛弃物之第三人。

循此线索,撤销相对人可根据所撤销的行为属于契约、需受领的单方行为或无需受领的单方行为三种情形分别确定。首先,所撤销者若为契约,撤销相对人通常即是契约相对人,但若是第三人欺诈或胁迫,而权利取得人又非契约当事人(如利他契约),则该权利取得人为撤销相对人。其次,所撤销者若为需受领的单方行为,则撤销相对人为该单方行为的受领人。最后,所撤销者若为无需受领的单方行为,则撤销相对人为直接从该单方行为中获得法律利益之人,因为唯有此人的法律地位才会直接被撤销行为所改变,如基于先占而取得抛弃物之人、完成悬赏广告指定行为之人以及受遗赠人等。

4. 撤销期间

撤销期间属于除斥期间。期间经过,撤销权消灭。

(1) 期间长度

《民通意见》第73条第2款规定:"可变更或者可撤销的民事行为,自行为成立时起超过一年当事人才请求变更或者撤销的,人民法院不予保护。"期间自行为成立之时起算,而不论撤销权是否具有可行使性,此称客观期间。客观期间的优点在于时间确定,有助于法律关系的稳定;缺点则在对撤销权人不利。撤销权人若非因过失而不知欺诈,无从行使撤销权,待得如梦初醒,也许期间早已悄然经过,此时,无可归责的撤销权人唯有徒叹奈何;而胁迫人欲要恶意利用撤销期间则更为简单,仅需将其胁迫自行为成立之日起维持1年,被胁迫人的撤销权即因期间经过而消灭。期间越短,上述缺点越是显著。

《合同法》第55条第1项改采主观期间,"具有撤销权的当事人自知道或者应当

---

① Reinhard Bork, Allgemeiner Teil des Bürgerlichen Gesetzbuchs, 3. Aufl., 2011, Rn. 908.

知道撤销事由之日起一年内没有行使撤销权"者,撤销权消灭。这对客观期间的缺陷有所弥补,但未臻完满,仍在以下两个方面留下缺憾:

首先,最长期间阙如。主观期间将撤销权人不知撤销事由的风险分配与相对人,此诚属正当。不过,撤销权人知悉撤销事由越晚,相对人法律地位的不稳定性便持续越长,亦越是与除斥期间及时稳定法律关系之规范意旨相抵触。因此,在主观期间之外,尚需辅之以客观起算的最长期间,以便确定撤销权的最长存续期。其间道理,与诉讼时效同出一辙。关于撤销权的最长期间,《德国民法典》第121条第2款(因错误而撤销)与第124条第3款(因受欺诈、胁迫而撤销)均规定自意思表示发出之日起10年;台湾地区"民法"则区别对待错误与欺诈、胁迫,前者采单一客观期间,以1年为期(第90条),后者则在1年主观期间的基础上辅之以10年最长客观期间(第93条)。

其次,期间分类阙如。《合同法》不论撤销原因,概以1年与之。表面上看,统一规定可收简明之效,然撤销制度因撤销原因之不同有不同的规范意旨。错误之可撤销,只在为错误人提供更正错误之机会,撤销原因由撤销权人自己造就,对方无可归责;欺诈、胁迫及乘人之危之可撤销,则在矫正为他人侵扰的意志自由,撤销原因存乎他人,自己无可归责。由此决定,错误人不宜拥有与受欺诈、胁迫及危难被乘之人同等优越的法律地位。为此,《德国民法典》第121条第1款要求错误人在知悉撤销原因后不存在可归责之迟延(ohne schuldhaftes Zögern)的情况下及时行使撤销权,受欺诈人与受胁迫人之撤销权,则依第124条第1款之规定,期间为1年。前者期间显然较短。台湾地区"民法"虽规定同为1年,但错误撤销权适用客观期间,自意思表示作出之日起算,且无最长期间问题,而欺诈、胁迫则适用主观期间。两相比较,前者将撤销权可行使之前的风险分配于错误人,所受法律宽容亦明显不如后者。

(2)期间起算

《合同法》改采主观期间后,将期间起算时点统一规定为"知道或者应当知道撤销事由之日"。"知道"不必多言,所谓"应当知道",指的是若尽一般理性人之注意即可得知,换言之,撤销权人虽不知,但该不知非因其过失所致。

如同期间长度,有关期间起算,《合同法》表面清晰的规定亦因其对撤销原因未作区分而不尽合理。无论撤销原因存在于撤销权人自身(错误)抑或他人(欺诈、胁迫及乘人之危),一概适用主观期间,此倒也无妨,只需在期间长度上分别对待即可。问题在于,撤销原因即便同样来自于他人,期间起算亦不宜一体对待。

受欺诈人与危难被乘之人知道或应当知道撤销事由后,撤销权固然具有可行使性,受胁迫人则未必如此。行为作出之时,受胁迫人即知胁迫之存在,但与其他撤销原因不同,是否知道其实并不是决定撤销权是否具有可行使性的关键,因为胁迫系以令对方恐惧的方式迫使就范,只要胁迫因素未消失,受胁迫人便持续处于恐惧中。若受胁迫人敢于无视胁迫而行使撤销权,当初又何至于被迫作出迎合胁迫人的意思表示?职是之故,以胁迫终止之日为撤销权起算时点,当较为合理。

5. 撤销效力

撤销行为具有溯及力。《民法通则》第 59 条第 2 款与《合同法》第 56 条第 1 句均规定,被撤销的法律行为自始无效。不仅财产行为如此,依我国实证法,身份行为被撤销亦溯及无效,如《婚姻法》第 12 条第 1 句规定,被撤销的婚姻自始无效。

自始无效意味着,法律行为一旦被撤销,当事人的权利义务关系就必须回复到法律行为实施之前的状态。① 此同时意味着,法律行为被撤销后,若双方已作履行,为了回复原状,当事人的权利义务关系须经清算。一时性法律关系的清算不难,双方返还即可,如出卖人返还价金,买受人返还标的物。但若是诸如劳动关系、合伙关系之类的持续性法律关系,在撤销后,依不当得利法的清算将变得困难。为避免这一难题,当今德国通说认为,持续性法律关系被撤销,效力仅及于将来,不溯及既往。②

法律行为撤销后,无效状态即不可逆转。当事人欲要获得行为撤销之前的效果,除非实施新的法律行为,否则原则上别无他途。唯一的例外是,撤销行为因为自身存在撤销事由而被撤销,此时,法律行为的效力因撤销行为被撤销而得以恢复。③

无效法律行为的撤销——兼及事实世界与规范世界的分野

《德国民法典》第 142 条第 2 款规定:"知道或应当知道法律行为具有可撤销性者,一旦行为被撤销,即视如知道或应当知道法律行为无效之人。"无效法律行为的撤销由此获得规范依据。④

20 世纪初之前,德国几乎所有学者均坚信,无效法律行为本已无效,撤销亦是令法律行为无效,因此,唯有效法律行为始得成为撤销对象。撤销无效法律行为既不可能现实发生——死人不能再被杀死,亦不可能逻辑存在——无效行为不能同时作为有效行为被撤销。⑤ 然而,规范世界的逻辑(道义逻辑)颇不同于事实世界(叙述逻辑)。

---

① Larenz/Wolf, Allgemeiner Teil des Bürgerlichen Rechts, 9. Aufl., 2004, § 44 Rn. 39.
② Reinhard Bork, Allgemeiner Teil des Bürgerlichen Gesetzbuchs, 3. Aufl., 2011, Rn. 958 ff.; Brox/Walker, Allgemeiner Teil des BGB, 34. Aufl., 2010, Rn. 438; Heinz Hübner, Allgemeiner Teil des Bürgerlichen Gesetzbuches, 2. Aufl., 1996, Rn. 959 f.; Larenz/Wolf, Allgemeiner Teil des Bürgerlichen Rechts, 9. Aufl., 2004, § 44 Rn. 40; Detlef Leenen, BGB Allgemeiner Teil: Rechtsgeschäftslehre, 2011, § 14 Rn. 140; Dieter Medicus, Allgemeiner Teil des BGB, 10. Aufl., 2010, Rn. 782.
③ Larenz/Wolf, Allgemeiner Teil des Bürgerlichen Rechts, 9. Aufl., 2004, § 44 Rn. 48; Rüthers/Stadler, Allgemeiner Teil des BGB, 16. Aufl., 2009, § 25 Rn. 61.
④ Brox/Walker, Allgemeiner Teil des BGB, 34. Aufl., 2010, Rn. 443; Theodor Kipp, Über Doppelwirkungen im Recht, insbesondere über die Konkurrenz von Nichtigkeit und Anfechtbarkeit, in: FS von Martitz, 1911, S.226; Detlef Leenen, BGB Allgemeiner Teil: Rechtsgeschäftslehre, 2011, § 14 Rn. 137.
⑤ Vgl. Detlef Leenen, BGB Allgemeiner Teil: Rechtsgeschäftslehre, 2011, § 14 Rn. 139; Andreas von Tuhr, Der Allgemeine Teil des Deutschen Bürgerlichen Rechts, zweiter Band, erste Hälfte, S.299 f.

1911年,德国著名法学家特奥多尔·基普(Theodor Kipp)发表《论法律上的双重效果——尤其是无效与可撤销之竞合》一文,首次提出无效法律行为的撤销问题。基普雄文在德国法学界激起轩然大波,引发学者旷日持久的论战。论战的副产品之一是,法学作为规范科学的特点得以进一步揭示。如今,这一曾经被视为奇谈怪论的学说已被誉为"法学上的发现"而得到广泛认可。①

依基普所信,德国通说系机械主义自然科学观念(mechanisch-naturwissenschaftliche Ansicht)之产物。实际上,自然事实与法律事实并不具有一一对应关系。当法律对自然事实施以评价时,系根据事先确定的规范命令所为。一项行为完全可能合乎(或违背)数项规范命令,从而有着相当不同的规范意义,并因此对应数项事实构成。例如,侵夺占有,在民法上负有返还义务,由此产生所有权人的返还请求权,而刑事法官所要考虑的问题则是,侵夺人是否构成盗窃以及是否需要处以刑罚。两项评价并行不悖,互不影响,相应的,作为一项自然事实的不告而取,分别构成民法上的占有侵夺与刑法上的盗窃两项行为。② 不仅如此,即便在相同法域下,同一自然事实亦可能同时符合数项规范构成而对应不同的法律效果。法律行为的双重效果即其典型。经典例证是:未成年人V受K之恶意欺诈,未征得法定代理人允许将其物品出卖与K并已履行。事后,法定代理人拒绝追认。随后,K又将该物所有权让与第三人D。D知道该物系K基于欺诈而取得,却不知V是未成年人。③

依传统理论,由于法定代理人拒绝追认,V与K之间的交易无效,K未能取得物品所有权。当K将物让与D时,属无权处分。但D并不知道V是未成年人,因而对于K之无效取得属于善意,可基于善意取得成为合法的所有权人。最终结果是,V对D不享有所有权返还请求权。整个推理过程看似逻辑严密,当中却存在重大价值悖论。假如V为成年人而欺诈情节相同,V可基于欺诈撤销与K的交易,K将标的物让与D的行为遂成无权处分。根据《德国民法典》第142条第2款之规定,法律行为被撤销后,对行为可撤销的知悉相当于无效的知悉,为此,D不属于善意第三人,不能主张善意取得,V可以所有权人身份请求返还。

未成年人本应得到优于成年人的保护,行为能力制度意亦在此。然而,恰恰是行为能力制度的介入,未成年人将失去标的物所有权,成年人却可安然无虞。此等结果,显然有违制度设计的初衷。其间症结即在"无效行为不能被撤销"之观念。

法律行为归于无效,并不意味着客观意义上作为法律事实的法律行为不复存在,只不过是主观意义上作为个别规范的法律行为不能实现其效力。因而,以"死人不能

---

① 〔德〕Hans Dölle:《法学上之发现》,王泽鉴译,载王泽鉴:《民法学说与判例研究》(第4册),北京大学出版社2009年版,第10—12页。

② Theodor Kipp, Über Doppelwirkungen im Recht, insbesondere über die Konkurrenz von Nichtigkeit und Anfechtbarkeit, in: FS von Martitz, 1911, S. 211 ff.

③ a. a. O., S. 226 f.

再次被杀"类比法律行为的效力状态,系以事实类比规范,论域不同,类比自然不当。法律行为之所以不能实现其效力,是因为违反作为一般规范的强制规范。法律行为可能同时违反不同的强制规范,各强制规范的规范意旨亦各有不同。规范意旨之间若无兼并吸收关系,用以评价法律行为时,互不排斥。

未成年人之法律行为须征得法定代理人同意,意在保护缺乏理性能力的未成年人;受欺诈之法律行为可撤销,则是为了维护自由意志不受侵害。两项规范意旨无法相互吸收,并行不悖。未成年人 V 与 K 的交易因未征得法定代理人同意而无效,若就此成为"死人",不得再撤销,即意味着,维护自由意志的规范意旨被吸收而无法得到实现。在此意义上,V 将交易撤销,只不过是表明,未成年人即便置于法定代理人保护之下,其自由意志仍不失独立保护价值。

对于法律理论更具意义的是,双重法律效果理论清楚揭示,事实世界看似性质单一的行为,在沿着道义逻辑进入规范世界后,有如光线透过三棱镜,将呈现出纷繁各异却又系出同源的面相。实际上,规范世界与事实世界之分野,在法律行为的分离原则中已得到充分的展现,双重法律效果理论无非是为之提供进一步的例证而已。类似例证又如,法律行为与侵权行为的概念判然有别,在叙述逻辑领域,二者呈反对关系,并无交叉,因此,如同"无效不能同时有效","法律行为不能兼为侵权行为"之判断同样显得顺理成章。然而,上述案例中的无权处分与基于欺诈而实施的法律行为固然属于法律行为,但因前者侵害所有权(《德国民法典》第 823 条第 1 款)、后者违反保护他人的法律(刑法上的诈骗)(《德国民法典》第 823 条第 2 款),同时分别构成侵权行为。① 就此而言,自然事实不过是宿主,意义在于为规范事实提供栖居之所。同一自然事实进入规范世界后,可能表现为性质迥异的数项规范事实。

---

6. 撤销权的消灭

撤销权消灭,法律行为有效状态确定维续。《合同法》第 55 条规定了两种消灭事由:一是在撤销期间内未行使撤销权,二是撤销权人放弃撤销权。前一情形系除斥期间的自然效力,后一情形则是权利人自由意志的选择。放弃撤销权,除明确以意思表示为之外,尚可表现于可推断行为。另外,对于可撤销法律行为效力的确认(Bestätigung),亦具放弃撤销权的效果,从而导致撤销权消灭(《德国民法典》第 144 条)。②

(三) 负担行为与处分行为的可撤销性

根据抽象原则,负担行为与处分行为的可撤销性问题应分别观察。负担行为可

---

① Hans-Martin Pawlowski, Allgemeiner Teil des BGB, 7. Aufl., 2003, Rn. 350.
② Reinhard Bork, Allgemeiner Teil des Bürgerlichen Gesetzbuchs, 3. Aufl., 2011, Rn. 946; Heinz Hübner, Allgemeiner Teil des Bürgerlichen Gesetzbuches, 2. Aufl., 1996, Rn. 962.

撤销,未必意味着处分行为可撤销,反之亦然。

较为清楚的是,当撤销原因仅影响处分行为而无关乎负担行为时,唯处分行为可撤销,作为原因行为的负担行为则确定有效。例如,出卖人给付时,错拿标的物并移转于买受人;又如,出卖人原本负移转原作之义务,但在给付时,以复制品替代原作以欺诈买受人。① 处分行为撤销后,所有权移转行为无效,请求权人得以所有权人身份主张返还。不过,处分行为在多数情况下毕竟是负担行为的履行行为,难题因而在于,如何判断存在于负担行为的撤销原因是否同时存在于处分行为? 即,如何认定是否构成瑕疵同一?

德意志帝国法院曾经认为,只要两项行为看起来是"一体的意志行为",原因行为的错误就同样适用于处分行为,尤其在两项意思表示具有时间连贯性的情况下,更是如此。② 然而,这一见解有违抽象原则。抽象原则之下,即便两项行为同时作出,判定时亦应区别对待,时间的连贯不应成为决定因素,各项意思表示的内容才是关键。③ 据此,负担行为与处分行为的可撤销性问题,可区分以下几种情形观察:

首先,表意人的负担行为存在错误,但如果实施处分行为时未作更多考虑,仅仅意在履行原因行为的义务,则不得以内容错误或表示错误为由主张撤销处分行为。例如,报亭摊主乙将报纸卖给甲时,错将 2.1 元的价格说成 1.2 元。双方互作履行之后,乙发现错误。此时乙有权撤销买卖契约,但无权撤销移转报纸所有权的行为。基于抽象原则,即便两项行为同时作出,处分行为亦具内容中立、动机无涉之特性。无论价格如何,均不影响所有权移转合意之内容,换言之,价格因素无关乎处分行为,只存在于负担行为。④ 基于同样道理,计算错误亦仅存在于负担行为中,不构成处分行为的撤销原因。⑤ 负担行为被撤销后,请求权人得依不当得利请求权主张返还。

其次,负担行为标的物或对方当事人同一性错误,可发生瑕疵同一问题,因为标的物与对方当事人亦属处分行为的内容。例如,甲拥有毕加索的油画真迹与复制品各一幅,本想将复制品赠与乙,但错将真迹递给乙,并称:"我想把这个漂亮的复制品送你当生日礼物,从现在起,它就是你的了。"此时,标的物错误同时存在于赠与契约与所有权移转行为中。⑥

再次,性质错误一般不构成处分行为的撤销原因。原因在于,有关是否以及在何

---

① Brox/Walker, Allgemeiner Teil des BGB, 34. Aufl., 2010, Rn. 441; Larenz/Wolf, Allgemeiner Teil des Bürgerlichen Rechts, 9. Aufl., 2004, § 44 Rn. 44; Rüthers/Stadler, Allgemeiner Teil des BGB, 16. Aufl., 2009, § 25 Rn. 57.
② Rüthers/Stadler, Allgemeiner Teil des BGB, 16. Aufl., 2009, § 25 Rn. 58.
③ Rüthers/Stadler, Allgemeiner Teil des BGB, 16. Aufl., 2009, § 25 Rn. 58.
④ a.a.O., Rn. 59.
⑤ Larenz/Wolf, Allgemeiner Teil des Bürgerlichen Rechts, 9. Aufl., 2004, § 44 Rn. 44.
⑥ Rüthers/Stadler, Allgemeiner Teil des BGB, 16. Aufl., 2009, § 25 Rn. 59.

种条件下与对方订立契约之动机,只与负担行为相关,于处分行为并无意义。①

最后,当负担行为存在欺诈与胁迫因素时,通常伴随着瑕疵同一,在负担行为与处分行为具有时间连贯性的情况下更是如此。此处违反抽象原则之所以正当,是因为受欺诈或胁迫之人的意志自由受到极大侵扰,不仅义务负担受其影响,权利处分亦常在该因素的笼罩之下。② 但即便如此,处分行为之所以可撤销,仍不可归因于负担行为之可撤销,而只是因为欺诈或胁迫因素同时对负担行为与处分行为构成影响。此亦意味着,若有足够的证据表明,作出处分行为时存在于负担行为之上的欺诈或胁迫因素已消除,则处分行为效力不受影响。

负担行为与处分行为皆可撤销时,撤销权人有权自由选择撤销任一行为,亦可将两项行为一并撤销,至于撤销表示具体指向何种行为,则属解释问题。③

(四)"变更权"

1. 变更权的效力

我实证法上的可撤销行为,完整称谓其实是"可撤销、可变更的行为"。凡在可撤销之处,撤销权人均同时享有变更权(《民法通则》第59条、《合同法》第54条)。

所谓变更,张俊浩教授解释为"撤销"+"另行形成意思表示",并以之为撤销的特别形态。④ 照此解释,变更权的行使将发生两项法律效果:一是导致既有法律行为无效,二是实施一项新的法律行为。若是如此,《合同法》第54条第3款"当事人请求变更的,人民法院或者仲裁机构不得撤销"之规定将变得不可理解——法律行为撤销本就是变更权的效力之一。第54条第3款之规定显然意在维持既有法律行为之效力,因此,将变更权的效力理解为在维持既有法律行为有效性的前提下变更其内容,应更合乎规范体系。

不过,无论何种解释,就变更权人得依其单方意志形成法律行为内容问题,均无疑义,而变更权之关键亦在于此。

2. 变更权正当性之检讨

单方行为中,表意人可在撤销行为之后另行作出意思表示,无变更之必要。因此,变更权的意义,集中于契约领域。契约作为意思合致的法律行为,内容本应得到双方当事人共同认可。此时赋予表意人以形成权性质的变更权,无异于承认单方意志能够进入契约、拘束相对人。此等做法显然矫枉过正,在两类撤销原因中均缺乏正当性。

---

① a. a. O. , § 25 Rn. 60.
② Larenz/Wolf, Allgemeiner Teil des Bürgerlichen Rechts, 9. Aufl. , 2004, § 44 Rn. 44; Rüthers/Stadler, Allgemeiner Teil des BGB, 16. Aufl. , 2009, § 25 Rn. 90.
③ Rüthers/Stadler, Allgemeiner Teil des BGB, 16. Aufl. , 2009, § 25 Rn. 91.
④ 张俊浩主编:《民法学原理》(上册)(修订第3版),中国政法大学出版社2000年版,第285页(张俊浩)。

首先，单方错误型撤销原因中，表意人因错误而享有变更权时，其更正错误的机会升格成为以单方意志拘束对方的特权。变更权亦因此为恶意利用提供合法手段：表意人先以优惠条件诓相对人入局，订立契约后，再以错误为由作出变更。面对这一"引蛇出洞"式的"阳谋"，相对人几乎不可能证明表意人的恶意从而援引诚信原则保护自己，除了束手就范，别无他法。再者，由于法律行为的有效性得到维持，相对人是否以及如何能够获得信赖利益损害赔偿，亦殊可怀疑。

其次，撤销原因在于自由意志被侵扰时，被侵扰的意志自由需要矫正无疑。如果受欺诈、胁迫以及危难被乘之人的意思表示能够矫正复位，而不是被简单废止，岂不理想？看起来，变更权正是这一建设性的矫正手段。然而，当意志自由受侵扰之人有权以单方意志改变契约内容时，滥用权力的自由亦随之变得合法。如何能够确保变更而来的内容正是变更权人若未受到意志侵扰所要表达的真意？如何能够确保该"真意"不会制造新的利益失衡？即便这些都不是问题，又如何能够表明单方意志拘束他人之规则具有正当性？以欺诈、胁迫或乘人之危手段侵扰意志自由固然非属正当，但并不意味着，欺诈人、胁迫人与乘危人的意志自由因此就不值得尊重。由此可以理解，为何在德国法上存在"撤销带来无效而非变更"(Die Anfechtung kassiert, sie reformiert nicht)之格言，即，撤销权人不得以其真意或事后形成的意思表示直接替代被撤销的意思表示。①

《合同法》第54条除维持《民法通则》的基本立场外，更增加第3款："当事人请求变更的，人民法院或者仲裁机构不得撤销。"表面上看，该款规定旨在通过排除法院与仲裁机构的裁量权对当事人选择自由表示尊重，但这种"尊重"所产生的效果，其实使得矫枉过正的色彩更加醒目，因为第3款意味着，当事人行使变更权之行为具有无可置疑的正当性，不仅对方当事人无抵御手段，甚至指望司法机构依职权调整的最后一线希望亦被切断。

---

① Reinhard Bork, Allgemeiner Teil des Bürgerlichen Gesetzbuchs, 3. Aufl., 2011, Rn. 916; Brox/Walker, Allgemeiner Teil des BGB, 34. Aufl., 2010, Rn. 438; Rüthers/Stadler, Allgemeiner Teil des BGB, 16. Aufl., 2009, § 25 Rn. 13.

第九章 代 理

第二十七节 代理概说

一、代理制度与私法自治

罗马法时期,除家父(Hausvater)有权自家子(Hauskinder)与奴隶的行为中取得权利外,原则上,任何人均不得通过他人取得权利,亦不得为他人设定义务;同时,罗马法亦无现代意义的法人制度,不必处理何种情况下自然人行为由法人这另一主体承受效果问题。由此决定,罗马法基本上不存在现代意义上的代理,尤其是基于法律行为的代理概念。① 看起来,罗马法深得私法自治之精髓,因为私法自治正是要求自己行为从而自己责任,原则上,任何人不为他人行为承受法律效果。

然而,世间事物纷繁复杂,难以一概而论。若是任何情况下都固守自己行为观念,反倒可能悖论性地产生有害自治的结果。

首先,当事人可能不具备法律交往所需理性能力,却又存在交往需求,若以理性不足为由将其排除于法律交往之外,未必合乎人性,亦不利于理性能力的积累与提升。解决问题的办法是,由对其负有法定照管义务之人代为实施法律行为,法律效果则归诸行为能力欠缺人自己。此即法定代理制度。其次,囿于时间、精力与专业知识等因素,即便是完全行为能力人,亦不可能事必躬亲。如果本人愿意让他人以自己名义实施法律行为并承受效果,法律又何必以维护自治为名禁止这一自由意志的安排?再次,法人纯属法律构造物,不可能亲自实施任何法律行为。欲将自然人发出或受领的意思表示归诸法人名下,唯有借助代理。

可见,代理制度未与私法自治理念相冲突,相反,它或者本就属于私法自治的实施手段,或者有助于扩大私人自治空间,或者兼而有之。

二、代理的概念

代理(Stellvertretung)的要旨在于,行为人以被代理人名义实施法律行为,法律效

---

① Werner Flume, Das Rechtsgeschäft, 4. Aufl., 1992, S. 750 f.; Max Kaser, Das Römische Privatrecht, 2. Aufl., 1971, § 62, 72; Staudinger/Schilken (2004), Vorbem. zu §§ 164 ff. Rn. 3.

果直接归属于被代理人。

（一）法定代理、意定代理与机关代理

依代理权的来源，代理可作法定代理与意定代理之二分，另有介于二者之间、适用于法人的机关代理。至于《民法通则》第64条所作的委托代理、法定代理与指定代理之三分，逻辑并不周延。

1. 法定代理

直接基于法律规定而取得代理权，谓之法定代理（gesetzliche Vertretung）。原则上，法定代理人有权全面代理本人实施法律行为。自然人唯行为能力欠缺之人才有法定代理人，依《民法通则》第14条之规定，无行为能力人与限制行为能力人的监护人系其法定代理人。

与法定代理并列的所谓指定代理，依《民法通则》第64条第2款之规定，指的是"按照人民法院或者指定单位的指定行使代理权"之情形。需要指定代理人，必是适格代理人之间出现争议，而指定的范围，局限于具有法定代理（监护）资格之人。因此，指定代理中的代理人，其代理权亦来自于法定，所指定者，无非是具体担当代理职责之人而已。可见，在逻辑上，指定代理不宜与法定代理、意定代理并列。

2. 意定代理

意定代理（rechtsgeschäftliche Vertretung, gewillkürte Vertretung）的代理权来自于当事人意志（代理权授予行为）。《民法通则》称"委托代理"，该称谓并不准确。缺陷有三：其一，意定代理的基础关系未必是委托。构成意定代理之基础关系的，除委托契约外，雇佣与劳动契约亦属常见，甚至可能只有单纯的授权行为而无基础关系。其二，即便基础关系为委托契约，意定代理权亦非来自于委托。委托属于契约，只是代理关系的基础法律关系。使得代理人取得代理权的，是作为单方行为的代理权授予行为。其三，委托关系未必伴随着代理权。当事人之间可能仅存在委托契约而无代理关系，受托人或者不必借助法律行为完成委托事务，或者无权以委托人名义实施法律行为。可见，"委托"与"代理"之间并无必然联系，以"委托"修饰"代理"，易生混淆。

代理规范之设置以意定代理为原型，原因在于，几乎所有关于法定代理的规则，均可在意定代理中寻得，而诸如代理权授予、无权代理等问题，则仅出现于意定代理场合。就此而言，法定代理基本没有特别说明价值。

3. 机关代理

法人无法亲自实施法律行为，为保证其正常展开对外交往，法律亦须为之设置代理人，我实证法称其为"法定代表人"。《民法通则》第38条规定："依照法律或者法人组织章程规定，代表法人行使职权的负责人，是法人的法定代表人。"一般情况下，公法人的法定代表人直接由法律规定，属于法定代理人；私法人的法定代表人则由章程规定，如《公司法》第13条前句规定："公司法定代表人依照公司章程的规定，由董事长、执行董事或者经理担任，并依法登记。"私法人必须拥有"法定"代理人，该"法定"代理人规定于章程,这意味着,法人的"法定代理"介于法定代理与意定代理之间,在法人实在说的框架下,可称机关代理(organschaftliche Vertretung)。①

在概念上,"机关"与"代理"看似不能相容,因其分别代表法人实在说与法人拟制说两条进路。机关行为系法人自身行为,代理行为则是代理人行为——唯其效果归属于法人而已。不过,称机关行为为法人自身行为,更多是一种比喻,法律适用时,机关与法人之关系与代理人与本人之关系并无不同,亦为代理规则所规制。② 就此而言,"机关代理"之称谓可予接受。

"法定代表人"有权全面代表法人,地位相当于行为能力欠缺之人的法定代理人。此外,法人亦可授权其他人就特定或特定范围内的事务对外代表法人,这种非依章程授权的代理,系典型的意定代理。

(二) 代理中的法律关系

代理通常至少涉及三方当事人。有权以他人名义实施法律行为者,称代理人(Vertreter);该"他人"称被代理人(Vertretene)或本人(Geschäftsherr),承受代理行为所产生的法律效果;代理行为之相对人则是第三人(Dritter)。另需注意者,因观察视角不同,当事人的称谓可能发生变化,如当代理人以被代理人名义实施法律行为时,代理人称行为人(Handelnde),被代理人则为关系人(Betroffene)。

代理中的法律关系可分内外两部分。内部关系存在于代理人与本人之间,又分授权关系及其基础关系两层;外部关系中,本人与第三人为契约双方当事人,或单方法律行为中的行为人与相对人。以内部基础关系为委托、外部关系为买卖契约为例,代理中的法律关系包括:第一,委托人与受托人订立委托契约,要求受托人为自己购买一组书柜,同时授权受托人(代理人)以委托人(被代理人)名义订立书柜的买卖契约。委托契约与授权行为(单方行为)均为内部关系。第二,代理人以被代理人名义与第三人订立书柜的买卖契约,契约当事人分别是该第三人(出卖人)与被代理人(买受人),此为外部关系。基本结构如下图所示:

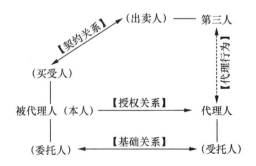

---

① Reinhard Bork, Allgemeiner Teil des Bürgerlichen Gesetzbuchs, 3. Aufl., 2011, Rn. 1433.
② a. a. O.

(三) 代理理论

至少从表面上看,与第三人订立契约之人,系代理人而非本人,代理理论因而需要解释:为何代理人所实施的法律行为,效果却归属于本人?由此衍生的问题是:若代理行为中的意思表示存在瑕疵,是以代理人抑或本人作为判断准据?当本人基于信赖保护取得权利时,善意之判断是以代理人抑或本人作为判断准据?等等。为回答这些问题,德国学者自19世纪以来,大致提出过三种较具影响力的学说。

1. 本人行为说

本人行为说(Geschäftsherrntheorie)由萨维尼创立,其内容略谓:实施法律行为的意思由本人形成,代理人不过相当于本人的"机关"、将本人意志对外表达而已,因而,代理行为所表达的意思是本人意思。[①] 该说可以解释为何本人是对外法律关系的当事人以及为何该对外行为的法律效果由被代理人承担问题,亦在形式上与"自己行为自己责任"的私法自治理念相契合。

本人行为说以19世纪的意志论为支撑,视代理为"意志代理"(Vertretung im Willen)。弗卢梅指出,这不过是一种神秘主义的说法,实际上,意志无可代理,被代理的只是所实施的法律行为。[②] 同时,本人行为说难以解释:代理人的意义若仅仅在于转述本人意思,如何与传达人相区别?又为何将无行为能力人排除于代理人之外?在法定代理场合,本人若有能力独立形成法律行为意思,何需代理人?

对于上述疑问,本人行为说的当代支持者博伊庭(Volker Beuthien)认为不足为虑。

首先,代理人与传达人各自任务不同,不至混淆。代理人是本人的表示辅助人(Erklärungshilfer),负责为本人构筑意思表示的内容,传达人则是本人的送达辅助人(Zugangshilfer),帮助本人转达内容已经确定的意思表示。[③]

其次,关于代理人的行为能力要求,即使认为代理行为系代理人行为,亦难以解释为何代理人需要具备行为能力,因为代理人意思表示之法律效力非由代理人承受,故代理人不可能遭受损害,本不必援引行为能力制度保护。问题的关键不在于代理人,而在本人方面,即,要求代理人至少具有限制行为能力旨在保护本人免受损害,因为代理人被授予代理权后,即获得一项特别的权限,有权作为表示媒介人构建他人意思表示的内容,从而具备一定程度的理智和判断力。[④]

管见以为,博伊庭辩护的说服力仍有不足。对于代理与传达,以表示辅助与送达

[①] Vgl. Reinhard Bork, Allgemeiner Teil des Bürgerlichen Gesetzbuchs, 3. Aufl., 2011, Rn. 1295; Werner Flume, Das Rechtsgeschäft, 4. Aufl., 1992, S.752;〔德〕福·博伊庭:《论〈《德国民法典》〉中的代理理论》,邵建东译,载《南京大学法律评论》1998年秋季号,第89页。

[②] Werner Flume, Das Rechtsgeschäft, 4. Aufl., 1992, S.754 f.

[③] 〔德〕福·博伊庭:《论〈《德国民法典》〉中的代理理论》,邵建东译,载《南京大学法律评论》1998年秋季号,第92页。

[④] 同上,第96页。

辅助作区分,概念上固然显得泾渭分明,但在具体判断时,未必清晰,况且,既然代理人负责为本人构筑意思表示内容,即意味着,代理人需要加入本人并未表达的意思表示,将代理人加入的意思纳入本人意思之列,显然牵强。至于代理人行为能力之要求,既然是为本人利益考虑,是否需要此项保护,在意定代理情形,本应由作为完全行为能力人的本人自主判断,此与法定代理全然不同,因而本人行为说依然无法解释,为何即使在意定代理场合,本人亦不得放弃保护,使用无行为能力人作为代理人?

2. 代表说

意志论几乎支配了整个19世纪以及20世纪初的德国法律理论,但构成《德国民法典》代理规范设置之出发点的,不是本人行为说,而是与之相对的代表说(Repräsentationstheorie)。代表说认为,代理行为中的意思表示非由本人形成,向第三人作出的是代理人的意思表示,只不过由此产生的法律效果由本人承受而已。这一由布林茨(Alois Brinz)首创的理论,如今已成德国通说。①

私法中并无专门针对"代表"的规则,基本上,它与代理无适用上的差别。就此而言,以"代表"概念界定代理行为的性质,无非是一种同义反复。② 不过,这一同义反复的表达似乎并未妨碍理论本身的解释力。在代表说框架下,代理与传达的区分、代理人行为能力之要求、法定代理等本人行为说的解释难题将迎刃而解。

问题在于,代理人的行为为何对本人发生效力?这一看似违反私法自治的制度安排正当性何在?法定代理为行为能力欠缺之人而设,目的在于对其提供保护,而作为本人的未成年人本就没有能力独立参与法律交往,由负有法定照管义务之人为其实现法律效果,不存在自治被违反问题。③ 因此,关键在于意定代理。

在意定代理领域,与代表说体系呼应的是分离理论(Trennungstheorie),即授权行为(Bevollmächtigungsgeschäft)与代理行为(Vertretergeschäft)相分离。④ 其中,代理行为系代理人行为,授权行为则属本人行为。一方面,通过授权行为中的效果归属意思,本人得以承受代理行为之法律效果——该效果归属意思来自于本人,正是私法自治的表现;另一方面,通过本人所授代理权,代理人取得以自己的意思表示改变他人

---

① Vgl. Reinhard Bork, Allgemeiner Teil des Bürgerlichen Gesetzbuchs, 3. Aufl., 2011, Rn. 1294; Werner Flume, Das Rechtsgeschäft, 4. Aufl., 1992, S.752; Staudinger/Schilken (2004), Vorbem. zu § § 164 ff. Rn. 32;〔德〕福·博伊庭:《论〈〈德国民法典〉〉中的代理理论》,邵建东译,载《南京大学法律评论》1998年秋季号,第89页。

② 〔德〕福·博伊庭:《论〈德国民法典〉中的代理理论》,邵建东译,载《南京大学法律评论》1998年秋季号,第93页。

③ Reinhard Bork, Allgemeiner Teil des Bürgerlichen Gesetzbuchs, 3. Aufl., 2011, Rn. 1294; Werner Flume, Das Rechtsgeschäft, 4. Aufl., 1992, S.754; Larenz/Wolf, Allgemeiner Teil des Bürgerlichen Rechts, 9. Aufl., 2004, § 46 Rn. 13; Staudinger/Schilken (2004), Vorbem. zu § § 164 ff. Rn. 32.

④ Werner Flume, Das Rechtsgeschäft, 4. Aufl., 1992, S. 859 f.; Larenz/Wolf, Allgemeiner Teil des Bürgerlichen Rechts, 9. Aufl., 2004, § 47 Rn. 27; Staudinger/Schilken (2004), Vorbem. zu § § 164 ff. Rn. 32.

(本人)法律地位之权力——代理权(Vertretungsmacht)。①

3. 共同行为说

在本人与代理人之间,本人行为说与代表说各取一端,米特埃斯(Ludwig Mitteis)所倡导的统一行为说(Vermittlungstheorie)则试图折衷二者。与代表说相反,统一行为说认为,授权行为与代理行为并非相互分离,而是作为"法律行为的共同要件"(rechtgeschäftlicher Gesamttatbestand)结合为统一行为。②

共同行为说如同本人行为说,同样无法为法定代理提供解释。此外,共同行为说的缺陷还在于错误理解授权行为与代理行为的性质。实际上,这两项行为各自均是能够独立发生法律效果之完整行为:授权行为一旦作出,代理人即取得代理权,并不以代理行为之实施为要件;代理行为纵无代理权,亦不影响行为之完整性,唯其可能对于本人不发生效力而已。③

三、代理的构成

(一) 行为的可代理性

代理须以他人名义实施法律行为,包括发出或受领意思表示,因此事实行为不具有可代理性。

原则上,法律行为皆具可代理性,但高度人身性之法律行为不得代理,这尤其体现于亲属法与继承法领域。另外,依《民法通则》第63条第3款之规定,法定或约定须由本人亲自实施之法律行为,亦不得代理。至于准法律行为,因其准用法律行为之规则,自然无妨进而准用代理规则。

(二) 代理人为意思表示

代理有积极代理(aktive Stellvertretung)与消极代理(passive Stellvertretung)之别,前者是指代理人以本人名义发出意思表示,后者则是受领意思表示。无论何种代理,都需要代理人作出(积极或消极的)意思表示。无论发出抑或受领意思表示,发出或到达的判断时点均以代理人为准据。

1. 代理人的行为能力

代理人须为一定意思表示,故不能是无行为能力人。但是否须具完全行为能力,俟法定代理或意定代理而定。

法定代理意在全面照管行为能力欠缺之人的利益,非完全行为能力人无力为之。

---

① Reinhard Bork, Allgemeiner Teil des Bürgerlichen Gesetzbuchs, 3. Aufl., 2011, Rn. 1294; Werner Flume, Das Rechtsgeschäft, 4. Aufl., 1992, S. 754; Staudinger/Schilken (2004), Vorbem. zu §§ 164 ff. Rn. 32.

② Vgl. Reinhard Bork, Allgemeiner Teil des Bürgerlichen Gesetzbuchs, 3. Aufl., 2011, Rn. 1296; Werner Flume, Das Rechtsgeschäft, 4. Aufl., 1992, S. 752, 859 f.; Staudinger/Schilken (2004), Vorbem. zu §§ 164 ff. Rn. 32.

③ Reinhard Bork, Allgemeiner Teil des Bürgerlichen Gesetzbuchs, 3. Aufl., 2011, Rn. 1296.

《民法通则》第70条第3项规定,"代理人丧失民事行为能力"时,法定代理消灭。此处"丧失民事行为能力"宜作扩张解释,只要不复拥有完全行为能力,即属"丧失",换言之,无论部分丧失抑或全部丧失,均足以导致法定代理消灭。

意定代理人因本人授权而取得代理权,不必拥有完全行为能力。对此,《德国民法典》第165条明确规定:"由或向代理人作出之意思表示,有效性不因代理人为限制行为能力人而受影响。"之所以如此,原因有二:第一,代理人方面。代理行为的法律效果归属于被代理人,不至于因法律行为而承受不利。此类行为属于"中性行为",不必征得限制行为能力人的法定代理人同意。即便在代理人无权代理而可能承受不利的场合,法律亦以例外规则排除限制行为能力人的责任(《德国民法典》第179条第3款第2句:"代理人为限制行为能力人者,亦无需承担责任,除非其所实施的行为已获法定代理人同意")。因此,没有必要禁止限制行为能力人担任代理人。第二,被代理人方面。本人依其意愿授予代理权,同时承受代理行为之效果,选择何人为授权对象,属自治领域,法律不必置喙。

《民法通则》第69条第4项规定,"代理人丧失民事行为能力"是"委托代理"终止的事由。其措辞虽与第70条第3项完全一致,但依规范意旨,不必作相同解释。为此,唯在代理人"完全丧失"行为能力而成为无行为能力人情况下,意定代理权才消灭。我实证法虽无《德国民法典》第179条第3款之责任排除条款,但依限制行为能力人保护优先于交易安全之事物本质(Natur der Sache),可作漏洞填补,令限制行为能力之无权代理人免遭不利。

2. 代理与传达

与代理最为接近的制度是传达,但其实二者存在根本的差别。该差别即在意思表示之有无:代理人须自己作出意思表示;传达人则仅作转述,而不发出自己的意思表示。在判断上,具有关键意义的是行为外观:如果依客观受领人视角,辅助人只是在转送内容业已确定的意思表示,即为传达;若是行为外观显示,当中存在一定程度的决定自由,行为人据此独立形成意思表示,则可认定为代理。例如,商人U让秘书S向批发商G订购1000台某型号钻机,S即是传达人,但如果S在向G订购之前,调查另一批发商的相同产品,比较优劣后再作订购决定,则S拥有独立判断空间,充任代理人角色——虽然S并无代理权,因为U只是赋予其传达人地位。[1]

代理与传达在法律适用方面主要存在以下差别[2]:第一,行为形式。法律行为若为要式,在代理情形,代理人的意思表示亦须符合该特定形式,而传达,仅需本人的表示符合形式要求即为已足。第二,行为能力。由于传达人只是转述他人意思表示,并未发出自己的意思表示,故无行为能力要求——无行为能力人亦不妨担当传达人。

---

[1] Rüthers/Stadler, Allgemeiner Teil des BGB, 16. Aufl., 2009, § 30 Rn. 2.
[2] Brox/Walker, Allgemeiner Teil des BGB, 34. Aufl., 2010, Rn. 519.

代理人则至少需要具备限制行为能力。第三,意思表示错误。若传达人无意误传,本人须受拘束,并得以错误为由撤销该误传表示;若传达人有意错误传达,则本人不受拘束。代理人发出的是自己的意思表示,判断是否存在错误因而可撤销,以代理人而非本人为判断准据。第四,善意判断。于传达场合,知道或应当知道特定情形之判断以本人为准;在代理情形,原则上视乎代理人。第五,意思表示解释。受领一项意思表示,既可通过受领传达人,亦可借助受领代理人。若由传达人受领,意思表示以本人理解为准,受领传达人只是负责为本人接收信息的"活信箱"(lebendiger Briefkasten),不产生任何理解问题;而在受领代理情形,意思表示的解释则以代理人的理解为准。

3. 代理与居间

居间亦与代理相近,二者差别仍在意思表示之有无。居间人只是当事人的缔约中介,任务仅在"向委托人报告订立合同的机会或者提供订立合同的媒介服务"(《合同法》第424条)。居间人虽参与契约之订立,但仅限于调查、咨询以及必要时为缔约谈判做准备,并不就契约本身作出任何意思表示,因而不具有代理人地位。

(三) 显名原则

1. 显名原则的含义

《民法通则》第63条第2款规定:代理人"以被代理人的名义"实施法律行为。当中体现的法律思想称显名原则(Offenkundigkeitsprinzip),即,代理人为被代理人实施法律行为时,须显示被代理人的名义。作此规定是为保护第三人利益,因为第三人必须知悉交易对方,以便明了义务向谁履行、权利向谁主张以及与谁发生纠纷。明确显示被代理人名义固然是显名原则的典型表现,虽未明确显示本人名义,但根据情境能够知悉该意思表示系以被代理人名义作出,亦属无妨(《德国民法典》第164条第1款第2句)。

2. 直接代理与间接代理

通常所谓代理仅指代理人以被代理人名义实施法律行为的直接代理。若"代理人"以自己名义为他人利益而实施行为,则称间接代理(mittelbare Stellvertretung),亦称隐名代理(verdeckte Stellvertretung)。典型的间接代理是行纪。《合同法》第414条规定:"行纪合同是行纪人以自己的名义为委托人从事贸易活动,委托人支付报酬的合同。"行纪人为委托人利益与第三人订立契约时,契约权利义务归属于行纪人(《合同法》第421条第1款),行纪人自第三人处取得权利后,有义务根据行纪契约移转于委托人,委托人则应及时受领(《合同法》第420条第1款)并支付报酬(《合同法》第422条)。

间接代理并非纯正的代理,二者法律结构相去甚远。纯正的直接代理中,代理人根据授权行为,取得将法律效果直接归属于被代理人的权力;为了将法律效果直接归属于被代理人,代理人必须以被代理人名义实施法律行为;代理行为实施后,被代理人与第三人是契约双方当事人,代理人则与契约权利义务无关。间接代理中,以行纪为例,委托人与行纪人之间并不存在代理授权行为,基于行纪契约拘束,行纪人有义务将自第三人处取得的权利转交与委托人;由于行纪人未曾取得令法律效果直接归属于委托人之权力,故在与第三人订立契约时,只能以自己名义为之;行纪人与第三人系契约的双方当事人,委托人与第三人之间则不存在直接的法律关系。

3. 显名原则的例外

在逻辑上,显名原则之例外包括两种情形:一是被代理人名义虽未被显示,却依然无妨依代理规则直接承受行为效果;二是行为人纵以他人名义行为,该他人亦不必依代理规则承受行为效果。前者是所谓的行为归属(Geschäft für den, den es angeht),后者则对应冒名行为(Handeln unter fremdem Namen)。

(1) 行为归属

显名原则旨在保护第三人,因而,当本人名义是否显示对于第三人的利益状况不构成影响时,显名原则即无必要。此时,本人名义纵未显示,只要代理人为本人行为并将行为归属于本人,法律效果亦归诸其人,此称"行为归属"。行为归属有纯正与非纯正之别。

纯正的行为归属(echtes Geschäft für den, den es angeht)亦称隐藏的行为归属(verdecktes Geschäft für den, den es angeht)。谓之"隐藏",是因为行为人其实是为本人行为,却以自己名义实施,而将本人隐藏于后。原则上,该隐藏行为有违代理的显名原则,法律效果应由行为人自己承受。但若第三人不在乎交易相对人是何人,尤其是在日常生活交易并且即时清结(如超市购物)情形下,行为人向收银员表明"这支牙膏以我的室友名义购买"反倒是多此一举。此时,第三人不必受显名原则的特别保护,隐藏的本人将依代理规则直接承受代理行为的法律效果,涉及处分行为时,原则上亦由本人直接取得所有权,而不必借道行为人移转。①

非纯正的行为归属(unechtes Geschäft für den, den es angeht)亦称公开的行为归属(offenes Geschäft für den, den es angeht),是指行为人公开表示以他人名义实施法律行为,只是未向第三人显示该他人具体为谁。例如,代理人表示以他人名义购买一幅油画,但作为收藏家的被代理人担心,一旦出卖方知悉自己身份,将大幅抬高油画价格,故指示代理人不得暴露其身份。对此,德国通说认为,公开的行为归属下,本人依代理规则直接承受法律行为的效果,但这一情形其实并不构成显名原则的例外,系非纯正的行为归属,因为行为人清楚表明系以他人名义实施法律行为,代理行为所要求的显名原则得到满足,交易对方若对交易安全感到担忧,自可选择拒绝交易,而无特

---

① Reinhard Bork, Allgemeiner Teil des Bürgerlichen Gesetzbuchs, 3. Aufl., 2011, Rn. 1398; Brox/Walker, Allgemeiner Teil des BGB, 34. Aufl., 2010, Rn. 526; Larenz/Wolf, Allgemeiner Teil des Bürgerlichen Rechts, 9. Aufl., 2004, § 46 Rn. 42; Rüthers/Stadler, Allgemeiner Teil des BGB, 16. Aufl., 2009, § 30 Rn. 7; Staudinger/Schilken (2004), Vorbem. zu §§ 164 ff. Rn. 52 ff.

别保护之必要。①

(2) 冒名行为

冒名行为是将他人名义当作自己名义而实施法律行为。与以他人名义实施法律行为("我为甲而实施")不同,冒名行为是声称自己即是所冒之人("我是甲")。② 名义被冒用之人即姓名担受人(Namensträger)未必对冒名行为不知情,甚至可能同意冒用。得到同意的冒名行为在外观上与得到授权的代理并无差别,故可做相同处理,由姓名担受人直接承受行为效果。③ 问题在于,其他冒名行为如何处置?对此,可分两种情形分别观察。④

第一,姓名冒用(Namenstäuschung)。若行为人只是使用他人名义为自己实施行为,并无将法律效果归属他人之意思,相对人对此亦作相同理解,并且相对人并不在乎行为人的名义,只是与来者缔约,则法律行为效力在行为人与相对人之间发生,与所冒用的名义并无关联。例如,张三想要在网上购书,却无账号,遂偷偷使用李四的密码登陆下单,张三而非李四是买受人。

第二,身份冒用(Identitätstäuschung)。冒名人虽无将效果归属于他人之意思,但若相对人善意认为与之交易的是姓名担受人,则准用有关无权代理之规定,并且在姓名担受人拒绝追认时,类推适用无权代理人责任之规定。

(四) 代理权

代理权(Vertretungsmacht)是行为人以他人名义实施法律行为,并令行为效果直接归属于该他人的法律权力(Rechtsmacht)。代理权不是权利(subjektives Recht),而是私法上的权力(Macht)。称其为权力,是因为一方面,代理权效力并不及于代理权人自身,代理人亦不能从代理权行使行为中获得利益;另一方面,代理权一经行使,他人(被代理人)法律地位即为之改变。凡此两端,皆为权力而非权利之效力特点。称其为私法上的权力,则是因为享有该权力之人是私人,所涉法律关系亦为私法关系。⑤

权力之享有需要具备合法根据,代理权的来源有二:一是直接根据法律规定产生,与之相关的是监护制度;二是基于法律地位被改变之人的授权,此即意定代理权

---

① Reinhard Bork, Allgemeiner Teil des Bürgerlichen Gesetzbuchs, 3. Aufl., 2011, Rn. 1397; Brox/Walker, Allgemeiner Teil des BGB, 34. Aufl., 2010, Rn. 524; Larenz/Wolf, Allgemeiner Teil des Bürgerlichen Rechts, 9. Aufl., 2004, § 46 Rn. 38 ff.; Rüthers/Stadler, Allgemeiner Teil des BGB, 16. Aufl., 2009, § 30 Rn. 8; Staudinger/Schilken (2004), Vorbem. zu §§ 164 ff. Rn. 51.

② Larenz/Wolf, Allgemeiner Teil des Bürgerlichen Rechts, 9. Aufl., 2004, § 46 Rn. 54.

③ Dieter Medicus, Allgemeiner Teil des BGB, 10. Aufl., 2010, Rn. 908.

④ Reinhard Bork, Allgemeiner Teil des Bürgerlichen Gesetzbuchs, 3. Aufl., 2011, Rn. 1406 ff.; Brox/Walker, Allgemeiner Teil des BGB, 34. Aufl., 2010, Rn. 529 f.; Larenz/Wolf, Allgemeiner Teil des Bürgerlichen Rechts, 9. Aufl., 2004, § 46 Rn. 55 ff.; Rüthers/Stadler, Allgemeiner Teil des BGB, 16. Aufl., 2009, § 30 Rn. 9.

⑤ Reinhard Bork, Allgemeiner Teil des Bürgerlichen Gesetzbuchs, 3. Aufl., 2011, Rn. 1426; Werner Flume, Das Rechtsgeschäft, 4. Aufl., 1992, S. 784 ff.; Larenz/Wolf, Allgemeiner Teil des Bürgerlichen Rechts, 9. Aufl., 2004, § 46 Rn. 11.

(Vollmacht)。《民法通则》第 63 条第 2 款前句规定:代理人须在代理权限内实施法律行为。无代理权或超越代理权,构成无权代理。

四、代理的法律效果

(一) 效果归属

代理行为所生法律效果直接归属于本人,而不是先归诸代理人然后转承本人。《民法通则》第 63 条 2 款后句规定:"被代理人对代理人的代理行为,承担民事责任。"此处所谓"民事责任",当解释为"法律效果",原因在于,依概念的通常用法,仅在违反义务或侵害权利时,才产生"民事责任"——《民法通则》第 6 章所规定之"民事责任"可资佐证,而代理行为作为法律行为,以根据当事人意志发生相应法律效果为内容,并不直接指向"民事责任",该法律效果可以是取得权利,亦可是负担义务。

(二) 代理人的意思表示瑕疵

代理意思表示由代理人作出,相应的,代理行为中的错误、受欺诈、受胁迫等意思表示瑕疵亦以代理人而非被代理人为判断准据,即,代理行为的可撤销性或无效存在于代理人作出的意思表示中。不过,由于被代理人是代理行为的效果承受者,当代理行为出现可撤销事由时,应由被代理人决定是否接受该瑕疵表示所带来的法律效果,即,撤销权归属于被代理人。①

另值注意者,代理意思表示毕竟是为被代理人作出,当意思表示的错误存在于与被代理人关系之中时,被代理人的撤销权可能被排除。这主要体现在两种情形:

其一,代理权限的错误。代理人因为表述错误而超越代理权限,例如,代理人得到的授权是最高以 1200 元购入一幅画,但买画时错误表述为 2100 元。此时,代理人虽为错误人却不享有撤销权,无权撤销其错误表示;于被代理人而言,代理人的错误表示超越代理权限,故适用无权代理规则,若被代理人无意接受该无权代理之后果,拒绝追认即为已足,不必援引错误法撤销。② 但如果该无权代理构成表见代理,被代理人必须承受法律后果,管见以为,此时被代理人得以表示错误为由撤销,原因在于,若该错误意思表示由被代理人亲自作出,将构成撤销原因,在表见代理情形,第三人不应享有更为优越的法律地位。

其二,本人名义的错误。代理人本想以被代理人名义发出意思表示,却误以自己名义发出。此时,被代理人名义因为未显示于外,不必承受法律行为后果,故不存在撤销的问题。同时,显名原则之违反并不必然导致该"代理行为"无效,代理人自己可

---

① Reinhard Bork, Allgemeiner Teil des Bürgerlichen Gesetzbuchs, 3. Aufl., 2011, Rn. 1371; Brox/Walker, Allgemeiner Teil des BGB, 34. Aufl., 2010, Rn. 537; Larenz/Wolf, Allgemeiner Teil des Bürgerlichen Rechts, 9. Aufl., 2004, § 46 Rn. 91 f.

② Brox/Walker, Allgemeiner Teil des BGB, 34. Aufl., 2010, Rn. 535.

能须为该行为承受法律后果。①

（三）善意的判断

当被代理人通过代理行为自无权利人处取得权利时，被代理人是否有权主张善意取得，关键在于如何判断善意。

如同意思表示瑕疵之判断，同样是因为意思表示由代理人作出，原则上善意与否应以代理人为判断准据。据此，若代理人实施代理行为时明知或应知第三人非属权利人，无论被代理人知悉与否，皆不得主张善意取得。另外，代理人毕竟为被代理人利益服务，当被代理人明知或应知第三人非属权利人，并指示代理人与其实施法律行为时，即便代理人不知，被代理人亦不得主张善意取得，否则，被代理人将假借代理人之手，轻而易举令其有违诚信的行为合法化。

问题在于，若被代理人并未对代理人指明交易第三人，或者只是对无权代理作事后追认，而善意代理人所选择的第三人，恰好是无权处分人并且被代理人恰好知其无权处分，被代理人是否有权主张善意取得？例如，无权代理人甲以乙的名义自丙处取得一台电脑，丙系无权处分，对此，甲善意不知而乙明知，事后乙对甲的无权代理予以追认，乙能否善意取得电脑所有权？德国通说认为，只要被代理人非属善意，无论授权及追认是否明确指向特定的交易第三人，均应一体对待——被代理人不得主张善意取得。②

简言之，无论是代理人的非善意，抑或被代理人的非善意，均阻却被代理人善意取得之可能。被代理人须为善意，系旨在防止非善意的被代理人借助代理制度规避诚信要求，从而不正当获得比亲自实施行为更为优越的法律待遇；代理人须为善意，则是因为意思表示由代理人作出。显然，被代理人因为使用代理而须就善意承受双重风险，不过该风险分配格局并无不妥，被代理人既然能够利用分工假代理人之手实现更多利益，相应承担代理人因此带入的风险，应无可非议。③

第二十八节　意定代理权

一、意定代理抑或委托代理？

代理权可能直接由法律授予（法定代理权），亦可能由被代理人以法律行为的方式授予（意定代理权）。我国法定代理人即是监护人，故法定代理权被规定于监护制

---

① Brox/Walker, Allgemeiner Teil des BGB, 34. Aufl., 2010, Rn. 525.
② Reinhard Bork, Allgemeiner Teil des Bürgerlichen Gesetzbuchs, 3. Aufl., 2011, Rn. 1660; Werner Flume, Das Rechtsgeschäft, 4. Aufl., 1992, S. 875.
③ 〔德〕福·博伊庭：《论〈德国民法典〉中的代理理论》，邵建东译，载《南京大学法律评论》1998年秋季号，第94—95页。

度,本节不作专门展开。

关于意定代理,我实证法称"委托代理",《民法通则》第64条第2款规定:"委托代理人按照被代理人的委托行使代理权",似乎意味着,令代理人取得代理权的是"委托"行为。但对于无权代理,《民法通则》第66条第1款与《合同法》第48条第1款规定,被代理人的追认可补足代理权之欠缺。显然,追认具有授予代理权的效果。事后追认与事先允许系同意的两种方式,无论如何使用概念,同意与委托均不等同,因为后者显然不是单方意思表示。可见,实证法称"委托代理"或"授权委托",并不表示代理权是委托的法律效果,无非是因为立法者未能区分代理的基础关系与授权关系,以至于将二者混为一谈。

作为基础关系的委托契约在当事人之间产生债法约束,属于债法而非民法总论的内容,故本节集中关注授权行为产生的意定代理权本身。

二、代理权的授予

(一) 授权行为之作出

1. 需受领的单方意思表示

授权行为旨在令代理人取得将法律效果归属于被代理人的权力,代理人不会因此享有任何权利或负担任何义务,故授权表示不必得到对方同意即可生效,属于单方意思表示。同时,授权表示系需受领的意思表示。相对人既可以是被授权人(代理人),亦不妨是特定的第三人(法律行为相对人),前者为内部授权,后者为外部授权。

代理权系授权人意思表示的结果,因此,只要能够清楚表达授权意思,授权人应可自由选择授权方式,而不必拘泥于常规程式。除典型的内部授权与外部授权外,另有两种非典型方式:

一是内部授权的变通。授权人以对第三人个别通知或公告通知的方式宣告已授予代理权,通知之后,代理人即基于宣告取得向前一情形之特定第三人、后一情形之任意第三人实施代理行为之权力。由于通知本身仅是准法律行为中的事实通知,并不包含授予代理权之法效意思,故不足以构成授权表示。通知之外,授权人须对代理人另作授权表示。正是在此意义上,此等授权方式被称为"对外通知的内部授权"(《德国民法典》第171条第1款)。

二是外部授权的变通。德国通说认为,向不特定人公告亦构成外部授权。[1] 前述对不特定第三人通知的内部授权与之不同,前者是对外公告已经授予的代理权,后者

---

[1] Reinhard Bork, Allgemeiner Teil des Bürgerlichen Gesetzbuchs, 3. Aufl., 2011, Rn. 1459; Brox/Walker, Allgemeiner Teil des BGB, 34. Aufl., 2010, Rn. 542; Larenz/Wolf, Allgemeiner Teil des Bürgerlichen Rechts, 9. Aufl., 2004, § 47 Rn. 21; Rüthers/Stadler, Allgemeiner Teil des BGB, 16. Aufl., 2009, § 30 Rn. 11; Staudinger/Schilken (2004), § 167 Rn. 12.

则是以公告的方式授权。① 公告授权系无需受领的意思表示,自不特定人(公众)能够获悉之时起生效。②

2. 形式自由

原则上,授权行为形式自由,但法律若特别规定须采书面形式,从其规定(《民法通则》第 65 条第 1 款)。

3. 代理权证书

由于形式自由,授权行为不必以书面形式作出,因而记载代理权人、代理权限、代理事项、代理权存续时间等内容的代理权证书("授权委托书")非属必要。尽管如此,代理权证书仍有其不容忽视的意义。一方面,代理权证书是确定代理权存在的基本依据,由此可能产生善意相对人的信赖保护,例如,若是代理人持有代理权证书,即便代理权尚未授予或实际已经消灭,善意相对人亦值得保护;另一方面,代理权证书是确定代理权限的基本依据,代理行为若是超出证书记载的代理权限,则构成超越代理权之无权代理。

代理权证书所记载的代理权限可能含糊不清。对此,《民法通则》第 65 条第 3 款规定:"委托书授权不明的,被代理人应当向第三人承担民事责任,代理人负连带责任。"这是一个奇怪的规则:

其一,"委托书授权不明"不过是导致纠纷发生之原因,诉至法院时,法官的任务恰恰在于将此"不明"加以明确,以便适用相应规则。至于消除该"不明"状态、捋清法律关系的手段,则是意思表示解释与举证责任分配规则。③

其二,适用法律时,无非包括有权代理(含表见代理)与无权代理两种法律关系,而不存在所谓"不明"的代理关系。将法律效果设于尚未捋清的法律关系之上,岂非"葫芦僧判断葫芦案"乎?若最终确认为有权代理或表见代理,则由被代理人承受法律行为之后果,何来向第三人承担"民事责任"之问题?又与代理人何干?有何"连带责任"可言?若确认为无权代理,则适用无权代理规则,在被代理人拒绝追认时,由代理人应第三人之请求,负履行或损害赔偿之责,为何被代理人"应当向第三人承担民事责任"?代理人负"连带责任"又从何谈起?

其三,第 65 条第 3 款之规范意旨似乎在于,在授权不明时令被代理人与代理人负"连带责任"以保护善意第三人。然而,代理中,第三人的善意指的是相信代理人系有权代理,换言之,相信被代理人是自己的契约当事人。此时,保护善意第三人的逻辑是令其期待实现——果真成为被代理人的契约当事人,而非不分青红皂白地课以"连

---

① Rüthers/Stadler, Allgemeiner Teil des BGB, 16. Aufl., 2009, § 30 Rn. 11.
② Larenz/Wolf, Allgemeiner Teil des Bürgerlichen Rechts, 9. Aufl., 2004, § 47 Rn. 21; Staudinger/Schilken (2004), § 167 Rn. 12.
③ 葛云松:《委托代理的授权不明问题——评〈民法通则〉第 65 条第 3 款》,载氏著:《过渡时代的民法问题研究》,北京大学出版社 2008 年版,第 284 页以下。

带责任"。

(二) 授权行为与基础法律关系

1. 分离原则

所谓分离原则,是指授权行为独立于基础法律关系而存在。授权人作外部授权时,与代理人可能未建立任何法律关系,代理人仅仅是基于授权人向第三人的外部授权行为而取得代理权,并且,该外部授权系单方法律行为,无需被授权人表示同意,甚至不以被授权人知悉为必要。内部授权时,被授权人虽然知悉该授权,但同样不必存在其他法律关系。

当然,若代理人仅享有代理权力而不负担义务,这一"孤立代理权"(isolierte Vollmacht)将对授权人极为不利。除非授权人对代理人有着充分的信任,否则不太可能任由这一局面出现。因此,在授予代理权的同时,授权人往往要求代理人负有义务,以确保代理人不至于滥用代理权。不过,代理人的义务不可能来自于授权行为(单方行为无法令相对人负有义务),而只能来自于另一法律关系(基础法律关系)。

代理权授予与债的发生

台湾地区"民法"将代理权授予行为规定为债的发生原因(第二编第一章第一节第二款第167—171条)。梅仲协先生指出:"此在各国立法例中,洵属创举。"[①]若授权行为系债的发生原因,即意味着,该行为具有为当事人创设债法义务之效力,因而首先需要面对的追问是:"试问此项债之主体为谁?债权人或债务人,为本人耶,抑代理人耶?债之标的又为何?为本人或代理人之行为乎?抑不行为乎?"[②]

郑玉波先生系肯定说代表,理由之一是:单方行为经法律规定可生债之效果,代理权授予行为属单方行为,"而我民法又明定于债之发生节中,则代理权之授与可为债之发生原因也无疑"。[③] 单方行为固可例外成为债的发生原因,不过,这并不意味着,凡为法律所规定者即可引发债之关系,更不意味着,法律可随心所欲构建法律关系。法律规定若违反事物本质,止增具文耳。因而,问题的关键必须回到梅先生的追问:谁是债之主体?债之内容又是如何?

答案无非两种可能:或者代理人为债务人、被代理人为债权人,或者代理人为债权人、被代理人为债务人。前一可能有违私法自治。单方行为纵为债的发生原因,亦仅得以行为人自己为义务人,举凡遗赠、悬赏广告、票据行为等莫不如此,若被代理人有权通过代理权授予行为课予代理人义务,代理人即处于他治状态。

---

① 梅仲协:《民法要义》,中国政法大学出版社1998年版,第140页(注释)。
② 同上。
③ 郑玉波著,陈荣隆修订:《民法债编总论》(修订2版),中国政法大学出版社2004年版,第64页。

郑玉波先生选择后一可能:"其债之主体,以代理人为权利人,本人为义务人;其标的即本人之不作为是也。申言之,本人既将代理权授与代理人,则代理人自有为代理行为之权利(无为代理行为之义务,因以单独行为所创设之债之关系,多系行为人自己负债务,而不能使其相对人负债务),斯为权利人;而本人对于代理人自有容认为其代理之义务,斯为义务人。至本人对于代理行为之容认(不作为),即其标的是也。"[1]若代理权属于权利,郑先生之分析可备一说,但代理权其实更具权力性质。权力若未行使,无以形成权利义务,因而,仅仅是授予权力,不足以产生债法关系。实际上,郑先生并不认为代理权的性质是权利:"代理权虽亦名为'权',但与其他权利不同,盖其他权利皆以利益为依归,而代理权对于代理人并无利益可言(效果直接归属于本人),故代理权仅为一种资格或地位"。[2]

对于代理权授予行为是否堪当债的发生原因,台湾地区通说持否定论。[3] 但1999年的债编修正未予矫枉,而是一仍其旧,原因并不在于立法者持肯定说,仅仅在于"此种不当分割体制业已使用70年,已经被法学界习惯上接受"。[4]

代理的基础法律关系系授权人与被授权人之间的契约关系。被授权人根据契约负有为授权人处理事务之义务,此类契约如委托契约、雇佣契约等。无论委托契约抑或雇佣契约,如果是双务契约,其权利义务关系均是:受托人(受雇人)有义务为委托人(雇主)处理事务,并对后者享有报酬请求权或在无偿委托时享有费用偿还请求权。可见,代理权之授予并不构成基础关系之内容,二者相互分离。

尽管如此,法律外行仍然易于认为,代理权来自于诸如委托契约之类的基础关系,原因在于,受托人依委托契约为委托人处理事务,代理权的内容亦是代理人为被代理人处理事务,看起来二者并无区别。但实际上,二者不仅存在差别,而且存在根本的差别:

首先,委托契约令受托人负有为委托人处理事务之义务,代理授权则是使得代理人取得将代理行为之效果归属于被代理人之权力。义务与权力,判然有别。

其次,受托人为委托人所处理的事务,未必通过法律行为完成,此时,受托人无需对第三人作出意思表示,自然不存在代理的问题。例如,甲委托乙为其暂时照管宠物。

再次,即便受托人须以法律行为的方式完成受托事务,亦未必享有代理权。例

---

[1] 郑玉波著,陈荣隆修订:《民法债编总论》(修订2版),中国政法大学出版社2004年版,第64—65页。
[2] 郑玉波著,黄宗乐修订:《民法总则》(修订11版),台湾三民书局2008年版,第324页。
[3] 王泽鉴:《债法原理》(第2版),北京大学出版社2013年版,第282—283页。
[4] 黄立:《民法债编总论》,中国政法大学出版社2002年版,第131页(注释1)。

如,甲委托乙为其宠物治病,并约定由乙支付治疗费,治愈后统一结算,此时,乙并无代理权,须以自己名义与宠物医院订立医疗契约。

可见,代理权授予行为与基础法律关系未必同时存在,即使同时存在,亦因其各自法律性质与效果不同而彼此分离。

授权行为的抽象原则

抽象原则首见于德国著名国家法学者拉邦德(Paul Laband)1866年发表的《德意志普通商法典中法律行为之代理》一文。① 该文因其明确提出代理权授予行为及其基础关系的区分而被誉为"法学上的发现"。②

所谓授权行为的抽象原则,基本含义类似于处分行为的抽象原则:授权行为(外部关系)抽象于基础关系(内部关系),前者效力不受后者影响。申言之,当同时存在基础关系与授权行为时,即便作为内部关系的契约存在效力瑕疵乃至无效,授权行为仍可有效。例如,甲在未得到限制行为能力人乙的法定代理人同意的情况下,委托乙为其购买一台冰箱,并为此授予乙代理权,此时,甲乙之间的委托契约因未得到法定代理人同意而无效,但限制行为能力人可独立受领授权表示,无需法定代理人同意,并且,若甲未撤回授权表示,在乙以甲的名义与第三人订立买卖契约时,法律效果直接归属于甲,甲不得以委托契约无效为由拒绝承受。③

抽象原则显然意在保护第三人及其所代表的交易安全,避免第三人(交易安全)受到代理人与被代理人之内部关系效力的影响。④ 管见以为,这一考虑也许多余。

授权行为的抽象原则与物权行为(处分行为)的抽象原则均负保护交易安全之责,然而,二者实难相提并论。市场交易背景下,物权移转自由而迅捷,第三人存在于连续不断的交易链中,故可符号化为交易安全之标志。作为债权行为的票据行为之所以能够突破有因原则,原因亦在于此。代理权之授予系基于人身信赖,并不具有流通性,与之交易的第三人身份亦无传递性,不至于动辄触及整个交易链;同时,代理权授予行为采形式自由原则,既无物权变动之公示原则与之配套,亦无票据行为之文义属性足令第三人知悉,抽象原则缺乏足够牢固的制度基础。就此而言,授权行为与物

---

① Paul Laband, Die Stellvertretung bei dem Abschluß von Rechtsgeschäften nach dem allgem. Deutsch. Handelsgesetzbuch, ZHR 10 (1886), S.183 ff.
② 〔德〕Hans Dölle:《法学上之发现》,王泽鉴译,载王泽鉴:《民法学说与判例研究》(第4册),北京大学出版社2009年版,第3—6页。
③ Reinhard Bork, Allgemeiner Teil des Bürgerlichen Gesetzbuchs, 3. Aufl., 2011, Rn. 1491 f.; Brox/Walker, Allgemeiner Teil des BGB, 34. Aufl., 2010, Rn. 551; Larenz/Wolf, Allgemeiner Teil des Bürgerlichen Rechts, 9. Aufl., 2004, § 47 Rn. 4 f.; Rüthers/Stadler, Allgemeiner Teil des BGB, 16. Aufl., 2009, § 30 Rn. 16 f.
④ Staudinger/Schilken (2004), Vorbem. zu §§ 164 ff. Rn. 34.

权行为不可同日而语。

不可同语之处还在于,物权行为抽象原则,系以给予行为为前提,基础关系则构成物权给予之法律原因,为物权给予的正当性提供依据,无此正当性,将产生不当得利问题;授权行为则未作权利给予,只是授予代理人将代理行为效果归属于被代理人之权力,正当性并不来自于基础关系,基础关系纵然无效,亦无关乎不当得利。因此,以物权行为与原因行为之关系类比授权行为及其基础关系,未必妥当。①

当然,交易第三人值得保护。问题在于,为了保护代理行为相对人是否有必要因此创立如同物权行为般的抽象原则?当授权人与第三人之间出现利益冲突时,应如何取舍或者说如何平衡?

孤立代理权情况下,仅依授权行为而决,不必讨论内部基础关系如何影响外部授权行为效力之问题。而基础关系与授权关系共存时,说明代理人并未得到被代理人的绝对信任,以至于被施以基础关系制约,同时表明,若基础关系无效致法律约束消失,被代理人通常不会愿意维持授权行为之有效性。可见,抽象原则并不符合授权人可推断的意思。再者,当基础关系无效而授权行为依然有效时,授权人既难以约束代理人行为,且在被迫承受代理行为后果后,无法通过基础关系向代理人主张损害赔偿,法律地位极为不利。②

反之,若采有因原则,第三人固然面临风险,但非无救济之道。授权行为纵因基础关系而无效,若被代理人愿意承受代理行为效果,自可对该无权代理表示追认,回复代理行为之效力。较为复杂的是被代理人拒绝追认情形。

有因原则下,被代理人拒绝追认时,第三人利益以及交易安全受影响的程度,因代理行为属负担行为或处分行为而有不同。若代理人仅代理负担行为,无权代理即便未受追认,第三人亦有权请求代理人履行或损害赔偿,从而自代理人处获得救济,另外,由于被代理人曾作出授权行为,相对人又难以获知代理基础关系之效力瑕疵,故善意相对人较容易获得表见代理制度之保护。两相比较,有因原则对于各方利益的衡平,较之抽象原则应更为理想。

真正的难题在于代理行为系处分行为。授权行为有因原则下,基础关系无效导致授权行为无效,未受追认的代理行为随之无效,第三人通过代理行为取得权利(如标的物所有权)的行为亦归无效,被代理人得以所有权人身份请求第三人返还。若第三人将该物再行让与,构成无权处分,由此影响受让标的物之次第三人利益进而影响交易安全。相反,授权行为抽象原则可切断基础关系对授权行为效力的影响,由于基础关系无效不影响代理行为的有效性,第三人得依有效的代理行为取得标的物所有

---

① Werner Flume, Das Rechtsgeschäft, 4. Aufl., 1992, S. 840 f.;陈自强:《代理权与经理权之间——民商合一与民商分立》,北京大学出版社 2008 年版,第 70 页。
② Dieter Medicus, Allgemeiner Teil des BGB, 10. Aufl., 2010, Rn. 949.

权,当标的物被再次让与时,次第三人所受让的所有权不受被代理人追夺,交易安全得以保障。在此意义上,授权行为抽象原则确能起到相当于物权行为抽象原则的维护交易安全作用。

然而,物权行为抽象原则的意义不仅仅在于维护交易安全,或者说,维护交易安全不过是其附带功能,这一原则的主要价值毋宁体现于在尊重行为人意志的基础上呼应私法自治,而授权行为抽象原则,如前所述,并不符合授权人可推断的意思,此其一。其二,代理行为可能是负担行为或处分行为,以处分行为为原型令抽象原则适用于整个交易领域,此举势将忽略负担行为的交易特点。

基于上述理由,管见以为,授权行为抽象原则缺乏足够的正当性。实际上,作为授权行为抽象原则发源地的德国,自身并未完全贯彻这一原则。《德国民法典》第168条第1句规定:"意定代理权之消灭,依其授权之基础法律关系而决。"据此,基础法律关系的终止,将导致意定代理权消灭,这显然是有因原则的逻辑。

另值注意者,如陈自强教授所指出的,授权行为抽象原则的含义与物权行为抽象原则并不等同,前者更强调授权行为与基础关系的分离①,或者说,授权行为的抽象原则包括了行为分离(内部抽象)与效果分离(外部抽象)两部分内容。正因为如此,诸如欠缺基础关系的孤立代理权及代理权范围的确定等依物权行为理论本属分离原则的内容,才一同被归入授权行为抽象原则之下。②

---

2. 代理权的范围

授权行为与基础关系的分离,可能影响代理权范围的界定。代理权范围由授权行为界定,但基础法律关系中的约定内容亦可成为授权范围的依据,如委托契约中,委托人要求最高以3万元买入某物,受托人行为即不得超过此限制。

不过,内部基础关系仅约束当事人,只在当事人之间确立许为(Dürfen)的许可规范,作为外部关系的授权行为则属于能为(Können)的授权规范,二者未必一致。③ 只有在代理行为违反能为的授权规范时,被代理人始得主张无效。因此,如果外部关系中的代理权范围较内部关系为广(如最高4万元)或未作限制,则即使代理行为违反内部约定,只要在代理权范围内(如以3.5万元买入),亦不影响代理行为的有效性,唯在内部关系上,委托人(被代理人)可能有权以受托人(代理人)违反义务为由请求后者承担损害赔偿责任。反之,若授权范围较之内部约定为窄(如最高2万元),则代理行为即便在约定范围之内(如以2.5万元买入),亦构成超越代理权之无权代理。

至于何种情况下内部约定具有界定代理权范围的效果、何种情况下只是确立代

---

① 陈自强:《代理权与经理权之间——民商合一与民商分立》,北京大学出版社2008年版,第69页。
② Reinhard Bork, Allgemeiner Teil des Bürgerlichen Gesetzbuchs, 3. Aufl., 2011, Rn. 1487 ff.
③ a. a. O., Rn. 1493; Rüthers/Stadler, Allgemeiner Teil des BGB, 16. Aufl., 2009, § 30 Rn. 23.

理人的内部债法义务以及何种情况下授权行为具有改变基础关系约定之效果,则属于意思表示解释问题。①

三、代理权的类型

（一）个别代理权、类代理权与一般代理权

依代理权范围之不同,代理权可作个别代理权(Spezialvollmacht)——为特定行为之代理权、类代理权(Gattungsvollmacht)——为某一类法律行为之代理权与一般代理权(Generalvollmacht)——为所有行为之代理权之区分。意定代理权多属个别代理权或类代理权,法定代理权与机关代理权则可为一般代理权。

（二）单独代理权与共同代理权

若代理权由单一代理人独自享有,称单独代理权(Einzelvollmacht);若代理权由数人共同享有,则称共同代理权(Gesamtvollmacht)。

代理规则以单独代理权为原型展开。共同代理权可法定亦可意定,德国民法上典型的法定共同代理权如民法社团董事、股份有限公司董事及有限责任公司董事之共同代理权(《德国民法典》第26条第2款、《德国股份有限公司法》第78条第2款、《德国有限责任公司法》第35条第2款)和基于父母照管权之法定代理权(《德国民法典》第1629条第1款)。我实证法与之不同:法人的法定代表人仅一人,故不存在共同代理人问题;至于作为监护人之父母,虽同时享有法定代理权,但未作须为共同代理之要求,唯在适用时可作共同代理解释,俾使避免父母意见不一时出现无所适从的局面。

《民通意见》第79条第1款系关于意定共同代理权之规定:"数个委托代理人共同行使代理权的,如果其中一人或者数人未与其他委托代理人协商,所实施的行为侵害被代理人权益的,由实施行为的委托代理人承担民事责任。"本款确立共同代理权共同行使之规则,此基本立场值得肯定,因为共同代理权的功能在于借助代理人之间的相互制约而维护被代理人利益,若独自一人即可对外实施代理行为,共同代理权的意义将被虚置。② 不过,基于合目的性考量,共同行使规则须作限缩解释。发出意思表示(积极代理)固须共同为之,但受领意思表示(消极代理)则不必如此,原因在于,意思表示到达无关乎代理人的决定,故不涉及代理人之间相互制约的问题,若须共同受领,势将无谓加重第三人的负担。③

除共同行使规则过于宽泛外,第79条第1款更突出的缺陷还在于,关于法律效果的规定偏离规范重心。

---

① Rüthers/Stadler, Allgemeiner Teil des BGB, 16. Aufl., 2009, § 30 Rn. 23.
② Reinhard Bork, Allgemeiner Teil des Bürgerlichen Gesetzbuchs, 3. Aufl., 2011, Rn. 1435.
③ a. a. O., Rn. 1445; Larenz/Wolf, Allgemeiner Teil des Bürgerlichen Rechts, 9. Aufl., 2004, § 46 Rn. 34; Dieter Medicus, Allgemeiner Teil des BGB, 10. Aufl., 2010, Rn. 934.

共同代理人之一擅以被代理人名义实施法律行为时,首先需要处理的是:该行为效力如何? 这一问题得到回答之前,无法判断被代理人权益是否以及如何受到侵害,自然亦无从确定所须承担的"民事责任"何在。代理人之一发出意思表示时,若第三人知悉共同代理,代理行为因缺乏共同意思表示之要件而未成立。① 此时,代理行为尚未实施,不存在代理法上"所实施的行为侵害被代理人权益"之问题,即使被代理人遭受损害,请求权基础亦在侵权法或不当得利法等领域。可能产生"民事责任"的,是当第三人善意且符合表见代理要件时,被代理人将因为代理人之一的意思表示而被迫承受行为效果,该代理人可能因为代理权滥用或违反内部基础关系之约定而负损害赔偿之责。

(三) 本代理权与复代理权

本代理权(Hauptvollmacht)由本人授予。代理权可能进一步含有再授权之权力,所授之权称复代理权(Untervollmacht)。同时含有本代理与复代理之情形,称多层代理(mehrstufige Vertretung)。对于意定代理中的本代理人与复代理人,《民通意见》第81条分别以"委托代理人"与"转托代理人"相称。

直接复代理与间接复代理

德国早期通说及联邦最高民事法院曾区分两种复代理:一是本代理人以被代理人名义任命复代理人,称直接复代理(unmittelbare Untervertretung);二是本代理人以自己名义任命复代理人,称间接复代理(mittelbare Untervertretung)。②

关于间接复代理,联邦最高民事法院认为,复代理人系本代理之代理人,代理行为之效果则透过本代理人归诸被代理人。③ 然而,间接复代理如同直接复代理,代理行为效果亦直接归属于被代理人。无论何种复代理,本代理人均与代理行为的法律效果无关。"透过"之说,无非将间接复代理之本代理人视作游魂而已,富含想象,却无实益。职是之故,间接复代理这一"神秘主义"④分类已为当今德国通说所放弃。⑤

德国法上,在无明确规定时,若本人对于代理人亲自行使代理权不存在特别利

---

① Reinhard Bork, Allgemeiner Teil des Bürgerlichen Gesetzbuchs, 3. Aufl., 2011, Rn. 1439.
② Enneccerus/Nipperdey, Allgemeiner Teil des Bürgerlichen Rechts, zweiter Halbband, 15. Aufl., 1960, S.1140; BGHZ 32, 250 ff.
③ BGHZ 32, 254.
④ Werner Flume, Das Rechtsgeschäft, 4. Aufl., 1992, S.837.
⑤ Brox/Walker, Allgemeiner Teil des BGB, 34. Aufl., 2010, Rn. 548; Werner Flume, Das Rechtsgeschäft, 4. Aufl., 1992, S.837 ff.; Larenz/Wolf, Allgemeiner Teil des Bürgerlichen Rechts, 9. Aufl., 2004, § 47 Rn. 44 f.; Dieter Medicus, Allgemeiner Teil des BGB, 10. Aufl., 2010, Rn. 951; Rüthers/Stadler, Allgemeiner Teil des BGB, 16. Aufl., 2009, § 30 Rn. 26; Staudinger/Schilken (2004), § 167 Rn. 62.

益,可推定代理人有权授予复代理权。①《民法通则》第 68 条的推定规则则有不同:"委托代理人为被代理人的利益需要转托他人代理的,应当事先取得被代理人的同意。事先没有取得被代理人同意的,应当在事后及时告诉被代理人,如果被代理人不同意,由代理人对自己所转托的人的行为负民事责任,但在紧急情况下,为了保护被代理人的利益而转托他人代理的除外。"据此,除非遇到紧急情况,否则意定代理人的复代理授权须得到被代理人的特别同意,未得到事先允许之复代理人以被代理人名义所实施的法律行为,属无权代理,若又未得到事后追认,则被代理人不必承受行为后果,"由代理人对自己所转托的人的行为负民事责任"。

问题是,该"民事责任"是由本代理人直接向第三人承担、抑或先由复代理人作为无权代理人向第三人承担然后再由本代理人向复代理人承担?

管见以为,应区分两种情形分别对待:复代理人若显示多层代理关系,则不应为本代理人欠缺复任权之瑕疵负责,无权代理之后果应直接由本代理人向第三人承担;反之,复代理人若未显示多层代理,第三人相信复代理人系被代理人之本代理人,则复代理人应为之负责,本代理人因其未曾出现于交易过程,不必直接对第三人承担责任②,唯在本代理人与复代理人之间,本代理人应为复任权欠缺之瑕疵负责,故复代理人有权依二者内部关系向本代理人追偿。③

《民通意见》第 81 条专对复任授权不明的问题作出规定:"因委托代理人转托不明,给第三人造成损失的,第三人可以直接要求被代理人赔偿损失;被代理人承担民事责任后,可以要求委托代理人赔偿损失,转托代理人有过错的,应当负连带责任。"此系授权不明问题在复代理领域的延伸,有如《民法通则》第 65 条第 3 款,规范逻辑同样值得检讨。

规则制定者似乎认为,代理行为既然是以被代理人名义作出,对第三人之外部责任自应由被代理人承担。然而,动辄以"责任"立论,正如前文所指出的,系偏离规范重心之举。

复代理人在复任授权不明的情况下实施代理行为,首当其冲的问题是:该代理行为效力如何?是否以及存在何种性质的"损失"与"民事责任",取决于对这一问题的回答。授权不明,系意思表示解释问题。若复任授权虽为"不明"却经解释确认为有权代理或虽为无权代理但本人予以追认,则代理行为效果直接由被代理人承受,第三人依有效法律行为向被代理人主张权利即可,不存在"损失"问题,因而,当第三人被"造成损失"时,即意味着,授权不明之复代理权被解释为无权代理且本人拒绝追认。既然如此,该无权代理应适用前述《民法通则》第 68 条之规则,何以反倒责令被代理

---

① Rüthers/Stadler, Allgemeiner Teil des BGB, 16. Aufl., 2009, § 30 Rn. 25.
② a.a.O., Rn. 26.
③ Larenz/Wolf, Allgemeiner Teil des Bürgerlichen Rechts, 9. Aufl., 2004, § 49 Rn. 32; Rüthers/Stadler, Allgemeiner Teil des BGB, 16. Aufl., 2009, § 32 Rn. 10.

人直接向第三人"赔偿损失"? 其正当性及请求权基础何在,实费思量。

四、代理权的限制

代理权系将代理行为效果直接归属于被代理人之权力,如同其他权力,需要加以制约。制约可来自于被代理人与代理人之基础关系,但仅以代理人违反内部约定为由,被代理人无法拒绝代理行为的法律效果。为了更充分保护被代理人利益,法律还须直接针对代理行为本身作出限制,俾使被代理人有机会摆脱表面上的有权代理行为。此等限制大致包括自我行为之禁止与代理权滥用之禁止两类。

(一) 自我行为之禁止

1. 概念与正当性

自我行为(Insichgeschäft)是行为人对自己实施的法律行为,包括自我缔约(Selbstkontrahieren)与数方代理(Mehrvertretung)两类。自我缔约是代理人以被代理人名义与自己实施法律行为——被代理人与代理人为代理行为双方当事人[①];数方代理则是代理人同时以被代理人名义与第三人名义实施法律行为——代理人所代理的双方为代理行为当事人。

自我行为即便在代理权限范围内亦被禁止,系基于两项彼此相关的理由:法律行为的可识别性与利益冲突之避免。[②] 申言之,形式上,代理人同时以双方当事人的名义实施法律行为,使得意思表示的发出、受领及意思表示的瑕疵等问题难以识别;实质上,法律行为双方当事人处于利益对立状态,同时为双方代理的代理人难以兼顾。

2. 法律效果

我实证法未专对自我行为作出规制,不过无妨依类推技术解决。

自我行为之禁止,应体现于行为效果中。问题是,应以何种效力瑕疵加诸自我行为?《德国民法典》第181条称"代理人不得以被代理人名义与自己或作为第三人的代理人实施法律行为","不得"(kann……nicht)之措辞表明,自我行为系授权规范之违反,所涉法律行为应属绝对无效。[③] 但自我行为仅涉及具体当事人,无关乎抽象公共秩序,效力应在当事人控制之下,再者,《德国民法典》第181条容许以当事人的"特别许可"排除"不得"之禁止,没有理由禁止对于自我行为的事后追认,因而,德国通说认为,自我行为之禁止系对代理权的法定限制,若有违反,构成无权代理,契约之有效

---

① 严格而论,"自我缔约"概念失之过窄,因为单方行为亦可以被代理人名义向自己作出,如解除权、撤销权之行使。Brox/Walker, Allgemeiner Teil des BGB, 34. Aufl., 2010, Rn. 584.

② Brox/Walker, Allgemeiner Teil des BGB, 34. Aufl., 2010, Rn. 589; Larenz/Wolf, Allgemeiner Teil des Bürgerlichen Rechts, 9. Aufl., 2004, § 46 Rn. 117 ff.

③ Brox/Walker, Allgemeiner Teil des BGB, 34. Aufl., 2010, Rn. 586.

性取决于被代理人是否追认,单方行为则原则上无效。①

唯须注意者,我实证法未对契约与单方行为的无权代理区别对待,一概规定为效力待定(《民法通则》第66条第1款)。

3. 自我行为禁止之例外

自我行为之禁止,旨在避免利益冲突,若无此危险,自不必禁止。例外情形包括:其一,事先得到许可之自我行为。许可可来自于法律规定,亦可来自于被代理人的意思表示。其二,专为义务之履行。这一情形不必考虑利益冲突问题,因为履行人并不作出法律决定,只是履行内容已被事先确定的义务,而这一义务在任何情况下均应得到履行,履行人是被代理人抑或代理人无关宏旨。② 其三,被代理人纯获法律利益之行为。此时一般无利益冲突之危险或对被代理人不利之因素,如作为法定代理人的父母对子女的赠与,父母既然愿为子女利益而作赠与,代为受领自亦无妨。③

(二) 代理权滥用之禁止

被代理人与代理人之间的内部基础关系与外部授权关系相分离,此为二者相错制造机会。若代理人对外行使代理权时突破内部关系之制约,即构成代理权的滥用。④ 代理权滥用并未超越代理权限,否则构成无权代理。所谓滥用,系针对被代理人而言,突破的是内部基础关系约定。

原则上,滥用代理权之风险对外由被代理人承担,被代理人不得以违反内部约定为由否认代理效力,唯在承受代理效果之后,有权依内部关系请求代理人损害赔偿。对此,《民法通则》第66条第2款("代理人不履行职责而给被代理人造成损害的,应当承担民事责任")可为其规范基础。该款所称代理人"职责"不可能来自于代理权授予行为,只能为基础关系所设。当代理行为违反基础关系却又属有权代理时,所谓"给被代理人造成损害",即是被代理人因为不得不承受代理行为之效果而产生的损害。

然而,仅仅是内部的损害赔偿,未必足以保护被代理人。第三人若明知代理人滥用代理权,则无信赖保护之必要,此时,依然将代理权滥用风险分配于被代理人有失公平,维持代理行为之有效性亦未必合理。在两种情况下,代理权滥用将影响代理行为的效力:

---

① Reinhard Bork, Allgemeiner Teil des Bürgerlichen Gesetzbuchs, 3. Aufl., 2011, Rn. 1600; Brox/Walker, Allgemeiner Teil des BGB, 34. Aufl., 2010, Rn. 586; Rüthers/Stadler, Allgemeiner Teil des BGB, 16. Aufl., 2009, § 30 Rn. 56; Staudinger/Schilken (2004), § 181 Rn. 45.

② Reinhard Bork, Allgemeiner Teil des Bürgerlichen Gesetzbuchs, 3. Aufl., 2011, Rn. 1596; Larenz/Wolf, Allgemeiner Teil des Bürgerlichen Rechts, 9. Aufl., 2004, § 46 Rn. 124; Rüthers/Stadler, Allgemeiner Teil des BGB, 16. Aufl., 2009, § 30 Rn. 58.

③ Reinhard Bork, Allgemeiner Teil des Bürgerlichen Gesetzbuchs, 3. Aufl., 2011, Rn. 1599; Larenz/Wolf, Allgemeiner Teil des Bürgerlichen Rechts, 9. Aufl., 2004, § 46 Rn. 129; Rüthers/Stadler, Allgemeiner Teil des BGB, 16. Aufl., 2009, § 30 Rn. 59.

④ Reinhard Bork, Allgemeiner Teil des Bürgerlichen Gesetzbuchs, 3. Aufl., 2011, Rn. 1573.

第一，第三人恶意(Bösgläubigkeit des Dritten)。若第三人明知代理人滥用代理权或虽未明知但滥用行为依当时情境属显而易见，该第三人即不享有信赖保护。此时，内部基础关系成为划定代理权范围之依据，滥用代理权之代理行为亦相应沦为无权代理。被代理人有权依其意志决定该代理行为之效力，若拒不追认，则归于无效。①

第二，恶意串通(Kollusion)。恶意第三人若进一步具有损害被代理人之意图，与滥用代理权之代理人合谋实施不利于被代理人之代理行为，则构成恶意串通。对此，《民法通则》第66条第3款规定："代理人和第三人串通，损害被代理人的利益的，由代理人和第三人负连带责任。"很遗憾，此处以"连带责任"立论，一如他处，严重偏离规范重心。

恶意串通实施代理行为，所需解决的核心问题是代理行为之效力，然后才能以此为基础确定"责任"性质及其承担方式。对于恶意串通之代理行为，德国通说认为，此属违背善良风俗中诱使违约之案例类型，代理行为无效。② 恶意串通较之单纯第三人恶意更不为法律所容，所涉代理行为的效力瑕疵相应由未决的无效升格为确定无效，似乎顺理成章。

然而，恶意串通仅关乎当事人尤其是被代理人利益之维护，概以无效视之，过于僵硬，且第三人的加害意图难以证明，无效立场其实加重了被代理人的举证负担。就此而言，类推适用无权代理规则，反倒更有助于维护被代理人利益，此时，被代理人既无需承担繁重的举证责任，又可从容决定是否接受代理行为之效果。③ 若被代理人经过权衡决定接受，何必予以禁止？若不愿受代理行为之拘束，拒绝追认即可。至于所谓"连带责任"，唯在代理人与第三人的恶意串通导致代理人违反基础关系之约定、从而构成以违背善良风俗的方式侵害债权之侵权行为时，方有适用之余地。④

五、代理权的撤回与撤销

(一) 代理权的撤回

意定代理权系被代理人授予的权力，效力是将代理行为之效果归属于被代理人，通常不为代理人带来法律上的利益，代理人亦不存在信赖利益保护问题，因而，原则上代理权可随时撤回，不受基础关系是否存续之影响。《民法通则》第69条第2项所

---

① Reinhard Bork, Allgemeiner Teil des Bürgerlichen Gesetzbuchs, 3. Aufl., 2011, Rn. 1578 ff.; Brox/Walker, Allgemeiner Teil des BGB, 34. Aufl., 2010, Rn. 581 f.; Larenz/Wolf, Allgemeiner Teil des Bürgerlichen Rechts, 9. Aufl., 2004, § 46 Rn. 141 f.; Dieter Medicus, Allgemeiner Teil des BGB, 10. Aufl., 2010, Rn. 967; Rüthers/Stadler, Allgemeiner Teil des BGB, 16. Aufl., 2009, § 30 Rn. 64 ff.

② Brox/Walker, Allgemeiner Teil des BGB, 34. Aufl., 2010, Rn. 580; Dieter Medicus, Allgemeiner Teil des BGB, 10. Aufl., 2010, Rn. 966; Rüthers/Stadler, Allgemeiner Teil des BGB, 16. Aufl., 2009, § 30 Rn. 65; Staudinger/Schilken (2004), § 167 Rn. 93.

③ Reinhard Bork, Allgemeiner Teil des Bürgerlichen Gesetzbuchs, 3. Aufl., 2011, Rn. 1575; Larenz/Wolf, Allgemeiner Teil des Bürgerlichen Rechts, 9. Aufl., 2004, § 46 Rn. 143.

④ Larenz/Wolf, Allgemeiner Teil des Bürgerlichen Rechts, 9. Aufl., 2004, § 46 Rn. 144.

称"被代理人取消委托",即可解释为包括代理权之撤回。

代理权的可撤回性可由双方以契约排除,但一般代理权与孤立代理权除外。一般代理权之所以不得排除撤回权,原因在于,此类代理权予代理人以全面代理之权力,若不得撤回,被代理人将沦为受监护人,有违私法自治。① 孤立代理权则顾名思义,不存在基础关系,而单方授权行为无法附加排除撤回权之合意②,况且,孤立代理权之行使则本就无所约束,被代理人若又失去撤回权,代理人将如野马脱缰,再无任何制肘。

撤回代理权的意思表示既可向代理人或对方当事人作出,还可以公告作出。由于授权行为向谁作出不重要,因此,内部授权之代理可向对方当事人表示撤回,反之亦然。

另外,为维护第三人利益,撤回表示不具有溯及力,只向未来生效(ex nunc),撤回之前的代理行为仍属有权代理,被代理人不得拒绝承受法律效果。③

(二) 代理权的撤销

代理权授予行为可能存在意思表示瑕疵。我实证法上,受欺诈、胁迫或危难被乘之单方法律行为无效,如此,能够被撤销的授权行为,唯错误一种。基于错误而撤销授权行为,须就代理权行使前与行使后分别观察。

1. 代理权行使前

授权行为生效,代理人取得代理权。授权人若存在错误,可依错误法撤销,此与代理权是否行使本无关联。特别之处在于,代理权行使前,代理行为尚未实施,未产生需要保护的第三人利益,因此,授权人撤销授权行为后,原则上不必承担损害赔偿责任。但通常情况下,代理权亦可被撤回。撤回可任意为之,既无需出示理由,更不必依诉行使,且不受制于除斥期间,同时,在代理权行使前收回授权行为,是否具有溯及效力并无意义。可见,于授权人而言,撤回明显较撤销为优。职是之故,代理权行使前,授权人撤回授权行为即为已足,不必撤销。

2. 代理权行使后

代理权行使后,授权人仍得撤回代理权,但由于撤回只产生未来效力,授权人若欲溯及排除行为效果,唯有考虑撤销。与其他法律行为相较,授权行为之撤销的特殊性主要表现在两个方面:

---

① Reinhard Bork, Allgemeiner Teil des Bürgerlichen Gesetzbuchs, 3. Aufl., 2011, Rn. 1509; Werner Flume, Das Rechtsgeschäft, 4. Aufl., 1992, S. 880; Staudinger/Schilken (2004), § 168 Rn. 9.

② Reinhard Bork, Allgemeiner Teil des Bürgerlichen Gesetzbuchs, 3. Aufl., 2011, Rn. 1508; Brox/Walker, Allgemeiner Teil des BGB, 34. Aufl., 2010, Rn. 553; Werner Flume, Das Rechtsgeschäft, 4. Aufl., 1992, S. 881; Staudinger/Schilken (2004), § 168 Rn. 17.

③ Brox/Walker, Allgemeiner Teil des BGB, 34. Aufl., 2010, Rn. 571; Rüthers/Stadler, Allgemeiner Teil des BGB, 16. Aufl., 2009, § 30 Rn. 30.

(1) 撤销相对人

授权行为属于需受领的意思表示,依撤销法的一般规则,应以意思表示的相对人为撤销相对人。据此,在内部授权,撤销相对人应为代理人,外部授权则为该第三人。[1]

然而,授权人撤销授权行为旨在否认代理行为之效力从而拒受效果,故以代理人为撤销相对人并无意义,此其一。其二,基于错误撤销授权行为后,若有损害赔偿问题,代理行为相对人(第三人)必是请求权人,因而,仅向代理人作出撤销表示未为已足,尚须辅之以对第三人的通知义务,俾使请求权人能够行使权利。就此而言,以代理人为撤销相对人,徒增繁琐。其三,授权行为以代理人或第三人为相对人均无不可,甚至在公告授权时,无特定相对人亦是无妨,可见,授权行为的相对人其实并不重要,重要的只是须以某种方式令关系人知悉授权事实。与之相反,撤销相对人则甚是关键,应以法律地位因撤销行为而被改变之人为相对人。授权相对人与撤销相对人的意义相去甚远,二者并无保持一致之必要。因此,较为合理的做法应当是,无论内部授权抑或外部授权,概以代理行为相对人为撤销相对人。[2]

(2) 法律后果

授权行为撤销后,代理行为沦为无权代理,不能对被代理人生效。依无权代理的一般规则,第三人有权请求代理人赔偿信赖利益损失。代理人作出赔偿后,再依错误法向被代理人主张赔偿。

看起来,上述处理方式甚是合乎逻辑,但其合理性却值得怀疑。若第三人只能向代理人主张损害赔偿,当代理人缺乏支付能力时,第三人将承担损失,被代理人这一真正的责任人反倒借代理人之屏障置身事外。由于撤销授权行为之实质在于否认代理行为的效力,而代理行为的双方当事人是被代理人与第三人,故第三人应有权直接依错误法向被代理人请求赔偿,加之代理人须依无权代理规则对第三人负损害赔偿之责,最终结果是,代理人与被代理人共同成为第三人的连带债务人。[3] 如此,第三人利益得到充分维护。

然而,这一请求权格局仍有问题。当事人亲自实施法律行为时,相对人仅享有针对当事人的一项损害赔偿请求权,若代理关系中的第三人享有连带债务之保护,即意味着,因为代理手段之引入,第三人获得优于当事人亲自实施法律行为之法律地位,

---

[1] Reinhard Bork, Allgemeiner Teil des Bürgerlichen Gesetzbuchs, 3. Aufl., 2011, Rn. 1473; Larenz/Wolf, Allgemeiner Teil des Bürgerlichen Rechts, 9. Aufl., 2004, § 47 Rn. 35; Palandt/Heinrichs, § 167 Rn. 3.

[2] Werner Flume, Das Rechtsgeschäft, 4. Aufl., 1992, S. 870; Dieter Medicus, Allgemeiner Teil des BGB, 10. Aufl., 2010, Rn. 945; Rüthers/Stadler, Allgemeiner Teil des BGB, 16. Aufl., 2009, § 30 Rn. 31.

[3] Larenz/Wolf, Allgemeiner Teil des Bürgerlichen Rechts, 9. Aufl., 2004, § 47 Rn. 36; MünchKomm/Schramm (2006), § 167 Rn. 111.

此缺乏足够的正当性。①

为强化第三人地位付出代价的,是代理人。理论上,即便第三人向代理人主张损害赔偿,代理人亦有权向被代理人求偿,最终的责任承担者是被代理人,代理人不至遭受不利。但这不过是理想状态。现实中,被代理人可能缺乏支付能力,此时,代理人将承担本应由第三人承担的支付风险。

在普通的无权代理情形,第三人对于代理人享有请求权的正当性在于:代理人实施代理行为时属无权代理,第三人对于被代理人又无请求权,非由代理人承担责任不足以维护第三人之信赖利益。撤销授权情形则有不同。代理行为实施时,代理人系有权代理,唯因撤销行为之溯及力才变成无权,且第三人对于被代理人的求偿途径未被切断,此时,仍令代理人承担第三人损害赔偿之责,有违衡平。

综上,较为合理的请求权配置格局是,由第三人直接依错误法请求被代理人损害赔偿,同时排除代理人的无权代理责任。② 如此,第三人不至于因撤销行为获得过度优越地位,亦可与以第三人为撤销相对人之规则体系呼应。

授权行为的可撤销性

授权行为被撤销后,代理人若是须负无权代理之责,第三人利益固然得到充分保障,被代理人的意思表示瑕疵亦可通过撤销得到矫正,但代理人却被置于极为不利的境地。有鉴于此,布洛克斯认为,授权人出现《德国民法典》第119条以下所规定的意思表示瑕疵时,若代理权已经行使,原则上授权行为的可撤销性应被排除,被代理人不得拒绝代理行为之法律效果。③ 理由有三:

第一,法律外观思想(Rechtsscheinsgedanke)。在表象代理权(Anscheinsvollmacht)情形,被代理人即便不知代理人之行为,亦须对代理行为负如同授权之责,并不得撤销。既然如此,为何已实际授权之被代理人却可通过撤销溯及消除代理权?两种情形下的善意第三人都同样值得保护,被代理人则在作出授权行为时,较之仅仅构成表象代理更不值得保护。

第二,由《德国民法典》第166条第1款("意思表示之法律效果受意思瑕疵,或者受知道或应当知道特定情事影响者,以代理人而非被代理人为判断准据")可知,代理人意思表示瑕疵构成代理行为撤销原因。此时,代理人意思表示瑕疵之地位,相当于被代理人亲自实施法律行为时本人的瑕疵。如果被代理人可进而通过撤销授权"推

---

① Brox/Walker, Allgemeiner Teil des BGB, 34. Aufl., 2010, Rn. 574.
② Werner Flume, Das Rechtsgeschäft, 4. Aufl., 1992, S. 873; Dieter Medicus, Allgemeiner Teil des BGB, 10. Aufl., 2010, Rn. 945.
③ Brox/Walker, Allgemeiner Teil des BGB, 34. Aufl., 2010, Rn. 574.

翻"代理行为,其法律地位将优于亲自实施法律行为之情形。

第三,一般情况下,持续性法律关系的撤销不具有溯及效力,但若仅生未来效力,无需借助撤销,具有相同效果的撤回更为便利。

显然,为帮助代理人摆脱责任,布洛克斯选择将授权行为中的意思表示瑕疵风险分配于表意人(被代理人)。布氏所列三项理由中,最后一项不足以支持一般性结论——持续性法律关系的撤回足以取代撤销,不能成为排除一时性法律关系撤销权之理由;第一项理由之有效性取决于是否承认表象代理权(关于表象代理权,本书将于下节详述);第二项理由较具说服力,不过若因为使用代理而失去对自己意思表示瑕疵的撤销权,对于被代理人未必公平,实际上,错误撤销本就不是保护相对人积极利益(履行利益)的制度,而更偏重为表意人提供更正错误的机会,因此,只要意思表示存在错误,均应有权撤销,授权行为中的错误亦不例外。

当然,布洛克斯亦意识到,任何时候均排除被代理人的撤销权并不可取。例如,被代理人欲使代理人以至少3500欧元的价格出售一辆汽车,但作出授权行为时,错误表述为2500欧元。代理人迅速以被代理人名义与第三人订立价格为2500欧元的买卖契约。显然,被代理人若亲自向交易相对人作出意思表示时发生口误,有权基于表示错误而撤销无疑。布洛克斯指出,这种情形下,被代理人应当拥有自代理行为脱身之可能。由于足以产生撤销权的意思瑕疵通过代理权授予行为"渗透"(durchschlägt)进入代理行为之内容,故被代理人可类推适用《德国民法典》第166条第2款之规定,将授权行为撤销。[①]

六、代理权的消灭

(一) 意定代理权的消灭

《民法通则》第69条为意定代理权规定有5类消灭事由:代理期间届满或者代理事务完成;被代理人取消委托或者代理人辞去委托;代理人死亡;代理人丧失行为能力;作为被代理人或者代理人的法人终止。

1. 代理期间届满或者代理事务完成

代理权存续期间或具体代理事务可能直接为授权行为所指定,亦可能存在于基础关系,尤其是,当基础关系定有存续期间时,若当事人无其他意思表示,该存续期间亦即代理权之存续期间,原因在于,代理权授予伴随着基础关系,此可推断被代理人无授予孤立代理权之意思,故基础关系终止时,代理权随之消灭。

[①] Brox/Walker, Allgemeiner Teil des BGB, 34. Aufl., 2010, Rn. 574.

2. 被代理人取消委托或者代理人辞去委托

就文义而言,"取消委托"与"辞去委托"指向委托这一基础关系,其他基础关系则可准用委托之规定,此可表明我实证法对于基础关系与授权关系未采抽象原则,基础关系消灭导致代理权消灭。

不仅如此,"取消"与"辞去"这两个耐人寻味的语词有着更多的解释空间。在用法上,"取消"与"辞去"皆是对应于单方法律行为,可分别解释为委托人与受托人解除基础关系,并且不论任意解除、法定解除或约定解除,只要足以导致基础关系废止,即在其列。再者,由于我实证法将"意定代理"迳称"委托代理",并未刻意在概念上区分基础关系与授权关系,故所谓"取消委托",亦无妨解释为撤回授权。换言之,"取消"这一日常用语根据意思表示的指向及其法律效果,可结合具体情境分别"翻译"为基础关系之解除或授权行为之撤回。后一用法可从与之有着对称关系的"辞去委托"概念中得到印证。能够被"辞去"的,只能是某种权力,而不能是义务。因此,受托人未卸责基础关系中的义务——因而基础关系不必废止——而仅放弃代理权时,亦构成导致意定代理权消灭之"辞去委托"。

3. 代理人死亡

代理权之授予,系基于被代理人对特定代理人的信任而为,且代理权不是权利——不能为代理人带来利益,更非义务——代理人不必受其拘束,因而,代理权不具有可继承性,随代理人死亡而消灭。

被代理人死亡则有不同。意思表示发出后,表意人死亡并不影响其生效,故被代理人死亡后,原则上,基础关系与授权行为效力依旧维持,代理行为所生权利义务转由继承人承受。继承人若无意让代理权存续,自可撤回代理权。照此逻辑,被代理人死亡应以代理权存续为原则、消灭为例外。此可解释为何《民法通则》未将被代理人死亡作为代理权消灭原因列出。

不过,《民通意见》第82条的出发点似与之相反,该条规定:"被代理人死亡后有下列情况之一的,委托代理人实施的代理行为有效:(1)代理人不知道被代理人死亡的;(2)被代理人的继承人均予承认的;(3)被代理人与代理人约定到代理事项完成时代理权终止的;(4)在被代理人死亡前已经进行、而在被代理人死亡后为了被代理人的继承人的利益继续完成的。"依"明示其一、排除其余"之立法技术规则,除明确列举的4种情形外,其他情况下,被代理人死亡将致代理权消灭。换言之,《民通意见》第82条的出发点是以代理权随被代理人死亡而消灭为原则,情形(2)可为这一判断提供佐证:代理行为须经被代理人的继承人承认始属有效,意味着,承认(追认)之前处于无权代理状态。

4. 代理人丧失行为能力

代理人须作出自己的意思表示,故需具备行为能力;代理行为于代理人而言系中性行为,故不必具有完全行为能力。所谓"丧失"行为能力,应指完全丧失,即变成无行为能力人。

5. 作为被代理人或者代理人的法人终止

法人终止后,一切法律关系归于绝对消灭,并无继承人予以承受,因而,法人无论作为被代理人抑或代理人,一旦终止,代理关系即告消灭。此等消灭事由既适用于法人的普通意定代理,亦适于机关代理权。

(二) 法定代理权的消灭

《民法通则》第 70 条规定的是 5 类法定代理权消灭事由:被代理人取得或者恢复行为能力;被代理人或者代理人死亡;代理人丧失行为能力;指定代理的法院或者指定单位取消指定;由其他原因引起的被代理人和代理人之间的监护关系消灭。

1. 被代理人取得或者恢复行为能力

法定代理为救济被代理人行为能力之欠缺而设,因此,若被代理人已成为完全行为能力人,法定代理即失其存在基础。由于限制行为能力人亦须为之设置法定代理,故所谓"取得或者恢复民事行为能力",仅指取得或者恢复完全行为能力。

2. 被代理人或者代理人死亡

代理权基于监护人资格而取得,不具有可继承性,因而有如意定代理,代理人死亡系法定代理权消灭之原因。与意定代理不同的是,被代理人死亡可导致法定代理权消灭,原因在于,法定代理以法定监护关系为基础,不存在授权行为,被监护人死亡,监护关系随之消灭,法定代理亦同其命运。

3. 代理人丧失行为能力

如同意定代理,法定代理人亦须作出自己的意思表示,故须具备行为能力。不仅如此,法定代理系一般代理,为被代理人全面实施法律行为,故与意定代理人不同,法定代理人需具备完全行为能力。此处所谓"丧失行为能力",措辞虽与意定代理情形一致,却应作不同解释,仅部分丧失为已足,即,完全行为能力人只要变为限制行为能力人,代理权便消灭。

4. 指定代理的法院或者指定单位取消指定

此消灭事由适于须由法院或其他有权机构从若干具备法定代理资格的监护人中指定具体代理人之情形。

5. 由其他原因引起的被代理人和代理人之间的监护关系消灭

此系开放条款,亦可进一步表明,法定代理关系随作为基础关系的监护关系消灭而消灭。

第二十九节 无权代理

一、狭义无权代理与表见代理

无代理权而以他人名义实施法律行为且欲将行为效果直接归属于该他人,称无权代理。此意味着,未以他人名义实施法律行为固然不构成无权代理,以他人名义却无效果归属意思者(如冒名行为),亦非无权代理。无权代理可有狭义无权代理与表见代理之别。① 前者系通常所称无权代理,代理行为属未决的无效,经被代理人追认后,行为效果直接归属于被代理人;后者则虽为无权代理,但具有相当于有权代理之效力,因而适用有权代理而非无权代理之规则。

依《民法通则》第 66 条第 1 款第 1 句与《合同法》第 48 条第 1 款之规定,狭义无权代理包括自始无代理权、超越代理权与代理权终止三种情形。在法律效果上,三种无权代理并无分别,均是"未经被代理人追认,对被代理人不发生效力,由行为人承担责任",唯在判断无权代理之构成时各有不同。例如,若是主张自始无权代理,须证明被代理人从未授予代理权或授权行为自始无效;超越代理权往往与突破代理权限制相关;至于代理权终止,则存在于代理权存续期届满、代理事务完成、基础关系消灭或代理权撤回等场合。与之相应,三种狭义无权代理导致表见代理的可能性及构成亦各有不同。

二、狭义无权代理的法律效果

依《民法通则》第 66 条第 1 款与《合同法》第 48 条第 1 款之规定,狭义无权代理的法律效果体现在两个方面:经被代理人追认后,由被代理人"承担民事责任";若被代理人拒绝追认,则"对被代理人不发生效力,由行为人承担责任"。前者涉及被代理人与第三人之关系,后者则关乎代理人与第三人。此外,狭义无权代理可能还涉及被代理人与代理人之关系。

(一) 被代理人与第三人之关系

1. 被代理人的追认权

《民法通则》第 66 条第 1 款未区分契约行为与单方行为,效力概为可追认。此不同于《德国民法典》。

有如限制行为能力人所实施的行为,德国对于无权代理之契约与单方行为亦分别对待。契约行为可追认(《德国民法典》第 177 条第 1 款);单方行为则以无效为原则、效力待定为例外,例外存在于三种情形:代理行为相对人未对代理人所声称的代理权表示异议、代理行为相对人对无代理权的代理行为表示认可及无权代理行为系受领意思表示之消极代理(《德国民法典》第 180 条)。

无权代理系非经本人同意而处置他人事务之行为,有效性自当取决于本人。德国以单方无权代理行为为无效,系基于维护第三人利益之考虑:单方意思表示一经无权代理人作出即生效,无需第三人意思表示予以配合,换言之,第三人意思表示于单方无权代理行为的生效与否不生影响,若有效性取决于本人的追认,第三人法律地位将因此陷于过分被动不确定状态,而在契约行为中,第三人可通过撤回已

---

① 史尚宽:《民法总论》,中国政法大学出版社 2000 年版,第 545 页。

方意思表示让自己脱困。① 至于三项例外之所以可准用契约行为之效力待定规则，原因在于，前两种情形下，第三人自甘风险，无需特别保护，后一情形的意思表示则由第三人作出，第三人法律地位因此如同契约，拥有撤回己方意思表示之脱困方式，亦无需特别保护。

追认系需受领的意思表示，依《合同法解释二》第 11 条之规定，"自到达相对人时生效"。由于授权行为的相对人得为第三人或代理人，故追认意思表示之"相对人"无妨作相同解释。追认不必以明示方式为之，可推知行为亦无不可，如《合同法解释二》第 12 条："无权代理人以被代理人的名义订立合同，被代理人已经开始履行合同义务的，视为对合同的追认。"

追认具有溯及效力，经追认的代理行为，自行为实施之时起生效（《合同法解释二》第 11 条后段），即追认之后，无权代理即转为自始有权代理，由被代理人"承担民事责任"。所谓"承担民事责任"，实则承受有效代理行为之法律效果。

2. 第三人的形成权

被代理人追认之前，代理行为属于未决的无效。为防止第三人地位过于被动，第三人可享有两项形成权，以便消除或促使消除法律关系之悬而未决状态。这两项形成权分别是撤回权与催告权，其基本性质，与因限制行为能力而致法律行为效力待定之情形相当（《合同法》第 47 条第 2 款）。

(1) 撤回权

《合同法》第 48 条第 2 款第 3 句规定："合同被追认之前，善意相对人有撤销的权利。"无权代理中第三人收回意思表示，如《合同法》第 47 条第 2 款，名为"撤销"，实为"撤回"。

第三人撤回权之享有，以其曾作出意思表示为前提，故代理人为单方意思表示时，该单方意思表示无论是否需要受领，第三人均无撤回权。进而，即便第三人作出意思表示，亦未必有权撤回，享有撤回权者，唯"善意相对人"而已。原因在于，相对人若明知代理人无代理权仍作出意思表示，不必受撤回权之特别保护，否则无异于为第三人自相矛盾行为提供支持。依德国通说，只要相对人不知代理权欠缺之瑕疵，即构成善意，即使该不知系因其重大过失所致，亦无不同。②

另依《合同法》第 48 条第 2 款第 4 句之规定，"撤销应当以通知的方式作出"。这意味着，撤回属于需受领的单方意思表示，"通知"的相对人可为被代理人或代理人。

(2) 催告权

撤回意思表示意味着主动放弃交易。若第三人对于交易之达成心存希望，可选择等待被代理人作出追认。但等待本已不确定，过程若又漫无可期，第三人的希望可

---

① Brox/Walker, Allgemeiner Teil des BGB, 34. Aufl., 2010, Rn. 596.
② Reinhard Bork, Allgemeiner Teil des Bürgerlichen Gesetzbuchs, 3. Aufl., 2011, Rn. 1612.

能终被消磨于无望的等待中。为此,第三人应享有催告权,以促使被代理人尽快作出决定。

催告属于准法律行为中的意思通知,不必有法效意思,仅表达催告之意即为已足。无论催告人是否意识到,催告的法律效果均是起算追认的除斥期间,该除斥期间为1个月(《合同法》第48条第2款第1句),自催告生效之日、即催告通知到达被代理人之日起算。期间经过,被代理人未作出任何意思表示,此沉默被推定为拒绝追认之表示(《合同法》第48条第2款第2句)。

(二) 代理人与第三人之关系

被代理人追认无权代理行为后,法律效果在被代理人与第三人之间发生,代理人与第三人之间并无法律关系。因此,代理人与第三人之间的法律关系,唯在被代理人拒绝追认时才可能发生。申言之,被代理人若拒绝追认无权代理行为,不必承受法律行为后果,亦无损害赔偿责任可言,但第三人若善意信赖代理行为有效,理应值得保护。由于该善意信赖源于代理人,故第三人之请求权当以代理人为相对人。《民法通则》第66条第1款第2句与《合同法》第48条第1款所称由行为人承担责任,即为此意。问题是,行为人(代理人)承担何种责任?或者,第三人对代理人享有何种内容的请求权?

1. 第三人的请求权

第三人对于代理人的请求权,或者以履行利益(积极利益)为内容,或者以信赖利益(消极利益)为内容。对于第三人的保护程度,应与代理人之善意与否相关。

善意无权代理人(即不知自己欠缺代理权之人)所承担的责任,当较之明知自己无代理权之恶意代理人为轻。这意味着,恶意代理人所应承担的责任,不应仅限于信赖利益赔偿,否则,无法体现恶意与善意无权代理人的区别对待。① 再者,若代理人明知自己无代理权而实施代理行为,当可推断,代理人甘于自冒无法得到追认之风险,令其承担相当于被代理人之责任,殊无不妥。此等责任系代理人自涉风险所致,与过错无关,属于一种担保责任(verschuldensunabhängige Garantiehaftung)。②

---

① 台湾地区"民法"第110条规定:"无代理权人,以他人之代理人名义所为之法律行为,对于善意之相对人,负损害赔偿之责。"史尚宽、郑玉波诸先生据此认为,无论无权代理人善意与否,善意相对人均得主张信赖利益或履行利益之赔偿。史尚宽:《民法总论》,中国政法大学出版社2000年版,第561页;郑玉波著,黄宗乐修订:《民法总则》(修订11版),台湾三民书局2008年版,第351页。梅仲协先生则指出:"该条仅规定损害赔偿责任之负担,而于无权代理之原因,不加区别,于无权代理人之责任,亦不分轻重,似嫌率略。"王泽鉴教授虽认可梅先生见解,但在解释上,仍从史、郑二先生,理由是,区分无权代理人之善意恶意而轻重有别之见解,"实已超过第110条解释的范畴,而进入法律创造的阶段。"王泽鉴:《债法原理》(第2版),北京大学出版社2013年版,第293页。管见以为,台湾地区"民法"与《民法通则》及《合同法》均未区别无权代理人之善意恶意而分别规范,系有违事物本质之规范漏洞,以诉诸规范意旨的方式进行漏洞填补应无不可。

② Reinhard Bork, Allgemeiner Teil des Bürgerlichen Gesetzbuchs, 3. Aufl., 2011, Rn. 1619; Werner Flume, Das Rechtsgeschäft, 4. Aufl., 1992, S.801 f.; Larenz/Wolf, Allgemeiner Teil des Bürgerlichen Rechts, 9. Aufl., 2004, § 49 Rn. 17; Dieter Medicus, Allgemeiner Teil des BGB, 10. Aufl., 2010, Rn. 985.

《德国民法典》第 179 条第 1 款规定,无权代理行为未得到追认时,代理人"负有依对方当事人之选择而履行或承担损害赔偿之义务"。据此,第三人享有选择权:或者请求代理人履行,或者请求代理人赔偿因不履行而产生的损害。德国通说认为,若第三人选择请求履行,则在第三人与代理人间产生法定之债关系,内容相当于代理人拥有代理权时被代理人所应承担的给付义务;若第三人选择损害赔偿,则代理人负有赔偿契约有效时因债务不履行而产生的损害,即,赔偿履行利益而非信赖利益。①

代理人可能对于自己欠缺代理权并不知情,例如,授权人系精神病患者或未得到法定代理人同意之限制行为能力人,代理人将其误作完全行为能力人而与第三人实施代理行为,此时,令代理人承担明知无代理权之责任,显然有失公允。因此,当代理人不知代理权之欠缺而实施代理行为时,责任关系比照基于错误而撤销法律行为情形,仅生信赖利益损害赔偿责任。② 该责任亦不以过错为要,唯其赔偿额度不得超过履行利益。

2. 第三人请求权之排除

法律所保护者,仅是第三人的善意信赖。因此,若第三人明知无代理权仍与之实施代理行为,该自涉风险行为即不值得保护。第三人除对被代理人享有催告权外,既不得撤回其意思表示,在被代理人拒绝追认时,亦不得请求代理人承担责任。

对于第三人明知,《民法通则》第 66 条第 4 款规定:"第三人知道行为人没有代理权、超越代理权或者代理权已终止还与行为人实施民事行为给他人造成损害的,由第三人和行为人负连带责任。"此处规定,一如既往偏离规范重心。对于第三人明知的无权代理,首要解决的是代理行为效力以及第三人是否根据该代理行为享有请求权之问题。代理人与第三人须对被代理人承担责任乃至连带责任情形,反倒通常已逸出代理法领域,而进入侵权法领域,例如,第三人明知无代理权而受让代理人以被代理人名义处分之物,被代理人就其所有权损害,得以侵权为由请求代理人与第三人承担连带责任。

此外,依德国通说,第三人请求权在以下情形亦被排除③:第一,第三人已行使撤回权。第三人撤回意思表示后,被代理人的追认因此被阻断,拒绝追认不可能致其损害,故第三人请求权被排除。第二,无权代理人为限制行为能力人。若代理人为限制行为能力人,即便被代理人拒绝追认、第三人为善意相对人,基于限制行为能力人保

---

① Reinhard Bork, Allgemeiner Teil des Bürgerlichen Gesetzbuchs, 3. Aufl., 2011, Rn. 1627 f.; Brox/Walker, Allgemeiner Teil des BGB, 34. Aufl., 2010, Rn. 601; Werner Flume, Das Rechtsgeschäft, 4. Aufl., 1992, S. 805 ff.; Larenz/Wolf, Allgemeiner Teil des Bürgerlichen Rechts, 9. Aufl., 2004, § 48 Rn. 18 ff.; Dieter Medicus, Allgemeiner Teil des BGB, 10. Aufl., 2010, Rn. 986 ff.; Rüthers/Stadler, Allgemeiner Teil des BGB, 16. Aufl., 2009, § 32 Rn. 7.

② Werner Flume, Das Rechtsgeschäft, 4. Aufl., 1992, S. 807.

③ Brox/Walker, Allgemeiner Teil des BGB, 34. Aufl., 2010, Rn. 605; Larenz/Wolf, Allgemeiner Teil des Bürgerlichen Rechts, 9. Aufl., 2004, § 49 Rn. 25.

护优先于交易安全保护之原则,第三人亦无请求权。限制行为能力人充任代理人获其法定代理人同意又另当别论,因为此时限制行为能力人已处于法定代理人的保护之下。第三,若无权代理人实施代理行为时受欺诈或受胁迫,代理人有权撤销该代理行为,从而免于承担对第三人的代理责任。代理人亦可基于错误而撤销代理行为,只不过撤销后,代理人须依错误法承担赔偿责任。

(三)被代理人与代理人之关系

被代理人追认无权代理后,若代理人行为越出基础关系之限制,被代理人得以代理人积极侵害契约(positive Vertragsverletzung)为由,主张损害赔偿。①

一般情况下,被代理人并无追认无权代理之义务,因此,若遭拒绝,代理人不得以此为由请求损害赔偿。但无权代理人若对被代理人构成无因管理,则享有费用返还请求权。另外,当无权代理于被代理人构成必要的事务管理(Notgeschäftsführung)时,如为之履行法定扶养义务或事关公益之义务、为之避免急迫危险等,基于诚信原则,被代理人例外地负有追认义务。② 我实证法对于必要的事务管理虽无直接规定,但《民法通则》第68条之紧急复代理与之意旨相通,可类推适用。③

无权代理规则之类推适用

以下情形,各方当事人利益状况与无权代理相似,且未得到法律的明确规范,故可类推适用无权代理规则④:

(1) 冒名行为

冒用他人名义,若善意第三人相信名义被冒用之人系其交易相对人,则冒名行为虽不构成无权代理,但为保护善意第三人,准用无权代理规则。

(2) 不显示被代理人

代理人声称为名义未显示之人实施行为,但经催告后,仍不指明被代理人,表示受领人因而无法向被代理人主张权利。此时,类推适用无权代理规则,被代理人拒不出现时,由代理人向第三人承担无权代理责任。

(3) 被代理人不存在

若代理人以不存在之人的名义作出意思表示,表示受领人只能通过类推无权代理规则获得保护,此亦适于设立中的非法人团体。至于设立中的法人,则有其自身特

---

① Reinhard Bork, Allgemeiner Teil des Bürgerlichen Gesetzbuchs, 3. Aufl., 2011, Rn. 1639; Heinz Hübner, Allgemeiner Teil des Bürgerlichen Gesetzbuches, 2. Aufl., 1996, Rn. 1320.
② Reinhard Bork, Allgemeiner Teil des Bürgerlichen Gesetzbuchs, 3. Aufl., 2011, Rn. 1637; Heinz Hübner, Allgemeiner Teil des Bürgerlichen Gesetzbuches, 2. Aufl., 1996, Rn. 1319.
③ 梁慧星:《民法总论》(第4版),法律出版社2011年版,第231页。
④ Brox/Walker, Allgemeiner Teil des BGB, 34. Aufl., 2010, Rn. 607;

别规则可供适用。不过,若以实际不存在的"表象公司"(Scheinfirma)名义对第三人实施行为,而该公司背后确实存在企业承受人,此人愿意充当真正的契约当事人,并且已向代理人授权,则无权代理规则不得适用,真正的企业持有人成为第三人的契约当事人。

(4) 无传达权之传达

对于无传达权之传达,本人无须受其拘束,而表示受领人又值得保护。该利益状态与无代理权之代理相似,故得类推适用无权代理规则。

三、表见代理

(一) 表见代理的规范依据

表见代理(Rechtsscheinvollmacht)系基于交易安全保护思想,对于无权代理之善意第三人提供积极信赖保护(positiver Vertrauensschutz)的制度。① 当无权代理人拥有代理权的法律外观,足令人信其有代理权时,被代理人应为此负授权之责,此称表见代理。

关于表见代理的明确规范依据,见诸《合同法》第 49 条:"行为人没有代理权、超越代理权或者代理权终止后以被代理人名义订立合同,相对人有理由相信行为人有代理权的,该代理行为有效。"同时,由于代表行为适用代理规则,故《合同法》第 50 条("法人或者其他组织的法定代表人、负责人超越权限订立的合同,除相对人知道或者应当知道其超越权限的以外,该代表行为有效。")亦为规范依据。

至于《民法通则》是否含有表见代理规范,学者有不同见解。肯定论者如张俊浩教授:"《民法通则》第 66 条第 1 款及第 4 款实质上也是关于表现代理的规定。"② 《民法通则》第 66 条第 1 款共含 3 句,前两句所规范的是追认与拒绝追认之效力,唯第 3 句("本人知道他人以本人名义实施民事行为而不作否认表示的,视为同意")与表见代理相关。不作否认表示而被"视为同意",称容忍代理权(Duldungsvollmacht),其性质可有两种解释:一是本人默示授权,二是属于表见代理之一种。后一解释能够表明,《民法通则》对于表见代理至少是有所触及。③ 至于第 66 条第 4 款,因其以"造成损害"时的"连带责任"立论,意义更在于为第三人与代理人的共同侵权提供规范基础,在"第三人不知"代理人欠缺代理权时应如何处理难以通过该款的反面解释推知,将其当作表见代理的规范依据,过于牵强。

---

① MünchKomm/Schramm (2006), § 170 Rn. 1; Staudinger/Schilken (2004), § 170 Rn. 1.
② 张俊浩主编:《民法学原理》(上册)(修订第 3 版),中国政法大学出版社 2000 年版,第 328 页(张俊浩)。
③ 龙卫球:《民法总论》(第 2 版),中国法制出版社 2002 年版,第 589 页。

梁慧星教授持否定观点。梁教授认为，《民法通则》第 65 条第 3 款与第 66 条第 1 款第 3 句的"立法本意仅在于，因被代理人'有过错'，故使其与代理人承担连带责任，实际上并非采纳表见代理制度"。①《民法通则》第 65 条第 3 款之规范意义前已述及，确与表见代理无关；第 66 条第 1 款第 3 句则存在不同解释，非一言所能尽述。不过，梁教授将授权不明与不作否认表示概称"有过错"，似有不妥，因为授权不明往往是意思表示不明确所致，谈不上"过错"，明知无权代理而不作否认表示若构成过错，所对应的法律效果则应为损害赔偿，而非"视为同意"②，再者，"使其与代理人承担连带责任"者，唯第 65 条第 3 款之文义而已，与第 66 条第 1 款第 3 句无关。

显然，肯定或否定，关键在于如何解释《民法通则》第 66 条第 1 款第 3 句。

德国法上，容忍代理权为司法判例所确立。台湾地区"民法"第 169 条则予以明文规定，台湾地区通说以之为表见代理之一种。③ 所谓容忍代理权，是指如果本人明知无代理权人以其名义实施代理行为却予以容忍，而第三人据此善意相信代理权之存在，本人即负授权之责。④ 对于容忍代理权的性质，德国学界主要存在两种观点，通说认为此系基于外观保护的表见代理之一种⑤，少数学者则将其归诸通过推知的意思表示所作默示授权。⑥

《民法通则》第 66 条第 1 款第 3 句可称容忍代理无妨，但管见以为，此容忍代理权系默示授权所致，而非表见代理。⑦ 以之为默示授权，虽然面临授权表示何处探寻以及授权何时作出等解释难题⑧，但尚可通过被代理人接受对方履行或己方作出履行

---

① 梁慧星：《民法总论》（第 4 版），法律出版社 2011 年版，第 241 页。
② 反倒是将容忍代理权归诸表见代理之列的德国通说认为，此处权利外观之形成，系被代理人未作否认表示之过错所致。Heinz Hübner, Allgemeiner Teil des Bürgerlichen Gesetzbuches, 2. Aufl., 1996, Rn. 1286；Rüthers/Stadler, Allgemeiner Teil des BGB, 16. Aufl., 2009, § 30 Rn. 43. 但博尔克指出，被代理人未阻止或消除权利外观并不构成义务违反，其间充其量存在对己的不真正义务而已，因而容忍代理权之权利外观归因于被代理人，如同其他表见代理，并不构成过错。Reinhard Bork, Allgemeiner Teil des Bürgerlichen Gesetzbuchs, 3. Aufl., 2011, Rn. 1555。
③ 王泽鉴：《债法原理》（第 2 版），北京大学出版社 2013 年版，第 303 页。
④ Heinz Hübner, Allgemeiner Teil des Bürgerlichen Gesetzbuches, 2. Aufl., 1996, Rn. 1283.
⑤ Reinhard Bork, Allgemeiner Teil des Bürgerlichen Gesetzbuchs, 3. Aufl., 2011, Rn. 1550；Brox/Walker, Allgemeiner Teil des BGB, 34. Aufl., 2010, Rn. 562；Heinz Hübner, Allgemeiner Teil des Bürgerlichen Gesetzbuches, 2. Aufl., 1996, Rn. 1283；Larenz/Wolf, Allgemeiner Teil des Bürgerlichen Rechts, 9. Aufl., 2004, § 48 Rn. 23；Dieter Medicus, Allgemeiner Teil des BGB, 10. Aufl., 2010, Rn. 930；Rüthers/Stadler, Allgemeiner Teil des BGB, 16. Aufl., 2009, § 30 Rn. 43；MünchKomm/Schramm (2006), § 167 Rn. 50.
⑥ Werner Flume, Das Rechtsgeschäft, 4. Aufl., 1992, S. 828 ff.；Staudinger/Schilken (2004), § 167 Rn. 29 ff.
⑦ 亦见王利明：《民法总论》（第 2 版），中国人民大学出版社 2015 年版，第 287—288 页。相反观点，可参杨代雄：《民法总论专题》，清华大学出版社 2012 年版，第 254—258 页。
⑧ Reinhard Bork, Allgemeiner Teil des Bürgerlichen Gesetzbuchs, 3. Aufl., 2011, Rn. 1556；Larenz/Wolf, Allgemeiner Teil des Bürgerlichen Rechts, 9. Aufl., 2004, § 48 Rn. 23；Dieter Medicus, Allgemeiner Teil des BGB, 10. Aufl., 2010, Rn. 930.

之行为、或者通过长期反复进行的交易推知,况且,此等难题其实亦存在于将其归诸表见代理场合——足以构成表见代理之法律外观何时形成?① 在此意义上,表见代理说似未表现出明显的解释优势,此其一。

其二,《民法通则》第66条第1款第3句将法律效果落足于"视为同意",这意味着,代理行为之有效性建立在"同意"的基础上,较符合表见代理的规范方式则如《合同法》第49条,直接规定"该代理行为有效",而不考虑被代理人同意与否。同时,《合同法解释二》第12条规定:"无权代理人以被代理人的名义订立合同,被代理人已经开始履行合同义务的,视为对合同的追认。""履行合同义务"行为被赋予追认之效果,显然是推知的意思表示默示授权的逻辑。若《民法通则》第66条第1款第3句系表见代理之规定,《合同法解释二》第12条即难以理解,因为,在被代理人"开始履行合同义务"之前的单纯"不作否认表示"阶段便可构成表见代理,将履行行为"视为对合同的追认",不仅多此一举——表见代理无需追认,并且逻辑倒置——"履行合同义务"是对已然有效确立之契约义务的履行,而"视为追认"则意味着契约尚未生效。反之,以默示授权解释《民法通则》第66条第1款第3句,则与《合同法解释二》规范体系前后融贯。

其三,若解释为基于法律外观保护的表见代理,在逻辑上,被代理人即失去撤销授权之机会,因为当中并不存在作为法律行为的授权行为;默示授权之解释模式,则无此障碍。②

其四,台湾地区"民法"第169条前句情形2措辞("知他人表示为其代理人而不为反对之表示者,……")与《民法通则》第66条第1款第3句类似,该条条旨亦明确显示,此系关于表见代理之规定,但《民法通则》不宜作相同解释。台湾地区"民法"第169条规定的两种情形均为表见代理,《民法通则》第66条第1款前两句则是明示的追认授权,若在同款突然插入一种非典型的表见代理,此等规范编排,即无逻辑可言。将第3句解释为默示授权,则可与前两句逻辑呼应。

(二) 表见代理的发生原因

表见代理多为授权与撤回方式互错所造就,可有三种典型原因:

第一,代理授权,内部方式或外部方式均为无妨,撤回亦无需依相应方式而为。因此,当本人外部授权却内部撤回时,代理人的代理权固然已经终止,但第三人所能看到的依然是外部授权所带来的法律外观,而该法律外观由本人创设,第三人的信赖即值保护(《德国民法典》第170条:"通过向第三人表示而授予意定代理权者,在授权人通知其代理权消灭之前,该代理权一直有效。")。

第二,本人亦可能"以对外公告的方式内部授权",公告表示虽无授权之效,但足

---

① Reinhard Bork, Allgemeiner Teil des Bürgerlichen Gesetzbuchs, 3. Aufl., 2011, Rn. 1550.
② Staudinger/Schilken (2004), § 167 Rn. 45.

以对外产生授权外观,此时,即便本人以内部方式撤回授权,若未将撤回表示公告,第三人无从知晓真实的代理权状态,其信赖地位自然亦值保护(《德国民法典》第 171 条第 2 款:以对第三人个别通知或公告通知的方式宣告已授予他方代理权者,"在以与授权同样的方式宣告撤回之前,代理权一直存在"。)。

第三,本人可能会在授权时予代理人以代理权证书,该代理权证书一如内部授权中的对外公告,虽非授权意思表示之载体,但同样足以产生授权外观,对于持代理证书之人,第三人自然有理由信其有权,在代理证书被收回或被声明失效之前,信赖保护实属必要(《德国民法典》第 172 条第 2 款:"代理权证书被返还于授权人或声明失效之前,代理权一直存在")。

上述三种情形均曾经存在有效的授权行为,属于"代理权存续"型(Rechtsschein für den Fortbestand einer Vollmacht)表见代理。不过这不意味着,表见代理仅限于此。德国通说认为,除第一种表见代理(内部撤回外部授权)须以有效的授权行为为前提外,在第二种(以对外公告的方式内部授权)与第三种(代理权证书之交付)情形,纵无授权表示或授权表示无效,只要被代理人已作公告或已交付代理权证书,善意第三人即可主张表见代理,此之谓"授权表见"型(Rechtsschein für die Erteilung einer Vollmacht)表见代理。①

"表象代理权"

德国司法判例创造了两类表见代理类型,除前述容忍代理权外,尚有一种表象代理权(Anscheinsvollmacht)。所谓表象代理权,是指本人虽然不知无权代理人以其名义实施代理行为,但若尽其注意义务即可获悉并阻止,而第三人善意相信本人知悉并同意该代理行为,则本人须负授权之责。②

"表象代理权"之表述有必要略作说明。这一概念的德文对应词是 Anscheinsvollmacht,中文译著普遍译作"表见代理权"。③ 该译法值得商榷。《德国民法典》第 170—173 条基于法律外观保护所生代理统称 Rechtsscheinvollmacht④,在用法上,汉语"表见代理"与之相对应。至于 Anscheinsvollmacht 及 Duldungsvollmacht(容忍代理权),不过

---

① Reinhard Bork, Allgemeiner Teil des Bürgerlichen Gesetzbuchs, 3. Aufl., 2011, Rn. 1519, 1523, 1526; Larenz/Wolf, Allgemeiner Teil des Bürgerlichen Rechts, 9. Aufl., 2004, § 48 Rn. 6 ff.; MünchKomm/Schramm (2006), § 170 Rn. 6; Staudinger/Schilken (2004), § 170 Rn. 2.

② Heinz Hübner, Allgemeiner Teil des Bürgerlichen Gesetzbuches, 2. Aufl., 1996, Rn. 1284.

③ 如〔德〕迪特尔·梅迪库斯:《德国民法总论》,邵建东译,法律出版社 2000 年版,第 732 页;〔德〕卡尔·拉伦茨:《德国民法通论》(下册),王晓晔译,谢怀栻校,法律出版社 2003 年版,第 893 页;〔德〕汉斯·布洛克斯、〔德〕沃尔夫·迪特里希·瓦尔克:《德国民法总论》,张艳译,杨大可校,中国人民大学出版社 2012 年版,第 339 页。

④ Staudinger/Schilken (2004), § 170 Rn. 1.

是德国司法判例在法定类型之外增添的两种法律外观保护类型而已,二者均是 Rechtsscheinvollmacht 的下位概念。① 鉴于 Rechtsscheinvollmacht 已约定俗成对译为"表见代理",再对 Anscheinsvollmacht 以"表见代理权"相称,易生混淆,故笔者译作"表象代理权",以示区别。

另值一提的是,台湾地区"民法"之代理制度独树一帜,不仅被分割规定于总则编(第 103—110 条)与债编(第 167—171 条)两处,有关表见代理之规范亦特立独行。

法典以"表见代理"为条旨者,唯第 169 条。黄立教授将该条前句情形 1("由自己之行为表示以代理权授与他人,……对于第三人应负授权人之责任")与情形 2("知他人表示为其代理人而不为反对之表示者,对于第三人应负授权人之责任")分别回译为 Anscheinsvollmacht 与 Duldungsvollmacht,并称前者为"狭义表见代理"。② 在归纳要件时,黄教授特别突出情形 1 下被代理人注意义务之违反,③应是有意接引德国法上的 Anscheinsvollmacht 理论。不过,二者似乎所指非一。

台湾地区"民法"第 169 条前句情形 1 的要旨在于,"对外有授权于他人之表示,但实际上并未有代理权之授予",即,授权外观由被代理人积极造就④;而德国法上的 Anscheinsvollmacht,则以被代理人不知无权代理人以其名义实施代理行为为前提,并且正是这一违反注意义务之消极行为造就法律外观。⑤ 再者,"狭义表见代理"之称谓似乎表明,此系典型的表见代理。然而,Anscheinsvollmacht 在德国法上恰恰是最具争议的表见代理权,远谈不上"典型",其表见代理之典型,为《德国民法典》第 170—173 条所规范。

黄立教授之所以有此认识,恐与其对于表见代理之理解有关。台湾地区"民法"虽仅在第 169 条冠以"表见代理"之条旨,但在解释上,台湾地区通说认为,表见代理包括"相对人信赖本人所授予的代理权继续存在"与"相对人信赖本人授予代理权"两种类型,前者见诸台湾地区"民法"第 107 条,后者则对应第 169 条。⑥ 黄教授则显然是以法典文义为据,仅以第 169 条所规定的两种情形为表见代理。⑦ 相应的,黄教授认为,表见代理的意义在于:"本人根本未为代理权之授予,却基于信赖保护的理

---

① Rüthers/Stadler, Allgemeiner Teil des BGB, 16. Aufl., 2009, § 30 Rn. 41.
② 黄立:《民法总则》(修订 4 版),自版发行 2005 年版,第 399—400 页。
③ 同上书,第 401 页。
④ 史尚宽:《债法总论》,中国政法大学出版社 2000 年版,第 50 页;王泽鉴:《债法原理》(第 2 版),北京大学出版社 2013 年版,第 303 页。
⑤ Reinhard Bork, Allgemeiner Teil des Bürgerlichen Gesetzbuchs, 3. Aufl., 2011, Rn. 1560.
⑥ 史尚宽:《民法总论》,中国政法大学出版社 2000 年版,第 546 页;施启扬:《民法总则》(第 8 版),自版发行 2009 年版,第 345 页;王泽鉴:《债法原理》(第 2 版),北京大学出版社 2013 年版,第 298 页以下。
⑦ 黄立:《民法债编总论》,中国政法大学出版社 2002 年版,第 156—157 页。同旨亦见王伯琦:《民法总则》(第 8 版),台湾"国立编译馆"1979 年版,第 193—194 页;姚瑞光:《民法总则论》,台湾自版发行 2002 年版,第 450—454 页。

由,在一定条件下,法律规定本人仍负授权人之责任。"①这一界定,使得德国法上的边缘类型在台湾地区"民法"中登堂入室,而中心类型反被排除于外。

对于表象代理权,德国通说认为,被代理人注意义务之违反(即过失)是造就表象代理权的根源。② 然而,正因为如此,许多德国学者对其正当性充满疑虑。反对者指出,过错只是产生损害赔偿义务的原因,不应使得所涉意思表示变得有效③,换言之,被代理人基于过失,仅应赔偿对方信赖利益(消极利益)损害,而不必对代理行为负履行之责(积极利益)。④ 管见亦以为,将违反注意义务与以行为造就法律外观之情形等量齐观,在信赖保护方面未免走得太远。

(三) 表见代理的构成要件

1. 欠缺代理权

代理人以被代理人名义实施法律行为时,须欠缺代理权,否则即是普通的有权代理。欠缺之原因可能是自始"没有代理权",亦可能是"超越代理权"或"代理权终止"。前者对应"授权表见"型,后者则为"代理权存续"型。

2. 具有代理之法律外观

代理人虽无代理权,却拥有代理之法律外观,以至于"相对人有理由相信行为人有代理权"(《合同法》第49条)。法律外观因表见代理类型而有所不同。

"授权表见"型的法律外观如,被代理人以向特定第三人个别通知或向不特定第三人公告通知的方式宣称授权,但其实未对代理人作授权表示或授权表示无效,若被代理人未撤回通知,该通知即形成授权表见;又如,被代理人将代理权证书、盖有被代理人印章的空白合同书等足以表明代理权之文件交与代理人,却未作授权表示或授权表示无效,若被代理人未收回上述文件,代理人文件之持有,即形成授权表见。

"代理权存续"型的法律外观则如:被代理人外部授权后,以内部方式撤回或限制,但未撤回或修正外部授权;被代理人以对外通知的方式作内部授权,以内部方式撤回或限制,但未撤回或修正通知;被代理人授权后将代理权证书或其他足以表明代

---

① 黄立:《民法总则》(修订4版),台湾自版发行2005年版,第399页。
② Brox/Walker, Allgemeiner Teil des BGB, 34. Aufl., 2010, Rn. 566; Helmut Köhler, BGB Allgemeiner Teil, 34. Aufl., 2010, § 11 Rn. 44; Larenz/Wolf, Allgemeiner Teil des Bürgerlichen Rechts, 9. Aufl., 2004, § 48 Rn. 28 ff.; Rüthers/Stadler, Allgemeiner Teil des BGB, 16. Aufl., 2009, § 30 Rn. 46; Palandt/Heinrichs, § 172, Rn. 11 ff.
③ 博尔克认可表象代理权,但反对通说将被代理人责任系于过失之见解。在他看来,被代理人之所以要承担授权之责,仅仅是风险分配的结果,与过错无关。Reinhard Bork, Allgemeiner Teil des Bürgerlichen Gesetzbuchs, 3. Aufl., 2011, Rn. 1564 f.
④ Werner Flume, Das Rechtsgeschäft, 4. Aufl., 1992, S. 834; Karl Larenz, Allgemeiner Teil des deutschen bürgerlichen Rechts, 7. Aufl., 1989, S. 640; Dieter Medicus, Allgemeiner Teil des BGB, 10. Aufl., 2010, Rn. 971; Staudinger/Schilken (2004), § 167 Rn. 31.

理权之文件交与代理人,向代理人撤回或限制授权后未收回或修正上述文件;代理授权的基础关系已消灭,但被代理人未收回之前交付的代理权证书等文件,亦未通知第三人;等等。

3. 代理之法律外观归因于被代理人

并非所有具法律外观者均构成表见代理。表见代理系以牺牲被代理人的追认自由为代价,申言之,无权代理构成表见代理时,被代理人即失去拒绝追认之权利,而有义务承受代理行为的法律后果。显然,在利益天平上,第三人的积极信赖保护获得较之被代理人追认自由更重的分量。

若是法律外观之形成归因于被代理人——由被代理人行为所造就,此等利益格局尚可接受,并且法律外观既然被置于被代理人行为控制之下,被代理人便拥有防止该外观形成之最后机会,不至于太过被动。但若归因于他人的法律外观亦构成表见代理,无异于要求被代理人为他人行为负责,这一严重背离私法自治理念的格局于被代理人难免过于严苛。其间道理,与善意取得以委托物而非脱手物为前提同出一辙。① 因而,《合同法》第 49 条虽未明确要求法律外观系被代理人所造就,但解释时应作限缩,将非归因于被代理人之法律外观排除出"有理由相信"范围之外,如此方才合乎表见代理之规范意旨。为此,代理人所出示的代理权证书、盖有被代理人印章的空白合同书等文件即便令第三人信其拥有代理权,但若该文件系拾得、盗得或者伪造而来,被代理人即不必承担授权之责。

另值注意者,称法律外观归因于(Zurechenbarkeit)被代理人,并不意味着被代理人具有过错(Verschulden)。② 内部撤回外部授权时,如果被代理人未通知第三人,撤回效力固然不受影响,第三人亦不得以此为由请求被代理人损害赔偿,换言之,被代理人对于第三人并不负有通知义务。只不过,若不作通知而造成法律外观,被代理人须承担授权之责的不利后果。就此而言,被代理人所负担的,唯对己性质的不真正义务(Obliegenheit)而已。③ 仅仅是对该义务的违反,并不构成过失。无论"授权表见"型抑或"代理权存续"型表见代理,莫不如此。

4. 第三人善意信赖法律外观

表见代理系建立在信赖保护的基础之上,该信赖须为善意。《合同法》第 49 条所称"有理由相信"已含善意要求,因为,相对人若是知悉代理权并未授予或代理权已被撤回,相信代理人拥有代理权便谈不上"有理由"。最高法院亦是作此理解。《民商事合同案件指导意见》第 13 条明确指出,相对人须在主观上善意且无过失地相信行为人有代理权。非善意第三人与无权代理人实施法律行为属自涉风险,无特别保护价

---

① Reinhard Bork, Allgemeiner Teil des Bürgerlichen Gesetzbuchs, 3. Aufl., 2011, Rn. 1541.

② a. a. O., Rn. 1555.

③ Staudinger/Schilken (2004), § 170 Rn. 8.

值,适用无权代理的一般规则即为已足。

对于善意之界定,《合同法》第 50 条可作依据。该条规定,法人代表等的越权代表行为,"除相对人知道或者应当知道其超越权限的以外,该代表行为有效"。由此反面解释,所谓善意,是指不知且非因过失而不知。此处虽仅是关于越权代表(代理)行为之规定,但无妨依其规范意旨类推适用于一切表见代理。

(四) 表见代理的法律效果

泛泛而言,表见代理令被代理人负授权之责。但表见代理毕竟不是有权代理,二者法律效力并不完全相同,此可从被代理人、第三人与代理人三方当事人分作观察。

1. 于被代理人的效力

依《合同法》第 49 条之规定,无权代理若构成表见代理,"该代理行为有效"。"代理行为有效"之表述易生误解。表见代理并非在任何情况下均属有效,其意义仅仅在于,代理权之欠缺为法律外观所补正,从而不再成为影响代理行为效力之因素,在无其他效力瑕疵事由时,代理行为有效。此时,被代理人应作为代理行为当事人承受法律效果,而不得以未授予代理权或代理权已消灭为由,否定代理行为之效力,换言之,被代理人应负授权之责。

表见代理不以授权为要件,故不存在代理权撤回问题——此不同于有权代理;但归因于被代理人的法律外观由其意志行为所造就,故授权行为需要的行为能力在表见代理中亦属必要,"不能以法律行为为自己设定义务之人,亦无法造就可归责的法律外观"。① 并且,法律外观所补正的仅是代理权欠缺瑕疵,故代理行为自身存在可撤销、效力待定或无效事由时,被代理人仍可主张——此同于有权代理。

2. 于第三人的效力

"该代理行为有效"意味着,第三人有权以代理行为当事人地位,请求被代理人承受代理行为效果、履行代理行为所生义务——此同于有权代理。

问题在于,表见代理毕竟属于无权代理,第三人是否亦有权选择适用无权代理规则,在被代理人追认之前撤回自己意思表示,以及在被代理人拒绝追认时选择被代理人(依表见代理)或代理人(依无权代理)为请求权相对人?

《合同法》第 49 条将表见代理直接规定为"有效",在文义上,该"有效"应是同时针对被代理人与第三人双方,换言之,第三人主张适用无权代理规则之选择权已被排除,既不得撤回已生效的意思表示,亦因表见代理无需追认而不存在未获追认时以代理人为请求权相对人的机会。此亦德国通说之见解。其正当性在于:有权代理时,第三人的请求权只能针对被代理人,并无相对人选择自由,表见代理终究为无权代理,令被代理人负授权之责已是对第三人的特别保护,没有理由进而赋予第三人选择自

---

① Reinhard Bork, Allgemeiner Teil des Bürgerlichen Gesetzbuchs, 3. Aufl., 2011, Rn. 1542.

由,从而获得较之有权代理情形下更为优越的法律地位。①

不过,上述实体权利配置格局虽属正当,却对诉讼实务有所忽略。表见代理举证负担较之无权代理为重,当第三人主张表见代理却无法完成举证时,法律关系将回落至无权代理领域。这意味着,借助举证风险分配机制,第三人在无法获得表见代理制度保护时,仍可退而寻求适用无权代理规则。再者,纠纷发生后,主张依表见代理或无权代理规则解决,取决于第三人的诉讼请求。正是在此意义上,许多学者认为,第三人的选择自由其实无法否认。②

管见以为,第三人基于诉讼风险的考虑衡诸诉讼策略,未必对应于实体法上的选择权。申言之,表见代理未得到证明时适用无权代理规则,此非第三人享有选择权的表现,因为,未获证明之事,在法律上即不存在——此时仅构成无权代理,自然无所谓"表见代理之第三人的选择权"。其间关键因而在于,若表见代理已得到证明,第三人是否仍有权主张适用无权代理规则?既然表见代理使得代理行为"有效",答案应该是否定的,否则,被代理人与代理人将一并处于第三人请求权的笼罩之下。

黄立教授认为,代理人并非表见代理制度的保护对象,因而第三人若未主张表见代理,代理人不得为此主张,要求被代理人负表见代理之责。③ 表见代理固非为保护代理人而设,但第三人交易时,本就以被代理人为相对人,故仅令被代理人负授权之责对于保护第三人即为已足,何需强拉代理人为之背书?况且,若允许第三人选择代理人为请求权相对人,难免有助长背信行为之嫌。有鉴于此,如果第三人仅以代理人为被告诉其承担无权代理之责任,代理人应有权依《民事诉讼法》第56条第2款之规定,请求法院将被代理人列为被告型无独立请求权第三人,④在证明构成表见代理后,进而请求法院直接判令被代理人承担责任。

台湾地区"民法"中表见代理对于第三人的效力

台湾地区"民法"第107条前句规定:"代理权之限制及撤回,不得以之对抗善意第三人。"台湾地区通说认为,所谓不得对抗,"指相对人主张代理行为为有效时,本人不得以代理人系无权代理以之对抗;相对人也得主张其为无权代理,适用无权代理的一般原则,订定相当期限,催告本人确答是否承认,在本人未承认前并得撤回之。本人也得

---

① BGHZ 86, 273; Brox/Walker, Allgemeiner Teil des BGB, 34. Aufl., 2010, Rn. 601; Helmut Köhler, BGB Allgemeiner Teil, 34. Aufl., 2010, § 11 Rn. 72; MünchKomm/Schramm (2006), § 167 Rn. 75.
② Reinhard Bork, Allgemeiner Teil des Bürgerlichen Gesetzbuchs, 3. Aufl., 2011, Rn. 1547; Larenz/Wolf, Allgemeiner Teil des Bürgerlichen Rechts, 9. Aufl., 2004, § 48 Rn. 33; Staudinger/Schilken (2004), § 177 Rn. 26.
③ 黄立:《民法总则》(修订4版),台湾自版发行2005年版,第402页。
④ 关于被告型无独立请求权第三人与《民事诉讼法》第56条第2款之适用,可参张卫平:《民事诉讼法》(第2版),法律出版社2009年版,第167—173页。

承认无权代理行为,使其成为有权代理"。① 台湾地区通说同时认为,第169条"对于第三人应负授权人之责任"与第107条"不得以之对抗善意第三人""用语虽异,其意则同"。② 据此,构成表见代理时,第三人有权选择适用表见代理或无权代理规则,这尤其体现在第三人的撤回权与催告权方面。

不过,对于本人拒绝追认后、第三人是否有权向代理人请求损害赔偿之问题,王泽鉴教授持否定见解,理由是:"本人依第107条规定既应负授权人的责任,其法律效果同于有权代理,其代理行为的效力直接及于本人,交易目的既已达成,衡诸代理制度的规范功能及当事人的利益,似无许相对人得向无代理权人请求损害赔偿之必要。"③在逻辑上,如果本人有机会拒绝追认,意味着行进在无权代理的脉络中,不可能同时适用表见代理之规则;而若是主张适用表见代理,无论被代理人追认与否,皆无意义。因而,认可第三人撤回与催告之权,应同时认可第三人选择请求权相对人之权利,如此方显体系融贯。

3. 于代理人的效力

无权代理构成表见代理后,代理行为在被代理人与第三人之间"有效",代理人因而与代理行为所生权利义务了无关联——此同于有权代理。

然而,负授权之责系对于第三人而言,并不意味着,被代理人对于代理人亦须"负授权之责"。相反,代理人擅以被代理人名义实施法律行为,致被代理人被迫承受行为效果时,由此所生损失,被代理人有权要求代理人赔偿(《合同法解释二》第13条),请求权基础则或者存在于双方的基础关系,或者存在于侵权法。

---

① 施启扬:《民法总则》(第8版),台湾自版发行2009年版,第348页。亦见王泽鉴:《债法原理》(第2版),北京大学出版社2013年版,第300页。
② 王泽鉴:《债法原理》(第2版),北京大学出版社2013年版,第306页。姚瑞光先生对此作有详细的文义解释:"第169条规定,本人'对于第三人应负授权人之责任',而不规定'视为授与代理权',乃因依前者之规定,于受法律保护之第三人主张本人应负授权人之责任时,本人始须负责。若第三人不主张本人应负该项责任,则为无权代理,依第170条、第171条之规定处理之。如果法律规定'视为授与代理权',则本人必负授权人之责任,第三人亦无不主张本人应负授权人之责任之自由。"氏著:《民法总则论》,台湾自版发行2002年版,第453页。
③ 王泽鉴:《债法原理》(第2版),北京大学出版社2013年版,第301页。

第三编 | 权利主体

第十章 自然人

第十一章 自然人的团体构造
　　　　——法人

第十二章 自然人的其他团体构造

第十章 自 然 人

第三十节 民法上的人

一、人在法典中的位置

所有法律规范,皆以人为法律效果之承受者。就此而言,一切法律皆为人法。不同的是,民法规范不仅将其法律效果指向人,更是直接对人的主体地位作出规定。公法上的人,无论宪法、行政法,抑或刑法,乃至诉讼法,虽然未必与私法上的人概念重合,但均以后者为基础。例如,《宪法》第 34 条规定,年满 18 周岁的公民享有选举权与被选举权,之所以以 18 周岁为界,系因其为成年年龄(《民法通则》第 11 条第 1 款);行政法上的主体,无非是法人或自然人(公民),这些概念均为民法所确立;刑事责任能力(《刑法》第 17 条)以民法上的责任能力(不法行为能力)为基础;诉讼法上的当事人能力与诉讼能力概念,则分别建立在民法权利能力与行为能力的基础之上;等等。"民法是人法"之命题,由此凸显特别的意蕴。从"人"的角度上看,民法确实堪称"众法之基"。①

各国民法典,莫不以"人"开端,差别只在编排体例之不同。关于"人"在法典的编排位置,大致有两种体例。一为罗马—法国体例,意大利从之;一为德国体例,日本、民国时期的中国从之。前者特点在于,亲属法与人法(主体法)一道位于法典第一编;后者则只是在第一编(总则编)规定作为私法主体的"人",亲属、继承关系分别构成法典的第四、五编。对此,史尚宽先生认为,"前者以家制为基础,后者以个人制为依据"。② 换言之,罗马—法国体例关心的是"家庭关系中的人",而德国体例则注重"作为社会个体的人"。意大利学者斯奇巴尼(Sandro Schipani)在阐述《意大利民法典》的特点时表达了类似观点:"(《意大利民法典》)很突出对家庭法的调整,把此议题同人法一起放在第一编中,……在婚姻和家庭问题上,法典使那种把家庭的共同利益看得高于单个成员利益的罗马法观点占上风。"③不过,上述观点的合理性并非理所当然。

---

① 史尚宽:《债法总论》,中国政法大学出版社 2000 年版,"自序"。
② 史尚宽:《亲属法论》,中国政法大学出版社 2000 年版,第 2 页。
③ 〔意〕桑德罗·斯奇巴尼:"(意大利民法典中译本)前言",载费安玲、丁玫译:《意大利民法典》,中国政法大学出版社 1997 年版,第 3—4 页。

作为东方国家,传统中国与日本对于家族伦理的看重远甚于西方。但是,《中华民国民法典》的体例却是典型的德国模式。更具意义的是,日本明治时期的"法典论战"中,"延期施行派"正是以"民法出而忠孝亡"为由,成功阻止法国式"旧民法"的施行。[①] 几年后正式颁行的《日本民法典》改采德国式体例。可见,以形式的法典体例结构论证法典价值取向,该做法虽具有一定的想象力与启发性,但论据与结论的关联程度却稍嫌微弱。

就法律规范自身而言,其意义必须通过法律效果的实现才得以彰显,而法律规范在适用时,除非彼此构成特别法与普通法关系,否则不会因为处于法典不同位置而受到影响,申言之,法律适用并不是依规范的"重要程度"进行取舍的过程,而是根据法律关系的性质检索适于特定个案的规范,只要是适于待决案件的规范,无论位于法典何处,均应得到适用,相反,若是与案件法律关系不符,无论该法律规范体现了如何重要的伦理价值,均不得适用。这意味着,形式性的法典体例难以承载实质的价值取向,更能体现"家族伦理"或"个人主义"伦理观念的,是法典规范的具体内容。

体例结构既是主要关涉形式问题,其合理性便当以逻辑标准为断。在设置总则的立法例之下,将"人"置于总则虽非无可议,但尚可接受,因为任何法律效果皆归属于人;基于"自然人"发生的亲属关系与继承关系则显然不足以构成私法关系的"公因式",不能作为总则存在。《德国民法典》结构合理。

若不设置总则,紧接"自然人"之后规定亲属(身份)关系或财产关系皆不影响法典的形式合理性,因为没有任何逻辑规则能够决定亲属关系与财产关系孰先孰后之排序。就此而言,《法国民法典》亦能在体例上达致一贯。值得商议的是《意大利民法典》。在未设置总则、亲属关系被规定于"人法"等方面,意大利从法国体例。不过,《法国民法典》的"人"并未涵盖法人,因此将亲属关系置于"人法"问题不大,意大利的"人法"却如德国般在自然人之后规定法人,从而破坏了法国体例的逻辑一贯性,因为,法人不可能有亲属关系。

二、民法观念中的人

(一) 人的两种表述

《德国民法典》在表述人的概念时,使用两个语词:Person 和 Mensch。其中,Mensch一词在《德国民法典》4个条文中共出现过6次,分别是第1条、第578条第2款第2句、第833条第1句与第836条第1款第1句。这六次出现的 Mensch 具有相同的含义,指"能够说话与思维,并以此而区别于动物的生命有机体",即生物人。[②]

[①] 〔日〕山本敬三:《民法讲义Ⅰ 总则》(第3版),解亘译,北京大学出版社2012年版,第19页。
[②] 〔德〕克洛泽主编,高年生主译:《杜登德语规范词典》,外语教学与研究出版社2005年版,第417页;叶本度主编:《朗氏德汉双解大词典》,外语教学与研究出版社2000年版,第1144页。

德国民法中,该语词与自然人(natürliche Person)同义。①

Person 在《德国民法典》中远较 Mensch 更为常用,此系规范意义上的形式概念,根本标志在于权利能力之享有,包括自然人(natürliche Person)和法人(juristische Person)两类。

(二) 以自然人为模型

只有个人才能真正拥有私人生活,或者说,个人在私法关系中具有终极地位,因而,民法观念中的人必然是以个人(自然人)作为规范模型。这在根本就未规定法人的《法国民法典》中表现得尤其明显。即便是在创造了法人制度的《德国民法典》,时下学者亦多认为,法人无法与自然人相提并论,充其量不过是一种类推意义上形式化的人(formalisierte Person)。法人作为人,并不蕴含自然人原初的伦理意义。特定的团体被称为法人,意义仅仅在于,该团体具有权利能力,能够作为法律效果的归属主体(Zuordnungssubjekt, Zuordnungsträger),如此而已。②

自然人的模型地位并不仅止于理念,在规则的具体设置上,还突出体现于法律行为这一民法核心制度中。法律行为的效力要件,举凡行为能力、意思表示真实、意思表示自由等各方面,莫不以自然人为出发点。即便以法人的名义实施法律行为,判断是否存在错误、受欺诈胁迫等因素时,亦须还原至自然人。

基于自然生理规律出生的人称为自然人,这是与法人相对应的概念。任何个人都是自然人,并不需要附加其他任何条件。《民法通则》及其他相关法律常用"公民"指代自然人,这使得本属中性表述的民法上的人蒙上政治意识形态的色彩。公民是政治学概念,将之用于私法,意味着在私法中渗入政治色彩;又以国籍划分,说明我国法律至少在观念上尚未做到一视同仁。对此,张俊浩教授指出:"公民作为民法概念反映了民事生活的某种封闭性和'非私法'性。"③

(三) 两种"观念自然人"

以自然人作为模型,并不意味着,民法对所有自然人一体对待。在民法制度上,可以看到体现两种不同观念的自然人。

1. 天赋人权观念上的自然人

通过天赋人权观念,启蒙思想家表达"人生而平等"的诉求。这是生物意义上的人(Mensch, Human Being)。在此层面,各人的社会身份被褪去,人与人的原始平等性得以呈现。民法以众生平等的权利能力制度回应这一诉求。④ 在此意义上,除"生物

---

① Brox/Walker, Allgemeiner Teil des BGB, 34. Aufl., 2010, Rn. 702.
② Larenz/Wolf, Allgemeiner Teil des Bürgerlichen Rechts, 9. Aufl, 2004, § 9 Rn. 10 f.; Dieter Medicus, Allgemeiner Teil des BGB, 10. Aufl., 2010, Rn. 1104.
③ 张俊浩主编:《民法学原理》(上册)(修订第3版),中国政法大学出版社2000年版,第94—95页(张俊浩)。
④ Schwab/Löhnig, Einführung in das Zivilrecht, 18. Aufl., 2010, Rn. 112 ff.

人"(Mensch)之外,其他任何关于人的描述(如,人是理性的动物、人是法律社会的成员,等等),均不足以维系权利能力平等保护的理念。①

2. 理性人观念上的自然人

法律交往,民法奉行自治理念,该理念以人具有为自己理性判断的能力为前提。与"理性人"相呼应的,是人的行为自由。并不是所有具权利能力的自然人皆有为自己理性判断的能力,换句话说,并不是所有自然人都能够自由行为。具有不同程度理智的人理当拥有不同的行为自由范围,这通过行为能力制度体现。② 在民法中,行为能力越是欠缺,行为的自由度就越是受到限制,管制色彩亦越是浓厚。完全行为能力则意味着具有完全的理性,具有独立承担自己一切行为后果的能力。

不过,拥有法律上的完全行为能力,并不意味着,所有成年自然人的实际理性能力均无差别。在确定法律效果时,法律不太可能针对不同的人采取不同的理性标准。因此,在关注具体个人的理性能力之外,法律还需要构造出一种抽象的理性人标准。该抽象的理性人所对应的是具通常理性能力的谨慎之人,相当于罗马法上所谓"善良家父"。

第三十一节 自然人的权利能力

一、权利能力与自然人的主体地位

(一) 权利能力的概念

1. 权利能力的含义

"权利能力"(Rechtsfähigkeit)是德语法学创造的概念。法典实证化首见于《奥地利普通民法典》第 18 条,其所表达者,即是人生而平等的自然法思想。③《德国民法典》借助这一概念使得法典中的人实现抽象形式化,淡化了之前唯有自然人才是人的伦理观念。④ 不过,当我们将自然人作为民法上人的原型,并意识到法人的权利能力不过是由自然人类推而来时,自然人的权利能力依然不妨负载伦理价值。

法律意义上的人格以权利能力之享有为标志,换言之,享有权利能力也就意味着具有私法主体地位。⑤ 依《德国民法典》第 1 条规定,只要是自然人,一经出生,便毫无例外具私法主体地位,享有权利能力。

不过,造出权利能力概念的《德国民法典》未对其作出界定。自事理而言,私法主

---

① Rüthers/Stadler, Allgemeiner Teil des BGB, 16. Aufl., 2009, § 14 Rn. 3.
② Schwab/Löhnig, Einführung in das Zivilrecht, 18. Aufl., 2010, Rn. 161 ff.
③ Staudinger/Weick (2004) Vorbem. zu § 1 Rn. 2.
④ Hans Hattenhauer, Grundbegriffe des Bürgerlichen Rechts, 2. Aufl., 2000, S. 2 ff., 9; Larenz/Wolf, Allgemeiner Teil des bürgerlichen Rechts, 9. Aufl., 2004, § 2 Rn. 11 ff.
⑤ Ernst Wolf, in: Wolf/Naujoks, Anfang und Ende der Rechtsfähigkeit des Menschen, 1955, S. 50.

体既能享有权利,亦能承担义务。权利能力既然是主体资格之表征,自当包括享有权利、承担义务之能力。即便是刚出生的婴儿,虽无法通过自己的行为取得权利、承担义务,却无妨成为私法主体,例如,可能基于继承而成为权利人(积极遗产)或义务人(消极遗产),也可能基于法定代理人的代理行为而取得权利、承担义务。因而,德国学界一般将权利能力定义为:成为权利与义务承受者的能力。① 《瑞士民法典》第 11 条第 2 款亦是在此意义上规定权利能力:"在法律规定的范围内,所有人都拥有平等的享有权利与承担义务之能力。"②《民法通则》第 9 条同此立场:根据权利能力,能够"依法享有民事权利,承担民事义务"。③

Rechtsfähigkeit 的翻译

鉴于"权利能力"在表达义务承担方面不直观,时有学者建议改称"权义能力"。④"权利能力"仍得以通行的原因,则被归结为权利本位的考虑。⑤ 从汉语字面上看,"权义能力"自然显得更为全面。不过,该类词汇非汉语原创,系译自德文而来,所以,检验"权利能力"之表述是否妥当,需要考虑的因素更在于译名能否准确与原文对应。

当德文语词 Rechtsfähigkeit 被汉译为"权利能力"时,译者显然是在 Recht 的"权利"与"法律"双重含义之间选择了"权利"。这同时表示,从语词翻译的角度上看,"权义"能力不是一个理想的表述,因为 Recht 并无"义务"之义项。想要全面,更值得考虑的译法也许是"法律能力"。但一旦真以"法律能力"对译 Rechtsfähigkeit,又容易

---

① Brox/Walker, Allgemeiner Teil des BGB, 34. Aufl., 2010, Rn. 703; Larenz/Wolf, Allgemeiner Teil des bürgerlichen Rechts, 9. Aufl., 2004, § 5 Rn. 2; Detlef Leenen, BGB Allgemeiner Teil: Rechtsgeschäftslehre, 2011, § 2 Rn. 3; Dieter Medicus, Allgemeiner Teil des BGB, 10. Aufl., 2010, Rn. 1039.

② 该条的德文表述是:"Für alle Menschen besteht demgemäss in den Schranken der Rechtsordnung die gleiche Fähigkeit, Rechte und Pflichten zu haben." 殷生根、王燕译本(中国政法大学出版社 1999 年版)译作:"在法律范围内,人人都有平等的权利能力与义务能力。"其中,"权利能力与义务能力"之表述可能产生误解,让人误以为"权利能力"与"义务能力"分属两项能力。

③ 《民法通则》的用语是:"民事权利能力"。以"民事"二字限制,意在区别其他法域或法理学上的"权利能力"。魏振瀛主编:《民法》(第 5 版),北京大学出版社、高等教育出版社 2013 年版,第 52 页(李仁玉)。管见以为,此属多虑甚至误导。民法领域之外,诸如"刑事权利能力"之概念并不存在;"行政法权利能力"(Rechtsfähigkeit im Verwaltungsrecht)、"诉讼权利能力"(prozessuale Rechtsfähigkeit)系类比民法上的"权利能力"(Rechtsfähigkeit)概念而来,自身有所限定即可,不必反过来影响民法领域的概念使用;至于"法理学上的权利能力",则不知所指,无从界定。

④ 胡长清:《中国民法总论》,中国政法大学出版社 1997 年版,第 57 页;施启扬:《民法总则》(第 8 版),台湾自版发行 2009 年版,第 89 页;郑玉波著,黄宗乐修订:《民法总则》(修订 11 版),台湾三民书局 2008 年版,第 79 页。

⑤ 胡长清:《中国民法总论》,中国政法大学出版社 1997 年版,第 57 页;李宜琛:《民法总则》,中国方正出版社 2004 年版,第 47 页;施启扬:《民法总则》(第 8 版),台湾自版发行 2009 年版,第 89 页;姚瑞光:《民法总则论》,自版发行 2002 年版,第 35 页;郑玉波著,黄宗乐修订:《民法总则》(修订 11 版),台湾三民书局 2008 年版,第 79 页。

使人望文生义,误认其为法律上各种能力的统称,从而将行为能力等其他"法律能力"亦纳入其中。由此看来,"权利能力"之译法虽称不上完美,却也算是相当不坏的选择。

2. 权利能力与当事人能力

当事人能力是诉讼法上的概念,指合法成为民事诉讼当事人(原告或被告)的能力。一般而言,拥有权利能力之人亦具有当事人能力。同时,依照我国法律规定,不具有权利能力未必无当事人能力。

《民事诉讼法》第48条第1款规定:"公民、法人和其他组织可以作为民事诉讼的当事人。"与"公民""法人"并列的"其他组织",即为不具有权利能力或仅具部分权利能力的团体。关于"其他组织",《民诉法解释》第52条的界定是:"合法成立、有一定的组织机构和财产,但又不具备法人资格的组织。"具体包括:(1)依法登记领取营业执照的个人独资企业;(2)依法登记领取营业执照的合伙企业;(3)依法登记领取我国营业执照的中外合作经营企业、外资企业;(4)依法成立的社会团体的分支机构、代表机构;(5)依法设立并领取营业执照的法人的分支机构;(6)依法设立并领取营业执照的商业银行、政策性银行和非银行金融机构的分支机构;(7)经依法登记领取营业执照的乡镇企业、街道企业;(8)其他符合本条规定条件的组织。

3. 权利能力与行为能力

在理念上,权利能力与"人生而平等"相呼应,行为能力则对应"理性人"观念。由此决定,权利能力意味着人的主体资格,如果同时具备行为能力,即可通过自己的法律行为实际承受法律后果。既然人生而平等,所有自然人便均有同等的权利能力;既然人的理性各有不同,行为能力便存在不同的层次:完全、限制或无。

(二) 权利能力的性质

1. 先验性

德国通说认为,自然人并不"自然",有如法人,亦是法律创造的产物,因而自然人的权利能力及其作为人的资格(Personenqualität)取决于实证法规定。[1] 我国学者亦多持此见解。[2] 称权利能力为法律赋予,可以解释为何奴隶不具有"人"的资格。但这种论证以实证法必然正确为前提。若不受制于这一前提,就应当追问:规定奴隶法律地位的实证法是否正确?拉伦茨指出,否认奴隶为人,是对普适性伦理原则的错误对

---

[1] Ernst Wolf, in: Wolf/Naujoks, Anfang und Ende der Rechtsfähigkeit des Menschen, 1955, S.50 ff.
[2] 梁慧星:《民法总论》(第4版),法律出版社2011年版,第65页;马俊驹、余延满:《民法原论》(第4版),法律出版社2010年版,第88页(马俊驹);王利明:《民法总论》(第2版),中国人民大学出版社2015年版,第134页。

待,对此原则,实证法本无权予以改变。①

另外,如果权利能力为实证法所赋予,即意味着,实证法可将其剥夺与限制。然而,任何文明的立法,皆不得否认自然人的主体地位,不得剥夺或限制自然人的权利能力。这意味着,自然人的权利能力乃是人性尊严的内在要求,并不依赖于实证法赋予,毋宁说,实证法不过是将自然人本就具有的权利能力加以实证化,权利能力先于实证法而存在。② 在权利的分类上,康德区分"先天的权利"(das angeborene Recht)和"后天的权利"(das erworbene Recht)。对于前者,"个人不依赖于任何法律行动即可享有",以先验的纯粹理性为根据;后者则以相应的法律行动为必要。③ 权利能力虽不同于权利本身,但唯有具备权利能力,才谈得上享有何种具体权利。如果权利能力——自然人的法律主体地位——本身即为实证法所赋予,又如何能够享有"先天的权利"?

2. 平等性

《民法通则》第10条规定:"公民的民事权利能力一律平等。"自事理而言,既然人生而平等,自然人的权利能力便都是平等因而亦是完全的。这种平等体现在两方面:形式上,任何自然人,不论其智力程度、身体状况、文化水平、宗教信仰等各方面存在何种差异,皆无例外能够享有任何私法权利、承担任何私法义务;实质上,任何人的人性尊严均有着相同的本质,其生命、健康以及人格的自由发展具有同等的不可侵性。④ 民法所确立的自然人权利能力之一般性与平等性,是人类文明法律秩序的一块重要基石。⑤

非婚生子女的法律地位

在权利能力的完全与平等问题上,现代私法不问自然人的出身。但在历史上,非婚生子女的地位一直遭到贬抑。就此问题,东、西方社会态度可谓是不谋而合。我国固不必论,甚至在崇尚"人生而平等"的欧洲启蒙时代,康德亦宣称:"非婚生婴儿来到世界系属违法(尤其是违反婚姻法),因此他的降生处于法律保护之外。此等婴儿与混入之物(如违禁物品)具有同一性质,故而毁弃其存在亦无可指责(因为他原本就不应该以这种方式存在)。"⑥早期欧洲民法典(如《法国民法典》、《德国民法典》)立场虽不如康德极端,但亦曾规定非婚生子女法律地位低于婚生子女。

---

① Larenz/Wolf, Allgemeiner Teil des bürgerlichen Rechts, 9. Aufl., 2004, § 5 Fn. 4.
② a.a.O., Rn. 3 ff.
③ Immanuel Kant, Die Metaphysik der Sitten, mit einer Einleitung hgb. von Hans Ebeling, 1990, S.75.
④ Larenz/Wolf, Allgemeiner Teil des bürgerlichen Rechts, 9. Aufl., 2004, § 5 Rn. 7.
⑤ Rüthers/Stadler, Allgemeiner Teil des BGB, 16. Aufl., 2009, § 15 Rn. 7.
⑥ Immanuel Kant, Die Metaphysik der Sitten, mit einer Einleitung hgb. von Hans Ebeling, 1990, S.198.

不过,现代社会中,出身已不再能够对自然人的法律地位构成影响。《法国民法典》经过修改,删去歧视非婚生子女的规定,并在第334条中明确表示:非婚生子女,在同其父与母的关系中,一般与婚生子女享有相同的权利,负担相同的义务。《德国民法典》则通过1997年的《子女身份法改革法》、《非婚生子女在继承法上的平等法》,以及1998年的《未成年子女生活费统一法》等法律,彻底消除非婚生子女与婚生子女在法律地位上的差别,"非婚生子女"之用语从此在《德国民法典》消失。

3. 不得处分

权利能力是自然人主体地位的法律标志,让与或抛弃权利能力即意味着放弃自己的法律主体地位,使自己不再成为法律上的"人"。既然权利能力具有先验性,就不能为经验事实所否弃,因而,他人既不得剥夺或限制某一自然人的权利能力,该自然人亦不得自己让与或抛弃,俾使切实维护自然人主体地位的绝对性。

自然人的权利能力不得让与或抛弃,这已为学者共识,惟支持该立场的理由各有不同。依梁慧星教授之见,限制或抛弃权利能力之所以是被禁止的,原因在于,"民法关于民事权利能力的规定,属于强行性规定,不允许当事人依自由意思予以排除或变更"。① 将禁止理由归结为法律规范的强制性,此系"权利能力为实证法所赋予"立场之逻辑结果。在实证法的规范效力上,强制规范只对当事人具有拘束力,却可为立法者所改变。照此推论,当事人虽不能以其行为抛弃或限制权利能力,立法者却可剥夺或限制。不过,梁教授未固守这一论证脉络,而认为,"自然人的民事权利能力有不受剥夺的性质"。②

二、权利能力的开始

依《民法通则》第9条,自然人的权利能力始于出生。人的出生须经历一个过程。虽然有学者认为,根据自然法观念,自受胎之日起,形成中的人即应享有权利能力③,但正如拉伦茨所指出的,法律规则需要准确界定权利能力的开始时间,生育时点为此提供可能,而受胎时刻则难以确定。④ 不仅如此,欲享有权利能力,出生的自然人还必须是活体,而活体与否的判断,须俟出生完成方可为之。因此,准确地说,自然人的权利能力始于出生完成之时。《德国民法典》第1条即规定:"人的权利能力始于出生之完成。"

---

① 梁慧星:《民法总论》(第4版),法律出版社2011年版,第66页。
② 同上。
③ Ernst Wolf, in: Wolf/Naujoks, Anfang und Ende der Rechtsfähigkeit des Menschen, 1955, S. 83 ff.
④ Larenz/Wolf, Allgemeiner Teil des bürgerlichen Rechts, 9. Aufl., 2004, § 5 Rn. 13.

（一）出生之完成

1. 性质

出生之完成是一项法律事实，与法律后果相联。出生之完成与出生人的意志无关，属于法律事实中的事件，而非行为。

2. 出生完成的判断

出生完成，即意味着独立的"人"之出现，私法关系亦随之建立。因而，如何判断出生之完成，于民法具有重大意义。为了确定出生时间，学者曾提出许多判断标准，如一部露出说、全部露出说、独立呼吸说等等。我国通说认为，出生须同时具备"出"与"生"两项要素，即，全部露出且为活体。①

3. 出生的证明

自然人自出生完成之时即享有权利能力，无需充分其他任何要件。不过，人的出生时间往往不是自明的，一旦出现争议，便需要以某种方式予以证明。《民通意见》第1条确立的证据规则是：出生的时间以户籍为准；没有户籍证明的，以医院出具的出生证明为准；没有医院证明的，参照其他有关证明认定。惟需注意者，一般情况下，户籍记载的证据效力虽强于其他证据，但若另有证据证明户籍记载有误，户籍记载理当能够被推翻，因为，证据仅仅是用以确定真正的出生时间，效力不应强到可以决定人的出生时间之程度。

（二）胎儿的权利能力

对于自然人的权利能力，各国皆规定始于出生（出生之完成）。但如前述，人并非凭空冒出。自受胎之日起，人即处于形成过程中。不出意外的话，胎儿终将成为现实之人。虽然一般性地把权利能力的始期确定为受胎之日不值得赞同，但基于人道主义思想，对于胎儿亦应提供必要的保护。于是，胎儿的权利能力问题构成"人的权利能力始于出生之完成"原则的例外，此之谓"权利能力的前置"（Vorverlegung der Rechtsfähigkeit）。②

1. 胎儿权利能力的范围

胎儿既然尚未成为现实之人，所享有的权利能力就不能是完全的。各国和地区法典中，就胎儿权利能力范围之问题，大体存在两种立法例。

一为概括式，如《瑞士民法典》第31条第2款："子女只要出生时尚生存，出生前即具有权利能力。"台湾地区"民法"第7条："胎儿以将来非死产者为限，关于其个人利益之保护，视为既已出生。"二为列举式，《德国民法典》通过具体条文的列举来确定

---

① 梁慧星：《民法总论》（第4版），法律出版社2011年版，第88页；马俊驹、余延满：《民法原论》（第4版），法律出版社2010年版，第76页（马俊驹）；王利明：《民法总论》（第2版），中国人民大学出版社2015年版，第136页；张俊浩主编：《民法学原理》（上册）（修订第3版），中国政法大学出版社2000年版，第98页（张俊浩）。

② Brox/Walker, Allgemeiner Teil des BGB, 34. Aufl., 2010, Rn. 706.

胎儿的权利能力,如第 844 条第 2 款末句:"若第三人于损害发生时已受孕,纵未出生,亦发生赔偿义务。"第 1923 条第 2 款:"继承发生时虽未生存却已受孕者,视为继承之前即已出生。"无论何种立法例,典型体现胎儿特别保护的,皆集中于遗产继承和损害赔偿两方面。另外,虽然权利能力的概念一般包含享有权利与承担义务两方面,但胎儿却无需承担义务,这在台湾地区"民法"的规定中表现得尤其明显。①

我国《继承法》第 28 条规定:"遗产分割时,应当保留胎儿的继承份额。胎儿出生时是死体的,保留的份额按照法定继承办理。"该规定是否表明承认胎儿在继承方面的部分权利能力,学者对此存在不同见解。肯定说认为,该项规定通过对胎儿继承权的肯认,突破了《民法通则》确立的"权利能力始于出生"之规则。② 否定说则认为,该条所规定的只是遗产分配问题,并未承认胎儿的权利能力,只是基于胎儿保护的特别规定。③

2. 胎儿权利能力的享有根据

胎儿享有权利能力,构成一般原则的例外。例外的正当性需要特别理由。

任何未成为独立个人者,皆不具有独立利益。对未出生的胎儿提供相当于已出生之人的保护,德国学者常以拟制相解释。④ 但拟制所发生的效果是终局的,即便与实际情形不符,亦不可推翻。胎儿的保护则以出生存活为条件,出生之前,效果尚未终局确定,因而,胎儿权利能力的意义其实在胎儿出生之后方能彰显。由此推论,予胎儿以权利能力,其实是在对胎儿出生之后的权利进行保护。之所以需要将保护时间提前,原因在于,倘不如此,自然人的某些权利(取得遗产、损害赔偿等)将因此而丧失。职是之故,胎儿权利能力的保护须以出生完成作为始点,换言之,出生之完成系胎儿权利能力保护的条件。

法律条件有停止条件与解除条件之别。德国有学者以停止条件解释。⑤ 台湾通说则认为,台湾地区"民法"第 7 条所谓"以非死产者为限,视为既已出生",宜解释为法定的解除条件,即,胎儿于出生前便取得权利能力,若为死产,则溯及的丧失其权利能力。理由在于:若解释为附停止条件,则出生前的胎儿不具有权利能力,此时发生的损害救济或继承皆不得主张,直至出生后方可主张,似不足保护胎儿利益;若为附解除条件,则胎儿虽未出生,仍可主张损害赔偿等请求,若为死体,就所获得的损害赔偿发生不

---

① 王泽鉴:《民法总则》(最新版),北京大学出版社 2014 年版,第 112—113 页。
② 马俊驹、余延满:《民法原论》(第 4 版),法律出版社 2010 年版,第 78 页(马俊驹);张俊浩主编:《民法学原理》(上册)(修订第 3 版),中国政法大学出版社 2000 年版,第 98—99 页(张俊浩)。
③ 李永军:《民法总论》(第 2 版),中国政法大学出版社 2012 年版,第 68 页;梁慧星:《民法总论》(第 4 版),法律出版社 2011 年版,第 89 页;王利明:《民法总论》(第 2 版),中国人民大学出版社 2015 年版,第 137 页。
④ Winfried Boecken, BGB-Allgemeiner Teil, 2007, Rn. 91; Dieter Leipold, BGB I: Einführung und Allgemeiner Teil, 6. Aufl., 2010, § 30 Rn. 8.
⑤ Dieter Medicus, Allgemeiner Teil des BGB, 10. Aufl., 2010, Rn. 1048.

当得利返还,对胎儿保护甚是周全。①

管见以为,解除条件对于继承的解释较为合理,在损害赔偿的问题上,则似以停止条件为优。因为,胎儿未出生,无法确定是否受损以及受到何种程度的损害。损害既未确定,求偿无法实行,即便勉强为之,损害事实亦为推测,几乎不可能与真实情形相符。如此,出生之后势将陷入因赔偿不足而再次求偿或因赔偿过度而得利返还的局面,徒增无谓讼累。况且,若采解除条件,时效于受损害之人不利。

另外,德国判例学说发展至今,已扩张承认某些不以出生为条件的胎儿保护,其根据在于人性尊严与作为宪法基本权的生命与健康权之维护,保护内容则是,若他人行为危及胎儿生命或健康,得由父母代为请求停止侵害。②

关于胎儿保护,我国只在继承问题上有所规定。根据《继承法》第 28 条,胎儿虽未出生,却仍应为之保留继承份额。这表示,胎儿可在出生前获得遗产。至于"胎儿出生时是死体的,保留的份额按照法定继承办理"之规定,亦符合解除条件成就时的处理规则。由此,《继承法》第 28 条似乎在法定解除条件说的解释框架之内。

三、权利能力的终止

自然人权利能力不得抛弃,不受剥夺。唯一能够导致自然人权利能力终止的事由,就是死亡。自然人因死亡而丧失人的地位,也就不再能够享有权利能力。此为《民法通则》第 9 条所确认。

(一) 死亡的法律性质

自然人可能因为(他人的或自己的)杀害行为而死亡,亦可能因为意外事故而死亡,还可能因为生命力的自然衰竭而死亡,但无论是杀害行为、意外事故,还是生命力的自然衰竭,都只是自然人死亡的原因,于死亡的法律效果无任何影响。这意味着,死亡作为一种结果,其法律意义独立于原因而存在,亦无关乎人的意志,属于法律事实中的事件。

自然人一旦死亡,与之相关的私法关系或者消灭(如婚姻关系等),或者为其继承人所继受(如财产权利等),或者因死亡而发生效力(如遗嘱、死亡保险等)。

(二) 死亡的判断

死亡即人的生命终结。有如出生,生命终结亦须经历时间过程,而不是瞬间发生。在最宽泛的意义上说,自然人自出生完成之日起即无可逆转地走向死亡。不过,死亡问题虽然棘手,却因其直接关涉人的主体地位之存废,而要求法律能够对此作出确定的回答。

对于死亡,能够提供权威看法的当为医学。因此,常有学者建议,法律上的死亡

---

① 王泽鉴:《民法总则》(最新版),北京大学出版社 2014 年版,第 115 页。
② Larenz/Wolf, Allgemeiner Teil des bürgerlichen Rechts, 9. Aufl., 2004, § 5 Rn. 15 ff.

标准应以医学为断。① 不过,这一主张并非没有问题。一方面,医学和法学分属两个不同学科,各自对于死亡的理解未必相同。恰恰是医学认为,死亡是一个从出生就开始的持续过程,并且,人的整体生命即便已经终结,死亡过程亦尚未完全停止,因为此时皮肤细胞、毛发、指甲等仍在继续生长。此等死亡概念于法律而言,显然并无意义。另一方面,不同的医生可能对同一病人是否已经死亡存在不同认识,因而,如果认为法庭应以医生的看法作为死亡的最终证据,这"显然是没有道理的"。② 法律必须因应普通民众的伦理道德观念,如果与日常观念相去太远,可能摧毁民众对于法律的信任。

在医学所认定的死亡与日常观念所理解的死亡出现分歧时,医学标准所面对的挑战将显得极为激烈。于是,又有学者——尤其是所谓"传统型的学者"——坚持以民众日常观念作为死亡判断标准。③ 然而,民众观念较之医生认识更加不具有内在统一性。更重要的是,民众并不掌握相应的专业知识,对于死亡与否的看法多出于直觉或个体经验,以之作为死亡的判断标准,风险太大。无可否认的是,"从长远的观点来看,如果法律的发展完全依赖于当时人们的感情偏见,那么,给公众对法律的尊重所造成的损害,要比依照并没有受到如此广泛的普遍支持的、理性的深邃观念发展严重得多。"④

在法律之外寻求死亡认定标准的做法皆不令人满意,于是,一部分法律界人士转而试图给死亡作出法律定义。可惜,这一努力立即遭到激烈的反对。法律因其稳定性而具有保守特质,医学的发展却日新月异,二者不可能得到良好的协调。1968年,一位外科医生即指出,"假如5年之前人们就给死亡下好了定义,那么,大街上就会有许多已经认定死亡的人走来晃去"。⑤ 时至今日,立法者基本上已放弃为死亡进行法律定义的企图。

与寻求抽象标准的努力相比,更为务实的做法是,直接将人的生命机能作为死亡认定的考虑因素。表征生命存在的标志通常包括心脏跳动、独立呼吸与大脑活动等,相应地,死亡的判断标准亦有心脏停止跳动说、呼吸停止说与脑死亡说等。单独而言,每一种标准皆不能解释所有死亡现象。各国做法亦各有不同。德国以脑死亡(Gehirntod, Gesamthirntod)为通说。于此,只要大脑机能已完全且不可逆转地崩溃,

---

① Brox/Walker, Allgemeiner Teil des BGB, 34. Aufl., 2010, Rn. 709; Rüthers/Stadler, Allgemeiner Teil des BGB, 16. Aufl., 2009, § 14 Rn. 12.
② 〔英〕彼得·斯坦、约翰·香德:《西方社会的法律价值》,王献平译,郑成思校,中国人民公安大学出版社1990年版,第206—207页。
③ 同上书,第207页。
④ 同上书,第208页。
⑤ 同上书,第209页。

即便血液循环与呼吸得以人工延续,亦构成死亡。①

当然,亦有不同见解。梅迪库斯主张,器官移植时间紧迫,遗产继承则相对从容,各自对于死亡时间的要求不一。为了防止出现"死而复生"、财产因为被继承而丧失的情况,应以生命迹象的最后消失时间为准。② 对于梅迪库斯将死亡时间根据需要做功能性区隔的倾向,吕特斯和斯塔德勒表示不能接受,他们认为,功能性区隔不仅没有必要,相反,应该寻求一种尽可能清晰的规则,以阻止通过心脏—血液循环死亡之拖延来控制继承开始时间以及可能随之而来的继承顺序问题。③

以何种因素作为死亡标准,涉及主体地位何时消灭、继承何时开始、人体器官移植等重大法律与伦理问题。其中,新兴的人体器官移植问题尤显突出。

对于人体器官移植,人们总是处于两难之中。德国1997年制定《人体器官移植法》(Transplantationsgesetz)时即如表演钢丝杂技,因为立法者希望,"捐献人应尽可能已去世,而捐献器官应尽可能还鲜活"。④ 该法第3条第1款第2项明确规定,死亡判断以当时医学认识(Erkenntnisse der medizinischen Wissenschaft)为据,而现今医学的通行标准即是脑死亡。此可谓确定了死亡时间的法定标准。我国《人体器官移植条例》第20条第1款规定:"摘取尸体器官,应当在依法判定尸体器官捐献人死亡后进行。从事人体器官移植的医务人员不得参与捐献人的死亡判定。"如何判定,法无明文。

如果将关注点集中于维护人的主体地位上,那么,判断是否死亡,宜以各种生命迹象中最后消逝的时间为准。

(三) 死亡时间的推定

单数自然人的死亡时间,有如出生,当以户籍的注销记载、死亡证明书等作为证据。

在数人遇难情形,死亡时间的确定对于继承有重大意义。此时,如果没有证据证明个人死亡时间,就需要由法律作出推定。推定的基本导向是合理处理遗产移转问题并简化法律关系。《继承法意见》第2条规定:"相互有继承关系的几个人在同一事件中死亡,如不能确定死亡先后时间的,推定没有继承人的人先死亡。死亡人各自都有继承人的,如几个死亡人辈份不同,推定长辈先死亡;几个死亡人辈份相同,推定同时死亡,彼此不发生继承,由他们各自的继承人分别继承。"

---

① Winfried Boecken, BGB-Allgemeiner Teil, 2007, Rn. 86; Brox/Walker, Allgemeiner Teil des BGB, 34. Aufl., 2010, Rn. 709; Rüthers/Stadler, Allgemeiner Teil des BGB, 16. Aufl., 2009, § 14 Rn. 12.
② Dieter Medicus, Allgemeiner Teil des BGB, 10. Aufl., 2010, Rn. 1052.
③ Rüthers/Stadler, Allgemeiner Teil des BGB, 16. Aufl., 2009, § 14 Rn. 12.
④ a. a. O.

数人同时遇难的死亡时间推定

关于数人同时遇难的死亡时间推定,我国规则与众不同。德(《失踪法》第11条)、瑞(《瑞士民法典》第32条第2款)、台湾地区(台湾地区"民法"第11条)等立法例皆规定,推定为同时死亡(Kommorientenvermutung)。同时死亡推定之法律后果是彼此不发生继承。我国则区分为三项规则:(1) 推定没有继承人的先死;(2) 有继承人者,推定长辈先死;(3) 有继承人、且辈分相同者,推定同时死亡,彼此不发生继承。何种立法例为优,须就法律效果而断。

首先,我国规则(3)所达到的法律效果与他国规则无异。

其次,我国规则(1)所谓"没有继承人",当解释为没有生存的继承人,因为,依《继承法意见》第2条规定,该"没有继承人"的死者与其他死者存在"相互继承关系"。设父、子同时遇难,亲属关系中只有父弟(子叔)尚在人世。依规则(1),子先死,遗产为父所继承;父后死,父之遗产由父弟继承,子的遗产由父弟转继承。结果,所有遗产皆转归父弟。

依"同时死亡推定"之规则,彼此不发生继承,父的遗产由父弟继承。子的遗产归属,则视乎法定继承人的范围而定:依《德国民法典》(第1926条)、《瑞士民法典》(第459条),子叔为子的第三顺序法定继承人,在无先顺位之法定继承人的情形下,子叔可获得子的所有遗产;依台湾地区"民法"(第1138条),子叔不是子的法定继承人,因此子的遗产因为没有继承人而归属于国库。

值得思考的问题是:子的遗产归属于父弟(子叔)与归属于国库,何种处理更为合理?

再次,我国规则(2)与他国规则的差异至为明显。设父、子同时遇难,不能确定死亡顺序,家中尚有妻(子母)、女(子妹)、媳(子妻)、孙(子子)。依我国规则,推定父先死,则父之遗产由妻、女、子各得1/3;子后死,子所继承父的遗产份额(1/3)由子的继承人继承,妻(子母)、媳(子妻)、孙(子子)各得1/9。结果是:就父之遗产,妻得4/9(1/3+1/9),女得1/3,媳得1/9,孙得1/9。子的遗产由妻(子母)、媳及孙(子子)继承,各得1/3。

"同时死亡推定"规则之下,父之遗产归属根据妻的继承份额不同而有差别:依《德国民法典》,父之遗产为妻、女、孙(代位继承)继承,其中,妻得1/4(第1931条),女、孙各得3/8(第1924条);依《瑞士民法典》,父之遗产亦为妻、女、孙(代位继承)继承,其中,妻得1/2(第462条),女、孙各得1/4(第457条);依台湾地区"民法",父之遗产仍为妻、女、孙(代位继承)继承,其中,妻、女、孙各得1/3(第1141条、1144条)。以上三例,媳皆不能获得父之遗产。至于子的遗产,依《德国民法典》,由媳(子妻)与孙(子子)继承,其中,媳得1/4(第1931条),孙得剩下的3/4;依《瑞士民法典》,亦由媳(子妻)与孙(子子)继承,各得1/2(第462条);依台湾地区"民法",仍由媳(子妻)与孙(子子)继承,各得1/2(第1144条)。以上三例,妻(子母)皆不能获得子之遗产。

就简化法律关系而言,"同时死亡推定"之规则显然优于我国规则(2)。同时,根据分配结果,需要考虑的问题是:第一,依我国规则(2),妻所分得的遗产份额高于女,远高于孙,其正当性何在? 第二,依我国规则(2),媳能够获得父之遗产,其正当性何在?

另外,我国限定为"在同一事件中死亡"。原《德国民法典》亦持此立场,但《失踪法》第11条已作改变:各人在不同事件中丧生,而不同事件在时间上同时发生,不能确定死亡时间,则推定同时死亡。例如:甲因飞机失事而丧生,失事时间大约在11时30分至11时50分之间;乙在同一天因地震而丧生,地震时间亦在11时30分至11时50分之间。推定甲、乙同时死亡。

四、死亡宣告

法律追求安定,需要将某些可能使得法律关系悬而不决的因素消除。自然人长期失踪的情形即属此类因素。失踪的时间越长,不在人世的可能性就越大。待失踪达到足够长的时期,日常生活观念就有理由认为失踪人已经死亡,法律因而需要回应该日常观念的诉求。我国民法与之相应的是"宣告死亡"制度。所谓宣告死亡制度,是指自然人生死不明达到法定期间,经利害关系人申请,由法院宣告其死亡,从而清理以其生前住所地为中心的私法关系的制度。

(一) 死亡宣告的要件

自然人一旦被宣告死亡,既有法律状态将随之彻底改变。为防止制度滥用,法律需要设定严格的适用条件。

1. 自然人生死不明达到法定期间

生死不明即离开住所或最后居所而下落不明。根据《民法通则》第23条与《民事诉讼法》第184条第1款之规定,生死不明需要达到的"法定期间"分三种情况:

其一,普通期间。自下落不明之日起满4年。依《民通意见》第27条规定,战争期间下落不明的亦适用该期间。惟期间起算点非"下落不明之日",而是战争结束之日,原因在于,战争期间的通讯本就处于非正常状态,此时对于判断是否下落不明意义不大。其二,特别期间。因意外事故下落不明,从事故发生之日起满2年。其三,即时期间。因意外事故下落不明,经有关机关证明不可能生存的,可立即申请。

死亡宣告之申请期间

死亡宣告申请期间之确定,与通讯状况有关,亦与立法者对人的生命之尊重程度有关。对此,域外立法可供参照。

法国法与瑞士法上的失踪宣告效力相当于我国死亡宣告。《法国民法典》第122条规定,"确认推定失踪的判决作出后经过10年,应任何有利害关系的当事人或检察院的请求,得由大审法院宣告失踪。虽无法院判决确认推定失踪,但当事人停止在其住所地或居所地出现,无音信达20年以上者,法院亦可宣告失踪"。《瑞士民法典》第36条第1款规定,失踪宣告之申请,"须在遭遇生命危险之日起1年之后,或自最后音讯5年以后,始得提出"。

德国《失踪法》(Verschollenheitsgesetz)置有宣告死亡(Todeserklärung)制度。第3条规定:"(第1款)自依现有资料可认定失踪人尚生存之年的年底起算满10年者,得宣告其死亡;若失踪人至死亡宣告之日年满80周岁,则经过5年。(第2款)失踪人满25周岁之年的年底前,不得依第1款被宣告死亡。"另外,因战争失踪者经过1年(第4条),海难6个月(第5条),空难3个月(第6条),遭遇其他危及生命之事件者1年(第7条)。

台湾地区"民法"第8条规定:"(第1项)失踪人失踪满七年后,法院得因利害关系人或检察官之声请,为死亡之宣告。(第2项)失踪人为八十岁以上者,得于失踪满三年后,为死亡之宣告。(第3项)失踪人为遭遇特别灾难者,得于特别灾难终了满一年后,为死亡之宣告。"

---

2. 须经利害关系人申请

宣告死亡制度旨在清理私法关系,因此,是否需要援用该制度,应取决于利害关系人。依我国法律,国家公权力不得代为申请或依职权启动。

利害关系人依私法关系之密切程度排序:配偶为第一顺序,父母、子女位列第二顺序,第三顺序包括兄弟姐妹、祖父母、外祖父母、孙子女、外孙子女,其他有私法权利义务关系的人则构成第四顺序(《民通意见》第25条第1款)。由于死亡宣告对于受宣告人关系重大,影响其"生前"的法律关系,依《民通意见》第25条第2款("申请撤销死亡宣告不受上列顺序限制")之反面解释,不得越序申请。另外,同一顺序若存在数个利害关系人,各自得独立提起死亡宣告程序,不以达成一致为要,此为《民通意见》第29条后句后段所规定:"同一顺序的利害关系人,有的申请宣告死亡,有的不同意宣告死亡,则应当宣告死亡。"[①]

[①] "则应当宣告死亡"之表述值得推敲,更为准确的说法应该是"则应当受理死亡宣告申请"。

申请须由利害关系人以起诉的方式为之。

3. 由法院作出宣告

死亡宣告的法律后果涉及受宣告人的各项权利义务,且对不特定第三人亦生效力,故应由法院作出宣告,以公示之。为慎重计,法院在作出宣告判决之前必须经过公告寻找程序,意在一方面尽量减少推定死亡与真实死亡之间的误差,另一方面防止恶意申请。普通公告期1年,因意外事故下落不明、经有关机关证明不可能生存的则为3个月(《民事诉讼法》第185条第1款)。

(二) 死亡宣告的效力

1. 死亡之推定效力

死亡宣告判决具有推定受宣告人死亡之效力。① 需要注意的是,所谓"推定死亡",其实只是以死亡为前提清理受宣告人所参加的以其原住所地为中心的私法关系,并不消灭受宣告人的权利能力。② 换言之,若受宣告人其实尚未死亡,主体地位仍然存续,所实施的行为不受死亡宣告之影响。我国实证法同此立场。《民法通则》第24条第2款规定:"有民事行为能力人在被宣告死亡期间实施的民事法律行为有效。"若主体资格因死亡宣告而消灭,所实施的法律行为不可能有效。③

2. 死亡日期

死亡宣告不仅需要作出死亡之推定,亦须确定死亡日期。推定死亡与实际死亡日期可能不一。此时,被宣告所引起的法律后果仍然有效,但自然死亡前实施的法律行为与被宣告死亡引起的法律后果相抵触的,以实施的法律行为为准。

德国《失踪法》(第9条第3款)和台湾地区"民法"(第9条第2项)上关于宣告死亡的死亡日期,原则上都是法定失踪期间届满之日。至于何时申请、何时作出判

---

① 死亡宣告判决的效力有强弱之分,强者如《日本民法典》第31条生拟制效力,弱者如德国《失踪法》第9条第1款及台湾地区"民法"第9条第1项生推定效力。对于二者区别,学者给出的例证主要有三:一是在推定效力下,若保险受益人依死亡宣告请求给付保险金,保险人仅需证明失踪人尚未死亡,即得拒绝给付,不必申请撤销死亡宣告判决,而若是拟制效力,则非经撤销判决不得拒绝。二是死亡宣告后,继承人之有无不明、受遗赠人向遗产管理人请求交付遗赠物时,若为推定效力,遗产管理人有证据表明失踪人并未死亡,法院即可迳行采信,而若为拟制效力,须先经撤销宣告。三是基于死亡宣告请求抚养费者,推定效力下,受请求之人在有证据表明失踪人尚未死亡时,得拒绝给付,而若是拟制效力,则非经撤销判决不得拒绝。Staudinger/Habermann (2004) §9 VerschG Rn. 18 ff.;施启扬:《民法总则》(第8版),台湾自版发行2009年版,第105页;〔日〕我妻荣:《新订民法总则》,于敏译,中国法制出版社2008年版,第102页;姚瑞光:《民法总则论》,自版发行2002年版,第48页。我实证法未明确死亡宣告的效力,通说以之为推定效力。江平、张佩霖:《民法教程》,中国政法大学出版社1988年版,第25页(江平);梁慧星:《民法总论》(第4版),法律出版社2011年版,第113页;张俊浩主编:《民法学原理》(上册)(修订第3版),中国政法大学出版社2000年版,第105页(张俊浩)。

② Rüthers/Stadler, Allgemeiner Teil des BGB, 16. Aufl., 2009, §14 Rn. 13;王泽鉴:《民法总则》(最新版),北京大学出版社2014年版,第118页;谢怀栻:《民法总则讲要》,北京大学出版社2007年版,第91页。

③ 《民法通则》颁行之初,曾有学者以宣告死亡为自然死亡之外另一主体资格消灭的原因。佟柔主编:《中国民法学·民法总则》,中国人民公安大学出版社1990年版,第132页。此论不确。

决,则在所不问。我国《民通意见》第 36 条规定的是"判决宣告死亡之日"为死亡日期,司法裁判将其理解为死亡宣告判决作出之日。所以,绝大多数情况下,我国法院的死亡宣告判决不会另外确定死亡日期,极少数判决在判决主文中会显示死亡日期,该日期与判决作出之日一致(如陕西石泉法院[2006]石民特字第 01 号民事判决)。

3. 效力范围

死亡宣告系私法制度,效力不及于公法。① 在私法上,死亡宣告之效力极为强大,财产关系与身份关系皆受其影响。在受宣告人的原生活区域,死亡宣告产生的效力与自然死亡无异,不仅财产发生继承(《民法通则》第 25 条),而且婚姻消灭(《民通意见》第 37 条前句)、子女可被收养(《民通意见》第 38 条)。

(三) 死亡宣告的撤销

死亡宣告属于可推翻的法律推定。如果受宣告人事实上并未死亡,本人或利害关系人可向法院申请撤销死亡宣告判决。

1. 死亡宣告撤销的要件

(1) 须有证据证明受死亡宣告人依然生存。(2) 须经本人或利害关系人申请。利害关系人的范围与申请死亡宣告的相同,但不受顺序限制。(3) 须由法院判决撤销。经法定程序作出的判决具有既判力,在依照程序被更改或撤销之前应受普遍尊重。

2. 死亡宣告撤销的效力

死亡宣告撤销具有溯及效力,具体体现在财产关系和身份关系两方面。

(1) 财产关系。因死亡宣告而直接取得财产者,因撤销失其权源,应将财产返还受撤销宣告人。至于返还范围,区分恶意善意。依《民通意见》第 39 条之规定,恶意取得人,"除应返还原物及孳息外,还应对造成的损失予以赔偿"。《民通意见》第 40 条适用于善意取得人。后句规定,依继承法取得财产者,应返还原物或适当补偿。"适当补偿"适用于原物不复存在的情形(《民法通则》第 25 条后句第 2 分句),但何谓"适当补偿",法无明文。结合第 39 条,若取得人为善意,不必赔偿损失。如此,所谓"适当补偿",似以"原物及孳息"为参考标准。② 前句规定,若原物已被第三人合法取得,第三人不必返还。此所谓"合法",显然排除直接基于死亡宣告而取得的情形

---

① 施启扬:《民法总则》(第 8 版),台湾自版发行 2009 年版,第 107 页;王泽鉴:《民法总则》(最新版),北京大学出版社 2014 年版,第 118 页;张俊浩主编:《民法学原理》(上册)(修订第 3 版),中国政法大学出版社 2000 年版,第 105—106 页(张俊浩)。

② 此等格局对于善意取得人似乎过于严苛。台湾地区"民事诉讼法"第 640 条第 2 项规定,因宣告死亡而取得财产者,"仅于现受利益之限度内,负归还财产之责。"学说并且认为,为了维护交易安全,撤销判决确定时,对于已不存在之物,如系善意,无论灭失原因为何,均不负归还之责。施启扬:《民法总则》(第 8 版),台湾自版发行 2009 年版,第 108 页。日本法类似。详参〔日〕山本敬三:《民法讲义Ⅰ总则》(第 3 版),解亘译,北京大学出版社 2012 年版,第 80 页;〔日〕我妻荣:《新订民法总则》,于敏译,中国法制出版社 2008 年版,第 105 页。

(如继承),典型适用情形则是基于法律行为而取得,换言之,若继承人已作出处分行为,该处分行为排除死亡宣告撤销之溯及力。

(2) 身份关系。我实证法规定婚姻与收养两类身份关系的效力。婚姻关系:配偶尚未再婚的,自行恢复;已经再婚的,不恢复,即使在婚后其配偶死亡或已离婚,亦同,若欲重新结合,则属结婚问题(《民通意见》第37条)。收养关系:子女在死亡宣告期间,被他人合法收养的,该收养关系不受撤销宣告影响(《民通意见》第38条)。

死亡宣告对于婚姻关系的效力

死亡宣告对于婚姻的效力,立法例各异,当中所涉规则体系颇为复杂,须作仔细观察。

(1) 当然终局消灭

《法国民法典》规定,失踪宣告具有确认失踪人死亡的全部效力,失踪人的配偶得缔结新的婚姻(第128条第2款),即使宣告失踪的判决被撤销,失踪人的婚姻仍然解除(第132条)。《瑞士民法典》第38条第3款亦规定:"婚姻因失踪宣告而解散。"①

(2) 不当然终局消灭

在术语上,日本如法瑞,亦称宣告失踪。《日本民法典》未专就婚姻效力作出规定,唯其第32条第1款但书称:"于失踪宣告后失踪宣告撤销前所实施的善意行为,其效力不变。"

旧时通说认为,这一规定同样适于婚姻行为。因此,若被宣告人的配偶缔结新婚,在当事人善意的情况下,新婚效力维持,前婚不复活,而如果当事人恶意,则前婚复活,同时构成撤销新婚之事由,但新婚在撤销之前一直存续,此时,当事人为了摆脱重婚状态,必须或者前婚离婚,或者新婚撤销。新的通说则认为,身份行为应尊重当事人意志,此与财产行为不同,故但书规定不适用于身份行为。当事人一旦缔结新婚,新婚终局有效,前婚配偶的救济则限于诉诸精神损害赔偿及财产分割。

此亦可知,无论旧说新说,均认为,失踪宣告后,婚姻关系消灭,只不过宣告若被撤销,配偶未再婚时,基于撤销的溯及效力,婚姻复活。② 故笔者称此立场为"不当然

---

① 《瑞士民法典》第38条第3款为1998年6月26日通过、2000年1月1日生效的联邦第14号法律新增。此前《瑞士民法典》虽确认失踪宣告之效力"如死亡得到证实一样,可行使因死亡而发生的权利"(第38条第1款),但是,配偶一方被宣告为失踪,须经法院解除其前婚关系,他方始得再婚(第102条第1款)。配偶亦可通过宣告失踪程序或特别程序,请求同时解除婚姻关系(第102条第2款)。据此,失踪宣告之效力不及于婚姻关系。第38条新增第3款后,原第102条被删除。

② 〔日〕山本敬三:《民法讲义Ⅰ总则》(第3版),解亘译,北京大学出版社2012年版,第79页;〔日〕我妻荣:《新订民法总则》,于敏译,中国法制出版社2008年版,第104—105页。需注意的是,当事人恶意而构成重婚时,日本学说之所以认为新婚可被撤销而不是无效,是因为,根据《日本民法典》第744条第1款之规定,重婚构成婚姻撤销而非无效事由。

终局消灭"。

台湾地区近于日本。台湾地区"民事诉讼法"第640条第1项但书内容与《日本民法典》第42条第1款几乎一致,唯学说解释略有不同。依台湾地区通说,死亡宣告令婚姻关系消灭①,撤销之后,配偶未再婚时,基于撤销的溯及效力,婚姻复活,但配偶已缔结新婚时,应适用前述但书,因此,若双方皆为善意,前婚新婚均不受撤销影响,前者终局消灭,后者终局有效,若有一方恶意,前婚因撤销的溯及力而复活,失踪人得撤销新婚。②

(3) 不当然消灭

依德国《失踪法》与《民法典》规定,死亡宣告的效力一般只及于财产法,被宣告死亡者的婚姻继续存在。但是,《德国民法典》第1319条:"(第1款)配偶于另一方被宣告死亡后缔结新婚者,若受死亡宣告方依然生存,仅当新婚缔结时婚姻双方均知其于死亡宣告时依然生存,新婚始得因违反第1306条③而被废止。(第2款)前婚随新婚之缔结而解散,新婚缔结时婚姻双方均知其于死亡宣告时依然生存者,不在此限。即使死亡宣告被废止,前婚仍解散。"第1320条:"(第1款)受死亡宣告之人依然生存者,尽管存在第1319条之规定,前婚配偶仍得请求废止新婚,其于婚姻缔结时知道受死亡宣告配偶于死亡宣告时依然生存者,不在此限。废止请求只能在一年之内提出。期间自前婚配偶获悉受死亡宣告之人依然生存时起算。准用第1317条第1款第3句、第2款之规定。(第2款)废止之效力准用第1318条之规定。"

据此,德国规则可概括为:第一,死亡宣告并不当然导致婚姻消灭,唯配偶有权另结新婚;第二,若新婚双方均为善意,前婚因新婚之缔结而消灭;第三,若新婚双方均为恶意,新婚构成重婚,前婚效力不受影响,失踪人生还后可主张废止新婚;第四,新婚缔结后,失踪人生还,前婚配偶缔结新婚时若为善意,则无论新婚他方善意与否,均有权主张废止新婚。④

在死亡宣告导致婚姻消灭以及撤销宣告溯及力等方面,我实证法与日台相似,在新婚效力不论善意恶意,均导致前婚终局消灭的问题上,更与日本新说不谋而合。然而,若以不当然终局消灭为前提,婚姻行为不区分善意恶意,恐有两点难以解释:

其一,在被宣告人配偶为恶意时,通过缔结新婚阻止溯及力的发生,实际上是容

---

① 亦有学者认为婚姻关系不因死亡宣告而消灭,仅因缔结新婚而消灭。戴炎辉、戴东雄:《亲属法》,自版发行2002年版,第245—247页。是说谅系德国影响之故。

② 施启扬:《民法总则》(第8版),台湾自版发行2009年版,第107页。台湾地区"民法"第992条原本如日本般,将重婚规定为撤销事由,故此处学说亦称撤销新婚,但1985年6月3日公布修正后,原第992条被删除,第988条增订重婚为无效事由,因此,配合新法,法律效果应更作当事人可主张新婚无效。刘得宽:《民法总则》(增订4版)中国政法大学出版社2006年版,第69—70页。

③ 《德国民法典》第1306条:"欲与对方缔结婚姻之一方和第三人存在婚姻关系或同性生活伴侣关系者,婚姻不得缔结。"

④ Gernhuber/Coester-Waltjen, Familienrecht, 5. Aufl. , 2006, § 15 Rn. 2 ff. ; Dieter Schwab, Familienrecht, 15. Aufl. , 2007, Rn. 83; Staudinger/Habermann (2004) § 9 VerschG Rn. 39.

许恶意配偶利用死亡宣告规避离婚制度,此等婚姻解除手段,将陷被宣告人于不利,因为其婚姻解除、财产分割以及子女抚养等方面的意志均被无视,而恶意的配偶则获得与善意同等程度的保护。

其二,婚姻行为若是区分善意恶意,被宣告之人缔结新婚的效力较容易认定,因为无论如何,被宣告之人必为恶意,故其新婚构成重婚,不受保护,死亡宣告撤销后,前婚复活,顺理成章。① 但若无论善意恶意,新婚一概废止前婚,所需面对的难题将是,既然恶意配偶的新婚值得保护,恶意的被宣告人是否应同其对待?

进而言之,采不当然终局消灭立场,逻辑上势必导致当事人陷入非有意的重婚,为了合理消除这一现象,须另设例外规则以资救济。此时,规则设置已是重叠繁复,而被宣告人若要援引例外规则否认新婚效力,负有证明对方恶意之义务,规则实施更是举步维艰。

相较而言,当然终局消灭与不当然消灭则显得简明清晰:在前者,婚姻关系虽终局消灭,但受宣告人重新出现后,双方想要再续婚缘,不妨以结婚方式实现,纵有不便,至少各方均不至于陷入重婚困境;在后者,死亡宣告既然不直接导致婚姻消灭,被宣告之人无论如何均不得再结婚,善意配偶则可通过选择是否缔结新婚以决定前婚效力,令其不至于为死亡宣告所困。

若要更进一步考量,管见以为,不当然消灭主义又较当然终局消灭为优:一方面,申请死亡宣告与消灭婚姻二者所需意志相去甚远,若以前者发生后者的效力,既存在逻辑障碍,更使得配偶的选择空间被缩小,况且死亡宣告之申请未必是由配偶提起,而若是不当然消灭,善意配偶尚可通过缔结新婚的方式表达消灭前婚之意志;另一方面,一概当然终局消灭,置善意恶意于同等对待②,在规则的精密与甄别能力方面,显然不如德国的不当然消灭主义。

第三十二节　自然人的行为能力

一、行为能力与自然人的主体地位

自然人的主体地位除取决于权利能力外,不受任何其他因素的影响。因此,行为能力不涉及自然人的主体地位,而只关乎法律行为的效力,故本书仿德国例,将其置于法律行为部分详述(第二十节)。

---

① 可参刘得宽:《死亡宣告撤销在婚姻上及财产上之效果》,载郑玉波主编:《民法总则论文选辑》(上册),台湾五南图书出版公司1984年版,第313—314页。
② 配偶为恶意(欺诈)时,《法国民法典》第131条第2款仅对被宣告人提供诉请法院对失踪宣告所终止的夫妻财产制进行清算之救济。

不过,作为"理性人"的自然人在民法中的重大意义不容忽视。如果没有足够理性能力,法律即需为之设置相应的制度,以保护其法律交往中的利益。对理性不健全之人的保护,此亦人类之成为文明社会而与动物世界相区别的标志之一。

二、行为能力欠缺者的制度保护

（一）消极保护与积极保护

人生活在群体中,必然要与他人社会交往。法律一方面依自由理性确定能力界限,他方面须对行为能力欠缺者提供相应的特别保护。大体而言,特别保护包括消极与积极两个方面。消极保护主要体现在对相关法律行为的效力进行管制,以限制或禁止法律交往的方式,清除行为能力欠缺者遭受损害的可能性。不过,此种保护方式过于僵硬,行为能力欠缺者可能因此被阻挡在法律交往的大门之外。为弥补这一不足,法律又提供较为积极的保护制度,为行为能力欠缺者设立法定代理人。在需要进行法律交往时,法定代理人代理无行为能力人实施法律行为,代理或许可限制行为能力人实施超出其判断能力的法律行为。

法定代理人的职责在于全面保护行为能力欠缺者,此系纯为他人利益计的制度安排。为保证法定代理人有足够的动因履行保护职责,二者密切而长期的结合关系即属必要。在各种结合关系中,惟有亲属关系最能符合这一条件。因此,法定代理人通常由行为能力欠缺者的亲属担当,包括亲权人(我国未规定"亲权")与监护人。这也是大部分法典国家将该部分内容置于亲属法的原因。《民法通则》未遵循这一逻辑,而在"主体法"中规定本属亲属法内容的监护制度。为了照顾立法体例,此处对监护制度予以简单阐述。

（二）监护人顺位

行为能力欠缺者可能拥有众多亲属。确定监护人(法定代理人)时,一般应以亲属关系之远近作为取舍标准。原因在于,亲属关系越近,就越有看护受监护人利益的动因,相互之间的生活关联也越密切,也就越有资格成为监护人。

《民法通则》第16条规定未成年人的监护人顺位:（1）父母;（2）(外)祖父母;（3）兄姐;（4）关系密切的其他亲属、朋友愿意承担监护责任,经未成年人的父、母的所在单位或者未成年人住所地的居民委员会、村民委员会同意的;（5）无上述监护人的,由未成年人的父、母的所在单位或者未成年人住所地的居民委员会、村民委员会或者民政部门担任监护人。

成年精神病人的监护人顺位则为《民法通则》第17条所规定:（1）配偶;（2）父母;（3）成年子女;（4）其他近亲属;（5）关系密切的其他亲属、朋友愿意承担监护责任,经精神病人的所在单位或者住所地的居民委员会、村民委员会同意的。（6）无上述监护人的,由精神病人的所在单位或者住所地的居民委员会、村民委员会或者民政部门担任监护人。精神病人可能是未成年人,其监护人的设定适用《民法通则》第16

条之规定(《民通意见》第 13 条)。

（三）监护义务

监护常被称为"监护权"。但此处之"权"似乎只是表明,并不是任何人都有"权利"成为监护人。前文已述,监护是为被监护人利益而存在的制度,因此,就其内容而言,监护主要表现为义务,即,"保护被监护人的人身、财产及其他合法权益",并且,"除为监护人的利益外,不得处理被监护人的财产"(《民法通则》第 18 条)。《民通意见》第 10 条为监护人列举的义务更为具体:保护被监护人的身体健康;照顾被监护人的生活;管理和保护被监护人的财产;代理被监护人进行民事活动;对被监护人进行管理和教育;在被监护人合法权益受到侵害或者与人发生争议时,代理其进行诉讼。

监护人为被监护人利益对外活动时,监护人之地位可以"权"相称——法定代理权。只不过该法定代理权亦非"权利",而是"权力",将以被监护人名义实施的法律行为直接归属于被监护人之权力。当同一顺位监护人有数人时,如父母俱在,为被监护人利益计,数监护人应共同行使代理权(共同代理权),《德国民法典》第 1629 条第 1 款即作此规定。我实证法虽未明确要求,但亦应作此解释,否则,当父母分别以被监护人名义作出相互冲突的数项法律行为时,将无所适从。

（四）监护人的指定

《民法通则》第 16 条第 3 款与第 17 条第 2 款规定监护人的指定程序:(1)对担任未成年人监护人有争议的,由未成年人的父、母的所在单位或者未成年人住所地的居民委员会、村民委员会在近亲属中指定;对指定不服提起诉讼的,由法院裁决。(2)对担任成年精神病人监护人有争议的,由精神病人的所在单位或者住所地的居民委员会、村民委员会在近亲属中指定;对指定不服提起诉讼的,由法院裁决。

（五）委托监护

《民通意见》第 22 条前句规定:"监护人可以将监护职责部分或者全部委托给他人。"但未明确在何种情况下经何种途径委托给何种他人。有观点认为,从民法原理上说,没有禁止委托监护之必要。[①] 但不可忽略的是,监护更多的体现为监护人对被监护人的法定照管义务,依理不得由义务人自由转承他人。因此,即便不必禁止委托监护,亦须得到严格限制,否则极易损害被监护人之利益。

关于委托监护,较为明确的制定法规范见诸《未成年人保护法》第 16 条:"父母因外出务工或者其他原因不能履行对未成年人监护职责的,应当委托有监护能力的其他成年人代为监护。""应当"的表述,同时蕴含了法定条件下父母有权委托他人代为监护之规范意旨,有相当于授权规范之效用。授权作为法定许可,其解释规则应是,授权之外即为禁止。据此,除非符合《未成年人保护法》第 16 条的要件,否则不得将监护职责委诸他人。

---

① 李永军:《民法总论》(第 2 版),中国政法大学出版社 2012 年版,第 93 页。

不过,即便是将监护义务委诸他人,亦不表示,监护人可从监护责任中摆脱出来。《民通意见》第 22 条后句前段规定:除非另有约定,"因被监护人的侵权行为需要承担民事责任的,应当由监护人承担"。这意味着,所谓委托监护,法律效果并不是将监护义务移转于受托人,受托人之负有照管义务,非受让监护人地位而来,毋宁是来自于彼此的委任契约。由此亦可解释《民通意见》第 22 条后句后段之规定("被委托人确有过错的,负连带责任")——监护人的侵权责任与受托人的违约责任构成所谓的不真正连带责任。就此而言,委托监护其实是一个误导性概念。

至于未成年人所在的幼儿园或学校,其未成年人照管义务,则为公法(《未成年人保护法》第 3 章)所设定,与监护分属两种不同的法律关系。幼儿园或学校并不因此成为监护人。对此,《侵权责任法》的相关规范可为佐证:监护人为被监护人承担侵权责任,依第 32 条之规定,无免责之可能,唯在"监护人尽到监护责任"时,可减轻责任;而第 38 条规定,幼儿园、学校或其他教育机构"能够证明尽到教育、管理职责的",可予免责。两项规范的归责原理显然不同,足见其间法律关系各异。另外,诸如邻里照管未成年人之嘱托,除一部分属于情谊关系外,照管义务亦当解释为源于委任契约,而非监护义务之移转。

第三十三节　人格的保护

一、人格的法律意义

"人格"一词可在多种语境使用,具有多种含义。在《现代汉语词典》(商务印书馆 1996 年修订第 3 版)中,该词具有三个基本义项:(1) 性格、气质、能力等特征的总和,如"多重人格";(2) 个人道德品质,如"人格高尚";(3) 作为权利、义务主体的资格,如"人格不得侵犯"。此外,这一概念还概括性指称人的尊严,如"侮辱人格"。在西方学术史上,"人格"原本不是法律概念,而存在于伦理观念。随着康德将这一概念引入哲学并进而影响法学理论,"人格"才逐渐为法学所讨论。[1]

私法上的"人格",一般在"人的主体资格"或"人的尊严"意义上使用。

(一) 作为主体资格的人格

法律以保护"人"为其根本目的。拉伦茨指出,私法上的人以伦理上的人格主义(ethischer Personalismus)为基本形象。主要经由萨维尼的介绍,康德哲学被引入 19 世纪德国普通法学说,并对《德国民法典》的精神基础产生决定性影响。[2] 根据康德的道德哲学,"人,一般说来,每个有理性的东西,都自在地作为目的而实存着,他不单

---

[1] Hans Hattenhauer, Grundbegriffe des Bürgerlichen Rechts, 2. Aufl., 2000, S. 12.
[2] Larenz/ Wolf, Allgemeiner Teil des Bürgerlichen Rechts, 9. Aufl, 2004, § 2 Rn. 2 ff.

纯是这个或那个意志所随意使用的工具。在他的一切行为中,不论对于自己还是对其他有理性的东西,任何时候都必须被当作目的"。① "人是自在目的"这一绝对命令不依附于任何经验法则,是先验的纯粹理性之要求,因而,任何与之相悖的准则都必须遭到否弃。② 在此观念下,原本属于伦理概念的"人格"在私法上所表达的是,任何自然人的主体资格皆不得被经验性的实证法剥夺或被经验性的行为抛弃。也正因为此,"人格"以及"人格的保护"被《德国民法典》规定在作为主体法的"人法"之中。

随后,《瑞士民法典》遵循德国立法体例,借助"权利能力"与"行为能力"等民法术语将"人格"植入实证法(《瑞士民法典》第1章"自然人"第1节"人格法"),明确规定,"人格"的起讫时间与权利能力一致(《瑞士民法典》第31条)。

"权利能力"同样是表达主体资格的概念。正是在此意义上,汉语法学常将法律上的"人格"与"权利能力"等同视之。③ 不过,就概念的源流而论,"人格"与"权利能力"的演化脉络颇为不同。"人格"被理性法学引入法律,与"人应该具备发展自己的自由能力"等伦理观念相伴而行④;"权利能力"则是随着形式化的"法律主体"取代伦理性的"人"的概念而出现,旨在法律制度合乎逻辑地将"人"扩展至法律构造物——法人,因而,"权利能力"仅仅意味着成为权利义务载体(即"法律主体")的能力,不再负载伦理观念。⑤

(二) 作为人的尊严的人格

当"人格"用以表达"人的尊严"时,在法律上必然以伦理上的人格观念为基础。这是因为,在整体意义上,人的尊严只能源于其自在目的性地位,而尊严之得到维护,也就意味着,其自在目的性地位得到充分尊重。于是,借助康德哲学,此前所奉行的个人在团体中并无自由可言、更遑论对抗团体的自由之观念得以彻底改变,尊重个人自由发展各自人性尊严从此成为公权团体不可推卸的义务。⑥

第二次世界大战后,基于对专制统治的警惕,德国将人性尊严与人格自由理念实证化于制定法,这尤其体现于《基本法》第1条第1款("人的尊严不可侵犯,尊重与保护该尊严是所有国家公权力者的义务")与第2条第1款("在不侵犯他人权利并且不违反宪法秩序与伦理法则的限度内,每一个人均有自由发展其人格的权利")。在此意义上,作为"人的尊严"的人格与作为"自然人主体资格"的人格互为表里,不可割

---

① 〔德〕康德:《道德形而上学原理》,苗力田译,上海人民出版社2002年版,第46页。
② 参见〔德〕康德:《道德形而上学原理》,苗力田译,上海人民出版社2002年版,第2章"从大众道德哲学过渡到道德形而上学"。
③ 梁慧星:《民法总论》(第4版),法律出版社2011年版,第91页;施启扬:《民法总则》(第8版),台湾自版发行2009年版,第89页;姚瑞光:《民法总则论》,台湾自版发行2002年版,第35页;张俊浩主编:《民法学原理》(上册)(修订第3版),中国政法大学出版社2000年版,第140页(张俊浩)。
④ Hans Hattenhauer, Grundbegriffe des Bürgerlichen Rechts, 2. Aufl., 2000, S. 12 f.
⑤ a. a. O., S. 9; Larenz/Wolf, Allgemeiner Teil des bürgerlichen Rechts, 9. Aufl., 2004, § 2 Rn. 9 ff.
⑥ Friedhelm Hufen, Staatsrecht II: Grundrechte, 2007, § 11 Rn. 1.

裂。于自然人而言,离开"人的尊严",所谓"主体资格"无异于沙滩上的大厦。

不过,与"主体资格"的整体性相比,人的尊严可由多方面因素加以表现。为了充分全面维护人的"自在目的性",立法技术上,私法不妨将尊严的各个侧面化作"权利",分别加以保护,此之谓"人格权"。

二、人格权概念

"人格权"名为"权利",却与存在于人的主体资格之外的其他各项权利(如债权、物权、亲属权等)皆有不同。

首先,人格权是一种对自身的"权利",直接关涉人的固有尊严。其他则是对他者的权利,虽然也间接体现人的尊严,但一个人即使不实际享有任何外在权利,亦不影响其主体性地位之存续。

其次,其他权利由于存在于主体之外,权利人一般享有处分自由,财产权利固不必论,即便是身份权利,虽然不能让与,仍旧存在法律行为的处置余地,如配偶权依法律行为设立(结婚)或废止(离婚),甚至原本建立在自然血亲基础上的亲子关系亦得依法律行为建立并消除(《收养法》第 23 条)。人格权则不得处分,无论让与、抛弃,皆不发生法律效力。至于通过消灭自身(自杀)来"抛弃"人格权之行为,法律虽不可予以制裁,却也不必以之为正当。萨维尼正是考虑到人格权概念可能导致"自杀权"之承认,而反对这种对自身的权利。[①]

因此,所谓"人格权",更多的是一种便宜说法,与其他私法权利相去甚远。

人的尊严可通过不同侧面予以体现,相应的,人格可具体化为各项人格要素,如生命、健康、身体、名誉、姓名、隐私等等。在各项要素上成立的"权利",被称为具体人格权或特别人格权。法律列举各项具体人格权的优点在于,类型化的立法技术有助于节约当事人寻求保护的论证成本,亦可在一定程度上制约法官的恣意裁量。但立法者不可能穷尽列举所有人格要素,人格含有何种要素更不可能由立法者决定。因此,即使法律列举具体人格权,亦丝毫不意味着,法律对于列举之外的人格尊严拒绝提供保护,所依据者,即为"一般人格权"(allgemeine Persönlichkeitsrechte)。

三、一般人格权

一般人格权理论由德国创立。《德国民法典》唯一明确正面列举的人格权是第 12 条的姓名权,此外,第 823 条还列举了生命、身体、健康、自由诸权利。法典的列举显然不敷使用。诸如名誉等重要人格尊严之保护,即法无明文,因而需要寻求补救之道。

实际上,早在《德国民法典》颁行之前的 1895 年,著名法学家基尔克(Otto von

[①] Friedrich Carl von Savigny, System des heutigen Römischen Rechts, Bd. I, 1840, S. 335 f.

Gierke)即已区分针对人格整体、作为一般法律权利的最高人格权(die obersten Persönlichkeitsrechte)与针对特定阶层成员资格的特别法律权利①,1917年,基尔克更明确使用一般人格权概念。② 之后,为了实现理论的实证化,德国法学家将《基本法》第1条与第2条的效力界域扩张至私法,以之为一般人格权的规范基础。一般人格权亦因此取得宪法基本权的地位。③

不过,尽管学术文献多有阐述,德国法院却长期拒绝承认一般人格权。帝国法院坚持认为,惟有实证法明文规定的人格权才值得保护。④ 直到1954年,德国联邦最高民事法院在"读者来信案"(Leserbrief)中才首次援引一般人格权理论作为裁判理由。从此,一般人格权理论正式融入司法实践,并不断通过司法判例得到充实。

德国"读者来信案"⑤

原告曾任纳粹政府的帝国银行行长与帝国经济部长,被告是一家出版公司。

1952年6月29日,被告出版的周刊发表一篇讨论当前银行状况的文章。文章作者对原告新设立的国际贸易银行提出批评,并将之归结为原告在纳粹期间所施行政策的战后延续。7月4日,原告律师以原告名义致函被告,称文章有不实之词,并以《出版法》结合《民法典》与《文字著作权法》为据,要求被告更正。被告未作答复,亦未作更正,而是将律师函进行删改——尤其是删除纽伦堡判决涉及原告部分的内容节录,刊登于7月6日出刊的周刊"读者来信"栏。原告认为,被告删改并擅自发表律师函于"读者来信"栏的做法对读者造成误导,让人误以为原告所发的律师函只是简单表达不同意见的读者来信,因而以自己的人格权受到侵害为由诉至汉堡地方法院。

地方法院以《民法典》第823条第2款并结合《刑法典》第186、187条为据,支持原告的诉请。汉堡上诉法院则予以改判,驳回原告的诉讼请求。理由是,即便律师函被误解为读者来信,亦不会因此而损害原告的信誉、使原告因此受到鄙视或构成对原告的公开侮辱,所以,被告将律师函删改并发表于"读者来信"栏的行为未对原告造成不法侵害。

联邦最高民事法院认为,擅自删改与发表他人作品本身即构成对他人私人领域的侵犯:"原则上,信件或其他私人文字记录须征得依然在世作者的同意始得发表,发表时,亦须以作者所认可的方式为之。此属《基本法》第1、2条人格权条款所保护的范围。因而,即便文字记录不具备著作权法所要求的特定形式,亦值得保护。"1954年

---

① Otto von Gierke, Deutsches Privatrecht, Bd. I, 1895, S. 707.
② Otto von Gierke, Deutsches Privatrecht, Bd. III, 1917, S. 887 f.
③ Enneccerus/Nipperdey, Allgemeiner Teil des Bürgerlichen Rechts, Bd. 1, 14. Aufl., 1952, S. 293.
④ BGHZ 13, 337 f.
⑤ BGHZ 13, 334.

5月25日，联邦最高民事法院以《基本法》第1、2条，《民法典》第823条第1款以及《文字著作权法》第1条为据，作出终审判决，认定被告侵害原告的一般人格权。

受一系列现实案例的推动，最高法院2001年发布的《侵权精神损害赔偿解释》明确接纳一般人格权理论，其中，"钱某诉上海屈臣氏公司精神损害赔偿案"被认为具有里程碑意义。①

钱某诉上海屈臣氏公司精神损害赔偿案②

1998年7月8日，女大学生钱某到上海屈臣氏日用品有限公司一家连锁超市购物。离开时，店门口警报器鸣响。钱某被保安带入该店办公室。女保安用手提电子探测器对钱某全身进行检查，确定钱某髋部带有磁信号。在女保安及另一女文员在场的情况下，钱某被要求解脱裤扣接受女保安的检查，但店方未查出带磁信号的商品。事后，钱某以侵害名誉权为由诉至法院，要求被告赔礼道歉并赔偿损失。

一审法院认定被告侵害原告的名誉权，依《民法通则》第101、第120条第1款作出判决。二审法院则认为，原告受侵害的权利不是名誉权，而是人格尊严权，遂依《宪法》第38条、《民法通则》第101、120条作出改判。

《侵权精神损害赔偿解释》第1条第1款第3项规定，自然人的人格尊严权、人身自由权受到侵害，可要求精神损害赔偿。条文拟定者认为，此系借鉴德国从《基本法》中寻求一般人格权保护的结果。其中，人格尊严权的《宪法》依据为第38条（"中华人民共和国公民的人格尊严不受侵犯"），人身自由权则为第37条（"中华人民共和国公民的人身自由不受侵犯"）。至于《民法通则》第101条关于保护"人格尊严"之规定，因其被纳入名誉权的保护框架，被认为缺乏必要的合理性：一方面"将人格尊严具体化为名誉权的权利内涵"，"限制了人格尊严作为一般人格权客体的功能发挥"，另一方面又"泛化了名誉权作为一项具体人格权的权利内涵"。③

如今，一般人格权得到司法解释的确认已逾十年，个案适用局面却似乎显得颇为冷清，为司法裁判所确认一般人格权（人格尊严权）受侵害的情形仅包括丈夫因妻子违反忠实义务并受欺骗而抚养非亲生子女所致精神损害[浙江绍兴中级法院（2005）

---

① 陈现杰：《解读〈关于确定民事侵权精神损害赔偿责任若干问题的解释〉》，载李国光主编：《解读最高人民法院司法解释·民事卷(1997—2002)》，人民法院出版社2003年版，第69页。
② 上海市第二中级法院(1998)沪二中民终字第2300号民事判决。
③ 陈现杰：《解读〈关于确定民事侵权精神损害赔偿责任若干问题的解释〉》，载李国光主编：《解读最高人民法院司法解释·民事卷(1997—2002)》，人民法院出版社2003年版，第68—69页。

绍中民一初字第 76 号判决]①、祖坟遭毁而致人格尊严权受侵害[广西岑溪(2009)岑民初字第 513 号判决]等寥寥数例。

四、具体人格权

(一) 概览

所谓具体人格权,是指由法律明确列举的人格权类型。《民法通则》第五章第四节名为"人身权",用 8 个条文规定"人身权"的内容,除第 104、105 条只具有政策宣言意义外,其他 6 条则规定 6 种权利:生命健康权(第 98 条)、姓名权(名称权)(第 99 条)、肖像权(第 100)、名誉权(第 101 条)、荣誉权(第 102 条)、婚姻自主权(第 103 条)。

其中,荣誉必须由特定组织授予,与人的"自在目的性"基本无关,理当属于公法范畴,因此,"荣誉权"不能成为私法上作为"人法"内容的人格权;"婚姻自主权"所表达的含义是,私人享有结婚与离婚的自由,属于法律行为自由中结婚自由与离婚自由的内容,亦非"人法"上的人格权。关于"生命健康权"是否为一项权利,存在不同看法。自事理而言,生命与健康属于人格的不同内容,无法构成一项统一的权利,故宜解释为生命权与健康权的合称。② 此外,《侵权精神损害赔偿解释》第 1 条增列身体权,《侵权责任法》第 2 条第 2 款则增列隐私权。

结合《民法通则》、《侵权精神损害赔偿解释》与《侵权责任法》,下文就生命权、健康权、身体权、姓名权、肖像权、名誉权、隐私权问题略作阐述。至于如何对人格权受侵害者提供法律救济,则让诸侵权行为法详细展开。③

(二) 生命权

生命权是自然人以其生命安全为内容的人格权。生命是法律主体存续最重要、最基本的条件。道理极为简单:生命一旦终止,其他一切皆无从谈起。正是因为生命权对于法律主体的极端重要性,故对于侵害生命权的制裁动辄诉诸刑法这一最为严厉的法律手段。当然,刑法提供保护并不意味着民法袖手旁观,民事制裁的方式表现

---

① 不过,该案判决虽称旨在保护"一般人格权",所援引的裁判依据却是《侵权精神损害赔偿解释》第 1 条第 2 款("违反社会公共利益、社会公德侵害他人隐私或者其他人格利益,受害人以侵权为由向人民法院起诉请求赔偿精神损害的,人民法院应当依法予以受理"),而该款并非一般人格权保护的规范基础。就功能而言,第 1 条第 2 款被设定为"公序良俗违反"型侵权,相当于《德国民法典》第 826 条。对此,可参陈现杰:《解读〈关于确定民事侵权精神损害赔偿责任若干问题的解释〉》,载李国光主编:《解读最高人民法院司法解释・民事卷(1997—2002)》,人民法院出版社 2003 年版,第 70—74 页。

② 张俊浩主编:《民法学原理》(上册)(修订第 3 版),中国政法大学出版社 2000 年版,第 143 页(张俊浩)。

③ 人格权有类似于物权的绝对性,可类推物上请求权与侵权法上请求权两个层次保护:其一,若能够证明人格权侵犯行为的不法性,则权利人享有妨害除去请求权与妨害防止之不作为请求权;其二,若能够进一步证明侵犯人有过错,则权利人得主张侵权行为法上的损害赔偿。Brox/Walker, Allgemeiner Teil des BGB, 34. Aufl., 2010, Rn. 723;王泽鉴:《人格权法》,北京大学出版社 2013 年版,第 386 页以下。

为损害赔偿。

"生命权"的法律困境

最根本的问题同时也是最容易引发困境的问题。

生命与主体资格同在,这暗示,生命虽然极端重要,但法律其实难以为生命权提供真正有效的保护。生命若未终结,生命权谈不上遭到侵害,需要法律提供保护的不是生命权而是健康权、身体权或其他人格权;而一旦足以认定生命权遭到侵害,生命亦告终结。此时,除了提供财产性的救济措施,法律对于生命本身无能为力,绝无可能让受害者起死回生。至于生命能否进行法律上的量化比较、人是否有终结自己生命的权利、法律能否容许"安乐死"、如何对待堕胎等问题,更是不容法律回避,却也许永远都不会有正确答案之问题。

上述困境,也许能够在某种程度上表明:以权利及其救济的思路难以解释人格权保护的问题,换言之,所谓人格权,其实并不处于权利体系之中。

(三) 健康权

健康权是自然人以其身体器官及其机能为内容的人格权。健康权所保护的健康,不是指人的一种无疾病状态,而是指身体器官及其机能的正常状态。大体包括两种情况:一是身体器官的正常状态,即器质健康;二是人体机能的正常状态,即功能健康。[①]

(四) 身体权

自然人以其肢体、器官等物质组织的完满为内容的人格权。身体权与健康权相近,但若加以细分,二者内容并非一致。身体权所保护的是人的肢体、器官、毛发等物质组织的完满状态;健康权所保护的则是各个器官乃至整个身体的功能健全。例如,肆意谩骂他人造成他人患有心理疾病的,属于侵害他人健康权,却未侵害身体权;殴打他人造成损伤,经治疗未影响身体器官之功能的,属于侵害他人身体权,却未侵害健康权。[②]

(五) 姓名权

姓名权是对姓名之标记符号独占而不可让与之权利。[③] 姓名是用以确定和代表自然人的符号,为该符号所表征的个人具有独立人格。

---

① 张俊浩主编:《民法学原理》(上册)(修订第3版),中国政法大学出版社2000年版,第144页(张俊浩)。
② 同上。
③ Brox/Walker, Allgemeiner Teil des BGB, 34. Aufl., 2010, Rn. 716.

法律交往中，当事人的行为应显名标示，这不仅是交往方便的需要，对于维护交往的可信赖性亦有重大意义。同时，个人的姓氏还具有表彰家族伦理的独特功能。因此，姓名作为符号，虽然是人的"身外之物"，但姓名权所保护的，其实并不是该"身外之物"，而是姓名所指示的自然人人格。这意味着，只有在足以认定姓名与特定自然人具有同一性的情况下，才谈得上侵害姓名权的问题。由此决定，能够获得姓名权保护的，不可能局限于人的正式姓名。只要能够负载个人的人格，无论本名、别名、笔名，还是假名、字、号，皆值得保护。

我国记载个人基本信息的法律文件主要包括户口簿与居民身份证。为节省认知成本，在该类法律文件上所记载的必须是自然人的本名。

自然人出生后，由于户籍管理登记的需要，必须有一个姓名，此时姓名权当然无法由刚出生的无行为能力自然人行使。因此，自然人的第一个姓名（本名）一般由亲权人——父母代为设定。成年后，自然人有权以自己的意思变更姓名，包括出生时由父母所设定的姓名。

自然人变更姓名，只需单方意思表示即可生效，但本名属居民身份证等个人身份文件的法定登记事项，为防范当事人妨害私法交往安全、逃避公法纳税等义务及刑事责任等危险，其变更非经登记不得生效。至于自然人对其本名是否享有任意变更权，登记机关在受理本名变更申请时须作何种程度的审查、作出是否予以变更的决定时拥有多大程度的权力等问题，我国迄今法无明文。①

《民法通则》第99条第2款规定：法人、个体工商户、个人合伙享有名称权。团体"名称权"与自然人"姓名权"被置于同一法条，意味着我国法律将二者等同视之。但是，与自然人姓名权不同的是，法人等团体的名称往往成为一种商业标志（商号）而具有财产价值，并得转让。

侵害姓名权的行为大致包括姓名否认（Namensbestreitung）与姓名擅用（Namensanmaßung）两类。前者是指明示或暗示否认他人使用特定姓名的行为，后者则是未获授权而为自己或第三人利益使用他人姓名之行为。② 救济方式则既可类推适用所有权的物权保护（妨害排除、妨害防止），亦可援引侵权行为法为请求权基础。③

---

① 2007年，公安部曾受国务院之托起草《姓名登记条例》并公开征求意见。《条例》虽被搁置，但从中可约略窥知我国公权力者的基本立场。《条例》第15条与16条分别规定："申请姓名变更，须经户口登记机关审核批准"；"无正当理由，不得变更姓名"。第18条则列举了9项法定"正当理由"。此立场与德国1938年颁行的《姓名变更法》（Gesetz über die Änderung von Familiennamen und Vornamen）颇为接近，后者第3、5、11条规定，自然人姓名的变更必须具备"重大理由"，并经主管机构的批准。梅迪库斯指出，德国法上，姓名变更权属公法问题。Dieter Medicus, Allgemeiner Teil des BGB, 10. Aufl., 2010, Rn. 1063.

② Rüthers/Stadler, Allgemeiner Teil des BGB, 16. Aufl., 2009, §14 Rn. 17.

③ a.a.O., §14 Rn. 19.

（六）肖像权

肖像是指自然人体形、容貌等个人基本特征的再现。肖像所展示的形象蕴含自然人人格尊严，应由法律提供保护，所涉权利即为肖像权，包括制作权、专用权、肖像完整权等。对于肖像，他人不得未经同意而以制作、散播、公开或扭曲等方式使用。

自事理而言，任何人未经同意制作、散播、公开或扭曲肖像均构成对肖像权的侵犯。但《民法通则》第 100 条规定："未经本人同意，不得以营利为目的使用公民的肖像。"《民通意见》第 139 条进一步规定："以营利为目的，未经公民同意利用其肖像做广告、商标、装饰橱窗等，应当认定为侵犯公民肖像权的行为。"上述规定似乎表明，"以营利为目的的"系肖像侵权行为的构成要件。

但是，一方面，擅自使用他人肖像是否以营利为目的，对于判断他人人格尊严是否受到损害并无影响，将"以营利为目的"作为肖像侵权行为的构成要件，该做法令人费解；另一方面，现实生活中的侵权行为各具形态，法律不可能——对之归纳并列举，因此，对侵权行为的规制，法律不能采取侵权行为形态的法定主义，否则当事人的权利可能无法得到切实的保护。在此意义上，法律不应该对列举之外的肖像权侵害行为拒绝提供保护。

在文义上，《民法通则》第 100 条与《民通意见》第 139 条仅确认"以营利为目的"对肖像作商业使用之行为构成侵权，并未排他性地规定，唯此等行为始构成侵权，故王泽鉴教授指出，"解释上应认立法目的在于凸显肖像权的商业化（财产价值），而非以'以营利为目的'作为肖像权的构成要件，其非以营利为目的无权创作，传播他人肖像的亦得成立对肖像权的侵害。"①《侵权责任法》第 2 条第 2 款将"肖像权"与其他"民事权益"并列，未再单列侵犯肖像权的特别构成要件，应可断言，是否"以营利为目的"不再成为判断侵权的考量因素。

（七）名誉权

名誉是自然人在社会交往中所受到的有关其品行、道德状况、才智等方面的公开评价。名誉负载社会整体对该主体的总体评价，因此具有表彰人格尊严的价值。概括而言，名誉权所保护的内容，是自然人在社会共同体中的外在形象不得被消极描述。②

人的名誉对于人格尊严事关重大，尤其是我国传统观念向来讲究"雁过留声，人过留名"。与此相应，现实生活中关于名誉权的纠纷亦甚是常见。名誉权所涉范围极为广泛，难作正面界定，因此，"名誉权如何构成"之问题，往往被我国学者与司法实践转换成"何种行为构成侵害名誉权"之问题。在总结大量司法案例的基础上，最高法院曾于 1993、1998 年专就名誉权问题先后发布《名誉权解答》与《名誉权解释》两个司

---

① 王泽鉴：《人格权法》，北京大学出版社 2013 年版，第 138 页。
② Larenz/Wolf, Allgemeiner Teil des bürgerlichen Rechts, 9. Aufl., 2004, § 8 Rn. 25.

法解释。此后,2001 年的《侵权精神损害赔偿解释》又有关于名誉权保护的规定。其基本思路皆是,借助类型化思维,在侵权行为法的框架下试图实现名誉权的司法保护。

(八) 隐私权

每个人都有不足为外人道的私人信息,每个人都或多或少拥有一些隐私。一般而言,隐私作为私人生活的重要组成部分,法律主体应当有权决定能否为他人所知或以何种方式为他人所知。如果他人违反本人意愿而擅自窥探甚至公布,即构成对该法律主体独立生活空间的侵犯。就此而言,隐私权由两个核心部分构成:一为私密领域,二为信息自主。①

不过,隐私受到法律保护,这在各国法律发展史上,都不是理所当然的。直到 19 世纪后期,隐私才与人格尊严相联而获得法律上的正当性。隐私之得到保护,主要基于两个原因:其一,自由权利上的个人主义观念。独裁社会中,公权力者并不认为隐私具有保护价值。其二,19 世纪末新的通讯技术的发展,使得对于个人生活的干涉变得容易。②

隐私是否具有独立的保护价值,我国不同时期的规范性文件所给出的回答颇为不同。

关于隐私,《民法通则》未置一词。最早的规定见之于《民通意见》第 140 条第 1 款:"以书面、口头等形式宣扬他人的隐私,或者捏造事实公然丑化他人人格,以及用侮辱、诽谤等方式损害他人名誉,造成一定影响的,应当认定为侵害公民名誉权的行为。"该规定显示,宣扬他人隐私行为只是侵害名誉权的一种手段,并且,仅仅"宣扬他人隐私"尚不构成"侵害公民名誉权的行为",除此之外还必须符合"损害他人名誉、造成一定影响"的条件。据此,隐私显然不具有独立的法律地位。

此后,1993 年最高法院《名誉权解答》之问答 7 重申《民通意见》的立场:"对未经他人同意,擅自公布他人的隐私材料或者以书面、口头形式宣扬他人隐私,致他人名誉受到损害的,按照侵害他人名誉权处理。"最高法院认为,由于法律未明文规定隐私权,若通过司法解释承认隐私权的保护,有越权之嫌,况且隐私权的内容与名誉权显然不同,故而《解答》只是将擅自公布有损他人名誉的隐私之行为认定为侵害他人名誉权的行为,而非全面保护公民的隐私权。③

该立场延续至 1998 年最高法院《名誉权解释》。《解释》问答 8 指出:"医疗卫生单位的工作人员擅自公开患者患有淋病、梅毒、麻风病、艾滋病等病情,致使患者名誉

---

① 王泽鉴:《人格权法》,北京大学出版社 2013 年版,第 208 页。
② 〔英〕彼得·斯坦、约翰·香德:《西方社会的法律价值》,王献平译,郑成思校,中国人民公安大学出版社 1990 年版,第 225—226 页。
③ 韩玫:《最高人民法院〈关于审理名誉权纠纷案件若干问题的解答〉的理解与适用》,载中华人民共和国最高人民法院民事审判庭编:《民事审判指导与参考》(总第 2 卷),法律出版社 2000 年版,第 98 页。

受到损害的,应当认定为侵害患者名誉权。"这意味着,即使患有某种病情构成患者隐私,该隐私亦不具有独立保护价值。

上述司法解释的思路是:如果制定法未对隐私权作出明确规定,司法即不应予以保护。其所依托的观念显然是"法无明文授予即无权利"的"人格权法定"思想。如果人格权必须由法律授予始得享有,即意味着,人的尊严亦须由法律授予。这种将人的"自在目的性"与人的自由属性归附于公权力之下的法律思想,除了能够为公权力扩张提供理论支持,对于私人自由地位的维护并无积极意义。如果以私人自由作为出发点,对于制定法的解读方向就应当是,"法无明文禁止即自由",而不是"法无明文授权即禁止"。对于隐私(以及其他人格尊严),制定法并未明文禁止,因此,法院对其提供保护并无不当。

最高法院的态度在 2001 年出现转向。最高法院从侵权行为法的角度,通过借鉴《德国民法典》第 826 条之规定,以《民法通则》第 7 条为据,在《侵权精神损害赔偿解释》第 1 条第 2 款中规定:"违反社会公共利益、社会公德侵害他人隐私或者其他人格利益,受害人以侵权为由向人民法院起诉请求赔偿精神损害的,人民法院应当依法予以受理。"

立场的转变来自于法律解释方向的改变。与之前认定法律未明确授予隐私权的解释不同,最高法院转而认为,我国《宪法》关于通信秘密受法律保护之规定(第 40 条)、《民事诉讼法》关于涉及个人隐私案件不公开审理之规定(第 134 条),皆表明我国法律其实未对隐私拒绝提供保护。①

从结果上说,最高法院 2001 年的司法解释自然较之以往更为合理,但仍存在若干值得检讨之问题:第一,论证方式并未摆脱寻找制定法依据之思路,亦即,论证仍受制于"人格权法定"之法律观念。第二,最高法院欲将侵犯隐私等未定型化为法律权利的"人格利益"纳入"公序良俗违反型"的侵权行为类型中,在构成要件上,就必须以"故意"为要。② 如此严格限定侵权行为的要件,是否足以充分保护隐私等人格尊严?第三,如前文所示,最高法院认为,该司法解释确立一般人格权的保护框架。一般人格权所对应的,正是法律未明文规定的人格权。这意味着,一般人格权所提供的保护理应及于隐私等"人格利益"。在确定侵权行为的构成时,侵害一般人格权的行为属于通常的"权利侵害"类型,其构成要件(过失即为已足)与"公序良俗违反型"不同。如何处理这一矛盾?

2009 年 12 月 26 日,《侵权责任法》通过。该法第 2 条第 2 款在列举所保护的"民事权益"范围时,明确将"隐私权"与其他权利并列。这似乎意味着,隐私权从此获得

---

① 陈现杰:《解读〈关于确定民事侵权精神损害赔偿责任若干问题的解释〉》,载李国光主编:《解读最高人民法院司法解释·民事卷(1997—2002)》,人民法院出版社 2003 年版,第 70—73 页。

② 同上书,第 73—74 页。

与其他权利相同的"法定地位"。同时,《侵权精神损害赔偿解释》第1条第2款的隐私权保护方式,应不再适用。

五、死者人格问题

人格具有表征主体资格之意义。因此,法律逻辑上的推论似乎应该是:主体资格消灭,人格随之消灭,死者无人格。① 不过,这一法律逻辑遭到生活逻辑的挑战。

1988年,天津中级法院受理"吉文贞名誉受侵害"一案。吉文贞(艺名荷花女)40年代初在天津演艺界红极一时,1944年病故时年仅19岁。1987年4月,天津《今晚报》副刊连载魏某以吉文贞生平为题材并使用真实姓名与艺名写成的小说《荷花女》。《荷花女》虚构了若干有损吉文贞声名的情节,如:与于某等三人恋爱并先后订婚、接受三家聘礼,其中,于已婚,吉却愿作于妾;先后到帮会老大袁某和刘某家唱堂会并被袁、刘侮辱而不敢抗争;等等。小说最后影射吉文贞系患性病打错针而死。吉文贞的母亲陈某不堪其辱,以侵害其本人及亡女名誉权为由诉至法院。

1989年4月12日,最高法院就此案作出《关于死亡人的名誉权应受法律保护的函》,称:"吉文贞(艺名荷花女)死亡后,其名誉权应依法保护,其母陈秀琴亦有权向人民法院提起诉讼。"随后,天津中院根据批复作出判决,以司法判决的方式明确肯认死者的名誉权。

然而,死者是否享有名誉权的问题并未因此得到定论,争论反倒进一步激化。原因很简单,当中涉及一个具有根本性的问题:主体既已死亡,为何仍能享有权利?承认死者能够享有权利,无异于宣称,死者具有权利能力。如此,既有法律理论将可能受到颠覆性的挑战。但对于死者生前人格、尤其是名誉一概拒绝提供保护,又可能助长随意诋毁死者之风。

两难之下,《名誉权解答》采取折中策略,不再明确肯认保护死者的"名誉权",而是规定:死者名誉受到损害的,其近亲属有权向法院起诉(问答5)。最高法院认为,死者名誉受到侵害,往往直接影响到近亲属的名誉和其他利益,所以,保护死者名誉的实质在于保护近亲属利益。② 依循这一思路,《侵权精神损害赔偿解释》进一步扩大死者生前人格的保护范围。其中第3条规定:"自然人死亡后,其近亲属因下列侵权行为遭受精神痛苦,向人民法院起诉请求赔偿精神损害的,人民法院应当依法予以受理:(一) 以侮辱、诽谤、贬损、丑化或者违反社会公共利益、社会公德的其他方式,侵害死者姓名、肖像、名誉、荣誉;(二) 非法披露、利用死者隐私,或者以违反社会公共利益、社会公德的其他方式侵害死者隐私;(三) 非法利用、损害遗体、遗骨,或者以

---

① 张俊浩主编:《民法学原理》(上册)(修订第3版),中国政法大学出版社2000年版,第153页(张俊浩)。

② 韩玫:《最高人民法院〈关于审理名誉权纠纷案件若干问题的解答〉的理解与适用》,载中华人民共和国最高人民法院民事审判庭编:《民事审判指导与参考》(总第2卷),法律出版社2000年版,第96页。

违反社会公共利益、社会公德的其他方式侵害遗体、遗骨。"

关于死者人格权的保护,德国联邦最高民事法院另取他径,不以权利立论,而认为世人对于死者的人格尊严存在一般性的尊重义务,若违反此义务,即需承担责任。由此创设一种无权利与之对应的义务。①

第三十四节 户籍与住所的民法意义

一、户籍

户籍主要用以户政管理,不能直接引起私法效果,但此系依照法定程序制作的法律文件,可能对私法产生证据效力。户籍记载事项能够提供证据的私法事实包括:权利能力和行为能力的开始与终止时间、住所之所在、法定姓名(本名)等。

古今户籍功能管窥

户籍制度,古已有之。无论古今,户籍均以"周知民数"之统计功能为基本定位,唯其社会功能则各有不同。

昔汉魏徐干《中论》曰:"治平在庶功兴,庶功兴在事役均,事役均在民数周。民数周,为国之本也。"然而,虽中国数千年来,见于载籍之民数,殆无一确实。依吕思勉先生所信,症结在于,事役之分配赖于民数,而历代未尝以户籍固定居所。民众迁徙来去自由,为避事役,背井离乡散于江湖者众,精确统计势无可能。诚之先生因而概叹:"户籍役籍,并为一谈,尤为清查人口之大累。"②

今之户籍,并为一谈者,何止役籍。管制较于往昔,实有过之而无不及。为实现全方位的管制,主事者"以史为鉴",一扫迁徙自由之"遗风",易辙而行。1958年,《户口登记条例》施行,第10条分3款规定:"(第1款)公民迁出本户口管辖区,由本人或者户主在迁出前向户口登记机关申报迁出登记,领取迁移证件,注销户口。(第2款)公民由农村迁往城市,必须持有城市劳动部门的录用证明,学校的录取证明,或者城市户口登记机关的准予迁入的证明,向常住地户口登记机关申请办理迁出手续。(第3款)公民迁往边防地区,必须经常住地县、市、市辖区公安机关批准。"自此,作为"社会主义计划经济体制"的重要成分,城乡二元壁垒固若金汤。制度之外的江湖"黑户",直可谓上无片瓦下无立锥之地,几无任何生存空间。

如今,计划萎退,市场跟进。户籍制度辉煌难再,然其魂灵仍盘桓不去。于私法

---

① Rüthers/Stadler, Allgemeiner Teil des BGB, 16. Aufl., 2009, § 6 Rn. 6.
② 吕思勉:《中国制度史》(第2版),上海教育出版社2005年版,第11章"户籍"。

而言,户籍触角所及,影响至巨者,一是制造若干以"户"的面目出现的"准权利主体",二是奠定农村土地制度的基本格局。农村土地承包经营权与宅基地使用权至今仍难进入市场交易,横亘其间的,即是难以撼动的户籍治理制度与理念——若是许可农村土地自由交易,势将摧毁户籍构筑的城乡壁垒与迁徙藩篱。

除户籍外,记录自然人基本信息的法律文件还包括居民身份证。一般情况下,居民身份证与户籍具有同等的证明效力。不同在于,前者以个人、后者以户为单元。

二、住所

住所是自然人生活和民事活动的中心场所。按照《民法通则》第15条规定,自然人以其户籍所在地的居住地为住所。住所是确定自然人各项私法关系空间效力的基本法律依据,其意义主要表现在:确定债务履行地、司法管辖地及登记主管地,等等。

自然人在独立生活之前,一般与父母构成一"户"。父母住所也就是该自然人的住所。由于住所应登记于户籍,故自然人未将户口迁出父母之"户"前,基本不可能拥有自己独立的住所。法律若奉行迁徙自由原则,自然人的住所即可任意设定。但在我国既有体制下,住所依附于户籍,而户籍变更受到严格管制,因此,自然人的住所设定自由受到极大限制。

自然人可能实际上并不以住所为生活的中心场所。此时,住所对于确定私法关系空间效力已无实质意义。鉴于住所地必须与户籍地一致,而户籍记载的住所地又仅限一处,《民法通则》第15条后段对此作出变通规定:"经常居住地与住所不一致的,经常居住地视为住所。"所谓"经常居住地",依《民通意见》第9条的解释,是指以长期居住为目的,连续居住一年以上的地方。另外,自然人由其户籍所在地迁出后至迁入另一地之前,无经常居住地的,仍以其原户籍所在地为住所。

三、失踪宣告制度

(一) 体例安排

在死亡宣告制度外,《民法通则》还专以失踪宣告制度与之并列(《民法通则》第2章第3节)。这一"双轨制"立法模式来自于《苏俄民法典》。[①]《日本民法典》亦将"不在人的财产管理"制度与失踪宣告制度并列于总则编(第25—29条)。我国绝大多数民法教科书体例与《民法通则》一致,一并论述失踪宣告与死亡宣告。

两项宣告制度皆处理下落不明之人所引发的法律问题,就此而言,既有体例有其

---

① 张俊浩主编:《民法学原理》(上册)(修订第3版),中国政法大学出版社2000年版,第102页(张俊浩)。

可取之处。不过,既有体例突出的是程序上的共性。实体法律规范意在确定实体权利义务关系,因此,以法律效果作为编排标准也许更为合理,此犹如财产法与身份法、债法与物权法之区分。死亡宣告具有推定死亡之效力,产生相当于自然死亡的法律效果;失踪宣告的法律效果则不过是为失踪人设定财产代管人,与死亡没有任何关系。二者实体法律效果相去甚远。

对失踪宣告制度作出过自觉反思的是张俊浩教授主编《民法学原理》。与其他教科书不同,《民法学原理》认为失踪宣告制度是"对行为能力欠缺者的救济",理由是:"因其失踪,其于住所地的行为能力事实上陷于空缺而需救济。"[①]其体例安排体现法律效果上的特点。不过,本书对此仍存有疑虑。行为能力是纯粹法律判断,只与主体自身因素(如精神状况、年龄状况等)有关,不因当事人事实上是否在住所地而有所改变。因此,失踪人所"空缺"的其实不是能力,而是已无法实际管理以原住所地为中心的法律事务。失踪人无任何行为能力上的欠缺,"对行为能力欠缺者的救济"当然亦师出无名。

本书将失踪宣告制度与住所制度相结合。理由是:该制度依托于住所制度而设立。住所与人具有某种对应关系。一般情况下,住所被用以确定当事人私法关系的空间效力,只要住所得以确定,债务履行地、司法管辖地等问题便可获得解决。但如果当事人陷于下落不明,以其住所地为中心的法律关系便难以得到维持或清结。此时,需要为失踪人设立财产代管人,以维护其利益。

不过,本书的处理方式仍有问题。有如前述,失踪宣告制度的法律效果在于为失踪人选定财产代管人,这其实是一种亲权人与监护人之外、为他人利益设立保佐人(Pfleger)的制度,更接近于亲属法的性质,因此,《德国民法典》(第1911、1921条)与《瑞士民法典》(第392、393条)皆将这一制度规定于亲属法编。本书将其置于总论部分,实乃受制于现行立法的无奈之举。

(二)失踪宣告的要件

依《民法通则》、《民通意见》与《民事诉讼法》之规定,失踪宣告需要具备下列条件:

1. 受宣告人下落不明达到法定期间

依《民法通则》第20条之规定,该法定期间是从下落不明之日起算2年;战争期间下落不明的,自战争结束之日起算。

2. 经利害关系人申请

利害关系人的范围与申请死亡宣告的相同(《民通意见》第24条),但没有顺序限制。失踪宣告原则上应由利害关系人提出申请,而不得由公权力机关依职权启动。

[①] 张俊浩主编:《民法学原理》(上册)(修订第3版),中国政法大学出版社2000年版,第123页(张俊浩)。

3. 由法院判决宣告

宣告失踪对于下落不明人及其利害关系人的私法关系具有较大影响,因此必须由法院以判决的方式作出,以防止制度滥用。为尽量减少无谓宣告,并防止利害关系人恶意申请,法院在受理宣告申请后,必须公告寻找下落不明人,公告期为 3 个月(《民事诉讼法》第 185 条第 1 款第 2 句前段)。

(三) 失踪宣告的效力

1. 为失踪人设立财产代管人

财产代管人从失踪人的配偶、父母、成年子女或者关系密切的其他亲属、朋友中产生(《民法通则》第 21 条第 1 款前句)。为维护失踪人利益,一般应按照法律关系的密切程度确定具体代管人。对担任代管人有争议的,或者没有上述所列举之人,或者上述所列举之人无能力或不宜代管的,由法院指定代管人(《民法通则》第 21 条第 1 款后句)。法院指定失踪人的财产代管人时,应以有利于保护失踪人财产为原则。

非完全行为能力人的财产已由监护人管理,不需要特别为之设立财产代管人。

2. 财产代管人的义务

财产代管人为失踪人利益而存在,因此,首要义务是管理失踪人财产。财产代管人系为他人利益计算,故在履行管理义务时,不必负"为自己事务"之注意义务,负善良管理人之注意义务即为已足。依《民法通则》第 21 条第 2 款之规定,除积极为失踪人利益计外,财产代管人还必须为失踪人履行法律义务,如支付所欠税款、债务和其他各项费用(包括赡养费、扶养费、抚育费和因代管财产所需的管理费等必要的费用)。

(四) 失踪宣告的撤销

失踪宣告是一项法律推定,可为相反证据推翻。被宣告失踪之人重新出现或确知其下落,经本人或利害关系人申请,法院应撤销失踪宣告(《民法通则》第 22 条)。失踪宣告撤销后,财产代管人即失其代管资格。

(五) 失踪宣告制度之检讨

宣告下落不明人为失踪人,旨在稳定法律关系、为失踪人设定财产代管人,以维护失踪人及其利害关系人之利益。然而,比照死亡宣告制度而设立的失踪宣告制度能否达此目的,似乎不无疑问。

第一,上述目的之实现,要求时间上的及时。然而,宣告失踪适用与宣告死亡相同的程序,不过是时间略短而已。所谓"时间略短",系与死亡宣告相比较而言。[①] 当事人想要获得失踪宣告判决,至少需要经过两年多的时间——仅仅是法律硬性规定

---

① 严格而言,即便与死亡宣告相比,失踪宣告所需时间亦未必更短。依照法律规定,因意外事故下落不明,经有关机关证明不可能生存的,可立即申请死亡宣告,而此种情形下的公告期亦仅需 3 个月。远比失踪宣告所需时间为短。

的期间就在 2 年(下落不明的法定期间)又 3 个月(公告期)以上。法、德、瑞等立法例亦设有为失踪人设立财产代管人制度,与我国不同的是,它们皆未对失踪期间作出要求,且由家庭法院、而不是普通法院受理此类案件。

第二,我国失踪宣告程序只能由失踪人的亲属或其他利害关系人提起,且任何人皆无提起之义务。这意味着,若当事人不向法院提出申请,失踪宣告制度的目的根本无法达成。法、德、瑞等国相应程序则均可由公权力者(如检察官)提起。如此,可在一定程度上避免利害关系人怠于提出申请之弊。

第三,限制行为能力人或无行为能力人的财产管理人本就是监护人或亲权人;在以夫妻财产共有为原则的我国,配偶为当然的财产管理人。因此,真正需要设定财产代管人的,只是无配偶的完全行为能力人或是实行夫妻财产分别制的有配偶完全行为能力人。这是典型的为成年人设定保佐人制度。将其规定于总则,是否妥适?

第十一章　自然人的团体构造

——法人

第三十五节　法人概说

一、法人与民法上的人

汉语"法人"一词译自德语 juristische Person,汉语世界的法人理论亦主要受德国影响。

一般认为,现代法人理论始于 19 世纪,由萨维尼开创,乃师胡果(Gustav Hugo)则也许是最早将 juristische Person 作为术语使用之人。[①] 当代意义的"法人"(juristische Person)概念有如"法律行为"(Rechtsgeschäft),为海泽(Georg Arnold Heise)首版于 1807 年的《供潘德克顿讲授之用的普通民法体系纲要》所创建。[②] 在该书中,海泽将"法人"(juristische Person)作为民法的一个抽象概念使用,与"生理人"(physische Person)对称,其含义为:"法人是除了个人之外,所有在国家中被认可为独立之权利主体者。"[③]从海泽开始,"法人"一词专门用以指称与"自然人"相对的另一法律主体。该用法一直延续至今。

如第三十节所述,"民法人"由"伦理人"移植而来,以自然人为模型。这在《法国民法典》中表现得尤其明显——《法国民法典》中的"人法"仅仅规范自然人。以伦理上的人作为原始形象,民法上的人因此蕴含丰富的伦理价值,并且,通过接引欧洲近代启蒙思想,民法自身亦被清楚烙上个人主义印记。

随着法律技术的不断完善,法律概念逐步走向形式化而有了更大的包容空间。典型表现即是"人"的概念扩张。德国民法理论认为,只要能够成为权利义务的承受者,即足以成为法律上的人。于是,通过"权利能力"概念,法人与自然人得以并存于

[①] Werner Flume, Die juristische Person, 1983, S. 1; Hans Hattenhauer, Grundbegriffe des Bürgerlichen Rechts, 2. Aufl., 2000, S. 31 f.

[②] Werner Flume, Die juristische Person, 1983, S. 1.

[③] Arnold Heise, Grundriss eines Systems des gemeinen Civilrechts zum Behuf von Pandecten-Vorlesungen, 3. Ausg., 1819, S. 23 ff (25).

《德国民法典》的"人法"之中。其逻辑整合能力令人叹为观止。然而,为逻辑周延所付出的代价却是,民法上的人与伦理价值之间的紧密关联被遮蔽了。

以形式化的逻辑手段整理法律概念,这是 19 世纪概念法学的努力方向,对于民法典的体系构造有着至关重要的意义。不过,法律问题并非单纯形式化的逻辑问题。毋宁说,真正构成法律思维核心的,恰恰是实质性的价值判断所指引的法律效果之实现。

所有法律效果最终都必须由人承受。由此决定,法律以何种观念来看待"人",也就直接关系到法律规范的价值取向。法人虽然亦为权利主体,能够以自己的名义承受权利、承担义务,但从根本上说,其所以能够出现,仅仅是为了实现自然人的某些特定目的。于自然人而言,法人永远只是一个工具性的概念。法人的这一特点,显然与自然人之"自在目的性"特质有着天壤之别。将自然人与法人等量齐观,在抬高法人的同时,其实贬损了自然人的地位。

正是基于上述考虑,本章才不避繁琐,定名为"自然人的团体构造——法人"。作者希望借此强调:法人并无自身独立存在的价值,不过是为自然人的需要而设。

二、作为法律构造物的法人

(一) 法人的概念

1. 法人的规范定义

自然人的主体地位是先于实证法的伦理问题,实证法所要做的,不过是依照某种伦理观念去承认,而无须对自然人作出规范定义。法人则颇有不同:虽与自然人同为法律主体,却只存在于实证的法律制度中,是法律构造物。在此观念下,法人可被定义为:法律认可其主体资格的团体。

任何团体皆为自然人而存在。因此,如果说团体制度能够负载伦理价值,那就是,团体制度、尤其是法人制度的法律状况,反映自然人结社自由的可实现程度。自然人以法律行为设立团体,结社自由在私法上的表现,其实也就是法律行为自由。因此,结社自由亦为私法自治的表现形式之一。① 法人由此获得双重意义:在"人法"上,法人系权利主体;在"行为法"上,法人是法律行为的法律效果。由于法律行为的法律效果为当事人意志所设定,故而法人主体资格之获得,亦可归结于设立人的自由意志。就此而言,一个国家团体制度的管制色彩越是浓厚,该国自然人所受到的控制就越是严密。

2. 法人的功用

(1) 节省交易成本

法人是自然人借以实现特定目的的工具,成为享有权利、承担义务的法律主体并

---

① Winfried Boecken, BGB-Allgemeiner Teil, 2007, Rn. 40, 44.

非理所当然。主体资格想要得到法律承认,必须具备充分的法律理由。

在充分竞争的市场中,资源配置通过市场价格机制实现。但市场交易并非没有成本。当交易成本大到一定程度时,人们就会寻求市场谈判的替代机制,通过形成有别于市场的团体,并允许某个权威("企业家")以行政手段配置资源,从而节省交易成本。① 因此,团体(企业)的出现,首先是降低交往成本之需求所致。然而,经济交往中形成的团体,未必都能取得法律上的主体资格成为"法人"。法人之形成,是在普通团体的基础上进一步节省交易成本的结果。

随着社会的发展,人与人之间的交往变得日益频繁,交往规模亦逐渐扩大。单数的个人在资金、专业知识、时间、精力等方面越来越难以应付纷繁复杂的社会交往。于是,个人需要结成团体,以实现彼此共同目的。为了明确法律效果的承受者,法律要求交往实行显名原则。但是,法律交往中,如果所有交易都必须显示每一个参与者的名义,可能反而会因其过于繁琐而招致不便,尤其是在大规模团体涉及缔约、登记、诉讼等事项时,这一不便就显得更为突出,有违设立团体之初衷。在此初衷下,规模越大的团体,节省交易成本的功效本应越是明显。同时,团体若无独立的法律地位,其存续与否势将受制于个别成员的去留。基于上述考虑,某些团体有必要独立于成员,以团体自身的名义从事法律活动。

(2) 降低交往风险

在便利自然人进行法律交往的同时,法人亦有助于降低风险。② 自然人所结成的团体,往往只是为了实现自然人某一方面的需要,如商事团体旨在营利、政治团体旨在实现某种政治目标等等。自然人在社会交往中有多方面的需要,因此可能同时成为多个团体的成员。

如果团体虽然能够以自己名义对外活动,却不能独立承担相应的法律后果,那么,自然人所面对的风险将因为团体的出现而呈几何倍级的增加。所属团体越多,风险越大,这种局面显然于社会交往不利。并且,虽然依照私法自治理念由行为人自己承受行为后果并无不妥,但在团体中,自然人往往并不亲自参与、甚至无力影响团体行为,此时,要求团体成员一概对团体行为负责,亦不能符合正义观念。因此,在团体取得独立名义之外,法律还需要对某些团体的独立财产责任予以承认。有了独立责任保障,每一自然人在加入团体时只需要付出有限的财产,却可以通过团体无限满足自己的需要。在此意义上说,通过财产独立而实现责任独立,这构成个人谋求设立法人的根本动因。③

通过独立名义、独立财产责任的法律构造,现代法人制度最终得以形成并完善。

---

① 〔美〕罗纳德·哈里·科斯:《企业的性质》,陈郁译,载氏著:《企业、市场与法律》,格致出版社、上海三联书店、上海人民出版社2009年版,第34页以下(第36—40页)。

② Winfried Boecken, BGB-Allgemeiner Teil, 2007, S.61.

③ Dieter Medicus, Allgemeiner Teil des BGB, 10. Aufl., 2010, Rn. 1087.

"公司的社会责任"

法人为实现设立人的目的而存在,不必为设立人特定目的之外的其他事业服务。因此,公司除尽其所能地从事营利活动外,本无其他存在目的。但是,越来越多的学者主张,除为股东谋求利益外,公司还必须承担"社会责任",为更广泛的"社会利益"服务。

对于"公司的社会责任",两位诺贝尔经济学奖得主——弗里德曼(Milton Friedman)与哈耶克(Friedrich von Hayek)以相似的理由表达了相同的反对态度。

弗里德曼指出,要求公司及其管理者承担"社会责任"虽已成为某种社会风尚,但实际上,这是一个颠覆性的信念,"很少有风尚能比这一风尚更能如此彻底地损害我们自由社会的基础"。原因在于,责令私人公司承担社会责任,一方面是对公共机构职能的僭越,另一方面,即便令其承担,追求私人利益的公司以及非经民主程序产生的管理者亦无从判断社会利益之所在,没有能力以恰当的方式实现社会利益,更无法协调其所服务的股东利益与社会利益之间的关系。私人促进社会利益的恰当方式,是在"看不见的手"指引下正当追求自己的利益。因而,在自由经济制度中,公司所应承担的唯一"社会责任",就是在法律制度框架内从事公开和自由的经济活动,以便最大限度地实现股东财产增值。①

哈耶克亦认为,公司的唯一任务就是将其资产用在最有利可图的事情上,而无权作出这样的价值选择:令其资源服务于别人的价值。公司资源的去向只能由股东决定,否则公司管理层的权力将变得不受控制。但这并不意味着,在追求上述目标时,公司不应受到普遍的法律和道德原则的约束。问题的关键在于,只要管理者还在服务于股东的利益,就有理由把控制他们行动的事情留给股东们去做。假如让管理者去服务于更广泛的公共利益,这种观点合乎逻辑的结果只能是,公共利益的当选代表应当控制管理者。因此,让公司接受含糊不清的"社会责任",从短期看,其作用是增加不负责的权力,从长期看则注定会增加国家对公司的控制。人们越是同意应当引导公司服务于特殊的"公共利益",以下主张就越能蛊惑人心:政府的职能既然是保护公共利益,当然也应当有权告诉公司应当干什么。公司把资源用于保障最大的长期利润回报这个唯一的目标是服务于公众的最好方式,如果我们不再相信此点,那么,自由企业制度便崩溃了。②

---

① 〔美〕米尔顿·弗里德曼:《资本主义与自由》,张瑞玉译,商务印书馆2006年版,第144—145页。
② 〔英〕弗里德里希·冯·哈耶克:《民主社会中的公司:它应为谁的利益而运行?》,载氏著:《经济、科学与政治——哈耶克思想精粹》,冯克利译,江苏人民出版社2000年版,第70—83页。

（二）法人的构造

并非任何团体均具法人资格。问题因而在于：成为法人，需要满足何种法律要件？《民法通则》第37条对此作有规定："法人应当具备下列条件：（一）依法成立；（二）有必要的财产或者经费；（三）有自己的名称、组织机构和场所；（四）能够独立承担民事责任。"其中，"能够独立承担民事责任"不宜作为法人的条件，因为，独立财产责任虽然是法人制度得以产生的动因，但在实证法律制度上却是取得法人资格的结果。更明确说，其间逻辑关系应当是：某一团体之所以"能够独立承担民事责任"，系因其具备法人资格；而不是：某一团体之所以具备法人资格，系因其"能够独立承担民事责任"。

下文结合《民法通则》第37条的前三项规定及其他相关法律规范，就法人要件问题略作阐述。

1. 依法成立

就字面而言，"依法成立"是一个几乎无所不包的表述：不仅要求法人资格的取得必须遵照法定程序，并且，具备法律所要求的实质要件亦囊括其内；不仅可以指向法人设立行为的"合法性"，而且指示法人目的事业必须"合法"。一言以蔽之，欲取得法人资格，一切都必须"合法"。显然，如果对"依法成立"作如此宽泛的解释，那么，这一"条件"将变得没有任何意义。鉴于法律还单独规定其他实质性要件，而法人的设立行为以及目的事业的"合法性"问题又可由法律行为制度解决，笔者认为，此处"依法成立"宜作限缩解释，仅仅意指法人之成立必须依照法定程序。①

一般而言，法人作为法律构造物，在具备可供识别的法律标志之前，不可能获得"法律生命"。现代社会，法律一般依靠登记制度建立法人的生命标志。台湾地区"民法"第30条即贯彻这一观念："法人非经向主管机关登记，不得成立。"准此以解，法人成立之程序要件是履行登记。《瑞士民法典》第52条则有所变通："（第1款）团体组织以及有特殊目的的独立机构，在商事登记簿上登记后，即取得法人资格。（第2款）公法上的团体组织及机构，非经济目的的社团、宗教财团、家庭财团，不需经上述登记。"

《民法通则》确立的规则颇具特色。《民法通则》将法人分为企业法人、机关法人、事业单位法人与社会团体法人四种。不同的法人有不同的成立标志。

企业法人遵循的是登记成立制（第41条），此亦适用于以公司形式出现的企业法人（《公司法》第7条第1款）。

机关法人为第50条第1款所规定："有独立经费的机关从成立之日起，具有法人资格。"这一同义反复的表述所传达的信息是：机关法人不需要以登记作为成立标志。

---

① 《民法通则》第41条可为这一解释的合理性提供佐证。该条规定："全民所有制企业、集体所有制企业有符合国家规定的资金数额，有组织章程、组织机构和场所，能够独立承担民事责任，经主管机关核准登记，取得法人资格。"两相对照，第41条基本上只是以"经主管机关核准登记"置换第37条的"依法成立"。

由于机关法人属于公法人,故其成立问题由公法确定。在我国,成立机关法人一般是通过相应的机关组织法或由政府发布文件。此时,机关组织法与政府公开发布的文件取代登记获得公示效果。

第50条第2款规定的是事业单位法人与社会团体法人的成立方式:"具备法人条件的事业单位、社会团体,依法不需要办理法人登记的,从成立之日起,具有法人资格;依法需要办理法人登记的,经核准登记,取得法人资格。"不以登记为成立标志的事业单位为《事业单位登记管理暂行条例》第11条所规定:"(第1款)法律规定具备法人条件、自批准设立之日起即取得法人资格的事业单位,或者法律、其他行政法规规定具备法人条件、经有关主管部门依法审核或者登记,已经取得相应的执业许可证书的事业单位,不再办理事业单位法人登记,由有关主管部门按照分级登记管理的规定向登记管理机关备案。(第2款)县级以上各级人民政府设立的直属事业单位直接向登记管理机关备案。"《社会团体登记管理条例》第3条则对"依法不需要办理法人登记"的社会团体法人作出界定:参加中国人民政治协商会议的人民团体;由国务院机构编制管理机关核定,并经国务院批准免予登记的团体。

《民法通则》之外,还有基金会与法人型民办非企业单位两种法人,二者均以登记为其成立标志(《基金会管理条例》第11条、《民办非企业单位登记管理暂行条例》第12条)。

2. 必要的财产或者经费①

不同类型的法人所需"必要"财产相当不同,法律难以对此作出整齐划一的规定。具有典型说明价值的是公司注册资本的法定要求。

《公司法》原本对各类公司一直设有法定最低注册资本的要求。法律规定法人尤其是营利性法人必须拥有最低的法定财产额,理由被归结为:一方面,确保法人能够顺利开展活动,另一方面,为将来可能发生的债务预备最低限度的财产保障、从而维护交易安全。② 然而,上述理由的说服力似乎值得怀疑。首先,无论法人在设立后能否顺利开展活动,由此带来的后果皆由法人自己承受,设立人自会考虑,无需他人置喙。其次,法人一旦展开法律交往,设立时投入的资本即处于流动状态,如何能够以之保障交易安全?再次,对注册资本的要求越高,意味着个人设立法人(公司)的门槛被设置得越高,市场自由于普通人而言也就越是难以企及。

以上海自贸区的设立为契机,2014年3月1日起施行的新《公司法》将上述最低

---

① "经费"非法律术语,依《现代汉语词典》解释,是指"(机关、学校等)经常支出的费用。"由此推断,《民法通则》使用"经费"一词所要表达的含义是,法人必须拥有供其对外活动而需要的费用。在法律语境中,"经费"亦属于"财产",无单列之必要。

② 江平主编:《法人制度论》,中国政法大学出版社1994年版,第130页(吕来明);马俊驹、余延满:《民法原论》(第4版),法律出版社2010年版,第121页(马俊驹);王利明:《民法总论》(第2版),中国人民大学出版社2015年版,第173页。

注册资本的规定悉数删除。关于有限责任公司,第 26 条规定:"(第 1 款)有限责任公司的注册资本为在公司登记机关登记的全体股东认缴的出资额。(第 2 款)法律、行政法规以及国务院决定对有限责任公司注册资本实缴、注册资本最低限额另有规定的,从其规定。"股份有限公司的注册资本则为第 80 条所规定:"(第 1 款)股份有限公司采取发起设立方式设立的,注册资本为在公司登记机关登记的全体发起人认购的股本总额。在发起人认购的股份缴足前,不得向他人募集股份。(第 2 款)股份有限公司采取募集方式设立的,注册资本为在公司登记机关登记的实收股本总额。(第 3 款)法律、行政法规以及国务院决定对股份有限公司注册资本实缴、注册资本最低限额另有规定的,从其规定。"

这意味着,即便是最具经济性的公司法人,其所需"必要"财产,原则上亦改由公司自主判断,法律一般不再强作要求。

3. 名称、组织机构和场所

为了确知交易对方,法律要求实行"显名主义",因而,作为法律主体的法人必须拥有自己的名称。不仅如此,与自然人拥有生命实体不同,法人的生命必须通过法律标志表现。在此意义上,法人的名称其实不仅仅是一个指称符号,同时也是法人生命的象征。相应的,法人不能如自然人般拥有许多姓名,其名称必须唯一且排他。

作为自然人的团体构造,法人本身并不具有思维能力,亦不能亲自实施行为。自然人的意志欲要附着于法人身上,就必须组成能够代表法人的机关,此即所谓的"组织机构",如公司的股东大会、董事会、监事会等。

"场所"是法人进行法律交往的基地。其意义在于,不仅表示团体的存在具有稳定性,并且可以据此确定与之相关的其他问题如契约履行、诉讼管辖等。法人的"场所"相当于自然人的住所。不同的是,法律不能强制要求自然人拥有固定住所,因为自然人的主体地位与其住所没有任何关联;作为法律构造物的法人则往往需要以"场所"这一空间位置显示其存在,此亦维护交易安全的重要法律手段。《民法通则》第 39 条规定:"法人以它的主要办事机构所在地为住所。"不过,这一传统观念如今日益受到互联网交易的挑战,物理空间的"场所"与交易安全之间的关联已越来越微弱。

4. 章程

《民法通则》第 37 条未为法人统一规定章程要件。不过,法人既然为特定目的而存在,并且具有独立的法律地位,为防止法人恣意行为,其存在目的、活动领域、行为方式、基本构成等问题就理应记载于法律文件。该法律文件即为章程。可见,"章程是团体形成组织的规范性文件,无章程也无以成团体"。[①]

依照法律规定,章程对于企业法人(《民法通则》第 41、42 条,《公司法》第 11、12

[①] 张俊浩主编:《民法学原理》(上册)(修订第 3 版),中国政法大学出版社 2000 年版,第 166—167 页(张俊浩)。

条)与社会团体法人(《社会团体登记管理条例》第2、5、11、15条)皆属必要,是法人"从事经营"("开展活动")的基本法律依据。至于机关法人、事业单位法人,法律之所以未将章程作为要件,原因在于,这两类法人一般是依照命令或许可设立,其"章程"被规定于设立命令、机关组织法等法律文件中。

三、法人的内部结构

自然人的主体地位源于自身的"自在目的性",实证法律制度对此无任何置喙之余地。因此,自然人的生命实体如何构成,可能是生物学或体质人类学的研究任务,于民法却几乎毫无意义。与自然人不同,法人是法律的构造物,想要获得并维持法律上的生命,其内部结构就必须遵守设立人以及法律制度的安排,即,法人必须有相应的"组织机构"。私法自治理念下,私法人的内部结构理应取决于设立人意志。但实证法或基于维护交易安全的考虑,或旨在规范法人行为,甚或为了加强管制,常对法人的必设机关作出强制要求。

(一)意思形成机关

1. 社员大会

社员大会由全体社员组成。《公司法》称社员为"股东",因为公司社员资格之取得以出资入股为前提。相应的,公司的社员大会亦被称为"股东(大)会"。

社团法人本身不具有思维能力。决定社团存续目的以及形成法律交往意思的,是设立人订立的章程以及社员加诸社团的意志。因此,社员大会是社团法人的意思形成机关或称"最高机关"。[①]

社员大会的主要任务是决定社团内部事务,包括社员与社团之间的关系、社团的目的事业、选任业务执行人、修改社团章程等等。大会的召开及议决方式由章程规定。

需要注意的是,财团法人没有成员,其意思由捐助章程形成,因此,社员大会只是社团法人的机关。

2. 社员的权利义务

社员的权利义务主要由章程规定。

一般情况下,社员权利可分一般社员权(allgemeine Mitgliedschaftsrechte)与特别社员权(Sonderrechte)两类。其中,一般社员权大体包括机关事务参与权(Organschaftsrechte)(如参加社员大会的权利、投票权)与受益权(Genußrechte)(如使用社团设施的权利、分配盈利的权利、社团解散时分配财产的权利)。特别社员权为特定社员所享有,机关事务参与权方面的特别社员权如特定社员投票权的增加、任职于社团机构时间的延长等权利,受益权方面则如特定社团设施的优先使用权、更高的盈利分

---

① Brox/Walker, Allgemeiner Teil des BGB, 34. Aufl., 2010, Rn. 740.

配权以及社团会费的优惠等。①

社员的义务亦包括一般义务与特别义务。最重要的一般义务是缴纳会费义务与对社团的忠实义务。后者要求社员不得实施任何有害于社团目的的行为。特别义务只针对特定社员,包括负担更多会费的义务等。②

3. 社员资格的取得与丧失

社员资格因加入社团而取得。欲加入社团,需要参与社团的设立或在社团成立后作出加入的意思表示。无论是社团的设立行为还是嗣后的加入行为,均属依意思表示发生相应法律效果的法律行为,必须符合自治理念。

社员资格的丧失事由则包括退社、死亡、在章程有特别规定时被开除等。

(二) 意思表达机关

1. 董事会(理事会)

在社团法人,社员大会只是社团内部的意思形成机关,除在社员大会召开时当场接受社员订立契约之要约等特殊情况外,一般不能对外代表社团进行法律交往;③在财团法人,捐助章程所形成的财团宗旨需要相应的机关贯彻执行。因此,无论是社团法人还是财团法人,均需设置负责对外交往的意思表达机关。意思表达机关因法人形态的不同而可能有不同称谓。《公司法》称之为"董事会",《基金会管理条例》则称"理事会"。

意思表达机关的任务是对外表达社员大会(章程)所形成的法人意思,因此,社团法人的机关担当人由社员大会选任(如《公司法》第37、99条),财团法人则由捐助章程指定(如《基金会管理条例》第10条)。

2. 意思表达方式

意思表达机关如何对外代表法人,各国做法颇不一致。依《德国民法典》第26条,董事会于法庭内外代表社团,具法定代理人地位,若董事会成员在二人以上,则由所有董事共同对外代表社团(共同代理权),但受领意思表示却能够由一名董事为之。瑞士法中的董事会原则上亦为法人代表,不过,法人章程或董事会可以授予一名或数名董事代表权的方式改变这一原则(《瑞士民法典》第69条、《瑞士债法典》第716B条)。《日本民法典》第53条与台湾地区"民法"第27条则规定:每一理(董)事均得对外代表法人。

我国立法与上列情形又有不同。《民法通则》第38条规定:"依照法律或者法人组织章程规定,代表法人行使职权的负责人,是法人的法定代表人。"这是一种比照行政"首长负责制"而建立的法人代表制度。多年以来,它在我国各种形态的法人中均

---

① Brox/Walker, Allgemeiner Teil des BGB, 34. Aufl., 2010, Rn. 758 f.
② a. a. O., Rn. 760 f.
③ Larenz/Wolf, Allgemeiner Teil des bürgerlichen Rechts, 9. Aufl., 2004, § 10 Rn. 67 f.

得到贯彻,如 2005 年修订之前的《公司法》第 45 条、68 条、113 条:"董事长为公司的法定代表人",《基金会管理条例》第 20 条:"理事长是基金会的法定代表人",等等。

值得注意的是,2005 年《公司法》第 3 次修订后,上列各条"董事长为公司的法定代表人"之规定被删除,取而代之的是第 13 条:"公司法定代表人依照公司章程的规定,由董事长、执行董事或者经理担任,并依法登记。"据此,公司虽然仍被要求须确定一人作为法定代表人,但何人充任之问题不再直接由法律强行规定,而成为公司章程自由决定事项。这意味着,以《公司法》为突破口,我国法定代表人制度的僵硬性开始走向缓和。

(三) 监督机关

在英美与法国等立法传统中,法人(公司)组织机构是由成员大会(股东大会)和管理机关(董事会)构成的二元体制,监督机关(监事会)并非强行法上的必设机关。[①] 德国法有所不同。德国法上的监事会起源于 19 世纪,起初只是一个任意机关,视公司需要而设。随着国家逐步退出公司监管领域,1870 年,作为国家替代物的监事会被规定为必设机关,以股东委员会的身份司董事会监督之职。[②] 如今,德国民法法人与商法有限责任公司得自由决定是否设立监事会[③],而根据《德国股份法》(Aktiengesetz),股份有限公司奉行"三元管理结构",除股东大会与董事会外,监事会亦属法定必设机关。此被视为德国股份有限公司最为显著的特征。[④]

比较而言,我国对于监事会的强调甚是突出。监事(会)乃是所有公司的必设监督机关,而无论有限责任公司(《公司法》第 51 条)或股份有限公司(《公司法》第 117 条)。之所以如此,学者普遍归因于"权力监督"理念。[⑤] 管见以为,以权力行使的观念,一概要求不享有公权力的私法人必设监督机关,该做法是否妥适,值得怀疑。显而易见的是,私法人只为设立人目的之存在,是否需要单独设立监督机关对意思表达机关进行监督,设立人(社团成员)意思应扮演关键角色,在此似乎不存在为警惕公共权力的滥用而对其进行制度约束之问题。

[①] Raiser/Veil, Recht der Kapitalgesellschaften, 5. Aufl., 2010, § 13 Rn. 15.
[②] Raiser/Veil, Recht der Kapitalgesellschaften, 5. Aufl., 2010, § 13 Rn. 8.
[③] a. a. O., § 34 Rn. 1.
[④] a. a. O., § 13 Rn. 7.
[⑤] 值得玩味的是,我国私法学者往往愿意用政治机构设置的术语描述法人机关,例如,称社员大会为法人的"权力机关",董事会为"执行机关",监事会则为"监察机关",并称之为"三权分立制衡"原则——虽然这一原本适于公权构造的组织原则并不见容于我国政治领域。参见江平主编:《法人制度论》,中国政法大学出版社 1994 年版,第 290—291 页(张和伏);梁慧星:《民法总论》(第 4 版),法律出版社 2011 年版,第 137—138 页;马俊驹、余延满:《民法原论》(第 4 版),法律出版社 2010 年版,第 129 页(马俊驹)。

第三十六节　法人的分类

一、法人分类的意义

法人分类为观察法人与自然人的差异提供了又一个视角。于民法而言,自然人只存在理性能力上的差异,依据诸如性别、人种、民族等标准所作的分类,在民法上意义甚微,对于自然人主体资格的享有以及行为自由的程度更是毫无影响;法人则可能因类型之不同而具有相当不同的法律地位。

另外,法人虽然是为实现设立者利益而存在,但法律亦须对与之交往的相对人、尤其是债权人提供保护,以防止设立人借法人之外衣损害第三人利益。同时,当法人成员之间存在利益冲突时,法律还须关注少数成员的利益保护问题。因此,基于交往安全的考虑,法人奉行类型强制(Typenzwang)原则,设立人不得任意创设法人种类,而只能在法定类型中选择。①

二、公法人与私法人

德国通说认为,私法人和公法人的区别在于,前者系依私法的设立行为(设立契约或捐助行为)而成立,后者则是基于国家公权力行为而成立,其中尤以法律之颁行或行政行为之作出为典型。② 该区分主要以设立依据(设立方式)为标准。在此之外,公法人和私法人的区分还可参考两项标准:其一,设立目的。公法人旨在执行国家的公共任务;私法人则意在实现私人目的。其二,法律面目。公法人以公共事务执行者面目出现,常常拥有公法赋予的强制权力;私法人则不能享有公共权力,对于他人不具优越地位。③

我国未对公法人、私法人作有意识的区分。这使得我国法人制度显得极为混乱,尤其在法律管制的限度、设立原则、设立方式、责任承担等方面更是如此。结果,我国所有法人均或多或少带有公法人的性质,受到严格管制。《民法通则》清楚表现了这一特点,这部原本应以私法人为规范对象的法律却几乎背道而驰。

机关法人固然属于典型的公法人,其法律依据及目的事业等均属公法内容;在我国现行法律与政治体制下,事业单位法人和社会团体法人亦或者纯粹是公法人,或者公法人性质占居主导地位。即便是企业法人,仍然拥有大量公法人的特点:企业法人以所有制为基础设立,固然需要以私法为依据,更以公法为基础;企业法人以营利为

---

① Larenz/Wolf, Allgemeiner Teil des bürgerlichen Rechts, 9. Aufl., 2004, § 9 Rn. 4.
② Larenz/Wolf, Allgemeiner Teil des bürgerlichen Rechts, 9. Aufl., 2004, § 9 Rn. 2; Dieter Medicus, Allgemeiner Teil des BGB, 10. Aufl., 2010, Rn. 1091.
③ Dieter Medicus, Allgemeiner Teil des BGB, 10. Aufl., 2010, Rn. 1092.

目的,法律活动主要在私法领域,却又承担国家经济任务,属于公共领域;企业法人本不享有公共权力,但全民所有制企业职工一般属于国家公职人员,企业管理人员亦对应行政级别。①

除国家管制方面的影响外,公法人与私法人之划分对于法律适用亦颇具意义。

首先,私法人只能以自身财产对外承担责任。公法人的目的事业一般在公共领域,由公共财政提供支持,责任财产亦多出自国库。对于机关法人的责任承担,《民法通则》第 121 条虽规定:"国家机关或者国家机关工作人员在执行职务中,侵犯公民、法人的合法权益造成损害的,应当承担民事责任。"但国家机关作为典型的公法人,自身并无独立的财产来源,若在执行公务时对他人构成侵权,所谓"承担民事责任",只能求诸公共财政,规范基础优先考虑《国家赔偿法》。② 以公法人为参照中介,事业单位与社会团体法人的责任承担似乎亦有类推适用《国家赔偿法》之余地。当然,当公法人以私法主体身份实施行为时,其责任承担理应准用关于私法人的规范。

其次,在有关责任承担的纠纷解决程序方面,若责任人为私法人,则适用普通的损害赔偿程序,由法院民事审判庭作出判决;若责任性质为国家赔偿,则适用《国家赔偿法》的特别规定。

民法作为私法,以私法人为规范原型,因而,本章对法人的论述,除非特别指出,预设对象均为私法人,虽然我国实证法中几乎没有纯粹的私法人存在。

三、社团法人与财团法人

(一) 划分标准

"社团"与"财团"自德文翻译而来。前者对应 Verein,意为"(人的)联合体";后者对应 Stiftung,意为"基金会"。作为法律概念,社团法人是指为追求共同目的而结成的具有法人资格的人合团体③;财团法人则是旨在实现捐助者特定目的的具有法人资格的财产集合。④ 典型的社团法人如公司、协会等;财团法人则由教会法发展而来,除基金会外,寺院及私立学校等亦属其列。⑤

---

① 有关我国全民所有制企业("国企")、尤其是其法定代表人法律地位的描述,可参方流芳:《国企法定代表人的法律地位、权力和利益冲突》,载《比较法研究》1999 年第 3、4 期,第 419—438 页。
② 《国家赔偿法》第 2 条第 1 款规定:"国家机关和国家机关工作人员违法行使职权侵犯公民、法人和其他组织的合法权益造成损害的,受害人有依照本法取得国家赔偿的权利。"第 29 条规定:"赔偿费用,列入各级财政预算,具体办法由国务院规定。"
③ Brox/Walker, Allgemeiner Teil des BGB, 34. Aufl., 2010, Rn. 732.
④ a. a. O., Rn. 734.
⑤ 张镜影:《论私法人》,载郑玉波主编:《民法总则论文选辑》(下册),台湾五南图书出版公司 1984 年版,第 526—527 页。

公法人、私法人与社团法人、财团法人

汉语学者常以为,社团法人与财团法人只是私法人的再分类。① 该论断恐怕不足为据。在逻辑上,社团法人与财团法人之区分,标准只在成立基础(人或财产)之不同,并不关涉法律依据或目的事业属于何种法域,因此,其共同上位概念为"法人",而不是"私法人"。

《德国民法典》上,私法上的社团法人以 Verein 表述,第 89 条之公法人准用条款,则称 Körperschaften。乍看之下,措辞不同,所指似应各异。实际情形并非如此。Körperschaft 与 Verein 两概念均用以指称拥有成员的法人团体。在用法上,私法上的 Körperschaft 即为 Verein(Vereinigung)。② 关于法人的分类,弗卢梅(Werner Flume)曾明确指出,公法人可分为社团(Körperschaften)、机构(Anstalten)与财团(Stiftungen),另有部分公法人兼有社团与机构之混合因素,私法人则只包括社团与财团两类。③ 至于社团与机构、财团的区别,关键之点在于,前者拥有成员,通过来自于内部成员的意思实现自治,后两者则无成员,意思之形成取决于外部的机构(或财团)设立者,并通过"机关"(Organe)执行该意思。④

关于公法人的具体类型,德国学者普遍认为:属于公法社团者如联邦、州、乡镇、郡县、社区联合等疆域社团(Gebietskörperschaften)以及各职业公会(如律师公会、医师公会)、教会等人合社团(Personalkörperschaften),另外,依《德国大学框架法》(Hochschulrahmengesetz)第 58 条第 1 款之规定,公立大学亦为公法社团;属于公法财团者如普鲁士文化产业财团、残疾儿童救助财团等;诸如联邦劳动部、市立储蓄银行、广播电台等则属于机构。⑤

在我国,公法上的社团法人如政党、中国法学会等各种官方学会,财团法人如中华国际科学交流基金会以及寺院、宫观、清真寺、教堂等宗教活动场所,而国务院各部

---

① 如:胡长清:《中国民法总论》,中国政法大学出版社 1997 年版,第 101 页;梁慧星:《民法总论》(第 4 版),法律出版社 2011 年版,第 121 页;龙卫球:《民法总论》(第 2 版),中国法制出版社 2002 年版,第 335 页;王泽鉴:《民法总则》(最新版),北京大学出版社 2014 年版,第 152 页;张俊浩主编:《民法学原理》(上册)(修订第 3 版),中国政法大学出版社 2000 年版,第 179 页(张俊浩);郑玉波著,黄宗乐修订:《民法总则》(修订 11 版),台湾三民书局 2008 年版,第 138 页。不同见解,施启扬:《民法总则》(第 8 版),台湾自版发行 2009 年版,第 160 页。

② Karl Larenz, Allgemeiner Teil des Deutschen Bürgerlichen Rechts, 7. Aufl., 1989, S. 133; Ernst Wolf, Allgemeiner Teil des bürgerlichen Rechts, 3. Aufl., 1982, S. 643.

③ Werner Flume, Die juristische Person, 1983, S. 95.

④ a. a. O.; Karl Larenz, Allgemeiner Teil des Deutschen Bürgerlichen Rechts, 7. Aufl., 1989, S. 133.

⑤ Reinhard Bork, Allgemeiner Teil des Bürgerlichen Gesetzbuchs, 3. Aufl., 2011, Rn. 198; Brox/Walker, Allgemeiner Teil des BGB, 34. Aufl., 2010, Rn. 731; Helmut Köhler, BGB Allgemeiner Teil, 34. Aufl., 2010, § 21 Rn. 5; Larenz/Wolf, Allgemeiner Teil des bürgerlichen Rechts, 9. Aufl., 2004, § 9 Rn. 2; Staudinger/Weick (2005) Einl zu §§ 21 ff. Rn. 19.

委,则可对应于德国法上的机构。

(二) 构造差异

法人的基础是"成员"抑或"财产"本是借以确立法人规则的基础性分类,但社团法人与财团法人之划分却未出现于我国实证法律规范中。此系我国法人制度混乱的另一重要原因。[①]

社团法人与财团法人的差别主要在于:

1. 成立基础

社团法人是人的联合,典型者如各类公司(《公司法》第78条规定"设立股份有限公司,应当有二人以上二百人以下为发起人");与此不同,财团法人是财产的集合,其团体性质来自于独立的财产。

2. 目的意思之形成

社团法人的目的记载于章程,而章程由作为法人成员的设立人订立,同时,法人成员的意思通过作为法人机关的社员大会成为法人的意思,因此,社团法人的意思来自于社团自身(意思自治)。[②] 财团法人的目的虽亦记载于章程,但章程的作成者并不进入财团内部,在此意义上,财团的意思来自于外部(意思他治)。[③]

3. 设立人地位

社团法人成立后,设立人成为社团成员(社员)。财团法人以独立的财产为基础,没有成员。

4. 设立行为

公法人皆依法律或设立命令成立,故社团法人与财团法人在设立行为方面的差别主要体现于私法中。社团法人由若干设立人共同设立,一般认为,该设立行为属于共同行为,或者更准确地说,属于非交换型契约;社团法人成立后,设立人成为社员,因此,设立行为又属于生前行为。财团法人由设立人以捐助行为(Stiftungsgeschäft)设立,属于无须受领的单方行为;设立人并不成为财团法人的成员,故不妨以死因行为为之。

[①] 混乱表现如,国家税务总局于2003年10月29日发布的《关于纳税人通过中华国际科学交流基金会的公益救济性捐赠税前扣除问题的通知》称:"中华国际科学交流基金会是经中国人民银行批准成立,并在民政部登记注册的非营利的社团法人。"基金会以捐助财产为基础设立,属于典型的财团法人,显然不是"社团法人";如果将国家税务总局所谓的"社团法人"理解为"社会团体法人"的简称,又与《社会团体管理条例》相违,依"条例"第10条规定,"社会团体"必须具备的条件之一是拥有若干会员,基金会不可能存在"会员"。类似措辞亦可见之于国家税务总局国税函[2001]207号文件(《国家税务总局关于纳税人向中国文学艺术基金会捐赠税前扣除问题的通知》)与国税函[2003]722号文件(《国家税务总局关于纳税人向中国法律援助基金会捐赠税前扣除问题的通知》)等。

[②] Brox/Walker, Allgemeiner Teil des BGB, 34. Aufl., 2010, Rn. 732.

[③] a. a. O., Rn. 734.

5. 组织机构

社团法人为社员利益而存在,社员结成社员大会决定社团法人的意思形成,其意思既可表现于章程,亦可反映于日常法律交往。财团法人虽亦依设立人意旨成立,但设立人既然非其成员,自无所谓社员大会之组织机构。财团依照表述于捐助章程中的设立人意志进行法律交往。

6. 目的事业

社团法人既可以营利为其目的事业,亦不妨旨在从事公益活动。财团法人因享有税收优惠等法律优遇,不得以营利为目的。至于财团法人是必须以公益为目的,抑或非以营利为目的即为已足,各国立法态度不一。"财团法人"概念未出现于我国实证法,自然不可能有统一规定。比较明确的是《基金会管理条例》。该条例要求基金会"以从事公益事业为目的"(第2条)。不过,就外延而言,我国的基金会并不涵盖所有财团法人,至少,民办学校等民办非企业单位中的财团法人不受《基金会管理条例》规制。

不得以营利为目的,并不表示财团不得从事任何营利性行为,所要求的只是,必须把收益用于公益事业。①《基金会管理条例》第28条规定:"基金会应当按照合法、安全、有效的原则实现基金的保值、增值。"欲要实现基金的"保值、增值",不从事营利性活动显然无法做到。

7. 解散事由

除共通的解散事由外,社团法人与财团法人各有其独特之处。社团法人可由社员大会决定解散,如《公司法》第180条第2项规定的"股东会或者股东大会决议解散";财团法人"旨在实现捐助者的特定目的",目的不能实现,即失去存在理由,故可因目的无法实现而被解散,如《基金会管理条例》第16条规定:"无法按照章程规定的宗旨继续从事公益活动的","应当向登记管理机关申请注销登记"。

四、营利法人、公益法人与中间法人

这一分类以目的事业的性质为标准。设立人可为法人确定任何法不禁止的目的事业,只不过法律可能采取不同的态度。

经济自由原则下,营利法人的设立一般采准则主义,即由法律统一规定设立营利法人所需要的条件,只要符合该条件,法人即可自由成立。

公益法人的设立政策各有不同。实行许可主义者如台湾地区"民法"。"民法"第46、59条分别规定公益社团、财团须经许可始得设立。其中,第46条的立法理由称:"谨按凡以公益为目的之社团,如以政治、宗教、学术、技艺、社交以及其他非经济

---

① Larenz/Wolf, Allgemeiner Teil des bürgerlichen Rechts, 9. Aufl., 2004, § 12 Rn. 4. 我国《基金会管理条例》第29条规定了公益支出的最低限额:"公募基金会每年用于从事章程规定的公益事业支出,不得低于上一年总收入的70%;非公募基金会每年用于从事章程规定的公益事业支出,不得低于上一年基金余额的8%。"

目的之社团皆是。此种社团,不许滥行设立,以免妨害社会,故须经主管官署之许可,始得成为法人。"第 59 条的立法理由则谓:"查民律草案第一百四十三条理由谓为有特定与继续之目的所使用而集合之财团,欲使成为法人,须经主管官署之许可,为防止其滥设起见也。"①《德国民法典》根据社团、财团之不同而分别对待:非以营利性经营活动为目的的社团,因登入设于区法院之社团登记簿而获得权利能力(第 21 条);有权利能力的财团则以捐助行为与财团住所地之州主管官署的承认为必要(第 80 条)。②《瑞士民法典》最为宽容:"以政治、宗教、学术、艺术、慈善、社交为目的的以及其他不以经济为目的的社团,自表示成立意思的章程作成时,即取得法人资格"(第 60 条);财团法人依照公证方式或遗嘱方式设立,并在商业登记簿上登记(第 81 条),宗教财团、家庭财团则无须登记(第 52 条)。

既不纯以营利为目的,又非纯公益性质的法人,称中间法人。作此分类的典型立法例是日本。③ 关于中间法人,有将其与公益法人合称"非以营利为目的的法人"并适用相同法律规则者,如《德国民法典》与《瑞士民法典》;台湾地区多数学者则认为,民法虽未规定中间法人,但应予以承认,令其能够依民法规定取得法人资格,惟不必经主管机关之许可。④ 我国法律态度暧昧,只能从相关规范中约略推知。

首先,关于社团法人。《社会团体管理条例》第 2 条将"社会团体"定义为"非营利性社会组织",第 5 条则只是要求"社会团体不得从事营利性经营活动"。由此推论,《条例》中的社会团体涵盖公益与中间两种社团法人,适用相同的规范。另外,《农民专业合作社法》第 2 条规定:"农民专业合作社是在农村家庭承包经营基础上,同类农产品的生产经营者或者同类农业生产经营服务的提供者、利用者,自愿联合、民主管理的互助性经济组织。"其目的是"以服务成员为宗旨,谋求全体成员的共同利益"(第 3 条第 2 项),可以划归中间法人之列。

其次,关于财团法人。《基金会管理条例》要求基金会必须以公益为目的(第 2 条)。其他则无规定。

五、《民法通则》的分类

《民法通则》从意识形态(所有制)与行政本位的角度,将法人作企业、机关、事业单位与社会团体之四分。迄今为止,我国有关法人的单行法律(规)体系,系以《民法

---

① 林纪东等编:《新编六法全书(参照法令判解)》,台湾五南图书出版公司 1986 年改订版,第 69、70 页。
② 《德国民法典》对于有权利能力财团之设立,本以"许可"(Genemigung)为要,奉行较为严格的管制政策,2002 年 9 月 1 日起生效的《财团法现代化法》后,改为"承认"(Anerkennung),并于第 80 条第 2 款增加规定:"若捐助行为满足第 81 条第 1 款之要求,财团目的之长期持续践行得以保障,并且财团目的不危害公共利益,即须承认财团之权利能力。"显然大幅降低管制程度。
③ 参见梁慧星:《民法总论》(第 4 版),法律出版社 2011 年版,第 123—124 页;〔日〕我妻荣:《新订民法总则》,于敏译,中国法制出版社 2008 年版,第 128—129 页。
④ 王泽鉴:《民法总则》(最新版),北京大学出版社 2014 年版,第 154 页。

通则》的划分为基本框架。

（一）企业法人

能够取得法人资格的企业包括全民所有制企业（《全民所有制工业企业法》第2条第3款）、国有独资公司（《公司法》第64条）、城镇集体所有制企业（《城镇集体所有制企业条例》第6条第1款）、农村集体所有制的乡镇企业（《乡镇企业法》第2条第3款）、代表非公有制经济的"三资企业"（《合资企业法》第4条第1款、《合作企业法》第2条第2款、《外资企业法》第8条）以及依《公司法》设立的公司（《公司法》第3条）。撤除意识形态的因素，企业法人一般可称营利性社团。

（二）机关法人

机关法人既不是社团法人，又非财团法人，相当于《德国民法典》第89条、《瑞士民法典》第52条上作为公法人的"机构"。

（三）事业单位法人

所谓事业单位，《事业单位登记管理暂行条例》第2条的定义是："国家为了社会公益目的，由国家机关举办或者其他组织利用国有资产举办的，从事教育、科技、文化、卫生等活动的社会服务组织。"定义虽是如此，现实生活中，被归入事业单位之列的，其实未必以社会公益为目的。

事业单位范围极广。根据2011年3月23日中共中央与国务院联合发布的《关于分类推进事业单位改革的指导意见》（中发〔2011〕5号）与2011年7月24日国务院办公厅《关于印发分类推进事业单位改革配套文件的通知》（国办发〔2011〕37号）中《关于事业单位分类的意见》之规定，现有事业单位可划分为承担行政职能、从事生产经营活动和从事公益服务三类。改革的方向是，前两类事业单位将逐渐撤销或分别转为行政机构与企业，仅保留公益型事业单位。公益型事业单位又可再分为两类：公益一类事业单位承担义务教育、基础性科研、公共文化、公共卫生及基层的基本医疗等基本公益服务，此类事业单位不得从事经营活动，其目的事业不能或不宜由市场配置资源，由国家直接确定；公益二类事业单位承担高等教育、非营利医疗等公益服务，此类事业单位在确保公益目标的前提下，可依法从事与主业相关的营利性活动，其目的事业可部分由市场配置资源。

（四）社会团体法人

曾有许多学者认为，《民法通则》中的"社会团体"包括除国家机关、企业、事业单位以外的一切团体，属于财团法人的基金会亦归属其中。[①] 1989年的《社会团体登记

[①] 江平主编：《法人制度论》，中国政法大学出版社1994年版，第71页（赵旭东）；梁慧星：《民法总论》（第3版），法律出版社2007年版，第123页；魏振瀛主编：《民法》（第4版），北京大学出版社、高等教育出版社2010年版，第80页（李仁玉）。不过，梁慧星教授第4版的《民法总论》（2011年）已根据1998年的《条例》删改上述观点（第121页）；李仁玉教授则虽在魏振瀛教授主编《民法》第5版（2013年版）中注意到1998年《条例》的变化，但仍认为，"基金会是一种特殊的社会团体法人"（第80页）。

管理条例》确是在此意义上定义"社会团体"。不过,1998年10月25日施行的《社会团体登记管理条例》对其作有限缩。依照《条例》第2条,社会团体是指"中国公民自愿组成为实现会员共同意愿,按照其章程开展活动的非营利性社会组织"。第10条则明确规定"社会团体"所需具备的最低会员人数。这表示,新的《社会团体登记管理条例》中的"社会团体"指的是非营利性的社团法人,作为财团法人的基金会被排除在外。

并非所有非营利性的社团法人均依《社会团体登记管理条例》登记,或者说,《社会团体登记管理条例》并未囊括所有的非营利社团法人。2007年7月1日,《农民专业合作社法》施行,该法第4条第1款规定,登记后,农民专业合作社即取得法人资格。农民专业合作社以之前主要由地方性法规规制的供销合作社经验为基础,是以成员互助为目的的非营利性(中间)社团法人。

新的《社会团体管理条例》虽使得"社会团体"的概念得以明确,但关于基金会的法律规范亦随之陷于阙如。这一局面一直维持到2004年6月1日施行的《基金会管理条例》。《条例》第2条规定:"本条例所称基金会,是指利用自然人、法人或者其他组织捐赠的财产,以从事公益事业为目的,按照本条例的规定成立的非营利性法人。"显然,基金会属于财团法人。

(五) 法人型民办非企业单位

在上述《民法通则》的分类之外,我国还有一种被称为"法人型民办非企业单位"的法人。

关于"民办非企业单位",《民办非企业单位登记管理暂行条例》第2条的定义是:"企业事业单位、社会团体和其他社会力量以及公民个人利用非国有资产举办的,从事非营利性社会服务活动的社会组织。"这种社会组织包括"法人型"、"合伙型"与"个人型"三种(第12条)。《条例》所突出的只是民办非企业单位的财产来源不属于"国有资产",这一特点除有助于划定所有制类型外,似乎没有其他法律意义。由于关于"民办非企业单位"的规定未涉及成立基础,故而既可包括拥有成员的社团法人,亦可包括以财产作为成立基础的财团法人(如"民办学校"①)。② 不过,作为财团法人的"民办非企业单位"是否必须以公益为目的,抑或仅非以营利为目的即为已足,《条例》未予涉及。

---

① 《民办教育促进法》第9条第3款规定:"民办学校应当具备法人条件。"另据该法第2条规定,所谓"民办学校",是指国家机构以外的社会组织或者个人,利用非国家财政性经费,面向社会举办的学校。此显然属于"民办非企业单位"。

② 葛云松教授则认为,法人型民办非企业单位均在财团法人的解释框架之内。葛云松:《中国的财团法人制度展望》,载氏著:《过渡时代的民法问题研究》,北京大学出版社2008年版,第249—250页。

第三十七节　法人权利能力:开始与消灭

一、法人权利能力的开始

《民法通则》第 36 条第 2 款规定,法人权利能力始于成立。显然,在法律生命的获得问题上,法人"成立"之法律效果相当于自然人之"出生"。只不过,基于对自然人自在目的性的尊崇,即便法律政策限制人口生育(如"计划生育"),违反这一政策出生的自然人亦无障碍拥有完全的权利能力。至于自然人以何种方式出生,于主体资格更是毫无影响。因此,关于自然人的出生,法律所能做的只是,以尽可能准确的方式判断其出生时点。

作为法律构造物的法人与此不同。一方面,如上节所指出的,法人"生命"之获得以充分相应的法律要件为前提;另一方面,在法人如何成立问题上,实证法律制度的立场亦直接关乎法人的地位。"法人如何成立"之问题,主要体现在法人的设立原则、设立方式以及成立标志等方面。

(一) 法人的设立原则

所谓法人的设立原则,是指实证法律制度对于法人之成立所采取的立场。不同的立场体现不同的管制程度。

1. 特许主义

法人制度发轫之初,国家为了实现对于法人的严密控制,采取特许设立的立场。即,"依君主之命令或议会之立法,一命令或一法律,设立一法人之主义。"[1] 迄至当代,特许主义基本不再适用于私法人的设立。

2. 任意主义

所谓法人设立的任意主义(System der freien Körperschaftsbildung),是指只要具备法人的规范要件,法人即告成立,法律必须承认其主体地位。此恰如自然人之出生。[2] 该立场认为,法人目的在于谋求公共利益之增进,因而应听诸个人之自由,毋庸国家干预。[3] 显然,在国家管制问题上,此与特许主义分列两极。

不过,由于法人享有独立财产责任之特权,若任由自然人随意设立法人、尤其是营利性法人,恐将纵容滥用法人特权之行为。如今,任意主义之立场,以瑞士法上非营利性社团法人最为接近,德国则在无权利能力社团领域有其适用。[4]

---

[1] 史尚宽:《民法总论》,中国政法大学出版社 2000 年版,第 151 页。
[2] Palandt/Heinrichs, Einf. v § 21 Rn. 5; Staudinger/Weick (2005) Einl. zu §§ 21ff. Rn. 60.
[3] 梅仲协:《民法要义》,中国政法大学出版社 1998 年版,第 68 页。
[4] Palandt/Heinrichs, Einf v § 21 Rn. 5.

3. 许可主义

许可主义(Konzessionssystem)要求,申请成立法人时,除符合法律所列举的一般条件外,尚须获得主管官署的许可。主管官署在作出是否予以批准成立的决定时,拥有相当大的裁量空间。原则上,只有在拒绝许可构成滥用裁量权时,官署权力才会得到限制。① 显然,通过主管官署的许可,国家有足够的机会阻止不符合公权力意志的法人成立。

在欧洲,许可主义一直盛行至19世纪中叶。② 时至今日,德国法上奉行许可主义的规范仍间或可见。例如,《德国民法典》第22条规定,以营利为目的的社团,因国家授予而获得权利能力。法典作此规定的基本考虑是,民法上的营利性社团缺乏保护债权人与社团成员的规范,所以需要通过较为严格的许可政策,来防止设立人妨害债权人或其他社团成员尤其是少数社团成员的利益。不过,《德国民法典》第22条的适用范围远不如看上去那么广泛,相反,在实践中其实极少得到适用。在德国,设立营利性社团,首先考虑的是作为特别法的商法规范,采取公司组织形式。只有在商法规范无法适用时,《民法典》第22条才会被援引。③

我国法人的设立原则基本未区别公法人、私法人,多数实行许可设立主义。如非以营利为目的的社团法人,《社会团体登记管理条例》第3条:"成立社会团体,应当经其业务主管单位审查同意,并依照本条例的规定进行登记。"第9条:"申请成立社会团体,应当经其业务主管单位审查同意,由发起人向登记管理机关申请筹备。"《民办非企业单位登记管理暂行条例》第3条:"成立民办非企业单位,应当经其业务主管单位审查同意。"又如以公益为目的的财团法人,《基金会管理条例》第9条:"申请设立基金会,申请人应当向登记管理机关提交……业务主管单位同意设立的文件。"即便是私法人色彩最为强烈的公司,其设立仍然存在许可主义之适用空间,《公司法》第6条第2款规定:"法律、行政法规规定设立公司必须报经批准的,应当在公司登记前依法办理批准手续。"④

4. 准则主义

法律以一般规则的方式就法人成立之条件作出列举,符合该条件即得设立,此之谓准则主义(Normativsystem)。为了不至于令法律设定的成立条件流于具文,与准则主义相伴随的一般是法人的登记制度。与许可主义不同的是,是否给予登记并非取

---

① Dieter Medicus, Allgemeiner Teil des BGB, 10. Aufl., 2010, Rn. 1089.
② a. a. O.
③ Brox/Walker, Allgemeiner Teil des BGB, 34. Aufl., 2010, Rn. 738; Larenz/Wolf, Allgemeiner Teil des bürgerlichen Rechts, 9. Aufl., 2004, § 10 Rn. 27; Dieter Medicus, Allgemeiner Teil des BGB, 10. Aufl., 2010, Rn. 1109.
④ 现行《公司法》已大幅放宽公司设立的管制限度。2005年第3次修订前的《公司法》第77条规定:"股份有限公司的设立,必须经过国务院授权的部门或者省级人民政府批准。"属于典型的许可主义立场。

决于主管官署的裁量,毋宁说,只要法定要件得以充分,官署就必须予以登记。[1]

我现行法上,最能体现准则主义理念的表述是2011年施行的《个体工商户条例》第4条第2款:"申请办理个体工商户登记,申请登记的经营范围不属于法律、行政法规禁止进入的行业的,登记机关应当依法予以登记。"只不过,个体工商户并非法人。至于法人,我国主要在公司和合作社领域实行准则主义(《公司法》第6条第1款,《农民专业合作社法》第10、13条,《农民专业合作社登记管理条例》第1条)。

准则主义既因法律备有设立条件与登记公示制度而能够避免滥设法人之流弊,维护交易安全[2],亦因登记官署对于符合法律条件者负有登记之责而不至于陷入过分管制,堪称理想。基于经济自由理念,准则主义在各国营利法人制度中得到广泛运用,即便对于非以营利为目的的法人,采准则主义亦所在多有,典型者如《德国民法典》第21条:"非以营利性经营活动为目的的社团,因登入设于区管辖法院之社团登记簿而获得权利能力。"

5. 强制设立主义

强制设立主义是指,"依法律强制其设立,从而当然为法人之主义。"[3]该设立立场一般适用于公法人,于私法意义不大。

(二) 法人的设立方式

法人必经一定方式设立。如果设立方式存在瑕疵,法人的主体资格可能因此受到影响。不同形态的法人有着相当不同的设立方式。

1. 命令设立

命令设立一般对应于特许设立和强制设立原则。如果以设立方式作为区分公法人与私法人的标准,采命令设立方式者,一般属于公法人。我国机关法人、事业单位法人、国有企业等一般采取命令设立方式。

2. 发起设立

发起设立针对社团法人而言,是指由若干发起人的设立行为设立法人的方式。《公司法》第77条第2款规定:"发起设立,是指由发起人认购公司应发行的全部股份而设立公司。"另外,《社会团体管理条例》虽未明确使用"发起设立"之术语,但对设立人以"发起人"相称,设立方式亦当理解为发起设立。

以股份有限公司为例,发起设立的要点在于:第一,注册资本为登记于公司登记机关的全体发起人认购的股本总额,并且,认购股份缴足前,不得向他人募集股份(《公司法》第80条第1款)。第二,发起人应书面认足公司章程规定其认购的股份,并依章程规定缴纳出资,以非货币财产出资的,应依法办理财产权转移手续;若未履

---

[1] Dieter Medicus, Allgemeiner Teil des BGB, 10. Aufl. , 2010, Rn. 1090.
[2] a. a. O.;梅仲协:《民法要义》,中国政法大学出版社1998年版,第68页。
[3] 史尚宽:《民法总论》,中国政法大学出版社2000年版,第151页。

行上述义务,发起人应按照发起人协议承担违约责任(《公司法》第 83 条第 1、2 款)。第三,股份有限公司成立后,发起人未缴足出资的,有义务补缴,作为出资的非货币财产实际价额显著低于公司章程所定价额的,应由交付该出资的发起人补足其差额;对于发起人对公司所负上述义务,其他发起人承担连带责任(《公司法》第 93 条)。

3. 捐助设立

与社团法人的发起设立相对应的是财团法人的捐助设立,即,财团法人仅以设立人所捐助的财产为基础成立。

4. 募集设立

募集设立是于社团法人与财团法人均有适用余地的设立方式。如果所要设立的法人财产金额巨大,发起人难以承受,则可能向社会公众发出要约,募集财产以设立法人。我国明确规定可以采取募集设立方式的是股份有限公司(《公司法》第 77 条)与公募基金会(《基金会管理条例》第 3 条)。《公司法》第 77 条第 3 款对募集设立所作的定义是:"募集设立,是指由发起人认购公司应发行股份的一部分,其余股份向社会公开募集或者向特定对象募集而设立公司。"

以股份有限公司为例,募集设立的要点在于:第一,注册资本为登记于公司登记机关的实收股本总额(《公司法》第 80 条第 2 款)。第二,除法律、行政法规另有规定的外,发起人认购的股份不得少于公司股份总数的 35%(《公司法》第 84 条)。第三,向社会公开募集股份,必须公告招股说明书,并制作认股书(《公司法》第 85 条第 1 句);应与证券公司签订承销协议,由证券公司承销股份(《公司法》第 87 条);应与银行签订代收股款协议(《公司法》第 88 条第 1 款)。第四,发行的股份超过招股说明书规定的截止期限尚未募足的,或者发行股份的股款缴足后,发起人在 30 日内未召开创立大会的,认股人可按照所缴股款并加算银行同期存款利息,要求发起人返还(《公司法》第 89 条第 2 款)。

(三) 法人的成立标志

1. 登记的创设效力

原则上,法人以登记作为成立标志。典型代表这一观念的立法如台湾地区"民法"第 30 条:"法人非经向主管机关登记,不得成立。"显然,此等登记具有创设效力(rechtsbegründende Wirkung, konstitutive Wirkung),即,登记使得作为权利主体的法人获得"法律生命"。另外,《德国民法典》第 21 条所规定的非营利社团之登记,亦生创设效力。①

《民法通则》以登记为成立标志的法人只是企业法人(第 41 条)以及需要登记的事业单位、社会团体法人(第 50 条第 2 款),此外,须经登记方可成立的法人还包括"法人型民办非企业单位"(《民办非企业单位登记管理暂行条例》第 12 条)以及作为

---

① Brox/Walker, Allgemeiner Teil des BGB, 34. Aufl., 2010, Rn. 739.

财团法人的基金会(《基金会管理条例》第 11 条)。

根据《公司法》第 7 条第 1 款规定,有限公司与股份公司均以登记为成立前提,但判断公司成立日期的法定依据不是公司登记簿,而是"公司营业执照签发日期"。

2. 登记的宣示效力

并不是所有法人均以登记作为成立标志。《瑞士民法典》第 60 条第 1 款规定:"以政治、宗教、学术、艺术、慈善、社交为目的的以及其他不以营利为目的的社团,自表示成立意思的章程作成时,即取得法人资格。"此时,虽然法人仍须登记(《瑞士民法典》第 61 条),但登记不再产生创设效力,不过是对已取得权利能力的法人进行宣示(feststellende Wirkung, deklaratorische Wirkung)。根据《瑞士民法典》,无须登记的私法人在成立上较之其他法人更为自由,接近于任意主义的设立原则。

自事理而言,法律制度之所以要以准则主义防止任意主义的滥设之弊,最重要的原因在于,法人享有财产责任独立之特权,任意主义可能纵容法人的设立人借此逃避债务,损害债权人利益。显然,该理由主要在营利性法人领域有说服力。对于非营利性法人,因其不从事商事交易,无此顾虑,故以登记作为宣示手段即为已足。

不过,登记宣示主义不必然意味着比登记创设主义更少管制色彩。《德国民法典》第 22 条所规定的营利性社团之登记,非为创设,仅仅是对其已经获得的权利能力进行宣示[1],而营利性社团权利能力之取得,系国家许可所致,其自由程度显然不如第 21 条所规定的非营利性社团。

我国亦存在大量不以登记为成立标志的法人,其间体现的法律意旨并不是如《瑞士民法典》般削弱管制,而是相反。

根据《民法通则》,不以登记为成立标志的法人包括机关法人、"依法不需要办理法人登记的"事业单位与社会团体法人。机关法人系纯粹的公法人,不得随意设立事所当然;事业单位法人只能"由国家机关举办或者其他组织利用国有资产举办"(《事业单位登记管理暂行条例》第 2 条),亦属公法人之列,当以管制为基本取向,因此,若在《事业单位登记管理暂行条例》施行之前已取得法人资格、或直接由县级以上政府直接命令设立(第 11 条),无须以登记作为取得权利能力之前提。至于社会团体法人,《社会团体登记管理条例》第 3 条所列举的不以登记作为成立标志的包括:参加中国人民政治协商会议的人民团体,以及由国务院机构编制管理机关核定、并经国务院批准免于登记的团体。前者属于以政治为目的的社团法人,通过封闭式列举,《条例》所表达的其实是,除已经存在的"参加中国人民政治协商会议的人民团体"外,不再允许其他政治性社团存在;后者则因其被纳入国务院机构编制体系,在法律地位上已相当于公法人中的机构,自无须以登记作为成立标志。

---

[1] Brox/Walker, Allgemeiner Teil des BGB, 34. Aufl., 2010, Rn. 739.

3. 登记行为的法律性质

如果登记只是法人成立的公示方式，其性质与物权登记当无差异，属于公法上的程序行为，并不具有行政管理职能。在此脉络下，为防止行政官署的管制，登记机关宜设于不具有行政管理职能的机构，如法院（《德国民法典》第 21、55 条，台湾"民法总则施行法"第 10 条）。

我实证法上的法人登记不仅仅是法人成立的公示方式，还负载行政管理职能。事业单位实行"分级登记管理"，其"登记管理机关"是"国务院机构编制管理机关和县级以上地方各级人民政府机构编制管理机关"（《事业单位登记管理暂行条例》第 5 条）；社会团体、民办非企业单位与基金会亦实行分级登记管理，其"登记管理机关"则是国务院民政部门和相应的地方政府民政部门（《社会团体登记管理条例》第 6 条，《民办非企业单位登记管理暂行条例》第 5 条，《基金会管理条例》第 6 条）。甚至对于公司，所适用的依然是登记"管理"条例，《公司登记管理条例》第 4 条规定："工商行政管理机关是公司登记机关。"由于登记兼行"管理"，即便是实行准则设立主义的公司，其所谓"准则主义"，其实亦与他国的"许可主义"相去不远。

更有甚者，我国法律似乎并不认为登记的主要功能在于公示。对于不以登记作为成立标志的事业单位、社会团体，登记的意义仅仅在于"备案"而已（《事业单位登记管理暂行条例》第 11 条，《社会团体登记管理条例》第 17 条）。所谓"备案"，因意不在公示，故而既不能产生宣示效力，更谈不上创设效力，充其量具有"事实记录"之意义。

（四）设立中法人

法人设立完成始享有权利能力，成为权利主体。然而，法人成立并非一蹴而就，往往需要经历一段相当漫长的"出生"过程。于是，法律制度需要回答：处于设立阶段的法人（Vorverein），法律地位如何？从逻辑上看，设立中法人既然尚未成立，就不能有主体资格，从而无法独立享有权利、负担义务。然而，如果就此否认其对外交往的可能，法人也许永远无法成立。正如对于胎儿存在例外规则，设立中法人亦需要予以特别对待。

德国通说认为，设立中社团与之后取得权利能力的社团具有同一性。[1] 不同之处仅仅在于各自权利义务的归属方式不同：设立中社团，其权利义务归属于结合成为整体的全体成员；设立完成取得权利能力后，则归于作为法律主体的社团本身。[2]

我国《公司法》第 94 条规定："股份有限公司的发起人应当承担下列责任：（一）公司不能成立时，对设立行为所产生的债务和费用负连带责任；（二）公司不能

---

[1] Larenz/Wolf, Allgemeiner Teil des bürgerlichen Rechts, 9. Aufl., 2004, § 10 Rn. 55; Dieter Medicus, Allgemeiner Teil des BGB, 10. Aufl., 2010, Rn. 1113.

[2] Larenz/Wolf, Allgemeiner Teil des bürgerlichen Rechts, 9. Aufl., 2004, § 10 Rn. 55.

成立时,对认股人已缴纳的股款,负返还股款并加算银行同期存款利息的连带责任;……"由此反面解释,若设立成功,则相应的行为后果由公司承受。通过规范股份有限公司设立失败的责任承担,《公司法》第94条所表达的观念与德国通说基本一致。

《公司法解释三》将94条的立法意旨扩及至所有公司。其中,第3条第1款规定的是法律行为效果归属原则:"发起人以设立中公司名义对外签订合同,公司成立后合同相对人请求公司承担合同责任的,人民法院应予支持。"第4条第1款则规定债务承担原则:"公司因故未成立,债权人请求全体或者部分发起人对设立公司行为所产生的费用和债务承担连带清偿责任的,人民法院应予支持。"

二、法人权利能力的消灭

（一）法人权利能力消灭的标志

根据《民法通则》第36条第2款规定,法人权利能力"到法人终止时消灭"。由此可见,在消灭权利能力的问题上,法人"终止"产生相当于自然人"死亡"的法律效力。

不过,自然人生命是否终结并不取决于法律制度,后者所能做的,只是在出现争议时确定相应证据(如户籍中的死亡登记)或进行推定(如数人同时遇难的死亡时间推定)。无论是法定证据,还是法律推定,都可为相反证据所推翻。法人既然是法律构造物,生命来自于实证法,其"生命"的终结亦理应取决于法律规范。问题是:如何确定法人终止(权利能力消灭)的时点?

我国法律无关于法人终止的一般性规定,唯《民法通则》第46条称:"企业法人终止,应当向登记机关办理注销登记并公告。"注销登记对于法人终止产生何种影响无法由此推知。另外,《公司登记管理条例》第44条规定:"经公司登记机关注销登记,公司终止。"似乎表明,注销登记之后公司始告终止。公司成立登记生创设效力,在逻辑上,以注销登记为终止时点,可与成立登记首尾呼应。这是否意味着,公司注销登记亦生创设效力——非经注销不得终止？笔者以为,回答应该是否定的。

首先,就文义而言,《条例》第44条与其否命题("非经公司登记机关注销登记,公司不得终止")并不等值。这表示,公司终止未必是注销登记所致——创设效力与宣示效力均在文义范围之内。

其次,就规范效力而言,若注销登记生宣示效力,即意味着,成立登记之创设效力仅具消极公示功能——未作成立登记之公司视为不存在,而不具积极公示功能——成立登记未被注销之公司可能已不复存在。乍看之下,这一格局似乎不利于维护第三人对于公司登记簿的信赖。但实际上,正是基于第三人利益之保护,公司登记簿才不能有积极公示之功能。清算终结后的公司实际上已陷于死亡,无法再承受法律交往的后果,但在注销登记前,若登记簿之成立登记予第三人以积极信赖,无异于为第三人制造交易陷阱,诱其与无法承受后果之主体进行法律交往,因而,将《条例》第44

条之注销登记解释为宣示效力有利于维护交易安全。①

然则,已为注销登记者,固可据之认定公司终止,若未为注销登记,导致公司终止的事由何在?《公司登记管理条例》第42条规定,公司清算结束后,清算人有义务申请注销登记。由此可知,公司的主体资格伴随着清算结束而消灭。②

(二) 法人终止与法人清算

1. 概说

无论是自然人还是法人,其财产关系都不会因为生命的终结而自然消失。因此,任何法律主体的消亡,均涉及如何处理财产关系之问题。不同的是,自然人具有自在目的性,理应享有充分的意志自由与行为自由,所以,自然人生命尚未终结之前,不得被要求先行清理各种财产关系,由此决定,自然人死亡后的财产关系只能由继承法解决;法人则是一个工具性的法律实体,并不负载伦理价值,如果不在终止之前了结财产关系,将为法人设立者(或法人成员)滥用法人制度、损害相对人利益提供可乘之机,因此,法人终止之前必须经过财产清理程序,即清算。通过清算,法人得以了结一切财产关系。《民法通则》第40条规定:"法人终止,应当依法进行清算,停止清算范围外的活动。"

清算有广狭两义。广义清算包括破产清算与普通清算。其中,破产清算为破产法所规范,普通清算则属狭义清算。清算程序随法人类型、终止原因等因素不同而相去甚远,非特别法不足以详细规定。因此,此处对法人清算的论述,只概要式涉及有关清算的基本问题。

2. 清算人

执行清算事务者,称清算人。③ 清算人的基本职能是对外代表法人④,了结既存各种财产关系。对此,《公司法》第184条有较为详细的规定:"清算组在清算期间行使下列职权:(一) 清理公司财产,分别编制资产负债表和财产清单;(二) 通知或者公告债权人;(三) 处理与清算有关的公司未了结的业务;(四) 清缴所欠税款;(五) 清理债权、债务;(六) 处理公司清偿债务后的剩余财产;(七) 代表公司参与民事诉讼活动。"另外,根据《公司法》第187、188条,清算人还负有在公司支付不能时申请宣告破产、以及清算结束后申请注销登记之责。

---

① 台湾通说认为,解散登记如同变更登记,生对抗效力。施启扬:《民法总则》(第8版),台湾自版发行2009年版,第165页;姚瑞光:《民法总则论》,台湾自版发行2002年版,第153页;郑玉波著、黄宗乐修订:《民法总则》(修订11版),台湾三民书局2008年版,第177页。

② 德国法亦以清算结束为法人(社团)终止时点。Helmut Köhler, BGB Allgemeiner Teil, 34. Aufl., 2010, § 21 Rn. 37; Dieter Leipold, BGB I: Einführung und Allgemeiner Teil, 6. Aufl., 2010, § 31 Rn. 52.

③ 《民通意见》第60条规定:"清算组织是以清算企业法人债权、债务为目的而依法成立的组织。"这一定义不妥:第一,清算人不见得形成"组织";第二,并非只有企业法人才需要清算;第三,清算人的目的不局限于清算债权债务。

④ 《德国民法典》第48条第2款:"除根据清算的目的另有其他规定外,清算人具有董事会的法律地位。"

关于清算人的选任,《民法通则》仅在第47条有一笼统规定:"企业法人解散,应当成立清算组织,进行清算。企业法人被撤销、被宣告破产的,应当由主管机关或者人民法院组织有关机关和有关人员成立清算组织,进行清算。"该规定暗含一项法律立场:清算人的选任,因法人终止原因不同而有不同。①

2005年《公司法》第3次修订淡化了上述区分,2013年第4次修订未再触及。根据新法第183条规定,解散原因为"公司章程规定的营业期限届满或者公司章程规定的其他解散事由出现"、"股东会或者股东大会决议解散"、"依法被吊销营业执照、责令关闭或者被撤销"、以及"人民法院依照本法第一百八十二条的规定予以解散"者,清算人选任的规则均为:"应当在解散事由出现之日起十五日内成立清算组,开始清算。有限责任公司的清算组由股东组成,股份有限公司的清算组由董事或者股东大会确定的人员组成。逾期不成立清算组进行清算的,债权人可以申请人民法院指定有关人员组成清算组进行清算。人民法院应当受理该申请,并及时组织清算组进行清算。"

3. 清算中的法人

法人进入清算程序后,除非为清算所需,否则不得与他人产生新的法律关系。不过,即便如此,清算中的法人仍无可避免要对外交往。清算中的法人主体资格之问题即由此凸现。

对于这一问题,《德国民法典》第49条第2款与台湾地区"民法"第40条第2款的立场相似:在清算目的所需范围内,法人在清算结束之前视为继续存在。由是可知,清算中法人与清算前法人的主体资格具有同一性。唯其进入清算程序后,法律交往受到严格限制,清算中法人可能已无法完全满足法人要件,直接认定清算中法人的主体资格存在技术障碍,故民法采取拟制手段,将其"视为"清算前法人的存续。

我国法律未设明文,但无妨从相关法条中推知法律立场。

《民通意见》第60条第2款规定:"对于涉及终止的企业法人债权、债务的民事诉讼,清算组织可以用自己的名义参加诉讼。"据此,清算组取得当事人能力。至于清算中的法人是否拥有当事人能力,《民通意见》未作规定。表面上看,肯定与否定两种解释均有可能。但如果采肯定解释,即意味着,"对于涉及终止的企业法人债权、债务的民事诉讼",将存在两个相互独立的适格当事人,这不符合民事诉讼基本原理。因而,更为合理的解释是,《民通意见》第60条第2款之规定使得清算中法人已不再具备当

---

① 2005年第3次修订之前的《公司法》贯彻这一立场。具体而言,公司清算人的选任可大致区分为三种情形:(1)若公司因破产而终止,依旧《公司法》第189条,"由人民法院依照有关法律的规定,组织股东、有关机关及有关专业人员成立清算组,对公司进行破产清算。"(2)若公司依章程或股东大会决议解散,根据旧《公司法》第191条,"有限责任公司的清算组由股东组成,股份有限公司的清算组由股东大会确定其人选;逾期不成立清算组进行清算的,债权人可以申请人民法院指定有关人员组成清算组,进行清算。"(3)若公司被强行撤销,旧《公司法》第192条要求"由有关主管机关组织股东、有关机关及有关专业人员成立清算组,进行清算"。

事人能力。没有诉讼法上的当事人能力,不可能具备实体法上的主体资格。由此推论,《民通意见》的立场是:法人进入清算程序,其原有主体资格即告消灭,取而代之的是清算人的主体资格。

然而,这一解释仍然存在许多不可逾越的法律障碍:第一,与《民法通则》第36条法人主体资格"到法人终止时消灭"的规定相抵触。第二,清算人在清算中法人中相当于董事地位,与法人形成委任关系①,不可能以其主体资格取代法人。第三,如果法人的主体资格为清算人所取代,合乎逻辑的后果是,清算人必须承受法人行为的后果,这显然不可接受。

《公司法》的立场与《民通意见》颇为不同。在清算人的职责问题上,《公司法》第184条第7项的规定是"代表公司参与民事诉讼活动"。《公司法解释二》第10条第1款更是规定:"公司依法清算结束并办理注销登记前,有关公司的民事诉讼,应当以公司的名义进行。"这表示,公司仍然具有当事人能力。清算人不过是公司的代表人。虽然《公司法》未明确规定清算中法人的主体资格问题,但从法条措辞很容易看到,清算中公司具有主体资格,并且该主体资格未与清算前公司区分,《公司法》将其二者一律以"公司"相称。换句话说,《公司法》相关规范的设置,是以清算中公司与清算前公司具有同一性为前提的。该立场显然较之《民通意见》有了实质进步。

(三) 法人终止的原因

除非宣告死亡,否则民法不必追问自然人死亡原因。因为,自然人无论基于何种原因死亡,对于死亡的法律后果都不会产生影响。法人不同。从上文关于清算的论述中可以看到,法人"死亡"的原因将影响清算程序的展开。法人终止原因统称为"法人解散"②,作为法人终止程序的一环,是清算的前提。③

关于法人终止的原因,《民法通则》第45条以企业法人为原型作有笼统规定:"企业法人由于下列原因之一终止:(一) 依法被撤销;(二) 解散④;(三) 依法宣告破产;(四) 其他原因。"其中第二项"(自行)解散"的事由主要包括:章程规定不能再存续的事由发生,法人意思机关作出解散决定,独资法人投资人作出解散决定;等等。"其他原因"则包括:成员不足法定人数;被合并或分立;等等。《公司法》第180条专列公

---

① 《德国民法典》第48条第2款;胡长清:《中国民法总论》,中国政法大学出版社1997年版,第121页;史尚宽:《民法总论》,中国政法大学出版社2000年版,第201—202页。

② 《民法通则》第47条("企业法人解散,应当成立清算组织,进行清算")的措辞方式虽与第40条相似,但在解释时,不能作相同方式理解。依从第45条,"解散"是法人终止的原因,所以,第47条所表达的意思其实是:法人被决定解散后,应转入清算程序。法人"终止"则意味着法人主体地位的消灭,绝不可能在"终止"之后再行"清算",故第40条的合理解释只能是:欲使法人终止,应先行清算。

③ 施启扬:《民法总则》(第8版),台湾自版发行2009年版,第188页;张俊浩主编:《民法学原理》(上册)(修订第3版),中国政法大学出版社2000年版,第212—213页(张俊浩);郑玉波著,黄宗乐修订:《民法总则》(修订11版),台湾三民书局2008年版,第164页。

④ 张俊浩教授正确指出,此处"解散"应属"自行解散"之义。张俊浩主编:《民法学原理》(上册)(修订第3版),中国政法大学出版社2000年版,第212页(张俊浩)。

司解散原因:"公司因下列原因解散:(一) 公司章程规定的营业期限届满或者公司章程规定的其他解散事由出现;(二) 股东会或者股东大会决议解散;(三) 因公司合并或者分立需要解散;(四) 依法被吊销营业执照、责令关闭或者被撤销;(五) 人民法院依照本法第一百八十二条的规定予以解散。"

三、法人的变更

(一) 法人变更及其登记

自然人获得生命后,除非死亡,其人格同一性不可能发生改变。法人则有不同。既然是设立人法律行为所产生的法律效果,属于纯粹的规范存在,那么,该"法律效果"就有变更之可能。换言之,法人的"人格"可以发生改变。广义上,法人的任何登记事项之变更,皆可称"法人的变更"。但此处所称变更,只就能够影响法人主体地位者而言,主要包括合并、分立、形态变更与目的事业变更。

法人变更后,须在登记簿作出变更登记。《民法通则》第 44 条、《公司法》第 179 条、《公司登记管理条例》第 5 章等都规定:法人(公司)变更必须登记。但关于变更登记的效力,除《公司法》第 32 条第 3 款明确规定股东姓名(名称)变更登记属对抗要件外,其他皆未予置言。

《德国民法典》第 68 条规定,登记簿所记载事项值得信赖:"若原董事会成员与第三人实施法律行为,惟法律行为实施之时董事会变更已登记于社团登记簿或第三人知其变更,该变更始得对抗第三人。即便变更已登记,若第三人不知该变更,且其不知非因过失所致,第三人亦无须受其效力之约束。"据此,未登记的变更固然不能对抗善意第三人,即便已为登记,亦不对无过失的善意第三人产生效力。台湾地区"民法"第 31 条亦规定变更登记产生对抗效力:"法人登记后,有应登记之事项而不登记,或已登记之事项有变更而不为变更之登记者,不得以其事项对抗第三人。"不过,在保护第三人的问题上,台湾地区"民法"未如《德国民法典》般区分"善意"与"恶意"。对此,梅仲协先生曾以"恶意不受法律保护"为据提出批评,当可采信。①

德国法上法人登记的效力

根据《德国民法典》,除非营利性社团的设立登记产生创设效力(第 21 条)外,章程的变更亦生创设效力(第 71 条)。这意味着,有如非营利社团未经登记无权利能力,章程变更未经登记亦无法律效力。

法人变更登记,更多是生宣示效力。如,董事会成员的变更(第 68 条),法人代理

---

① 梅仲协:《民法要义》,中国政法大学出版社 1998 年版,第 69 页。

权的限制以及对董事会决议作出不同于法律规定的变更(第70条)。宣示效力的基本特点是,变更在载入登记簿之前就已生效,只不过若未登记,该项变更不得对抗善意第三人,即,善意第三人能够信赖登记簿的沉默(登记簿的消极公示,negative Publizität des Registers)。具体而言,登记的宣示效力可分三种情形:(1) 如果第68、70条所规定的变更尚未载入登记簿,则第三人得信赖登记簿的沉默,除非该第三人知悉此项变更(第68条第1句)。(2) 如果一项变更已被登记,则推定第三人知悉。但如果第三人能够证明不知道该项变更,且其不知非因其过失所致,则推定能被推翻(第68条第2句)。(3) 若是登记簿中存在错误登记,则第三人对该项登记之信赖不值得保护。这表示,社团登记簿——与土地登记簿不同——不具有积极公示(positive Publizität)之功能。信赖登记簿中登记事项的正确性不被制定法保护,只有对登记簿的沉默之信赖方受保护。①

(二) 法人的合并

法人因合并导致"人格"发生变化,合并之前的法人与合并之后不再具有"人格"上的同一性。根据合并所产生的法律效果,法人合并有吸收合并与新设合并之别。

吸收合并又名"存续合并",是一种被合并法人归入其他法人之合并样态,如A公司并入B公司。吸收合并的法律效果是,被合并法人解散,合并法人承受被合并法人的权利义务。

新设合并又称"创设合并",是指两个以上法人合并成为一个新法人之合并样态,如A公司与B公司合并,成立C公司。通过新设合并,原有法人均告解散,新法人出现并承受原法人的权利义务。

(三) 法人的分立

与合并类似,法人分立亦分存续分立与新设分立两种。

存续分立是指从原有法人中分离出一部分,成立新的法人。分立之后,原法人继续存在,新法人得以产生。

新设分立则是一种将原有法人拆分为若干新法人的分立样态。法律效果是,原法人解散,成立若干新法人。

法人在分立之前,须就权利义务承受问题达成合意。该合意仅具相对效力,不能拘束第三人。

(四) 法人的形态变更

法人可能是社团法人或财团法人,社团法人可能是营利法人或非营利法人,营利法人可能是有限责任公司、国有独资公司或股份有限公司。无论如何,法人既然是设立人的法律构造物,其形态既可由设立人选择,当然亦可由设立人变更。在我国,最

---

① Brox/Walker, Allgemeiner Teil des BGB, 34. Aufl., 2010, Rn. 752 ff.

具典型意义的法人形态变更是国有企业改建为国有独资公司、有限责任公司或股份有限公司,是所谓"国有企业的公司制改造"。此外,《公司法》还对有限责任公司与股份有限公司的相互变更作出规定(第9条)。

法人形态变更后,其法律"人格"亦发生相应的改变,从而在成立条件、内部结构、法律地位等各方面适用不同的法律规范。

(五)法人的目的事业变更

法人目的事业的变更程度将影响法人"人格"的改变程度。目的事业的性质若在营利与非营利之间转换,可能导致法人的形态变更;若只是同一性质的变更,所影响的就只是法人行为的效果归属。

第三十八节　法人权利能力:根据与范围

一、法人权利能力的根据

(一)学说

法人理论兴起之初,围绕《德国民法典》的制定,19世纪的德国法学家曾就法人本质问题展开过激烈争论。莱赛尔(Thomas Raiser)甚至认为,"在整个19世纪没有一个问题象关于法人本质问题这样使德国民法界投入那么多的精力"。[①] 期间主要形成以下观点:

1. 拟制说(Fiktionstheorie)

萨维尼、温德沙伊德等人认为,只有自然人才称得上是真正的人,能够拥有权利能力,法人则是法律拟制的产物。

2. 受益人说(Genießertheorie)

耶林不同意法人有拟制的人格。在他看来,国家、财团等团体根本不具有权利能力,有权利能力的只是从中受益的自然人。

3. 真实的组织体人格说(Theorie der realen Verbandspersönlichkeit)

在基尔克看来,法人如同自然人,具有实质的组织体,而由"超个人的有机体"来操作,因此,法人的人格是真实存在的。

4. 目的财产说(Theorie des Zweckvermögens)

布林茨在拟制说的基础上,经进一步推演而提出此说。该学说的重大贡献在于,通过将主体地位授予具特定目的的财产,把拥有成员的社团法人和无成员的机构及

---

① 〔德〕托马斯·莱赛尔:《德国民法中的法人制度》,张双根译,唐垒校,载《中外法学》2001年第1期,第28页。

财团法人统一于相同的理论框架下。①

（二）评略

上列各学说皆意在回答"法人是否或者为何能够成为权利主体"，即"法人是否或者为何享有权利能力"之问题。其中，拟制说以个人为出发点，真实的组织体人格说以私法社团与公法社团为思考原点，人格化目的财产说则选择私法财团与公法机构作为阐释模型。② 各自立足点相去甚远。

拟制说所表现的是一种尊崇自然人的个人主义观念，但对于法人理论而言，其实并未真正回答"在自然人之外承认与许可法人之主体地位是否或在何种程度上是正当的"之问题。③ 在价值取向方面，受益人说与拟制说较为接近，亦强调自然人的本体地位，但此说其实在否认法人的主体地位，难以解释为何法人能够独立承受法律效果。④ 真实的组织体人格说（法人实在说）是团体主义观念在法学上的反映，就法律政策而言，该说"为摆脱国家控制而自由设立团体开辟了道路"⑤，其根本缺陷则在抹煞具有自在目的性的伦理人（自然人）与仅仅是法律构造物的制度人之间的界限，将法人与自然人等量齐观，为团体凌驾于个人之上提供法律的正当性。至于布林茨的人格化目的财产说，拉德布鲁赫（Gustav Radbruch）认为，这是一种"超越人格"（transpersonal）的解释手段，意义更在于文化目的（Kulturzweck）层次。⑥

当代德国许多法学家认为，上述争论其实并无太大意义，因而更倾向于采取较为中性的表述。就其宗旨而言，法人的规范意义在于成为法律效果的归属载体。换言之，法人的基本特征是，自身作为一个法律实体，与其作为法律实体的成员或者职能机关的个人分离，从而能够独立享有权利和承担义务。同时，法人并不是原始意义和伦理意义上的"人"，而是形式化的"权利主体"，仅仅意味着法律效果的承受者而已。因此，将法人与自然人相提并论并不恰当。法人之享有权利能力，充其量不过是一种

---

① Werner Flume, Die juristische Person, 1983, S. 3 ff.；[德]亚图·考夫曼：《法律哲学》，刘幸义等译，台湾五南图书出版公司2000年版，第105页；[德]托马斯·莱赛尔：《德国民法中的法人制度》，张双根译，唐垒校，载《中外法学》2001年第1期，第28页。

② Gustav Radbruch, Rechtsphilosophie, hgb. von Ralf Dreier und Stanley L. Paulson, Studienausg., 2. Aufl., 2003, S. 127.

③ Larenz/Wolf, Allgemeiner Teil des bürgerlichen Rechts, 9. Aufl., 2004, § 9 Rn. 7.

④ 德国当代著名法学家沃尔夫（Ernst Wolf）对法人即采彻底的否认态度。在他看来，生命体的本质在于作出决定之能力（Entschließungsfähigkeit），唯有生物人（Mensch）才具有此等能力，而团体乃是多数生物人的集合，无法构成一个统一的"我"，所谓超越个人的"我"，其实是个反理性的虚构。Ernst Wolf, Allgemeiner Teil des bürgerlichen Rechts, 3. Aufl., 1982, S. 650 ff.

⑤ [德]托马斯·莱赛尔：《德国民法中的法人制度》，张双根译，唐垒校，载《中外法学》2001年第1期，第29页。

⑥ Gustav Radbruch, Rechtsphilosophie, hgb. von Ralf Dreier und Stanley L. Paulson, Studienausg., 2. Aufl., 2003, S. 127.

类推。①

然而,为何以及在何种意义上法人可类推于自然人,类推说并未给出相应的正当化说明。就此而言,拟制说所具有的缺陷,类推说同样存在。另外,类推说其实难以形成较为固定的立场,依类推程度之不同,具体主张可游走于拟制说与实在说两端。此一特点,积极意义在于增加了类推说的解释力,消极意义则是令其立场漂移不定。

二、法人人格权

(一) 权利能力范围与法人人格权

有关法人权利能力之根据即所谓法人本质之争,主要在拟制说与实在说之间展开。不过,无论持何种立场,考察法人权利能力的范围时,以自然人为参照对象都是无可非议的思考进路。

关于法人权利能力的范围,各国和地区民法中,态度最为宽松者,当属明确采信法人实在说的《瑞士民法典》第53条:"除以诸如性别、年龄或亲属关系等人的自然属性为要件者外,法人具有承受所有权利义务的能力。"《民国民法典》第26条将其汉化植入,"立法理由"称:"法人与自然人有同一之人格,若非亲属法上之权利义务专属于自然人之性质者,应使法人亦享受之,并不专限于财产上之权利义务也。"②法人因性质限制无从享有亲属法上的权利义务,所谓"并不专限于财产上之权利义务",显系人格权之谓。如是,欲要考察法人权利能力之范围,首先需要回答:法人是否享有人格权?

"人格"概念有多重含义。可用以表达人的主体资格,与"权利能力"同义(如《瑞士民法典》第31条第1款:"人格始于出生之完成,终于死亡");另一用法则从康德哲学引入,对应人性尊严,并实证化为法律上的人格权。人之所以得享尊严,依康德哲学,植根于人的自在目的性这一先验纯粹理性。就此而言,法人作为自然人实现目的的工具,无"人格"(人性尊严)可言。也正是在此意义上,德国通说认为,基本法第1条与第2条所保护的"人性尊严"以及在此基础上的一般人格权,法人不能享有。③由此看来,"法人人格权"似乎是一个虚假命题。

问题当然没这么简单。以生理肉体为基础的生命、身体、健康、肖像等各项权利,法人固然无从享有,在姓名、名誉等方面却似乎存在与自然人相似的保护需求。对此,最直截了当的做法是,宣布法人享有人格权,为之提供与自然人同等程度的保护。

---

① Larenz/Wolf, Allgemeiner Teil des bürgerlichen Rechts, 9. Aufl., 2004, § 9 Rn. 10 ff.; Dieter Medicus, Allgemeiner Teil des BGB, 10. Aufl., 2010, Rn. 1104.

② 林纪东等编:《新编六法全书(参照法令判解)》,台湾五南图书出版公司1986年改订版,第66页。

③ Friedhelm Hufen, Staatsrecht II: Grundrechte, 2007, § 11 Rn. 17; Larenz/Wolf, Allgemeiner Teil des bürgerlichen Rechts, 9. Aufl., 2004, § 8 Rn. 48, § 9 Rn. 16; Herbert Leßmann, Persönlichkeitsschutz juristischer Person, AcP 170 (1970), 266, 268; Dieter Medicus, Allgemeiner Teil des BGB, 10. Aufl., 2010, Rn. 1100;

民国及台湾学者正是在此进路下展开论述。①《民法通则》亦采取这一策略,通过第99、101与102条,分别规定法人的名称权、名誉权与荣誉权。除荣誉权有赖于特定机构授予而非属私法范畴外,通常所谓人格权,《民法通则》为法人设置名称权(对应于自然人姓名权)与名誉权两项。

(二) 法人名称权

法人名称不受侵害,这没有问题。有问题的是:法人名称值得保护是一回事,以何种方式保护则是另外一回事。由"法人名称值得保护"推出"法人名称权与自然人姓名权同其性质",从而得出"法人名称权是法人人格权"之结论,笔者认为,这一论证链未必经得起推敲,需要面对的追问至少包括:

第一,法人名称与自然人姓名是否指示相同的法律意义?表面上看,二者皆为法律主体借以区别于他人的个性化标记,功能大体相当。② 既然自然人能够就其标记享有姓名权,法人享有相同性质的名称权似乎也就顺理成章。不过,相同的表象背后,也许隐藏着极为不同的实质法律意义。

自然人对于能够成为姓名的符号组合无权主张独占。相同的符号组合可能指向不同的自然人,而出现"同名同姓不同人"现象,并且,一人数名现象亦属寻常。就此而言,法律本难以为无法被独占的符号提供保护。不过,符号一旦成为自然人姓名,通过使用能够在一定程度上体现自然人之人格尊严。因此,对于姓名,法律所保护的其实并非符号本身,而是符号所负载的人格尊严。人格尊严建立在精神感知的基础上。所以,所谓人格尊严之损害,又称精神损害,与财产损害并列为私法领域两种性质不同的损害。只要特定姓名所指示的自然人人格尊严受到侵害,不论其为本名、别名、笔名、艺名,亦不论是否另外带来财产损害,均可主张法律救济。

法律为法人名称提供保护的理由与方式皆不同于自然人。

---

① 显然是因为《民国民法典》采信法人实在说,在论及法人人格权时,学者语气普遍透出一种毋庸置疑的肯定。如史尚宽:"以生理存在为前提之人格权,例如生命权、身体权、身体自由权,不得享受,然非以此为前提之人格权,例如名誉权、名称权、信用权、精神的自由权等,不妨享有。"氏著:《民法总论》,中国政法大学出版社2000年版,第153页。类似表述亦可见,胡长清:《中国民法总论》,中国政法大学出版社1997年版,第107页;李宜琛:《民法总则》,中国方正出版社2004年版,第88—89页;施启扬:《民法总则》(第8版),台湾自版发行2009年版,第169—171页;王伯琦:《民法总则》(第8版),台湾"国立编译馆"1979年版,第74—75页;王泽鉴:《民法总则》(最新版),北京大学出版社2014年版,第163页;姚瑞光:《民法总则论》,台湾自版发行2002年版,第119页;郑玉波著,黄宗乐修订:《民法总则》(修订11版),台湾三民书局2008年版,第150—151页。

② 德国通说与司法判例均认可法人的姓名权(Namensrecht),并将其与自然人的姓名权相提并论,规范基础亦在《德国民法典》第12条。其立论基础在于:姓名的本质或曰功能是标记(Kennzeichnung)与个性化(Individualisierung),因此,姓名权首要保护"同一性利益"(Identitätsinteresse),其次才是"一般的人格利益"(allgemeine Persönlichkeitsinteresse)。Winfried Boecken, BGB-Allgemeiner Teil, 2007, Rn. 100; Reinhard Bork, Allgemeiner Teil des Bürgerlichen Gesetzbuchs, 3. Aufl., 2011, Rn. 173; Larenz/Wolf, Allgemeiner Teil des bürgerlichen Rechts, 9. Aufl., 2004, § 8 Rn. 9 ff.; Herbert Leßmann, Persönlichkeitsschutz juristischer Person, AcP 170 (1970), 266 (287); Staudinger/Habermann (2004) § 12 Rn. 2 ff., 15 f. 管见以为,通过对标记符号本身即"同一性利益"的强调,符号与人格尊严之间的关联被遮蔽了。

首先，法人名称由符号组合而成，此同于自然人。不同的是，法人名称具有唯一且排他的特点。原因很简单：与自然人拥有生命实体不同，作为法律构造物，法人的生命附着于法律标志，在此意义上，法人名称其实不仅仅是一个指称符号，同时也是法人生命的象征。因而，法人不能如自然人般拥有许多姓名。不同的法人在相同活动领域内，亦不得使用相同的名称。法律保护法人名称的理由，正存在于这一独占性质。申言之，如果说自然人姓名必须同特定人格尊严相结合才能获得法律保护，法人名称则是凭借其独占性特点进入权利体系，并且，该独占性质并非源于自然属性，而为人为的法律规范所创设。法人名称的独占性主要贯彻于登记制度，这意味着，能够表征法人生命的，唯有登记名称，法律因而为且仅为成为登记内容的法人名称提供保护。

其次，作为自然人的工具，法人本身并无自在生存的价值，虽然是权利主体，但当权利主体一词被用以统辖自然人与法人时，实质伦理内涵已被抽象于外。在伦理意义上，法人根本无人格尊严可言，当然亦无所谓人格尊严的保护。并且，作为法律的构造物，法人不可能具备精神感知能力，他人侵害法人名称，所导致的并非精神损害。若无实际财产损害或财产损害之虞，不必提供民法救济。①

由此可见，虽然法律为自然人姓名与法人名称均提供保护，但其间法律逻辑与法律理由却大相径庭，难以类比。

第二，法人名称权与自然人姓名权的法律性质是否相同？前文已述，自然人姓名权保护所辐射的人格尊严，非姓名自身，因此，自然人姓名虽被冠以权利之名，却无从让与，亦无直接财产价值。法人名称权则有不同。法人对其名称享有独占权利，可将其让与，权利侵害亦适用财产损害赔偿的规则。可见，法人名称权属于权利体系中的财产权②，与自然人姓名权的性质迥异。

综上，法人名称与自然人姓名虽在表面存在某些相似之处，但这些表面相似不足以成为法律一体对待的理由。法人虽对其名称享有独占性的权利，却不过是一种无形财产权，并无彰显法人人格尊严之伦理功能。

（三）法人名誉权

曾有学者认为："法人有无名誉权，为二说（拟制说与实在说）不同之根本地也。"③这一说法虽然有简单化之嫌，却也不无见地。在法人实在说看来，法人是与自

---

① 《侵权精神损害赔偿解释》第5条规定："法人或者其他组织以人格权利遭受侵害为由，向人民法院起诉请求赔偿精神损害的，人民法院不予受理。"明确表达法院只为法人提供财产损害之救济的立场。如果法人能够享有非财产性质的"人格权"，法院就没有理由拒绝其精神损害赔偿之要求。由此推论，司法解释所称法人的"人格权利"，与自然人的"人格权"所指非一。

② 张俊浩教授认为，商法人的名称权（商号权）属于知识产权中的工业产权。张俊浩主编：《民法学原理》（上册）（修订第3版），中国政法大学出版社2000年版，第190页（张俊浩）。

③ 〔日〕富井政章：《民法原论》（第1卷），陈海瀛、陈海超译，中国政法大学出版社2003年版，第137—138页。

然人同样真实、甚至更为真实的社会实体,享有名誉权理所当然;拟制说则拒绝承认法人的真实性,将其视为纯粹法律技术的产物,也就不会有基于社会交往而形成的名誉。① 若要进一步推论,名誉乃是人格尊严的组成部分,法人作为自然人的工具,既然无所谓人格尊严,在逻辑上,名誉权也就无从谈起。如此看来,法人是否享有名誉权之问题,只需选定立场然后再作逻辑推理即可回答。

然而,无可否认的是,法人成立之后,能够以自己名义为法律交往,并独立承受法律后果,虽无生理实体,在法律世界却不失为真实的存在。自成立之日起,法人的社会声誉随之产生。关键在于,此等社会声誉,是否构成作为人格权的名誉权? 笔者以为,有如法人名称,法人声誉(营利法人则称商誉)同样不是人格尊严的体现,而与财产利益相关,得以财产价值衡量,属于无形的财产权利。相应的,对于法人声誉的侵害,若无实际财产损害或财产损害之虞,民法无需介入。

(四) 本书见解

法人一旦为法律所创造,在法律世界便获得真实的存在,有自己的名称与声誉,需要由法律提供保护。然而,此名称未必是彼姓名,此声誉亦非彼名誉,与自然人所享有的相应权利,形同而实异,纵以人格权相称,亦不过是借助同一语词组合表达两个相去甚远的概念。既然如此,法人之名称等权利,不必比附自然人而归诸人格权之列。②

三、财产法上的法人权利能力

(一) 法人财产权利能力范围及其限制

依德国通说,在财产法上,私法人与自然人的权利能力范围一致。③ 此亦为德国司法判例所认同。④ 汉语法学与之略有不同。

虽然民国以来延续至台湾地区的通说认为,自然人权利能力为法律所赋予,可为法律所限制,此与法人并无二致,但多数学者并不因此主张,法人与自然人财产法上的权利能力范围一致。理由之一是,限制自然人权利能力的只能是"法律",而台湾地区"民法"第 26 条之"法令"乃是法律与命令之合称,换言之,除"法律"外,法人权利

---

① Herbert Leßmann, Persönlichkeitsschutz juristischer Person, AcP 170 (1970), 266 (288).
② 德国法上的讨论,法人人格权还包括营业自由权(Betätigungsrecht)与隐私权(Recht an der Geheimsphäre),分别与自然人的自由权(Freiheit)与隐私权相呼应。Herbert Leßmann, Persönlichkeitsschutz juristischer Person, AcP 170 (1970), 266, 274. 然而,营业自由只是一种经济自由,在性质上更接近于财产权,颇不同于作为自然人人格权的身体自由;法人的隐私权亦表现为商业秘密等财产权利,与自然人的隐私保护理念不可同日而语。
③ Staudinger/Weick (2005) Einl. zu §§ 21 ff. Rn. 27 ff.
④ 〔德〕托马斯·莱赛尔:《德国民法中的法人制度》,张双根译,唐圣校,载《中外法学》2001 年第 1 期,第 34 页。

能力还可为"命令"所限制。① 因而,即便在财产法上,法人权利能力亦较之自然人受到更多限制,范围较小。②

我实证法未一般性规定法人权利能力范围。学说则受民国时期及台湾地区影响,多认为法人权利能力受实证规范限制。③ 实证法上,常为学者列举的权利能力限制规范主要有:《担保法》第8条("国家机关不得为保证人,但经国务院批准为使用外国政府或者国际经济组织贷款进行转贷的除外")、第9条("学校、幼儿园、医院等以公益为目的的事业单位、社会团体不得为保证人"),《社会团体登记管理条例》第4条第2款("社会团体不得从事营利性经营活动"),《民办非企业单位登记管理暂行条例》第4条第2款("民办非企业单位不得从事营利性经营活动"),《公司法》第15条("公司可以向其他企业投资;但是,除法律另有规定外,不得成为对所投资企业的债务承担连带责任的出资人"),《合伙企业法》第3条("国有独资公司、国有企业、上市公司以及公益性的事业单位、社会团体不得成为普通合伙人"),等等。上述规范性质各有不同,须分别观察。

(二) 公法人的目的限制

《担保法》第8、9条及《合伙企业法》第3条后段所规范者,皆属公法人,《社会团体登记管理条例》亦涉及大量公法人。

法人皆有目的事业,唯其对于公法人与私法人意义不同。公法人旨在承担社会公共职责,为达此目的,往往享有公共权力,而财产亦来源于公共财政。为防止公法人滥用公权与公产,德国通说认为,公法人仅具部分权利能力(Teilrechtsfähigkeit),以实现法人目的之必要范围为限。④

从德例,将我实证法上的上述规范解释为权利能力之限制,自无不可。只不过,公法人以承担公共职责为目的,任何与之无关的市场行为,均超出目的范围⑤,不独充任保证人为然。私法一一列举以示禁止,反倒横生"列举之外即为许可"之误解。再

---

① 反对意见,黄立:《民法总则》(修订4版),台湾自版发行2005年版,第119页;施启扬:《民法总则》(第8版),台湾自版发行2009年版,第169—171页;姚瑞光:《民法总则论》,台湾自版发行2002年版,第121—122页。

② 胡长清:《中国民法总论》,中国政法大学出版社1997年版,第107页;李宜琛:《民法总则》,中国方正出版社2004年版,第89页;史尚宽:《民法总论》,中国政法大学出版社2000年版,第154页;王伯琦:《民法总则》(第8版),台湾"国立编译馆"1979年版,第74页;郑玉波著,黄宗乐修订:《民法总则》(修订11版),台湾三民书局2008年版,第150页。

③ 梁慧星:《民法总论》(第4版),法律出版社2011年版,第127页;王利明:《民法总论》(第2版),中国人民大学出版社2015年版,第167页;魏振瀛主编:《民法》(第5版),北京大学出版社、高等教育出版社2013年版,第83—84页(李仁玉);张俊浩主编:《民法学原理》(上册)(修订第3版),中国政法大学出版社2000年版,第190页(张俊浩)。反对意见,马俊驹、余延满:《民法原论》(第4版),法律出版社2010年版,第122—123页(马俊驹)。

④ BGHZ 20, 119; Palandt/Heinrichs, Einf. v § 21 Rn. 11; Staudinger/Weick (2005) Einl. zu § § 21 ff. Rn. 23 ff.

⑤ 王利明:《民法总论》(第2版),中国人民大学出版社2015年版,第169—170页。

者,民法所讨论的法人,以私法人为原型,而公法人与私法人各自目的事业之意义相去甚远,不可简单类比。因此,在财产法上,公法人权利能力之受限状况,于私法人的说明价值极为有限。

(三) 非营利法人的经营限制

《社会团体登记管理条例》第 4 条第 2 款与《民办非企业单位登记管理暂行条例》第 4 条第 2 款之规定,关乎营利法人与非营利法人不同的法律地位。

社会团体与民办非企业单位均属非营利法人,此类法人在成立(如最低资本要求①)、税收等方面享有法律优惠,法律禁其"从事营利性经营活动",显然是旨在防止借非营利之名行营利之实的法律规避行为。为了判断经营限制是否构成非营利法人的权利能力限制,需要讨论两个相互关联的问题:如何界定"营利性经营活动"? 以及,如果非营利法人从事"营利性经营活动",法律行为效力如何?

如何界定"营利性经营活动"之问题,我国尚无充分讨论,不妨先对德国情况略作观察。

首先,在社团领域,《德国民法典》第 21 条与 22 条分别规定非营利社团和营利社团,前者是指非以"营利性经营活动"(wirtschaftlicher Geschäftsbetrieb)为目的的社团。但何为"营利性经营活动",法无明文。学说判例则几经变迁,出现过客观说(只要从事生产或销售,即构成营利性经营活动)、主观说(以社团活动的最终目的为判断标准)以及主客观综合的混合说。②

当今德国通说认为,社团是否追求利润无关紧要,重要的是,社团是否实际从事着企业性活动(unternehmerische Tätigkeit),是否为其成员追逐经济目的,而在具体判断时,求诸划一抽象标准之做法被放弃,学说判例转而强调类型化整理。③ 时至今日,虽然德国法上"营利性经营活动"的界线依然模糊,但至少可以确定,仅仅是通过法律行为获取经济利益,并不构成"营利性经营活动",因而不受禁止。非但如此,为了正当化非营利社团此类行为,德国学说判例还认为,一项行为可能同时为数重目的服务,只要其核心目的非在"营利性经营活动",附属性营利并无不当,此之谓"附属目的

---

① 依 1998 年《社会团体登记管理条例》第 10 条第 1 款第 5 项之规定,全国性的社会团体有 10 万元以上活动资金、地方性及跨行政区域的社会团体有 3 万元以上活动资金,即可成立;而依施行于当时的《公司法》,有限责任公司依其经营范围之不同,最低注册资本从 10 万元至 50 万元不等(第 23 条第 2 款),股份有限公司更是高达 1000 万元(第 78 条第 2 款),2005 年第 3 次修订的《公司法》大幅减低后,有限责任公司降至 3 万元(第 26 条第 2 款),一人公司 10 万元(第 59 条),股份有限公司则仍维持在 500 万元的高台阶(第 81 条第 3 款)。《民办非企业单位登记管理暂行条例》的要求更低,仅需"有与其业务活动相适应的合法财产"即为已足(第 8 条第 1 款第 4 项)。不过,随着 2014 年 3 月 1 日起施行的第 4 次修正《公司法》对最低注册资本的取消,社会团体资金要求方面的优势反倒成为劣势,此体系效应之反弹,恐为修法者始料未及。

② Larenz/Wolf, Allgemeiner Teil des bürgerlichen Rechts, 9. Aufl., 2004, § 10 Rn. 32; Staudinger/Weick (2005) § 21 Rn. 5 f.

③ Larenz/Wolf, Allgemeiner Teil des bürgerlichen Rechts, 9. Aufl., 2004, § 10 Rn. 33 ff.; Dieter Medicus, Allgemeiner Teil des BGB, 10. Aufl., 2010, Rn. 1111; Staudinger/Weick (2005) § 21 Rn. 6.

特权"(Nebenzweckprivileg)或"附属经营特权"(Nebentätigkeitsprivileg)。①

其次,财团法人虽以公益为目的,但其营利行为并不被禁止,所要求的只是,收益必须用于公益。

管见以为,德国通说可供借鉴,且符合我国实证法立场。《基金会管理条例》第28条规定:"基金会应当按照合法、安全、有效的原则实现基金的保值、增值。"欲要实现基金的"保值、增值",不从事营利性活动显然无法做到。同时,第29条规定公益支出的最低限额:"公募基金会每年用于从事章程规定的公益事业支出,不得低于上一年总收入的70%;非公募基金会每年用于从事章程规定的公益事业支出,不得低于上一年基金余额的8%。"这表示,只要公益这一核心目的得到满足,获取利润之附属经营不在禁止之列。不仅如此,根据第29条的比例关系,为了更好实现公益目标,与之相关的附属经营还应该得到宽容。以公益为目的的基金会尚且如此,举重明轻,没有理由认为社会团体与民办非企业单位却被禁止。因而,所谓"不得从事营利性经营活动",并非禁止参与市场交易,所禁止的,如德国通说所言,只是从事企业性活动,或者更直观地说,不得变身为企业。

市场交易不被禁止,相关法律行为效力,自然不会受到影响。而权利能力之限制,必令法律行为无效。故此,经营限制并不构成非营利法人权利能力的限制。② 然则,经营限制意义何在?

法律规范理论上,禁止性规范若在阻止法律行为内容之实现,称内容禁令或绝对禁令,而如果规制法律行为外部环境,系纯粹秩序规定或相对禁令。前者之违反,将导致法律行为无效;违反后者,则只是引发行政或刑事处罚,却不影响法律行为之有效性,更无关乎权利能力。③ 笔者以为,经营限制即属纯粹秩序规定,理由是:

其一,法律行为效力个案认定,是否构成"从事营利性的经营活动",则为持续性的状态判断,规制对象并不直接针对个别法律行为。实际上,恰恰是唯有持续参与有效的市场交易,才有可能成为一种"经营"。如果"从事营利性的经营活动"影响法律行为效力,即意味着,违反该禁令,势将导致之前所实施的市场交易行为率皆溯及无效。这一颇具逻辑悖论的结果,既在技术上难以做到,且将对交易安全造成极大损害。

其二,禁令系针对非营利法人这一特定管制对象而发。若导致法律行为无效,即意味着,管制效力亦及于相对人。管制对象被无端扩大。

其三,实证规范合乎纯粹秩序规定意旨。依《社会团体登记管理条例》第33条第

---

① Larenz/Wolf, Allgemeiner Teil des bürgerlichen Rechts, 9. Aufl., 2004, § 10 Rn. 45 f.; Dieter Medicus, Allgemeiner Teil des BGB, 10. Aufl., 2010, Rn. 1112; Staudinger/Weick (2005) § 21 Rn. 10 ff.
② Staudinger/Weick (2005) § 21 Rn. 12.
③ Brox/Walker, Allgemeiner Teil des BGB, 34. Aufl., 2010, Rn. 323 ff.; Rüthers/Stadler, Allgemeiner Teil des BGB, 16. Aufl., 2009, § 26 Rn. 4 ff.

1款及《民办非企业单位登记管理暂行条例》第25条第1款之规定,社会团体或民办非企业单位若被认定"从事营利性的经营活动",法律后果在行政法或刑法领域:由登记管理机关予以警告,责令改正,可以限期停止活动;情节严重的,予以撤销登记;构成犯罪的,依法追究刑事责任。同时,相应法条的第2款规定,若有"违法所得","予以没收"。志在没收"违法所得",即表示,法律无意否认所涉市场交易行为之有效性。

(四)营利法人的投资限制

通过实证法限制私法人权利能力的典型例证,《公司法》第15条但书与《合伙企业法》第3条前段庶几近之。自民国以降,但凡论及权利能力限制,投资限制必在其列。对此,常见的解释是:以免投资不当,致公司因负连带无限责任而受损,尤其是一旦所投资公司或合伙企业陷于破产,公司必受牵连,从而加重公司债务责任。① 另有学者认为,充任无限责任出资人,与法人有限责任的本质相违。②

管见以为,两项理由均牵强:首先,如何防止投资失当,应由公司及其出资人作出判断,法律不必越俎代庖;其次,所谓法人有限责任,并非意指法人对其债务负有限责任,而是出资人以其出资额为限对法人债务承担有限责任。可见,投资限制并不具有足够的正当性,有过度管制之嫌。③ 实际上,依《合伙企业法》第3条之反面解释,非国有的有限责任公司可成为普通合伙人无妨。张俊浩教授还认为,成为无限责任出资人,于国有企业法人而言,意味着国家财产风险的增加,因而应予禁止。④ 此可解释《合伙企业法》第3条有关国有独资公司、国有企业之规定。但国有性质的企业法人,虽然属于公法人,既以市场交易为其目的事业,似乎就没有理由再以国家财产为借口享有特权。

姚瑞光先生论法人投资限制

姚瑞光先生认同法人不得成为合伙人之立场。唯其理由独辟蹊径,计有四点:第一,合伙得以劳务出资,法人无法从事体力劳务。第二,合伙得以其存续期间至合伙人之一死亡(终身)为止,法人却无"终身"。第三,合伙人死亡属于法定退伙事由,法人则无"死亡"。第四,自然人得以其全部财产为合伙出资,但若二法人相约以各自全部财产出资设立合伙,则法人全部财产将成合伙人之共有财产,而法人本身已无任何

---

① 参见柯芳枝:《公司法论》,中国政法大学出版社2004年版,第23页;姚瑞光:《民法总则论》,台湾自版发行2002年版,第121页。
② 张俊浩主编:《民法学原理》(上册)(修订第3版),中国政法大学出版社2000年版,第190—191页(张俊浩)。
③ 德国法上,无论是社团法人如股份有限公司、有限责任公司、民法上的登记社团,还是财团法人,均无妨成为无限公司成员。Christine Windbichler, Gesellschaftsrecht, 22. Aufl., 2009, § 13 Rn. 3.
④ 张俊浩主编:《民法学原理》(上册)(修订第3版),中国政法大学出版社2000年版,第191页(张俊浩)。

财产,不再能够满足存续要件。①

对于上述理由,笔者不敢苟同。首先,合伙人以何种方式出资、如何确定存续期间,属于当事人自治范畴,因法人无法劳务出资而将其财物出资的渠道一并堵塞、因法人无所谓"终身"而排除存续期间的他种确定方式,似有因噎废食之嫌。其次,法人终止即相当于自然人死亡,均产生主体资格消灭的法律效果,何妨以之为法定退伙事由?最后,二法人相约以全部财产出资设立合伙之假定恐怕仅仅是一种想象:以全部财产向合伙出资并将合伙经营所得悉数归诸合伙,此等决议于法人出资人而言似乎不具有现实性。即便法人出资人愿作此决定,亦不意味着"法人本身已无任何财产"。作为合伙人,法人与其他合伙人共有合伙财产。

(五) 法人逾越权利能力的行为效力

法人在自然性质上不可能实施身份行为,因而,如果认为法人拥有完全的财产权利能力,就基本不必讨论逾越权利能力行为效力之问题。但我通说既然师从民国时期,便有讨论之必要。

权利能力系法律主体资格的标志。在某一领域无权利能力,即意味着主体资格于该领域不存在,无从实施任何有效行为。换言之,法人逾越权利能力之行为,概属无效。德国司法判例在公法人问题上,所遵循的正是这一逻辑。其说略谓,公法人仅于"给定的职责与权限范围内"存在,在此范围之外所实施的法律行为无效,并且,该无效并非因为行为违反法律禁令,而是因为无行为主体故而根本不存在行为。②

我司法判例与学说见解对于违反《担保法》第 8 条、《公司法》第 15 条等规范之行为,一般作无效认定,只不过无效理由未必是在权利能力受限的逻辑下展开。

例如,在(2001)三亚经终字第 19 号"三亚市人民政府与关闭海南发展银行清算组借款合同纠纷上诉案"中,三亚市政府下辖某职能部门为债务人借款提供保证,两审法院均依《担保法》第 8 条之规定,认定保证无效,同时又认为,对此无效,"双方均有过错,应依法承担相应的过错责任",因而判令三亚市政府就债务人不能清偿部分承担一定比例的责任。若循权利能力限制之逻辑,保证被判无效后,三亚市政府不可能再依其"过错"承担缔约过失责任,因为在此领域,三亚市政府应被视为不存在,无承担责任之可能。再如,学者以《公司法》第 15 条为权利能力限制条款,在论及违反行为的效力时,却又不自觉偏离权利能力受限逻辑,而认为,公司与他人的合伙约定之所以无效,系因其违反法律禁止性规定。③

---

① 姚瑞光:《民法总则论》,台湾自版发行 2002 年版,第 121 页。
② BGHZ 20,119,123.
③ 王保树、崔勤之:《中国公司法原理》(第 3 版),社会科学文献出版社 2006 年版,第 42 页(崔勤之)。

此亦暗示,上述对于法人的管制规范,纵然不从法律政策上检讨其合理性,以之为权利能力限制亦非唯一的解释,另外一种可能解释是,此等规范只是针对法律行为的内容禁令,与权利能力无关。

"台湾法"关于法人逾越权利能力行为效力的规范立场

现行"台湾法"上,被解释为权利能力限制的规范主要是"公司法"第13条第1项前段("公司不得为他公司无限责任股东或合伙事业之合伙人")与第16条第1项("公司除依其他法律或公司章程规定得为保证者外,不得为任何保证人")。至于违反之后的效力,则分两论:在前者,行为并非无效,唯负责人须赔偿公司因此所受损害而已;在后者,行为对公司不生效力,行为人自负保证责任,若因此对公司造成损害,并负赔偿责任。[①]

依笔者管见,台湾通说值得怀疑。首先,公司转投资限制合理性之可疑,已如上述。即便以既定规范为讨论前提,其效力模式亦值得商榷:既然转投资限制乃是权利能力之限制,即意味着公司在此领域无权利能力,主体应被视为不存在。主体不存在,行为却有效,道理何在?[②] 其次,违反保证限制,行为对于公司不生效力,此确是权利能力限制的效力特点。然而,公司在章程规定之外为保证人,显系目的范围之逾越。而目的范围,台湾通说却不以之为权利能力的限制。纵有逾越,亦不生无效后果。[③] 矛盾如何解决?[④] 可见,撇开规范自身的合理性不论,只要以权利能力限制说解释上述规范,势必出现体系矛盾,难以融通。此亦反证权利能力限制说之不妥。

四、法人限制权利能力

基于自然性质,法人在身份法并且在笔者看来包括人格法上不可能享有权利,因

---

① 施启扬:《民法总则》(第8版),台湾自版发行2009年版,第170页;姚瑞光:《民法总则论》,台湾自版发行2002年版,第120—121页。

② 实际上,台湾地区"公司法"第13条并未规定违反行为之效力,黄立教授指出,以之为有效、唯不得对抗第三人之处置,系适用法人逾越目的范围之规范("公司法"第12条登记之对抗效力)而来。相应的,在黄教授看来,转投资限制属于目的范围问题,并不产生限制权利能力之效力。黄立:《民法总则》(修订4版),自版发行2005年版,第122页。柯芳枝教授则认为,违反第13条第1项前段者,应属无效。柯芳枝:《公司法论》,中国政法大学出版社2004年版,第25页。唯其以"违反法律禁止规定"为由,未严格依循权利能力限制逻辑。

③ 黄立:《民法总则》(修订4版),自版发行2005年版,第121—124页;施启扬:《民法总则》(第8版),台湾自版发行2009年版,第170—171页;王泽鉴:《民法总则》(最新版),北京大学出版社2014年版,第165—166页;姚瑞光:《民法总则论》,台湾自版发行2002年版,第120页。

④ 黄立教授的解决办法是釜底抽薪,直接否认保证限制的存在价值:任何公司均得为票据背书,而票据背书具有保证效果,这意味着,禁止公司为保证人根本不可能实现,因而,此等规范"除与整个法律架构相冲突外,亦无法有实际之效果"。黄立:《民法总则》(修订4版),台湾自版发行2005年版,第123—124页。

而,与自然人相比,法人所享有的权利能力并不完全。拉伦茨指出,法人仅具部分权利能力(Teilrechtsfähigkeit),主要表现为财产权利能力以及在此领域参与法律交易之能力。① 不过,亦有学者对此不以为然。

梅迪库斯虽认同法人权利能力受到自然性质的限制,却反对以限制或相对权利能力(beschränkte order relative Rechtsfähigkeit)相称,理由是:依德国法,自然人不能成为保险人,却没有人说自然人只享有限制权利能力。② 梅迪库斯进而指出,最适于提及"限制权利能力"概念之处,乃是取得权利能力的中间阶段,如胎儿与设立中法人。③ 在此,限制权利能力(相对权利能力)与部分权利能力被梅迪库斯当做同义概念使用。④ 当然,以何种语词表述概念并不重要,重要的是,被表述的概念具有何等用法。⑤

于拉伦茨而言,法人与自然人在财产法上的权利能力范围一致⑥,人格法上,法人成为权利义务承受者的范围明显较自然人为窄,身份法上则全然空白,故以自然人为参照系,称法人为"部分"权利能力。梅迪库斯的逻辑则是,其实自然人亦不可能成为所有权利义务的承受者,既然均非"完全",就没有理由声称只是法人的权利能力受到限制,因此,若以自然人为"完全"权利能力人,与之相对的"限制"权利能力人就是"形成中的人"(胎儿),而不能是自然人之外的另一法律主体,相同逻辑,亦适于法人。

显然,双方均有其周详的考虑,各自具体主张并无实质差别,唯概念用法不同而已。不过,拉伦茨以自然人为参照系的观察理路,似乎更突出民法以自然人为模型、法人仅是自然人工具之理念。再者,自然人之不能成为保险人,并非表示自然人不得从事保险经营,只不过必须通过设立法人的方式为之,因而,此系实证法限制自然人具体行为范围与行为方式所致,似乎不宜理解为权利能力的限制,而法人之不能成为身份法与人格法上的主体,系自然性质使然,无关乎实证法立场,与自然人不可类比。

---

① Larenz/Wolf, Allgemeiner Teil des bürgerlichen Rechts, 9. Aufl., 2004, § 9 Rn. 16.
② Dieter Medicus, Allgemeiner Teil des BGB, 10. Aufl., 2010, Rn. 1099. Siehe auch Reinhard Bork, Allgemeiner Teil des Bürgerlichen Gesetzbuchs, 3. Aufl.,2011, Rn. 191.
③ Dieter Medicus, Allgemeiner Teil des BGB, 10. Aufl., 2010, Rn. 1099.
④ 我国学者亦常以"特别(特殊)权利能力"相称,揆诸用法,大体等值于"限制权利能力"。王利明:《民法总论》(第2版),中国人民大学出版社2015年版,第166页。
⑤ 不同语词组合可能表达相同概念,同一语词组合亦可能随语境不同而指称不同。德国法上,"部分权利能力"(Teilrechtsfähigkeit)至少有五种用法:一是与自然人相比,法人仅具"部分权利能力";二是与私法人相比,公法人仅具"部分权利能力";三是与法人相比,非法人团体仅具"部分权利能力";四是与已独立成型的人相比,胎儿与设立中法人仅具"部分权利能力"(Teilrechtsfähigkeit)或"相对权利能力"(relative Rechtsfähigkeit);五是与整体法人相比,法人的机关仅具"部分权利能力"或"相对权利能力":法人机关对外不具有独立的权利能力,但在内部享有机关权利、职权并承担义务,如股份公司的董事或监事,而企业职工委员会(Betriebsrat)则对外具有部分权利能力。后两种用法,可参 Larenz/Wolf, Allgemeiner Teil des bürgerlichen Rechts, 9. Aufl., 2004, § 5 Rn. 9.
⑥ Larenz/Wolf, Allgemeiner Teil des bürgerlichen Rechts, 9. Aufl., 2004, § 9 Rn. 17.

至于胎儿与设立中法人,其权利能力取决于胎儿是否出生及法人是否成立,并不具有终局性,以"限制(部分)权利能力"相称,反倒可能忽略当中的附条件特性,难谓理想。

第三十九节 法人行为能力

一、法人本质学说与法人行为能力

（一）学说

权利能力之享有是成为独立法律主体的标志,因此,无论持何种法人本质学说,只要不否认法人的存在,都不会否认法人的权利能力,甚至法人权利能力范围之确定,亦不受法人本质学说之影响。① 法人有无行为能力的问题则与法人本质学说紧密相关。19 世纪以来,法人本质学说虽然层出不穷,但迄今为止影响最大的,当属拟制与实在二说,而法人是否拥有行为能力之问题,亦基本在这两种学说脉络下展开,分别推衍出法人行为的"代理说"(Vertretertheorie)与"机关说"(Organtheorie)。②

依拟制说,法人主体地位来自于法律拟制。而法律之拟制,仅以法人获得主体地位即为已足,无需更进一步令其具备行为能力,况且,行为能力以意思能力为前提,由拟制而成为法律主体的法人不可能具有意思能力,因而无法拥有行为能力。显然,在拟制说看来,无行为能力法人的法律地位相当于无行为能力自然人,其法律行为须由他人代理方得实施,由此产生法人行为的"代理说"。

实在说则持截然不同的观点。该说认为,同个人一样,法人是一个身体精神的单元,甚至还是高于个人的生命单元。作为生命的有机体,法人各项机构有如人体各项器官(Organ),其机关(Organ)行为亦如同人的嘴在说话或手脚在活动。因此,法人是一个具有意思能力和行为能力的"现实的整体人"(reale Gesamtperson)。机关行为并非"代表"法人,毋宁说,法人通过机关而亲自行为。再者,法律之所以创造法人制度,旨在为

---

① 刘得宽:《法人之本质与其能力》,载郑玉波主编:《民法总则论文选辑》(下册),台湾五南图书出版公司 1984 年版,第 512 页。
② 汉语法学著作常以"代表说"与"代理说"对立。通说认为,代表与代理的区别在于:第一,代表与法人是一个权利主体的内部关系,代表人系法人机关,代表人行为即是法人行为;代理与法人则是两个权利主体之间的关系,代理人的行为并非法人行为,只不过效果归属于法人而已。第二,代表人所为行为,无论法律行为、事实行为抑或侵权行为,均属法人行为;代理则仅限于法律行为。参见梁慧星:《民法总论》(第 4 版),法律出版社 2011 年版,第 130—131 页;施启扬:《民法总则》(第 8 版),台湾自版发行 2009 年版,第 327—328 页;王泽鉴:《民法总则》(最新版),北京大学出版社 2014 年版,第 417 页;姚瑞光:《民法总则论》,台湾自版发行 2002 年版,第 124—125 页。显然,"代表说"所表达者,即德国所谓"机关说"。本书不使用"代表说"之称谓,系基于如下考虑:在法律行为方面,并无专对"代表"作出规整的法律规范,适用时,所有"代表行为"均准用代理规则;在非法律行为方面,称"事实行为与侵权行为可被代表"是一个误导性说法,因为二者均为非表示行为,内心意思不必向外表达,其所表达的,无非是事实行为与侵权行为均为法人自身行为而已,此不如直接以"机关行为"相称来得准确。

使自然人能够实现结社自由,借助团体参与法律交往。为达此目的,法人必须与自然人一样既拥有权利能力,亦拥有行为能力。所以,法人通过其机关实施法律行为,无需援引代理理论,是所谓"机关说"。①

霍布斯论世界的机械构造

以机械构造的原理将自然、个人、团体乃至国家纳入统一的解释体系之下,该思维进路在欧洲可谓源远流长。早在 17 世纪,霍布斯(Thomas Hobbes)就曾自觉运用这种解释手段。《利维坦》(黎思复、黎廷弼译,杨昌裕校,商务印书馆 1996 年版)的"引言"(付邦译)描绘道:

> "大自然",也就是上帝用以创造和治理世界的艺术,也象在许多其他事物上一样,被人的艺术所模仿,从而能够制造出人造的动物。由于生命只是肢体的一种运动,它的起源在于内部的某些主要部分,那么我们为什么不能说,一切象钟表一样用发条和齿轮运行的"自动机械结构"也具有人造的生命呢?是否可以说它们的"心脏"无非就是"发条","神经"只是一些"游丝",而"关节"不过是一些齿轮,这些零件如创造者所意图的那样,使整体得到活动的呢?艺术则更高明一些:它还要模仿有理性的"大自然"最精美的艺术品———"人"。因为号称"国民的整体"或"国家"(拉丁语为 civitas)的这个庞然大物"利维坦"是用艺术造成的,它只是一个"人造的人";虽然它远比自然人身高力大,而是以保护自然人为其目的;在"利维坦"中,"主权"是使整体得到生命和活动的"人造的灵魂";官员和其他司法、行政人员是人造的"关节";用以紧密连接最高主权职位并推动每一关节和成员执行其任务的"赏"和"罚"是"神经",这同自然人身上的情况一样;一切个别成员的"资产"和"财富"是"实力";人民的安全是它的"事业";向它提供必要知识的顾问们是它的"记忆";"公平"和"法律"是人造的"理智"和"意志";"和睦"是它的"健康";"动乱"是它的"疾病",而"内战"是它的"死亡"。最后,用来把这个政治团体的各部分最初建立、联合和组织起来的"公约"和"盟约"也就是上帝在创世时所宣布的"命令",那命令就是"我们要造人"。

(二) 立法例

有关法人本质的争论在德国表现得最为激烈,但是,《德国民法典》本身却并未直

---

① Andreas von Tuhr, Der Allgemeine Teil des Deutschen Bürgerlichen Rechts, Bd. 1, 1910, S. 459 ff.; Staudinger/Weick (2005) Einl zu §§ 21 ff. Rn. 52;〔德〕福尔克·博伊庭:《德国公司法中的代表理论》,邵建东译,载梁慧星主编:《民商法论丛》(第 13 卷),法律出版社 2000 年版,第 532、535—539 页。

接表明立场,相反,对于这一问题,法典有意选择沉默。① 起初,《德国民法典》的制定者倾向于拟制说,法典第一草案的"立法理由书"表示:"作为人为创造、无意志之权利载体,社团活动需要借助代理制度,只能通过代理人参与交易。"② 不过,立法者最终还是决定秉持更为谨慎的态度,以免强作解人。法典第二草案的"立法报告书"指出:"法人是具有行为能力的实体(Handlungfähiges Wesen)、通过机关(Organe)亲自参与交易,抑或不具有行为能力、因而需要借助代理制度,这一结构问题,应交由学术作出判断。"③

然而,立法者的声明,并未阻止学者从法典文辞、规范脉络等方面讨论《德国民法典》所支持的法人理论,而闪烁其词的法典用语则为不同解释提供各自需要的论据。如今,"机关说"乃是解释《德国民法典》的主流学说。④

法人行为能力与《德国民法典》

《德国民法典》颁行后,对于法人行为能力的解释,法人实在说及其"机关说"逐渐成为主流。

拟制说一方面认可法人的权利能力,另一方面却否认其行为能力,于是,为了处理法人对外交往问题,不得不引入代理理论。在"机关说"看来,如此大费周折,实属多余。再者,法人既为法律所创造,很难想象,法律会仅仅满足于将其创造为相当于无行为能力自然人的"小法人"或"法律残废"。因而,拟制说及其"代理说"不能令人信服。⑤

实在说的支持者认为,立法者虽以中立姿态示人,但《德国民法典》第31条("董事会、董事或其他依章程选任的代理人在履行权限范围内职责时,若造成第三人损害,社团为之承担赔偿责任")实际上是"机关说"的产物,因为,若采"代理说",本人仅承受代理人法律行为的效果,而不必对其代理人的不法行为承担责任。惟有将董事行为视作法人自身行为、由法人承担责任才合乎逻辑。换言之,因为第31条的规定,法人拥有侵权行为能力(Deliktsfähigkeit),作为前提的行为能力(Geschäftsfähigkeit)自属题中之义。⑥

---

① Werner Flume, Die juristische Person, 1983, S. 19 ff.
② Motive zu dem Entwürfe eines bürgerlichen Gesetzbuches für das Deutsche Reich, Bd. 1 (Allgemeiner Teil), 1888, S. 94.
③ Protokolle der Kommission für die zweite Lesung des Entwürfe des bürgerlichen Gesetzbuchs, Bd. I, 1897, S. 509.
④ BGHZ 98, 148, 151; Palandt/Heinrichs, § 31 Rn. 1; Staudinger/Weick (2005) § 31 Rn. 2.
⑤ 〔德〕福尔克·博伊庭:《德国公司法中的代表理论》,邵建东译,载梁慧星主编:《民商法论丛》(第13卷),法律出版社2000年版,第536、544页。
⑥ Heinz Hübner, Allgemeiner Teil des Bürgerlichen Gesetzbuches, 2. Aufl., 1996, Rn. 197; Palandt/Heinrichs, § 31 Rn. 1; Staudinger/Weick (2005) § 31 Rn. 2;〔德〕福尔克·博伊庭:《德国公司法中的代表理论》,邵建东译,载梁慧星主编:《民商法论丛》(第13卷),法律出版社2000年版,第533页。

另外,《德国民法典》第26条使用"法定代理人"(gesetzlicher Vertreter)[①]概念,似乎与法人拟制说及其"代理说"一脉相承。但批评者认为,其实并非如此。依法典文辞,具有法定代理人地位的是董事会(Vorstand),而非董事(Vorstandsmitglied),而董事会只是法人内部机关,自身尚且不具有权利能力,如何能够成为另一主体的代理人?[②]再者,董事会之代理权非属自然人意义上的法定代理权,而法人既无行为能力,自无授权能力,然则董事会之代理权源自何处?[③] 实际上,法典之所以仅称董事会"具有法定代理人地位",非谓"董事会是法定代理人",恰是因为,立法者有意避免就法人行为能力这一"结构问题"表明立场。[④] 所以,第26条之文辞不能为"代理说"提供支持,"机关说"有着同等的可能。至于以"法定代理人"相称,则不过是表明,作为法人机关之董事会行为,有准用代理规则之余地。[⑤]

"机关说"从未一统天下。

早在《德国民法典》颁行之初,冯·图尔(Andreas von Tuhr)即对已成为通说的"机关说"表示怀疑。他指出,以法人机关对应自然人身体各器官,错把比喻当成现实。实际上,董事之于法人,完全不同于手足之于自然人。董事以法人名义实施的行为,本质上依然是董事自己的行为,只不过法律将其效果归属于法人而已,而欲要作此归属,必须借助代理理论。因此,所谓"机关说",在法律效果归属技术上,与"代理说"其实并无差别。"机关说"的意义,仅在于解释《法典》第31条。然而,"机关说"并非第31条的唯一合理解释。法人之所以为董事等代理人的不法行为承担责任,未必是因为法人机关如同自然人的手足,而只是因为,惟其如此,才合乎公平观念。法人财产由代理人管理,自得为此管理所生损害承担责任,正如同样是基于公平观念,

---

[①] 第26条的条旨为"Vorstand;Vertretung",法典的四部中译本均将后者译作"代表(权)",而gesetzlicher Vertreter 一词,"法定代理人"(陈卫佐,法律出版社2015年版;杜景林、卢谌,中国政法大学出版社2014年版;上海社会科学院法学研究所,法律出版社1984年版)与"法定代表人"(陈卫佐,法律出版社2004年版、2006年版;郑冲、贾红梅,法律出版社1999年版)之译法各有所取。在监护法与法律行为制度上,Vertretung的汉语定译为"代理",若代理权源于当事人的意思表示,称意定代理权(gewillkürte Vertretungsmacht),若其根据在于法律的直接规定,称法定代理权(gesetzliche Vertretungsmacht),担当人则称法定代理人(gesetzlicher Vertreter)。《德国民法典》第26条正是在此一般意义上使用相应概念,因此,为避免产生误解,并考虑概念同一性之要求,笔者以"代理"对译。

[②] 《德国民法典》第26条的原有表述是:"(第1款)社团须设董事会。董事会得由多人组成。(第2款)董事会在法庭内外代理社团,具有法定代理人地位。其代理权范围得以章程限缩并产生对抗第三人效力。"2009年9月24日,该条被修正,现行表述更作:"(第1款)社团须设董事会。董事会在法庭内外代理社团,具有法定代理人地位。其代理权范围得以章程限缩并产生对抗第三人效力。(第2款)董事会成员若为多人,社团由多董事代理。向社团作出意思表示者,仅向其中一名董事作出即为已足。"这一修正,除对原第26条与28条进行文辞整合外,尚有一处实质内容的修改,即增加规定"社团由多董事代理",由此明确,对外代理社团时,非以董事会名义、而直接以董事或多董事名义为之。

[③] 〔德〕福尔克·博伊廷:《德国公司法中的代表理论》,邵建东译,载梁慧星主编:《民商法论丛》(第13卷),法律出版社2000年版,第540页。

[④] Staudinger/Weick(2005) § 26 Rn. 10.

[⑤] a. a. O., § 26 Rn. 8;〔德〕福尔克·博伊廷:《德国公司法中的代表理论》,邵建东译,载梁慧星主编:《民商法论丛》(第13卷),法律出版社2000年版,第545—546页。

为被监护人财产利益考虑的监护人实施不法行为时,责任可直索至被监护人财产。①

及至当代,"代理说"仍得到弗卢梅的强烈支持。弗卢梅通过援引萨维尼认为,法人的行为能力通过机关实现,而所谓机关,即是根据法人章程为法人行为能力奠立基础的一个或数个自然人,相应的,机关的行为只能"算作"(angerechnet)是法人行为,却绝非法人自身行为,即便法人要为机关的过错负责,亦是如此。在判断过错与责任时,以机关而非法人的知悉与否为准,此正如实施代理行为时,意思表示瑕疵或知悉与否以代理人而非被代理人为判断标准(《德国民法典》第166条)。因而,确定法人是否需要承担责任的关键在于,机关为法人所实施的行为是否可"算作"是法人行为,而不是简单地直接认定机关行为即是法人行为。②

法人实在说极大影响了《德国民法典》之后的立法。《瑞士民法典》第54条即明确规定:"法人一经依法或依章程设立必要的机关,即具有行为能力。"深受德、瑞影响的《民国民法典》未在法典表明立场,但通说认为应从瑞士例,依实在说脉络作出解释。③

新中国未就法人本质问题展开过多讨论,但这似乎未妨碍立法者作出决定。《民法通则》第36条对法人的定义是:"法人是具有民事权利能力和民事行为能力,依法独立享有民事权利和承担民事义务的组织。"显然,实在说在此得到最为直白的表达。

二、法人行为能力的范围

如果认为法人拥有行为能力,就需要进一步观察法人行为能力的范围。显而易见,在确定法人的行为能力范围时,不能如自然人般作无行为能力、限制行为能力与完全行为能力之横切,法人成立后,亦不可能经历从无行为能力到完全行为能力的"成熟过程"。如果说在拟制说眼里,法人只是相当于无行为能力自然人,那么,实在说则将所有具有独立主体资格的法人都视作完全行为能力自然人。之所以如此,是因为法人实在说认为,法律之承认法人如同自然人般具有主体资格,系因其社会价值同于甚至超过完全行为能力自然人,而非同于无行为能力或限制行为能力自然人。④就此而言,有如成年自然人,任何法人的行为能力都是完全的,在其权利能力范围内得自由取得、让与权利及承担义务。

然而,问题并未真正得到解决。称法人行为能力都是"完全"的,此判断需作进一步分析。法人行为能力不似自然人般作程度分界,彼此无程度高低之可比性。就此

---

① Andreas von Tuhr, Der Allgemeine Teil des Deutschen Bürgerlichen Rechts, Bd. 1, 1910, S. 461 ff.
② Werner Flume, Die juristische Person, 1983, S. 377 ff.
③ 胡长清:《中国民法总论》,中国政法大学出版社1997年版,第108页;李宜琛:《民法总则》,中国方正出版社2004年版,第89—90页;梅仲协:《民法要义》,中国政法大学出版社1998年版,第65—66页。
④ 姚瑞光:《民法总则论》,台湾自版发行2002年版,第123页。

而言,各法人在其各自活动领域内,行为能力均属完全。不过,此等理解近乎同义反复。对于观察法人行为能力范围更具意义的,毋宁是将其与自然人类比考察。

自然人权利能力平等且完全,在此意义上,称成年自然人的行为能力"完全",顺理成章。但如果认为,与自然人相较,法人仅具限制权利能力,那么,无论如何强调法人的社会价值相当于甚至高于成年自然人,其行为能力都不会是"完全"的,原因很简单,行为能力范围不可能超过权利能力。至少在身份法领域,为自然性质所限,无权利能力的法人不会有行为能力。若进而认为,撇开身份法不论,即便是在财产法领域,法人权利能力亦受限制,则法人行为能力的"完全性"更是无从谈起。

因此,只有在财产法领域,以法人权利能力完全为前提,法人拥有完全行为能力之命题始有其意义。在此前提下,德国与汉语法学通说均认为,法人行为能力范围与其权利能力重合。① 若非重合,即意味着,法人对于某些权利能力范围之内的权利义务,因不在行为能力之列而无法以法律行为方式获取。结果,法人的地位被降至限制行为能力自然人。

三、法人不法行为能力

如果法人有行为能力,就说明有意思能力②,并且不若自然人般存在精神健康障碍,因此,法人有不法行为能力(责任能力)。反之,则不考虑不法行为能力的问题。

《民法通则》第 36 条明确采纳法人实在说,由此推断,根据我国法律,法人应当具有不法行为能力。第 106 条第 2 款为该结论提供支持:"公民、法人由于过错侵害国家的、集体的财产,侵害他人财产、人身的,应当承担民事责任。"根据这一规定,法人可能因为自己的过错实施侵权行为,所承担的是基于自身行为而产生的责任——法人具有不法行为能力无疑。

法人不法行为能力的规范基础

通说在得出我国法人具有不法行为能力之结论时,往往以《民法通则》第 43 条

---

① Staudinger/Weick (2005) Einl. zu §§ 21 ff. Rn. 56; Andreas von Tuhr, Der Allgemeine Teil des Deutschen Bürgerlichen Rechts, Bd. 1, 1910, S. 465;江平、张佩霖:《民法教程》,中国政法大学出版社 1988 年版,第 45 页(江平);施启扬:《民法总则》(第 8 版),台湾自版发行 2009 年版,第 172 页;佟柔主编:《中国民法学·民法总则》,中国人民公安大学出版社 1990 年版,第 161 页;王伯琦:《民法总则》(第 8 版),台湾"国立编译馆"1979 年版,第 75 页;魏振瀛主编:《民法》(第 5 版),北京大学出版社、高等教育出版社 2013 年版,第 84 页(李仁玉);姚瑞光:《民法总则论》,台湾自版发行 2002 年版,第 124 页;张俊浩主编:《民法学原理》(上册)(修订第 3 版),中国政法大学出版社 2000 年版,第 192 页(张俊浩);郑玉波著,黄宗乐修订:《民法总则》(修订 11 版),台湾三民书局 2008 年版,第 153 页。

② 姚瑞光先生反对以"意思能力"立论。在他看来,法人之拥有行为能力,原因只在于法人之社会价值同于甚至高于完全行为能力自然人,行为能力与侵权行为能力(不法行为能力)实属理所当然。氏著:《民法总则论》,台湾自版发行 2002 年版,第 123—124、128 页。

("企业法人对它的法定代表人和其他工作人员的经营活动,承担民事责任")为据,并将该条所称"责任"理解为侵权责任。① 这恐怕值得斟酌。

首先,法人对"法定代表人和其他工作人员"的"经营活动"承担责任,既可能是由于第三人过错负责的效果归属规范(如《德国民法典》第278条)所致,亦可能是因为该"经营活动"被直接当作法人自身行为。只有后一种归责情形,才能为法人的不法行为能力提供论据。但是,第43条并未显示,法人对"经营活动"承担责任的依据何在,因而难以直接得出法人具有不法行为能力之结论。况且,就语法修辞而言,该条规定的是"法定代表人和其他工作人员"的经营活动,而不是"法人"的经营活动,所以,如果严格遵从文义,法人基于前一种归责情形而承担责任的解释似乎反倒更为融贯。

其次,民事责任至少包括债务不履行责任与侵权行为(不法行为)责任。不法行为能力,一般指的是为其侵权行为承担责任的能力。第43条所称责任既然直接源自"经营活动",似更接近于债务不履行责任,因为,法人侵权行为虽与"经营活动"有关,却无论如何不能被认定为"经营活动"。

再次,欲使第43条成为法人拥有不法行为能力(责任能力)的规范基础,一方面需要将责任能力作包含"债务不履行责任"的广义理解,另一方面由于该条未显示责任归属依据,故而必须结合106条第1款的规定("公民、法人违反合同或者不履行其他义务的,应当承担民事责任")方可达致。

另值一提的是,《民法通则》对于法人的刑事责任能力持否定态度。第49条("企业法人有下列情形之一的,除法人承担责任外,对法定代表人可以给予行政处分、罚款,构成犯罪的,依法追究刑事责任:……")与第110条("对承担民事责任的公民、法人需要追究行政责任的,应当追究行政责任;构成犯罪的,对公民、法人的法定代表人应当依法追究刑事责任")皆规定刑责主体是法人的法定代表人。《公司法》则态度暧昧,该法关于刑事责任能力的规定是第215条:"违反本法规定,构成犯罪的,依法追究刑事责任。"未明确承担刑事责任的主体。《刑法》态度与《民法通则》截然相反。《刑法》"总则"编第2章第4节以两个条文一般性地认可法人的刑事责任能力,其中,第30条规定:"公司、企业、事业单位、机关、团体实施的危害社会的行为,法律规定为单位犯罪的,应当负刑事责任。"

---

① 梁慧星:《民法总论》(第4版),法律出版社2011年版,第133页;龙卫球:《民法总论》(第2版),中国法制出版社2002年版,第377页;佟柔主编:《中国民法学·民法总则》,中国人民公安大学出版社1990年版,第162页;王利明:《民法总论》(第2版),中国人民大学出版社2015年版,第171页;张俊浩主编:《民法学原理》(上册)(修订第3版),中国政法大学出版社2000年版,第195页(张俊浩)。

第四十节　法人目的的性质

一、法人目的事业的意义

法人必有其目的事业,此乃法人与自然人区别的根本之点——自然人具有自在目的性,不得以"生存目的"为取得权利能力的前提。目的划定法人的交往范围,如前文所述,于公法人构成权利能力之限制。问题在于,公法人逻辑是否同样适于私法人？若不适用,那么,私法人目的事业具有何种性质？私法人目的范围外行为效力如何？这些问题,并无抽象普适的答案,依制度理念及规范体系之不同而有不同回答。

比较法上,法人目的所扮演的角色几经制度变迁。概括而言,从权利能力限制到代理权限制的运行轨迹,勾画了市场管制趋向市场自由的制度演进。现行法上,受益于市场管制的松动,我国关于经营范围的规定,除受国家特别管制者外,已无关乎法人能力,而转向代理权限制。

二、经营范围与法人目的

我国法律未见"法人目的"之措辞,只在关于营利法人的规定中使用"经营范围"的表述(如《民法通则》第 42 条,《公司法》第 7、12 条等)。讨论时,学者常将经营范围直接对应域外私法的法人目的。[①] "经营范围"与"法人目的"皆意在划定法人的交往领域,而诸如公司之类的营利法人系私法人之典型,在此意义上,将其二者作概念对应基本没有问题。本文亦从其用法。

不过,相同概念背后所隐含的理念未必相同。法人目的本应由设立人自由设定,《民法通则》所称"经营范围"则因其必须被"核准"而带有浓重的管制色彩,这当然与其时奉行的计划经济体制有关。1993 年制定《公司法》时,经济体制已转变为社会主义市场经济,法律关于经营范围的态度亦随之而改。该法第 11 条规定:"(第 1 款)公司的经营范围由公司章程规定,并依法登记。公司的经营范围中属于法律、行政法规限制的项目,应当依法经过批准。(第 2 款)公司应当在登记的经营范围内从事经营活动。公司依照法定程序修改公司章程并经公司登记机关变更登记,可以变更其经营范围。"据此,除特许经营者外,经营范围原则上由公司通过章程自主确定,并有权自主变更,不再如《民法通则》般奉行核准制,择业自由由此得到极大提升。2005 年第 3 次修订公司法时,"公司应当在登记的经营范围内从事经营活动"之规定被删除,其他有关经营范围之规定则一仍其旧(12 条),管制程度进一步降低。2014 年施行

[①] 梁慧星:《民法总论》(第 4 版),法律出版社 2011 年版,第 126—127 页;张俊浩主编:《民法学原理》(上册)(修订第 3 版),中国政法大学出版社 2000 年版,第 191 页(张俊浩)。

的第 4 次修订,第 12 条未作更动。

三、法人目的与法人权利能力

法人目的划定法人的行为范围,而行为范围首先受制于法人能力。于是,以能力限制解释法人目的之性质也就显得顺理成章。首先被考虑的,是权利能力限制。

(一) 越权规则及其继受

在逾越法人(公司)目的行为的问题上,早期英美法曾奉行越权规则(the doctrine of ultra vires),即,公司逾越章程目的范围的行为无效。这一规则最早为 1875 年英国"阿西伯利铁路公司诉瑞切案"(Ashbury Rly Carriage and Iron Co. Ltd v. Riche)所确立。审理该案的上议院大法官认为,公司仅于章程目的之内享有权利承担义务,在此范围之外,无权缔结契约,纵经股东追认,亦属无效。① 越权规则是早期公司特许制的产物。其时,记载目的范围的公司章程虽由股东制定,但非经政府特许,公司不能取得商事特权。因此,公司目的其实不为股东所左右,而受制于特许法令,相应的,章程目的构成公司权利能力的限制。②

《日本民法典》第 34 条系继受英国越权规则而来③,早期日本通说认为,此系关于法人权利能力限制的规定。④ 民国时期及台湾地区亦有学者受日本影响,认为法人在特定社会价值或曰特定目的事业之内始有其存在,故法人权利能力受目的范围限制。⑤

如今,英美的越权规则与日本的权利能力限制说均已被放弃。在英美,随着公司设立走向自由,商事经营的特权色彩亦日趋淡化。在此背景下,若是严格遵循越权规则,或者将摧毁公司营业自由,或者损害相对人利益与交易安全。于是,原本僵硬的越权规则不断软化。1989 年,作为越权规则的始创者,英国通过修改公司法将其彻底废除,而美国则在更早的时候即已放弃这一规则。⑥ 基于相似的理由,日本主流学说亦已改弦更张。⑦

(二)《民法通则》中的经营范围

《民法通则》第 42 条要求企业法人在经营范围内活动,又根据第 49 条,"超出登

---

① 张开平:《英美公司董事法律制度研究》,法律出版社 1998 年版,第 118—120 页。
② 同上书,第 120—121、133 页。
③ 〔日〕山本敬三:《民法讲义Ⅰ总则》(第 3 版),解亘译,北京大学出版社 2012 年版,第 386 页。
④ 同上;〔日〕我妻荣:《新订民法总则》,于敏译,中国法制出版社 2008 年版,第 145—146 页。
⑤ 洪逊欣:《中国民法总则》,台湾自版发行 1958 年版,第 156 页;刘得宽:《法人之本质与其能力》,载郑玉波主编:《民法总则论文选辑》(下册),台湾五南图书出版公司 1984 年版,第 511 页。但通说并不如此。多数学者认为,日本之所以作此规定,系因为彼邦采法人拟制说,我民法既从德、瑞之例而采实在说,则法人权利能力除法令及性质限制外,其他应与自然人同其范围,因此,目的事业并非法人权利能力之限制。胡长清:《中国民法总论》,中国政法大学出版社 1997 年版,第 108 页;施启扬:《民法总则》(第 8 版),台湾自版发行 2009 年版,第 171 页;史尚宽:《民法总论》,中国政法大学出版社 2000 年版,第 155 页。
⑥ 详参张开平:《英美公司董事法律制度研究》,法律出版社 1998 年版,第 121—133 页。
⑦ 〔日〕山本敬三:《民法讲义Ⅰ总则》(第 3 版),解亘译,北京大学出版社 2012 年版,第 386—387 页。

记机关核准登记的经营范围"者,构成"非法经营",将为法定代表人带来行政处分、罚款,乃至刑事处罚等责任。立法者对于经营范围之极端重视,由此可见一斑。不过,《民法通则》虽然不惜体系违反为"非法经营"者设置行政甚至刑事责任,对于超营行为的私法效力却未置一词。该法律漏洞本为以纯粹秩序规定解释经营范围限制留有空间,实际情形却是,多年以来,法院对于涉及超越经营范围的案件,几无例外判定无效。

早在1984年,最高人民法院就曾颁布《关于贯彻执行〈经济合同法〉若干问题的意见》,其中,"审查合同的内容是否超越批准的经营范围"被当作"审查合同内容是否合法"的一个步骤,若是超越,经济合同无效。

《民法通则》施行后,最高人民法院又于1987年颁布《关于在审理经济合同纠纷案件中具体适用〈经济合同法〉若干问题的解答》,就"超越经营范围或者违反经营方式签订的经济合同是否有效"之问题作有详细的正面回答:"工商企业、个体工商户及其他经济组织应当在工商行政管理部门依法核准登记或者主管机关批准的经营范围内从事正当的经营活动。超越经营范围或者违反经营方式所签订的合同,应认定为无效合同。例如:非法经营重要生产资料和紧俏耐用消费品的;零售商经营批发业务的;代销商搞经销的;只准在特定地区内销售的进口商品,未经批准私自流入其他地区的,等等,均应按无效合同处理。全部为超营项目的,全部无效;部分为超营项目的,超营部分无效。"

直到1993年最高人民法院《全国经济审判工作座谈会纪要》的发布,上述僵硬局面才得以缓和。《纪要》要求:"合同约定仅一般违反行政管理性规定的,例如一般地超范围经营、违反经营方式等,而不是违反专营、专卖及法律禁止性规定,合同标的物也不属于限制流通的物品的,可按照违反有关行政管理规定进行处理,而不因此确认合同无效。"与此同时,如前文所述,1993年颁行的《公司法》中,其"经营范围"亦获得不同于《民法通则》的含义。

更具意义的是,1999年《合同法》颁行,其中,第50条确立法定代表人越权行为对善意相对人有效的规则。同年颁行的最高人民法院《合同法解释一》第10条则进一步明确舍弃被奉行多年的"超营无效"之规则。为了避免冲突,最高人民法院旋即于2000年将1984年与1987年颁布的上列司法解释明文废止。[1] 至此,在经营范围未受特别管制领域,"超营无效"规则寿终正寝。

经营范围的重要性在1993年以前受到异乎寻常的强调,根本原因在于,计划经济时代,任何经济组织都是实现国家经济计划的工具,除了完成国家交付的经济任务,别无其他存在价值。为此,经营范围根本不可能由企业法人自主选择,而须经各主管机关逐项许可并报工商行政管理机关核准。任何超营行为都既是对其他经济组织经营范围的僭越,更是对国家经济计划的破坏。若是许其有效,计划经济体制将受到颠覆性的挑战。所以,维护经营范围的威严,其实是为了维护整个计划经济秩序。

---

[1] 参见,法释[2000]20号《最高人民法院予以废止的1999年底以前发布的有关司法解释目录(第三批)》(2000年6月16日最高人民法院审判委员会第1119次会议通过)。

可以想见,在此脉络下,经营范围必定被解释为权利能力限制。①

随着市场经济体制的构建以及日益扩大的营业自由需求,经营范围在计划经济体制中所扮演的角色,如同曾经存在于英美世界的"越权规则",已成明日黄花。

四、法人目的与法人行为能力

日本主流学说放弃权利能力限制说后,部分学者以法人实在说为立论前提,转向行为能力限制说。② 随着《公司法》、《合同法》的施行,我国亦有许多学者主张,经营范围限制的是法人行为能力。③

依梁慧星教授之见,权利能力限制与行为能力限制的区别在于:在前者,"法人目的外行为当然无效,无补正的余地";后者则"并非当然无效","如果事后得到法定代理人的追认或后来取得了行为能力,则该行为因补正而变成完全有效。因此,法人目的外的行为似应视为一种未确定的无效"。④ 在此基础上,梁教授支持行为能力限制说之立场。⑤

之所以认为行为能力限制的后果是"未确定的无效",是因为在梁教授看来,"法人目的外的行为,类似于无行为能力的自然人的行为,而作为无行为能力人的行为并非当然无效,如果事后得到法定代理人的追认或后来取得了行为能力,则该行为因补正而变成完全有效"。⑥ 若目的事业限制法人行为能力,越过此限制,法人即无行为能力。在此意义上,梁教授以无行为能力自然人作类比,堪称允当。唯其关于行为效力之表述,似与实证法不符。梁教授称"未确定的无效",含义模糊,就用法论,应相当于我实证法上的"效力待定"。然而,依《民法通则》第58条第1款第1项,无行为能力自然人所实施的法律行为无效,无追认之余地;效力待定者,是限制行为能力人所订立的合同(《合同法》第47条第1款前段)。⑦ 因而,以行为能力三分为基础,目的范

---

① 江平、张佩霖:《民法教程》,中国政法大学出版社1988年版,第44页(江平);佟柔主编:《中国民法学·民法总则》,中国人民公安大学出版社1990年版,第160页;杨振山、王遂起:《中华人民共和国民法讲义》,中国政法大学函授部印行,1984年版,第78—79页(杨振山)。

② 〔日〕山本敬三:《民法讲义Ⅰ总则》(第3版),解亘译,北京大学出版社2012年版,第387页。

③ 梁慧星:《民法总论》(第4版),法律出版社2011年版,第129页;马俊驹、余延满:《民法原论》(第4版),法律出版社2010年版,第124—125页(马俊驹);王利明:《民法总论》(第2版),中国人民大学出版社2015年版,第170页。

④ 梁慧星:《民法总论》(第4版),法律出版社2011年版,第128页。

⑤ 同上书,第129页。

⑥ 同上书,第128页。

⑦ 从学术渊源来看,梁慧星教授此处见解谅系受日本学说影响所致(氏著:《民法总论》(第4版),法律出版社2011年版,第128—129页)。但日本民法上,行为能力仅作成年与未成年之二分(《日本民法典》第3、4条),所有未成年人概以"无能力人"或"限制能力人"相称,未经法定代理人同意而实施的行为则是"可撤销"(第4条第2款),无行为能力人未单列于限制行为能力人之外,故我无行为能力人无效,限制行为能力人效力待定,依日本法,则均为"可撤销",且对于该"可撤销"行为,存在"追认"之余地(第122条),只不过其所谓"追认",系放弃撤销权之谓。显然,日本法上的"无能力人""撤销""追认"等概念,于我民法均难对应。这似乎也可解释,为何梁慧星教授论及此处,会含糊其辞以"未确定的无效"表述。日本民法情形,可参〔日〕山本敬三:《民法讲义Ⅰ总则》(第3版),解亘译,北京大学出版社2012年版,第65页以下;〔日〕我妻荣:《新订民法总则》,于敏译,中国法制出版社2008年版,第56页以下,366页以下。

围若构成法人行为能力限制,逻辑结果是,在此范围之外不得谓为法人行为,于法人不生效力。①

方流芳教授亦将公司经营范围归诸行为能力限制之列。关于公司超营行为之效力,方教授主张分两个阶段对待:第一,"在第三人取得公司财产或向公司移转财产之前,股东得以公司为被告,公司得以董事、经理为被告,请求法院禁止越权行为。由此对第三人造成损失的,由公司负赔偿责任;对公司造成损失的,由董事、经理负赔偿责任"。第二,"在第三人已取得公司财产或向公司移转财产之后,'越权无效'不得对抗第三人,除非第三人在缔约时明知或应知公司超越了经营范围"。②

方教授设定的效力规则与行为能力限制似乎更是相去甚远。在第一阶段,股东或公司需要以积极行为否定"越权行为"对外效力,此近于可撤销法律行为,而行为能力之欠缺,法律行为或者无效,或者效力待定,绝无可能是可撤销。在第二阶段,该"越权行为"对善意相对人有效,又与表见代理类似,适用的是代理规则,同样无关乎行为能力限制。

另外,若承认法人之行为能力,如前文所述,德国与汉语法学通说均认为,其法律地位相当于成年自然人,得自由取得或负担任何财产法上的权利义务,行为能力范围同于权利能力。于是,若法人目的限制行为能力,必同时限制权利能力,逾越目的之法律行为,必属无效。③ 就此而言,法人目的性质从权利能力限制说转向行为能力限制说,新瓶旧酒而已。

市场自由背景下,权利能力限制说与行为能力限制说均不具有足够的正当性。对于法人目的的性质,须作进一步探求。

五、法人目的与代理理论

英美放弃"越权规则"后,转而使用普通法上的代理理论解决越权行为问题。④ 日本亦有许多学者认为,法人目的限制代表人的代理权,代表人若实施目的范围外的行为,应适用无权代理规则。⑤ 此等转向,实际上是回到德国法立场。

前文已述,德国法上,公法人仅在目的范围内存在,此与英国越权规则相似。但在私法人领域,法人目的与其权利能力无关。依《德国民法典》第 26 条之规定,社团

---

① 刘得宽:《民法总则》(增订 4 版),中国政法大学出版社 2006 年版,第 116 页。
② 方流芳:《关于公司行为能力的几个法律问题》,载《比较法研究》1994 年第 3—4 期合刊,第 345 页。
③ 梁慧星教授见解与通说不同,一方面认为法人如同成年自然人,具有完全的行为能力,另一方面却以法人目的(经营范围)、而非权利能力范围为其行为能力范围。氏著:《民法总论》(第 4 版),法律出版社 2011 年版,第 130 页。管见以为,此系导致梁教授有关法人目的外行为效力之见解出现逻辑矛盾的另一关键之点。
④ 张开平:《英美公司董事法律制度研究》,法律出版社 1998 年版,第 135 页以下。
⑤ 〔日〕山本敬三:《民法讲义 I 总则》(第 3 版),解亘译,北京大学出版社 2012 年版,第 387 页。

董事会具有法定代理人地位,因而,董事会以社团名义所实施的行为,准用代理规则。通说认为,董事会代理权的范围原则上与社团权利能力一致。若有限制,无非两端:一是社团授权限制,二是以社团目的为其边界。在前者,若授权限制记载于社团章程,则产生对抗第三人的效力,一旦逾越,即属无权代理;在后者,若董事行为在第三人看来明显处于社团目的范围之外,亦可认定欠缺代理权,适用无权代理之规则。① 问题是,以代理理论解释法人目的之性质,是否体系融贯,更重要的是,是否适于我国实证法?

为了进一步展开讨论,不妨暂且退回问题原点,即,为何将法人行为限制于目的范围之内?

任何归属于法人的行为都必须由其代理人实施,因此,剔除国家管制因素,在法人成员有权自由选择目的事业的背景下,法律仍需禁止目的外行为,用意当在防止代理人擅权损害法人成员利益。② 这意味着,目的事业所限制的,其实是代理人以法人名义实施的行为。既然如此,其所针对的,就不是法人的能力(权利能力抑或行为能力),毋宁是法人代理人对外实施的行为本身。因此,所谓法人目的外行为,其实表现为代理人的越权行为,效力比照代理规则确定。相应的,法人与代理人之间的内部关系亦比照代理授权之基础关系进行界定,由法人章程解决,与外部第三人无关。③ 由此亦可看到,代理规则之适用,无关乎法人本质之立场。正因为如此,德国学者率皆采信代理理论,几无异说,而不论是持法人拟制说或法人实在说。

中国现行法上,与法人超营行为效力有关的规范是《合同法》第50条:"法人或者其他组织的法定代表人、负责人超越权限订立的合同,除相对人知道或者应当知道其超越权限的以外,该代表行为有效。"法条所称被超越的"权限",显然系指以法人名义与他人订立合同之权,即代理权。准此以解,该条所确立的规则可表述为:法人对其代表人之代理权限制,不得对抗善意第三人。对此,梁慧星教授正确指出:"关于法定代表人越权行为,准用表见代理规则。"④ 问题在于,第 50 条能否作为法人超营行为的规范基础?

字面上看,所谓"法定代表人超越权限",意指超越法人对于法定代表人的授权,而经营范围则是企业法人的目的事业,二者判然有别。王利明教授即是在此意义认为,《合同法》第 50 条并非关于法人超营行为的规定,而只是规范超越法人内部授权

---

① Heinz Hübner, Allgemeiner Teil des Bürgerlichen Gesetzbuches, 2. Aufl., 1996, Rn. 226; Larenz/Wolf, Allgemeiner Teil des bürgerlichen Rechts, 9. Aufl., 2004, § 10 Rn. 75; Palandt/Heinrichs, § 26 Rn. 5; Staudinger/Weick (2005) § 26 Rn. 9; Andreas von Tuhr, Der Allgemeine Teil des Deutschen Bürgerlichen Rechts, Bd. 1, 1910, S.527.

② Raiser/Veil, Recht der Kapitalgesellschaften, 5. Aufl., 2010, § 9 Rn. 12.

③ Heinz Hübner, Allgemeiner Teil des Bürgerlichen Gesetzbuches, 2. Aufl., 1996, Rn. 227.

④ 梁慧星:《民法总论》(第4版),法律出版社2011年版,第129页。但梁教授进一步推论:"据此,可以推知,该关于法人目的限制,系采行为能力限制说。"(第129页)

之法定代表人行为。① 不过，依《民法通则》第 38 条之规定，法定代表人系"代表法人行使职权"之人。原则上，法定代表人有权全面代表法人，地位相当于《德国民法典》第 26 条所称"董事会"。因此，法定代表人的权限范围往往同于法人的经营范围。此时，法定代表人的越权行为，其实也就是法人的超营行为。如果法定代表人的越权行为依照《合同法》第 50 条对善意相对人有效，法人超营行为自应同其效力，反之亦然。这意味着，法人超营行为亦在第 50 条的效力界域之内。

最高人民法院《合同法解释一》第 10 条沿袭《合同法》表见代理的理路。该条规定："当事人超越经营范围订立合同，人民法院不因此认定合同无效。但违反国家限制经营、特许经营以及法律、行政法规禁止经营规定的除外。"前文已述，无论权利能力抑或行为能力之限制，在逻辑上均导致法律行为无效，而若概为有效，以法人目的制约代理人之擅权行为从而保护法人成员的立法意旨将难以实现。② 因而，较为合理的理解只能是，《解释一》第 10 条系代理理论应用的结果：若相对人为善意，则所涉合同即使超越经营范围，亦因构成表见代理而有效；若相对人为恶意，则适用狭义无权代理规则，效力待定。至于但书所列情形，因此等经营范围受国家特别管制，非由法人自主选择，故仍有"超营无效"规则适用之余地。

代理理论可能面对的质疑

以代理理论解释法人逾越目的之行为，质疑可有三点：其一，如果法人目的外行为准用无权代理规则，那么，除非构成表见代理，否则，欲使代理行为有效，须经本人即法人的追认。然而，行为在法人目的范围之外，即使得到追认，亦不能成为有权代理，追认于事何补？其二，若是允许法人追认，岂非将目的外行为效力交由本属无权的法人定夺，相对人利益及其折射的交易安全如何能够得到保障？其三，表见代理以相对人善意为要件，法人目的属必要登记事项，交易是否逾越目的，查阅登记簿即可得知，因而，相对人之不知往往意味着怠于查阅登记簿，如何构成善意？

就质疑一，梁慧星教授指出，法人追认，"将发生组织法的手续问题，如主管机关

---

① 王利明、崔建远：《合同法新论·总则》（修订版），中国政法大学出版社 2000 年版，第 244 页（王利明）。

② 日本曾有许多学者尤其是商法学者认为，法人目的于营利法人即商法上的公司而言，不过是代理人的内部限制，并不影响目的外行为的效力，唯代理人受公司内部责任追究而已，是所谓"内部限制说"。"内部限制说"其实是将表见代理的规则适用于所有越权交易场合，而不分相对人善意与否。问题是，如果逾越目的之事实为相对人所知，行为效力却不受影响，则公司目的事业记载于章程及登记簿的意义何在？越权交易若有违公司及股东利益，虽可追究代理人内部责任，但损失一旦造成，内部追责能在多大程度上予以弥补，实值怀疑。况且，交易安全建立在相对人的善意基础之上，若将善意恶意纳入同一法律规则体系下，恐怕不仅无法真正保护交易安全，反倒容易诱发道德危险行为。山本敬三指出，《日本民法典》经过 2006 年修正，民法关于法人的规定被定位为所有法人的共通规定，再强调营利法人的特殊性，已难维持。〔日〕山本敬三：《民法讲义 I 总则》（第 3 版），解亘译，北京大学出版社 2012 年版，第 388 页。

对法人章程变更的许可,股东大会及理事会变更章程的决议等"。① 若法人章程变更须经主管机关许可,追认的可能性不容乐观,目的外行为势将归于无效,如此,代理规则形同虚设。然而,目的须经许可,意味着,法人不享有选择目的事业之自由,而在这一立场下,法人目的外行为本就无效,如同英美特许制下的"越权规则"与我国计划经济时代的"超营无效"。此时,适用代理规则与否,均不影响效力认定。而若是法人拥有充分的择业自由,那么,登记簿的意义就仅仅在于公示,并无管制功能。只要法人认为有必要,就可自由决议变更目的事业。② 此时,法人之追认,实际上即表现为经法人成员决议变更章程及登记内容,代理规则自有其适用余地。

至于质疑二所称相对人及交易安全保护,唯在相对人善意的前提下始有其适用。若相对人非属善意,亦即相对人明知或因重大过失而不知法人越权交易,有何保护之必要?况且,在相对人恶意时,将法律行为效力交由法人决定,正合乎通过目的限制保护法人成员之意旨。而若相对人善意,则法人对于效力无选择之余地,相对人可直接主张表见代理,令法律行为有效。问题是,如何判断善意?质疑三由此导入。

善意之判断,关键在于回答,第三人是否有义务查阅登记簿,或者,未查阅登记簿是否构成过失?惟在第三人有义务查阅登记簿时,登记事项方可推定相对人知悉,从而认定,怠于查阅登记簿者,不得主张善意保护。管见以为,登记的目的是为了让相对人能够知悉其有权知悉的信息,从而维护交易安全。因此,将必要事项登记在簿,系法人之义务。除非有足够证据表明,相对人有理由怀疑甚至明知交易超越目的范围,否则,受登记簿保护的相对人不应因其未查阅登记簿而受责难。这意味着,仅仅是相对人未查阅登记簿本身不足以构成过失,唯在相对人未查阅登记簿系因过失所致,善意才被推翻。③ 再者,我国未对经营范围的登记内容作详细要求,相对人即便查阅登记簿,亦未必能够知晓具体的交易是否超越经营范围,因而,即便法律课予此项义务,恐仍无济于事。而这一法律现实,正是《合同法解释一》第10条的制定依据之一。④

---

① 梁慧星:《民法总论》(第4版),法律出版社2011年版,第128页。
② 《公司法》第12条第1款规定:"公司的经营范围由公司章程规定,并依法登记。公司可以修改公司章程,改变经营范围,但是应当办理变更登记。"据此,原则上公司可自由变更经营范围。
③ 《德国民法典》第68条第2句规定:"变更虽已登记,但若第三人不知该变更,且其不知非因过失所致,则变更登记不对第三人发生效力。"可见,德国法亦未要求相对人负有一般性的登记簿查阅义务。
④ 王闯《解读〈关于适用《中华人民共和国合同法》若干问题的解释(一)〉》,载李国光主编:《解读最高人民法院司法解释·民事卷(1997—2002)》,人民法院出版社2003年版,第202—203页。

第十二章 自然人的其他团体构造

第四十一节 家　　庭

一、家庭的法律意义

家庭大概称得上是人类最古老、延续时间最长的团体构造。在几乎整个罗马法历史上,家庭都扮演着社会交往基本单元的角色。在这个单元中,家父是法律上唯一具有完全能力的自权人,对外是家庭的"法定代表人",对内则不仅拥有全部家庭财产,并且对家子人身享有绝对的支配权力。其时,每一个家庭,实际上都是一个微型的君主制政治国家。① 在这方面,中西有着极为相似的经历。中国历史上,"集人而成家,集家而成国,集国而成天下"的家国天下制度与观念亦是源远流长②,而享有父权的家长如同罗马法上的家父,同样是家庭的绝对主宰。③

随着个人主义观念的兴起,家庭的社会功能渐趋萎缩。如今,个人的法律地位已独立于家庭。更具意义的是,除了在照管未成年人或成年行为能力欠缺者的利益方面还残存着"家父"的某些历史印记,家长对于其他家庭成员不再具有优越地位。家庭成员对外权利义务亦由成员自身而非家长或整个家庭承受。不过,作为人与人之间最为密切的结合,家庭对于私法制度仍有重大影响。例如:除非另有约定,否则家庭财产通常表现为共有;夫妻虽各以自己名义对外交往,但相互之间享有法定的家事代理权;整个继承制度的展开,即是建立在家庭的基础之上;等等。

我国现行法上,仍留有以家庭("户")为计算单元的历史遗迹。家庭甚至常以法律权利义务承受者的面目出现,从而在表面上有相当于权利主体的地位。此类"准权利主体",主要包括农户、个体工商户与农村承包经营户。

二、农户

农户之为"准权利主体",见诸《土地管理法》与《农村土地承包法》,二法分别规

---

① 〔英〕巴里·尼古拉斯:《罗马法概论》,黄风译,法律出版社 2000 年版,第 65 页以下;〔意〕彼德罗·彭梵得:《罗马法教科书》,黄风译,中国政法大学出版社 1992 年版,第 114 页以下。
② 详参吕思勉:《中国制度史》(第 2 版),上海教育出版社 2005 年版,第 8 章"宗族"。
③ 详参瞿同祖:《中国法律与中国社会》,中华书局 1981 年版,第 1 章"家族"。

定以农户名义取得的宅基地使用权与农村承包经营权。

《土地管理法》第62条第1款规定:"农村村民一户只能拥有一处宅基地,其宅基地的面积不得超过省、自治区、直辖市规定的标准。"据此,宅基地使用权之取得,须以户的名义为之,任何村民个人均不适格。不过,农户之"准"权利主体地位仅此而已,其实并非宅基地使用权的享有者。原因在于,任一家庭成员对外交往所产生的权利义务均由该成员自身承受,任一家庭成员去世均发生继承,家庭本身既无法如法人般独立承担权利义务,亦不足以成为财产享有者。因而,在解释上,以户的名义所取得的宅基地,使用权应归家庭成员共有。

与之类似的,是农村土地承包经营权。依《农村土地承包法》规定,农村土地承包分"家庭承包"和"其他方式的承包"两种。后者可以个人名义取得承包经营权(第47、48条),前者的承包方则必须是"本集体经济组织的农户"(第15条)。表面上看,农户乃是家庭承包经营合同的当事人,从而取得权利主体地位,但在法律关系上,成为承包人的是农户的所有家庭成员,而非农户自身。正因为如此,《农村土地承包解释》第4条第1款才规定:"农户成员为多人的,由其代表人进行诉讼。"显然,此代表人诉讼,系《民事诉讼法》第53条运用的结果。

问题是,既然农户不具有权利主体地位,为何宅基地与土地承包经营权之取得,只能以农户的名义?依笔者管见,道理其实很简单。

在我国户籍制度构造的城乡二元体制下,社会保障与医疗保险等福利体系并未惠及农村,而农村村民又在新政府的土地改革运动中被剥夺土地所有权。为作填补,特以宅基地与土地承包替代。因此,宅基地使用权与农村土地承包经营权不过是身披私权外衣的社会保障之替代品,担任社会治理手段的角色。奉行的,自然不可能是私法逻辑。以户为治理单元,正是户籍制度的逻辑结果。社会治理单元无法成为判断私法主体资格的依据。由此可以理解,为何二权利皆带有浓重的行政审批色彩;亦可理解,为何官方反复强调农村宅基地与承包经营地系村民安身立命之本,不得进入市场交易。

三、个体工商户

法律交往中,以"户"的面目出现的,还有《民法通则》规定的个体工商户与农村承包经营户,合称"两户"。

(一)个体工商户的概念

个体工商户的立法定义见诸《民法通则》第26条前句:"公民在法律允许的范围内,依法经核准登记,从事工商业经营的,为个体工商户。"通说认为,此虽以"户"的名义出现,但承受权利义务的并非"户",而是自然人,因而,个体工商户未形成新的权利主体,只是自然人的特殊形态。① 并且,此处所谓"户",虽多以家庭财产经营,却与后者并非重合,二者不可等同。② 然则自然人为何有此特殊形态?

新政府成立之初,对私营经济尚持容忍态度。1950 年颁布《私营企业暂行条例》,第 3 条规定独资、合伙与公司三种私营企业组织形态。1954 年《宪法》第 5 条亦规定:"中华人民共和国的生产资料所有制现在主要有下列各种:国家所有制,即全民所有制;合作社所有制,即劳动群众集体所有制;个体劳动者所有制;资本家所有制。"然而,随着社会主义改造愈演愈烈,私营经济越来越受到贬抑。

1956 年,全国范围内实现全行业公私合营,《私营企业暂行条例》因此不再适用。此后,在"公有制"意识形态下,私营经济一直被视为资产阶级的剥削经济而遭到排斥。直到 1978 年《宪法》,"非农业的个体劳动者"依然只能从事"不剥削他人的个体劳动"(第 5 条第 2 款)。

面对二十余年的历史教训③,1982 年《宪法》终于作出让步,第 11 条第 1 款规定:"在法律规定范围内的城乡劳动者个体经济,是社会主义公有制经济的补充。"经过《民法通则》与 1987 年《城乡个体工商户管理暂行条例》的落实,个体经济以个体工商户的面目出现。当然,让步只是在公有制容许的范围之内,此时,私营经济仍未得到认可。个体工商户强调公民以其个人或家庭财产作为经营资本并亲自经营,以此区别于剥削他人劳动的私营经济。④ 以家庭为单元的个体经济,既为个人留下工商经营的通道,又可避免剥削经济之嫌。"中国特色"烙印明晰可见。

由此可以看到,个体工商户之以"户"为单元,并非旨在法律上创设"户"的主体地位,而不过是意识形态的产物。若以法律逻辑整合,此实为改头换面的商自然人。

问题还在于,个体工商户是否具有企业性质?就我国实证法体系而言,答案应该是否定的。

首先,《民通意见》第 41 条规定:"起字号的工商户,在民事诉讼中,应以营业执照登记的户主(业主)为诉讼当事人,在诉讼文书注明系某字号的户主。"据此,个体工商户不具有诉讼当事人能力。《民诉法解释》第 59 条重申这一规定,并通过第 52 条对《民事诉讼法》的解释,将个体工商户排除在"其他组织"范畴之外。由此推断,在诉讼领域,个体工商户不具有企业组织的地位。

其次,1988 年,另外一部名为《私营企业暂行条例》的法规出台,将私营经济纳入

---

① 江平、张佩霖:《民法教程》,中国政法大学出版社 1988 年版,第 31 页(江平);谢怀栻:《民法总则讲要》,北京大学出版社 2007 年版,第 92 页。

② 江平、张佩霖:《民法教程》,中国政法大学出版社 1988 年版,第 32 页(江平);佟柔主编:《中国民法学·民法总则》,中国人民公安大学出版社 1990 年版,第 135 页。

③ 简要的历史回顾,可参邹振旅编著:《个体工商户》,法律出版社 1986 年版,第 6—9 页。

④ 佟柔主编:《中国民法学·民法总则》,中国人民公安大学出版社 1990 年版,第 135 页;张俊浩主编:《民法学原理》(上册)(修订第 3 版),中国政法大学出版社 2000 年版,第 132 页(张俊浩);邹振旅编著:《个体工商户》,法律出版社 1986 年版,第 20—21 页。

"社会主义公有制经济的补充"之列(第3条),条例第2条规定,私营企业雇工在8人以上。而根据1987年的《城乡个体工商户管理暂行条例》第4条第2款,个体工商户只能"请一二个帮手"或"带三五个学徒"。以是否雇工及其人数作为判断是否属于私营企业的标准固然牵强,刻意用"帮手""学徒"称谓区别"雇工"更是几近文字游戏,却可由此窥知,条例制定者的态度与前述司法解释一致,无意将个体工商户企业化。

再次,1993年《个人所得税法》修订,第2条新增规定个体工商户的生产经营所得适用该法缴纳个人所得税,而同年颁行的《企业所得税暂行条例》则将国有企业、集体企业及私营企业等各类企业一同纳入调整。可见,在税法领域,个体工商户亦未取得企业地位。

最后,2011年,《个体工商户条例》颁行,同时废止《城乡个体工商户管理暂行条例》,新条例第28条规定:"个体工商户申请转变为企业组织形式,符合法定条件的,登记机关和有关行政机关应当为其提供便利。"清楚显示,个体工商户并非企业。

另值一提的是,《个体工商户条例》第20条第1款规定:"个体工商户可以根据经营需要招用从业人员。"这意味着,个体工商户不再以雇工人数及亲自经营为法律特征[1],其所承载的杜绝"剥削经济"之意识形态亦因此得到卸除。

(二) 个体工商户的设立

《个体工商户条例》第8条第1款规定:"申请登记为个体工商户,应当向经营场所所在地登记机关申请注册登记。申请人应当提交登记申请书、身份证明和经营场所证明。"

与之前《城乡个体工商户管理暂行条例》相比,申请人范围得到极大放宽。依旧条例第2条之规定,能够成为个体工商户的仅包括"有经营能力的城镇待业人员、农村村民以及国家政策允许的其他人员",新条例则不再有身份限制,只要"有经营能力",即得申请(第2条第1款),甚至港、澳、台地区的居民亦在其列(第27条)。

另外,个体工商户并非必有经营场所,无固定经营场所的摊贩亦可获得登记,《个体工商户条例》第29条规定,具体管理办法,"由省、自治区、直辖市人民政府根据当地实际情况规定"。

个体工商户以登记为成立标志。依《民法通则》第26条与《城乡个体工商户管理暂行条例》第2、7条之规定,个体工商户之登记须经工商机关核准,奉许可主义,而《个体工商户条例》第4条则改采准则主义,管制程度大幅降低。自法律政策而言,此有益于营业自由的转变无疑值得赞赏,只不过在法律技术上触动了下位法(《个体工商户条例》)不得改变上位法(《民法通则》)的禁忌。

---

[1] 实际上,1992年的《民诉法意见》第45条即已规定,个体工商户的雇佣人员在雇佣合同中约定的生产经营活动中造成他人损害的,雇主是当事人。这说明,其时个体工商户雇工的合法性已得到认可。

（三）个体工商户的终止

个体工商户终止主要有自行解散与强制解散两类原因。个体工商户由投资人自主设立，自可由其自行解散，此不必多言。

至于强制解散，依《个体工商户条例》第21—24条之规定，有撤销注册登记与吊销营业执照两种方式。具体包括：(1)个体工商户提交虚假材料骗取注册登记，或者伪造、涂改、出租、出借、转让营业执照，情节严重的，撤销注册登记或者吊销营业执照；(2)个体工商户登记事项变更，未办理变更登记，情节严重的，吊销营业执照；(3)个体工商户未办理税务登记，经税务机关责令限期改正后逾期仍未改正，应税务机关提请，吊销营业执照；(4)个体工商户未在规定期限内申请办理年度验照，登记机关责令限期改正后逾期仍未改正，吊销营业执照；(5)个体工商户营业执照有效期内，行政机关依法吊销、撤销个体工商户的行政许可，或者行政许可有效期届满的，通知登记机关撤销注册登记或者吊销营业执照。

（四）个体工商户的权利能力

个体工商户为商自然人，法律交往产生的权利义务均由设立者承受，除了可能拥有自己的名称(字号)外，其人格几乎完全为投资人所吸收。

《民法通则》第29条专就债务承担问题作有规定："个人经营的，以个人财产承担；家庭经营的，以家庭财产承担。"此处规定，无关乎个体工商户的法律地位，不过是所有权原理的体现：若个体工商户的财产为设立者单独所有，自然由其独自承担债务；若财产为家庭共有或夫妻共有(《民通意见》第42、43条)，共有人须负连带之责。其间逻辑，与《物权法》第102条相通。

四、农村承包经营户

农村承包经营户是与个体工商户并列的"两户"之一，亦是计划经济意识形态的产物。

（一）农村承包经营户的概念

《民法通则》第27条规定："农村集体经济组织的成员，在法律允许的范围内，按照承包合同规定从事商品经营的，为农村承包经营户。"农村承包经营户所扮演的角色被设定为促进农村商品经济的发展[1]，与主要活跃于城市代表个体经济的个体工商户遥相呼应，唯其被归结为集体经济的表现形式。[2]

农村承包经营户既以商品经营为目的，在性质上，如同个体工商户，亦可归诸商自然人之列。在此意义上，农村承包经营户与前述"农户"并非同一概念，后者是用来

---

[1] 骆支生、高宽众编著：《农村承包经营户》，法律出版社1987年版，第6页。
[2] 江平、张佩霖：《民法教程》，中国政法大学出版社1988年版，第32页(江平)；佟柔主编：《中国民法学·民法总则》，中国人民公安大学出版社1990年版，第137页。

计算宅基地使用权与土地承包经营权的基本单元,并非商事主体。

(二) 农村承包经营户的设立

农村承包经营户通过承包合同设立,既无需申请登记,亦无字号。也正因为如此,农村承包经营户与农户虽在概念上宜作区别,但在法律现实中其实难以分辨:一方面,前者订立承包合同时,需具备集体经济组织成员的身份,且往往以家庭名义为之,后者在取得土地承包经营权时,亦是如此;另一方面,前者所经营的农业商品,依托于耕地、草地、林地等农村土地,所以,承包合同必以取得相应的土地经营权为基本内容,后者在取得土地承包经营权时,亦是如此。实际上,《民法通则》之后,我国实证法在规范农村承包经营户时,确是将其纳入农户体系,尤以《农村土地承包法》为基本规范依据。

(三) 农村承包经营户的权利能力

与个体工商户同理,兹不赘述。

第四十二节　非法人团体

一、概说

非法人团体是指法人之外的其他团体。家庭虽亦为自然人的团体构造形式,但在法律交往中,功能已极大萎缩,因而不必以非法人团体相待。此已为前节所述。

(一) 非法人团体的类型

我国团体立法之体系,不分公法私法,概在所有制的基本脉络下构建。代表国有经济的机关、事业单位、社会团体、全民所有制企业及国有公司皆必为法人,代表集体经济的城镇集体所有制企业以及农村非企业经济组织(农民专业合作社)亦为法人。如此,非法人团体只能存在于农村集体所有制企业、非公有制企业或非企业组织以及外商投资企业中。

农村集体所有制企业中,乡镇企业未必有法人资格(《乡镇企业法》第 2 条第 3 款),外商投资企业中的中外合作经营企业与外资企业亦是如此(《合作企业法》第 2 条第 2 款,《外资企业法》第 8 条)。传统上,上述企业被纳入经济法的调整轨道,本书略过不述。

非公有制企业若依公司法设立,成为有限责任公司或股份有限公司,具有法人资格,否则即为非法人团体,主要包括个人独资企业与合伙企业;非公有制的非企业组织主要为《民办非企业单位登记管理暂行条例》所规范,依第 12 条第 1 款之规定,包括法人型、合伙型与个体型三类,后两类属于非法人团体,其各自基本结构分别与合伙企业及个人独资企业相近。故此,本节以个人独资企业与合伙企业为主要阐述对象。

另外,比较法上,亦存在非法人财团概念,如破产财团、遗产财团等。此等财产集合为特定目的而存在,具有相对独立的法律地位,但无法人资格。我国《信托法》上的信托财产有类似特点。依该法第 2 条之规定,信托是指"委托人基于对受托人的信任,将其财产权委托给受托人,由受托人按委托人的意愿以自己的名义,为受益人的利益或者特定目的,进行管理或者处分的行为"。为受益人利益或其他特定目的而存在的信托财产,一方面独立于委托人的其他财产(第 15 条),另一方面独立于受托人的固有财产(第 16 条),具有相对独立性。不过,信托财产在《信托法》中似未显示人格化倾向,其所谓独立性,无非是与作为权利客体的其他财产相区分而已,并不具有非法人财团的地位。①

德国法上非法人团体的类型

德国法上,资合公司(Kapitalgesellschaften)、民法社团(Vereine)与合作社(Genossenschaften)均属社团法人(Körperschaften)。② 其中,资合公司包括股份公司(Aktiengesellschaften)、股份两合公司(Kommanditgesellschaften auf Aktien)及有限责任公司(Gesellschaften mit beschränker Haftung)。与资合公司对应的是人合团体(Personengesellschaften),主要包括民事合伙(Gesellschaften des bürgerlichen Rechts, BGB-Gesellschaften)、无权利能力社团(nicht rechtsfähige Vereine)、无限公司(offene Handelsgesellschaften)、两合公司(Kommanditgesellschaften)、隐名合伙(stille Gesellschaften)、自由职业者合伙团体(Partnerschaftsgesellschaften)与航运合伙(Reedereien)等。③ 所谓人合团体,指的是"多数人结合而成的团体,该团体之社员资格为特定的团体成员而设。其根本特征是:成员对于债务的人身性责任(persönliche Haftung)、(彼此之间的)人身性合作及自我管理性(Selbstorganschaft),原则上仅在其他成员同意时社员资格才具有可让与性与可继承性"。④ 换言之,人合团体并非法人,而是非法人团体。

关于财团,德国法上亦有所谓"非独立财团"(unselbständige Stiftungen)概念,指的是具有特定捐助目的的财产,但无独立的法律人格。捐助财产的管理人系受信托人(Treuhänder)。其间法律关系,多由债法或继承法规范。⑤ 因而,"非独立财团"不具有团体地位。

---

① 学界关于我国《信托法》上信托财产法律地位的讨论,可参赵廉慧:《信托法解释论》,中国法制出版社 2015 年版,第 3 章"信托财产"。
② Raiser/Veil, Recht der Kapitalgesellschaften, 5. Aufl., 2010, § 3 Rn. 1.
③ Larenz/Wolf, Allgemeiner Teil des Bürgerlichen Rechts, 9. Aufl. 2004, § 9 Rn. 38 ff.; Raiser/Veil, Recht der Kapitalgesellschaften, 5. Aufl., 2010, § 1 Rn. 1.
④ Klaus Weber (Hrsg.), Creifelds Rechtswörterbuch, 18. Aufl., 2004, S. 992.
⑤ Palandt/Heinrichs, Vorbem. zu § 80 Rn. 10.

(二) 非法人团体的权利能力

自然人权利能力均为完全,除胎儿的特殊用法外,不存在"部分权利能力"之人,无权利能力者不可能是权利主体。此"全有或全无"的模式常被套用于团体:具有权利主体地位的团体称法人,拥有独立的权利能力,未取得法人资格者,当然亦无主体资格。权利主体的二元结构由此得以逻辑构建,简单清晰,界限分明。

然而,生活逻辑似乎复杂许多。以合伙企业为例。合伙企业并非法人,但得以其名义参与法律交往,在诉讼中具有当事人能力,企业财产相对独立于合伙人其他个人财产,对于企业债务的承担,合伙人个人财产承担的是补充性责任,等等。所有这些都表明,合伙企业与合伙人相对独立。简单宣称合伙企业不是法人因而无主体资格,显然过于草率。为此,我国通说认为,合伙企业系与自然人、法人并列的"第三主体"。

然而,"第三主体"说的漏洞亦一望可知。所谓权利能力,指的是成为权利与义务承受者的能力。合伙企业的财产却是合伙人共有,非为企业所有;企业债务的最终承担人,亦是各合伙人;更有进者,依现行税法,合伙企业本身并不缴纳企业所得税,各合伙人才是纳税主体。合伙企业的"主体"地位如何能与自然人、法人相提并论?

由是观之,无论是否认可非法人团体的主体地位,均面临着难以化解的矛盾。更具戏剧性的是,双方立场虽然看似针锋相对不可两立,各自实际主张却无实质差别:二者皆不否认非法人团体的相对独立性,亦皆承认此等独立性无论在范围上还是程度上均与自然人、法人不可同日而语。在此意义上,有关非法人团体的主体地位之争,无非是一场概念游戏而已。事实上,只要提问方式被设定为"非法人团体是否具有主体资格"或"非法人团体是否具有权利能力",而答案又在"是"或"否"中二选其一,概念游戏程序即已启动。因而,首先需要检讨的是提问方式所代表的思维进路。

上述提问方式系以权利能力"全有或全无"模式为前提,问题的症结亦在于此。基于人性尊严的伦理考虑,所有自然人均享有相同程度的权利能力。此时,称自然人"有"权利能力与自然人有"完全"权利能力,意义并无分别。然而,这一观念却未必适于团体。①

法人作为法律构造物,并无承载人性尊严之伦理价值。实证法之所以予某类团体以权利能力,更多是基于合目的性的考虑,如有助于节省交易成本、降低交往风险等。这意味着,团体的权利能力仅仅是技术性的归属手段而已。法人并非团体的唯一构造形式,拥有"完全"权利能力亦非团体的逻辑必然。毋宁说,团体的权利能力可区分不同等级。② 当事人根据需要,得自由设立独立程度不同的团体。实证法亦无妨根据团体的独立程度,予之以相应的权利能力。如此,与自然人权利能力之"全有或全无"模式不同,团体的权利能力表现为"或多或少"。就此而言,对于后者,以"是否

---

① Staudinger/Weick (2004) Vorbem. zu § 1 Rn. 3.
② Schwab/Löhnig, Einführung in das Zivilrecht, 18. Aufl., 2010, Rn. 153.

具有权利能力"方式提问不再适宜,恰当的提问毋宁是"具有何种程度的权利能力"。

根据独立程度之不同,自然人的团体构造分布于从"无权利能力"逐渐增强至"完全权利能力"的类型序列中:不具有任何独立地位的团体无权利能力,如家庭;具有完全权利能力、独立性最强的团体构造,名为"法人",与"自然人"并峙而立;在此两端之间,个体工商户、个人独资企业(及个体型民办非企业单位)、合伙企业(及合伙型民办非企业单位)的独立性渐次增强,权利能力亦相应增长。①

简言之,以法人为标准,个人独资企业、合伙企业等非法人团体所拥有的,是范围不同的"部分权利能力"。

德国法上非法人团体的权利能力

德国法未强制所有团体均须登记,唯以登记为取得权利能力之条件。未登记者,将作为无权利能力社团存在。

《德国民法典》第54条规定:"对于无权利能力社团,适用有关合伙之规定。以此类社团之名义向第三人实施法律行为者,行为人负人身性责任;行为人为多数时,各自作为连带债务人承担责任。"同时,法典将民事合伙规定于债编第705条以下。结果,不仅民事合伙被仅仅当做纯契约关系,无权利能力社团亦因合伙规定之准用而同其地位。这一处置,几乎全然消解团体在节省交易成本方面的优势,对于无权利能力社团显然极为不利。而之所以作此规定,原因在于,19世纪末期,立法者对于政治、宗教及社会性团体抱持深刻的怀疑态度,甚至目之为"有害公益之联合"。为了便于公权力控制,需要尽可能多的团体记录于登记簿。为此,法典一方面以权利能力之赋予作为登记激励,另一方面为拒绝登记之团体制造交往障碍。

然而,立法者的管制意图未能实现。许多团体,尤其是政治团体宁愿忍受交往不便也不愿在登记簿上受到管控。如今,19世纪立法者的疑虑已不足为凭,德国学说判例将第54条第1款解释为任意规范,令无权利能力社团得依当事人意志类推适用有权利能力社团的规定。②

2000年6月27日,为了将欧盟消费者保护指令转化为国内法,《德国民法典》第13、14条分别新增规定消费者(Verbraucher)和经营者(Unternehmer)。其中,第14条引入"有权利能力的人合团体"(rechtsfähige Personengesellschaft)概念,正式确认团体权利能力"或多或少"的性质。第14条第2款系立法定义:"称有权利能力的人合团体者,乃被赋予取得权利承担义务之能力的人合团体之谓。"此等人合团体虽然具有

---

① 关于团体的权利能力构造,汉语法学中采类似分析进路者,亦见费安玲等著:《民法总论》,高等教育出版社2011年版,第197—198页(吴香香)。

② Dieter Medicus, Allgemeiner Teil des BGB, 10. Aufl., 2010, Rn. 1141 ff.

权利能力,但根据第 14 条第 1 款之规定,它并非法人。在外延上,有权利能力的人合团体主要包括无限公司、两合公司与自由职业者合伙团体等。2001 年,联邦最高民事法院的一项判决认定,民事合伙具有部分权利能力。自此,民事合伙亦被纳入"有权利能力的人合团体"之列,仅仅表现为纯契约关系的局面为之改变。[①]

二、个人独资企业

(一) 个人独资企业的概念

1. 个人独资企业的法律地位

《独资企业法》第 2 条规定:"本法所称个人独资企业,是指依照本法在中国境内设立,由一个自然人投资,财产为投资人个人所有,投资人以其个人财产对企业债务承担无限责任的经营实体。"据此,个人独资企业属于商事主体中的商自然人。

2. 个人独资企业与个体工商户

个体工商户亦属商自然人,二者区别在于,个体工商户不具有企业性质。这一区别,在 2000 年之前于税法领域曾有重大意义。依《私营企业暂行条例》(1988) 第 6 条,个人独资企业属于私营企业,而 1993 年《企业所得税暂行条例》第 2 条要求私营企业缴纳企业所得税,同时,企业投资人还必须就其生产经营收入缴纳个人所得税。结果,不具有法人资格的私营企业被重复征税。这对于私营企业无疑是重大打击。

随着公有制意识形态趋向缓和,私营企业逐渐成为鼓励的对象。2000 年,国务院发布国发[2000]16 号"关于个人独资企业和合伙企业征收所得税问题的通知",决定"自 2000 年 1 月 1 日起,对个人独资企业和合伙企业停止征收企业所得税,其投资者的生产经营所得,比照个体工商户的生产、经营所得征收个人所得税"。同年,财政部和国家税务总局联合发布《关于个人独资企业和合伙企业投资者征收个人所得税的规定》,第 2—4 条明确规定,无论是依照《私营企业暂行条例》成立的独资企业,还是依照《独资企业法》成立的个人独资企业,均以投资者为纳税义务人,比照个体工商户征收个人所得税。自此,个人独资企业与个体工商户在税法上不再受到区别对待。与之相应,2007 年颁布的《企业所得税法》第 1 条第 2 款明文将个人独资企业排除于该法适用范围之外。

另外,依现行法,个人独资企业与个体工商户适用不同的成立原则。后者如前文所述,在 2011 年《个体工商户条例》之下,奉准则主义,而前者根据 2000 年《独资企业登记管理办法》第 3 条,以核准制(许可主义)为原则。有此区别,似无太多法律理念,

---

[①] BGHZ 146, 341; Larenz/Wolf, Allgemeiner Teil des Bürgerlichen Rechts, 9. Aufl, 2004, §9 Rn. 38 ff.; Staudinger/Habermann, §14 Rn. 61.

不过是反映随着市场体制的深化,公权力者被迫逐渐放宽对于营业自由的管制而已。2011年之前,个体工商户亦一直奉行与个人独资企业相同的成立原则。可以预言,若修改《独资企业法》,成立原则亦将变更为准则主义。

个人独资企业与个体工商户(尤其是起字号的个体工商户)的内外法律关系及公法(税法)地位,均无实质差异。管见以为,二者原本不必强作区分。现行立法在两条线路下齐头并进,似乎只是意识形态历史惯性的结果。

3. 个人独资企业与一人公司

《公司法》设有一人公司之规定。第57条第2款:"本法所称一人有限责任公司,是指只有一个自然人股东或者一个法人股东的有限责任公司。"与个人独资企业相同之处在于,二者均由一人投资设立。但一人公司具有法人地位,投资者与公司人格分离,各自承受权利义务;个人独资企业则无法人资格,所有权利义务概由投资人承担。与此相关,二者还有以下主要不同:个人独资企业的投资人只能是自然人(《独资企业法》第8条第1项),一人公司的独任股东则可为自然人或法人(《公司法》第57条第2款);一个自然人设立个人独资企业的数量并无限制,却只能设立一个一人公司,并且,该一人公司不得再设立新的一人公司(《公司法》第58条);个人独资企业应设置会计帐簿,"进行会计核算"(《独资企业法》第21条),一人公司则除此之外,还"应当在每一会计年度终了时编制财务会计报告,并经会计师事务所审计。"(《公司法》第62条)

(二)个人独资企业的设立

个人独资企业之设立,需要具备法定的实质与程序要件。

1. 实质要件

依《独资企业法》第8条,设立个人独资企业应具备以下实质条件:

(1)投资人为一名自然人

个人独资企业的投资人只能是自然人,但对于自然人行为能力的要求,法无明文。《合伙企业法》第14条第1项限于完全行为能力人,当可类推于此。另外,并非所有自然人均可投资独资企业,《独资企业法》第16条规定:"法律、行政法规禁止从事营利性活动的人,不得作为投资人申请设立个人独资企业。"此等人员,以公务员为典型(《公务员法》第53条第14项)。

个人独资企业的投资人仅限于一名自然人。但依《独资企业法》第18条规定,投资人得以家庭共有财产作为个人出资,此时,应"以家庭共有财产对企业债务承担无限责任"。家庭共有财产被用于出资,其他共有人却不因此成为投资人,欲要维持逻辑一贯,唯一的解释就是,出资时,其他共有人授予企业投资人以处分权。

(2)合法的企业名称

此系企业以其名义对外交往之必备要求。《独资企业法》第11条规定,"个人独资企业的名称应当与其责任形式及从事的营业相符合。"据此,个人独资企业不得冠以"公司"之名,责任形式不得以"有限"或"有限责任"描述(《独资企业登记管理办法》第6条第2款)。

(3) 投资人申报的出资

个人独资企业由投资人承担无限责任,法律完全不必要求企业最低资本额。唯在申请时,须表明投资来源,即,显示是以个人财产出资抑或以家庭共有财产出资(《独资企业登记管理办法》第10条第2款》)。

(4) 固定的生产经营场所和必要的生产经营条件

现行法上,无固定生产经营场所而能合法从事商事经营者,唯摊贩而已,而摊贩属于个体工商户。至于何为"必要"的生产经营条件,则由投资人根据经营需要自行判断。

(5) 必要的从业人员

何为必要,由企业根据自身营业状况判断,既不再如之前的《私营企业暂行条例》(1988)般以8人为最低限,亦不设上限,以免对个人独资企业的发展构成不必要的妨碍。

2. 程序要件

个人独资企业之成立,须经申请与登记。

《独资企业法》第9条第1款前句规定:"申请设立个人独资企业,应当由投资人或者其委托的代理人向个人独资企业所在地的登记机关提交设立申请书、投资人身份证明、生产经营场所使用证明等文件。"若所经营事业属于准入领域,还须提交有关部门的批准文件(第9条第2款)。

个人独资企业以登记为成立标志,成立日期为营业执照的签发日期(《独资企业法》第13条)。关于登记原则,《独资企业法》第12条("登记机关应当在收到设立申请文件之日起十五日内,对符合本法规定条件的,予以登记,发给营业执照;对不符合本法规定条件的,不予登记,并应当给予书面答复,说明理由")较接近于准则主义。但因其未明确规定登记机关对于符合法定条件的申请有义务予以登记,故而存在解释空间。《独资企业登记管理办法》以公权力惯有的管制偏好采取严格解释,通过第3条第1款("个人独资企业经登记机关依法核准登记,领取营业执照后,方可从事经营活动")轻而易举转至许可主义。

(三) 个人独资企业的终止

个人独资企业终于解散。解散原因则为《独资企业法》第26条所列举:(1) 投资人决定解散;(2) 投资人死亡或者被宣告死亡,无继承人或者继承人决定放弃继承;(3) 被依法吊销营业执照;(4) 法律、行政法规规定的其他情形。

企业解散之前需经清算。清算阶段,个人独资企业不得开展与清算目的无关的经营活动(《独资企业法》第30条)。投资人或清算人有义务在清算结束之日起15日内到登记机关办理注销登记(《独资企业法》第32条)。《独资企业登记管理办法》第

21 条规定:"经登记机关注销登记,个人独资企业终止。"自事理而言,如同法人,个人独资企业当在清算结束之日终止。因而,此处所规定的注销登记,宜作宣示效力解释。

（四）个人独资企业的权利能力

个人独资企业属于商自然人,自身不具有独立的主体资格,企业财产为投资人所享有(《独资企业法》第 17 条),相应地,投资人须以其个人财产为企业债务承担无限责任。

不过,相较于个体工商户,个人独资企业的独立性得到明显加强,不仅具有诉讼上的当事人能力(《民诉法解释》第 52 条第 1 项),实体法律关系亦在一定程度上独立于投资人,其要者如:第一,个人独资企业拥有自己的名称,得以其名义对外交往;第二,个人独资企业拥有独立的住所;第三,个人独资企业财产与投资人其他个人财产相对分离,债务履行时,只在企业财产不足清偿的情况下,才由投资人其他财产承担补充责任(《独资企业法》第 31 条),并且,企业解散后,若其债权人未在 5 年内向投资人主张债权,该期限产生除斥效力,债权消灭(《独资企业法》第 28 条)。

三、合伙

（一）合伙史略

《民法通则》所谓"两户一伙","两户"为前节所述个体工商户与农村承包经营户,"一伙"即个人合伙之谓。三者进入《民法通则》,有着相同的社会背景。

1950 年的《私营企业暂行条例》第 3 条包括独资、合伙与公司三类私营企业。20 世纪 50 年代后期开始,私营经济遭到清除,个人合伙亦被当做"资本主义自发势力"而未能幸免。[1] 80 年代经济体制改革后,合伙才重新复苏,并为《民法通则》所确认。为了撇除剥削经济之嫌,《民法通则》第 30 条在定义个人合伙时,特将"共同劳动"设为法律特征。[2]

依我国现行法,合伙有个人合伙及合伙团体之别。个人合伙的法律关系主要围绕契约而展开,因而,在人法上,更具说明价值的,是合伙团体。

（二）个人合伙

1. 个人合伙的概念

个人合伙的定义见诸《民法通则》第 30 条:"个人合伙是指两个以上公民按照协议,各自提供资金、实物、技术等,合伙经营、共同劳动。"由第 33 条可知,个人合伙可分两类:纯粹以契约连接的合伙与"起字号"的合伙。前者一般被直接当做契约关系处理,后者则需经"核准登记"。另依《民通意见》第 45 条,前者无诉讼当事人能力,后

---

[1] 方流芳编著:《个人合伙》,法律出版社 1986 年版,第 6 页。
[2] 同上书,第 10 页。

者则可作为诉讼当事人。但《民诉法解释》第 60 条以全体合伙人为共同诉讼人,全然否认个人合伙的当事人能力,无论起字号与否。

就法律地位而言,个人合伙既以"经营"为目的,当属商事合伙,但不具有企业地位。就此问题,个人合伙与个体工商户被同等对待。也许是《民法通则》急于表白合伙在社会主义公有制经济中的合法性,而忽略了合伙其实未必都以经营为目的。民事合伙固然不妨追求经济目标,但在此之外,诸如科学、艺术、宗教、利他、社会乃至政治等所有合法目标,无不可借助合伙实现。[1] 关键只在于,相互必须为实现共同目标而结合。至于此等结合是暂时抑或长久,在所不论。[2]

2. 个人合伙与个体工商户

个人合伙的合伙人可以是数个家庭成员,此与家庭经营的个体工商户界限模糊。有学者直接将后者归诸个人合伙之列。[3] 管见以为,对此须作甄辨。

首先,普通的合伙属于外部合伙(Außengesellschaft),即,在对外交往中,须显示所有合伙人名义。若是登记(起字号),亦须将所有合伙人登记在簿。个体工商户仅以"户主"(经营者)名义申请,所登记的亦只是"户主"(经营者)姓名[4],与合伙判然有别。至于所谓"家庭经营",在登记申请与营业执照上,只是作为"组成形式"填写,通常仅指将家庭共有财产投入经营,而非表示所有家庭成员共同设立个体工商户。正是在此意义上,《民通意见》第 42 条规定:以个人名义申请登记的个体工商户,"用家庭共有财产投资,或者收益的主要部分供家庭成员享用的,其债务应以家庭共有财产清偿"。[5]

其次,家庭经营的个体工商户,家庭成员仅需在登记申请上对以共有财产出资签字表示同意即为已足。如前所述,体现的是共有原理。同意之实质,系授予处分权。合伙则必以合伙契约为成立基础。无明确的合伙意思表示,仅仅存在事实的共同经营活动,不足以构成合伙。[6]

另值注意者,称家庭经营的个体工商户非个人合伙,并不意味着,合伙关系与个体工商户不能并存。果若家庭成员甚至非家庭成员之间订有合伙契约,却以其中一

---

[1] Christine Windbichler, Gesellschaftsrecht, 22. Aufl., 2009, § 5 Rn. 3.
[2] Medicus/Lorenz, Shuldrecht II: BT, 15. Aufl., 2010, Rn. 966.
[3] 方流芳编著:《个人合伙》,法律出版社 1986 年版,第 61 页;费安玲等著:《民法总论》,高等教育出版社 2011 年版,第 181—182 页(吴香香);梁慧星:《民法总论》(第 4 版),法律出版社 2011 年版,第 147 页。
[4] 《民通意见》第 41 条:"起字号的工商户,在民事诉讼中,应以营业执照登记的户主(业主)为诉讼当事人,在诉讼文书注明系某字号的户主。"《个体工商户条例》第 10 条第 2 款后句:"家庭经营的个体工商户在家庭成员间变更经营者的,依照前款规定办理变更手续。"
[5] 法律地位与个体工商户相仿的个人独资企业亦存在类似问题。《独资企业法》第 18 条:"个人独资企业投资人在申请企业设立登记时明确以其家庭共有财产作为个人出资的,应当依法以家庭共有财产对企业债务承担无限责任。"
[6] 德国是"事实契约"理论的首倡者,如今,作为这一理论产物的"事实合伙"(faktische Gesellschaft)概念已被摈弃。Medicus/Lorenz, Shuldrecht II: BT, 15. Aufl., 2010, Rn. 969; Christine Windbichler, Gesellschaftsrecht, 22. Aufl., 2009, § 5 Rn. 2.

人名义登记为个体工商户,其对内与对外法律关系即宜作两论:彼此因合伙契约成立所谓的内部合伙(Innengesellschaft)或隐名合伙(stille Gesellschaft),适用合伙规则。①但该内部关系对于第三人不生效力,对外仍以个体工商户面目出现。

(三) 合伙团体

《民法通则》之后的立法围绕着具有团体地位的合伙展开。即使在《合同法》中,契约形式的合伙亦未得到规定。合伙团体,民事合伙与商事合伙各有体现。

1. 民事合伙团体

如前文所述,《民法通则》以商事合伙为规制对象,几乎完全忽略民事合伙。《民办非企业单位登记管理暂行条例》部分填补了这一缺漏。《条例》第 12 条以合伙形式为民办非企业单位的类型之一。同时,民办非企业单位不得从事营利性经营活动(《民办非企业单位登记管理暂行条例》第 4 条第 2 款)。根据《民办非企业单位登记暂行办法》第 4 条之列举,其目的事业存在于教育、卫生、文化、科技、体育、劳动、民众、社会中介、法律服务等领域。此等合伙,自属民事合伙无疑。

依《民办非企业单位登记暂行办法》第 2 条第 5 款之反面解释,合伙制民办非企业单位的合伙人只能是个人(自然人),此与《民法通则》中的个人合伙相似。二者除民事与商事合伙的性质不同外,区别还在于,前者拥有团体地位,内外法律关系较接近于合伙企业而非个人合伙。

民办非企业单位之设立,须获双重许可:先经"业务主管单位审查同意"(《民办非企业单位登记管理暂行条例》第 2 条),再由登记管理机关审查核准(《民办非企业单位登记管理暂行条例》第 11 条、《民办非企业单位登记暂行办法》第 3、8 条)。此管制政策,不仅严苛程度堪与计划体制时代相媲美,而且无论所涉民办非企业单位属于法人与否,一概适用。这似乎表明,在公权力者看来,是否享有责任限制之优待,并不是影响团体危险性的因素。然则除了交易安全,还有何种危险需要公权力者严加防范,乃至不惜回归计划管制?对此问题,在法律领域之内,恐怕未必能够寻得答案。

2. 商事合伙团体

商事合伙团体即是合伙企业,此早在《民法通则》即已得到体现。

除个人合伙外,《民法通则》第 52 条还规定联营各方负连带责任的"合伙型联营企业",二者区别首先在于合伙人的构成不同。后者的合伙人是企业或事业单位,前者则为自然人。

《民法通则》意义上的企业与事业单位均是公有制产物,相互联营于意识形态无碍,法律的态度亦明显较为宽松。比如,彼此之间的联营可以自由选择法人型、合伙型或纯契约型各种方式(《民法通则》第 51—53 条),并且,即便选择所谓的"合伙型

---

① 关于内部合伙及隐名合伙,可参 Medicus/Lorenz, Shuldrecht Ⅱ: BT, 15. Aufl., 2010, Rn. 974 ff.; Christine Windbichler, Gesellschaftsrecht, 22. Aufl., 2009, § 18.

联营",除非法律有特别规定或当事人有特别约定,责任承担亦各自独立(《民法通则》第52条)。在此,法律对于合伙人利益的重视,显然远远超过交易安全的保护。

商事合伙团体在20世纪90年代中期以后受到极大关注,典型表现即是1997年的《合伙企业法》。该法第2条对合伙企业的定义是:"合伙企业,是指依照本法在中国境内设立的由各合伙人订立合伙协议、共同出资、合伙经营、共享收益、共担风险,并对合伙企业债务承担无限连带责任的营利性组织。"

2006年《合伙企业法》修订,细化合伙企业类型。第2条首先区分普通合伙企业和有限合伙企业,前者"由普通合伙人组成,合伙人对合伙企业债务承担无限连带责任",后者则"由普通合伙人和有限合伙人组成,普通合伙人对合伙企业债务承担无限连带责任,有限合伙人以其认缴的出资额为限对合伙企业债务承担责任"。进而,该法第2章第6节在普通合伙企业中单辟出"特殊的普通合伙企业"类型,第55条规定,此系"以专业知识和专门技能为客户提供有偿服务的专业服务机构"。此类合伙企业之所以特殊,主要体现于责任承担方面。有关"特殊的普通合伙企业"之规定,采合伙制的律师事务所、注册会计师事务所等非企业专业服务机构(合伙制非企业民办单位)可予准用(《合伙企业法》第107条)。

若要对应,我实证法上的普通合伙企业相当于德国的无限公司[①],有限合伙企业为两合公司[②],而特殊的普通合伙企业,则类似于自由职业者合伙团体。[③]

另外,现行《合伙企业法》通过第3条("国有独资公司、国有企业、上市公司以及公益性的事业单位、社会团体不得成为普通合伙人")大幅限缩《民法通则》上"合伙

[①] 《德国商法典》(Handelsgesetzbuch)第105条:"(第1款)在统一商号之下以从事商事经营为目的之团体,若其成员对团体之债权人负无限责任,为无限公司。(第2款)营业活动根据第1条第2款之规定非属商事经营或仅管理自己财产之团体,若其企业商号被登入商事登记簿,亦为无限公司。准用第2条第2句与第3句之规定。(第3款)除本章另有规定者外,民法典有关合伙之规定,亦适用于无限公司。"

[②] 《德国商法典》第161条:"(第1款)在统一商号之下以从事商事经营为目的之团体,若其成员之一人或数人对团体之债权人就其特定投资财产份额为限承担责任(有限责任成员),而其他成员之责任则无限制(负人身性责任之成员),为两合公司。(第2款)除本章另有规定者外,有关无限公司之相应规定亦适用于两合公司。"

[③] 《德国自由职业者合伙团体法》(Gesetz über Partnerschaftsgesellschaften Angehöriger Freier Berufe)第1条:"(第1款)自由职业者合伙团体是自由职业者为其职业活动而结合的团体。此类团体不从事商事经营。自由职业者合伙团体的成员仅得为自然人。(第2款)自由职业一般以具备特别的职业资格或创造性才能为基础,内容是为委托人或公众利益独立提供具有人身性、责任自负与专业性的较高品质服务。此类法律意义上的自由职业活动包括医生、牙医、兽医、行医者、协助病人做医疗体操的护理员、助产士、医疗按摩师、心理医生、律师协会成员、专利律师、会计师、税务顾问、国民经济与企业经济咨询顾问、宣誓审计员、税务代理、工程师、建筑师、商业化学家、领港员、职业鉴定人、新闻记者、摄影记者、口译员、笔译员以及诸如学者、艺术家、作家、教师和教育工作者等类似职业的独立职业活动。(第3款)自由职业者合伙团体中有关具体职业的职业活动得在规章中排除,或附加其他要件。(第4款)除本法另有规定者外,民法典有关合伙之规定亦适用于自由职业者合伙团体。"

型联营企业"的适用范围。①

（四）合伙企业的设立

合伙企业之设立，需具备实质与程序两方面的要件。

1. 实质要件

《合伙企业法》第 14 条系关于合伙企业成立要件的一般性规定：

(1) 两名以上的合伙人

投资人若为一人，应申请为个人独资企业。在人数上限及人员构成上，有限合伙有其特别要求：人数上不超过 50 人，构成上至少有 1 名普通合伙人(《合伙企业法》第 61 条)。普通合伙企业则无人数上限。

合伙人可为自然人或法人。若为自然人，须具有完全行为能力，但无行为能力或限制行为能力人可成为有限合伙人(《合伙企业法》第 48 条第 2 款前句、第 79 条)。作此区别的原因大概在于：普通合伙人所承担的无限连带责任无法预测并控制风险，行为能力欠缺者不宜进入；有限责任则不存在这一疑虑。② 若以法人为合伙人，国有独资公司、国有企业、上市公司以及公益性的事业单位、社会团体不得成为承担无限责任的普通合伙人(《合伙企业法》第 3 条)。

(2) 书面合伙契约

合伙关系建立在当事人意思表示的基础之上。基于尊重意志自由及交易安全的考虑，未订立合伙契约、而仅仅是共同经营者，不得认定为合伙。换言之，必须拒斥"事实合伙"之概念。合伙系长期合作关系，彼此的约定亦是合伙登记的依据，为慎重计，合伙契约须采书面要式，经全体合伙人签名、盖章后生效(《合伙企业法》第 19 条第 1 款前句)。

(3) 必要的出资

合伙企业仅需"有合伙人认缴或者实际缴付的出资"即为已足。至于金额多少，由合伙人根据经营需要自行权衡。法律所要求者，唯各合伙人依其承诺履行出资义务而已(《合伙企业法》第 17 条第 1 款)。此等义务，不过是合伙人之间的意定义务，纵有违反，亦未必影响合伙企业之成立。

出资方式，可以是货币、实物、知识产权、土地使用权或其他财产权利，亦可以是劳务(《合伙企业法》第 16 条第 1 款)。不过，后一种出资方式，因其无法被强制执行，不适于就合伙债务负有限责任的有限合伙人(《合伙企业法》第 64 条第 2 款)。

(4) 企业名称与经营场所

为交易安全计，企业名称须标示合伙的性质，分别注明"普通合伙"、"特殊普通合

---

① 1992 年《民诉法意见》第 40 条第 2 款将"依法登记领取营业执照的合伙型联营企业"规定为"其他组织"，2015 年 2 月 4 日起施行的《民诉法解释》则将其删除，第 52 条第 2 款直接以"依法登记领取营业执照的合伙企业"为其他组织。由此亦可窥见"合伙型联营企业"之式微。

② 不过，为何禁止行为能力欠缺之人在法定代理人的代理下进入普通合伙经营领域，笔者难以索解。

伙"或"有限合伙"(《合伙企业法》第15、56、62条)。

关于经营场所,《合伙企业登记管理办法》第8条规定:"经企业登记机关登记的合伙企业主要经营场所只能有一个,并且应当在其企业登记机关登记管辖区域内。"

(5) 法律、行政法规规定的其他条件

此属开放条款,为特别规定留有余地。

2. 程序要件

设立合伙企业,须经申请与登记。

《合伙企业法》第9条第1款规定:"申请设立合伙企业,应当向企业登记机关提交登记申请书、合伙协议书、合伙人身份证明等文件。"

合伙企业以登记为成立标志,成立日期为营业执照签发日期,在此之前,合伙人不得以企业名义从事合伙业务(《合伙企业法》第11条)。另依《合伙企业法》第10条之规定,登记原则采准则主义。

(五) 合伙企业的终止

合伙企业终于解散。依《合伙企业法》第85条之规定,构成解散原因的事由包括:(1) 合伙期限届满,合伙人决定不再经营;(2) 合伙协议约定的解散事由出现;(3) 全体合伙人决定解散;(4) 合伙人已不具备法定人数满30天;(5) 合伙协议约定的合伙目的已经实现或者无法实现;(6) 依法被吊销营业执照、责令关闭或者被撤销;(7) 法律、行政法规规定的其他原因。

另外,合伙企业具有破产能力,得因宣告破产而终止(《合伙企业法》第92条)。

企业终止之前需经清算。清算因解散或破产之不同而分别适用普通清算程序或破产清算程序。清算程序终结,清算人有义务申请注销登记。《合伙企业登记管理办法》第24条规定:"经企业登记机关注销登记,合伙企业终止。"如同个人独资企业,此处注销登记亦生宣示效力。

(六) 合伙企业的权利能力

合伙企业并未如法人般独立于投资人而存在。例如,合伙企业并无自己的议决与执行机构,所有事务以合伙人一人一票的方式多数决(《合伙企业法》第30条)或一致决(《合伙企业法》第31条)并由合伙人执行(《合伙企业法》第26条);新合伙人加入或原合伙人退出,原则上需要所有合伙人一致同意(《合伙企业法》第43、45条);合伙财产为全体合伙人共同共有(《合伙企业法》第21条第1款);普通合伙企业的合伙人与有限合伙的普通合伙人须为合伙企业的债务承担无限责任(《合伙企业法》第2、44、53、91条);等等。可见,合伙企业既无自己独立的意思,亦无独立承担责任之能力,人格未与合伙人完全分离,独立性远不如法人。以合伙企业名义参与的法律交往,权利义务的最终承受者实为普通合伙人。

再者,在税法上,合伙企业如同个人独资企业,亦仅以投资者为纳税义务人(《合伙企业法》第6条)。合伙企业本身并非纳税主体,不必缴纳企业所得税。计征时,自然人合伙人比照个体工商户征收个人所得税,法人合伙人则依财政部与国家税务总局联合发布的财税[2008]159号"关于合伙企业合伙人所得税问题的通知"第2条后句2分句之规定,缴纳企业所得税。

不过,与个人独资企业相比,合伙企业又明显有着更强的独立性。原因在于,合伙企业的投资人在二人以上,较之只有一名投资者的个人独资企业,个别投资者的意思更不容易转化为企业意思。

具体而言,除与个人独资企业一样具有诉讼当事人能力(《民诉法解释》第52条第2项)、得以企业名义对外交往、拥有独立的住所、投资人其他财产对企业债务承担补充责任(《合伙企业法》第38、39条)外,合伙企业更强的相对独立性还表现在:(1) 合伙企业名义上拥有企业财产,包括合伙人的出资、以合伙企业名义取得的收益及其他财产(《合伙企业法》第20条);(2) 合伙人与企业无关的债务,债权人不得以其债权抵销对合伙企业的债务,亦不得代位行使合伙人在企业中的权利(《合伙企业法》第41条);(3) 合伙企业具有破产能力(《合伙企业法》第92条);(4) 特殊的普通合伙企业中,合伙人对于企业债务的无限责任受到限制,合伙人在执业活动中因故意或重大过失造成企业债务的,该合伙人承担无限或无限连带责任,其他合伙人则仅以其在合伙企业中的财产份额为限承担责任(《合伙企业法》第57条第1款);(5) 有限合伙人仅以其出资额为限对有限合伙企业的债务承担责任(《合伙企业法》第2条第3款、第77、81条);等等。

第四编 | 权利理论

第十三章　权利的一般原理

第十四章　权利的时间属性

第十五章　权利的救济

第十三章　权利的一般原理

第四十三节　权利的概念

关于权利,一个为当代德国学者广泛援引的说法是:"主体的权利是私法的核心概念,亦是法律生活多样性的最终抽象。"①不过,这其实只是对于19世纪以来法律状况的判断。由于个案导向的思维,罗马法学始终未能抽象出一般性的权利概念,个人利益的保护体现在个案诉讼,权利并未取得"法律生活多样性的最终抽象"之地位。这一局面直到温德沙伊德提出实体请求权理论,才为之彻底改观。

权利作为私法核心概念的历史同样年轻。萨维尼虽然使用一般性的权利概念,但在其理论体系中,核心概念不是"权利",而是"法律关系"。改变局面的,仍是温德沙伊德,他在1862年首版的《潘德克顿法学教科书》(Lehrbuch des Pandektenrechts)第1卷中为"权利的一般理论"单辟一编(第2编),以"权利"取代"法律关系"的地位。②此后,在直到20世纪的近百年时间里,权利一直是无可争议的私法核心概念。③

一、"权利"的语源

(一)西文

虽然古代西方存在各种与权利含义相近的语词表述,"权利"概念本身的出现却相对较为晚近。据陈弘毅教授考证,大约公元1400年以前,无论是古典抑或中世纪的希伯来语、希腊语、拉丁语或阿拉伯语中都没有任何表达权利概念的方式。直到中世纪行将结束之时,情形才有所变化。一般认为,欧洲语言中出现"权利"一词系拉丁语词 ius 在用法上变化的结果。中世纪末期,ius 获得新义,被用以指称人类的一种属性,依此属性,人应当拥有某些东西,能够做或不做某些事而不被外力所扰。此即所谓的"权利"。④ 相应的,西文表达"权利"概念之语词,多带有"正确"之义,如英文

---

① Andreas von Tuhr, Der Allgemeine Teil des Deutschen Bürgerlichen Rechts, Bd. 1, 1910, S. 53.
② Gerhard Wagner, Rudolf von Jherings Theorie des subjektiven Rechts und der berechtigenden Reflexwirkungen, AcP 193 (1993), S. 320 f.
③ Dieter Medicus, Allgemeiner Teil des BGB, 10. Aufl., 2010, Rn. 70.
④ 参见陈弘毅:《权利的兴起:对几种文明的比较研究》,周叶谦译,载陈弘毅著:《法治、启蒙与现代法的精神》,中国政法大学出版社1998年版,第118—119页。

right、意文 diritto、法文 droit 以及德文 Recht。可见,在西方法律文化中,"权利"与"正当性"有其天然的内在关联。

另外,Recht、diritto 及 droit 等语词在各自语境下均可作主客观两方面理解:主观权利客观法。此亦表明,所谓法律,系权利之法,彰示与维护权利之法。

(二) 中文

关于"权利"的汉语表述如何出现于我国之问题,学界分"本国固有"与"东瀛输入"两说。

权利的"本国固有"与"东瀛输入"说

"本国固有"论者多以中国古代典籍为据,例如,《荀子·劝学》:"是故权利不能倾也,……"《荀子·君道》:"按之于声色、权利、忿怒、患险,而观其能无离守也。"《盐铁论·杂论》:"或尚仁义,或务权利。"《史记·魏其武安侯·附灌夫》:"陂池田园,宗族宾客为权利,横于颍川。"等等。不过,这些记载似不足为据。中国典籍中的"权利"其实并未合成具有单一含义的语词概念,"权"与"利"一起出现,不过是单字叠合,其中,"权"释为"威权"或"威势","利"则解为"财货"。因而,所谓"权利",指的是"威权"与"财货"。在中国传统文化中,二者均受贬义评价,系"仁"、"义"的对立面,与代表正当性的现代权利不可同日而语。

"东瀛输入"的主张自民国以来就广为流传。梅仲协先生认为:"按现代法律学上所谓权利一语,系欧陆学者所创设,日本从而迻译之。清季变法,权利二字,复自东瀛,输入中土,数十年来,习为口头禅。"①王伯琦先生更是追溯"权利"一词的语词演化:"权利一词,来自日本,日本则译自法语之 le droit。法语之 droit,自拉丁 drectum 变化而来,而 drectum 则为古典拉丁 rectum 及 jus 二字之通俗语。"②受梅王二氏影响,台湾地区学者多袭此说③,新中国学者亦普遍从其说法。④ 遗憾的是,"东瀛输入"说虽影响深远,支持者却多以简单的"来自日本"一语带过,始终未见出示相关原始证据。没有任何一位学者显示:"权利"一词何时何人以何种方式取自日本何等文献。

李贵连教授的考证结论与上述两说均有不同。李教授指出,汉语"权利"的现代用法最早见诸丁韪良(W. A. P. Marin)翻译的《万国公法》。该书原为英文著作,

---

① 梅仲协:《民法要义》,中国政法大学出版社 1998 年版,第 32 页。
② 王伯琦:《民法总则》(第 8 版),台湾"国立编译馆"1979 年版,第 19 页。
③ 王泽鉴:《民法总则》(最新版),北京大学出版社 2014 年版,第 95 页;郑玉波著,黄宗乐修订:《民法总则》(修订 11 版),台湾三民书局 2008 年版,第 54 页。
④ 梁慧星:《民法总论》(第 4 版),法律出版社 2011 年版,第 69 页;佟柔主编:《中国民法学·民法总则》,中国人民公安大学出版社 1990 年版,第 65 页。

1864年由通晓汉语的美国传教士丁韪良译为中文出版。翻译时,丁韪良及其中国助手将古代汉语中的"权"以及"权利"一词赋以新意,对译英文 right。数年后,日本法学家箕作麟祥受命翻译法国法典。箕作从《万国公法》的汉译本中直接拿取"权利"与"义务"两词,作为日文法律术语。因而,以"权利"二字表达西方法律意义上的权利概念,不是始创于日本,相反,日文表述反倒是来自中国。①

"权利"一词本国固有也好,异域输入也罢,现代权利理念与传统中国社会所追求的价值相去甚远,这一点却是难容否认。就此而言,对"权利"的中国语源之考证,意义无非是,考察现代权利观念首次以文字文本的方式进入中国的时间与方式而已。

二、权利的本质

康德曾经慨叹:"权利是什么"问题之于法学家,有如"真理是什么"问题之于逻辑学家,不可绕过却又棘手无比。② 数百年后的今日,有关权利概念之理解仍无定论,新见依旧层出不穷。然而,学说多则多矣,讨论脉络却是万变不离其宗,无非围绕"个人—社会(国家)"关系展开。对此,19世纪德国法学对峙而立的意志理论与利益理论具有典型说明价值。

(一) 意志理论

意志理论以康德为旗手。康德对于权利的界定是:"任何人的任性意志都能够根据自由的普遍法则与他人的任性意志相协调之整体条件。"③同时,康德指出,权利所涉及者,并非彼此的内部意志关系,而是通过行为联接的意志外化及实践关系,简言之,权利表现的是意志支配的行为自由。④ 因而,权利的普遍法则是:"外在行动应如此展开:任性意志之自由行使能够根据普遍法则与任何人的自由并存。"⑤相应的,根据意志支配的客体,康德将私法权利三分为对物权(Sachenrecht, ius reale)——对于外在物的支配、对人权(persönliches Recht, ius personale)——对于他人任性意志的支配,以及对物性对人权(dinglich-persönliches Recht, ius realiter personale)——对于他人的支配犹如对物支配。⑥

受康德影响,以萨维尼、温德沙伊德为代表的潘德克顿法学家普遍将权利本质归结为自由意志。其中,萨维尼的界定是:"个人所享有的权力(Macht),即,个人意志支配的领域,并且该支配乃是在吾等同意之下进行。我们称此权力为该当之人的权利

---

① 详参李贵连:《话说"权利"》,载《北大法律评论》,第1卷第1辑,法律出版社1998年版,第115—129页。
② Immanuel Kant, Die Metaphysik der Sitten, mit einer Einleitung hgb. von Hans Ebeling, 1990, S.65.
③ a. a. O., S.66 f.
④ a. a. O., S.66.
⑤ a. a. O., S.67.
⑥ a. a. O., S.85 ff.

(Recht),与权限(Befugnis)同义,有时亦被称为主观意义上的法(Recht im subjectiven Sinn)。"①温德沙伊德则认为:"权利是法律秩序所赋予的意志许可(Wollendürfen)、权力或支配。"②依意志理论,权利划定当事人的行为空间,在此空间内,当事人得依其意志自由形成法律关系。换言之,权利的功能在于确保个人自由之实现。③ 显然,意志理论表达的是古典意志哲学背景下私法自治的要求。

意志理论与德国民法权利体系

康德的权利理论与权利分类通过萨维尼的引入,极大影响德国潘德克顿法学并进而左右《德国民法典》上的实证权利体系。

在萨维尼看来,法律关系的本质是"个人意志的独立支配领域",因而,为了确定法律关系的种类,首先需要考察意志支配客体(Gegenstände)的类型。从人的角度观察,意志支配对象可被二分为人自身(本人)与外部世界,外部世界又包括不自由的自然以及具有自由意志的他人,所以,能够为意志所支配的客体统共有三:本人、不自由的自然与他人,由此形成法律关系的三种类型。不过,这一观察结论只具有逻辑意义。在法律制度上,以本人为客体的"元权"(Urrecht)既无助于思想自由之维系,且将导致承认自杀权之无益后果,必须被排除。如此,真正能够作为意志支配客体的,唯不自由的自然与他人两种。对于前者,整体性的支配断无可能,意志所能支配的,只能是其中具有空间界限的部分。这一被空间区隔的实体,称之为"物"(Sache),由此形成第一类权利——对物权(Recht an einer Sache)。以他人为客体的法律关系可进一步二分:对于他人的特定行为具有支配关系者,谓之"债"(Obligation),与物权共同构成财产法(Vermögensrecht)的内容;若是以整体的他人作为意志支配客体,并由此形成对个人生命与社会属性的补充,这种"在家庭中扩展自己"的关系便形成亲属法(Familienrecht)。④

萨维尼的法律关系(权利)分类奠定了《德国民法典》五编制体例之基础,除第一编总则外,第二至四编所规范者,即是意志理论下的权利体系:债权、物权、亲属权与继承权。

---

① Friedrich Carl von Savigny, System des heutigen römischen Rechts, Bd. 1, 1840, S. 7.
② Bernhard Windscheid, Lehrbuch des Pandektenrechts, Bd. 1, 1862, S. 81.
③ Marietta Auer, Subjektive Rechte bei Pufendorf und Kant: Eine Analyse im Lichte der Rechtskritik Hohfelds, AcP 208 (2008), S. 594; Gerhard Wagner, Rudolf von Jherings Theorie des subjektiven Rechts und der berechtigenden Reflexwirkungen, AcP 193 (1993), S. 322.
④ Friedrich Carl von Savigny, System des heutigen römischen Rechts, Bd. 1, 1840, § 53.

(二) 利益理论

将权利本质归结为意志的做法遭到耶林的强烈反对。在他看来,这种论证近乎倒果为因,因为,意志并非导致权利产生的原因,相反,权利意志以权利之存在为前提。对此,耶林类比船夫以作说明。船夫对船拥有支配权,有权依其意志决定如何将船安全驶入港口以及如何避开暗礁,然而,船应当驶向何方,却无关乎船夫意志,而取决于航行目的。权利亦是如此。权利人得依其自由意志支配权利,但权利之产生,却非因意志,而视乎权利人想要实现的目的。①

耶林进而认为,任何事态皆由来有自,如果说在没有任何外在推动的情况下,意志能够自我产生,这无异于抓着头发把自己从泥沼中拔出来的明希豪森神话。② 只不过,自然界的推动因素乃是机械性的发生因(causa efficiens),人类世界则仰赖心理性的目的因(causa finalis)。前者称"因果律"(Kausalitätsgesetz),奉"无因则无果"为圭臬;后者谓"目的律"(Zweckgesetz),讲究"无目的则无意志"或"无目的则无行为"。③ 可见,权利的本质不在于意志,而在于所指向的目的。

在耶林看来,没有任何权利是自我生成或由意志造就的,不是意志或意志力、而是用益(Nutzen)塑造了权利的实质。④ 换言之,决定权利本质的所谓目的,乃是用益(利益)。不过,仅仅是用益(利益)本身尚不足以成就一项法律上的权利,毋宁说,这只是权利的实质因素。除此之外,权利还有其形式因素,即,该利益必须受到法律的保护。⑤ 两相结合,耶林的权利定义是:受法律保护的利益。⑥

意志理论虽然是古典意志哲学下私法自治理念的产物,却不意味着,以反对者面目出现的利益理论对此理念持否定态度。为了分析权利的实质因素,耶林引入一组彼此相关的概念:用益(Nutzen)、资源(Gut)、价值(Wert)、享益(Genuß)与利益(Interesse)。其中,权利乃是服务于"用益"的工具;能够满足人的用益需求的物品(Ding)即客体(Gegenstand),是"资源";个人对于具体资源的价值评判与欲求,称"利益";"享益"则是个人对于生活条件的满足感。⑦ 个人对于生活条件的满足感各有不同,对于资源的价值评判亦有不同,因此,所谓私法自治,其意义就在于,每个人有权根据自己的需求,选择能够满足自己生活条件的资源,并以适当方式享益。⑧

---

① Rudolf von Jhering, Geist des römischen Rechts auf den verschiedenen Stufen seiner Entwicklung, dritter Theil, erste Abteilung, sechste und siebente Auflage, 1924, S. 331 f.
② Rudolf von Jhering, Der Zweck im Recht, Bd. 1, 4. Aufl., 1904, S. 1.
③ a. a. O., S. 1 f.
④ Rudolf von Jhering, Geist des römischen Rechts auf den verschiedenen Stufen seiner Entwicklung, dritter Theil, erste Abteilung, sechste und siebente Auflage, 1924, S. 350.
⑤ a. a. O., S. 327 ff., 351 ff.
⑥ a. a. O., S. 339, 351.
⑦ a. a. O., S. 339 ff.
⑧ Vgl. Gerhard Wagner, Rudolf von Jherings Theorie des subjektiven Rechts und der berechtigenden Reflexwirkungen, AcP 193 (1993), S. 324.

不过,于耶林而言,私法自治也许并不具有终极价值,因为,比个人利益更值得尊重的,是社会利益。耶林认为,仅仅关注人的利己主义本性远远不够,个人不仅必然生活于社会中,而且每一个体都在参与社会发展的过程。即便是最微不足道的劳工、并且即使他不从事任何工作,亦至少在通过说话延续着代代相传的语言。因此,没有人只为自己存在,每一个人在追求自己利益的同时也在为社会付出。① 而所谓社会,就是一个"我为人人,人人为我"(Jeder ist für die Welt, und die Welt ist für Jeden da.)的世界。②

耶林明确表示:"没有任何东西是纯粹属于你自己的,社会或作为其利益代表的法律与你如影随形。在任何地方社会都是你的伙伴,希望分享你所拥有的一切:你自身、你的劳动力、你的身体、你的孩子以及你的财富。法律是在个人与社会之间确立的伙伴关系。"③因此,从终极意义上看,法律所体现的"利益"不是别的,而是"社会利益":法律的目的是为了保障"社会的生活条件"。④

鉴于耶林对社会及社会利益的尊崇,在他辞世后,时任斯特拉斯堡大学教授的梅克尔(Adolf Merkel)为其理论命名"社会功利主义"(socialer Utilitarismus)。⑤ 德国当代法学名家维亚克尔(Franz Wieacker)与吕特斯(Bernd Rüthers)等人则将其比之于马克思。⑥

从权利的社会起源看,实证权利的产生系基于公共权力对利益的强制保护。在此意义上,将权利的本质归结为法律所保护的利益,有其真知灼见。然而,若以社会利益为权利终极目的,为实现更大的社会利益,将个人权利进行量化比较从而牺牲较小利益无疑是合乎目的理性的。以社会(公共)利益之名剥夺个人权利可能由此获得合法借口。正是出于对这一危险的警惕,"所以对麦迪逊、罗尔斯、德沃金和其他认真看待权利的人来说,权利与利益的性质不同。权利的本质是保护个人,对抗他人,包括,也是最重要的,对抗多数人的利益"。⑦

另外,"权利如何产生、目的何在"与"权利是什么"分属两个不同的问题,耶林回答的是前者,意志理论则关注后者。二者虽有密切关联,但直接以"如何产生"的逻辑攻击"是什么",稍有文不对题之嫌。

(三) 本书见解

权利的本质并非追究真实与否的逻辑问题,更多是表现言说者的价值取向。根

---

① Rudolf von Jhering, Der Zweck im Recht, Bd. 1, 4. Aufl., 1904, S. 58 ff.
② a. a. O., S. 69.
③ a. a. O., S. 417.
④ a. a. O., S. 339 ff.
⑤ Adolf Merkel, Jhering, JherJb 32 (1893), S. 30.
⑥ Bernd Rüthers, Rechtstheorie, 3. Aufl., 2007, S. 321; Franz Wieacker, Rudolph von Jhering, 2. Aufl., 1968, S. 38.
⑦ 〔美〕皮文睿:《论权利与利益及中国权利之旨趣》,张明杰译,载夏勇主编:《公法》(第1卷),法律出版社1999年版,第108—109页。

据所要取舍的价值不同,权利会呈现出不同面相。在"个人—社会"关系问题上,意志理论与利益理论各有偏重。前者强调个人的意志自由,后者则突出社会价值的优越地位。比较而言,利益理论为公权力介入私人生活提供更为便利的通道,这对于缺乏警惕公权传统的我国而言,也许更需要慎重对待。①

当今德国通说采折衷策略,结合意志理论与利益理论,将权利定义为:旨在维护特定利益之意志支配力。②

三、权利的取得

所谓权利的取得,是指某项权利归属于特定主体的情形。权利取得视权利具体类型之不同,存在各种方式。此处所论,只是在最为一般的层面上略作观察。

(一) 原始取得与继受取得

权利的原始取得(ursprünglicher Erwerb, originärer Erwerb)即权利新生(neu entstehen),是指权利之取得非自他人继受而来。③ 典型的原始取得如基于对无主物的先占而取得所有权,依自己所有权而取得原物孳息(《物权法》第116条第1款前段),通过建造取得房屋所有权(《物权法》第30条),等等。

继受取得(derivativer Erwerb)或称传来取得(abgeleiteter Erwerb)是指权利自前手继受而来。④ 继受取得的典型是通过法律行为让与权利,但亦可基于法律行为之外的方式发生,如继承。权利的继受取得可能是移转型(derivativ-translativer Erwerb),如所有权人将其所有权让与他人,亦可能是创设型(derivativ-konstitutiver Erwerb),如所有权人为他人设立限制物权。这同时表明,原始取得的特点虽在权利"新生",但单凭是否有新的权利产生尚不足以判别原始取得与继受取得,因为创设型的继受取得至少在表面上亦具备这一特点。⑤ 当中关键在于,权利之取得,是否源自权利前手。⑥

---

① 关于利益理论所代表的客观权利理论,详参朱庆育:《权利的非伦理化——客观权利理论及其在中国的命运》,载《比较法研究》2001年第3期,第10—29页。
② Brox/Walker, Allgemeiner Teil des BGB, 34. Aufl., 2010, Rn. 619 f.; Dieter Leipold, BGB I: Einführung und Allgemeiner Teil, 6. Aufl., 2010, § 7 Rn. 34; Dieter Medicus, Allgemeiner Teil des BGB, 10. Aufl., 2010, Rn. 70; Schwab/Löhnig, Einführung in das Zivilrecht, 18. Aufl., 2010, Rn. 182 f.
③ Brox/Walker, Allgemeiner Teil des BGB, 34. Aufl., 2010, Rn. 634; Larenz/Wolf, Allgemeiner Teil des Bürgerlichen Rechts, 9. Aufl, 2004, § 14 Rn. 25.
④ Brox/Walker, Allgemeiner Teil des BGB, 34. Aufl., 2010, Rn. 635; Larenz/Wolf, Allgemeiner Teil des Bürgerlichen Rechts, 9. Aufl, 2004, § 14 Rn. 27.
⑤ Heinz Hübner, Allgemeiner Teil des Bürgerlichen Gesetzbuches, 2. Aufl., 1996, Rn. 387; Karl Larenz, Allgemeiner Teil des Deutschen Bürgerlichen Rechts, 7. Aufl., 1989, S. 239.
⑥ Karl Larenz, Allgemeiner Teil des Deutschen Bürgerlichen Rechts, 7. Aufl., 1989, S. 237 f.

原始取得与继受取得的判别

原始取得与继受取得须作区别,是因为如果自权利前手处取得既存权利,原则上,权利负担亦一同移转。① 然而,二者界限却未必清晰。

德国有学者认为,原始取得是法律直接确定利益归属的结果,因而排除法律行为之取得。② 原始取得固然多以事实行为或法律直接规定的方式实现,但若因此断言法律行为方式概被排除,则似乎过于绝对。例如,当事人通过订立契约取得债权以及通过创立或加入社团而取得社员权,所借助者,显然是法律行为,但其间并无权利之继受,属原始取得。③

另有学者提出,继受取得须同时具备两项要件——权利取得人与前手之间有效的移转过程以及前手拥有所移转的权利,欠缺其一,即为原始取得。④ 这一标准虽然看似清晰,但在判断善意取得时,仍易发争论。

就善意取得的性质,德国通说以之为继受取得,理由是,善意取得的基础是有效的处分行为,此时,基于法律外观,善意取得人如同自权利人处受让权利,故为继受取得。⑤ 反对者则认为,善意取得人之取得权利,系基于法律直接规定,非自权利前手继受而来,欠缺前述第二项要件,故为原始取得。⑥

不过,就法律效果而言,争论其实并无太大意义:关于动产,无论持原始取得说抑或继受取得说,均不影响原有权利负担消灭之后果(《物权法》第108条),只不过对此后果,以原始取得说解释更为融贯,继受取得说则需诉诸交易安全特设例外⑦;而对于不动产,则因为受制于登记效力——已登记的权利仅因注销而消灭(《物权法》第16条第1款),故善意取得不影响权利负担之继续存在(《物权法》第108条之反面解释),此时,与动产相反,法律效果落入继受取得说的解释逻辑。两相结合,在法律效果问题上,原始取得说与继受取得说的解释力各擅胜场。惟在物权行为理论语境下,续受取得说与之更为若合符节,因为处分行为所处分者,系现存权利,原始取得殊无可能。

---

① Rüthers/Stadler, Allgemeiner Teil des BGB, 16. Aufl., 2009, § 6 Rn. 2.
② a. a. O., § 6 Rn. 5.
③ Larenz/Wolf, Allgemeiner Teil des Bürgerlichen Rechts, 9. Aufl, 2004, § 14 Rn. 26.
④ Heinz Hübner, Allgemeiner Teil des Bürgerlichen Gesetzbuches, 2. Aufl., 1996, Rn. 385.
⑤ Larenz/Wolf, Allgemeiner Teil des Bürgerlichen Rechts, 9. Aufl, 2004, § 14 Rn. 28; MünchKomm/Quack (2004), § 932 Rn. 59. 同旨汉语学者,田士永:《物权行为理论研究——以中国法和德国法中所有权变动的比较为中心》,中国政法大学出版社2002年版,第261—262页;王泽鉴:《民法物权》(第2版),北京大学出版社2010年版,第488页。
⑥ Heinz Hübner, Allgemeiner Teil des Bürgerlichen Gesetzbuches, 2. Aufl., 1996, Rn. 385 f.; Karl Larenz, Allgemeiner Teil des Deutschen Bürgerlichen Rechts, 7. Aufl., 1989, S. 238 f. 原始取得系台湾地区通说。郑玉波著,黄宗乐修订:《民法物权》(修订15版),台湾三民书局2008年版,第120页。
⑦ 王泽鉴:《民法物权》(第2版),北京大学出版社2010年版,第488页。

(二) 个别继受与概括继受

继受取得可能是个别继受,亦可能是概括继受。

个别继受(Einzelnachfolge)又称特别继受(Sondernachfolge)或特定承继(Singularsukzession),是指每次继受只取得一项权利。为法律关系清晰计,法律行为方式的义务履行(处分行为)须以权利单独移转为要,此即所谓特定原则(Spezialitätsgrundsatz)。[1]

概括继受(Gesamtnachfolge)又称整体承继(Universalsukzession),是对整个法律关系地位的承受,如法人合并,继承。

(三) 自权利人处取得与自非权利人处取得

权利若是通过权利享有者的让与而获得,称自权利人处取得。在"没有人能够让与超过自身所享有的权利"(Niemand mehr Rechte übertragen kann, als er selbst hat.)之罗马法规则下,这种取得方式是权利取得的常态。

基于信赖保护的原则,若相对人信赖非权利人为权利人,符合特定要件之权利取得即值得保护,由此发生自非权利人处取得权利之情形,善意取得即其著例。

四、权利的消灭

与权利的取得相反,权利的消灭是指某项权利与特定主体相分离的情形。有两种形态:

(一) 绝对消灭

权利本身不复存在。例如,所有权因标的物的灭失而消灭,债权因清偿而消灭,形成权因罹于除斥期间而消灭,等等。

(二) 相对消灭

权利本身并不消灭,只是在不同主体之间发生移转,于权利的移出方而言,属于权利的相对消灭,而权利的移入方则发生权利的取得。

第四十四节 权利的实证法体系

私法制度依照权利体系展开,《德国民法典》债、物、亲属与继承之权利四分即其典型。我国尚无民法典,权利的实证体系框架由《民法通则》建立,在其周边,环绕着大量单行法与司法解释。

一、《民法通则》中的权利框架

《民法通则》第五章"民事权利"分四节规定四种权利类型。在某种程度上,我国几乎所有权利立法皆在此框架下展开,因此,它实际起到"权利普通法"的作用。这四

---

[1] Brox/Walker, Allgemeiner Teil des BGB, 34. Aufl., 2010, Rn. 636.

种权利类型分别是:"财产所有权和与财产所有权有关的财产权"、"债权"、"知识产权"及"人身权"。

(一)财产所有权和与财产所有权有关的财产权

《民法通则》第五章第一节"财产所有权和与财产所有权有关的财产权"包括:(1)"财产所有权"(第71条)及其三种形态——"国家财产"(第73条)、"劳动群众集体组织的财产"(第74条)和"公民的个人财产"(第75条);(2)公民的"财产继承权"(第76条);(3)共有(第78条),此系数人共享所有权的形式;(4)土地使用权与承包经营权(第80条);(5)自然资源使用权、采矿权与承包经营权(第81条);(6)全民所有制企业经营权(第82条),这一权利类型的意义已趋于式微。

和"财产所有权和与财产所有权有关的财产权"相近的概念是"物权"。《民法通则》及其司法解释未使用"物权"概念,唯其一直存在于学术与司法实务。根据学术分类,物权包括完全物权(即所有权,亦称自物权)与限制物权(亦称他物权),限制物权又包括用益物权与担保物权。2007年《物权法》颁行,"物权"概念及其学术分类被正式纳入制定法,该法第2条第3款规定:"本法所称物权,是指权利人依法对特定的物享有直接支配和排他的权利,包括所有权、用益物权和担保物权。"

从内容看,《民法通则》所谓"财产所有权和与财产所有权有关的财产权"大部分属于"物权",但并不重合,并非所有"与财产所有权有关的财产权"都是物权,如"财产继承权"、"全民所有制企业经营权"。

(二)债权

《民法通则》对于"债"的定义(第84条)是:"按照合同的约定或者依照法律的规定,在当事人之间产生的特定的权利和义务关系。"债权类型包括:(1)合同之债(第85条);(2)法定之债,包括不当得利之债(第92条)与无因管理之债(第93条)。

关于《民法通则》中的债权体系,需说明者有三:第一,学术上,一般将侵权行为之债归诸法定之债,但《民法通则》将其作为"民事责任"规定在第六章,与"违反合同的民事责任"并列。第二,"债权"节第89条规定包括保证、抵押、定金与留置在内的四种担保方式。我国学者将其中抵押与留置两项权利视作担保物权,而不是债权。这一认识,为之后相继颁行的《担保法》与《物权法》所确认。在债权领域统一规定担保,系功能取向的立法进路,与效力取向的德国模式不同。第三,从概念使用("财产所有权和与财产所有权有关的财产权")与体例设置(将担保规定于"债权"部分)来看,《民法通则》的财产法体系颇接近于《法国民法典》,而教科书、学术著述与法律实践中使用的"物权"概念,则显然来自于德国法。

(三)知识产权

知识产权系对于智慧产品所享有的排他性支配权。相对于传统的物权、债权等权利而言,知识产权属于"新型权利",兼具财产权与人格权双重色彩。将知识产权纳入私法普通法,与其他传统私法权利并列,此立法体例尚不多见。著名的先例,是

1942年《意大利民法典》。《民法通则》规定的知识产权类型有:(1) 著作权(版权,第94条);(2) 专利权(第95条);(3) 商标专用权(第96条);(4) 发现权(第97条第1款);(5) 发明权与其他科技成果权(第97条第2款)。

(四) 人身权

依通说,人身权是人格权与身份权的合称。① 不过,《民法通则》"人身权"节中能够被定型化为权利者,基本都是人格权。

关于"人身权"概念,谢怀栻先生指出:"'人身权'不能表示现在'人格权'的意义和范围。'身份权'一词里的'身份'有点中世纪法律用语的气味,用来表示现代的民事权利,很不确切,容易引起误会(正是由于这种误会,有人把'著作人'当作一种'身份'而将著作权归入身份权)。"②因此,"人身权"与"身份权"都不是理想的法律术语。笔者以为,这一见解颇值赞同。

二、单行法中的权利图景

《民法通则》所搭建的权利体系框架,由各单行法和司法解释加以充实。

(一) 物权

《民法通则》规定的"财产所有权和与财产所有权有关的财产权"中,物权是其核心。单行法中,对物权作进一步规定者,大体可分四类:

1. 所有权

单行法上的所有权基本都归属于国家或集体,如,土地归国家或集体所有(《土地管理法》第8条),矿产资源属于国家所有(《矿产资源法》第3条),森林资源属于国家或集体所有(《森林法》第3条),水资源属于国家所有(《水法》第3条),野生动物资源属于国家所有(《野生动物保护法》第3条)等等。例外是,根据《城市房地产管理法》,个人可取得房屋的所有权。

《物权法》颁布后,单行法中的所有权种类均被纳入《物权法》规范。同时,《物权法》还明确以集中规定的形式区隔三类所有权:国家所有权、集体所有权与私人所有权。

2. 不动产用益物权

依《物权法》第117条之规定,用益物权人有权对他人所有的不动产或动产占有、使用并收益。据此,动产与不动产之上均可成立用益物权。不过,动产用益物权尚未见之于我国实证法,既有的用益物权类型,皆设于不动产。

不动产法原本主要散见于单行法。重要的如《土地管理法》、《城市房地产管理

---

① 马俊驹、余延满:《民法原论》(第4版),法律出版社2010年版,第58页(马俊驹);王利明:《民法总论》(第2版),中国人民大学出版社2015年版,第98页;魏振瀛主编:《民法》(第5版),北京大学出版社、高等教育出版社2013年版,第36页(魏振瀛)。

② 谢怀栻:《论民事权利体系》,载氏著:《谢怀栻法学文选》,中国法制出版社2002年版,第348页。

法》等。这些规定皆以"管理法"的面目出现,于私法的意义,除继续确认土地公有外,主要在于建立我国用益物权制度的基本框架。《物权法》则将各项零散规定予以整理,从而形成较为完整的用益物权体系。

我实证法上的不动产用益物权主要有:国有土地使用权(《土地管理法》《城市房地产管理法》,《物权法》称"建设用地使用权"),集体土地使用权(《土地管理法》第43条第1款"但书"),宅基地使用权(《土地管理法》《物权法》),土地承包经营权(《农村土地承包法》《物权法》),地役权(《物权法》),等等。

3. 担保物权

担保物权的功能在于担保债务履行。在债务人不履行到期债务时,担保物权人有权就担保物优先受偿(《物权法》第170条)。1995年《担保法》、2000年《担保法解释》及2007年《物权法》是我国担保物权的主要规范文本。

就内容看,除增加"质押"外,《担保法》其实是《民法通则》第89条的扩充版,亦包括保证、抵押、留置与定金各种担保方式。这种功能取向的立法方式,依然是法国模式的表现。若是遵从立法体例,担保法应被归入"债权"体系,但学者仍坚持将"担保物权"部分从《担保法》抽出,纳入物权法体系。该体系认识最终得到《物权法》的支持。

现行法中的担保物权种类主要有:抵押权(《担保法》《城市房地产管理法》、《海商法》《民用航空法》《物权法》),质权(《担保法》《物权法》),留置权(《担保法》《物权法》),船舶优先权(《海商法》),民用航空器优先权(《民用航空法》),等等。

4. 准物权

准物权是指某些性质和要件与物权类似、准用物权法规定的财产权。其效力虽不直接支配特定物,但权利人可取得权利行使所得之所有权,并且具有如同物权的排他性质。

除《民法通则》规定的采矿权外,单行法上的准物权还包括渔业权(可分为养殖权和捕捞权,《渔业法》),猎捕权(包括猎捕国家重点保护动物的特许猎捕权和猎捕非国家重点保护野生动物的狩猎权,《野生动物保护法》),采伐权(《森林法》),等等。《物权法》未使用准物权概念,而将探矿权、采矿权、取水权以及使用水域、滩涂从事养殖、捕捞的权利规定于"用益物权"编的"一般规定"(第123条)。

(二)继承权

"财产所有权和与财产所有权有关的财产权"还包括"财产继承权",此为《继承法》详细规定。汉语法学通说认为,继承权是一种无偿取得死亡近亲属遗产的权利,包括继承期待权与继承既得权两个阶段。其中,被继承人死亡之前为期待权,一旦死亡,继承权即由期待转为既得,此之谓继承权效力的"二阶性"。①

"继承权"的性质

"继承权"在两个阶段的属性均值得检讨。

期待权(Anwartschaftsrecht)概念来自于德国,指的是将来完整权利的前期阶段(Vorstufe des künftigen Vollrechts),典型者如所有权保留买卖中买受人的期待权。期待权之为权利,虽然有一定的不确定性,但既称"权利",即具可让与性,并且存在受侵害之可能,能够因此主张法律保护。② 当今德国通说据此认为,被继承人死亡前不存在"继承期待权"。继承人所拥有的,只是取得遗产的机会(Chance),此可称"继承期望"(Erbaussicht),但尚不足以构成期待权。原因在于,被继承人直至临近死亡,仍然可能通过遗嘱令法定继承人丧失取得遗产的机会,即便是遗嘱所指定的继承人,亦因被继承人随时可以撤回遗嘱而无法享有"继承权",同时,继承期望不具有可让与性与继承性。如此不确定的法律地位,无法定型化为权利。③

德国通说承认被继承人死亡后的继承权概念,用来指称继承人对于遗产的支配权。④ 然而,谢怀栻先生指出:"在实行当然继承的国家,继承开始后,继承人立即取得遗产上的各种权利,此时继承人所有的权利即为许多物权、债权等权利的集合,并无所谓另外的继承权。"谢先生因此建议,"可以依继承人与被继承人之间的关系,分别称继承权为配偶间的相互继承权、父母子女间的继承权而将之划入各种亲属权之下。这样,就没有位于亲属权之外的与亲属权并列的继承权"。⑤

---

① 陈棋炎、黄宗乐、郭振恭:《民法继承新论》(修订7版),台湾三民书局2011年版,第14页以下(陈棋炎);戴炎辉、戴东雄:《中国继承法》(第16版),台湾自版发行2001年版,第18页以下;郭明瑞、房绍坤:《继承法》(第2版),法律出版社2004年版,第56页以下;史尚宽:《继承法论》,中国政法大学出版社2000年版,第92—93页;张俊浩主编:《民法学原理》(下册)(修订第3版),中国政法大学出版社2000年版,第953—954页(刘心稳)。

② Brox/Walker, Allgemeiner Teil des BGB, 34. Aufl., 2010, Rn. 613; Larenz/Wolf, Allgemeiner Teil des Bürgerlichen Rechts, 9. Aufl, 2004, § 15 Rn. 97 f.

③ Brox/Walker, Erbrecht, 25. Aufl., 2012, Rn. 3; Heinz Hübner, Allgemeiner Teil des Bürgerlichen Gesetzbuches, 2. Aufl., 1996, Rn. 360 f.; Larenz/Wolf, Allgemeiner Teil des Bürgerlichen Rechts, 9. Aufl, 2004, § 15 Rn. 98; Andreas von Tuhr, Der Allgemeine Teil des Deutschen Bürgerlichen Rechts, Bd. 1, 1910, S. 182, 185 f.

④ Brox/Walker, Erbrecht, 25. Aufl., 2012, Rn. 3.

⑤ 谢怀栻:《论民事权利体系》,载氏著:《谢怀栻法学文选》,中国法制出版社2002年版,第353页。

(三) 债权

我国有关债权的规范最为丰富，主要集中于合同之债及损害赔偿之债的领域。单行法为数众多，如《合同法》(在《民法通则》之外新增规定缔约过失之债)、《保险法》《票据法》《担保法》《证券法》《海商法》《劳动法》《消法》《反不正当竞争法》《产品质量法》《拍卖法》《侵权责任法》，等等。

(四) 知识产权

单行法中的知识产权主要有著作权(《著作权法》)，商标权(《商标法》)，专利权(《专利法》)，等等。

(五) 亲属权

亲属权常被称为身份权。对此，谢怀栻先生指出："从前称亲属权为身份权，但是现在已再没有从前法律中的各种'身份'(如贵族、商人、家长等)。而父母子女间、配偶间、其他亲属间的关系也与以前的身份关系大不相同。所以不宜再用'身份权'一词。"[①]

除亲属权中的监护权为《民法通则》所规定外，单行法中的亲属权还包括父母子女权利(即亲权，《婚姻法》《收养法》)，配偶权(《婚姻法》)，(外)祖父母与(外)孙子女之间的亲属权(《婚姻法》)，兄弟姐妹之间的亲属权(《婚姻法》)，等等。

(六) 社员权

社团法人有其成员(社员)。社员基于其成员地位与社团发生特殊的法律关系。在此关系中，社员对社团所享有的各项权利的总体，被称为社员权。[②] 其特点是：(1) 社员权基于社员资格而产生，并与这种资格相始终。(2) 社团与其组成人员即社员并非完全平等，社员有时须受团体意思如社团决议的约束。(3) 社员权是一种复合权利。在"社员权"的名义之下既包括经济性质的权利，亦包括非经济性质的权利，前者如自益权、后者如共益权。(4) 社员权具一定程度的专属性。社员权既以社员资格为前提，其转让就必须随同社员资格一起转让，不得脱离社员资格而单独让与。根据团体的不同，社员权大致可分为公司的股东权、合作社的社员权、俱乐部的会员权等。

《民法通则》未规定社员权，我国法律亦未使用"社员权"之术语。但所有关于社团法人的法律都必须处理社员与社团的关系，换言之，都必须规定社员权的内容。

[①] 谢怀栻：《论民事权利体系》，载氏著：《谢怀栻法学文选》，中国法制出版社2002年版，第351—352页。

[②] 同上书，第360页。

三、我国实证法权利体系概览[①]

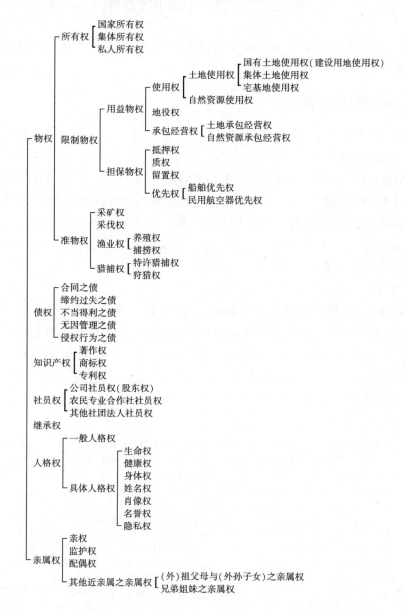

[①] 须说明者:第一,该表主要依我国实证法规定编成,旨在尽可能体系化观察既有法律规范中的权利类型,因此,未充分照顾分类的科学性问题;第二,一些术语尚未为我国实证法明确采用,如"亲属权""社员权"等,将其列入表内,系基于归类方便的考虑;第三,本表所列权利体系,仅具示例意义,并未囊括我国所有权利类型;第四,权利顺序从物权到亲属权的排列,凸显权利内容从财产性到身份性逐渐过渡之特点。

第四十五节　权利的分类

除实证法的权利类型外,权利尚有许多学术分类。各种分类从不同角度凸显权利的效力特点。

一、绝对权与相对权

根据权利效力所及范围,权利可有绝对与相对之别。

(一) 区分界限

绝对权的效力及于所有人,或者说,以不特定人为义务人。① 因其义务人为不特定的任何人,即所谓世上一切人,故又名对世权。绝对权的典型是诸如所有权、知识产权之类的支配权,另外还包括人格权和无财产内容的人格性亲属权(persönliche Familienrechte),如父母人身照管权(elterliche Personensorgerechte)。② 相对权亦称对人权,效力仅及于特定人,以特定人为义务人。③ 请求权(债权)为典型的相对权,除此之外,形成权与抗辩权亦在其列。④

汉语通说认为,得请求义务人为特定行为,或者,权利的实现有赖于相对人的协助行为,系相对权的特点。⑤ 这显然是基于请求权的认识。实际上,请求权虽然是相对权概念的原型,但二者并非等同。形成权之实现无需相对人协助,抗辩权的效力则恰恰是阻止对方的请求行为,而这两类权利均被归为相对权。之所以如此,关键在于,权利效力均仅及于特定人。⑥

---

① Brox/Walker, Allgemeiner Teil des BGB, 34. Aufl., 2010, Rn. 631; Dieter Medicus, Allgemeiner Teil des BGB, 10. Aufl., 2010, Rn. 62; Rüthers/Stadler, Allgemeiner Teil des BGB, 16. Aufl., 2009, § 5 Rn. 1.

② Larenz/Wolf, Allgemeiner Teil des Bürgerlichen Rechts, 9. Aufl, 2004, § 15 Rn. 4, 26 ff.; Rüthers/Stadler, Allgemeiner Teil des BGB, 16. Aufl., 2009, § 5 Rn. 3 ff.

③ Brox/Walker, Allgemeiner Teil des BGB, 34. Aufl., 2010, Rn. 632; Dieter Medicus, Allgemeiner Teil des BGB, 10. Aufl., 2010, Rn. 63; Rüthers/Stadler, Allgemeiner Teil des BGB, 16. Aufl., 2009, § 5 Rn. 1.

④ Karl Larenz, Allgemeiner Teil des Deutschen Bürgerlichen Rechts, 7. Aufl., 1989, S.228; Detlef Leenen, BGB Allgemeiner Teil: Rechtsgeschäftslehre, 2011, § 4 Rn. 39 ff.; Rüthers/Stadler, Allgemeiner Teil des BGB, 16. Aufl., 2009, § 5 Rn. 7 ff.; Schwab/Löhnig, Einführung in das Zivilrecht, 18. Aufl., 2010, Rn. 194.

⑤ 马俊驹、余延满:《民法原论》(第4版),法律出版社2010年版,第61页(马俊驹);王利明:《民法总论》(第2版),中国人民大学出版社2015年版,第110页;王泽鉴:《民法总则》(最新版),北京大学出版社2014年版,第95页;魏振瀛主编:《民法》(第5版),北京大学出版社、高等教育出版社2013年版,第37页(魏振瀛);张俊浩主编:《民法学原理》(上册)(修订第3版),中国政法大学出版社2000年版,第76页(张俊浩)。

⑥ 德国亦有见解认为,形成权不能被单纯归类为相对权,根据其所改变的法律关系性质之不同,形成权可能产生绝对或相对效力,前者如撤销权之行使导致物权行为归于无效,后者则如撤销债权行为。Dieter Leipold, BGB I: Einführung und Allgemeiner Teil, 6. Aufl., 2010, § 7 Rn. 39. 管见以为,该见解似乎混淆了形成权自身的效力以及形成权所改变的法律关系的效力。申言之,形成权之行使只能针对特定的相对人,效力只是改变特定当事人之间的法律关系,当属相对权无疑。至于被改变的物权关系之所以具有绝对效力,系因物权的绝对性质所致,非形成权自身效力。

(二) 区分意义

绝对权与相对权之二分可溯源至罗马法,初衷系在据以确定不同权利类型的保护方法。这一思路,直到今天仍为德国法所贯彻。[1]

德国法上,绝对权的保护方式可适用或准用第985条的返还请求权、第1004条的妨害除去请求权与妨害防止请求权(合称物权请求权),若因过错受有损害,还可适用第823条第1款的侵权保护(损害赔偿请求权)。而相对权因其效力仅及于相对人,与第三人无关,一般不存在为第三人所侵害的问题。故上述两种保护方式原则上均不适用。[2]

绝对权与相对权的分类对于德国民法体系的建立影响至巨,是《德国民法典》债编(第二编)与物编(第三编)分立的基础。[3] 雅科布斯(Horst Heinrich Jakobs)指出:"德国法典编纂的体系特点既不在五编制,亦非前置总则之体例,而是物法与债法的截然区分。"[4]可见,绝对权与相对权之区分,于德国民法具有根本意义[5],堪称最重要的权利分类。[6]

德国法思维在一定程度上影响了我国私法体系的构建,这不仅表现在既有法律体系亦基本在债物二分的格局下展开,更重要的是,《侵权责任法》第2条第2款所列举的受保护各项"民事权益",均大致可归入绝对权之列,以债权为典型的相对权被排除在外。

不过,德国法体系只是在"一定程度上"得到贯彻,除债物二分导致的负担行为与处分行为之区分在实证法中含混不清外,《侵权责任法》第15条第1款将类似于德国法上的物权请求权与损害赔偿请求权混为一谈,概以"承担侵权责任的方式"相称。此等立法处置,无疑增加诸如"停止侵害"、"排除妨碍"等请求权是否以过错为要件的解释难题。上述种种当然也在客观上表明,区隔绝对权与相对权的脉络未得到我国立法者的自觉遵循。

对绝对权与相对权二分的质疑

不少学者对区隔绝对权与相对权颇有微词。质疑主要集中于权利效力范围之分类标准。其说略谓:任何权利均具不可侵性。即便是相对权,亦不容第三人侵害。若

---

[1] Karl Larenz, Allgemeiner Teil des Deutschen Bürgerlichen Rechts, 7. Aufl., 1989, S. 229.
[2] Brox/Walker, Allgemeiner Teil des BGB, 34. Aufl., 2010, Rn. 631 f.; Karl Larenz, Allgemeiner Teil des Deutschen Bürgerlichen Rechts, 7. Aufl., 1989, S. 229; Schwab/Löhnig, Einführung in das Zivilrecht, 18. Aufl., 2010, Rn. 187 ff.
[3] Dieter Medicus, Allgemeiner Teil des BGB, 10. Aufl., 2010, Rn. 17.
[4] Horst Heinrich Jakobs, Gibt es den dinglichen Vertrag? SZ 119 (2002), S. 288 f.
[5] Schwab/Löhnig, Einführung in das Zivilrecht, 18. Aufl., 2010, Rn. 187.
[6] Dieter Leipold, BGB I: Einführung und Allgemeiner Teil, 6. Aufl., 2010, § 7 Rn. 36.

是唆使他人破坏契约,即构成侵权。因而,债权有如物权,同受侵权法保护。① 同时,绝对权与相对权之界限,还因债权的物权化效力(如买卖不破租赁、预告登记)而变得模糊。

称债权亦受侵权法保护,这一判断不可谓之错误,唯须界定其适用条件。债权仅为双方当事人之间的法律关系,效力并不及于第三人,亦不必如绝对权般具备可供外部识别的标志(如物权的公示制度),第三人往往对于债权的存在一无所知。② 陌路行人甲乙发生口角,致乙未能履行对丙的契约义务,若丙有权就此诉甲侵害债权而寻求侵权法保护,结果将是人人自危,法律安全荡然无存。因为,没有人能够知道,与自己发生纠纷之人背后有多少相对权因此受到影响。德国法上,除非是以违反善良风俗的方式故意侵害(如"唆使他人破坏契约"),否则债权不成其为侵权法保护对象(《德国民法典》第826条)。至于债权的物权化效力,无非是针对某些特殊债权的特殊处置,并不具有一般意义。

概言之,绝对权与相对权即便并非泾渭分明,亦不表示,中间存在的混杂因素足以动摇二者的区分基础与意义。③ 恰恰是,唯以区分绝对权与相对权为前提,方可准确界定侵权法的适用边界,方可准确认知各项权利效力强度之差序格局。

二、支配权、请求权、抗辩权与形成权

以实现方式为标准,权利可作支配权、请求权、抗辩权与形成权之分。

(一) 支配权

支配权对于权利客体具有绝对的直接支配力。④ 物权与知识产权均属支配权,前者支配有体物(körperliche Sachen),后者则支配无体的非物质利益(unkörperliche Immaterialgüter),即智慧产品(geistige Schöpfungen)。占有亦是对物支配,但这种支配可基于不同的法律关系,可能是有权占有,亦可能是盗贼的无权占有,因而,占有本身并未显示正当性,不足以成为一项权利,只是对物的单纯事实支配状态。

支配权的特点是:

1. 支配性

支配权人直接依自己的意志实现权利,无须他人协助。例如,所有权人可直接依其意志占有、使用或处分标的物(《物权法》第39条)。

---

① 史尚宽:《民法总论》,中国政法大学出版社2000年版,第22页;王伯琦:《民法总则》(第8版),台湾"国立编译馆"1979年版,第29页;张俊浩主编:《民法学原理》(上册)(修订第3版),2000年版,第76页(张俊浩);郑玉波著,黄宗乐修订:《民法总则》(修订11版),台湾三民书局2008年版,第60页。
② Heinz Hübner, Allgemeiner Teil des Bürgerlichen Gesetzbuches, 2. Aufl., 1996, Rn. 372.
③ Dieter Medicus, Allgemeiner Teil des BGB, 10. Aufl., 2010, Rn. 64.
④ Brox/Walker, Allgemeiner Teil des BGB, 34. Aufl., 2010, Rn. 623.

2. 排他性

对于权利客体,支配权人有权直接支配并排除他人的相同意志。例如,一物之上不能同时成立两个所有权。

3. 优先性

支配权可能存在优先现象。例如,对于在同一标的物上设立的抵押权,在先抵押权优于在后抵押权;又如,限制物权存续期间,效力优于完全物权(所有权)。

4. 对应义务的消极性

由于支配权人在实现其权利时无须他人积极协助,故与支配权相对应的义务即表现为消极地容忍、尊重、不干涉支配权的实现。

(二) 请求权

依《德国民法典》第194条定义,请求权指的是"要求他人作为或不作为之权利"。从实现方式来看,请求权与支配权相对。典型的请求权是债权,除此之外,还包括物权请求权、人格权请求权、亲属请求权以及继承请求权。就概念而言,请求权较之债权更具有一般性,但实际上,请求权的基本框架系以债权为模型建立,权利救济时的请求权基础思维亦是以债权为核心。因而,在非严格意义上,请求权与债权可作同义语使用,通常情况下,关于债权的规定可准用于其他请求权。德国通说据此认为,根据对应义务类型不同而区分不同的请求权,并不具有太大意义。[①]

请求权的特点是:

1. 请求性

权利的作用表现为对特定人行为的请求,而非对特定标的物的直接支配。例如,双方就某物订立买卖契约,买受人所取得的权利是请求对方移转标的物所有权,而非直接依买卖契约获得标的物所有权(《合同法》第135条)。

2. 合作性

仅凭权利人意志不足以实现权利,作出请求后,尚需义务人的相应行为与之配合。例如,买受人要取得标的物所有权,需要出卖人作出给付(《合同法》第133条)。

3. 非排他性

请求权所针对的客体是义务履行行为,而义务无妨多次负担,并不具有如同特定物的唯一性,故在同一标的物上可成立数项内容相同的请求权。例如,同一标的物之上可同时有效成立双重甚至多重买卖(《合同法解释二》第15条)。

4. 平等性

既然请求权效力不具有排他性,同一标的物之上的数项请求权便理应相互平等,

[①] Heinz Hübner, Allgemeiner Teil des Bürgerlichen Gesetzbuches, 2. Aufl. , 1996, Rn. 420; Larenz/Wolf, Allgemeiner Teil des Bürgerlichen Rechts, 9. Aufl, 2004, § 15 Rn. 56; Dieter Medicus, Allgemeiner Teil des BGB, 10. Aufl. , 2010, Rn. 75; Schwab/Löhnig, Einführung in das Zivilrecht, 18. Aufl. , 2010, Rn. 199.

任何一项请求权皆不享有对其他请求权的优先效力。原则上,对于均已到期的债权,债务人得自由决定清偿顺序。

(三) 抗辩权

1. 抗辩权的功能

支配权的行使无须他人协助,他人仅袖手旁观即为已足;请求权则需要相对人的行为予以配合,权利主张因此可能遭到拒绝。通常,相对人有义务满足请求权人的权利主张,但在某些情况下,拒绝具有正当性,此有权拒绝的权利即称抗辩权。可见,抗辩权的功能乃是阻止请求权的行使,系请求权的"反对权"(Gegenrecht)。①

2. 诉讼抗辩与实体抗辩权

诉讼中,针对原告的诉讼请求,被告主要从两条途径予以反驳:或者否认原告的事实陈述,或者否认原告诉讼请求的正当性。仅仅是否认原告的事实陈述,将令原告就其事实负举证之责,而不会使得被告因此承担举证义务。该情形构成诉之否认(Klageleugnen),非通常所谓诉讼抗辩问题。②

诉讼抗辩(Einrede im prozeßrechtlichen Sinn)旨在挑战原告诉讼请求的正当性。其特点在于,无论何种诉讼抗辩,均导致抗辩人对其据以抗辩的事实负举证之责。③根据效力之不同,诉讼抗辩分权利阻却抗辩(rechtshindernde Einrede)、权利消灭抗辩(rechtsvernichtende Einrede)与权利阻止抗辩(rechtshemmende Einrede)三种。若被告宣称,原告的请求权被阻却而未产生,谓权利阻却抗辩,例如被告以其订立契约时处于无意识状态为由,否认原告的给付请求权。权利消灭抗辩是指,被告并不否认原告请求权之存在,而主张其已消灭,例如被告辩称已依约履行。如果被告既不否认原告请求权之产生,亦未主张已消灭,仅以给付拒绝权(Leistungsverweigerungsrecht)相对抗,则该权利阻止抗辩具有阻遏原告请求权实现之效力,如同时履行抗辩(《合同法》第66条)、诉讼时效抗辩(《诉讼时效规定》第1条前段)。④

并不是所有诉讼抗辩都表现为实体法上抗辩权之行使。实际上,三种诉讼抗辩中,唯有权利阻止抗辩才对应于私法上的抗辩权(Einrede im privatrechtlichen Sinn)⑤,而权利阻却与权利消灭抗辩均旨在否认对方请求权之存在,并非简单阻止请求权效力,故不属于实体法上的抗辩权。

---

① Brox/Walker, Allgemeiner Teil des BGB, 34. Aufl., 2010, Rn. 660; Larenz/Wolf, Allgemeiner Teil des Bürgerlichen Rechts, 9. Aufl, 2004, § 18 Rn. 46; Rüthers/Stadler, Allgemeiner Teil des BGB, 16. Aufl., 2009, § 5 Rn. 9.
② Brox/Walker, Allgemeiner Teil des BGB, 34. Aufl., 2010, Rn. 656; Dieter Medicus, Allgemeiner Teil des BGB, 10. Aufl., 2010, Rn. 95.
③ a. a. O.
④ Brox/Walker, Allgemeiner Teil des BGB, 34. Aufl., 2010, Rn. 657 ff.; Larenz/Wolf, Allgemeiner Teil des Bürgerlichen Rechts, 9. Aufl, 2004, § 18 Rn. 48 ff.; Dieter Medicus, Allgemeiner Teil des BGB, 10. Aufl., 2010, Rn. 94.
⑤ Brox/Walker, Allgemeiner Teil des BGB, 34. Aufl., 2010, Rn. 660.

私法上的抗辩权依其效力强度,有延缓抗辩(aufschiebende Einrede)与排除抗辩(ausschließende Einrede)之别。其中,延缓抗辩又称延期(dilatorische)抗辩,只能暂时阻止请求权之实现,如同时履行抗辩;排除抗辩则可持续阻止请求权之实现,故又称永久(peremptorische)抗辩,如诉讼时效抗辩。①

"抗辩"的语词用法

德语两个词表达"抗辩"的概念:Einwendung 与 Einrede。二者区别体现在用法上。

第一,Einwendung 没有统一的标准用法,可作为上位概念指称"权利否认抗辩"(rechtsverneinende Einrenden),包括权利阻却抗辩与权利消灭抗辩两种情形。此时,Einwendung 只在诉讼法领域有其意义,其效力则或者否认对方请求权之产生,或者声称其已消灭。作为实体法概念的抗辩权(Einrede)则对应于权利阻止抗辩,效力仅在阻止对方请求权之实现。Einwendung 在最宽泛的意义上亦包括私法上的抗辩权(Einreden im privatrechtlichen Sinn),《德国民法典》第 404 条所称"债务人的抗辩"(Einwendungen des Schuldners)即其适例。②

第二,私法上的抗辩权(Einrede)须由权利人提出,法官不得主动适用。例如,只要被告未援引时效抗辩,法官即使明知请求权罹于时效,亦不得适用(《诉讼时效规定》第 3 条)。之所以如此,是为了尊重抗辩权人的权利行使自由。作为"权利否认抗辩"的 Einwendung 则无此限制,只要要件具备,即使当事人未为援引,法官亦得主动适用,不受制于当事人提出与否。例如,若法官获悉,订立契约时一方处于无意识状态,则可直接判决契约无效,而不论当事人是否提出无效之主张。③

(四) 形成权

1. 概念

形成权理论之提出,拓展了权利的范畴,被誉为法学上重要发现。④ 形成权来源于恩内克策鲁斯(Ludwig Enneccerus)提出的"取得权"(Erwerbsberechtigungen)概念,后经

---

① Brox/Walker, Allgemeiner Teil des BGB, 34. Aufl., 2010, Rn. 664; Dieter Medicus, Allgemeiner Teil des BGB, 10. Aufl., 2010, Rn. 93.

② Brox/Walker, Allgemeiner Teil des BGB, 34. Aufl., 2010, Rn. 661.

③ Brox/Walker, Allgemeiner Teil des BGB, 34. Aufl., 2010, Rn. 662; Larenz/Wolf, Allgemeiner Teil des Bürgerlichen Rechts, 9. Aufl, 2004, § 18 Rn. 47; Dieter Medicus, Allgemeiner Teil des BGB, 10. Aufl., 2010, Rn. 92 ff.

④ 〔德〕Hans Dölle:《法学上之发现》,王泽鉴译,载王泽鉴:《民法学说与判例研究》(第 4 册),北京大学出版社 2009 年版,第 8 页。

发展,最终由泽克尔(Emil Seckel)冠以"形成权"(Gestaltungsrecht)之名并予以完善。①

形成权是依照权利人单方意思表示即可生效从而改变相应法律关系的权利,就其效力而言,相当于私法中的权力(Macht)。② 与支配权相似,二者皆仅需依凭权利人意志即可实现权利效力。不同之处在于,形成权并不支配具体权利客体,或者说,其"客体"是所要改变的法律关系。同时,依德国通说,形成权属于相对权。

2. 形成权的正当性

形成权的要义在于,仅需单方意思表示即可使既存法律关系生效、变更或消灭,而私法自治的要求则是,没有当事人意志的参与,法律关系不能被改变。为了不与私法自治理念发生冲突,形成权之享有,需要具备特别的正当性(Rechtfertigung von Gestaltungsrechten)。

形成权的正当性存在于两个方面。③ 第一,当事人的约定。如约定解除权(《合同法》第93条第2款)。如果当事人事先通过约定授予一方形成权,形成权之行使即无违背自治原则之虞,因为对方意志参与此形成权之设定。第二,立法者的价值判断。法律特别规定的形成权,正当性各有不同。例如,法定代理人对于限制行为能力人所订合同的追认权(《合同法》第47条第1款前段),意在保护限制行为能力人不受侵害,本人对于无权代理(《民法通则》第66条第1款第1句,《合同法》第48条第1款)以及无权处分(《合同法》第51条)的追认权,是基于对本人自由意志的尊重;表意错误的撤销(《民法通则》第59条第1款第1项,《合同法》第54条第1款第1项),旨在为表意人提供纠错机会,而受欺诈、胁迫的撤销权(《合同法》第54条第2款),则是为了矫正被干扰的自由意志;抵销(《合同法》第99条)可避免不必要的相互给付,简化给付过程;法定解除权(《合同法》第94条)之产生,通常是因可归责于对方当事人的事由造成给付障碍;等等。

3. 分类

(1) 以效力为标准

根据形成权所生效力之不同,可将形成权分为三类:生效形成权,使法律关系发生效力,如追认权;变更形成权,使法律关系发生变更,如选择之债中的选择权,又如对于错误、受欺诈胁迫行为的变更权(《民法通则》59条1款1项,《合同法》54条1款1项、第2款)等;消灭形成权,使法律关系消灭,如抵销权、撤销权、解除权等。

(2) 以性质为标准

根据权利性质不同所作区分:原权性质的形成权,如选择之债中的选择权;救济

---

① 〔德〕Hans Dölle:《法学上之发现》,王泽鉴译,载王泽鉴:《民法学说与判例研究》(第4册),北京大学出版社2009年版,第9页。
② 中文著作,详参申海恩:《私法中的权力:形成权理论之新开展》,北京大学出版社2011年版,第4章第2节"形成权的本质——塑造力的授予"。
③ Larenz/Wolf, Allgemeiner Teil des Bürgerlichen Rechts, 9. Aufl, 2004, § 15 Rn. 65; Dieter Medicus, Allgemeiner Teil des BGB, 10. Aufl., 2010, Rn. 80 f.

权性质的形成权,如撤销权。

(3) 以行使方式为标准

根据权利行使方式不同,有单纯形成权(einfaches Gestaltungsrecht)与形成诉权(Gestaltungsklagerrecht)之别。若仅依一方意思表示即可行使,为单纯形成权,如追认权、解除权;形成诉权则须依诉行使,旨在约束权利行使行为,同时避免形成行为效力的不确定性。我实证法上的撤销权基本都是形成诉权。德国法上,形成诉权则主要出现于亲属法和公司法领域。①

4. 形成权的行使

形成权的行使行为属于需受领的意思表示,只能针对形成相对人作出;不得附条件或期限,亦不得撤回,以免导致形成相对人所处法律状态不确定。原则上,单纯形成权之行使不必出示理由或称形成原因(Gestaltungsgrund),只是在相对人表示异议并因此进入诉讼时,形成权人才有义务为之举证。② 此亦可由《合同法》第96条第1款("当事人一方依照本法第九十三条第二款、第九十四条的规定主张解除合同的,应当通知对方。合同自通知到达对方时解除。对方有异议的,可以请求人民法院或者仲裁机构确认解除合同的效力")推知。

三、原权与救济权

以属于原生抑或派生为标准,权利可被划分为原权与救济权。救济权是因基础权利受到侵害或有受侵害之虞时产生的援助基础权利的权利,该基础权利称原权。救济权一般以请求权的面目出现,亦可表现为形成权(如撤销权)。

救济权的特点在于:(1) 援助性派生权利。救济权本身并无独立存在的价值,其意义在于为遭到侵犯的基础权利提供援助,因此必须依附于相应的基础权利,由基础权利派生而出。(2) 实体权利。救济权是当事人为救助其受侵害的原权而产生的实体权利。其实现既可直接通过向侵害人提出,亦可以之为基础请求启动诉讼程序。③

四、完整权与期待权

以是否具备全部要件为标准,权利可划分为完整权(Vollrechte)④与期待权(Anw-

---

① Larenz/Wolf, Allgemeiner Teil des Bürgerlichen Rechts, 9. Aufl, 2004, § 15 Rn. 70; Dieter Medicus, Allgemeiner Teil des BGB, 10. Aufl., 2010, Rn. 85.

② Larenz/Wolf, Allgemeiner Teil des Bürgerlichen Rechts, 9. Aufl, 2004, § 15 Rn. 70.

③ 杨振山、龙卫球:《民事救济权制度简论》,载《杨振山文集》,中国政法大学出版社2005年版,第119页。

④ 汉语学者多以"既得权"相称。梁慧星:《民法总论》(第4版),法律出版社2011年版,第77页;马俊驹、余延满:《民法原论》(第4版),法律出版社2010年版,第61页(马俊驹);王利明:《民法总论》(第2版),中国人民大学出版社2015年版,第112页;王泽鉴:《民法总则》,北京大学出版社2014年版,第96页;魏振瀛主编:《民法》(第5版),北京大学出版社、高等教育出版社2013年版,第38页(魏振瀛);张俊浩主编:《民法学原理》(上册)(修订第3版),中国政法大学出版社2000年版,第78页(张俊浩);郑玉波著、黄宗乐修订:《民法总则》(修订11版),台湾三民书局2008年版,第61页。管见以为,"既得权"之称谓未必有助于概念理解。就字面而言,"既得"对应于"未得",在此意义上,期待权因其被实际享有而亦属"既得"。

artschaftsrechte)。

完整权是已经具备全部要件,为当事人完全取得的权利。① 通常所称权利,系就完整权而言。

期待权理论为德国法学家所创立。德国普通法时期,"期待"(Anwartschaft)尚未成为法律概念,不过已有一些法学家借助这一概念讨论附条件与期限法律行为的效力。将其确定为法律概念者,应归功于齐特尔曼于1898年出版的《国际私法》教科书。随后,冯·图尔(Andreas von Tuhr)在1910年出版的《德国民法总则》教科书第1卷中以之为独立的权利类型,单辟一节予以阐述。期待权理论自此得以体系化建构。②

冯·图尔指出,多数权利之成立,需要具备数项要件,而这些要件未必能够同时满足。被满足的要件越多,权利就越趋近完整。在此过程中,当事人存在对于权利成型的"期待"。不过,并非所有期待均成其为权利。期待权(Anwartschaftsrecht)或曰等待权(Warterecht)只能出现于具有相当程度确定性的权利发展阶段,而单纯的事实期待则不受保护。例如,要约人对于相对人的承诺有所期待,但并不因此取得承诺期待权。如何把握确定性的程度虽然困难,但并非绝对不可操作。在权利成型阶段,当事人虽然不能实际享有完整的权利,但权利取得人的地位如果已经产生财产价值,法律若不对之加以保护,将来完整权利的享有者可能遭受不当侵害。此时,权利成型阶段即应具有某种"先期效力"(Vorwirkungen),以拘束当事人。③ 冯·图尔关于期待权的基本认识,直至今日依然是德国通说。④

德国法上,保护期待权的典型例证如,附停止条件(或始期)的法律行为,在条件成就与否未决(或期限未届至)期间,对方若因过错阻碍或妨害权利实现,条件成就(或期限届至)时,须负损害赔偿责任(《德国民法典》第160条第1款、第163条);再如,所有权保留买卖中的买受人(《德国民法典》第449条)依德国通说亦享有期待权。⑤ 我实证法上的相应制度(《合同法》第45条、46、134条)虽未明确规定期待权的救济手段,但作类似处理谅应无妨。

五、主权利与从权利

根据权利的相互依赖关系,有主权利与从权利之分。与其他权利分类方式不同,主权利与从权利只在数项权利并存的情形下始有其意义。若是仅有一项权利,则无

---

① Dieter Medicus, Allgemeiner Teil des BGB, 10. Aufl., 2010, Rn. 65.
② Ludwig Raiser, Dingliche Anwartschaften, 1961, S. 2 f.
③ Andreas von Tuhr, Der Allgemeine Teil des Deutschen Bürgerlichen Rechts, Bd. 1, 1910, S.180 ff.
④ Brox/Walker, Allgemeiner Teil des BGB, 34. Aufl., 2010, Rn. 613; Larenz/Wolf, Allgemeiner Teil des Bürgerlichen Rechts, 9. Aufl, 2004, § 15 Rn. 97.
⑤ Larenz/Wolf, Allgemeiner Teil des Bürgerlichen Rechts, 9. Aufl, 2004, § 15 Rn. 97. § 15 Rn. 98; Dieter Medicus, Allgemeiner Teil des BGB, 10. Aufl., 2010, Rn. 65.

所谓主从。

相互关联的数项权利中,凡可以独立存在、不依赖于其他权利者,为主权利;必须依附于其他权利、不能独立存在的则为从权利。典型的主从权利关系是债权与为担保债的履行的担保物权,其中,债权是主权利,担保物权如质权、抵押权则为从权利。

第四十六节 权利的界限

一、自由行为与权利界限

罗马法时代有过"权利的行使对任何人都不意味着非正义"的格言,所表达的是,享有某项权利,即意味着可自由行为,纵使他人不利益,亦无可指责。① 然而,法律源于人类共同生活。经常出现的局面是,行使一种权利的成本,正是他人为此蒙受的损失——不能穿行、停车、盖房、观赏风景,乃至遭受空气噪音污染等。② 若是成本过高,权利行使的正当性将遭受质疑。因此,权利必有其界限,超越该界限即非属正当。就此而言,"对个人权利无限制的制度实际上就是无权利的制度"。③

权利的界限,首先来自于当事人意志,如债权人对于债务人享有何种程度的权利,由当事人自行约定;其次,法律亦可能为具体的权利划定界限,如《物权法》第211条"流质契约之禁止"等。不过,多数情况下,权利的具体界限并不明确,需要一般性的法律原则对权利行使行为进行抽象限制。此类限制性原则的关注点在于权利的行使是否"非正当",而不在于是否"正当",换言之,对于权利行使的限制必以消极规则的面目出现,诚实信用原则与禁止权利滥用原则即其著例。

二、诚实信用原则

(一) 概说

诚实信用原则简称诚信原则。《民法通则》于第1章"基本原则"第4条要求:"民事活动应当遵循自愿、公平、等价有偿、诚实信用的原则。"此后,《消法》第1章"总则"第4条与《合同法》第1章"一般规定"第6条作出类似规定。学者由此认为,诚信原则系我国民法基本原则,指导权利的行使与义务的履行,并且普遍接受其"现代民法的最高指导原则"、"帝王条款"以及"透明规定"等说法,予以极高地位。④

---

① 〔法〕雅克·盖斯旦、吉勒·古博、缪黑埃·法布赫—马南:《法国民法总论》,陈鹏等译,法律出版社2004年版,第702页。
② 〔美〕罗纳德·哈里·科斯:《社会成本问题》,龚柏华、张乃根译,陈郁、盛洪校,载氏著:《企业、市场与法律》,格致出版社、上海三联书店、上海人民出版社2009年版,第146—147页。
③ 同上书,第146页。
④ 梁慧星:《民法总论》(第4版),法律出版社2011年版,第48—49页、266页以下;张俊浩主编:《民法学原理》(上册)(修订第3版),中国政法大学出版社2000年版,第36页(张俊浩)。

诚信原则演进概略

罗马法

罗马法上,诚信(bona fides)原则首先体现在程式(formula)诉讼的一般恶意抗辩中,意义在于赋予法官衡平裁量权,许其根据自己心中的公平观念与合理标准裁决案件。① 由此形成的诉讼被称为"诚信诉讼"。诚信诉讼大概产生于公元前2世纪,与严法诉讼的区别在于:后者所强制执行的是来自法律(如传统的市民法)的义务,前者则可能仅仅是为诚信的道德观念所要求。在适用范围上,单务契约通过严法诉讼强制执行,双务契约则通过诚信诉讼强制执行。② 随着程式诉讼程序的式微并最终被废除,诚信概念为更宽泛的公平概念所吸收,但基于诚信原则发展出的各项法律制度仍被保留下来。在整个中世纪和现代社会早期,公平一直与严法(ius strictum)并立,一般认为,它与诚信含义相当。③

法国法

《法国民法典》第1134条第3款规定:"契约须以善意履行之。"第1135条规定:"契约不仅依其明示发生义务,并按照契约的性质,发生公平原则、习惯或法律所赋予的义务。"此系诚信原则的实证法依据。但长期以来,基于对"意思自治"观念的尊奉,人们普遍相信"契约所约定者即为公平"(Qui dit contractuel dit juste)。结果,民法典关于诚信与公平之规定不仅未受重视,反被指责为没有实际意义。④

直到19世纪末20世纪初,局面才有所改观。其原因,一方面是受到德国与瑞士的影响,另一方面,日益突出的工伤事故迫使法国法发展出严格责任原则以及源于第1135条公平原则的安全保障义务。同时,依附于买卖契约出现的告知义务亦表明,契约义务不仅仅来自于当事人约定,诚信原则亦于其中扮演重要角色。⑤ 时至今日,虽然仍有法国学者认为第1134条第3款是一个无任何实质意义的技术性条款,但诚信原则在法律适用中的重要性较之以往已得到相当提升。⑥

---

① 〔德〕莱因哈德·齐默曼、〔英〕西蒙·惠特克主编:《欧洲合同法中的诚信原则》,丁广宇等译,法律出版社2005年版,第10—11页。
② 〔英〕巴里·尼古拉斯:《罗马法概论》,黄风译,法律出版社2000年版,第173—174页。
③ 〔德〕莱因哈德·齐默曼、〔英〕西蒙·惠特克主编:《欧洲合同法中的诚信原则》,丁广宇等译,法律出版社2005年版,第11—12页。
④ 〔德〕罗伯特·霍恩、海因·科茨、汉斯·G·莱塞:《德国民商法导论》,楚建译,谢怀栻校,中国大百科全书出版社1996年版,第148页;〔德〕莱因哈德·齐默曼、〔英〕西蒙·惠特克主编:《欧洲合同法中的诚信原则》,丁广宇等译,法律出版社2005年版,第25页。
⑤ 〔德〕莱因哈德·齐默曼、〔英〕西蒙·惠特克主编:《欧洲合同法中的诚信原则》,丁广宇等译,法律出版社2005年版,第26—28页。
⑥ 同上书,第29—30页。

德国法

诚实信用之得到极大重视,始于《德国民法典》第242条:"债务人有义务依诚实信用之要求,并参酌交易习惯而履行给付。"虽然这一条款在"债务关系法"部分出现,并且仅仅涉及债的给付方式问题,给人以窄小之感,然其对于德国民法学的影响之大却令人瞠目。

《德国民法典》颁行不久,学界即掀起一场关于第242条的激烈争论。争论内容是,究竟应当视其为"上帝恩赐的结果"而充分运用,还是应予放弃?各方态度尖锐对立,措辞激烈极端。支持者称之为"帝王条款"(königlicher Paragraph),为其能够用来动摇已确立的法律世界而倍加赞赏;反对者则痛心疾首,视其为"以最恶毒的方式吞噬我们法律文化的致命祸根"。[1] 其间形成的学术资料与司法判例如此丰富,以至于著名的《施陶丁格民法典评注》(J. von Staudingers Kommentar zum Bürgerlichen Gesetzbuch)1961年第11版对于第242条的评注竟长达1553页。不宁惟是,这场争论更是成为20世纪初德国方法论大争论的导火线,包括实证主义、自由法学以及利益法学在内的各法学流派你方唱罢我登场,在德国法学史上写下浓墨重彩的一页。[2]

如今,争论基本已尘埃落定。法学家们意识到,第242条既没有尊贵到"帝王条款"的地步,亦远非"致命的祸害",不过是提供一种通过法官补充与发展法律的渠道。[3] 百年来,德国司法已经有无数判决直接或间接援引第242条。学者认为,在所有德国法制度中,诚信原则之实践最接近于英美法的判例法。[4] 相应的,诚信原则的适用领域亦早已从债法扩及至整个私法领域,并突破字面含义,不仅成为义务的履行原则,亦成为重要的权利行使原则。[5]

民国时期及台湾地区"法"

《民国民法典》原本仿照德例于第219条规定:"行使债权、履行债务,应依诚实及信用方法。"1982年台湾地区修正法典之总则部分,将其改列为第148条2款:"行使权利、履行义务,应依诚实及信用方法。"1999年债编修正又增列第245—1条,借助诚实信用原则将缔约过失制度法定化。此外,其"消费者保护法"第12条第1项亦规

---

[1] 〔德〕莱因哈德·齐默曼、〔英〕西蒙·惠特克主编:《欧洲合同法中的诚信原则》,丁广宇等译,法律出版社2005年版,第12—14页。

[2] 同上书,第14页。

[3] 〔德〕罗伯特·霍恩、海因·科茨、汉斯·G·莱塞:《德国民商法导论》,楚建译,谢怀栻校,中国大百科全书出版社1996年版,第148—150页;〔德〕莱因哈德·齐默曼、〔英〕西蒙·惠特克主编:《欧洲合同法中的诚信原则》,丁广宇等译,法律出版社2005年版,第24页。

[4] 〔德〕罗伯特·霍恩、海因·科茨、汉斯·G·莱塞:《德国民商法导论》,楚建译,谢怀栻校,中国大百科全书出版社1996年版,第150页;〔德〕莱因哈德·齐默曼、〔英〕西蒙·惠特克主编:《欧洲合同法中的诚信原则》,丁广宇等译,法律出版社2005年版,第16页。

[5] Brox/Walker, Allgemeiner Teil des BGB, 34. Aufl., 2010, Rn. 687; Larenz/Wolf, Allgemeiner Teil des Bürgerlichen Rechts, 9. Aufl, 2004, § 16 Rn. 16; Rüthers/Stadler, Allgemeiner Teil des BGB, 16. Aufl., 2009, § 7 Rn. 3.

定:"定型化契约中之条款违反诚信原则,对消费者显失公平者,无效。"王泽鉴教授认为,"上述三项修正使诚实信用原则成为君临法域的帝王法条,对民法成长与发展,具有重大深远的意义"。①

(二) 功能

诚实信用是蕴含价值判断的法律概念,要求权利人应顾及他人利益,以正直的方式行使权利。②

由于诚信原则系一般条款,含义开放,难以概括构成要件,故学说判例多以类型化方式界定其适用场合。③ 在此思路下,诚信原则的功能主要表现在四个方面④:

第一,补充功能。在契约约定之外,诚信原则可以进一步明确契约的履行方式,并且能够为契约当事人补充契约从给付义务与附随义务,如告知义务、协助义务、保护义务等等。

第二,限制功能。以诚实信用作为权利的内在界限,作为控制权利行使的准则。据此,矛盾行为、行使依不正当方法取得的权利、要求得到必须立即返还之物、以及实施对另一方利益缺乏应有考虑的无情行为或者作出过激反应等不符合比例原则的行为皆违反诚信,属于"不能容许的权利行使"(unzulässige Rechtsausübung)。另外,权利的长时间不行使亦可能导致权利失效(Verwirkung)。

第三,调整功能。法官有权依诚信原则调整既定法律关系,由此产生情势变更原则以及德国法上的行为基础丧失原则。

第四,接引功能。诚信原则是基本法(宪法)的价值秩序进入私法的通道,为宪法基本权的间接第三方效力提供支持。

三、禁止权利滥用原则

(一) 概说

我实证法未明文规定禁止权利滥用原则,但学者普遍认为,此应成为限制权利行使的基本原则。⑤ 更有学者试图论证,其实我制定法已包含禁止权利滥用的思想,例

---

① 王泽鉴:《民法总则》(最新版),北京大学出版社2014年版,第530页。
② Brox/Walker, Allgemeiner Teil des BGB, 34. Aufl. , 2010, Rn. 688.
③ Larenz/Wolf, Allgemeiner Teil des Bürgerlichen Rechts, 9. Aufl, 2004, § 16 Rn. 18.
④ a. a. O. , § 16 Rn. 19 ff. ; Rüthers/Stadler, Allgemeiner Teil des BGB, 16. Aufl. , 2009, § 7 Rn. 3 ff. ;黄立:《民法总则》(修订4版),台湾自版发行2005年版,第521—525页;王泽鉴:《民法总则》(最新版),北京大学出版社2014年版,第530页;[德]莱因哈德·齐默曼、[英]西蒙·惠特克主编:《欧洲合同法中的诚信原则》,丁广宇等译,法律出版社2005年版,第17—18页。
⑤ 梁慧星:《民法总论》(第4版),法律出版社2011年版,第272页以下;佟柔主编:《中国民法学·民法总则》,中国人民公安大学出版社1990年版,第75页以下;魏振瀛主编:《民法》(第5版),北京大学出版社、高等教育出版社2013年版,第25—26页(魏振瀛);张俊浩主编:《民法学原理》(上册)(修订第3版),中国政法大学出版社2000年版,第85—86页(张俊浩)。

如,《宪法》第51条因其规定"中华人民共和国公民在行使自由和权利的时候,不得损害国家的、社会的、集体的利益和其他公民的合法的自由和权利"之内容,而被当作禁止权利滥用原则的规范基础。① 此外,《民法通则》第6、7条亦被解读为贯彻禁止权利滥用之立法思想。②

禁止权利滥用原则演进概略

罗马法

罗马法时代,出现过"善良生活,不害他人,各得其所"(honeste vivere, alterum non laedere, suum cuique tribuere)的著名格言,其中隐含权利不得滥用之旨。另外,西塞罗"极端的权利,最大的不法(非正义)"(summum jus, summa injuria)之论断,以及"不得不当行使权利"(Male enim nostro jure uti non debemus)、"不得过分或恶意行使权利"(malitiis non est indulgendum)等若干罗马法谚亦表明,权利不得滥用的观念已在某种程度上得到认可。③ 但是,整体来看,罗马法未曾出现明确的禁止权利滥用原则。其私权观念具有强烈的绝对色彩,以至于个人在权利范围内享有绝对自由之传统,直到19世纪仍在欧洲占据主导地位。④

法国法

创立"权利滥用"一般理论的建议最早由萨莱耶(Raymond Saleilles)向《法国民法典》改革委员会提出。⑤ 起初,该建议遭到信奉个人主义哲学的法学家激烈反对,其中尤以普拉尼奥尔(Marcel Planiol)为代表。

普拉尼奥尔认为,所谓"权利滥用",纯粹是文字游戏。一旦立法者将某项权利授予个人,在其范围内行事就不应该受到任何指责。如果存在所谓"滥用",只能说明根本就没有权利——"权利止于滥用开始之处"。所以,"权利滥用"的说法其实是在表述一种自相矛盾的观点,即,同一行为既合法——因为是权利的行使行为,又违法——因为构成"权利滥用"。合乎逻辑的主张只能是:要么行使权利,因而行为合法;要么行为非法,因其逾越权利界限。⑥

---

① 梁慧星:《民法总论》(第4版),法律出版社2011年版,第273页;佟柔主编:《中国民法学·民法总则》,中国人民公安大学出版社1990年版,第76页;魏振瀛主编:《民法》(第5版),北京大学出版社、高等教育出版社2013年版,第25页(魏振瀛)。
② 佟柔主编:《中国民法学·民法总则》,中国人民公安大学出版社1990年版,第76页。
③ 〔法〕雅克·盖斯旦、吉勒·古博、缪黑埃·法布赫—马南:《法国民法总论》,陈鹏等译,法律出版社2004年版,第702—703页。
④ 同上。
⑤ 〔德〕莱因哈德·齐默曼、〔英〕西蒙·惠特克主编:《欧洲合同法中的诚信原则》,丁广宇等译,法律出版社2005年版,第26页。
⑥ 〔法〕雅克·盖斯旦、吉勒·古博、缪黑埃·法布赫—马南:《法国民法总论》,陈鹏等译,法律出版社2004年版,第703页。

普拉尼奥尔逻辑缜密的见解虽然在今日仍有影响,却未阻止权利滥用理论在法国的出现。

许多学者通过客观法与主观权利的区分,尤其是通过权利的外在限制与内在限制的区分,为权利滥用理论找到生存空间。他们认为,法律授予个人以权利,这一命题具有两个层次的意义。首先意味着,权利人能且只能享有法律授予的某项特定权利,此外即无权利。例如,所有人可以在自己的土地上营造建筑物,但无权妨碍邻人的土地;用益权人有权居住或出租房屋,但无权将其拆毁。由此发生的权利限制,可称权利的外部限制。其次,权利还受到来自内部的限制。其含义是,权利人在行使权利时,必须遵守一定的限度。例如,所有权人可在自己的土地上营造建筑物,并不表示任何方式均属正当。如果营造建筑物之目的是损害邻人利益,那么,此等行使即逾越权利的范围,尽管此时尚未突破权利的外部限制。这说明,法律完全可以在授予个人权利的同时,又限制其行使方式,二者并不矛盾。这些学者进而指出,当法律授权给个人时,很少正式表达权利的内部限制,因此必须从一般原则乃至法律精神中寻找正当化基础,此即禁止权利滥用理论。①

从此,禁止权利滥用原则在法国获得长足发展。与诚信原则迄今只得到少量适用②的情形相反,法国关于权利滥用的判例已是不胜枚举,覆盖了从所有权、契约关系到家庭、集体劳动关系乃至诉权的运用等几乎所有私法领域。③

德国法

禁止权利滥用原则首次为制定法文本明确表述,系《德国民法典》之功,第226条以"恶意刁难之禁止"(Schikaneverbot)概念表述权利滥用(Rechtsmissbrauch)之禁止:"权利之行使,不得专以损害他人为目的。"

不过,尽管法有明文,禁止权利滥用原则在德国却从未获得法国般的荣光。实际上,德国法学常把禁止权利滥用与诚信原则混而相论。

例如,梅迪库斯论及禁止权利滥用时,所列举的失权、禁止过度行使权利、以有失礼仪的方式取得权利以及权利人自身违约等诸种情形④,无一例外是前述有违诚实信用的行为。梅迪库斯并且主张,一旦当事人寻求救济,基本上在所有法律关系中,判断权利行使行为是否构成滥用,都应以是否违反诚实信用为标准。⑤

更有学者指出,虽然《民法典》第226条规定"禁止恶意刁难行为",但学术文献与

---

① 〔法〕雅克·盖斯旦、吉勒·古博、缪黑埃·法布赫—马南:《法国民法总论》,陈鹏等译,法律出版社2004年版,第703—705页。
② 〔德〕莱因哈德·齐默曼、〔英〕西蒙·惠特克主编:《欧洲合同法中的诚信原则》,丁广宇等译,法律出版社2005年版,第30页。
③ 〔法〕雅克·盖斯旦、吉勒·古博、缪黑埃·法布赫—马南:《法国民法总论》,陈鹏等译,法律出版社2004年版,第726页以下。
④ Dieter Medicus, Allgemeiner Teil des BGB, 10. Aufl., 2010, Rn. 137 ff.
⑤ a.a.O., Rn. 136.

司法判例中的权利滥用理论,却主要借助《民法典》第157条与242条的诚实信用原则发展而来。① 为此,权利滥用在德国法并不构成《民法典》第242条之外的特别抗辩,相反,构成该一般条款所涵盖的争讼理由的亚范畴。② 形成此等局面的原因之一在于,《德国民法典》第226条的适用条件极为苛刻。

根据第226条,如果权利行使行为只是在客观上给他人造成重大损害,尚不足以构成恶意行使权利之滥用行为,甚至,即使权利行使具有损害他人的意图,仍无法适用该法条。只有在损害他人是行使权利的唯一目的时,才称得上是恶意刁难的权利滥用行为。③ 此为汉堡一个区法院2007年的判决所重申。在该判决中,法官认为,出租人拒绝许可承租人建造壁炉的行为不构成恶意刁难的权利滥用,因为拒绝之后只是妨碍承租人的"安逸生活",并未对其造成损害。④

之所以如此,布洛克斯指出,应归因于《德国民法典》立法者的自由观念:如果每个人都能够一直无限制地实现自己的利益,那么,公正的利益均衡局面就能够自动出现。⑤ 因而,权利行使自由不得受到限制。

可以想见,能够满足第226条之要件者,必定极为罕见,即使司法判例偶有适用,其要件亦其实或者根本不具备,或者纯属画蛇添足。⑥ 显然,如此狭窄的适用范围,难以起到限制权利行使的作用。但法律一旦放宽条件,又极可能因为混淆仅仅是不道德行为与不法行为的界限,而过分干涉权利人的行为自由,冲击私法自治。

如今,权利行使不受限制之观念已经被放弃,只不过该限制主要不是借助第226条,而是通过由司法判例与法律学说发展而来的悖俗行为与诚信违反之禁止来实现。⑦

民国时期及台湾地区"法"

《民国民法典》原仿德例,于第148条规定:"权利之行使,不得以损害他人为主要目的。"该表述除将《德国民法典》第226条的"专(nur)"以损害他人为目的放宽为以损害他人为"主要"目的外,其他几乎是德文语句的逐字翻译。放宽的后果是,构成权

---

① Rüthers/Stadler, Allgemeiner Teil des BGB, 16. Aufl., 2009, § 7 Rn. 2; Schwab/Löhnig, Einführung in das Zivilrecht, 18. Aufl., 2010, Rn. 247 ff.
② 〔德〕莱因哈德·齐默曼、〔英〕西蒙·惠特克主编:《欧洲合同法中的诚信原则》,丁广宇等译,法律出版社2005年版,第17页。
③ Brox/Walker, Allgemeiner Teil des BGB, 34. Aufl., 2010, Rn. 684; Larenz/Wolf, Allgemeiner Teil des bürgerlichen Rechts, 9. Aufl., 2004, § 16 Rn. 13; Dieter Medicus, Allgemeiner Teil des BGB, 10. Aufl., 2010, Rn. 136.
④ Rüthers/Stadler, Allgemeiner Teil des BGB, 16. Aufl., 2009, § 7 Rn. 2 Anm. 1.
⑤ Brox/Walker, Allgemeiner Teil des BGB, 34. Aufl., 2010, Rn. 685.
⑥ Reinhard Bork, Allgemeiner Teil des Bürgerlichen Gesetzbuchs, 3. Aufl., 2011, Rn. 344 f.; Heinz Hübner, Allgemeiner Teil des Bürgerlichen Gesetzbuches, 2. Aufl., 1996, Rn. 409; Larenz/Wolf, Allgemeiner Teil des bürgerlichen Rechts, 9. Aufl., 2004, § 16 Rn. 14; Dieter Medicus, Allgemeiner Teil des BGB, 10. Aufl., 2010, Rn. 130.
⑦ Brox/Walker, Allgemeiner Teil des BGB, 34. Aufl., 2010, Rn. 685.

利滥用者,"不必其目的全在损害他人","第一四八条之所谓主要目的,即其行为虽不无某种正当之目的,但与其权利一般之社会任务相背时,即属滥用权利"。① 另外,民国与台湾地区学者多主张,所谓"以损害他人为目的",《德国民法典》虽以主观标准判断,但为顾及法律社会化之进步潮流,顺应权利滥用要件客观化之趋势,宜以客观标准为断。②

1982年台湾地区修正"民法典"总则编,将原第148条内容变更为第1项,并增列一种情形,修订为:"权利之行使,不得违反公共利益,或以损害他人为主要目的。"王泽鉴教授认为,权利滥用由此出现三种类型,一是违反公共利益型,二是以损害他人为主要目的型,三是非依诚信方法行使权利型,并且,"权利的行使不得以损害他人为主要目的,其判断基准系由行为人主观意思的认定移向客观的利益衡量",因而,修订结果使得权利行使"具有社会化的内涵、伦理的性质及客观的判断标准"。③

大体而言,民国以来直到台湾地区,禁止权利滥用原则的发展,呈要件宽松化与适用宽泛化的趋势,此与德国形成鲜明对照。

(二) 效力

汉语法学中,禁止权利滥用原则所涉范围极广,史尚宽先生甚至概括出多达19类的权利滥用情形。④ 被滥用的权利性质不同,该原则在适用时会呈现出不同的效力。大体而言,禁止权利滥用原则能够产生如下效力⑤:

1. 无权利行使之固有效果

例如,滥用形成权,对方得直接依据禁止权利滥用条款提出抗辩,令其不能产生使法律关系发生、变更或消灭的效果。

---

① 王伯琦:《民法总则》(第8版),台湾"国立编译馆"1979年版,第240页。另见,施启扬:《民法总则》(第8版),台湾自版发行2009年版,第428—429页;史尚宽:《民法总论》,中国政法大学出版社2000年版,第718页;郑玉波著,黄宗乐修订:《民法总则》(修订11版),台湾三民书局2008年版,第572页。亦有学者忽略其间措辞差异,直接依德国法解释,如,胡长清:《中国民法总论》,中国政法大学出版社1997年版,第386页;姚瑞光:《民法总则论》,台湾自版发行2002年版,第585页。

② 李宜琛:《民法总则》,中国方正出版社2004年版,第282页;施启扬:《民法总则》(第8版),台湾自版发行2009年版,第428页;史尚宽:《民法总论》,中国政法大学出版社2000年版,第714—716页、718页。

③ 王泽鉴:《民法总则》(最新版),北京大学出版社2014年版,第522页以下。关于"违反公共利益",亦有学者不认为构成权利滥用的新类型,而是将其二者并列。黄立:《民法总则》(修订4版),台湾自版发行2005年版,第513—514页;杨与龄:《民法概要》,中国政法大学出版社2002年版,第84页;姚瑞光:《民法总则论》,台湾自版发行2002年版,第587页。

④ 史尚宽:《民法总论》,中国政法大学出版社2000年版,第718—732页。

⑤ 黄立:《民法总则》(修订4版),台湾自版发行2005年版,第519—520页;施启扬:《民法总则》(第8版),台湾自版发行2009年版,第431—432页;张俊浩主编:《民法学原理》(上册)(修订第3版),中国政法大学出版社2000年版,第86页(张俊浩);郑玉波著,黄宗乐修订:《民法总则》(修订11版),台湾三民书局2008年版,第468页。

2. 无排除他人侵害之效力

如果某项权利行使行为构成滥用,则相对人得对之正当防卫,而不构成侵权行为。

3. 相对人得因此寻求救济

权利滥用侵害他人,其侵害状态继续或受有侵害之虞时,被害人得直接依禁止权利滥用条款寻求救济,请求排除或防止侵害。造成损害时,权利滥用人须负担如同侵权行为的赔偿责任。

4. 某些权利将因此而消灭

如,亲权人滥用惩戒权,监护权人滥用财产管理权等。

四、诚实信用与禁止权利滥用

如前所述,《德国民法典》对于诚实信用与禁止权利滥用原则皆设有明文,但后者几乎被前者所吸收。原因之一在于,诚信原则(以及以第 826 条为规范基础的悖俗行为之禁止)在构成要件上,为权利行使界限的划定提供了客观判断之可能,从而弥补第 226 条适用范围过于狭窄的缺陷。[1]

不过,客观判断之可能固然是重要原因,却恐怕不是问题的关键,因为,想要扩大第 226 条的适用范围并不难,只需要如台湾地区一般,利用解释手段,将判断权利滥用的主观标准置换为客观标准即可。所以,更关键的原因也许在于,禁止权利滥用原则与诚信原则的规范意旨相近。二者皆旨在限制逾越界限行使权利的行为,其间存在大量的功能重合。法国的禁止权利滥用原则之所以高度发达,与其未充分重视诚信原则密切相关,相反,德国法上诚信原则的适用极为广泛,禁止权利滥用原则因此"在实务上意义甚微"[2],甚至第 226 条的存在本身亦被形容为"继续空转"。[3]

如果说《德国民法典》因其分别在债编与总则编规定诚信与禁止权利滥用原则,至少在表面上区分了各自的适用领域,《瑞士民法典》则不存在这一问题,后者将两项原则置于同一法条,只不过分列两款而已。关于第 2 条两款之间的关系,瑞士法学界存有争议。一种观点认为,第 1 款的诚信原则与第 2 款的禁止权利滥用原则是两项不同的原则,占主导地位的反对者则认为,为了维护第 2 条的内在统一性,不宜孤立看待两款规定,应视其为表述一项原则的两个分支,基本意思相同。[4]

关于诚信与禁止权利滥用原则的关系,民国学者同样需要面对。对此问题,学者各有主张。依王伯琦先生之见,诚信与禁止滥用权利虽"系属同一之概念",但前者既

---

[1] Brox/Walker, Allgemeiner Teil des BGB, 34. Aufl., 2010, Rn. 692.
[2] Heinz Hübner, Allgemeiner Teil des Bürgerlichen Gesetzbuches, 2. Aufl., 1996, Rn. 409.
[3] 〔德〕莱因哈德·齐默曼、〔英〕西蒙·惠特克主编:《欧洲合同法中的诚信原则》,丁广宇等译,法律出版社 2005 年版,第 14 页。
[4] 同上书,第 40 页。

然位于债编,适用领域即在债法,而被规定于总则编的禁止权利滥用原则,则能够规制除债权之外一切权利——尤其是所有权——的行使行为。① 这显然是严格依从法典规定所作的解释。史尚宽先生则认为,一方面,鉴于诚信原则适用领域不断扩大,"我民法虽仅就债法为规定,对于物权关系及身份法之权利义务,亦应有适用"。② 另一方面,民法典虽以主观标准判断权利滥用,但在适用时"非此为限","不属恶意之权利行使,凡背于良俗之加害,不依诚信原则之权利行使,……均足构成权利滥用"。③ 由此推断,在史先生看来,适用领域非为诚信原则与禁止权利滥用原则的区别点,毋宁说,违背诚信原则不过是权利滥用的一种情形,禁止权利滥用原则的位阶高于诚信原则。

1982 年台湾地区修正"民法典"总则编,将禁止权利滥用与诚信原则同置于总则的第 148 条。两原则的适用领域之争随之烟消。但适用领域的趋同似乎并未使问题简化。台湾立法虽仿瑞士例,却似乎无意接纳瑞士主流学说,而更愿意把诚信与禁止权利滥用视作独立的两项原则。为此,学者需要在适用领域之外重新寻找差别。

杨与龄先生的看法是,诚信原则与禁止权利滥用原则分别从积极与消极方面对权利的行使作出规定:行使权利,在积极方面,应依诚实及信用方法,在消极方面,不得以损害他人为主要目的。④

另有学者则试图如史尚宽先生般以位阶关系解决问题,只不过,二原则的上下位阶被倒转了。例如,杨仁寿先生认为,诚信原则乃是法律伦理价值的最高表现,有"帝王条款"之称,"权利滥用禁止的原则"源于诚信原则,并受其支配。⑤ 王泽鉴教授通过援引杨仁寿先生的见解主张:"在具体个案,权利的行使同时违反公共利益,以损害他人为主要目的及违背诚实信用方法时,原则上固得选择适用之,但在方法论上则应先适用权利滥用的次级规范,避免直接诉诸有帝王条款之称的诚实信用原则。"⑥

施启扬先生的见解则略有不同。施先生一方面接受诚信原则之"帝王条款"定位,并称"权利滥用就是违反诚信原则的具体形态",属于"加重违反诚信原则",另一方面却又认为,二者适用范围及要求方式各有不同,主要在于:第一,诚信原则属于"命令规定"(Gebot),要求行使权利、履行义务应依诚信方法,禁止权利滥用则属"禁令规定"(Verbot),禁止行使权利以损害他人为主要目的;第二,诚信原则可适用于权利人与义务人,禁止权利滥用则仅适用于权利人;第三,是否违背诚信原则,主要以客观行为为据,着重于外部行为的不公正,是否滥用权利,则以主观意思为标准,着重于

---

① 王伯琦:《民法总则》(第 8 版),台湾"国立编译馆"1979 年版,第 240—241。
② 史尚宽:《民法总论》,中国政法大学出版社 2000 年版,第 40—41 页。
③ 同上书,第 715—716 页。
④ 杨与龄:《民法概要》,中国政法大学出版社 2002 年版,第 84 页。
⑤ 杨仁寿:《法学方法论》,中国政法大学出版社 1999 年版,第 138 页。
⑥ 王泽鉴:《民法总则》(最新版),北京大学出版社 2014 年版,第 522 页。

内心主观目的的违背。可见,二原则并非简单的上下位阶关系。①

我通说如同民国时期和台湾地区,亦将诚信原则与禁止权利滥用原则并列,但学者对二者关系讨论颇为惜墨,亦缺乏可供类型化分析的司法判例。

管见以为,民国时期和台湾地区之讨论颇有"概念法学"之遗风。诚信原则与禁止权利滥用原则固有其不同的生成轨迹,然在对权利行使的限制方面,二者功能相近。此亦法德各取一端、瑞士统一把握之原因所在。两原则均极抽象,适用时须注入价值判断,既无法且不必强作上下位阶之划分。并行二者,徒增无谓争端而已。例如,禁止权利滥用固为禁令,诚信原则又何尝不是从反面制约权利之行使?适用时,所要追问的,并非何种行为符合、而是何种行为违背诚信原则,究其实质,亦属禁令,而非指令为某种行为的命令。

更有甚者,二原则并行,意味着强化权利行使的限制,恐将导致私人自由空间的限缩。实际上,台湾之并立二者,正是在强调"权利社会化"的理念下、追求更严密管制权利行使的结果。② 此等理念,依笔者所信,对于本就缺乏尊重私人自由之传统的我国,良非有益。若是因此更把规范焦点集中于私人权利的限制而非自由行使,泛化诚信原则与禁止权利滥用原则的适用范围,权利所蕴含的自由理念也将前景堪忧。

---

① 施启扬:《民法总则》(第8版),台湾自版发行2009年版,第419—420页。
② 施启扬:《民法总则》(第8版),台湾自版发行2009年版,第418页。

第十四章 权利的时间属性

第四十七节 法律关系与时间

一、法律关系的时间结构

法律关系是当事人通过权利义务结合的规范关系[1],属于观念的存在,本身不占据空间范围,却在时间结构中存在。无论是法律关系中的人(权利享有者),抑或法律关系的内容(权利),皆被时间所规定。

(一) 时间结构中的权利享有者

在自然属性上,人同时存在于时空两维。不过,民法基本不关心人的空间属性,只是通过时间界定人的各种法律属性:出生时间规定人在法律上的开始,死亡时间终结人的法律意义,各种行为能力时间结构(限制行为能力、完全行为能力、结婚能力、遗嘱能力等)则关乎人的各类行为,等等。

(二) 时间结构中的权利

任何权利,从发生、变动到消灭,皆取决于特定的时间。但时间对于各种权利仍有不同的意义。

1. 时间存在权利存在

时间对于人格权的意义,与对于权利享有者的意义大体一致。因此,人格权在时间上的存续本身即构成存在意义,此外别无其他目的。

婚姻和所有权与此类似。虽然如同权利享有者及其人格权,婚姻和所有权皆在某个时点发生,并且在事实上不可能是永恒的,但各自本身并无特别的具体时间限制。正是在此意义上,婚姻常被定义为以"终生共同生活为目的的两性结合",所有权亦常被称为永续物权。对于婚姻,法律关注的其实并不是当事人是否真的以"终生共同生活"为目的,只是说,婚姻关系不因时间经过而消灭。换言之,"以终生共同生活为目的"只是一个时间概念,因此,被预先设定存续时间的婚姻违反其本性——结婚不得附终期或解除条件。所有权亦然。只要所有权人愿意,可永久享有所有权,除非权利人死亡或标的物灭失。也正是由于所有权的永续性,限制物权只能在特定时间

---

[1] Dieter Medicus, Allgemeiner Teil des BGB, 10. Aufl., 2010, Rn. 54.

内存在,否则,所有权将消失在时间经过中。反过来说,如果某项物权被设定存续期间,便不可能是所有权。

所有权的永续性造就了取得时效(Ersitzung)制度。所有权与时间同在,一般而言,时间不会对所有权构成限制。但亦非绝对。所有权既然是对世权,就需要有某种据以判断权利之所在的外在表征,例如,动产所有权之享有,以占有为标志。然而,现实中,所有权与占有发生分离的情形所在多有。此时,占有人并非所有权人,却拥有权利的法定外观。这一状态持续越长,权利外观的效力就越强,善意相对人也就越有理由相信占有人即是所有人。同时,所有权在足够长的时间里未得到原权利人的主张,亦有违与时间同在的特性,效力日渐削弱。此长彼消,为了保护善意相对人的信赖,同时为了令所有权真正与时间同在,长期自主占有人将因为时间经过而取得所有权。此即所谓取得时效制度。

2. 时间经过权利消灭

与以存续为目的的权利不同,债权以消灭为归宿。债权以实现为目的,不仅不与时间同在,相反,随着时间的流逝,债权一步步走向消亡。正常的消亡方式是清偿。规定债务人应作清偿的时间称清偿期。清偿期届至,债务人有义务令债权实现从而消灭。若未如此,债务人可能构成给付障碍(Leistungsstörung),须就其未令债权消灭之行为承担损害赔偿责任。另一方面,如果债权人在足够长的时间里未主张实现债权,虽然不至于消灭,但可能因此不受保护,陷入名存实亡之境地(诉讼时效)。

形成权亦随时间经过而消灭。与债权不同的是,这种权利的时间效力更强。形成权不仅必须在相对较短的时间内行使,而且若未行使,后果将是权利本身的消灭(除斥期间)。

二、时间与管制

时间与权利的关系常为权利性质本身所规定,立法者对此鲜有作为。为公权力留下管制余地的是:时间的始点与终点确定、期限的长短以及是否可伸缩的设定。立法者越是强调时间对于法律关系的重要性,往往越是表明管制强度加大,因为,如果具体法律关系中的当事人能够选择时间,即属自治范畴,立法者无须置喙。公权力皆有强化管制之嗜好,容易倾向于将触角能及的领域以强制规范进行规制。当然,这不是说,无论何种情况下,管制都应该被否定。以国家政治为特点的现代文明社会,管制有其必要性,关键只在划定合适的界限。

民法上的时间制度,主要有诉讼时效、除斥期间与取得时效等。其中,取得时效的适用对象是物权、尤其是所有权,属于物权法范畴,本书略过不论;诉讼时效规制请求权,在德式体例中位列总则,本章以之为主要讨论内容;至于除斥期间,因其抽象规则难以形成,故而仅通过与诉讼时效相比较的方式作一般讨论。

三、期日与期间

(一) 功能与概念

任何时间,有如空间,皆可无限划分。法律关系既以观念的形式存在于时间,就必须借助某种手段将时间固定,否则法律关系将无所栖存。用以固定时间的工具主要是期日和期间。

期日是不可分或视为不可分的特定时间①,属于时间点,用以确定时间的始点与终点。期间则是从始点到终点所经过的时间区段,对应时间的长度。

(二) 期间的计算规则

《民法通则》第154条与《民通意见》第198条规定基本计算规则:

第一,期间按照公历年、月、日、小时计算。若当事人约定的期间不是从月、年第一天起算,一月以30日、一年以365日计。

第二,以小时计算期间的,从规定时起算;以日、月、年计算期间的,开始的当天不算入,从下一天开始计算。例如,双方约定:自2011年11月22日起两年。期间从2011年11月23日(零时)起算,两年的最后一日为2013年11月22日(24时)。

第三,期间最后一天是星期日或者其他法定休假日的,以休假日的次日为期间的最后一天。若是休假日有变通,则以实际休假日为准。需注意的是,《民法通则》之所以只以"星期日"为休假日,是因为其时实行每周六天工作日制。如今变成五天工作日,星期六自然亦在休假日之列。

第四,原则上,期间最后一天的截止时间为24时。若有业务时间,则截止于停止业务活动之时,这是因为,有业务时间的,业务停止即意味着一天结束。

(三) 规范性质

一般情况下,期间的计算规则对于法律关系的影响仅仅关乎当事人自身,法律没有理由禁止自由约定,当属任意规范。因而,若是当事人约定以农历计算期间,或者自行约定起算时间(《民通意见》第199条)、休假日或期间最后一日的截止时间,均应从其约定。

第四十八节 诉讼时效的基本原理

一、诉讼时效概说

(一) 功能

请求权的实现依赖于相对人的履行行为。一般情况下,请求权的存续期间由履

---

① 张俊浩主编:《民法学原理》(上册)(修订第3版),中国政法大学出版社2000年版,第335页(张俊浩)。

行期确定。履行期届至,义务人履行义务,请求权即告消灭。但可能存在履行期经过而权利人未主张、义务人亦未履行之情形,该情形甚至可能延续很长时间。此时,请求权既然未能实现,义务人便无从解脱,法律关系亦因此持续处于久悬不决状态。持续的时间越长,义务人的包袱越是沉重。诉讼(消灭)时效(Verjährung)制度即以请求权人怠于行使权利持续至法定期间的状态为规制对象。[①] 让罹于时效的请求权人承受不利益,起到促其及时行使权利的作用。

(二) 语词表述

德国普通法时期,通行的称谓是"诉讼时效"(Klagenverjährung)。温德沙伊德从诉讼中分离出实体请求权概念后,改称"请求权时效"(Verjährung der Ansprüche)。[②]《德国民法典第一草案》从温德沙伊德称"Anspruchsverjährung",后直接简化为"Verjährung"。

关于术语选择,《德国民法典》"立法理由书"曾作如下说明:"请求权时效(Anspruchsverjährung)不是通用术语,权利时效(Rechtsverjährung)或债务时效(Schuldverjährung)亦非罕见,多数时候则使用诉讼时效(Klagenverjährung)之表述。权利时效称谓之不妥,在于此等时效对于物权并不构成影响;债务时效之不妥,则在于,所谓债务,一般只作债权所对应的拘束力之理解;至于诉讼时效之术语,则容易令人误以为,时效的客体是诉权,实际上,时效指向的,并非司法追诉中的程序管辖问题,而是权利本身。"[③]

民国学者将德国法上的"Verjährung"译作"消灭时效",《民国民法典》以之为法定术语。这一用法,一直延续到今日台湾地区。

我现行民法中的"诉讼时效"称谓来自于苏俄民法的翻译。[④] 新政府翻译《苏俄民法典》与民法学著作时,曾以"起诉时效"作为对译词。[⑤] 但这一译名被迅速放弃,

---

① Brox/Walker, Allgemeiner Teil des BGB, 34. Aufl. , 2010, Rn. 668; Heinz Hübner, Allgemeiner Teil des Bürgerlichen Gesetzbuches, 2. Aufl. , 1996, Rn. 1373; Rüthers/Stadler, Allgemeiner Teil des BGB, 16. Aufl. , 2009, § 9 Rn. 5.

② Heinz Hübner, Allgemeiner Teil des Bürgerlichen Gesetzbuches, 2. Aufl. , 1996, Rn. 1374.

③ Motive zu dem Entwürfe eines bürgerlichen Gesetzbuches für das Deutsche Reich, Band 1 (Allgemeiner Teil), 1896, S. 289 f.

④ 全国第三期法律专业师资进修班民法班整理:《中华人民共和国民法原理》(上册),1983年版,第228页(金平);杨振山、王遂起:《中华人民共和国民法讲义》,中国政法大学函授部1984年版,第146页(杨振山)。

⑤ 王增润译、王之相校:《苏俄民法典》,新华书店发行1950年版,第18页;〔苏〕谢列布洛夫斯基:《苏联民法概论》,赵涵舆译,杨旭校,人民出版社1951年版,第38页。另外,中央人民政府法制委员会于1953年11月20日编辑的《民法资料汇编第1辑(苏联部分)》收录《苏俄民法典》,亦采"起诉时效"译名(第10页)。该书未显示译者,但《苏俄民法典》的通篇措辞及语言风格与王增润译本高度相似,疑出自一人之手。

取而代之的是"诉讼时效"。① 至于为何更换译名,则未见说明。可以推想的缘由是:起初译作"起诉时效",系因为《苏俄民法典》第44条第1句的内容是"起诉权,逾法律规定之期间而消灭",之后更作"诉讼时效",则是因为,苏俄学者指出,法典表述有欠准确:起诉权本身并不会因为时效经过而消灭,被消灭的,只是通过法院强制实现权利的能力。② 如此,"起诉时效"之译法即不再适当。在苏联译名的影响下,从新中国第一部民法教科书开始③,学者即统一采用"诉讼时效"之表述,未见异说。1986年,《民法通则》正式将其固定为法定术语。

为了兼顾立法用语与民国以来的学术传统,阐述我现行制度时,本书使用"诉讼时效"之法定术语,表达德国、民国和台湾地区相应制度时,则以"消灭时效"相称。虽然两术语皆不准确,但既已相沿成习,没有必要再另择新词。关键只在于,需要明了借助语词表达的概念如何被使用。

二、诉讼时效的适用对象

(一) 对象范围

《民法通则》涉及诉讼时效适用对象的规定见诸第135条前段:"向人民法院请求保护民事权利的诉讼时效期间为二年"。文义上看,凡属"民事权利",均受诉讼时效规制。实际情形却并非如此。在支配权、请求权、抗辩权与形成权四类基本权利中,唯请求权有其适用。

首先,支配权仅凭权利人意志即可实现,不存在置相对人于久悬不决境地之问题。诸如所有权之类的权利更是与时间同在,诉讼时效制度功能与之旨趣相悖。即便是存在时间限制的限制物权,存续期间一旦经过,权利即归于消灭,无需相对人实施任何积极行为,法律关系清晰稳定,亦无适用诉讼时效之余地。

其次,抗辩权系针对请求权之防御权。给付请求不提起,抗辩权无从行使。给付请求提起后,相对人即面临或者给付或者抗辩的选择,若未作任何选择,可能遭到强制执行,而如果请求权人未采取进一步的措施以实现请求权,其诉讼时效在中断后将重新起算。因而,抗辩权无独立适用诉讼时效之必要。

再次,至于形成权,因其所引起的法律关系不确定状况较之请求权更为严重,故

---

① 〔苏〕斯·恩·布拉都西主编:《苏维埃民法》(上),中国人民大学民法教研室译,1954年版,第175页;〔苏〕Д. М. 坚金主编:《苏维埃民法》(第1册),李光谟、康宝田、邬志雄译,李光谟校,法律出版社1956年版,第317页(坚金);〔苏〕И. В. 诺维茨基:《法律行为·诉讼时效》,康宝田译,李光谟校,中国人民大学出版社1956;郑华译:《苏俄民法典》,法律出版社1956年版,第11页。

② 〔苏〕斯·恩·布拉都西主编:《苏维埃民法》(上),中国人民大学民法教研室译,1954年版,第175页;〔苏〕Д. М. 坚金主编:《苏维埃民法》(第1册),李光谟、康宝田、邬志雄译,李光谟校,法律出版社1956年版,第319页(坚金);〔苏〕И. В. 诺维茨基:《法律行为·诉讼时效》,康宝田译,李光谟校,中国人民大学出版社1956年版,第155页。

③ 中央政法干部学校民法教研室编著:《中华人民共和国民法基本问题》,法律出版社1958年版,第101页以下。

而受效力更强的除斥期间之规制。

《德国民法典》将消灭时效制度置于总则,并在第194条第1款一般性规定:"要求他人作为或不作为之权利(请求权),受消灭时效规制。"为此,德国学者认为,原则上,消灭时效适用于几乎所有请求权,若有例外,须单独列出。[①] 道理在于:所有请求权的实现,均有赖于权利人对相对人提出作为或不作为的要求,因而,在此期间,所有请求权的相对人均陷于久悬不决的状态。消除此等状态,正是消灭时效制度的功能之所在。

我国缺乏类似德国的一般规则,须逐一考察。

（二）债权请求权

债权性质的请求权是诉讼时效最为典型的适用对象。对此,最高法院《诉讼时效规定》第1条前段明文规定:"当事人可以对债权请求权提出诉讼时效抗辩"。另依该条后段之列举,以下情形属于适用之例外:第一,支付存款本金及利息请求权;第二,兑付国债、金融债券以及向不特定对象发行的企业债券本息请求权;第三,基于投资关系产生的缴付出资请求权;第四,其他依法不适用诉讼时效规定的债权请求权。这些例外,基本都是建立在诸如生存利益、社会公共利益或交易安全之类的政策判断基础之上。[②]

（三）物权请求权

物上权利遭受侵害或有遭受侵害之虞时,请求恢复其完满状态或防止妨害之权利,称物权请求权。有关物权请求权是否适用诉讼时效问题,我实证法态度含糊,存在不同解释之可能。

德国法上物权请求权与消灭时效

德国民法上,物权请求权被规定于《法典》第985条与1004条,包括三项:返还请求权(Herausgabeanspruch, Vindikationsanspruch)、妨害除去请求权(Beseitigungsanspruch)与妨害防止请求权或称不作为请求权(Unterlassungsanspruch)。依《德国民法典》第197条第1款第1项之规定,所有权及其他物权的返还请求权适用30年的长期时效期间。第1004条的消灭时效问题未作特别规定。通说认为,妨害除去请求权适用3年的普通时效期间[③];妨害防止请求权则依其性质无适用余地,因为,该项请求权

[①] Heinz Hübner, Allgemeiner Teil des Bürgerlichen Gesetzbuches, 2. Aufl., 1996, Rn. 1376; Dieter Medicus, Allgemeiner Teil des BGB, 10. Aufl., 2010, Rn. 101.

[②] 奚晓明主编:《最高人民法院关于民事案件诉讼时效司法解释理解与适用》,人民法院出版社2008年版,第47—48页(张雪楳)。

[③] Larenz/Wolf, Allgemeiner Teil des bürgerlichen Rechts, 9. Aufl., 2004, § 17 Rn. 29; MünchKomm/Medicus (2004), § 1004 Rn. 84; Staudinger/Gursky (2006), § 1004 Rn. 205.

只是针对未来可能发生的妨害,消灭时效无法起算。①

对于原则上适用消灭时效的返还请求权与妨害除去请求权,《德国民法典》设有若干不予适用的例外:(1)已登记权利的请求权(第902条)与更正请求权(第898条)。原因在于,不动产登记簿足以产生具有确定性的权利推定与证明效力,消灭时效制度因而变得不必要。② (2)共有废止请求权(第758条)、遗产分割请求权(第2042条第2款)与第924条所列举的相邻关系请求权。原因在于,法律不得通过时效之规制催促解散共有关系③,并且,此类请求权以共同关系状态之持续为基础,随着时间经过,请求权不断新生,消灭时效永不完成。④

关于物权请求权与诉讼时效,《民法通则》及其配套规则未予关注。唯一可建立关联的规定是《民通意见》第170条:"未授权给公民、法人经营、管理的国家财产受到侵害的,不受诉讼时效期间的限制。"财产受到侵害,可能产生债权性质的请求权(如损害赔偿请求权),亦可能产生物权性质的请求权(如所有物返还请求权、妨害除去请求权)。根据文义,未授权经营的国家财产受到侵害,无论何种请求权均不受诉讼时效的规制。《民通意见》第170条系就特殊客体作出的例外规定,由此反推,其他财产受到侵害时,包括物权请求权在内的请求权应受诉讼时效规制。不过,这一结论有过度诠释之嫌。《物权法》颁行之前,我实证法并未采纳"物权"概念。《民法通则》更将返还请求权、损害赔偿请求权等救济方式一体纳入"侵权的民事责任"范畴(第117条)。

无明确的债物二分,是否以及在何种程度上存在独立的物权请求权,恐怕值得怀疑。有关物权请求权与诉讼时效关系之讨论,意义也就非常有限。

《物权法》正式确立债物二分的实证法体系。该法第3章专就"物权的保护"作出规定。其中,第34条的原物返还请求权与第35条的排除妨害请求权、消除危险请求权被用以对应德国法上的物权请求权。⑤ 遗憾的是,《物权法》对于诉讼时效未置一词。

2008年最高法院《诉讼时效规定》颁行。第1条前段规定:"当事人可以对债权请求权提出诉讼时效抗辩"。对此,最高法院的解释是,只是明确债权请求权"可以"

---

① MünchKomm/Medicus (2004), § 1004 Rn. 98; Staudinger/Gursky (2006), § 1004 Rn. 226.
② Dieter Medicus, Allgemeiner Teil des BGB, 10. Aufl., 2010, Rn. 103; MünchKomm/Wacke (2004), § 902 Rn. 1; Staudinger/Gursky (2008), § 902 Rn. 1.
③ Dieter Medicus, Allgemeiner Teil des BGB, 10. Aufl., 2010, Rn. 103.
④ MünchKomm/Schmidt (2004), § 758 Rn. 1; Staudinger/Lanhein (2002), § 758 Rn. 1.
⑤ 全国人大常委会法制工作委员会民法室编:《中华人民共和国物权法条文说明、立法理由及相关规定》,北京大学出版社2007年版,第49—51页。

成为诉讼时效的客体,至于物权请求权,则未作定论。① 但学者倾向于认为,此处表述应解释为诉讼时效的适用对象仅限于债权请求权,排除物权请求权。②

问题没有这么简单。2009 年,《侵权责任法》颁布,《民法通则》第 134 条所规定的民事责任方式十去其二,成为《侵权责任法》第 15 条。其中,停止侵害、排除妨碍、消除危险与返还财产诸责任方式与《物权法》第 34、35 条在适用范围上未作区别。③看起来,德国法上物权请求权之救济,似乎被我《侵权责任法》纳入到侵权责任轨道,与损害赔偿等债法上的救济等量齐观。果如此,法律若未特别排除,物权请求权之诉讼时效问题,自应与其他侵权请求权同其规则。

关于侵权行为所生请求权的诉讼时效,《诉讼时效规定》未予提及,这当然不表示,在此领域无诉讼时效之适用。恰恰相反,在最高法院看来,侵权行为所生损害赔偿之债,诉讼时效之计算适用《民法通则》第 137 条的一般性规定,司法解释不必再作重复。④ 由此推论,我实证法下,经由《侵权责任法》第 15 条的搭引,物权请求权不仅受诉讼时效规制,而且在期间长度及起算时点方面,与损害赔偿请求权等债权请求权亦无二致。⑤

债权以消灭为目的,履行期届至后,自然有理由期待债权人积极行使权利。诉讼时效期间纵然较短,亦无大碍。与之不同,所有权与时间同在,不负有债权的"实现"任务。物权请求权的诉讼时效若是如债权请求权般短促,所有权欲要回复其完满性时,势必易于遭到侵害人的抗辩。因而,至少在诉讼时效期间长度方面,上述解释结论难以得到认可。

解释过程合乎逻辑,结论却难以接受,问题的症结在于推论前提,即《物权法》、尤其是《侵权责任法》未能区分物权请求权与侵权行为所生债权请求权。《民法通则》未作区分,尚无太大问题,因为其时未有"物权"概念。《物权法》确立债物二分的概念体系之后,再将《民法通则》的责任方式复制于《侵权责任法》,规范体系的混乱即已无可避免。

---

① 宋晓明、刘竹梅、张雪楳:《〈关于审理民事案件适用诉讼时效制度若干问题的规定〉的理解与适用》,载《人民司法·应用》,2008 年第 21 期,第 18 页。
② 王利明:《民法总论》(第 2 版),中国人民大学出版社 2015 年版,第 340—342 页。
③ 全国人大常委会法制工作委员会民法室编著(王胜明主编):《中华人民共和国侵权责任法解读》,中国法制出版社 2010 年版,第 66—67 页。
④ 奚晓明主编:《最高人民法院关于民事案件诉讼时效司法解释理解与适用》,人民法院出版社 2008 年版,第 29 页(张雪楳)。
⑤ 2015 年最高法院《全国民事审判工作会议纪要》称:"已经合法占有转让标的物的受让人请求转让人办理物权变更登记;登记权利人请求无权占有人返还不动产或者动产;利害关系人请求确认物权的归属或内容;权利人请求排除妨害、消除危险,对方当事人以超过诉讼时效期间抗辩的,不予支持。"由此反推,列举之外的物权请求权(如未登记的动产返还请求权)受制于诉讼时效。最高法院会议纪要虽非正式的司法解释,该条内容亦非可议,但至少可从中窥知法院的立场。遗憾的是,该会议纪要未正面就受制于诉讼时效的物权请求权类型及其期间长度进一步达成共识,反倒暗示期间长度问题不必特别处置。

诉讼时效适用于所有权返还请求权虽不至于导致所有权丧失,效力仅在抗辩,但相对人一旦援引抗辩,所有权人即无法回复占有。所有权名存实亡。这意味着,诉讼时效制度的适用,将致物权关系陷入不确定状态。化解之道,或者排除诉讼时效对于返还请求权的适用,或者在适用诉讼时效的同时,建立取得时效制度,让占有人有机会成为所有权人,从而终局确定法律关系。比较而言,后一途径较为可采。如果排除诉讼时效的适用,即意味着,所有权人得随时请求所有物返还,无论时日如何久远,相对人皆无从解脱,地位太过不利。

(四) 基于人格权的请求权

权利体系中,人格权与物权同属绝对权。相应的,人格权遭到侵害时,有如物权,亦存在两种救济手段:一是类推物权请求权之救济,人格权可主张妨害除去与妨害防止;二是因人格权侵害行为而生损害赔偿请求权。① 前一救济,因直接关涉人格权之完满,而人格权随主体存在,彰显主体的法律意义,故不适用诉讼时效。② 后一救济则是典型的侵权行为之债,受诉讼时效规制。

(五) 基于亲属权的请求权

纯身份性质的请求权,如亲子领回请求权、同居请求权等事关伦理,不适用诉讼时效。但基于身份关系产生的损害赔偿等财产性请求权与一般请求权并无不同,受诉讼时效规制。③

三、诉讼时效的效力

(一) 抗辩权发生

《民法通则》未直接规定诉讼时效的效力,与之相关的只是第135条前段:"向人民法院请求保护民事权利的诉讼时效期间为二年"。对此语义模糊的"向人民法院请求保护民事权利"之表述,在2008年之前,我学者普遍接受苏俄立场,以"胜诉权消灭"相解释,即,诉讼时效期间一旦经过,法院便不再为原告的民事权利提供保护,将驳回其诉讼请求。1992年《民诉法意见》第153条印证了这一解释:"当事人超过诉讼时效期间起诉的,人民法院应予受理。受理后查明无中止、中断、延长事由的,判决驳回其诉讼请求。"

---

① Brox/Walker, Allgemeiner Teil des BGB, 34. Aufl., 2010, Rn. 723.
② 王泽鉴:《民法总则》(最新版),北京大学出版社2014年版,第497页。
③ 施启扬:《民法总则》(第8版),台湾自版发行2009年版,第386页;王泽鉴:《民法总则》(最新版),北京大学出版社2014年版,第498页。

胜诉权消灭说

关于诉讼时效的效力，《苏俄民法典》第44条虽称起诉权因时效经过而消灭，但学界通说与司法实践均认为，法院不得据此拒绝受理起诉，只不过在受理后，法院一旦查明时效经过，将驳回原告的诉讼请求。为此，苏俄学者区分程序意义上的诉权与实体意义上的诉权：前者系请求司法保护的权利，即起诉权；后者则为实体权利可借助司法强制手段获得实现的状态。诉讼时效对于前者不构成影响，只是消灭后者——实体意义上的诉权。概言之，诉讼时效经过，原告有权起诉，但不能胜诉。① 如今，俄罗斯学者依然沿袭苏俄时代这一基本认识。②

新中国民法学者不仅从苏俄翻译中获取"诉讼时效"术语，亦接受相应的效力立场。非但如此，我学者还进一步抽取出"胜诉权"概念，用以指称所谓实体意义上的诉权，对应于程序意义上的"起诉权"。③ 在苏俄法学的影响下，胜诉权消灭说几乎未遭遇任何阻碍即成为新中国通说——无论是在《民法通则》颁行之前④抑或颁行之后⑤。

管见以为，胜诉权消灭说不可采。

首先，"胜诉权"概念不能成立。权利本身即代表着应得到支持的正当性。然而，原告是否能够胜诉，取决于是否有足够的证据支持其主张。证据充足，原告胜诉；反之，被告胜诉。因而，在法院裁判之前，任何一方当事人均不享有先在的"胜诉权"。

其次，苏俄语境下的"实体意义上的诉权"不能成立。罗马法时代，诉权概念糅合程序与实体。直到温德沙伊德，实体意义上的诉权才得以从中分离，此即民法上的请求权。苏俄学者所称"实体意义上的诉权"，指的是通过法院获得强制保护的权能，既然会因为时效经过而消灭，足见非实体的请求权本身⑥；同时，"实体意义上的诉权"

---

① 〔苏〕斯·恩·布拉都西主编：《苏维埃民法》（上），中国人民大学民法教研室译，1954年版，第176—177页；〔苏〕Д. М. 坚金主编：《苏维埃民法》（第1册），李光谟、康宝田、邬志雄译，李光谟校，法律出版社1956年版，第319页（坚金）；〔苏〕И. Б. 诺维茨基：《法律行为·诉讼时效》，康宝田译，李光谟校，中国人民大学出版社1956年版，第155页。

② 〔俄〕E. A. 苏哈诺夫主编：《俄罗斯民法》（第1册），黄道秀译，中国政法大学出版社2011年版，第434—435页（E. A. 苏哈诺夫）。

③ "胜诉权"概念之创造，就笔者所见，应归之于中央政法干部学校民法教研室编著的《中华人民共和国民法基本问题》（法律出版社1958年版）这一新中国首部民法教科书（该书第103—104页）。

④ 全国第三期法律专业师资进修班民法班整理：《中华人民共和国民法原理》（上册），1983年版，第228页（金平）；佟柔主编：《民法原理》（修订本），法律出版社1986年版，第126页；西南政法学院民法教研室编：《中华人民共和国民法讲义（初稿）》，1980年版，第100页；杨振山、王遂起：《中华人民共和国民法讲义》，中国政法大学函授部1984年版，第146页（杨振山）。

⑤ 江平、张佩霖：《民法教程》，中国政法大学出版社1988年版，第114页（江平）；李由义主编：《民法学》，北京大学出版社1988年版，第156—157页（郑立）；佟柔主编：《中国民法学·民法总则》，中国人民公安大学出版社1990年版，第317页；袁长春编著：《诉讼时效》，法律出版社1986年版，第10—11页。

⑥ 〔苏〕Д. М. 坚金主编：《苏维埃民法》（第1册），李光谟、康宝田、邬志雄译，李光谟校，法律出版社1956年版，第320页（坚金）。

在程序法上亦无独立存在之价值。① 这意味着,苏俄学说中的"实体意义上的诉权"无法在权利体系中寻得立足之地。

最后,"实体意义上的诉权"所依托的法律理念不可接受。逻辑上,欲使原告因诉讼时效经过而无法胜诉、失去受强制保护的权利,须以法院主动审查为前提。苏俄的法律实践正是如此。② 相应的,诉讼时效的规制对象由私人之间的法律关系变换成为国家与个人之间的关系,一旦法院发现诉讼时效经过,纵无当事人主张,亦可拒绝为之提供强制力的保护。③ 公权力主动介入的合法性由此得以确立。法院通过对诉讼时效的主动适用,失却其本应具有的中立地位,而成为债务人利益的看护者。法院的这一角色转换,通过"保护劳动人民免受剥削阶级压迫"的意识形态话语,在社会主义语境下竟也获得理直气壮的正当性。④

2008年9月1日,《诉讼时效规定》开始施行。第1条前段规定:"当事人可以对债权请求权提出诉讼时效抗辩";第3条规定:"当事人未提出诉讼时效抗辩,人民法院不应对诉讼时效问题进行释明及主动适用诉讼时效的规定进行裁判。"据此,诉讼时效经过,债务人取得抗辩权,而抗辩是否提出,由当事人自由决定,法院既不得依职权调查,更不得主动适用。与之相应,2015年2月4日起施行的《民诉法解释》亦作调整,第219条规定:"当事人超过诉讼时效期间起诉的,人民法院应予受理。受理后对方当事人提出诉讼时效抗辩,人民法院经审理认为抗辩事由成立的,判决驳回原告的诉讼请求。"

将效力定位于抗辩,思考逻辑显然不同于之前的"胜诉权消灭说",而转向"抗辩权发生主义"。⑤

所谓抗辩权发生主义,基本含义是,请求权若是罹于时效,相对人有权以此抗辩,拒绝履行义务。此效力规则由德国所创。《德国民法典》"立法理由书"称:"消灭时效的要义非在将权利人本无瑕疵的权利剥夺,毋宁在于,予债务人某种保护手段,以

---

① 张卫平:《民事诉讼法》(第2版),法律出版社2009年版,第31—32页。
② 〔苏〕Д. М. 坚金主编:《苏维埃民法》(第1册),李光谟、康宝田、邬志雄译,李光谟校,法律出版社1956年版,第319页(坚金);〔苏〕И. В. 诺维茨基:《法律行为·诉讼时效》,康宝田译,李光谟校,中国人民大学出版社1956年版,第155页。
③ 谢怀栻:《民法总则讲要》,北京大学出版社2007年版,第200页。
④ 中央政法干部学校民法教研室编者:《中华人民共和国民法基本问题》,法律出版社1958年版,第104—105页。
⑤ 实际上,司法实践早已不在"胜诉权消灭"的轨道上行进。2003年12月23日,最高法院发布《人民法院民事诉讼风险提示书》。其中,有关超过诉讼时效的提示内容是:"原告向人民法院起诉后,被告提出原告的起诉已超过法律保护期间的,如果原告没有对超过法律保护期间的事实提供证据证明,其诉讼请求不会得到人民法院的支持。"这表示,是否超过时效,法院一般不依职权审查,而由当事人自行举证解决。此等立场,已颇近似于"抗辩权发生主义"。

抵御尚未实现但也许已陷于不合理的请求权。"①为此,《法典》第 214 条第 1 款规定:"消灭时效完成后,债务人有权拒绝给付。"在此规则下,诉讼时效经过,不仅请求权的任何方面——无论是实体上的权利本身还是程序上的诉权——都不会消灭,而且还在当事人之间产生新的内容——相对人取得对抗请求权的抗辩权。② 只要相对人未在诉讼中援引时效抗辩,即使请求权罹于时效,原告亦可获得胜诉判决。

(二) 债务人放弃抗辩

时效经过,债务人取得抗辩权。对此权利,债务人有权放弃,从而放弃其所享有的时效利益(《诉讼时效规定》第 22 条情形 1)。

放弃抗辩权属于处分行为,得以契约为之(最高法院法复[1997]4 号《关于超过诉讼时效期间当事人达成的还款协议是否应当受法律保护问题的批复》),亦得以单方行为为之(最高法院法释[1999]7 号《关于超过诉讼时效期间借款人在催款通知单上签字或者盖章的法律效力问题的批复》)。无论何种方式,放弃表示一经生效,债务人即丧失抗辩权,不得再以时效经过为由,拒绝债权人的给付请求。

债务人放弃的意思表示,不必明确以"放弃抗辩权"或"放弃时效利益"之方式表达,只要能够解释得知债务人愿对罹于时效之债务作出给付,即为已足。至于放弃表示是否须以知悉债权罹于时效为前提,台湾地区采肯定论。③ 我上述法释[1999]7 号司法解释称:"对于超过诉讼时效期间,信用社向借款人发出催收到期贷款通知单,债务人在该通知单上签字或者盖章的,应当视为对原债务的重新确认,该债权债务关系应受法律保护。"似乎不以知悉为要。

放弃抗辩权系权利处分行为,以权利客体的确定与特定为原则。若债务人不知其抗辩权,自然不可能将处分表示指向该权利。为尊重私法自治,放弃时效利益应以知悉为前提。问题是,若债务人因不知时效经过而作出愿意履行的表示,效力如何?管见以为,债务人愿意履行之表示,缺乏放弃时效利益之效果意思,构成错误。债权人要求履行时,债务人得以此为由行使撤销权,进而主张时效抗辩,但应赔偿对方因此所生信赖利益损害。

另外,即使债务人明知时效经过,但放弃表示若是因受欺诈或胁迫所致,同样可予撤销,此毋庸赘言。即便债务已经履行,管见以为,依然可通过撤销主张返还,因为履行行为之作出,系表意自由受到侵犯的结果,非《民法通则》第 138 条所称"自愿履行"。

(三) 债务人履行

《民法通则》第 138 条规定:"超过诉讼时效期间,当事人自愿履行的,不受诉讼时

---

① Motive zu dem Entwürfe eines bürgerlichen Gesetzbuches für das Deutsche Reich, Band 1 (Allgemeiner Teil), 1896, S.291.
② 就此而言,民国以来以"消灭时效"对译 Verjährung 的通译并不理想。台湾地区有学者建议将译名更作"抗辩时效",无人响应,只是因为旧译使用日久,已成习惯。梅仲协:《民法要义》,中国政法大学出版社 1998 年版,第 154 页;施启扬:《民法总则》(第 8 版),台湾自版发行 2009 年版,第 382 页。
③ 施启扬:《民法总则》(第 8 版),台湾自版发行 2009 年版,第 411 页。

效限制。"所谓"不受诉讼时效限制",指的是,自愿履行之效力,不因诉讼时效而受影响,即,不得以诉讼时效经过为由,主张销除履行效果(《民通意见》第171条,《诉讼时效规定》第22条情形2)。

债务人履行债务时,无论是否知悉债权罹于时效之事实,均不影响履行行为的效力。此与放弃抗辩不同。唯是否知悉,解释路径有所不同:若债务人明知,可解释为以可推断行为放弃时效利益,自然不得主张返还给付;而债务人不知时效而履行,依然不得主张返还,原因则在于,请求权不因时效经过而消灭,对所受领的给付拥有受领保持力,不构成不当得利。

(四)从权利的效力

原则上,从权利附属于主权利,不能独立存在,因而,主权利罹于时效,从权利同其命运。我实证法关于保证债务的规定,即循此逻辑。《担保法》第20条第1款规定:"一般保证和连带责任保证的保证人享有债务人的抗辩权。债务人放弃对债务的抗辩权的,保证人仍有权抗辩。"此处抗辩,理应包括时效抗辩。据此,主债权若罹于时效,保证债务人亦享有时效抗辩权(《诉讼时效规定》第21条第1款),并且,为防止保证人的时效利益因为债务人的放弃而丧失,其抗辩权具有相对独立性,不受主债务人放弃的影响。不过,保证人若未行使抗辩权,承担保证责任后再向主债务人追偿时,主债务人有权以时效抗辩(《诉讼时效规定》第21条第2款)。倘非如此,主债务人的时效利益将反过来因为保证人的履行而丧失。

担保物权属于主债权的从权利,于理亦须遵从主从逻辑。然而,《担保法解释》第12条第2款规定:"担保物权所担保的债权的诉讼时效结束后,担保权人在诉讼时效结束后的二年内行使担保物权的,人民法院应当予以支持。"此意味着,即便主债权的诉讼时效经过,担保权人在2年之内仍有权就担保物优先受偿。此与台湾地区"民法"类似。后者第145条第1款规定:"以抵押权、质权或留置权担保之请求权,虽经时效消灭,债权人仍得就其抵押物、质物或留置物取偿。"第880条同时规定:"以抵押权担保之债权,其请求权已因时效而消灭,如抵押权人于消灭时效完成后,五年间不实行其抵押权者,其抵押权消灭。"之所以设此例外,台湾地区通说认为,基于对物权效力的信赖,债权人往往不急于行使权利,反致容易罹于时效,为顾及社会实况及债权人心态,并增强担保物权的效力,特设例外,以担保物权之效力独立于主债权;复设抵押权存续5年的除斥期间,则是意在避免债权人享有双重优惠:担保物权独立于债权本就是法律优待,若可无限期存续,担保人的地位未免雪上加霜。①

源自台湾地区"民法"的《担保法解释》未得到《物权法》的认可。《物权法》第

---

① 施启扬:《民法总则》(第8版),台湾自版发行2009年版,第412—413页;王泽鉴:《民法总则》(最新版),北京大学出版社2014年版,第516页;谢在全:《民法物权论》(中册)(第5版),台湾自版发行2010年版,第574—575页。

202 条规定:"抵押权人应当在主债权诉讼时效期间行使抵押权;未行使的,人民法院不予保护。"直接使得抵押权因诉讼时效经过而消灭,充分贯彻主从逻辑。之所以如此,立法者的考虑是:若抵押人为第三人,依《担保法解释》第 12 条第 2 款之规定在 2 年内承担担保责任后,有权向债务人追偿。但主债权已罹于时效,债务人无论能否以之抗辩抵押人的追偿,均可能陷入困境:如果能抗辩,抵押人的追偿权将无法实现;若是不能,债务人将因为抵押权的存在而无法享受时效利益。① 另外,由于抵押物的处分在我实证法下受到严格限制(《物权法》第 191 条),抵押权的行使期间若再延长至时效完成之后,将令抵押人地位雪上加霜。

四、诉讼时效的规范性质

(一)强制规范?

《民法通则》未直接就诉讼时效的规范性质作出规定。但第 135 条既然被解释为"胜诉权消灭",所规范者,亦相应被定位为国家与个人的关系,自属强制规范无疑。②

《诉讼时效规定》改采抗辩权发生主义,效力局限于当事人。不过,规范性质似乎并未因此受到影响。第 2 条规定:"当事人违反法律规定,约定延长或者缩短诉讼时效期间、预先放弃诉讼时效利益的,人民法院不予认可。"据此,当事人不得事先通过契约排除或改变诉讼时效规范之适用。规范的强制色彩清晰可辨。③ 就内容而言,这一条几乎就是台湾地区"民法"第 147 条的白话文版。对其第 147 条,台湾地区通说亦以之为强制规范。④ 再往前追溯,德国债法现代化法之前的《德国民法典》旧 225 条规定:"不得以法律行为排除或加重消灭时效。允许减轻消灭时效、尤其是缩短时效期限。"强制程度虽然有所不如,但德国通说依然将其归入强制规范之列。⑤

(二)正当性

苏俄立法与我《民法通则》上的诉讼时效被定位为调整"人民与国家间的关系",所针对的,是国家强制力在何种情况下为债权人提供保护之问题。事关权力行使,被设置为强制规范,合乎逻辑。只不过,此事关权力行使之强制规范,并不以公权力者为管制对象,反倒是强化了公权力者地位。是否以及如何为当事人提供保护,完全由法院决定。为此,法院不仅应依职权主动调查,在遇有"特殊情况"时,还可以决定将

---

① 全国人大常委会法工委民法室编:《中华人民共和国物权法条文说明、立法理由及相关规定》,北京大学出版社 2007 年版,第 367 页。
② 谢怀栻:《民法总则讲要》,北京大学出版社 2007 年版,第 201 页。
③ 王利明:《民法总论》(第 2 版),中国人民大学出版社 2015 年版,第 338 页;奚晓明主编:《最高人民法院关于民事案件诉讼时效司法解释理解与适用》,人民法院出版社 2008 年版,第 29 页(余东爱)。
④ 黄立:《民法总则》(修订 4 版),台湾自版发行 2005 年版,第 449 页;施启扬:《民法总则》(第 8 版),2009 年版,第 413 页;王泽鉴:《民法总则》(最新版),北京大学出版社 2014 年版,第 493 页。
⑤ Heinz Hübner, Allgemeiner Teil des Bürgerlichen Gesetzbuches, 2. Aufl., 1996, Rn. 1375; Dieter Medicus, Allgemeiner Teil des BGB, 10. Aufl., 2010, Rn. 103.

时效期间延长(《民法通则》第137条3句)。这一强制规范之设置逻辑,以强化公权力管制为出发点,并且,法院将因此失去中立地位,不值得认可。

诉讼时效生抗辩效力,却仍被归结为强制规范,理由在于"事关公益"。① 诉讼时效制度之所以存在,主要基于以下考虑:第一,保护债务人,避免因时日久远,举证困难,致遭受不利益。第二,权利上的睡眠者,不值得保护。第三,尊重现存秩序,维护法律安全与和平。第四,简化法律关系、减轻法院负担。② 其中,前两项只涉及债权债务人双方,与公共利益无直接关联。③ 至于"简化法律关系、减轻法院负担",主要在法院依职权采证的前提下有其意义,若法院仅就当事人举证作出裁判,则意义有限。如此,所谓事关公益,仅指法律的安全与和平而言。即便是法律的安全与和平,基本上也局限于当事人之间,因为,请求权本就是相对权,无论如何时日久远,都与不特定第三人关系不大。可见,诉讼时效制度的基本功能,其实只是保护债务人,其他各项,都不过是该基本功能的衍生物而已。④ 这同时意味着,在抗辩权发生主义立场下,以诉讼时效为强制规范,理由牵强。

再者,如果诉讼时效属于强制规范,法院就有理由依职权主动适用。因为,强制规范应得到遵守,无论当事人意志如何均在所不问。然而,抗辩权发生主义一方面把诉讼时效当强制规范,另一方面却听由当事人主张与否,普遍禁止法官主动适用⑤,甚至原则上不允许法官对此问题作出释明。⑥《诉讼时效规定》亦持此立场(第3条:"当事人未提出诉讼时效抗辩,人民法院不应对诉讼时效问题进行释明及主动适用诉讼时效的规定进行裁判")。体系冲突显而易见。在这方面,胜诉权消灭主义反倒显得体系融贯。

上述表明,如果抗辩权发生的效力模式值得坚持,那么,强制规范的立场也许就需要有所改变。对此,《德国民法典》的转向颇具说明价值。

---

① Heinz Hübner, Allgemeiner Teil des Bürgerlichen Gesetzbuches, 2. Aufl., 1996, Rn. 1375;黄立:《民法总则》(修订4版),台湾自版发行2005年版,第449页;施启扬:《民法总则》(第8版),台湾自版发行2009年版,第413页;王泽鉴:《民法总则》(最新版),北京大学出版社2014年版,第492页。
② Heinz Hübner, Allgemeiner Teil des Bürgerlichen Gesetzbuches, 2. Aufl., 1996, Rn. 1375; Motive zu dem Entwürfe eines bürgerlichen Gesetzbuches für das Deutsche Reich, Band 1 (Allgemeiner Teil), 1896, S. 291;黄立:《民法总则》(修订4版),台湾自版发行2005年版,第443—444页;施启扬:《民法总则》(第8版),台湾自版发行2009年版,第379—380页;王泽鉴:《民法总则》(最新版),北京大学出版社2014年版,第492页。
③ 亦见姚瑞光:《民法总则论》,台湾自版发行2002年版,第576—577页。
④ Larenz/Wolf, Allgemeiner Teil des bürgerlichen Rechts, 9. Aufl., 2004, § 17 Rn. 3; Staudinger/Peters (2004), Vorbem. zu §§ 194 ff. Rn. 5 ff.
⑤ Dieter Medicus, Allgemeiner Teil des BGB, 10. Aufl., 2010, Rn. 120; Rüthers/Stadler, Allgemeiner Teil des BGB, 16. Aufl., 2009, § 9 Rn. 12;施启扬:《民法总则》(第8版),台湾自版发行2009年版,第411页;王泽鉴:《民法总则》(最新版),北京大学出版社2014年版,第514—515页。
⑥ 德国通说认为,只有在债务人几乎是呼之欲出地提及这一问题时(如"这件事过去这么长时间了,难道我真的还要付钱吗?"),才允许法官释明。Rüthers/Stadler, Allgemeiner Teil des BGB, 16. Aufl., 2009, § 9 Rn. 12.

鉴于消灭时效以保护债务人为主要目的,与公共利益关系疏远,债法现代化法后,德国消灭时效规则更多的倾向了私法自治,出现明显的去强制化特点。[①] 原则上,当事人对于消灭时效可自由约定,禁止性规定仅在《德国民法典》新202条:"(第1款)故意责任之消灭时效,不得事先以法律行为缩短。(第2款)消灭时效不得以法律行为延长至从法定起算点起超过三十年的期间。"据此,首先,除故意责任外,其他请求权的消灭时效均得以法律行为事先缩短或排除,而故意责任之所以除外,道理如同故意责任不得事先免除(《德国民法典》第276条第3款),系基于善良风俗的伦理考虑[②];事后缩短或排除,无任何限制。其次,延长时效期间,无论事先事后,只要自法定起算点起不超过30年,均可自由为之。再次,可缩短或延长时效期间,也就意味着,原则上,期间的法定起算点不具有强制效力,当事人可将其改变,唯一的限制是,改变起算点后,时效期间不得超过自法定起算点起30年。[③] 另外,有关时效停止之法定事由亦具有任意性,当事人可通过契约排除法定事由之适用,亦可另行增加其他停止事由。[④]

很明显,在纯粹的强制规范与纯粹的任意规范两端之间,德国旧法较为靠近前者,新法则趋近后者。

五、诉讼时效与除斥期间

(一) 除斥期间的功能

如前所述,诉讼时效制度之出现,是为了结束请求权关系久悬不决之状态。形成权亦存在类似问题,因而也需要有一定的期间限制。不仅如此,形成权的行使,可直接改变对方的法律地位,效力远强于请求权。如果形成权人长时期不行使权利,相对人法律地位之不确定将远甚于请求权。有鉴于此,对于形成权的时间限制,效力必须强于诉讼时效。此即除斥期间(Ausschlußfrist, Präklusionsfrist)。除斥期间经过,形成权将为之消灭。

(二) 除斥期间与诉讼时效

除斥期间的基本特性,可从与诉讼时效比较中窥见。

1. 效力

除斥期间经过,消灭权利本身;诉讼时效届满,则产生债务人的抗辩权。与之相

[①] Larenz/Wolf, Allgemeiner Teil des bürgerlichen Rechts, 9. Aufl., 2004, § 17 Rn. 9; MünchKomm/Grothe (2006), § 202 Rn. 1; Staudinger/Peters (2004), § 202 Rn. 1.

[②] Larenz/Wolf, Allgemeiner Teil des bürgerlichen Rechts, 9. Aufl., 2004, § 17 Rn. 9; MünchKomm/Grothe (2006), § 202 Rn. 7; Staudinger/Peters (2004), § 202 Rn. 11.

[③] Larenz/Wolf, Allgemeiner Teil des bürgerlichen Rechts, 9. Aufl., 2004, § 17 Rn. 10; Staudinger/Peters (2004), § 202 Rn. 22 ff.

[④] Larenz/Wolf, Allgemeiner Teil des bürgerlichen Rechts, 9. Aufl., 2004, § 17 Rn. 10 f.

应,诉讼时效禁止法官主动适用,除斥期间则要求法官主动审查并适用。①

2. 适用对象

导致权利消灭者,即属除斥期间,因而,形成权虽然是除斥期间的主要适用对象,但不限于此。绝对权与请求权均可能受除斥期间规制。前者如著作权中的财产权存续期间(《德国著作权法》第 64 条,我国《著作权法》第 21 条);后者如债权人对提存物的提取请求权(《德国民法典》第 382 条,我国《合同法》第 104 条第 2 款第 1 句),因产品缺陷而产生的损害赔偿请求权(《德国产品责任法》第 13 条第 1 款,我国《产品质量法》第 45 条第 2 款),债权人对解散后独资企业投资人的连带求偿权(《独资企业法》第 28 条),等等。② 诉讼时效则只适用于请求权。

3. 规范意旨

两项时效制度的规范意旨虽均在对权利作出限制,但侧重点略有不同。除斥期间经过,权利消灭,法律效力终局确定,因而更多的服务于法律安全与清晰;诉讼时效则只是予债务人以抗辩权,并不消灭请求权,更多是为债务人提供防御手段。③ 正因为如此,前者可由法官依职权适用,后者则不可。

4. 规则的统一性

除斥期间的共同点仅在于效力以及在适用于请求权时得准用有关诉讼时效的规定,其他则因为差别太大而只能就具体除斥期间分别规定。诉讼时效则有一般性的规则,可作为公因式位于民法总则。

5. 期间长短

除斥期间之所以缺乏抽象的一般规则,重要原因在于,不同的除斥期间长短差异显著,无一般性的"普通期间"之共性。长者长如 70 年(《德国著作权法》第 64 条),短者短至 1 年(《德国民法典》第 864 条第 1 款),甚至仅为两周(《德国民法典》第 626 条第 2 款),另有一些则无明确期间规定,只能根据个案分别考量(如《德国民法典》第 121 条第 1 款第 1 句的"不迟延地"之规定、第 147 条的承诺期间),或由当事人自由裁量(如《德国民法典》第 281 条第 1 款、第 323 条第 1 款)。诉讼时效虽然亦是长短不一,但尚可作普通时效与特别时效之区分。④

---

① Staudinger/Peters (2004), Vorbem. zu § § 194 ff. Rn. 13.
② Reinhard Bork, Allgemeiner Teil des Bürgerlichen Gesetzbuchs, 3. Aufl., 2011, Rn. 317; Staudinger/Peters (2004), Vorbem. zu § § 194 ff. Rn. 13.
③ Staudinger/Peters (2004), Vorbem. zu § § 194 ff. Rn. 13.
④ a. a. O.

第四十九节 诉讼时效的计算

一、诉讼时效期间

我实证法上的诉讼时效期间分为普通期间与特别期间,另有所谓最长期间。

(一)普通时效期间

时效期间长短与交易速度及通讯便捷程度有关,亦与期间的起算方式有关。总体而言,时效期间呈缩短趋势。例如,1900 年《德国民法典》普通时效期间为 30 年;1929 年《民国民法典》减至 15 年;2002 年德国债法现代化法考虑到原定的 30 年期间太长,以至于例外众多,使得普通期间不再"普通",竟一举缩短至 3 年。①

《民法通则》第 135 条规定普通时效期间为 2 年。

《民法通则》普通时效期间前史

《民法通则》颁行之前,学者普遍认为,资本主义国家以私有制为基础,时效制度旨在维护剥削者的利益,因而期间较长,社会主义国家则以维护人民群众与社会整体利益为己任,加之计划经济要求迅速了结债权债务关系,以维护国民经济的稳定,因而期间应较资本主义国家为短。② 基于这一认识,学者起初建议设为 5 年③,之后更多学者则主张,应借鉴苏俄区分公民(3 年)和社会组织(1 年)的思路,进一步细化为公民之间、公民与法人之间及法人之间三种情况,分别规定为 5 年、3 年与 2 年。④

在新中国三次民法典起草过程中,第一次起草的四稿均依苏式二分法。前两稿规定国家机关、国营企业、合作社、人民团体之间及其相互之间的诉讼时效期间 2 年,其他 4 年⑤;后两稿则规定社会主义组织之间的诉讼时效期间 1 年 6 个月,其他 4 年。⑥ 第二次与第三次起草改采三分法,即单位(法人)之间、单位(法人)与公民之间

---

① Rüthers/Stadler, Allgemeiner Teil des BGB, 16. Aufl., 2009, § 9 Rn. 6.
② 全国第三期法律专业师资进修班民法班整理:《中华人民共和国民法原理》(上册),1983 年版,第 232 页(金平);西北政法学院民法教研室编:《民法原理讲义》,1982 年版,第 102—103 页(王家桢);西南政法学院民法教研室编:《中华人民共和国民法讲义(初稿)》,1980 年版,第 103 页;中央政法干部学校民法教研室编著:《中华人民共和国民法基本问题》,法律出版社 1958 年版,第 106 页。
③ 中央政法干部学校民法教研室编著:《中华人民共和国民法基本问题》,法律出版社 1958 年版,第 106 页。
④ 佟柔主编:《民法原理》(修订本),法律出版社 1986 年版,第 126—127 页;西北政法学院民法教研室编:《民法原理讲义》,1982 年版,第 103 页(王家桢);西南政法学院民法教研室编:《中华人民共和国民法讲义(初稿)》,1980 年版,第 103 页;杨振山、王遂起:《中华人民共和国民法讲义》,中国政法大学函授部 1984 年版,第 151 页。
⑤ 何勤华、李秀清、陈颐编:《新中国民法典草案总览》(上卷),法律出版社 2003 年版,第 11、21 页。
⑥ 同上书,第 31、45 页。

以及公民之间分别适用长度不同的时效期间。第二次起草的各稿规定为 1 年、2 年与 4 年①,第三次起草则为 2 年、3 年与 5 年。②

《民法通则》第 135 条选择 2 年作统一规定。另外,在此之前,旨在调整法人之间经济合同关系的《经济合同法》(1982 年施行,1999 年废止)第 50 条规定:"经济合同当事人向合同管理机关申请调解或仲裁,应从其知道或应当知道权利被侵害之日起一年内提出,超过期限的,一般不予受理。"两相结合,似乎可以认为,立法者还是大致采纳了苏俄对不同主体区别对待的立法思想。

(二) 特别时效期间

1.《民法通则》上的特别时效期间

特别时效包括短期时效与长期时效。《民法通则》仅规定 1 年的短期时效。依第 136 条之规定,包括四种情形:身体受到伤害要求赔偿的;出售质量不合格的商品未声明的;延付或者拒付租金的;寄存财物被丢失或者损毁的。之所以适用短期时效,学者的解释是,此类纠纷或者较为简单清楚,或者基于举证考虑不宜久拖不决,或者兼而有之。③ 四种情形中,两种情形所涉法律关系较为单纯:一是侵权行为导致的人身损害赔偿请求权,二是租赁合同产生的租金请求权。它们适用短期时效虽然未必理所应当,但尚无大碍。④ 另外两种则需要进一步观察。

"出售质量不合格的商品未声明的"可能产生多项请求权。如,买受人可能享有《合同法》第 111 条(结合《产品质量法》第 40 条第 1 款情形 1)之"修理、更换、重作、退货、减少价款或者报酬"请求权;造成其他损失,并享有《合同法》第 112 条(结合《产品质量法》第 40 条第 1 款情形 2)之赔偿损失请求权;若是构成加害给付,买受人还可根据《合同法》第 122 条(结合《产品质量法》第 41 条以下)享有侵权法上的损害赔偿请求权;等等。这些请求权是否一概适用 1 年的短期时效,《民法通则》的立法者显然未对此复杂情况作仔细考量。

《民法通则》时期,我国实行有计划的商品经济体制,商品销售的基本渠道在国营商店。买受人的请求权既未如《合同法》般细分,国营商店又被视为"国家利益"之代表,为了维护"国家利益",诉讼时效极短,有其历史语境。如今,市场体制初具规模,

---

① 何勤华、李秀清、陈颐编:《新中国民法典草案总览》(下卷),法律出版社 2003 年版,第 29、51—52、102、165 页。
② 同上书,第 379、444、558、620 页。
③ 王利明:《民法总论》(第 2 版),中国人民大学出版社 2015 年版,第 345—346 页。
④ 依《德国民法典》第 199 条之规定,人身损害赔偿适用 3 年的普通时效,最长时效期间为 30 年;租金请求权亦是适用普通时效,唯依法典第 548 条之规定,出租人对于租赁物毁损的赔偿请求权以及承租人的费用偿还请求权或设备取走请求权,适用 6 个月的短期时效。台湾地区"民法"上,包括人身损害赔偿在内的侵权损害赔偿请求权、定期租金请求权与以租赁动产为营业者的租价均适用短期时效,分别是 2 年(第 197 条第 1 款)、5 年(第 126 条)与 2 年(第 127 条第 3 项)。

国营商店的垄断地位亦早成历史。依然将此情形的时效期间一概维持在 1 年,其不合时宜孰甚。况且,依《合同法》第 158 条之规定,标的物质量不合格之通知期限尚且可长达 2 年,因质量不合格而产生的请求权却须适用 1 年的诉讼时效。规范体系之裂缝,一望可知。

实际上,早在 1993 年,《产品质量法》最初颁行时即对《民法通则》有所修正。该法第 33 条第 1 款(新法第 45 条第 1 款)规定,因产品存在缺陷造成损害要求赔偿的诉讼时效期间为 2 年。只不过,这一规定只适用于加害给付的损害赔偿请求权,无法全面替代《民法通则》。

"寄存财物被丢失或者损毁的"亦可能对应不同的请求权。寄存财物若被丢失,寄存人可基于所有权主张返还,亦可基于侵权主张返还,还可基于寄存合同主张返还;至于损毁财物所生请求权,既可能是合同上的赔偿请求权,亦可能是侵权法上的赔偿请求权。显然,性质如此相去甚远的请求权,断不可一概而论。

2. 特别法上的特别时效期间

除《民法通则》外,单行法亦有许多特别时效期间之规定。此特别时效可能是短期时效,如,海上货物运输对承运人的赔偿请求权、有关海上拖船合同的请求权以及有关共同海损分摊的请求权等均适用 1 年时效(《海商法》第 257 条第 1 款、260、263 条),亦可能是长期时效,如,环境污染损害赔偿请求权为 3 年(《环境法》第 42 条、《海商法》第 265 条),人寿保险中的保险金给付请求权为 5 年(《保险法》第 26 条第 2 款),等等。

(三) 最长时效期间

《民法通则》第 137 条 2 句规定:"从权利被侵害之日起超过二十年的,人民法院不予保护。"此即所谓"最长时效期间"(Verjährungshöchstfrist)。

最长时效期间不是独立的时效期间类型,而更像是一道总阀门,控制着所有诉讼时效的最长限度。其功能用以应对下述情形:如果请求权人很晚才获悉权利,导致诉讼时效起算亦晚,可能因为实际经过的期间过长,诉讼时效制度失去意义。例如,被侵权人在第 30 年才知道权利被侵害,此时起算 2 年的普通诉讼时效,结果,侵权行为发生 32 年后,债务人仍然无所抗辩,诉讼时效制度形同虚设。《民法通则》设置最长时效期间的意义,就在于避免这一结果的发生。[①] 无论何时获悉请求权,只要从请求权客观形成(权利实际受侵害)之日起超过 20 年,诉讼时效期间即绝对完成。这一期间,无中止、中断之可能(《民通意见》第 175 条第 2 款)。

[①] 《民通意见》第 167 条可资佐证:"《民法通则》实施后,属于《民法通则》第一百三十五条规定的二年诉讼时效期间,权利人自权利被侵害时起的第十八年后至第二十年期间才知道自己的权利被侵害的,或者属于《民法通则》第一百三十六条规定的一年诉讼时效期间,权利人自权利被侵害时起的第十九年后至二十年期间才知道自己的权利被侵害的,提起诉讼请求的权利,应当在权利被侵害之日起的二十年内行使;超过二十年的,不予保护。"

二、诉讼时效的开始

(一) 客观期间与主观期间

诉讼时效的计算,除需要有时间段即期间长度外,还需要确定起算期日。起算期日的界定大致有两种方式:一是以请求权的客观发生(或可行使)之日为准,而不论当事人是否已经知悉或应当知悉;二是以请求权人主观上的知悉或应当知悉之日为准。前者称客观期间,后者称主观期间。①

期间起算与规范体系

债法现代化法之前的《德国民法典》以客观期间为原则。旧 198 条前句规定:"消灭时效自请求权成立之时起算。"台湾地区"民法"亦偏于客观期间,第 128 条前句规定:"消灭时效,自请求权可行使之日起算。"所谓"请求权可行使之日",通说判例的解释是,指权利行使于法律上无障碍的状态,与权利人事实上是否知悉请求权之存在无关,因而,原则上,权利成立并生效之时,即是请求权可行使之日。②

债法现代化法后,《德国民法典》改采主观期间立场。新 199 条第 1 款规定,消灭时效之起算,除请求权成立外,还需具备主观要件,即"债权人知道或因重大过失而不知请求权成立之情形并知悉债务人"。

客观期间计算方式能够令起算时间恒定,不至于出现因权利人知悉时间不同而起算点各异、导致实际期间长度相去甚远的局面。例如,假设两项请求权均于 1980 年成立,甲请求权人立时知悉,乙请求权人则 3 年之后才获悉,依客观计算方式,起算点均在 1980 年,但在主观立场下,乙的起算时点比甲晚 3 年,实际经过的期间长度亦相差 3 年。由此产生的一个结果是,主观期间可能因为权利人不知情而导致诉讼时效迟迟不起算,从而需要借助最长时效期间以作控制。客观期间则无此问题。③ 例如,采客观立场的德国旧法几乎没有最长时效期间概念,新法改采主观期间后,第 199 条第 2—4 款分不同情况设置 30 年与 10 年的最长期间;再如,台湾地区"民法"以客观期间为原则,故不存在一般意义上的最长时效期间,第 197 条第 1 款例外规定侵权行为之债适用 2 年的主观期间,同时规定其最长时效期间为 10 年。

客观期间亦有其问题。最为突出的是,诉讼时效之起算既然与是否知悉无关,权利人就可能面临尚未知悉请求权因而无从行使、时效期间却已完成的危险。为了最

---

① Detlef Leenen, BGB Allgemeiner Teil: Rechtsgeschäftslehre, 2011, § 18 Rn. 9.
② 黄立:《民法总则》(修订 4 版),台湾自版发行 2005 年版,第 450、454 页;施启扬:《民法总则》(第 8 版),台湾自版发行 2009 年版,第 392 页;王泽鉴:《民法总则》(最新版),北京大学出版社 2014 年版,第 504—505 页。
③ Detlef Leenen, BGB Allgemeiner Teil: Rechtsgeschäftslehre, 2011, § 18 Rn. 9.

大限度保护无辜的权利人,采客观立场的立法,有必要设置比较长的时效期间。主观立场则在起算时,已令权利人意识到时间限制。在法定期间内,权利人足可从容行使权利。因而,主观立场能够容许较短的期间,以适应时效期间缩短的趋势。① 由此可以理解,为何德国债法现代化法在大幅缩短时效期间的同时,期间的起算亦从客观立场转向主观立场。

《民法通则》第137条第1句规定:"诉讼时效期间从知道或者应当知道权利被侵害时起计算。"所采行的,显然是主观期间。只不过,期间起算,并不意味着权利必受侵害。例如,定有清偿期的契约之债,清偿期日届至或期间届满,诉讼时效起算,但债务人未必同时陷入违约。第137条第2句所规定的最长时效期间系客观期间,唯其以"权利被侵害之日"为起算点,与前句存在相同问题——期间起算未必意味着权利受侵害。更全面准确的表述如台湾地区"民法"第128条的"请求权可行使之日"或《德国民法典》旧法第198条的"请求权成立之时"。

《民法通则》第137条之规定,系以因权利受侵害而产生的请求权(如基于侵权行为的损害赔偿请求权、基于违约行为的请求权等)为原型,并不具有普遍适用性。各类请求权具体如何起算,须作类型化观察。

(二) 类型化规则

概括而言,根据发生原因,债权可二分为意定之债与法定之债。前者以契约之债为典型,债之关系是否发生由当事人自主决定;后者则主要包括侵权行为之债、不当得利之债与无因管理之债等类型,债之发生直接由法律规定。

1. 契约请求权

契约请求权的诉讼时效,因当事人是否约定明确的清偿期而有不同起算方式。

(1) 定有清偿期之债

我实证法未直接规定此类债权诉讼时效的起算点,但可推知。《诉讼时效规定》第5条:"当事人约定同一债务分期履行的,诉讼时效期间从最后一期履行期限届满之日起计算。"《诉讼时效规定》第6条第1分句:"未约定履行期限的合同,依照合同法第六十一条、第六十二条的规定,可以确定履行期限的,诉讼时效期间从履行期限届满之日起计算"。由此可知,定有清偿期之债,诉讼时效自履行期日届至或期间届满之日起算。②

---

① Detlef Leenen, BGB Allgemeiner Teil: Rechtsgeschäftslehre, 2011, § 18 Rn. 9.
② 《诉讼时效规定》第5条与第6条均称"届满",不确。附期限的法律行为,始期到来称届至,终期到来称届满。当事人约定的履行期可能是期日,也可能是期间。若是期日,意义如同始期——债务人此时始对给付请求负履行义务,故宜称"届至";若是期间,诉讼时效须待履行期结束方始起算,可称"届满"。

（2）未约定清偿期之债

关于未约定清偿期之债，《合同法》第62条第4项后段规定：债权人得随时要求履行，但应当给对方必要的准备时间。问题是，这一规定是否与诉讼时效的起算有关？

《诉讼时效规定》颁行之前，曾有学者主张，应自债权成立之日起算，适用普通时效。① 在客观期间立场下，这一主张并无不妥。问题是，我实证法采主观期间，普通时效本就极短，若对于未约定清偿期之债反倒以客观期间计算诉讼时效，债权人利益势难保障。② 因而，对于未约定清偿期之债，同样应适用主观期间。既然如此，为了让诉讼时效能够起算，有必要为之确定"履行期"。

未定清偿期之债，债务人得随时履行，债权人亦得随时要求履行（《合同法》第62条第4项）。其时效期间之起算，可分三种情况讨论：

第一，债务人已作履行。无论是应债权人要求抑或债务人主动履行，均不必讨论诉讼时效问题。

第二，债权人未曾要求履行，债务人亦未提出履行。由于债务随时具有可履行性，故而履行期无法固定，或者说，履行期为任何时点。此时，主观期间因履行期不断届至而反复重新起算，时效永不届满。但如果债权人因为未要求履行就无时效限制，显然与诉讼时效促使及时行使权利之意旨相悖。主观期间失其效用，客观期间遂救其穷。可供考虑的，是最长时效期间。如此，未定清偿期之债，若债权人一直未要求履行，自债权成立之日起经过20年，即罹于时效。

第三，债权人已作出履行请求，债务人尚未实际履行。债权人得随时要求履行，但并不意味着，一经作出履行请求，即有权立时得到实现。基于诚信，债权人应为对方留有必要的准备时间，以免债务人因措手不及而陷于违约（《合同法》第62条第4项后段但书）。此"必要的准备时间"，相当于为未定清偿期之债确定履行期：准备时间届满，履行期届至，诉讼时效起算（《诉讼时效规定》第6条第2分句前段）。另外，债务人对于债权人的履行请求可能直接表示拒绝。对此，依《诉讼时效规定》第6条第2分句后段但书，"诉讼时效期间从债务人明确表示不履行义务之日起计算"。原因在于，债务人的拒绝已构成义务违反（Pflichtverletzung），充分《民法通则》第137条第1句的起算要件。

2. 侵权请求权

基于侵权行为的请求权系《民法通则》第137条第1句的典型适用对象，起算点为"知道或应当知道权利被侵害时"。所谓"应当知道"，指虽然不知权利被侵害，但

---

① 张俊浩主编：《民法学原理》（上册）（修订第3版），中国政法大学出版社2000年版，第359页（张俊浩）。

② 亦见谢怀栻：《民法总则讲要》，北京大学出版社2007年版，第203—204页。

该不知系因自身过失所致。至于须构成重大过失抑或轻过失即为已足,法无明文。《德国民法典》第199条第1款明确要求重大过失。考虑到诉讼时效本就是对请求权人不利的制度,适当提高起算要求可略作平衡。如此,"应当知道"可作限缩解释,以重大过失为标准。另外,知悉权利受侵害的事实未必同时知悉权利的侵害人。只知其一不知其二,请求权无法行使。促使权利人及时行使权利之规范意旨,亦是无从实现。因而,《民法通则》之规定在此应作目的性扩张。若是不知权利侵害人,时效不起算。

即便作出上述解释,《民法通则》的规定依然过于粗糙。《民通意见》第168条系补充条款:"人身损害赔偿的诉讼时效期间,伤害明显的,从受伤害之日起算;伤害当时未曾发现,后经检查确诊并能证明是由侵害引起的,从伤势确诊之日起算。"这一规定,同样应解释为以知悉侵害人为前提。

3. 债务不履行所生损害赔偿请求权

权利受到侵害,未必就意味着存在侵权行为。能够成为侵权行为之侵害对象的,一般是绝对权。债权(相对权)的侵害人主要来自于债务人,侵害方式则为义务违反(债务不履行)。对于债务不履行的救济,原则上无《侵权责任法》之适用余地,而适用《合同法》有关违约责任之规定。

《民法通则》第137条第1句对于权利侵害的方式未作区分,而是以结果为标准,将所有权利被侵害所产生的请求权统一规定。据此,债务不履行所生损害赔偿请求权,诉讼时效的起算点为债权人知道或应当知道债权被侵害(债务人义务违反)之时。

4. 不当得利返还请求权

所谓不当得利,是指没有法律上的原因而获得利益,并致他人受损的事实(《民法通则》第92条)。所获利益既然没有合法原因,就有义务返还于受损人。受损人所享有的,即是不当得利返还请求权。根据《诉讼时效规定》第8条,不当得利返还请求权从权利人知道或应当知道不当得利事实及对方当事人之日起算。

不当得利之发生,或者基于受损人行为(如非债清偿,即,受损人向对自己不享有债权之人清偿债务),或者基于受益人行为(如受益人在未获许可时使用他人之物),或者基于第三人行为(如第三人以甲的饲料,喂养乙的家畜),或者基于事件(如暴雨将甲家鱼塘冲垮,鱼游入乙家鱼塘)等等,不一而足。司法解释所称"对方当事人",非谓引起不当得利发生之"当事人",而是指受损人返还请求权所指向的对方,即受益人。

5. 无因管理请求权

无因管理是无法定或约定义务而为他人管理事务之行为(《民法通则》第93条)。因事务管理而产生的费用,管理人有权向被管理人(本人)请求给付,此之谓无因管理之债。《诉讼时效规定》第9条规定:"(第1款)管理人因无因管理行为产生的给付必要管理费用、赔偿损失请求权的诉讼时效期间,从无因管理行为结束并且管理人知道或者应当知道本人之日起计算。(第 2 款)本人因不当无因管理行为产生的赔偿损失请求权的诉讼时效期间,从其知道或者应当知道管理人及损害事实之日起计算。"

三、诉讼时效的障碍

(一) 障碍类型

诉讼时效一经起算,倘未遇障碍,即不可逆转、不作停歇地驶往终点。待得走完预定期间,诉讼时效即完成,发生效力。然而,阻止时效完成的时效障碍(Verjährungshindernisse)不仅所在多有,而且势所必需。道理很简单:如果无论何种事由均不能阻挡诉讼时效的前进步伐,那么,债务人只需要捱过法定时效期间就可取得抗辩权,拒绝履行义务。果如此,诉讼时效制度将成为债务人道德危险行为的避风港。

诉讼时效制度的目的在于促使请求权人及时行使权利。时效运行中,若是出现目的不达或目已达之情形,诉讼时效制度即失却意义,需要为之设置障碍,以阻止时效期间继续前行。时效障碍大致存在于两种场合:其一,若是出现请求权人客观上无法主张权利之情形,时效纵然经过,制度目的亦无法实现。早在罗马法时期,就有过"无法有效追诉的债权,时效止步不前"(Agere non valenti non currit praescriptio)之法谚。由此产生时效中止(停止)制度。① 其二,若是出现请求权人已实际行使权利或义务人已实际履行义务之情形,时效制度目的即已达到,不必再以时间之经过催促权利人,之前所经过的时效期间亦相应失去意义。此对应时效中断(重新计算)制度。

各国关于诉讼时效障碍的制度安排不尽相同。《民法通则》仿苏例,设中止、中断与延长三项制度。

德国法上的诉讼时效障碍制度

德国法设停止(Hemmung)、停止完成或曰不完成(Ablaufhemmung)与重新计算(Neubeginn)三项障碍制度。

消灭时效停止是指因法定事由的出现,时效停止计算,待停止事由消除后,开始或恢复计算。停止期间不计入时效期间(《德国民法典》第 209 条)。依《德国民法典》第 203—208 条之规定,停止事由主要是:(1) 双方就请求权或请求权成立的情况尚在磋商(第 203 条);(2) 当事人通过起诉或类似方式主张权利(第 204 条);(3) 债务人基于与债权人的约定,享有拒绝履行权(第 205 条);(4) 时效期间最后 6 个月内,债权人因不可抗力而无法主张权利(第 206 条);(5) 婚姻或类似的家庭关系存续期间

---

① Staudinger/Peters (2004), § 209 Rn. 1.

(第207条);(6)性自主受到侵害而产生的请求权,权利人未满21岁之前(第208条)。

需要注意的是,停止不同于我国法上的中止。前者可能在三个时点上停止诉讼时效的计算:停止起算(Anlaufhemmung)——令时效不起算(如第207、208条),停止继续(Fortlaufhemmung)——使已经开始的时效停止运行(第205、206条)以及停止完成(Ablaufhemmung)——停止状态结束后须再经过法定期间始克完成(第203条第2句之3个月、第204条第2款之6个月)。① 后者则仅仅包括停止继续之情形。

消灭时效停止完成是停止的一种特殊形态。特殊之处在于,自停止状态消除之日起,时效须另再经过一个法定期间始生完成效力。除第203与204条之外,停止完成之障碍,还有两种情形:(1) 非完全行为能力人缺乏法定代理人时,自情形消除之日起6个月内,时效不完成,所涉消灭时效期间短于6个月者,以该期间为准(第210条);(2) 有关遗产的请求权,继承人尚未接受遗产或进入支付不能程序,或者尚未确定代理人时,自情形消除之日起6个月内,时效不完成,所涉消灭时效期间短于6个月者,以该期间为准(第211条)。与第203与204条相比,第210与211条的效力复有其特殊之处,即,只要是以非完全行为能力人为一方当事人或因遗产而产生的请求权,无论债权债务,均生消灭时效停止完成之效力。

消灭时效重新起算概念为债法现代化法新创,用以取代之前的中断(Unterbrechung)概念。与此同时,之前的许多中断事由被调整为停止事由,使得时效障碍制度从以中断为原则、停止为例外转变为以停止为原则、重新起算为例外。② 如今,《德国民法典》仅第212条第1款规定两种重新起算情形:第一,债务人以分期支付、利息支付、提供担保或其他方式承认债权;第二,司法或行政强制执行措施实行或被申请。

(二) 诉讼时效的中止

1. 中止的要件

依《民法通则》第139条前句之规定,诉讼时效中止需具备两项要件:

(1) 请求权在客观上无法行使

如果权利在客观上无法行使,诉讼时效却依然继续计算,请求权人将被置于极为不利的境地。综合《民法通则》第139条、《民通意见》第172条与《诉讼时效规定》第20条,导致权利无法行使的法定障碍包括:第一,不可抗力;第二,权利被侵害的无行为能力人、限制行为能力人没有法定代理人,或者法定代理人死亡、丧失代理权、丧失行为能力;第三,继承开始后未确定继承人或者遗产管理人;第四,权利人被义务人或者其他人控制无法主张权利;第五,其他导致权利人不能主张权利的客观情形。

---

① Reinhard Bork, Allgemeiner Teil des Bürgerlichen Gesetzbuchs, 3. Aufl., 2011, Rn. 326a; Detlef Leenen, BGB Allgemeiner Teil: Rechtsgeschäftslehre, 2011, § 18 Rn. 10.

② Brox/Walker, Allgemeiner Teil des BGB, 34. Aufl., 2010, Rn. 677.

（2）权利行使障碍出现于最后六个月之内

即使出现上述法定障碍，若非在诉讼时效期间的最后六个月之内，亦不生中止效力。由此推论，若障碍在最后六个月之前发生，却持续至六个月之内，则自其进入六个月界限之时起，生中止效力。之所以作六个月限制，依学者解释，是因为此时请求权的行使已相当急迫，相反，在此之前，即便出现权利行使障碍，亦至少尚有六个月可供回旋，无中止之必要。①

2. 中止的效力

《民法通则》第139条后句："从中止时效的原因消除之日起，诉讼时效期间继续计算。"据此，中止效力可分两点：第一，只要中止原因尚未消除，时效期间即停止计算。第二，中止原因消除后，时效期间继续计算。形象地说，中止相当于"时钟停摆"。②

关于继续计算，有学者建议，"依时效中止的目的"，应补足六个月。③ 这一建议有助于保障请求权人从容行使权利。不过，具有此等目的的，其实不是停止继续（中止），而是停止完成（不完成）制度。法律若无明文，恐怕不宜将停止继续的效力解释为停止完成。

（三）诉讼时效的中断

1. 中断的事由

中止是因为诉讼时效的目的在客观上无法实现，中断则是因其目的已经实现。所以，中断的事由与权利行使或义务履行有关。依《民法通则》第140条前句之规定，中断事由可分三类：权利的依诉行使、权利的直接行使与义务的履行。

（1）权利的依诉行使

向法院提起诉讼，构成权利行使行为无疑。《诉讼时效规定》第12条："当事人一方向人民法院提交起诉状或者口头起诉的，诉讼时效从提交起诉状或者口头起诉之日起中断。"

另依《诉讼时效规定》第13—15条之规定，以下情形相当于提起诉讼：第一，申请仲裁；第二，申请支付令；第三，申请破产、申报破产债权；第四，为主张权利而申请宣告义务人失踪或死亡；第五，申请诉前财产保全、诉前临时禁令等诉前措施；第六，申请强制执行；第七，申请追加当事人或者被通知参加诉讼；第八，在诉讼中主张抵销；第九，向人民调解委员会以及其他依法有权解决相关民事纠纷的国家机关、事业单位、社会团体等社会组织提出保护相应民事权利的请求；第十，向公安机关、检察院、法院报案或者控告，请求保护其民事权利；第十一，其他与提起诉讼具有同等诉讼时

---

① 张俊浩主编：《民法学原理》（上册）（修订第3版），中国政法大学出版社2000年版，第363页（张俊浩）。
② Detlef Leenen, BGB Allgemeiner Teil: Rechtsgeschäftslehre, 2011, § 18 Rn. 10.
③ 梁慧星：《民法总论》（第4版），法律出版社2011年版，第258页。

效中断效力的事项。

（2）权利的直接行使

请求权人直接向对方主张权利，亦具中断时效之效力。权利的直接行使无需具备特定形式，只要有证据表明债权人曾经向债务人主张过权利，即为已足；亦未必向债务人本人主张，连带责任保证人、代理人或意思表示受领权人等均无不可（《民通意见》第173条后句）。

为便于司法适用，《诉讼时效规定》第10条列举了若干典型情形：第一，当事人一方直接向对方当事人送交主张权利文书，对方当事人在文书上签字、盖章或者虽未签字、盖章但能够以其他方式证明该文书到达对方当事人的；第二，当事人一方以发送信件或者数据电文方式主张权利，信件或者数据电文到达或者应当到达对方当事人的；第三，当事人一方为金融机构，依照法律规定或者当事人约定从对方当事人账户中扣收欠款本息的；第四，当事人一方下落不明，对方当事人在国家级或者下落不明的当事人一方住所地的省级有影响的媒体上刊登具有主张权利内容的公告的，但法律和司法解释另有规定者除外。

（3）义务的履行

在文义上，《民法通则》第140条之"同意履行义务"包括两种情况：一是实际履行，二是承诺履行。实际全部履行足令请求权实现，此时，诉讼时效已无意义。因而，使得时效中断的履行，只是分期履行、部分履行等不能全部消灭债之关系的履行（《诉讼时效规定》第16条前两种情形）。承诺履行则表明债务人对于债务的肯认，提供担保、请求延期履行、制定清偿债务计划等均属之（《诉讼时效规定》第16条后三种情形）。

2. 中断的效力

与中止的"时钟停摆"不同，中断是让时钟回到零点。《民法通则》第140条后句："从中断时起，诉讼时效期间重新计算。"

（四）诉讼时效的延长

《民法通则》第137条第3句："有特殊情况的，人民法院可以延长诉讼时效期间。"这一规定，源于苏俄。基本逻辑是：既然法院有权主动审查诉讼时效期间是否已完成，依职权驳回罹于时效的诉讼请求，自然亦有权基于公平的考虑，依职权延长某些本已完成的诉讼时效。① 显然，此以法院得依职权主动适用为前提。②

诉讼时效的延长对于处理新政权建立前后涉及去台人员的财产纠纷发挥过重要的作用。③ 如今，法官依职权适用已被禁止，延长制度亦基本失去意义。

---

① 〔苏〕Д. М. 坚金主编：《苏维埃民法》（第1册），李光谟、康宝田、邹志雄译，李光谟校，法律出版社1956年版，第327—328页（坚金）。
② 佟柔主编：《中国民法学·民法总则》，中国人民公安大学出版社1990年版，第327页。
③ 江平、张佩霖：《民法教程》，中国政法大学出版社1988年版，第120页（江平）。

第十五章 权利的救济

第五十节 请求权基础理论

一、权利救济概说

权利可能遭到不法干涉,此时,权利是否以及能够获得何种救济,将成为衡量其安全性的指标。在某种程度上说,没有安全保障的权利,几近于无权利。"有权利就有救济"(Ubi jus, ibi remedium),此之谓也。

以国家政治为特点的现代社会,国家作为公权力的享有者,垄断强制力的享有与行使。其意义在于,由代表所有社会成员利益的国家依照法定程序统一行使强制力,可有效防止私人强制带来的无限报复之可能,从而维护社会秩序的安定与和平。因此,原则上,任何私人想要获得救济,皆不得依靠一己力量,而必须诉诸公权力——权利以公力救济为原则。私法权利遭到侵害,可求诸的公力救济手段遍及私法、公法与刑法。其中,公法与刑法救济非在本书讨论之列。

公力救济虽为权利保障的常态,但公权力一旦被滥用,较之私人暴力的危害后果更为可怕。是以,公权力在对私人权利提供救济时,必须严格依照法定程序展开。由此带来的问题是,公力救济难以应对急迫情形。在某些紧急情况下,受到侵犯之人如果只能通过公力救济维护自己的权利,待得公权力介入时,权利侵害可能早已无可挽回。既然公力救济是为替代私人强制而出现的救济手段,在力有不逮之处,承认私力救济的正当性便势所必然。于是,现代权利救济方式形成以公力救济为原则、私力救济为例外的基本格局。

二、民事诉讼与请求权

(一)权利之私法救济的样式

私法领域,权利遭到侵害或有遭侵害之虞时,公权力并不主动介入。权利人寻求救济的常规方式是向法院提起诉讼,因而,私法纠纷的解决,以诉诸法院为基本途径,相应地,法官的思考进路也就代表着私法救济的典型思维。

依诉讼请求的内容,民事诉讼可三分为给付之诉(Leistungsklage)、确认之诉(Feststellungsklage)与形成之诉(Gestaltungsklage)。其中,确认之诉有肯定确认之诉(positive Feststellungsklage)与否定确认之诉(negative Feststellungsklage)之别,分别用以确认法律关系之存在或不存在。① 确认之诉的实体规范基础如《物权法》第 33 条:"因物权的归属、内容发生争议的,利害关系人可以请求确认权利。"形成之诉的效力在于直接改变法律关系状态,如撤销之诉、离婚之诉等。②

确认判决的意义仅仅在于确认法律关系存在与否,并不指令当事人为某种行为,形成判决则一经生效,法律关系即为之改变,因而,二者均无执行问题。③ 需要执行、同时也是对于权利救济最具普遍意义的,是给付之诉。原因在于,一方面,权利遭到侵害或有遭侵害之虞,寻求救济时,无论是要求妨害防止、妨害排除、返还原物,还是主张损害赔偿,均以给付请求的形式表现;另一方面,确认之诉与形成之诉一般不具有终局性质,其意义通常在于,为之后的给付请求铺垫前提。

给付之诉旨在实现实体请求权。④ 在此意义上,请求权构成权利救济的核心概念。

(二) 两种请求权

1. 作为原权的请求权

请求权可能是原权,如契约之债中的给付请求权即是作为债权的效力产生,近亲属之间的抚养请求权与赡养请求权则是作为亲属权的效力产生。原权意义上的请求权不具有权利救济功能。

2. 作为救济权的请求权

当基础性权利遭到不法侵害或有遭侵害之虞时,即发生救济性请求权。例如,为了救济物权,产生妨害防止、妨害排除、返还原物等物权请求权(《物权法》第 34、35 条);契约之债因发生给付障碍而遭到侵害时,产生损害赔偿等违约请求权(《合同法》第 107 条);发生侵权行为时,产生损害赔偿等请求权(《侵权责任法》第 3、15 条)等等。

(三) 请求权与诉权

与救济性请求权相关的一个概念是诉权(Klagebefugnis)。

实体法讨论实体意义上的请求权。当请求权得不到实现时,往往需要诉诸国家公权力的保护,即以诉讼的方式获得救济,就此发生程序法意义上的请求权,即诉权。因而,所谓诉权,指的是当事人提起诉讼要求法院解决纠纷之权利。⑤ 看起来,民法上

---

① Wolfgang Grunsky, Zivilprozessrecht, 12. Aufl., 2006, Rn. 102;[德]罗森贝克/施瓦布/戈特瓦尔德:《德国民事诉讼法》(下)(第 16 版),李大雪译,中国法制出版社 2007 年版,第 655 页。
② Wolfgang Grunsky, Zivilprozessrecht, 12. Aufl., 2006, Rn. 106;[德]罗森贝克/施瓦布/戈特瓦尔德:《德国民事诉讼法》(下)(第 16 版),李大雪译,中国法制出版社 2007 年版,第 665 页。
③ Wolfgang Grunsky, Zivilprozessrecht, 12. Aufl., 2006, Rn. 5.
④ a. a. O., Rn. 101;[德]罗森贝克/施瓦布/戈特瓦尔德:《德国民事诉讼法》(下)(第 16 版),李大雪译,中国法制出版社 2007 年版,第 646 页。
⑤ 张卫平:《民事诉讼法》(第 2 版),法律出版社 2009 年版,第 29 页。

的请求权与诉讼法上的诉权一为实体权利,一为程序权利,二者泾渭分明。不过,问题没有这么简单,不仅"诉权"本身在民事诉讼法学富含争议①,请求权的实体权利性质亦非自古皆然。

罗马法时代,权利与诉讼紧密相联。直到19世纪,实体法上的请求权(Anspruch)和诉(Klage)的分离才由温德沙伊德最终在学术上确认。温德沙伊德在1856年的《罗马市民法上的诉:基于当代法的观察》(Die Actio des römischen Civilrechts vom Standpunkte des heutigen Rechts)中指出:私法权利系原生权利,通过诉讼程序实现的可能性则具有派生性,诉讼程序的任务在于,对于受到侵害或引起纷争的实体权利予以确认,并令其实现。在此基础上,温德沙伊德认为,请求权可在司法程序之外通过当事人的自愿履行得到实现,属于实体权利,一旦进入诉讼程序,构成胜诉的基础。相应地,在温德沙伊德看来,诉权系公法权利,表现诉讼当事人与司法机关之间的关系。温德沙伊德的请求权概念被《德国民法典》接纳,如今已成德国民法核心概念之一,其诉权理论亦得到广泛认可而占据主导地位。②

(四) 请求权在私法救济体系中的枢纽地位

法律适用的经典模型是司法三段论。传统上,这一模型的基本运用步骤是:先提取相关法律事实,尔后根据法律事实寻找可资适用的法律规范,待得找法成功,将法律事实涵摄于法律规范之下,最终得出法律效果,所遵循的是先确定法律事实然后寻找法律规范的顺序。③ 据此,在任何一个案件面前,法律适用者都应尽可能全面分析案件涉及的各种法律关系。唯有如此,才有可能一一进行法律判断。按照时间顺序逐一考察所涉法律关系的"历史方法"是确保全面无遗漏的有效路径。

案例分析的历史方法有助于系统训练法律人的法律适用能力,亦能够在全面观察待处理案件的基础上作出整体判断,有其无可替代的优势。不过,缺点同样不可忽略。首先,缺乏针对性。无论法律争点何在,均是雷打不动以相同的进路——逐一分析案例所涉法律关系——展开。其次,迂回繁复。为讲求全面,即便与纠纷处理无关的法律关系,亦须不厌其烦地作出考察。为了弥补这些缺陷,"请求权方法"遂进入法律人视野。④

民事诉讼的基本样式是给付之诉。此等法律纠纷,可依"谁向谁主张什么?"(Wer will was von wem?)之线索架构。同时,以制定法为特点的法治国家,法官不得

---

① 详参沈达明编著:《比较民事诉讼法初论》(上册),中信出版社1991年版,第213—216页。

② Larenz/Wolf, Allgemeiner Teil des Bürgerlichen Rechts, 9. Aufl., 2004, § 18 Rn. 67 ff.;〔德〕沃尔夫冈·策尔纳:《实体法与程序法》,载〔德〕米夏埃尔·施蒂尔纳编:《德国民事诉讼法学文萃》,赵秀举译,中国政法大学出版社2005年版,第102页;沈达明编著:《比较民事诉讼法初论》(上册),中信出版社1991年版,第213页。

③ Karl Larenz, Methodenlehre der Rechtswissenschaft, 6. Aufl., 1991, S.278 ff.

④ 有关历史方法和请求权方法的比较,请参王泽鉴:《民法思维:请求权基础理论体系》,北京大学出版社2009年版,第3章"历史方法与请求权方法"(第33—40页)。

自创裁判规范,必须援引给定规范作为裁判依据。于是,检索据以支持或否定当事人主张的规范(请求权基础)在法律适用中便处于关键地位,甚至可以认为,寻找请求权基础之训练系法律教育的目标。① 相应的,纠纷解决的架构亦扩展为"谁向谁依据什么主张什么?"(Wer will was von wem woraus?)。在此意义上,法律适用者的任务,一方面在于处理法律文本(寻找请求权基础、分析其构成要件并揭示其法律意义),另一方面则是将表现为法律规则的抽象形式化构成要素(Tatbestandsmerkmale)运用于具体案件,即涵摄(subsumieren)。② 两相结合,法律适用讲究"目光在规范要件与案件事实之间交互流转"。③

根据请求权进行操作,以寻找解决纠纷的规范基础,已成为当今德国最为流行的案例分析方法。④ 作为请求权方法的倡导者之一,梅迪库斯相信,"只要案例问题指向的目标能够借助请求权实现(如金钱支付、损害赔偿、原物返还、不作为),就应以包含此等法律效果的请求权规范为解决纠纷的出发点"。⑤

请求权基础存在于民法体系的各部分,远不限于民法总则。为此,本节关于请求权方法的叙述,无法详细展开,只能点到为止。

三、请求权基础体系

依实证法解决法律问题的一个基本特征是,欲使请求权得到实现,需有相应的规范支持。该规范被称为"请求权基础"(Anspruchsgrundlage)。就此而言,"无请求权基础即无请求权"。⑥ 所以,以请求权为思考导向的案例分析方法,主要工作即在于,"探寻得支持一方当事人,向他方当事人有所主张的法律规范"。⑦

(一)请求权基础的类型

请求权基础分请求权规范与法律行为两类。请求权规范是确立请求权的法律一般规范,通常被规定于制定法;法律行为(尤其是契约)则是确立请求权的个别规范。法律行为之为请求权基础,源于私法自治。⑧

在寻找请求权基础之前,首先需要对请求权作一类型化整理。作为救济权的请求权系于基础权利而发生,因此,一般情况下,有哪些类型的基础权利,就有相应的请求权类型。为此,请求权大体可分为人格权请求权、债权请求权、物权请求权、亲属权请求权(如亲子领回请求权)、继承权请求权等。各项请求权的规范基础,亦大致在相

---

① Rüthers/Stadler, Allgemeiner Teil des BGB, 16. Aufl., 2009, § 10 Rn. 3.
② a. a. O., § 10 Rn. 1 ff.
③ Karl Larenz, Methodenlehre der Rechtswissenschaft, 6. Aufl., 1991, S. 207.
④ Dieter Medicus, Allgemeiner Teil des BGB, 10. Aufl., 2010, Rn. 77.
⑤ a. a. O.
⑥ Brox/Walker, Allgemeiner Teil des BGB, 34. Aufl., 2010, Rn. 651.
⑦ 王泽鉴:《民法思维:请求权基础理论体系》,北京大学出版社2009年版,第41页。
⑧ Brox/Walker, Allgemeiner Teil des BGB, 34. Aufl., 2010, Rn. 652.

应法域。不过,基于请求权的纠纷解决,以财产性权利为典型。

(二) 请求权基础的检视

1. 请求权基础的检视序列

请求权的不同类型,指明案件适用的不同规范基础。请求权虽由当事人提出,但并无义务显示其请求权性质。一般情况下,当事人的主张只需要以"请求对方返还某物"或"请求对方赔偿损失若干"等方式提出即为已足。为其请求权寻找恰当的规范,更多是纠纷裁决者的任务。① 民法有关请求权的规范难以胜数,为了不至于陷入盲目的大海捞针式搜寻,法官一般对请求权的性质有一先在判断(Vorurteil),然后根据此先在判断展开法律适用过程。为了节约成本,提高准确度,某种以合目的性考量为标准的检视序列即成为必要。②

布洛克斯给出的请求权检视序列是③:

(1) 基于契约的请求权。又须先后检视契约履行请求权和契约损害赔偿与费用补偿请求权。

(2) 基于准契约关系的请求权。包括:履行请求权(如《德国民法典》第179条第1款对无代理权之代理人的请求权),损害赔偿请求权(如《德国民法典》第122条因意思表示撤销而产生的信赖利益损害赔偿请求权,第179条第1款未履行的损害赔偿请求权,第179条第2款信赖利益损害赔偿请求权,等等),费用偿还请求权(如《德国民法典》第683条基于无因管理的费用偿还请求权,第670条基于委任的费用偿还请求权,等等)。

(3) 物权请求权。包括返还请求权、妨害除去请求权与妨害防止请求权。

(4) 侵权行为法上的请求权。包括不法行为损害赔偿请求权(Ansprüche aus unerlaubter Handlung)与危险责任损害赔偿请求权(Ansprüche aus Gefährdungshaftung)。

(5) 不当得利返还请求权。

梅迪库斯的检视序列与布洛克斯略有不同。主要表现在:其一,契约之后第二顺位请求权的排列。布洛克斯将所有准契约关系的请求权置于同一顺位,未再排序;梅迪库斯则将基于缔约上过失的请求权与无因管理请求权单列,分列第二与第三顺位;其二,布洛克斯将侵权行为损害赔偿请求权与不当得利返还请求权分列第四与第五

---

① 当事人实体法上的请求权与其诉讼请求以及法官审理对象之间的关系,在民事诉讼法学上是"诉讼标的"理论所要解决的问题。在德国学者看来,"诉讼标的涉及的是民事诉讼的中心概念"。详参〔德〕汉斯-约阿希姆·穆泽拉克:《德国民事诉讼法基础教程》,周翠译,中国政法大学出版社2005年版,第86页以下;〔德〕奥特马·尧厄尼希:《民事诉讼法》,周翠译,法律出版社2003年版,第197页以下。

② Brox/Walker, Allgemeiner Teil des BGB, 34. Aufl., 2010, Rn. 839; Medicus/Petersen, Bürgerliches Recht, 22. Aufl., 2009, Rn. 7;王泽鉴:《民法思维:请求权基础理论体系》,北京大学出版社2009年版,第58页。

③ Brox/Walker, Allgemeiner Teil des BGB, 34. Aufl., 2010, Rn. 839 ff.

顺位,梅迪库斯则将二者置于同一顺位。具体如下①:

(1) 契约。

(2) 缔约上过失。

(3) 无因管理。

(4) 物权请求权。

(5) 侵权行为与不当得利。

王泽鉴教授的序列是②:

(1) 契约上请求权。

(2) 无权代理等类似契约关系上请求权。

(3) 无因管理上请求权。

(4) 物权关系上请求权。

(5) 不当得利请求权。

(6) 侵权行为损害赔偿请求权。

(7) 其他请求权。

除不当得利请求权与侵权行为损害赔偿请求权的顺序被颠倒,以及将准契约关系的请求权与无因管理请求权分列两顺位之外,其他大致与布洛克斯一致。

2. 请求权基础检视的排序规则

请求权检视排序不是正确与否的问题,只是基于合目的性考量。基本考虑在于:考察一项请求权规范的适用时,不应该因存在其他规范作为前提问题而陷入循徊检视,即,讨论应尽量避免受到前提问题的束缚。③ 具体而言:

第一,基于契约的请求权列于首位。先于无因管理请求权的原因在于,无因管理(Geschäftsführung ohne Auftrag)系"无委任的事务管理",此即意味着,在考虑适用无因管理请求权之前,必须先确认无契约关系(委任关系)存在④;先于物权返还请求权,因为契约能够提供占有的本权,而排除返还请求权⑤;先于不法行为的请求权,则是因为,如果某种行为通过契约得以正当化,则不存在"不法"的问题。⑥

第二,基于准契约关系的请求权紧随契约请求权之后。道理在于,此类请求权与

---

① Medicus/Petersen, Bürgerliches Recht, 22. Aufl., 2009, Rn. 8 ff.
② 王泽鉴:《民法思维:请求权基础理论体系》,北京大学出版社2009年版,第58页。
③ Medicus/Petersen, Bürgerliches Recht, 22. Aufl., 2009, Rn. 7;王泽鉴:《民法思维:请求权基础理论体系》,北京大学出版社2009年版,第58页。
④ Brox/Walker, Allgemeiner Teil des BGB, 34. Aufl., 2010, Rn. 839;Medicus/Petersen, Bürgerliches Recht, 22. Aufl., 2009, Rn. 8;王泽鉴:《民法思维:请求权基础理论体系》,北京大学出版社2009年版,第59页。
⑤ Medicus/Petersen, Bürgerliches Recht, 22. Aufl., 2009, Rn. 8;王泽鉴:《民法思维:请求权基础理论体系》,北京大学出版社2009年版,第59页。
⑥ Brox/Walker, Allgemeiner Teil des BGB, 34. Aufl., 2010, Rn. 839;Medicus/Petersen, Bürgerliches Recht, 22. Aufl., 2009, Rn. 8.

契约请求权极为接近,绝大多数都产生于未生契约效力的契约订立过程中。① 梅迪库斯将基于缔约过失的请求权置于无因管理请求权之前,是因为,前者与契约存在依存关系,后者则尚未出现契约。②

第三,物权请求权应在侵权行为损害赔偿请求权与不当得利返还请求权之前得到检视。原因在于,前者直接与物权变动相关,只有在物权不存在时,才考虑损害赔偿与利益返还问题。③ 另外,基于不法行为的损害赔偿请求权以过错为前提,物权请求权则无此项证明要求。因此,在受侵害之物依然存在的情况下,针对物权的法律救济必须首先被考虑。

第四,不当得利返还请求权的排序各有考虑。布洛克斯将其置于末列,系基于不当得利"无法律原因"之特性。申言之,为了确定得利人所获利益"无法律原因",包括契约请求权在内的所有"法律原因"都必须被排除。④ 梅迪库斯则认为,侵权行为损害赔偿请求权与不当得利返还请求权不会相互影响,因此不必再作排序。⑤ 王泽鉴教授的见解又有不同。在王教授看来,不当得利返还请求权涉及物权变动问题,应紧随物权请求权得到检视,侵权行为损害赔偿请求权置于其后,则是因其不是任何请求权的前提,得与契约上请求权(尤其是契约损害赔偿请求权)、物权请求权及不当得利返还请求权竞合并存。⑥

四、请求权基础的多元性

(一)请求权基础多元性的含义

为请求权寻得可资适用的规范基础后,案件基本也就得到解决。剩下要做的,只是通过三段论的涵摄得出裁判结论。不过,问题往往没有这么简单。一项事实可能满足多项请求权规范的构成要件。法律适用者因而需要回答:此时该如何适用法律?此即所谓"请求权基础多元性"(Mehrheit der Anspruchsgrundlagen)问题。对于这一问题,并不存在统一的解决办法,因为多元基础之关系并不单一。概括而言,请求权规范之间大致有四种关系状态:规范排斥竞合,择一竞合,请求权聚合与请求权竞合。

(二)规范排斥竞合

同时满足的数项请求权规范相互排斥,其中一项排除其他规范的适用,此称规范排除的竞合(normverdrängende Konkurrenz)。⑦

导致规范相互排斥的典型因素是"特别法"优于"普通法"规则。例如,关于未

---

① Brox/Walker, Allgemeiner Teil des BGB, 34. Aufl., 2010, Rn. 842.
② Medicus/Petersen, Bürgerliches Recht, 22. Aufl., 2009, Rn. 8a f.
③ 王泽鉴:《民法思维:请求权基础理论体系》,北京大学出版社2009年版,第60页。
④ Brox/Walker, Allgemeiner Teil des BGB, 34. Aufl., 2010, Rn. 839.
⑤ Medicus/Petersen, Bürgerliches Recht, 22. Aufl., 2009, Rn. 11.
⑥ 王泽鉴:《民法思维:请求权基础理论体系》,北京大学出版社2009年版,第60页。
⑦ Larenz/Wolf, Allgemeiner Teil des Bürgerlichen Rechts, 9. Aufl, 2004, § 18 Rn. 19.

"损害国家利益"的欺诈行为,依《民法通则》第 58 条第 1 款第 3 项之规定,无效,《合同法》第 54 条第 2 款则是可撤销,于是,在契约场合,适用特别法(《合同法》)而排除一般法(《民法通则》)。另外,同一部法律,各规范之间亦可能存在特别与一般的关系。例如,《侵权责任法》第 78 条规定:"饲养的动物造成他人损害的,动物饲养人或者管理人应当承担侵权责任,但能够证明损害是因被侵权人故意或者重大过失造成的,可以不承担或者减轻责任。"据此,动物致害责任以受害人的故意或重大过失为免责或减责事由。第 80 条又规定:"禁止饲养的烈性犬等危险动物造成他人损害的,动物饲养人或者管理人应当承担侵权责任。"动物饲养人或管理人无免责或减责之优待。在规范目的上,法律显然是要课危险动物饲养人或管理人以更严格的责任。因而,若是禁止饲养的危险动物致他人损害,虽亦满足第 78 条要件,但第 80 条排斥其适用。

对于规范排斥竞合,亦有学者以"法条竞合"(Gesetzkonkurrenz)相称。① 但正如拉伦茨所言,这一称谓不仅在字面上具有多义性,而且事实上确有数种不同用法,易生误解,不宜用作专门表达规范排斥竞合含义的术语。②

（三）择一竞合

当事人享有数项请求权,或享有一项请求权与一项形成权,权利人可选择行使其中一项权利,并且只能主张实现一项权利,此称择一竞合(alternative Konkurrenz)或选择竞合(selektive Konkurrenz)。③

择一竞合可能是数项请求权之间的竞合,如《合同法》第 116 条:"当事人既约定违约金,又约定定金的,一方违约时,对方可以选择适用违约金或者定金条款。"亦可能是请求权与形成权的竞合,如,因受欺诈而订立契约者,可选择行使撤销权或要求对方履约。

（四）请求权聚合

请求权聚合(Anspruchshäufung)是指,基于同一法律事实产生若干并行不悖的请求权可为权利人同时实现,亦称累积竞合(kumulative Konkurrenz)。④

在请求权聚合的情形中,当事人各项请求权既可单独起诉,亦可合并起诉。每一项诉讼请求都构成独立的诉讼标的。例如,《侵权责任法》第 15 条第 2 款规定,第 1 款所列举的八种责任方式"可以单独适用,也可以合并适用"。

（五）请求权竞合

请求权竞合(Anspruchskonkurrenz)所描述的情形是,同一法律事实可为不同请求

---

① 如王泽鉴:《民法思维:请求权基础理论体系》,北京大学出版社 2009 年版,第 130 页。
② Larenz/Wolf, Allgemeiner Teil des Bürgerlichen Rechts, 9. Aufl, 2004, § 18 Rn. 19.
③ a. a. O., § 18 Rn. 22;王泽鉴:《民法思维:请求权基础理论体系》,北京大学出版社 2009 年版,第 130 页。
④ Larenz/Wolf, Allgemeiner Teil des Bürgerlichen Rechts, 9. Aufl, 2004, § 18 Rn. 24;王泽鉴:《民法思维:请求权基础理论体系》,北京大学出版社 2009 年版,第 130 页。

权规范所涵摄,此不同规范生成的请求权内容相同,有着相同的保护目标。[1] 例如,《合同法》第122条规定:"因当事人一方的违约行为,侵害对方人身、财产权益的,受损害方有权选择依照本法要求其承担违约责任或者依照其他法律要求其承担侵权责任。"无论是违约或侵权,所生均是损害赔偿请求权。

请求权竞合可做广狭两义理解。广义包括请求权规范竞合(Anspruchsnormenkonkurrenz)或称请求权基础竞合(Anspruchsgrundlagenkonkurrenz),狭义则指纯正请求权竞合(echte Anspruchskonkurrenz)。二者根本区别在于:请求权规范竞合只存在一项实体请求权,只不过同时为数项规范所支持,如《合同法》第122条;纯正请求权竞合则包括数项实体请求权,例如,租赁期届满,出租人可依《合同法》第235条请求返还原物,亦可依《物权法》第34条请求返还,两项请求权内容相同,但前者是基于租赁契约的债权请求权,后者则属物权请求权。[2]

请求权竞合状态下,一项请求权之实现足令全部请求权目的达到,故不可同时实现。

请求权竞合的特点可通过比较得知:(1)与规范排斥竞合。前者可自由选择对己有利的请求权行使,后者则因为法律规范的效力层级排除当事人的选择自由。(2)与请求权聚合。前者只能要求一次给付,如果其中一项请求权得到履行,其他请求权消灭;后者则可同时实现,各请求权互不影响。(3)与择一竞合。前者所涉请求权内容相同,实现其一即令所有请求权目的达到,故不可同时实现;后者的内容并不相同,甚至未必都属于请求权,数项权利不能同时实现的原因不在于目的相同,而在于诸目的不能并存(如受欺诈时,撤销权人行使撤销权或者要求对方履行契约义务,二者无法并存)。[3]

第五十一节　权利的私力救济

一、私力救济的样式

出于对文明、安定与和平的需求,现代社会已将纠纷的裁断权交与公共力量。为尽量避免基于一己私利的报复性暴力事件发生,权利的私力救济或称自力救济(die eigenmächtige Durchsetzung des subjektiven Rechts)范围已被严格限制。

私力救济包括自卫行为(erlaubte Verteidigung)与自助行为(erlaubte Selbsthilfe)两类。自卫行为又可再分为正当防卫(Notwehr)与紧急避险(Notstand),其功能在于正

---

[1] Larenz/Wolf, Allgemeiner Teil des Bürgerlichen Rechts, 9. Aufl, 2004, § 18 Rn. 26.
[2] a. a. O., § 18 Rn. 33 ff.; Dieter Medicus, Allgemeiner Teil des BGB, 10. Aufl., 2010, Rn. 76.
[3] Larenz/Wolf, Allgemeiner Teil des Bürgerlichen Rechts, 9. Aufl, 2004, § 18 Rn. 22 ff., 28 ff.

当化对于侵害的防卫或对于现时直接危险的防卫行为。①《民法通则》第128、129条与《侵权责任法》第30、31条分别规定这两种行为。不过，自卫行为不能使所有紧急情况下的私人强制行为合法化。欲要正当化为实现请求权而对相对人采取的侵犯行为，需要求诸自助行为。②

二、正当防卫

（一）概念

我民法未定义正当防卫，《刑法》第20条第1款可供参考："为了使国家、公共利益、本人或者他人的人身、财产和其他权利免受正在进行的不法侵害，而采取的制止不法侵害的行为，对不法侵害人造成损害的，属于正当防卫，不负刑事责任。"依《德国民法典》第227条第2款之规定："正当防卫是为制止自己或他人所受现时不法攻击而实施的必要防御。"防卫他人权利的行为又称"紧急救助"（Nothilfe）。③

（二）构成要件

1. 不法侵害行为

必须有侵害行为存在，而且该行为不具备违法性阻却事由。如果某项行为虽然对自己或他人造成侵害，却是正当行使权利的结果，则不能对之进行防卫。另外，正当防卫所针对的只是人的行为，动物或无生命物体无所谓"行为"。④

正当防卫行为具有正当性，故对于该行为不得实施"反防卫"。

2. 侵害的现时性

所谓现时性（gegenwärtig），指的是侵害行为已经发生并且正在持续。⑤ 私力救济的功能在于救公力救济之穷，俾使正在发生的侵害行为得到遏制或者减小侵害后果，因此，如果侵害行为已经完成，则无实施私力救济之必要，应转而求诸公力救济。据此，如果携带赃物企图逃逸，则侵害行为正在进行，受害人可实施正当防卫，一旦扔下赃物逃跑，侵害行为即告结束，不得再实施防卫行为。

3. 不逾越必要限度

如前文所述，正当防卫旨在遏制或减小侵害后果，故防卫人在实施正当防卫时不得任意扩大对侵害人的损害，其防卫措施须针对侵害行为，视侵害行为的程度而定。所谓"必要限度"，一般以客观标准为断，即，客观上能够制止侵害行为，而不是进行客

---

① Larenz/Wolf, Allgemeiner Teil des Bürgerlichen Rechts, 9. Aufl, 2004, § 19 Rn. 42.

② a. a. O.

③ Brox/Walker, Allgemeiner Teil des BGB, 34. Aufl., 2010, Rn. 695; Larenz/Wolf, Allgemeiner Teil des Bürgerlichen Rechts, 9. Aufl, 2004, § 19 Rn. 2; Dieter Medicus, Allgemeiner Teil des BGB, 10. Aufl., 2010, Rn. 152.

④ Brox/Walker, Allgemeiner Teil des BGB, 34. Aufl., 2010, Rn. 694.

⑤ a. a. O., Rn. 694; Larenz/Wolf, Allgemeiner Teil des Bürgerlichen Rechts, 9. Aufl, 2004, § 19 Rn. 12; Rüthers/Stadler, Allgemeiner Teil des BGB, 16. Aufl., 2009, § 8 Rn. 4.

观的法益衡量。原则上,受侵犯者为了保护即便是价值更小的法益,亦得损害对方价值较大的法益。不过,防卫的必要限度仍受"权利不得滥用原则"制约(例如,无价值的财产不得以摧毁对方生命之方式进行防御),如果防卫行为所保护的与其损害的法益明显不成比例,可能构成"权利滥用"。①

误信防卫(Putativnotwehr)或超过必要限度的防卫过当(Notwehrexzess),防卫人须就其不当侵害承担责任。② 对此,《民法通则》第128条第2句规定:"正当防卫超过必要的限度,造成不应有的损害的,应当承担适当的民事责任。"(《侵权责任法》第30条第2句)

(三) 法律效果

正当防卫阻却违法性,无需就其侵害承担责任。《民法通则》第128条第1句规定:"因正当防卫造成损害的,不承担民事责任。"(《侵权责任法》第30条第1句)

三、紧急避险

(一) 概念

紧急避险是为了避免自己或他人人身以及财产上的急迫危险,不得已采取加害行为。《刑法》第21条第1款可供参考:"为了使国家、公共利益、本人或者他人的人身、财产和其他权利免受正在发生的危险,不得已采取的紧急避险行为,造成损害的,不负刑事责任。"

(二) 构成要件

1. 危险的现时性

危险必须是客观现实的,不能仅凭主观臆想实施避险行为。

2. 危险的急迫性

危险必须是急迫的,急迫之下不可能以其他方法躲避危险。

3. 旨在避免侵害

避险行为既可为自己利益,亦不妨为他人利益。

4. 不逾越必要限度

与正当防卫不同,紧急避险的正当性建立在法益衡量(Güterabwägung)基础之上,

---

① Brox/Walker, Allgemeiner Teil des BGB, 34. Aufl., 2010, Rn. 695; Larenz/Wolf, Allgemeiner Teil des Bürgerlichen Rechts, 9. Aufl, 2004, § 19 Rn. 15 ff.; Dieter Medicus, Allgemeiner Teil des BGB, 10. Aufl., 2010, Rn. 155 ff.

② Larenz/Wolf, Allgemeiner Teil des Bürgerlichen Rechts, 9. Aufl, 2004, § 19 Rn. 28 f.; Dieter Medicus, Allgemeiner Teil des BGB, 10. Aufl., 2010, Rn. 160 f.; Rüthers/Stadler, Allgemeiner Teil des BGB, 16. Aufl., 2009, § 8 Rn. 6.

即,面对危险时,价值较小的法益必须屈从于价值较大的法益。① 因此,避险行为必要限度之判断,不同于正当防卫,一般以"比例原则"为据。

（三）法律效果

《侵权责任法》第31条:"因紧急避险造成损害的,由引起险情发生的人承担责任。如果危险是由自然原因引起的,紧急避险人不承担责任或者给予适当补偿。紧急避险采取措施不当或者超过必要的限度,造成不应有的损害的,紧急避险人应当承担适当的责任。"

《侵权责任法》第31条之检讨

之前关于紧急避险的规定见诸《民法通则》第129条:"因紧急避险造成损害的,由引起险情发生的人承担民事责任。如果危险是由自然原因引起的,紧急避险人不承担民事责任或者承担适当的民事责任。因紧急避险采取措施不当或者超过必要的限度,造成不应有的损害的,紧急避险人应当承担适当的民事责任。"两相对照,第31条除措辞略有更动外,二者无实质不同。有关紧急避险行为的正当性（合法性）认识更是一仍其旧,甚至有所强化。

另外,《民通意见》第156条对于《民法通则》作有补充规定:"因紧急避险造成他人损失的,如果险情是由自然原因引起,行为人采取的措施又无不当,则行为人不承担民事责任。受害人要求补偿的,可以责令受益人适当补偿。"这一规定在《侵权责任法》中未见明确体现,唯第31条吸收其"适当补偿"用语,用以取代《民法通则》中"适当的民事责任"之表述。

就规范逻辑而言,立法者似乎认为,紧急避险有如正当防卫,具有法律上的正当性,除非"采取措施不当或者超过必要的限度"。因此,险情若由他人引起,自然不应由避险人承担责任;即便非由他人引起（"由自然原因引起"）,避险人行为亦非为不当。在后一种情况,第31条将《民法通则》的"承担适当的民事责任"之表述更换为"给予适当补偿",更表明立法者视避险行为为正当的态度。甚至,依《民通意见》第156条之规定,纵使避险行为造成他人损失,行为之正当性亦不容否认,避险人不具有可归责性,受害人充其量"可以责令受益人适当补偿"而已。而依第31条第1句（与《民法通则》第129条第1句）之规定,避险行为造成第三人损害时,只能由受害人直接向引起险情之人请求赔偿。

笔者以为,既有规范逻辑值得检讨。

---

① Brox/Walker, Allgemeiner Teil des BGB, 34. Aufl., 2010, Rn. 697; Larenz/Wolf, Allgemeiner Teil des Bürgerlichen Rechts, 9. Aufl, 2004, § 19 Rn. 30; Dieter Medicus, Allgemeiner Teil des BGB, 10. Aufl., 2010, Rn. 156; Rüthers/Stadler, Allgemeiner Teil des BGB, 16.Aufl., 2009, § 8 Rn. 8.

正当防卫旨在制止现时的不法侵害,该防御行为自然能够阻却违法性。紧急避险却未必如此。

生活中,紧急避险行为所针对的,既可能是引发危险者,亦可能是无辜的第三人。任何人都有权采取适当的自力措施避免面临的紧急危险,却不意味着,无辜的第三人有义务为之作出无偿牺牲。因此,紧急避险宜应根据避险对象作出区分:如果避险行为针对引发危险者作出,此等防御行为在避险的必要限度内即具正当性;如果避险行为针对无辜的第三人(例如,为了扑灭自己房屋的火势动用邻居的灭火器与自来水等),在危险的严重程度明显高于避险行为时,基于唇齿相依的社会生活之互助要求,第三人固然不得因其财产遭到侵害而实施防卫(否则遭受紧急危险之人将无法避免危险),但为公平起见,避险人应对第三人的牺牲作出赔偿。至于在后一情形下,避险人是否有权向可能存在的引起险情之人追偿,则属于其他法律关系,非紧急避险制度所能规制。因为,紧急避险制度所要回答的,只是避险行为之正当性及其法律效果问题,尤应注意的是,由于引起险情之人与作出牺牲的第三人之间无直接法律关系,故不可规定由该第三人直接向引起险情之人请求赔偿。

避险人与受益人非属一人时,鉴于牺牲人与受益人之间亦无直接法律关系,因而,避险行为人应为赔偿义务人,此亦可免去牺牲人调查受益人之成本,但若是牺牲人知悉受益人,则为了令其获得更充分的求偿机会,亦应有权向受益人求偿。如此,避险行为人与受益人对牺牲人承担不真正连带责任。① 总之,《民通意见》第156条之规定不可相沿。

对此,《德国民法典》的规定或可资借鉴。德国民法上,上述第一类避险被称为防御避险(defensiver Notstand, Verteidigungsnotstand),规定于《民法典》第228条:"为避免自己或他人所面临的、由他者之物所带来的危险,而损坏或损毁该他者之物者,若损坏或损毁行为对于避免危险事属必要,并且所致损害不与危险不相称,其行为即非为不法。行为人若对危险之发生存在过错,须负损害赔偿义务。"第二类避险则称攻击避险(aggressiver Notstand, Angriffsnotstand),为《民法典》第904条②所规定:"若侵犯某物于避免现时危险而言事属必要,并且所面临的损害显然高于因侵犯其物而给所有权人造成的损害,物的所有权人即无权禁止他人侵犯其物。所有权人得就对其造成的损害主张赔偿。"③

区分防御避险与攻击避险的道理在于:第一,防御避险针对的是产生危险的物自

---

① 张谷教授则认为两项请求权的基础不同。张谷:《论〈侵权责任法〉上的非真正侵权责任》,载《暨南学报》(哲学社会科学版)2010年第3期,第46—47页。
② 该条隶属法典第三编"物权法"第三章"所有权"。之所以将攻击避险规定于此,所强调的,是所有权人在遭遇他人紧急避险时的容忍义务。
③ 至于赔偿义务人,法无明文,德国大致有避险行为人为义务人、受益人为义务人及二者皆为义务人三种主张,以第一种主张为通说。学说整理,可参张谷:《论〈侵权责任法〉上的非真正侵权责任》,载《暨南学报》(哲学社会科学版)2010年第3期,第46页。

身;攻击避险则涉及与危险无关的物。第二,防御避险法律理由在于,受有危险之法益,原则上比带来危险之物的所有权具有更高的保护价值;攻击避险所体现的基本法律思想则是,任何人的所有权在紧急状态之下都受到支配权限缩的制约。第三,防御避险行为阻却不法性,不对损害负赔偿义务,除非行为人于危险之发生存在过错;攻击避险虽亦具有合法性,但须对其造成的损害负赔偿义务,此牺牲请求权(Aufopferungsanspruch)不以过失为要件。①

我国既有立法以危险来源(他人引起或自然原因引起)作为规范设置的标准,笔者以为,这一区分进路掩盖了紧急避险的实质,因为,影响避险行为之正当性及其法律效果的,不是危险来源,而是避险行为所影响的法益。②

四、自助行为

(一) 概念

我国法律尚未明文认可自助行为的合法性。但学界普遍认为,学说判例不宜否认。③ 关于自助行为的概念,《德国民法典》第 229 条的规定颇为细致,可供参考:"为自助目的而夺取、损毁或损害某物,或者为自助目的而扣留有逃逸之嫌的义务人或排除义务人对其有义务容忍之行为的抵制者,若不及获得官方救助,并且若不立时介入,请求权之实现就存在阻遏或显著困难之危险,其行为即非为不法。"

自助行为的情形如,餐馆不允许拒付饭费的用餐人离开,或扣押拒付饭费的用餐人的汽车等。

(二) 构成要件

1. 请求权受到威胁

支配权无需他人协助即可实现,如果受到侵害,当事人以自卫方式实施自力救济,故自助行为只针对请求权。又如果对方享有相应的抗辩权(如消灭时效抗辩),即使国家强制执行亦被排除,自助行为当然更不待言。④

---

① Brox/Walker, Allgemeiner Teil des BGB, 34. Aufl., 2010, Rn. 698 f.; Larenz/Wolf, Allgemeiner Teil des Bürgerlichen Rechts, 9. Aufl, 2004, § 19 Rn. 31 ff.; Dieter Medicus, Allgemeiner Teil des BGB, 10. Aufl., 2010, Rn. 162 ff.; Medicus/Lorenz, Schuldrecht I: Allgemeiner Teil, 18. Aufl., 2008, Rn. 397.

② 张谷教授结合立法史资料,认为《民法通则》第 129 条以及《侵权责任法》第 31 条采取"显隐互现的二元分类"标准,危险来源为显性标准,避险行为所影响的法益则隐藏于后。张谷:《论〈侵权责任法〉上的非真正侵权责任》,载《暨南学报》(哲学社会科学版)2010 年第 3 期,第 44 页以下。在不触动法条表述的前提下,这应该是最具建设性的解释。只不过,如果立法一开始就能在正确的轨道上行进,学者的解释智慧又何须浪费于此?

③ 梁慧星:《民法总论》(第 4 版),法律出版社 2011 年版,第 277 页;王利明:《民法总论》(第 2 版),中国人民大学出版社 2015 年版,第 120 页。

④ Brox/Walker, Allgemeiner Teil des BGB, 34. Aufl., 2010, Rn. 700.

2. 威胁的现时性

请求权的实现受到现实威胁,需要采取某种措施予以保护。请求权若能顺利实现,自助行为自无从谈起。

3. 威胁的急迫性

由于情势急迫,请求权人不能及时得到公权力的救助。否则,无自助之空间。

4. 请求权实现出现重大障碍

所谓"重大障碍"是指,若不及时受到保护,请求权可能永远无法实现,或者将使实现难度变得异乎寻常。①

为了最大限度减少私人强制行为对社会和平秩序的妨害,倘若现实威胁虽令请求权当时难以实现,但对权利人事后求诸公权力并无太大影响,自助行为仍无正当化之必要。

5. 针对请求权的义务人

只有请求权的义务人才负有协助请求权实现的法律义务。

正当的自助行为需要具备如此苛刻的条件,而且根据《德国民法典》第231条规定,错误自助须负损害赔偿义务,即便错误之发生非因过失所致,亦不例外,梅迪库斯指出,自助行为的实践意义微乎其微,基本上也就用于对付吃白食的情形。②

(三) 自助行为的界限

《德国民法典》第230条可供参考:"(第1款)自助行为不得延续至避免危险所需范围之外。(第2款)于夺取物之情形,若未获强制执行,则须提出物之假扣押申请。(第3款)于扣留义务人情形,若其未能重获自由,则须向实施扣留之行政辖区所在的区法院提出人身保全假扣押申请;须不迟延地将义务人带至法院。(第4款)假扣押申请迟误或被拒绝者,须不迟延地返还所夺取之物及释放所扣留之人。"

(四) 法律效果

1. 保全请求权

为了克制私人暴力,自助行为一般只能暂时保全请求权,不能直接使请求权得到实现。请求权的实现仍须通过司法程序。③

2. 错误自助之损害赔偿

《德国民法典》第231条可供参考:"误以为存在违法性阻却要件而实施第229条所称行为者,须向对方负损害赔偿义务,即便错误之发生非因过失所致,亦不例外。"

---

① Brox/Walker, Allgemeiner Teil des BGB, 34. Aufl., 2010, Rn. 700.
② Dieter Medicus, Allgemeiner Teil des BGB, 10. Aufl., 2010, Rn. 168.
③ 梁慧星:《民法总论》(第4版),法律出版社2011年版,第278页;张俊浩主编:《民法学原理》(上册)(修订第3版),中国政法大学出版社2000年版,第90页(张俊浩)。

条 文 索 引

（条文后数字为本书页码）

《案例指导规定》
第 6 条　39
第 7 条　39

《保险法》
第 26 条　551

《不动产登记暂行条例》
第 16—19 条　180

《裁判规范规定》
第 4 条　36,37
第 6 条　36

《产品质量法》
第 40 条　550
第 41 条　550
第 45 条　551

《城乡个体工商户管理暂行条例》
（已失效）
第 2 条　478
第 4 条　478
第 7 条　478

《城镇集体所有制企业条例》
第 6 条　433

《担保法》
第 1 条　19
第 8 条　453,457
第 9 条　453
第 13 条　194
第 19 条　194
第 20 条　544
第 24 条　305

第 90 条　140

《担保法解释》
第 12 条　544,545
第 30 条　305

《独资企业登记管理办法》
第 3 条　484,486
第 6 条　486
第 10 条　486
第 21 条　487

《独资企业法》
第 2 条　484
第 8 条　485
第 9 条　13,486
第 11 条　485
第 12 条　486
第 13 条　486
第 16 条　485
第 17 条　487
第 18 条　485,488
第 21 条　485
第 26 条　486
第 28 条　487,548
第 30 条　486
第 31 条　487
第 32 条　486

《法院组织法》
第 33 条　38

《房屋登记办法》
第 18 条　180
第 20 条　55

《个人所得税法》
第 2 条　478

《个体工商户条例》
第 2 条　478
第 4 条　437,478
第 8 条　478
第 10 条　488
第 20 条　478
第 21—24 条　479
第 27 条　478
第 28 条　478
第 29 条　478

《公司登记管理条例》
第 4 条　440
第 42 条　442
第 44 条　441

《公司法》
第 1 条　19
第 3 条　433
第 6 条　436,437
第 7 条　421,439,467
第 9 条　447
第 11 条　423
第 12 条　423,467,468,474
第 13 条　329,426
第 15 条　453,456,457
第 16 条　138
第 26 条　423
第 28 条　138,155
第 32 条　445
第 37 条　425
第 43 条　138
第 51 条　426
第 57 条　138,155,485
第 58 条　485
第 62 条　485
第 64 条　433
第 74 条　145
第 77 条　437,438
第 78 条　430
第 79 条　145

第 80 条　423,437,438
第 83 条　438
第 84 条　438
第 85 条　438
第 87 条　438
第 88 条　438
第 89 条　438
第 93 条　438
第 94 条　440,441
第 99 条　425
第 117 条　426
第 149 条　295,299
第 173 条　145
第 179 条　445
第 180 条　431,444
第 183 条　443
第 184 条　442,444
第 187 条　442
第 188 条　442
第 215 条　466

《公司法解释二》
第 10 条　444

《公司法解释三》
第 3 条　441
第 4 条　441

《公务员法》
第 53 条　485

《关于个人独资企业和合伙企业投资者征收个人所得税的规定》
第 2—4 条　484

《关于合伙企业合伙人所得税问题的通知》
第 2 条　493

《关于加强法律解释工作的决议》
第 2 条　38

《国家赔偿法》
第 2 条　428
第 29 条　428

《海商法》
第257条 551
第260条 551
第263条 551
第265条 551

《合伙企业法》
第2条 490,492,493
第3条 453,456,490,491
第4条 145
第6条 492
第9条 13,492
第10条 492
第11条 492
第14条 485,491
第15条 492
第16条 491
第17条 491
第19条 491
第20条 493
第21条 492
第26条 492
第30条 492
第31条 492
第38条 493
第39条 493
第41条 493
第43条 492
第44条 492
第45条 492
第48条 491
第53条 492
第55条 490
第56条 492
第57条 493
第61条 491
第62条 492
第64条 491
第77条 493
第79条 491
第81条 493
第85条 492
第91条 492

第92条 492,493
第107条 490

《合伙企业登记管理办法》
第8条 492
第24条 492

《合同法》
第1条 19
第2条 34,47,50,143,145
第4条 112
第6条 521
第10条 52,53,112,143,192,194,304
第12条 52,152
第13条 137
第14条 148
第15条 148,149
第16条 49,155,204,205,209,210
第17条 210,212
第18条 47,210,213
第19条 47,194,213
第21条 47,102,149
第22条 41,149,150
第23条 150,200,201
第24条 151
第26条 41
第27条 210,212
第28条 150
第29条 86,151
第30条 148,150
第31条 150
第36条 53,194,304,305
第37条 49
第38条 55
第40条 56,299
第41条 231
第44条 55,59,117,121
第45条 48,49,121,128,133,208,520
第46条 121,134,520
第47条 86,136,209,218,248,251,256—259,316,360,470,518
第48条 86,294,316,340,359—361,518
第49条 364,366,369—371

条文索引 577

第 50 条　364,371,469,472,473
第 51 条　159,291—293,518
第 52 条　55,62,262,263,281,289,295,296,
　　300—302,304
第 53 条　52
第 54 条　136,235,267,274,278,279,281,
　　282,285,289,318—320,326,327,518,567
第 55 条　320,324
第 56 条　309,311,322
第 57 条　311
第 58 条　203,311
第 61 条　152,553
第 62 条　50,152,554
第 66 条　516
第 74 条　319
第 77 条　59
第 78 条　48
第 79 条　156
第 80 条　51,86
第 82 条　274
第 84 条　291
第 87 条　59
第 89 条　47
第 91 条　159
第 93 条　518
第 94 条　86,518
第 96 条　59,210,319,519
第 99 条　126,210,518
第 104 条　548
第 105 条　291
第 107 条　46,50,561
第 108 条　50
第 111 条　550
第 112 条　550
第 113 条　48
第 115 条　228
第 116 条　567
第 122 条　550,568
第 125 条　49,214,215,225,227,228,230,
　　231
第 130 条　167,219
第 132 条　52,54,172,173

第 133 条　47,167,170,515
第 134 条　128,171,520
第 135 条　44,71,156,167,170,220,515
第 150—155 条　272
第 158 条　551
第 159 条　156,171
第 171 条　130
第 185 条　140,146,156
第 186 条　140,175,213
第 190 条　126,315
第 191 条　140,228
第 192 条　86,126,213,315
第 193 条　86,213
第 196 条　14
第 200 条　56
第 210 条　140
第 211 条　14
第 212 条　156
第 214 条　56,312
第 215 条　53,306,308
第 232 条　53
第 235 条　568
第 236 条　49,195
第 270 条　143
第 272 条　52
第 293 条　41
第 365 条　158
第 366 条　158
第 367 条　140
第 368 条　41
第 374 条　140
第 381 条　158
第 396 条　158
第 398 条　252
第 406 条　140
第 414 条　335
第 420 条　335
第 421 条　335
第 422 条　335
第 424 条　335

《合同法解释一》
第 4 条　295

第10条　296,469,473,474

《合同法解释二》
第1条　152
第2条　192,194
第3条　147
第7条　42,150,229
第11条　258,316,317,360
第12条　360,366
第13条　373
第14条　295
第15条　160,515
第26条　219

《合同违法行为监督处理办法》
第4条　124

《合资企业法》
第4条　433

《合作企业法》
第2条　433,480

《环境法》
第42条　551

《婚姻法》
第2条　303
第4条　86,303
第6条　35,243
第10条　35,243
第11条　35,319
第12条　35,322
第22条　38
第32条　86

《婚姻法解释一》
第3条　86
第13条　310

《继承法》
第7条　86
第22条　258,281
第25条　154,155
第28条　386,387
第31条　138,143

《继承法意见》
第2条　389,390
第13条　86
第41条　248
第53条　155

《基金会管理条例》
第2条　154,431,432,434
第3条　438
第6条　440
第9条　436
第10条　425
第11条　422,439
第16条　431
第20条　426
第25条　154
第27条　154
第28条　431,455
第29条　431,455

《建设工程施工合同解释》
第1条　296
第4条　296
第5条　296

《经济合同法》
（已失效）
第1条　18,19
第50条　550
第51条　124

《矿产资源法》
第3条　507

《劳动合同法》
第26条　282,289
第28条　309
第35条　305

《立法法》
第2条　37
第7条　37
第45条　38
第50条　38
第65条　37

条文索引　579

第 72 条　37
第 75 条　37
第 80 条　37
第 82 条　37
第 87 条　37
第 88 条　37
第 104 条　38

《买卖合同解释》
第 3 条　159,173,293
第 9 条　159,314
第 34 条　181

《民办非企业单位登记管理暂行条例》
第 2 条　434,489
第 3 条　436
第 4 条　453,454,489
第 5 条　440
第 8 条　454
第 11 条　489
第 12 条　422,434,438,480,489
第 25 条　456

《民办非企业单位登记暂行办法》
第 2 条　489
第 3 条　489
第 4 条　489
第 8 条　489

《民办教育促进法》
第 2 条　434
第 9 条　434

《民法通则》
第 1 条　12
第 2 条　5,7,11,32
第 3 条　6
第 4 条　6,112,219,521
第 6 条　41,525
第 7 条　301—303,410,525
第 9 条　381,384,387
第 10 条　383
第 11 条　48,49,52,59,243,244,377
第 12 条　218,244,245,248,251,257,258
第 13 条　239,245,256,316

第 14 条　329
第 15 条　413
第 16 条　398,399
第 17 条　398,399
第 18 条　399
第 19 条　239
第 20 条　414
第 21 条　415
第 22 条　415
第 23 条　391
第 24 条　393
第 25 条　394
第 26 条　476,478
第 27 条　479
第 29 条　479
第 30 条　145,487
第 33 条　487,551
第 36 条　435,441,444,464,465
第 37 条　421,423
第 38 条　329,425,473
第 39 条　394,423
第 40 条　442,444
第 41 条　421,423,438
第 42 条　423,467,468
第 43 条　465,466
第 44 条　445
第 45 条　444,551
第 46 条　441
第 47 条　443,444
第 49 条　466,468
第 50 条　421,422,438
第 51 条　489
第 52 条　489,490
第 53 条　489
第 54 条　89,103,116
第 55 条　116,301
第 56 条　112,142,304
第 57 条　117,203
第 58 条　91,136,218,248,256,257,258,262,263,278,279,281,282,285,288,294,301,303,304,309,470,567
第 59 条　91,235,267,289,318,319,322,

326,518
第60条　91,311
第61条　91,203,277,311
第62条　116,128
第63条　333,335,338
第64条　329,340
第65条　341,349,365
第66条　91,294,317,340,351,352,359,
　　361,362,364—366,518
第68条　349,363
第69条　334,352,356
第70条　334,358
第71条　506
第72条　167,170
第73条　506
第74条　506
第75条　506
第76条　506
第78条　506
第80条　506
第81条　506
第82条　506
第84条　144,167,506
第85条　143,144,506
第89条　506,508
第92条　506,555
第93条　83,506,555
第94条　507
第95条　507
第96条　507
第97条　507
第98条　405
第99条　38,405,407,450
第100条　405,408
第101条　404,405,450
第102条　405,450
第103条　405
第104条　405
第105条　405
第106条　465,466
第110条　361,466
第117条　538

第120条　404
第121条　428
第128条　569,570
第129条　569,571,573
第134条　539
第135条　219,536,540,545,549,550
第136条　550
第137条　539,546,551,553—555,559
第138条　543
第139条　557,558
第140条　558,559
第151条　37
第154条　534

《民间借贷规定》
第25条　14

《民商事合同案件指导意见》
第13条　370
第15条　295
第16条　295

《民事诉讼法》
第48条　382
第53条　476
第56条　372
第64条　113
第92条　206
第100条　314
第134条　410
第185条　393,415
第184条　391

《民诉法解释》
第52条　382,477,487,491,493
第59条　477
第60条　488
第219条　542

《民通意见》
第1条　385
第2条　244
第3条　244,254
第5条　245
第6条　248,249,251

第7条　246
第9条　413
第10条　399
第13条　399
第22条　399,400
第24条　414
第25条　392
第27条　391
第29条　392
第36条　394
第37条　394,395
第38条　394,395
第39条　394
第40条　394
第41条　477,488
第42条　479,488
第43条　479
第45条　487
第60条　442,443
第66条　193,195
第67条　238,239,247
第68条　266,278—282
第69条　284,286,287
第70条　287,288,290
第71条　266,267,269—272,275,276
第72条　289
第73条　320
第75条　131,132
第76条　116,134
第77条　206,277
第79条　347
第81条　348,349
第82条　357
第89条　291,292
第118条　44
第128条　140
第139条　408
第140条　409
第156条　571,572
第167条　551
第168条　555
第170条　538

第171条　544
第172条　557
第173条　559
第175条　551
第198条　534
第199条　534

《名誉权解答》
问答5　411
问答7　409

《名誉权解释》
问答8　409

《农村土地承包法》
第15条　476
第32条　287
第47条　476
第48条　476
第49条　287
第57条　287

《农村土地承包解释》
第4条　476

《农民专业合作社登记管理条例》
第1条　437

《农民专业合作社法》
第2条　432
第3条　432
第4条　434
第10条　437
第13条　437

《拍卖法》
第3条　151
第51条　151
第52条　152

《票据法》
第10条　175,176
第21条　175,176
第27条　155
第38条　155
第45条　155

《票据问题规定》
第 14 条 176

《企业所得税法》
第 1 条 484

《企业所得税暂行条例》
(已失效)
第 2 条 484

《侵权精神损害赔偿解释》
第 1 条 404,405,410,411
第 3 条 411
第 5 条 451

《侵权责任法》
第 1 条 19
第 2 条 51,405,408,410,513
第 3 条 52,561
第 15 条 513,539,561,567
第 24 条 60
第 26 条 60
第 30 条 569,570
第 31 条 569,571,573
第 32 条 242,400
第 33 条 242
第 38 条 400
第 78 条 567
第 80 条 567

《全民所有制工业企业法》
第 2 条 433

《人体器官移植条例》
第 20 条 389

《森林法》
第 1 条 18
第 3 条 507

《商品房买卖解释》
第 2 条 296
第 3 条 149
第 10 条 262

《社会团体登记管理条例》
第 2 条 424,434

第 3 条 422,436,439
第 4 条 453,454
第 5 条 424
第 6 条 440
第 9 条 436
第 10 条 434,454
第 11 条 424
第 15 条 424
第 17 条 440
第 33 条 455

《事业单位登记管理暂行条例》
第 2 条 433,439
第 5 条 440
第 11 条 422,439,440

《收养法》
第 6 条 35
第 23 条 402
第 25 条 35,310

《水法》
第 3 条 507

《司法解释规定》
第 6 条 38

《私营企业暂行条例》
(1950年,已失效)
第 3 条 477,487

《私营企业暂行条例》
(1988年,已失效)
第 2 条 478
第 3 条 478
第 6 条 484

《诉讼时效规定》
第 1 条 30,219,516,537,538,542
第 2 条 545
第 3 条 219,517,542,546
第 5 条 553
第 6 条 553,554
第 8 条 555
第 9 条 555
第 10 条 559

第 12 条　558
第 13—15 条　558
第 16 条　559
第 20 条　557
第 21 条　544
第 22 条　543,544

《土地管理法》
第 8 条　507
第 43 条　508
第 62 条　476

《外资企业法》
第 8 条　433,480

《未成年人保护法》
第 16 条　399

《物权法》
第 1 条　19
第 2 条　29,506
第 5 条　37,55,57,311
第 6 条　160,293
第 9 条　126,156,160,167,170,180
第 12 条　180
第 14 条　180
第 15 条　167
第 16 条　504
第 17 条　48
第 20 条　313,315
第 23 条　156,160,170
第 29 条　155
第 30 条　83,84,503
第 33 条　561
第 34 条　538,539,561,568
第 35 条　538,539,561
第 39 条　514
第 41 条　312
第 47 条　181
第 58 条　181
第 102 条　479
第 106 条　140,294,315
第 108 条　504
第 109 条　83

第 112 条　147
第 114 条　83
第 116 条　503
第 117 条　507
第 123 条　508
第 129 条　180
第 158 条　180
第 170 条　508
第 180 条　29
第 191 条　545
第 202 条　545
第 211 条　56,521
第 223 条　29,156

《宪法》
第 34 条　377
第 37 条　404
第 38 条　404
第 40 条　410
第 46 条　37
第 51 条　525

《乡镇企业法》
第 2 条　433,480

《消法》
第 4 条　521
第 26 条　56,299

《信托法》
第 2 条　481
第 15 条　481
第 16 条　481

《刑法》
第 1 条　18
第 3 条　40
第 17 条　377
第 20 条　569
第 21 条　570
第 30 条　466
第 100 条　286
第 232 条　297
第 312 条　299
第 383 条　298

第 385 条　298
第 389 条　298

《刑事裁判涉财产执行规定》
第 9 条　298
第 10 条　298
第 13 条　298

《刑事诉讼法》
第 1 条　18

《行政强制法》
第 4 条　112

《行政诉讼法》
第 32 条　113

《野生动物保护法》
第 3 条　507

《易制毒化学品管理条例》
第 9 条　296

第 14 条　296
第 16 条　299

《娱乐场所管理条例》
第 28 条　300
第 48 条　300

《招标投标法》
第 45 条　152
第 46 条　152
第 59 条　152

《著作权法》
第 21 条　548
第 25 条　156
第 26 条　156

《著作权法实施条例》
第 3 条　83